rororo studium

Herausgegeben von Ernesto Grassi
Universität München

rororo studium ist eine systematisch konzipierte wissenschaftliche Arbeitsbibliothek, die nach Inhalt und Aufbau die Vermittlung von theoretischer Grundlegung und Handlungsbezug des Wissens im Rahmen interdisziplinärer Koordination anstrebt. Die Reihe orientiert sich an den didaktischen Ansprüchen, der Sachlogik und dem kritischen Selbstverständnis der einzelnen Wissenschaften. Die innere Gliederung der Studienkomplexe in EINFÜHRENDE GRUNDRISSE, SCHWERPUNKTANALYSEN *und* PRAXISBEZOGENE EINZELDARSTELLUNGEN *geht nicht vom überlieferten Fächerkanon aus, sondern zielt auf eine problemorientierte Zusammenfassung der Grundlagen und Ergebnisse derjenigen Wissenschaften, die wegen ihrer gesellschaftlichen Bedeutung didaktischen Vorrang haben. Kooperation und thematische Abstimmung der mitarbeitenden Wissenschaftler gewährleisten die Verknüpfung zwischen den einzelnen Bänden und den verschiedenen Studienkomplexen.*

E. G.

Sozialwissenschaft

HANS HAFERKAMP

Kriminelle Karrieren

Handlungstheorie, Teilnehmende Beobachtung und Soziologie krimineller Prozesse

Mit Auszügen aus Beobachtungsprotokollen und unter Verwendung von Datenkodierungen und Grundauszählungen von Hartwig Bohle, Ralf Bohnsack, Peter Boy, Christel Faber, Ulrich Gerke, Werner Meinefeld, Günther Robert und Horst Schneider

rororo

ROWOHLT

Herausgeberassistent: Eginhard Hora (München)

Veröffentlicht im Rowohlt Taschenbuch Verlag GmbH,
Reinbek bei Hamburg, März 1975

Umschlagentwurf Werner Rebhuhn
Gesamtherstellung Clausen & Bosse, Leck/Schleswig
Printed in Germany
1680-ISBN 3 499 21069 X

Inhaltsverzeichnis

Übersicht

Vorwort 13

1 Die neuere Entwicklung der Kriminalsoziologie und die Thesen zur soziologisch-handlungstheoretischen Analyse krimineller Karrieren 15

2 Planung und Durchführung der Datenauswahl und -erhebung 50

3 Zur sozialen Lage von Mitgliedern krimineller Gruppen 125

4 Zum Verhalten von Mitgliedern krimineller und normaler Gruppen 190

5 Zu den gruppenbestimmten Definitionen der Situation von kriminellen und normalen Gruppen 337

6 Gestalten und Selbstbilder von Mitgliedern krimineller und normaler Gruppen 434

7 Kriminalisierungsprozesse 465

8 Zum Ertrag einer handlungstheoretischen Analyse krimineller Karrieren 514

Anmerkungen 518

Über den Verfasser 530

Literaturverzeichnis 531

Vorwort 13

1 Die neuere Entwicklung der Kriminalsoziologie und die Thesen zur soziologisch-handlungstheoretischen Analyse krimineller Karrieren 15

1.1 Kriminalsoziologische Diskussion und persönliches Interesse 15
1.2 Die Notwendigkeit einer sozialstrukturellen Analyse der Kriminalität und der Tätigkeit von Sozialarbeit, Polizei und Strafjustiz 16
1.3 Die interaktionistische Perspektive als unumgängliche Fortführung zur Analyse der Kriminalität und der Kriminalisierung 22
1.4 Der gesellschaftliche Zusammenhang von sozialstrukturell bedingten kriminellen und kriminalisierenden Handlungen 31
1.5 Theoretischer Ansatz zur Analyse und Erklärung der Kriminalität und Kriminalisierung von Jugendlichen 39

2 Planung und Durchführung der Datenauswahl und -erhebung 50

2.1 Idealer Plan zur Datenerhebung und Reduktion des Plans auf das Mögliche 50
2.2 Logik und Anlage des Auswahlverfahrens 52
2.2.1 Voraussetzungen 52
2.2.2 Zur praktischen Unmöglichkeit, bei der Kriminalitätsanalyse Zufallsstichproben zu ziehen 54
2.2.3 Notwendiger Verzicht auf Signifikanztests 67
2.3 Distanziert-teilnehmende Beobachtung von kriminellen und normalen Gruppen 69
2.4 Zur Forschungslogik teilnehmender Beobachtung in kriminellen Gruppen 73
2.5 Die Technik distanziert-teilnehmender Beobachtung: Zwei unterschiedliche Arbeitsweisen 89
2.6 Das Rohmaterial und die Einschränkungen der Vermutungen zur Verallgemeinerungsfähigkeit 121
2.7 Bemerkung zum Analyseprinzip 123

3 Zur sozialen Lage von Mitgliedern krimineller Gruppen 125

3.1 Die soziale Lage von Herkunftsfamilien der Mitglieder krimineller Gruppen 125
3.1.1 Präzisierung und Operationalisierung der These von den durch die soziale Lage der Herkunftsfamilien bedingten kriminellen Handlungen 125
3.1.2 Datenanalyse zur sozialen Lage der Herkunftsfamilien 134
3.1.3 Diskussion der Ergebnisse der Datenanalyse 146
3.2 Die Organisation der Herkunftsfamilien von Mitgliedern krimineller Gruppen 149
3.2.1 Präzisierung und Operationalisierung der These von den durch die Organisation der Herkunftsfamilien bedingten kriminellen Handlungen 149
3.2.2 Datenanalyse zur Organisation der Herkunftsfamilien 156
3.2.3 Diskussion der Ergebnisse der Datenanalyse 166
3.3 Die sich ausbildende eigene soziale Lage von Mitgliedern krimineller Gruppen 167
3.3.1 Präzisierung und Operationalisierung der These von den durch die eigene soziale Lage bedingten kriminellen Handlungen 167
3.3.2 Datenanalyse zur eigenen Position der Jugendlichen 174
3.3.3 Diskussion der Ergebnisse der Datenanalyse 186

4 Zum Verhalten von Mitgliedern krimineller und normaler Gruppen 190

4.1 Zur Notwendigkeit handlungstheoretischer Analysen der Kriminalität 190

4.1.1 Die Überwindung der Kovariationsanalyse zum Verhältnis von Gesellschaft und Kriminalität 190
4.1.2 Handlungstheoretische Orientierung 193
4.1.3 Die Unterscheidung vom Definitionsansatz 197
4.2 Das kriminelle Verhalten von Mitgliedern krimineller und normaler Gruppen 200
4.2.1 Präzisierung und Operationalisierung der These von der Verarbeitung sozialer Lagen in kriminelles Verhalten 200
4.2.1.1 Begriff des kriminellen Verhaltens 200
4.2.1.2 Die Verarbeitung sozialer Lagen in kriminelles Verhalten 203
4.2.2 Datenanalyse zur Verarbeitung der sozialen Lagen 210
4.2.2.1 Zur Beobachtbarkeit kriminellen Verhaltens 210
4.2.2.2 Strukturanalyse des kriminellen Verhaltens 226
4.2.3 Diskussion der Ergebnisse der Datenanalyse 260
4.3 Der soziale Zusammenhang des kriminellen Verhaltens von Mitgliedern krimineller Gruppen im Vergleich zum normalen Verhalten von Mitgliedern normaler Gruppen 264
4.3.1 Präzisierung und Operationalisierung der These vom sozialen Zusammenhang des kriminellen Verhaltens 264
4.3.2 Datenanalyse zum sozialen Zusammenhang des kriminellen Verhaltens 270
4.3.3 Diskussion der Ergebnisse der Datenanalyse 278
4.4 Der Organisationsgrad von kriminellen und normalen Gruppen 279
4.4.1 Präzisierung und Operationalisierung der These vom Organisationsdefizit krimineller Gruppen im Vergleich zu normalen Gruppen 279
4.4.2 Datenanalyse zum Organisationsdefizit der kriminellen Gruppen 287
Exkurs: Die Auswirkungen des Dealsystems auf die Kohäsion der Gruppe der Typen 300
4.4.3 Zusammenfassung der Ergebnisse der Datenanalyse zur Organisation krimineller und normaler Gruppen 313
4.4.4 Diskussion der Ergebnisse der Datenanalyse 334

5 Zu den gruppenbestimmten Definitionen der Situation von kriminellen und normalen Gruppen 337

5.1 Das Konzept der gruppenbestimmten Definition der Situation und seine kriminalsoziologische Relevanz 337
5.1.1 Das Konzept der gruppenbestimmten Definition der Situation 337
5.1.2 Die Bedeutung gruppenbestimmter Definitionen der Situation für die Analyse krimineller und normaler Handlungen 342
5.2 Operationalisierung des Konzepts der gruppenbestimmten Situationsdefinitionen 344
5.3 Zur Struktur der gruppenbestimmten Situationsdefinitionen von kriminellen und normalen Gruppen 359
5.3.1 Präzisierung und Operationalisierung der These von den gruppenbestimmten Situationsdefinitionen 359
5.3.2 Datenanalyse zu den gruppenbestimmten Situationsdefinitionen 361

5.3.3 Diskussion der Ergebnisse der Datenanalyse 368
5.4 Gruppenselbstbild und das Bild von anderen Gruppen von kriminellen und normalen Gruppen 370
5.4.1 Präzisierung und Operationalisierung der These zu den Selbstbildern der Gruppen 370
5.4.2 Datenanalyse zu den Selbstbildern der Gruppen 375
5.4.3 Diskussion der Ergebnisse der Datenanalyse 386
5.5 Das Bild von den Aktivitäten von kriminellen und normalen Gruppen 388
5.5.1 Präzisierung und Operationalisierung der These zum Verhaltensbezug der Situationsdefinitionen 388
5.5.2 Datenanalyse zum Verhaltensbezug von Situationsdefinitionen 389
5.5.3 Diskussion der Ergebnisse der Datenanalyse 405
5.6 Zur Begründung des Verhaltens von kriminellen und normalen Gruppen 407
5.6.1 Präzisierung der These von den Begründungen des Verhaltens 407
5.6.2 Datenanalyse zu den Begründungen der Gruppen 410
5.6.3 Diskussion der Ergebnisse der Datenanalyse 413
5.7 Das Bild der internen Struktur von kriminellen und normalen Gruppen 413
5.7.1 Präzisierung und Operationalisierung der These von kontrakulturellen Situationsdefinitionen in kriminellen und normalen Gruppen 413
5.7.2 Datenanalyse zu den kontrakulturellen Situationsdefinitionen 414
5.7.3 Diskussion der Ergebnisse der Datenanalyse 416
5.8 Das Bild vom äußeren Gegner von kriminellen und normalen Gruppen 417
5.8.1 Präzisierung und Operationalisierung der These zum äußeren Gegner 417
5.8.2 Datenanalyse zu den Situationsdefinitionen vom äußeren Gegner 419
5.8.3 Diskussion der Ergebnisse der Datenanalyse 423
5.9 Das Bild von anderen gesellschaftlichen Institutionen von kriminellen und normalen Gruppen 423
5.9.1 Präzisierung und Operationalisierung der These von den Situationsdefinitionen von anderen gesellschaftlichen Institutionen 423
5.9.2 Datenanalyse zu den Situationsdefinitionen von anderen Institutionen 426
5.9.3 Diskussion der Ergebnisse der Datenanalyse 432

6 Gestalten und Selbstbilder von Mitgliedern krimineller und normaler Gruppen 434

6.1 Die Konzepte der Gestalt und des Selbstbildes 434
6.2 Der Bezug auf die Gruppe in den Gestalten und Selbstbildern von Mitgliedern krimineller und normaler Gruppen 437
6.2.1 Präzisierung und Operationalisierung der These von den gruppenabhängigen Gestalten und Selbstbildern 437
6.2.2 Datenanalyse zu den gruppenabhängigen Gestalten 442
6.2.3 Selbstbilder im Zwanzig-Selbstbezeichnungen-Test 454

6.2.4 Datenanalyse zu den gruppenabhängigen Selbstbildern 456
6.2.5 Diskussion der Ergebnisse der Datenanalyse 462

7 Kriminalisierungsprozesse 465

7.1 Präzisierung und Operationalisierung der These von den Kriminalisierungsprozessen durch die Instanzen sozialer Kontrolle 465
7.2 Analyse der Daten zum Kriminalisierungsprozeß 468
7.3 Diskussion der Ergebnisse der Datenanalyse 512

8 Zum Ertrag einer handlungstheoretischen Analyse krimineller Karrieren 514

Anmerkungen 518

Über den Verfasser 530

Literaturverzeichnis 531

Die Namen und zahlreiche persönliche Daten wie die Berufe der Beteiligten wurden in den Beobachtungsberichten – zum Teil mehrfach – geändert, um die Identifizierung von Personen zu verhindern. Auch die Namen der Plätze und Orte der beobachteten Felder und ihre Beschreibungen wurden in den Beobachtungsberichten geändert.

Jede Übereinstimmung der Namen mit denen bekannter Personen oder Plätze in der Normalstadt ist zufällig.

VORWORT

Die Daten, die in der hier vorgelegten Arbeit analysiert werden, wurden von Hartwig Bohle, Ralf Bohnsack, Peter Boy, Christel Faber, Ulrich Gerke, Werner Meinefeld, Günther Robert, Horst Schneider und mir erhoben und aufbereitet. Der Beitrag der acht Kollegen zu dem hier vorgelegten Forschungsbericht kann nicht hoch genug eingeschätzt werden.

Es war leider nicht möglich, die Theorie, die dieser Untersuchung zugrundeliegt, und die Analyse der erhobenen Daten gemeinsam zu erarbeiten. Diese Arbeitsstruktur hatte institutionelle Gründe. Das Projekt wurde zu einem großen Teil von der Deutschen Forschungsgemeinschaft (DFG) finanziert und von der Fakultät für Soziologie der Universität Bielefeld auf vielfältige Weise gefördert. Die Finanzierungsform setzte die Abgabe eines entwickelten Antrages voraus, den ich 1968, als noch nicht abzusehen war, wo und unter welchen Umständen ich ihn, wenn er bewilligt würde, realisieren könnte, anfertigte und den ich später erweiterte. Fehlende finanzielle Mittel, die Fortsetzung des Studiums, das eine längerfristige Arbeit in Projekten nicht vorsah, und die Verfolgung eigener Forschungsarbeiten durch die mitarbeitenden Studenten führten dazu, daß nach Abschluß der Datenerhebungen die Datenanalyse von mir allein zu besorgen war.

Bei der Entwicklung und Durchführung dieser Arbeit hat mich vor allem Joachim Matthes angeregt und unterstützt, und zwar sowohl im Hinblick auf den Gegenstand der Untersuchung - Kriminalität - als auch hinsichtlich der dabei verwendeten handlungstheoretischen Perspektive. Dorothee und Helge Peters haben mir in der Anfangsphase mit Ratschlägen beim Entwurf des Projektes geholfen und durch ihre eigenen Arbeiten zur Kriminalität und Strafjustiz und zur Sozialarbeit eine Präzisierung des ersten Ansatzes veranlaßt. Joachim Matthes unternahm dann die Vertretung des Forschungsprojektes bei der DFG und seine Einführung in die Universität und räumte dabei verschiedene Hindernisse aus dem Weg, die der Durchführung des Forschungsprojektes entgegenstanden. Als in der Phase der teilnehmenden Beobachtung unter "Kriminellen" Konflikte mit der Polizei und Strafjustiz wegen ihrer Absicht, Feldforscher als Zeugen zu vernehmen, sich anbahnten, haben Albin Eser und Holger Rostek von der Fakultät für Rechtswissenschaft der Universität Bielefeld und L. Hans Serwe, Bochum, den Mitgliedern der Forschungsgruppe durch Analysen zur rechtlichen Situation kriminalsoziologischer Forschung wertvolle Unterstützung geliefert. Zur Erarbeitung der Kontingenz-Tabellen und -koeffizienten wurde das Programm SOZ 23o der Fakultät für Soziologie benutzt, das Peter Boy entwickelt hat, der mich auch in allen anderen Fragen der elektronischen Datenverarbeitung beriet.

Besondere Beiträge zum Gelingen des Projekts lieferten die Mitglieder der von uns untersuchten Gruppen. Sie nahmen die Mitglieder der

Forschungsgruppe mit, führten sie in ihre Gruppe ein, informierten sie und beschrieben und erklärten so ziemlich alles, was die Mitglieder der Forschungsgruppe interessierte. Ohne diese Offenheit wäre das Projekt nicht durchzuführen gewesen. Besonderer Dank gebührt daher diesen Personen, die zur Wahrung ihrer Anonymität leider nicht namentlich genannt werden können.

Wichtige Hilfen kamen schließlich auch von mehreren Sozialarbeitern, vor allem von "Otto" Bogdanow, Paul Hirschauer, Franz Klement, Siegfried und Hartmut Müller, Siegfried Stasik und Pfarrer Gerd Rowold. Hartwig Bohle, Peter Boy, Johannes Feest, Manfred Küchler, Klaus Lüdersen, Siegfried Müller, Helge Peters, Horst Schneider und Siegfried Stasik haben Teile des Manuskriptes gelesen und Änderungen angeregt, die ich zum Teil verwirklichte. Barbara Kühnert schrieb das Manuskript und brachte den Text und die Tabellen in eine übersichtliche Form. Ihnen allen sei für die Hilfen zu dieser Arbeit sehr gedankt.

Bielefeld, im September 1974 Hans Haferkamp

1 DIE NEUERE ENTWICKLUNG DER KRIMINALSOZIOLOGIE UND DIE THESEN ZUR SOZIOLOGISCH-HANDLUNGSTHEORETISCHEN ANALYSE KRIMINELLER KARRIEREN

1.1 Kriminalsoziologische Diskussion und persönliches Interesse

Jedes Forschungsprojekt hat eine längere Geschichte, und Abschlußergebnisse stimmen oft mit den ersten Absichten nicht überein. Das hat soziale und individuelle Gründe. Die Diskussion der anderen, die eigene Perspektive und schließlich die theoretische Auseinandersetzung mit anderen entwickeln sich - wie man hofft - weiter. Neue Ansichten treten auf, die den bis dahin erarbeiteten Befunden eine andere Bedeutung geben.

Plan und Durchführung des Forschungsprojektes, über das hier berichtet wird, hängen daher mit dem Verlauf der Diskussion in der Kriminalsoziologie in den letzten Jahren sehr eng zusammen. Die Thesen, die hier verfolgt werden, sind in Auseinandersetzung mit den Positionen dieser Diskussion gewonnen. So dient dieser Teil nicht einfach einem soziologiegeschichtlichen Überblick, sondern der Darstellung des theoretischen Zusammenhangs, von dem der Gewinnungsprozeß der Thesen ausging und auf den sie sich beziehen. Es sind zunächst einige Auslassungen der Diskussion in der Kriminalsoziologie in der Bundesrepublik in den letzten Jahren, die hier beseitigt werden sollen. Handlungsanalysen, wie sie in den Teilen 4-6 betrieben, und methodische Prinzipien, wie sie im Teil 2 diskutiert werden, sollen mit diesem Projekt wieder eingeholt werden in die Kriminalsoziologie. Andererseits mußten die Thesen, die in der Diskussion der letzten Jahre unseres Erachtens verkürzt wurden, an den Bruchstellen aufgenommen werden. Das ist das Vertraute an diesem Projekt, die Analysen von sozialstrukturellen Daten im Teil 3 und von Definitionsprozessen im Teil 7, die aber in der Verbindung mit der Handlungsanalyse anders angesetzt sind. So bezieht sich die Strukturanalyse auf Personen, die im offenen Feld angesprochen wurden, nicht auf von den Instanzen sozialer Kontrolle vermittelte, und die Definitionen der Instanzen sozialer Kontrolle werden mit dem Selbstverständnis der von den Definitionen Betroffenen unmittelbar konfrontiert. Dabei ist es ein Ergebnis unserer Diskussion der Kriminalität und der Kriminalisierung, auf das vorab aufmerksam gemacht werden soll, daß die Analyse der Kriminalität in engem Zusammenhang mit einer Analyse der gesellschaftlichen Organisationen zu erfolgen hat, die die Kriminalisierungsprozesse betreiben: Sozialarbeit, Polizei und Strafjustiz.

Die Gründe für meine Beschäftigung mit der Kriminalsoziologie und sicherlich zu einem großen Teil auch für den Gang der Untersuchungen der ersten Zeit lassen sich aus meiner Biographie sehr leicht erschließen. Als Sozialarbeiter habe ich in Studium und Beruf von 1961-1965 Kriminalität und ihre "Bekämpfung" als ein bedeutendes Arbeitsgebiet der Sozialarbeit kennengelernt. In der theoretischen Ausbildung wie in der eigenen praktischen Arbeit lösten sich "Kriminalität" und "Kriminalitätsbekämpfung" in "kriminelle Akte" einzelner, dem Sozialarbeiter gut bekannter Personen und in viele Fälle von "Einzelfallhilfe" auf. Die Theorie und Methode der Sozialarbeit, die diese Ausbildung und Praxis anleitete, war ein psychologisch fundierter, theoretischer Ansatz, der Wege der methodischen Hilfe im Einzelfall aufzeigen sollte. Daneben wurden noch die "Gruppenarbeit" und die "Gemeinwesenarbeit" als methodische Ansätze der Sozialarbeit ausgewiesen. Während die "Gemeinwesenarbeit" Anfang der 60er Jahre gar nicht in der Sozialarbeit eingesetzt wurde, fand die "Gruppenarbeit" bei der "Bekämpfung der Kriminalität" jedenfalls so gut wie keine Anwendung. Auch hier dominierte die "Einzelfallhilfe". Sie orientierte sich seinerzeit an Arbeiten wie der von Ruth Bang über die "psychologischen und methodischen Grundlagen der Einzelfallhilfe (case work)" (1963) (0) und von Marie Kamphuis über "die persönliche Hilfe in der Sozialarbeit unserer Zeit" (1968). Die Grundstruktur der Argumentation zur bedeutendsten Methode der Sozialarbeit ist bis heute dieselbe geblieben (H.Haferkamp und G.Meier, 1972, S.1o3). Diese Theorie und Methode haben nach meinen eigenen Beobachtungen in der Sozialarbeit zu wenig geführt. Die Sozialarbeit hat immer noch dieselben Menschen vor sich, in zweifachem Sinn: eine große Zahl der Behandelten wird rückfällig, und für jeden abgeschlossenen Fall tritt ein neuer Fall mit denselben Merkmalen auf, die schon der vorhergehende aufwies. Beide Beobachtungen sind mit einer Theorie der individuellen Verursachung des Fehlverhaltens und seiner individuellen Therapie kaum vereinbar. Auf der Suche nach einer Neuorientierung stieß ich 1965 zum ersten Mal auf kriminalsoziologische Analysen. Daß ihre Aussagen für mich unmittelbare Plausibilität hatten , lag wohl an dem Stand der gerade ablaufenden Diskussion um Robert K.Mertons Anomietheorie: mit einem sozialstrukturellen Ansatz kritisierte er eine sozialisationstheoretische, auf Einzelfälle bezogene Perspektive in den Sozialwissenschaften. Eben diese Kritik paßte zu meinen Beobachtungen.

1.2 Die Notwendigkeit einer sozialstrukturellen Analyse der Kriminalität und der Tätigkeit von Sozialarbeit, Polizei und Strafjustiz

Vor 196o wurde in der Bundesrepublik Deutschland in der Soziologie der Kriminalität wie der Soziologie der Sozialarbeit, Polizei und Strafjustiz, die sich seinerzeit erst sehr zögernd entfalteten, der sozialisationstheoretische Ansatz vertreten. Stark verkürzt lauteten die sozialisationstheoretischen Thesen:

1. Kriminalität ist eine Folge von Sozialisationsdefiziten, von mißlungener Erziehung, die insbesondere dann auftritt, wenn einer der Eltern fehlt.
2. Die Tätigkeit der Sozialarbeit, Polizei und Strafjustiz an Kriminellen ist Hilfe für Menschen in Not.

Vertreter dieses Ansatzes waren beispielsweise Lieselotte Pongratz, Hans-Odo Hübner (1959) und Günther Kaiser (1959). Paradigmatisch für die Analyse der Kriminalität und für Programme der Sozialarbeit, Polizei und Strafjustiz waren und sind z.T. heute noch die Arbeiten von Sheldon und Eleanor Glueck in den USA zu diesen Thesen. Auch die Untersuchungen von Jackson Toby (1957) und Thomas P. Monahan (1957) wirkten in derselben Weise. Die Leistung dieser Theorie zur Erklärung krimineller Handlungen wie zu ihrer Behandlung war aber im wesentlichen bescheiden. Sie war zwar in Einzelfällen oft überzeugend, ihre Eignung zur Anwendung auf eine große Menge von Fällen blieb aber sehr fraglich. Bei der Analyse der Kriminalität wie ihrer Behandlung durch Sozialarbeit, Polizei und Strafjustiz haben wir es jedoch mit derartigen Mengen zu tun, deren Umfang von Gesellschaft zu Gesellschaft, von Schicht zu Schicht in einer Gesellschaft variiert.

Mit dieser Feststellung hatte Robert K. Merton schon 1938 die Kritik an einer Analyse der Kriminalität und der Sozialarbeit, Polizei und Strafjustiz eingeleitet, die von Motivationen und Strebungen, Biographien und Erziehungsprozessen, Familienkonstellationen und Elternbindungen bei der Ursachenforschung ausging und darauf auch die Behandlung der Kriminalität bezog. Offenbar bewirkten sozialstrukturelle Faktoren - bei der Verursachung möglicherweise von Fall zu Fall verstärkt oder abgeschwächt durch spezifische Sozialisationsprozesse - das Auftreten so vieler krimineller Handlungen wie ihrer breit angelegten Bekämpfung.

Diese Kritik bekam neue Aktualität, als in der BRD von 1960 bis etwa 1968/69 das in den USA weit verbreitete soziologische Paradigma der Systemtheorie übernommen, ausgebaut und verfeinert wurde. Dazu wäre zunächst an die breite Rezeption der Theorien von Talcott Parsons (vor allem 1951), Robert K. Merton (vor allem 1949) und Marion J. Levy (1952) und anderen zu erinnern. Für die BRD sind die Arbeiten von René König zur Strukturkategorie (1967, zuerst erschienen 1958), Renate Mayntz zur Organisationsanalyse (1963), Heinz Hartmann zum soziologischen Funktionalismus (1967), Karl Hermann Tjaden zum sozialen System und sozialen Wandel (1972, zuerst erschienen 1969), allen voran jedoch von Niklas Luhmann zur Soziologie als Systemtheorie (vor allem 1964 a und 1967) ins Gedächtnis zu rufen. Als Bezugsrahmen der Analyse bot die soziologische Systemtheorie die Frage nach der Struktur und der Funktion von Kriminalität, Sozialarbeit, Polizei und Strafjustiz für das soziale System der BRD an.

Was die Analyse der Kriminalität betrifft, so fand sich die systemtheoretische Erklärung der Kriminalität in der Anomietheorie Robert K. Mertons. Merton vertrat die These, daß bei der Entstehung der Kriminalität die Sozialstruktur selbst aktiv ist. Sie produziert die Motivation zur Kriminalität, die nicht von dem einzelnen Individuum oder seiner Sozialisation abgeleitet werden darf. Merton formulierte seine Kriminalitätsanalyse in ausdrücklicher Absetzung von Freud und seinen Nachfahren, die

die sozialisationstheoretische Kriminalitätsanalyse so nachhaltig beeinflußt hatten. In der Sozialstruktur führt die mangelnde Koordination der gesellschaftlich verbindlichen Ziele und der sozial vorgeschriebenen Mittel zu ihrer Realisierung - die Anomie - bei Angehörigen der Schichten, die eben dieser Mittel entbehren, zu verschiedenen Formen des abweichenden Verhaltens, wie z.B. zur "Kriminalität", zur "Verwahrlosung" oder zur "Asozialität". Anomie, Schichtung und abweichendes Verhalten sind hier analytische Begriffe. Der Anomiebegriff dient der Kennzeichnung eines gesellschaftlichen Zustandes, in der die Unsicherheit über das, was erlaubt ist, um Erfolg zu haben, verbreitet ist. Nur in einer anomischen Gesellschaft entsteht der Druck zum abweichenden Verhalten. Mit den Kategorien der Schichtung oder Klassenstruktur, die Merton synonym verwandte (vgl. 1957, S.122, 139ff, 145), erfaßte er im wesentlichen die ungleiche Verteilung der Mittel zur Lebensführung in einer Gesellschaft. Die Unterschicht oder Unterklasse ist gekennzeichnet durch "den Ausschluß von den konventionellen und legitimen Mitteln, die nun einmal zum Erfolg benötigt werden. Die Berufschancen von Menschen dieser Lage bestehen im wesentlichen in der Handarbeit oder in gering bewerteter Bürobeschäftigung." (1957, S.145). Konstitutiv für die Zugehörigkeit zur Unterschicht oder zur "Unterklasse" sind "die fehlende qualifizierte Ausbildung und die geringen ökonomischen Ressourcen" (1957, S.145/146). Das Auftreten beider Bedingungen, der Anomie und der Schichtung, ist erforderlich. Die Zugehörigkeit zur Unterschicht oder "Unterklasse" führt nur dann zur Kriminalität, wenn die Gesellschaft anomisch ist, d.h. gleiche Erfolgsziele für alle propagiert und die Wege zu ihrer Realisierung unklar läßt. Das erklärte auch für Merton die fehlende Korrelation von Armut und Kriminalität. "Selbst langfristige "Armut in der Fülle" führt nicht notwendigerweise zur Kriminalität. Aber wenn Armut und Mittelmangel weiter Kreise der Bevölkerung zugleich mit der Verpflichtung auftreten, finanziellen Erfolg zu haben, dann sind hohe Kriminalitätsraten das normale Ergebnis " (1957, S.147). Der Begriff des abweichenden Verhaltens schließlich wird vor dem Hintergrund des Normbegriffs definiert. Ein Verhalten ist abweichend, wenn es den in der Gesellschaft geltenden Normen nicht entspricht. Durch das massenhafte Auftreten des abweichenden Verhaltens wird auf das soziale System ein Druck ausgeübt, sowohl die Ziel-Mittel-Koordination wie die Mittelverteilung zu verändern. Die Funktion der Kriminalität ist nach Merton die Auslösung des sozialen Wandels des sozialen Systems. Hier wird die Erklärung der Kriminalität zu einem Vehikel der Verbesserung der Systemtheorie, zu der die Anomietheorie als "Theorie mittlerer Reichweite" zu rechnen ist. Merton betonte in seiner Einleitung zur Anomietheorie die Hoffnung, mit diesem Ansatz "die funktionale Theorie auf Probleme des sozialen Wandels auszuweiten... Das Schlüsselkonzept zur Überwindung des Abgrundes zwischen Statik und Dynamik in der funktionalen Theorie ist das des Drucks, der Spannung, des Gegensatzes zwischen Bestandteilen der sozialen und kulturellen Struktur " (1957, S.122).

Untersuchungen, die sich mit diesem Zusammenhang oder wichtigen seiner Teile, wie der Unterschichtthese, befassen und ihn bestätigen, könnte man schon in den vor der Anomietheorie erschienenen Arbeiten von Clifford R.Shaw und Henry D.McKay (1934) und den späteren Arbeiten von William C.Kvaraceus (1944) sehen. In den 60er Jahren wurde dieser Zusammenhang erneut von Albert J.Reiss und Albert L.Rhodes (1961), Arthur L.Wood (1961), John P.Clark und Eugene P.Wenniger (1962), Lewis Yablonsky (1962) und Irving Spergel (1964) gefunden.

In der an der Systemtheorie orientierten Phase des soziologischen Denkens in der BRD vertrat eine an der Anomietheorie entwickelte Position wohl nur René König, wie in einem Aufsatz zur Stellung des "Problems der Jugendkriminalität in der allgemeinen Soziologie" schon 1957, im Anomieartikel von 1958 im Soziologielexikon (1967) und vor allem in seiner Einleitung zu Durkheims "Regeln", dessen Arbeiten auch für Mertons Anomietheorie wichtig waren. Auch König bahnte einer sozialstrukturellen Analyse gegenüber individualpsychologischen Ansätzen den Weg und interpretierte Merton in treffender Verkürzung so, daß der Druck zum abweichenden Verhalten für Handarbeit und untere Angestelltenkategorien (1967, S.26) gelte. Bei der Erörterung des Verhältnisses von Armut und Kriminalität schloß er sich ganz an Merton an: "Schlechte Wohnverhältnisse und Armut führen, wie sich empirisch zeigen läßt, keineswegs immer, sondern wahrscheinlich nur dann zur Kriminalität, wenn Aspirationen vorliegen, für deren Verwirklichung keine legitimen..., sondern nur illegitime Möglichkeiten gegeben sind " (1967, S.29).

Im ganzen wird man der von Fritz Sack geäußerten Behauptung zustimmen müssen, daß zu der Zeit in der BRD "eine Kriminalsoziologie noch nicht existierte. In der Geschichte der deutschen Soziologie hat es... bis (dahin) keinen Wissenschaftler gegeben, der sich als Soziologe nachhaltig oder hauptsächlich mit Fragen der Kriminalität oder Delinquenz beschäftigt hätte" (1969, S.961).

Für die Analyse der Sozialarbeit, Polizei und Strafjustiz bot sich ein etwas günstigeres Bild. Im systemtheoretischen Bezugsrahmen mußten sie als Instanzen sozialer Kontrolle begriffen werden, wie es Parsons als einer der Begründer der modernen Systemtheorie 1951 selbst vorführte. Danach ist die Theorie der sozialen Kontrolle die Kehrseite der Theorie des abweichenden Verhaltens. Sie ist die Analyse der Prozesse in einem sozialen System oder seinen Subsystemen, die dahin tendieren, die abweichenden Tendenzen zurückzudrängen, und der Bedingungen, unter denen jene Prozesse stattfinden. Wenn das abweichende Verhalten als die Tendenz verstanden wird, die das gesellschaftliche Gleichgewicht stärkt, so ist die soziale Kontrolle dementsprechend die Kraft, die dieser Tendenz entgegenwirkt. Die Mechanismen der sozialen Kontrolle wirken in zweierlei Weise. Einmal wird allein durch die Tatsache der tagtäglichen Interaktion in Familie, Schule und Betrieb, auf öffentlichen Plätzen und im Umgang mit dem Mann auf der Straße soziale Kontrolle ausgeübt. Zum anderen gibt es die institutionalisierte soziale Kontrolle, die mittels ausdrücklich so verstandener negativer und positiver Sanktionen wirksam wird. Das setzt die Existenz von Instanzen voraus, die in unterschiedlichem Maße der Gesellschaft - wie Parsons noch meinte - für die Aufrechterhaltung des Normensystems verantwortlich sind. Die Anwendung formaler Sanktionen erfordert zum einen eine "Instanz der Interpretation", die der allgemeinen Auslegung von Gesetzen und von Rollenverpflichtungen dient und damit die Unsicherheitsfaktoren in einer Gesellschaft einschränkt, und zum anderen "Instanzen der Durchsetzung von Sanktionen". Sozialarbeit, Polizei und Strafjustiz sind dann in diesem Bezugsrahmen Interpretations- wie Sanktionsinstanzen.

In der BRD wurde diese Position sachlich ohne Rückgriff auf Parsons von René König in seiner Auseinandersetzung mit der Kategorie der sozialen Kontrolle schon 1958 vertreten (vgl. 1.Aufl.des Soziologielexikons). Jedoch leistete König eine Anwendung auf die Sozialarbeit oder eine ihr vergleichbare Instanz nicht. Erst in den Arbeiten von Joachim Matthes (1962, 1964, insbesondere Seiten 1o9-125) und vor allem von Helge Peters von 1968 wurde diese, für die BRD längst fällige Analyse vorgelegt.

So konnte Matthes zunächst ein ähnliches Urteil zur Soziologie der Sozialarbeit wie Sack noch 7 Jahre später zur Kriminalsoziologie treffen: "Zu den Gebieten, die von der wissenschaftlichen Soziologie in Deutschland bisher auffallend vernachlässigt worden sind, gehört das Fürsorgewesen, in einem weiteren Sinn das der Sozialarbeit oder der Sozialhilfe". 1964 legte Matthes dann selbst einen Ansatz zu einer Struktur- und Funktionsanalyse der Sozialarbeit vor.

Die ausführliche systemtheoretische Analyse der Sozialarbeit ließ aber noch 4 Jahre auf sich warten. Erst dann wies Helge Peters nach, daß Sozialarbeit als Instanz sozialer Kontrolle wirkt und ihre Kontrolltechniken sich in Abhängigkeit von der ökonomischen Entwicklung der BRD und der ökonomischen Basis der Organisation der Sozialarbeit selbst verändert haben. Dabei schloß sich Helge Peters Helmut Schelskys These von der nivellierten Mittelschichtgesellschaft an, in der "die Voraussetzungen für die Entstehung sozialer Diskriminierungen..., als deren Spezialfall.. die diskriminierende armenpflegerische Handlung (früherer Zeiten - H.H.) aufgefaßt wird, heute weitgehend entfallen sind" (1968, S.86). "Das Fehlen der krassen Unterschiede im Lebensstil der sozialen Schichten macht die Diskriminierung unterer Schichten durch obere Schichten.. entbehrlich... nur massenhafte Armut und großer Reichtum in einer Gesellschaft verlangt nach Rechtfertigung in dem Sinne, daß behauptet wird, diese Armut bestehe sozusagen zu Recht, die Armen seien inferiore Wesen" (H.Peters, 1968, S.89). Statt dessen wird von den Instanzen der sozialen Kontrolle zur Erhaltung des gesellschaftlichen Status quo indirekte soziale Kontrolle, Verhaltenskontrolle durch Überreden und andere, sehr feine Techniken, ausgeübt. Der "Abbau der Diskriminierung und das Entstehen der psycho- und soziologischen Attitüde ... (sind) Versuche.., die Kontrolle in die Person zu verlegen. Das eben geschieht, wenn der Fürsorger Verständnis für die Abweichung des Handlungsadressaten aufzubringen versucht und es unternimmt, seine Vorstellungen über den einzuschlagenden Weg dem Handlungsadressaten einsichtig zu machen, indem er ihn dazu veranlaßt, das zu wünschen, was von ihm gewünscht wird, oder indem er ihn zu überzeugen versucht, daß das Ziel, das er verfolgt, gerade dann zu erreichen sei, wenn der Handlungsadressat auf die Vorschläge des Fürsorgers eingehe" (S.112).

Der wichtige theoretische Fortschritt dieser Ansätze scheint uns darin zu liegen: Während die sozialisationstheoretischen Theorien zur Kriminalität, Sozialarbeit, Polizei und Strafjustiz noch nicht klärten, wie sich derartige Sozialisationsprozesse über alle möglichen sozialen Orte verteilen und welche Konsequenzen für die Beurteilung der Behandlung der "Kriminellen" daraus zu ziehen wäre, machten die systemtheoretischen Arbeiten in der Form der Anomietheorie und der Theorie der sozialen Kontrolle programmatisch deutlich, daß sich die Kriminalität und die Kriminalisierungen über eine relevante gesellschaftliche Dimension ungleich verteilen, nämlich über die der Schichtung der Gesellschaft. So lauten die wichtigsten Thesen dieses Ansatzes:

1. Kriminalität ist eine Folge der Schichtung einer Gesellschaft. Die Zugehörigkeit zur Unterschicht drängt zu abweichendem Verhalten.
2. Sozialarbeit, Polizei, Strafjustiz leisten bei der Behandlung der Kriminellen keine Hilfe. Sie setzen herrschende Normen durch, sie dienen der Stabilisierung des politischen Status quo.

Diese Thesen verdienen festgehalten zu werden, wenn auch das Schichtungsmodell von Peters im Anschluß an Schelskys These von der nivellierten Mittelstandsgesellschaft angesichts der verschiedenen Untersuchungen zur Sozialstruktur der BRD (vgl. z.B. Urs Jaeggi und Jörg Huffschmid) ohne weitere Diskussion beiseite geschoben werden muß - wie von Peters auch später selbst gesehen (197o) - und auch der Schichtungsbegriff, den Merton und König als Vertreter des anomietheoretischen Ansatzes verwandten und der seine Herkunft aus der funktionalistischen Schichtungstheorie nicht verleugnen kann, für die Analyse der sozialstrukturellen Bedingungen der Kriminalität wenig brauchbar erscheint. Das erste Modell arbeitet mit den Möglichkeiten des Konsums in Abhängigkeit vom Einkommen als konstitutivem Kriterium der angeblich sich entwickelnden Gleichheit - eine Perspektive, die soziale Ungleichheiten offenbar verschleiert. Für die Schichtungsansätze sind Berufsposition und Ausbildungsgang für die Bestimmung der unterschiedlichen Status maßgebend - womit nur abgeleitete Merkmale folgenreicherer Ungleichheiten erfaßt werden.

1.3 Die interaktionistische Perspektive als unumgängliche Fortführung zur Analyse der Kriminalität und der Kriminalisierung

Nun paßten verschiedene Beobachtungen zur Tätigkeit der Sozialarbeit, Polizei, Strafjustiz und zur Kriminalität und das systemtheoretische Erklärungsmodell zum abweichenden Verhalten und zur sozialen Kontrolle nicht zusammen. Die soziologische Kritik an der Theorie des abweichenden Verhaltens und der sozialen Kontrolle setzte mit der Feststellung ein, daß es sehr viele Handelnde gibt, die in der anomischen Gesellschaft der BRD in der Unterschicht leben und sich dennoch durch und durch normal verhalten. Sie sind an kriminellem Handeln nicht beteiligt. Sie setzen legitime Mittel ein, um ihre Ziele zu erreichen. Etwas Vergleichbares gilt für Angehörige der Ober- und Mittelschicht. Nicht alle tragen durch Kontrollmaßnahmen oder durch eine Unterstützung solcher Tätigkeiten zur Erhaltung des Status quo bei.

Diese Kritik äußerte sich eben zu der Zeit, als in der soziologischen Theorie die Entwicklung der Theorie des sozialen Verhaltens einsetzte, deren Absetzbewegung von der Systemtheorie George Caspar Homans 1964 in die einprägsame Formel kleidete: "Bringing Men Back In". Während der methodische Ansatz der Theorie des sozialen Verhaltens auch in der kriminalsoziologischen Forschung Eingang fand, blieben die Inhalte der Aussagen dieses Ansatzes für die Soziologie der Kriminalität und der Instanzen sozialer Kontrolle in der BRD bedeutungslos mit den Ausnahmen einiger Überlegungen von Franz Josef Stendenbach (1963) und der Arbeiten von Karl-Dieter Opp (1968, 197o, 1972 a und 1972 b), z.T. in der Zusammenarbeit mit anderen wie Rüdiger Peuckert (1971).

In der Kriminalsoziologie und in der Soziologie der Instanzen sozialer Kontrolle in der BRD bahnte sich ab 1968/69 eine Sonderentwicklung an. Soziologische Handlungstheorien, Interaktionstheorien, die in der allgemeinen soziologischen Theorie in den USA wie der BRD nur vereinzelt um diese Zeit als Alternative oder Fortführung der Systemtheorie vertreten wurden, wie in Peter L. Bergers und Thomas Luckmanns Arbeit: Die soziale Konstruktion der Wirklichkeit (1966), sollten hier die Systemtheorie überwinden. Diese Theorien schienen für die Analyse der Kriminalität und der Sozialarbeit, Polizei und Strafjustiz besonders ergiebig zu sein. Von den Vertretern der interaktionistischen Kriminalitätsanalyse wurde darauf hingewiesen, daß Kriminalität durch Handlungen hervorgebracht wird und daß diese Handlungen keine Automatismen sind, die nicht näher bestimmten Gesetzen der Wahrscheinlichkeit folgen.

Wie schon bei der Anwendung der soziologischen Systemtheorie zur Analyse der Kriminalität und der Instanzen sozialer Kontrolle stand auch diese Diskussion in der BRD zunächst ganz im Zeichen einer Rezeption amerikanischer Ansätze, die dort schon wesentlich früher mit einer Kritik des nur sozialstrukturellen Ansatzes eingesetzt waren. Die Forderung der Vermittlung der sozialstrukturellen mit einer interaktionistischen Perspektive wurde dort von Albert K. Cohen (1961, 1965), Richard A. Cloward und Lloyd E. Ohlin (196o) und anderen vertreten, die damit wieder an alte kriminalsoziologische Positionen in den USA anschließen konnten, wie die Frederic Thrashers (1927) und William F. Whytes (1943). Arbeiten von Walter B. Miller (1968) und Lewis Yablonski (1967) wirkten in derselben Weise. Von Merton, hervorstechender Adressat der Kritik, wurde diese Position sogleich akzeptiert (1959).

Die Forscher versuchten zunächst zu klären, warum nur ein Bruchteil der Menschen ein und derselben Lage abweichend handeln. Albert K. Cohen und Richard A. Cloward und Lloyd E. Ohlin empfahlen zur Aufklärung dieser Frage die Beachtung der Existenz von Kleingruppen und der Interaktion ihrer Mitglieder. Die Möglichkeiten des Auftretens dieser Gebilde in ein und derselben Schicht, in ein und derselben anomischen Gesellschaft sind sehr unterschiedlich. Es ist dann - und hier setzt der spezifische Beitrag der Interaktionisten ein - der Prozeß zu analysieren, in dem diese Gruppen durch Interaktionen entstehen und auf Dauer existieren.

A. K. Cohen hatte dies in seiner Schrift von 1955 zu erklären versucht, dabei aber einen Bezug zu Mertons Theorie nicht hergestellt und die sozialstrukturellen Variablen anders definiert. R. A. Cloward und L. E. Ohlin (196o) versuchten dagegen, die Interaktionsanalyse in ihrer Theorie der unterschiedlichen Chancensysteme unter Aufnahme Mertonscher Thesen zu leisten. Sie setzten mit dem Druck zum abweichenden Verhalten, der auf der Unterschicht der Gesellschaft lastet, ein. Ihm sind im vergleichsweise großen Umfang männliche Jugendliche dieser Soziallage ausgesetzt. Die Belastung kann schon gemildert werden, wenn ein Jugendlicher auf andere trifft, die in derselben Lage sind, dasselbe Urteil haben. Viele Jugendliche bleiben nicht beim Reden, sie tun etwas. Der erste abweichende Akt wird aber in einem Zustand der Angst, Unsicherheit ausgeübt. Es ist ein "kleiner Fisch" mehr ein impulsiver Ausdruck des Streß. Aber in der Regel erfolgt eine Reaktion der Instanzen sozialer Kontrolle, der Eltern, der Nachbarn, der Fürsorge. Der Junge benötigt dann allen Mut, um weiterzumachen. Er findet Unterstützung bei den anderen, die dieselben praktischen Erfahrungen gemacht haben, die auch nicht nur reden. Wer nicht fähig ist, sich solche Freunde zu verschaffen, wird große Schwierigkeiten in der Begründung seiner Abweichung gegenüber dem offiziellen System haben, denn der Junge braucht nicht nur den Glauben an die Berechtigung seines Tuns, sondern auch die soziale Bestätigung der Richtigkeit seiner Handlungen. Zusätzlich zur Unterstützung der Motivation durch andere setzen Lösungen auf der Gruppenbasis die Erfüllung weiterer Bedingungen voraus. Wenn der Kommunikation erhebliche Schwierigkeiten entgegenstehen, ist es schwierig, zu einer Gruppenlösung zu finden. So ist es wichtig, daß die Betroffenen zu wirksamer Interaktion miteinander gelangen, daß keine zu große räumliche Trennung, keine Unterschiede des Status und Geschlechts, keine verschiedenen Ausgangsprobleme bestehen. Stehen keine derartigen Hindernisse einer Kommunikation entgegen, kommt es zu einem regelrechten Prozeß des gegenseitigen Aufschaukelns der abweichenden Akte. Immer stärker abweichende Akte werden von den Freunden gebilligt, angeregt, gefördert, ja sogar mit ausgeführt.

Da Cloward und Ohlin an Mertons Anspruch festhielten, den sozialen Ort dieser Gruppen zu bestimmen, fragten sie danach, wo in der Gesellschaft alle diese Bedingungen mit hoher Wahrscheinlichkeit erfüllt werden. Das ist bei den männlichen Jugendlichen der Unterschicht in den Sanierungsgebieten der großen Städte, in denen es einen hohen Grad an Arbeitslosigkeit unter den Jugendlichen gibt und eine nicht eingriffsbereite Polizei, zurückhaltende Sozialarbeit und inkonsequente Strafjustiz walten, der Fall.

Zu den Konstitutiva der Schicht- und Klassenzugehörigkeit der Jugendlichen und ihrer Eltern in der anomischen Gesellschaft gehört zu allererst die Ausbildung. Sie ist die Voraussetzung jeglicher Mobilität, wenn es auch noch andere Abstützungen der Mobilität gibt, wie ein Erbe oder Protektion. Cloward und Ohlin sahen aber auch, daß das Ausbildungsniveau der Person wiederum abhängig ist von ihrer Berufsposition (1). "Für viele Mitglieder der Unterschicht, die sich noch in einem regelrechten Existenzkampf befinden, muß das Ziel einer höheren Ausbildung unerreichbar erscheinen. In einer Familie, die Not hat, Essen, Trinken und Kleidung für alle zu bekommen, wird auf die Jugendlichen schon früh ein Druck ausgeübt, die Schule alsbald zu verlassen und eine Beschäftigung aufzunehmen, um dadurch der Familie helfen zu können" (S. 1o2) (2).

Die Rezeption dieser und anderer Fortführungen der systemtheoretischen Analyse der Kriminalität durch interaktionstheoretische Überlegungen wurde in der BRD kaum stärker als zuvor die Auseinandersetzung mit der Anomietheorie betrieben. Zwar erschienen zwei wichtige Veröffentlichungen zum Thema: Hans Peter Dreitzels "Vorstudien zu einer Pathologie des Rollenverhaltens" : "Die gesellschaftlichen Leiden und das Leiden an der Gesellschaft" (1968), Tilmann Mosers Arbeit "zum Verständnis von soziologischen, psychologischen und psychoanalytischen Theorien des Verbrechens": "Jugendkriminalität und Gesellschaftsstruktur" (197o).

Hans Peter Dreitzel brachte Anomietheorie und interaktionistische Rollentheorie in einen Zusammenhang, widmete sich aber nicht so sehr den Interaktionen, die zu kriminellen Akten führten, als gestörten Interaktionen und ihnen folgenden Verhaltensweisen überhaupt und vernachlässigte zudem die schicht- und klassentheoretischen Ansätze, so daß die uns interessierenden Variablen nur in sehr allgemeiner Form von ihm besprochen wurden.

Tilmann Moser stand schon der These von der Ausbildung kleiner Gruppen als dem Ergebnis krimineller Aktivitäten wie der Basis ihrer Fortsetzung skeptisch gegenüber. Immerhin referierte er ausführlich Cohens, Sykes und Matzas, Cloward und Ohlins Theorien und begutachtete ebenso ausführlich die empirischen Belege zur interaktionistischen These. Er gelangte zu dem Ergebnis, daß gerade für die Gruppenthese die empirische Bestätigung - auch in den USA - noch ausstehe und wandte sich dann der Entfaltung eines Ansatzes zu, der - sehr verkürzt dargestellt - die Mertonsche Idee von der sozialstrukturellen Bedingtheit der Kriminalität mit Freudschen Thesen verband. Anders als bei Merton wird die Belastung der Unterschicht durch den Druck zur Kriminalität nach Moser nicht erst wirksam als Mangel an objektiven Chancen für Jugendliche beim Eintritt in die Erwachsenenwelt. Der "sozialstrukturelle Druck auf die Sozialisationsfähigkeit der Familie und die Kumulation seelisch gestörter Menschen... belasten... die Unterschicht in erhöhter Weise". Er beeinflußt "ihre psychische Entwicklung in frühester Kindheit dadurch, daß (er) Reifung und Entfaltung der Eltern einschränkt, aufhält und zerstört" (T.Moser, 197o, S.346). Dabei thematisierte Moser nicht, was die Schichten konstituiert.

Daß nicht mehr als diese beiden Arbeiten, von denen eine noch gegen eine interaktionistische Kriminalitätsanalyse steht, zu dieser Zeit erschienen, muß im Zusammenhang mit dem Aufkommen des Definitionsansatzes zur Analyse der Instanzen sozialer Kontrolle und der Kriminalität gesehen werden. Der Ansatz ist radikal: Kriminelles Handeln selbst, das Verhalten, das kriminalisiert wird, ist danach der Untersuchung nicht mehr bedürftig. Alleiniger Untersuchungsgegenstand von Kriminalsoziologie und Soziologie der Instanzen sozialer Kontrolle ist die Kriminalisierung. Sie wird an beliebigen oder besonders ausgewählten kriminellen Handlungen - hier gibt es unterschiedliche Positionen, z.T. bei ein und demselben Vertreter dieses Ansatzes - durch ihre Subsumtion unter Strafgesetze vorgenommen: Kriminalität ist allein oder im wesentlichen das Produkt der Rechtsanwendung. Der Zuspruch, den diese Analyserichtung fand, führte dazu, daß interaktionistische Kriminalitätsanalysen praktisch nicht vorliegen.

Der Definitionsansatz geht auf die interaktionistische Analyse der Instanzen sozialer Kontrolle zurück. Sie ist repräsentiert in Arbeiten von Edwin M.Lemert (1951, insbesondere 1964 und 1967), George B.Vold (1958), Howard S.Becker (1963), Leslie T.Wilkins (1965), Stanton Wheeler (1967), Jack Douglas (in mehreren Sammelbänden), Aaron Cicourel (1968), Richard Quinney (197o) und nicht zuletzt von Edwin M.Schur (1971). Die Forscher konnten auf frühe Arbeiten von Emile Durkheim (1895) und Frank Tannenbaum (1938) zurückgreifen.

Eindrucksvoll formulierte George B.Vold die Thesen dieses Ansatzes.

Für ihn besteht die Gesellschaft aus einer Vielzahl von Gruppen im Konflikt: "Gesellschaft, als eine Menge von Gruppen, wird in einem sich verändernden, dynamischen Gleichgewicht von sich widersprechenden Gruppeninteressen und -aktionen gehalten." (G.B.Vold, S.2o4). Vold führte die Organisation von Gruppen auf Situationen zurück, in denen die Mitglieder gemeinsame Interessen und Bedürfnisse haben, denen durch gemeinsames Handeln nachgegangen wird. Zu solchen Gruppen zählen Gangs ebenso wie Polizeiorganisationen. Die Gruppen tragen Konflikte aus, wenn sich ihre Interessen überlappen, wenn ein und dasselbe Handlungsfeld von beiden beansprucht wird. In diesem Zusammenhang stehen Kriminalität und die Instanzen sozialer Kontrolle. Die Prozesse der Gesetzgebung, des Gesetzesbruchs und der Gesetzesdurchsetzung sind eine direkte Reflexion tiefsitzender und fundamentaler Konflikte zwischen Interessengruppen und ihrem Kampf um die politische Macht. Diejenigen, die die legislative Mehrheit gewinnen, kontrollieren die politische Macht und beherrschen die Politik und bestimmen damit auch, wer die Gesetze bricht. Sie definieren Handlungen, die ihren Interessen zuwiderlaufen als kriminell. Sie bezeichnen die Menschen, die sie ausführen,als Kriminelle. Deshalb ist Kriminalität keine Eigenschaft der Handlung, sie wird vielmehr durch Anwendung des Rechts der Sieger aus dem Kampf der gesellschaftlichen Gruppen geschaffen. In einer Gesellschaft wie der USA sind es nach Vold in erster Linie Arbeiter und Angehörige nicht-weißer Rassen, sowie die Mitglieder von Bürgerrechtsgruppen, die kriminalisiert werden.

Vold präzisierte nicht, an welchen Interessen sich die Gruppen und ihre Gegner etablieren. Er lieferte immer wieder Beispiele, die allesamt die These: "Konflikt aus der Interaktion der Gruppen" bestätigen, die aber nicht zurückgeführt wurden auf die für eine Gesellschaft konstitutiven Prinzipien der Gruppenbildung.

Anders als alle anderen bisher erörterten Perspektiven zur Analyse der Kriminalität wie der Instanzen sozialer Kontrolle wurde erst diese Perspektive in der BRD auf breiter Basis rezipiert. Wenn man das Auftreten einer speziellen Soziologie in einen Zusammenhang mit der Zahl der theoretischen Publikationen, ihres wechselseitigen Bezuges, der ausgelösten empirischen Forschungsarbeiten und schließlich auch der Schaffung einer organisatorischen Basis für den Fortgang dieser Richtung bringt, kann man sagen, daß die Kriminalsoziologie und die Soziologie der Instanzen sozialer Kontrolle in der BRD erst mit dieser Position begründet wurde. Günther Kaisers, Lieselotte Pongratz' und Odo Hübners empirische Untersuchungen, René Königs Auseinandersetzungen mit Merton und Durkheim, Matthes' und Peters' Analysen der Sozialarbeit, Opps, Dreitzels und Mosers theoretische Arbeiten zum abweichenden Verhalten blieben ohne breite Resonanz in der theoretischen und empirischen Forschung der Sozialwissenschaften. Eine Kriminalsoziologie oder Soziologie der Instanzen sozialer Kontrolle im beschriebenen Sinn entstand jedenfalls nicht, so daß unsere bisherige Rede von einer Entwicklung dieser Soziologien eine sehr wohlwollende Umschreibung eines Zustandes zweier spezieller Soziologien ist, der dadurch gekennzeichnet ist, daß nacheinander einige wichtige Arbeiten erschienen, eine wechselseitige Diskussion aber fehlte.

Das änderte sich schlagartig nach dem Erscheinen der ersten größeren Arbeit von Fritz Sack (1968), der dann Zug um Zug weitere folgten, die der beginnenden Diskussion neue Themen lieferten. Daß Sack die Situation der Kriminalsoziologie bis 1968 ebenso einschätzte, haben wir schon gezeigt. Nachzutragen wäre hier noch seine Prognose der weiteren Entwicklung, die wohl als widerlegt betrachtet werden darf. Noch 1969 (197o, S.66) - obwohl zu der Zeit schon wichtige Arbeiten von ihm zum Definitionsansatz vorgelegt worden waren - räumte Sack der systemtheoretischen bzw. kybernetischen Perspektive die größten Zukunftsaussichten ein und ließ dem Definitionsansatz nur die Chancen eines "Geheimtips".

Dieser Ansatz mit Außenseiterchancen, der er zu der Zeit schon gar nicht mehr war, verkürzt den interaktionistischen Ansatz, etwa der Voldschen Fassung, auf einen Definitionsansatz. Er setzt nicht mit einer Analyse der Sozialstruktur ein, auf deren Grundlage die Normen, die zur Kriminalisierung herangezogen werden, interaktiv entwickelt werden. Er übergeht auch die Interaktionen, auf die sich die Normen beziehen. Er geht statt dessen von der Kategorie der Norm selbst aus. Gesellschaftliche Normen definieren kriminelles Verhalten. Nun liegt der Sinn vieler Handlungen der Menschen nicht offen zutage, um die Normanwendung zu einem einfachen Akt der Subsumtion zu machen. Dazu bedarf es der Regeln zur Anwendung von Normen, pragmatischer Theorien der Kriminalität, die in der BRD die Situation der Unterschicht und unvollständiger Familien und weiterer sozialer Lagen, die sich aber auf diese beiden Merkmale zurückführen lassen, als "Kriminalität erzeugend" bestimmen. Diese Anwendungsregeln gestatten es erst der Strafjustiz, aber auch der Polizei und Sozialarbeit, unter Strafgesetznormen Handlungen von Unterschichtangehörigen und Abkömmlingen gestörter Familien zu subsumieren. Daraus resultiert der Verteilungsmechanismus für das Gut "Kriminalität" als diskriminierendes, jeder Handlung anheftbares Etikett. Der Mechanismus wird von der Oberschicht gegen die Unterschicht eingesetzt. Das ist möglich durch die Tatsache geschichteter Gesellschaft. Die herrschende Schicht kann der beherrschten Schicht Dinge zuweisen, also auch "Kriminalität". Sie ist dann "das Produkt des Zusammenwirkens verschiedenster Faktoren, zu denen sicherlich auch die Verhaltensweisen der Menschen gehören, aber eben nur als einer unter mehreren. (Sack)..sieht vor allem in der spezifischen Struktur dieser kriminellen Realität eher die Kräfte und Faktoren durchschimmern, die generell dafür verantwortlich zu machen sind, daß die positiven wie die negativen Güter in der Gesellschaft ungleich und nach Kriterien verteilt sind, die ihr das Etikett einer Klassengesellschaft eintragen." (1971 a, S.399) Gegen den Protest anderer Forscher wies Sack (1972) nach, daß die Kriminologen der verschiedensten Disziplinen bei allem Streit über den Gegenstand ihrer Forschungen, über die richtige Definition "kriminellen Verhaltens", doch stets von einem gemeinsamen Bezugspunkt ausgingen: von verurteilten Menschen. Die Definitionen der Wissenschaft gründeten damit allesamt auf den praktischen Vordefinitionen der Instanzen sozialer Kontrolle. Womit für Sack bewiesen ist, daß auch die Kriminalitätsforschung nur Definitionsprozesse rekonstruierte, die sie aber in einem falschen Bewußtsein als die Analyse tatsächlicher Verhaltensprozesse und ihrer Bedingungen ausgab.

Zur Kennzeichnung der sozialstrukturellen Komponente seines Ansatzes verwendete Sack zunächst einen Schicht-, später einen Klassenbegriff. Während in den ersten Arbeiten (1968, 1969) der Schichtbegriff ohne jede Konkretisierung blieb und in dem 1971 formulierten (1972 gedruckten) Beitrag zu einer Diskussion über die Instanzen sozialer Kontrolle gar der Begriff marxistisch-interaktionistische Kriminalsoziologie eingeführt wurde, deren Ahnherren aber allesamt nur Interaktionisten - Phänomenologen und Konstruktionstheoretiker - waren, deutete Sack 1971 dann eine Präzisierung an: er begriff die Definitionsprozesse als Fälle von "Klassenjustiz". "Dabei verdient der Tatbestand der Klassengesetzgebung besondere Erwähnung. Er meint den Sachverhalt, daß die schichtspezifischen Verhaltensweisen, die ihrerseits festzumachen sind in objektiven Lebenszuständen, was auch hier eine euphemistische Umschreibung im wesentlichen ökonomischer Verhältnisse ist, in differentieller Weise kriminalisiert und sozial kontrolliert sind." (1971, S.399 f). 1973 (b) steht für Sack "die Klassenjustiz..erneut auf der wissenschaftlichen Tagesordnung - genauso wie die Frage nach der Klassengesellschaft generell". (S.55) Er nähert sich hier noch stärker einer marxistischen Kriminalsoziologie. "Allein die Theorie der kapitalistischen Gesellschaft, deren einen Teilaspekt die Klassentheorie darstellt, kann den Hintergrund und den Ausgangspunkt einer klassentheoretischen Analyse des Rechts und seiner Institutionen abgeben. Deshalb erfordert die Frage nach der Klassenjustiz bzw. die hier angesprochene der theoretischen Rekonstruktion von empirisch vielfältig nachgewiesenen Selektionsprozessen bei der gesellschaftlichen Konstituierung von Phänomenen, die als Kriminalität verstanden werden, die vorherige Klärung einer auf die Gesamtgesellschaft zielenden Klassentheorie... damit wird aber die Kriminologie in unmittelbaren Zusammenhang mit der Analyse der gesellschaftlichen Produktionsbedingungen gebracht. Die Einzelheiten eines solchen theoretischen Unternehmens harren zweifellos noch der Präzisierung." (1973 b, S.59/6o) Dabei beließ es Sack, um dann in späteren Arbeiten, wie in einem kürzeren Thesenpapier (1973c) wieder die Selektionsprozesse ins Zentrum der kriminalsoziologischen Theorie zu rücken oder, wie in seinem Positionspapier (1973 d), die Forderung nach einer Theorie der Gesellschaft zu unterstreichen.

Im Gefolge dieses Definitionsansatzes entwickelte sich dann in der BRD eine breit angelegte empirische Forschung zu den Instanzen sozialer Kontrolle. Als Beispiele nennen wir die Arbeiten von Dorothee Peters (1971, 1973), Manfred Brusten (1971, 1973) und Klaus Hurrelmann (1973), Rüdiger Lautmann (1971, 1972), Johannes Feest (1971, 1972), Erhard Blankenburg (1973) und Karl F. Schumann und Gerd Winter (1973).

Der Kriminalitätsbegriff dieser Forschungen ist ganz der von Sack vorgeschlagene: Kriminalität ist das, was Richter, Polizisten oder Sozialarbeiter so bezeichnen (3). Die Schichtzugehörigkeit, die die soziale Situation der so gefundenen Kriminellen bestimmt, ist von Dorothee Peters und Rüdiger Lautmann (1973) in einer an anderen Analysen orientierten Weise so ermittelt worden: "Die Menschen in der Bundesrepublik sind ungleich nach Vermögen, Einkommen, Arbeitsbedingungen (insbesondere Autonomie im Beruf), Bildung und anderen Lebenschancen. Entsprechend dem Anteil an diesen Gütern lassen sie sich sozialen Schichten (oder Klassen) zuordnen, wobei man am einfachsten vom Beruf- als dem dominanten Schichtungskriterium - ausgeht" (S.45).

Ein wenig diskutierter, aber auffallender Mangel des größten Teils der theoretischen und empirischen Arbeiten zum Definitionsansatz von Sack bis Schumann und Winter war die merkwürdige Kreuzung der Variablen Kriminalität und Schichtung: Es wurde nicht gefragt, wie die Schichtung oder die Klassenstruktur der Gesellschaft der BRD einerseits das kriminelle Handeln bedingt und andererseits die Kriminalisierung. Die Schichtung wurde weder als Bedingung des kriminellen Handelns noch der Definitionen, die die Kriminalisierung ermöglichen, gesehen, sondern die Unterschichtzugehörigkeit war das allgemeine Merkmal der Personen, die die Kriminalisierung auf sich zogen. Diese Form der Kriminalisierung selbst war aber nicht von sozialen Strukturen ausgelöst, bedingt: Unthematisiert blieb der Zusammenhang von Sozialstruktur und Definitionsprozessen, völlig ungeklärt blieben die Bedingungen der Interaktionen, in denen Handlungen als kriminell definiert werden. Fragen wie: "Wie kommt es zur Entstehung von Definitionen, die Kriminalisierungen gestatten?" "Warum werden diese Handlungen und keine anderen kriminalisiert?" wurden nicht erörtert.

Das ist eigentlich um so erstaunlicher, als diese Frage ja in der Soziologie schon behandelt wurde und die wichtigen Ergebnisse dieser Forschung zumindest einigen prominenten Vertretern des Definitionsansatzes (vgl. F. Sack, 1969) durchaus bekannt waren. Zu verweisen ist auf die Untersuchungen von Karl Marx, zuerst zum Holzdiebstahlsgesetz (1972, MEW 1, S.1o9-147), auf die Arbeiten von Jerome Hall (1935) zur Diebstahlsgesetzgebung, von Georg Rusche und Otto Kirchheimer (1939) zur Sozialstruktur und zum Strafvollzug und von William J. Chambliss (1964) zur Landstreicherei. Für die angelsächsische interaktionistische Kriminalsoziologie hat es die Beschränkung im Ansatz, der sich die deutsche Rezeption des Labeling-approach unterwarf, ohnehin nie gegeben. Verwiesen sei hier auf Howard S. Beckers Analyse des Zusammenhangs von organisatorischer Basis, Fortbestandsinteresse und Gesetzesinitiative einer Instanz sozialer Kontrolle (1963).

An dieser Stelle wäre daher für die Soziologie der Instanzen sozialer Kontrolle in der BRD noch einmal die Arbeit von Helge Peters zu erwähnen, die neben der strukturfunktionalen Analyse der Sozialarbeit auch die Abhängigkeit der Definitionsaktivität dieser Instanz sozialer Kontrolle von der sozio-ökonomischen Basis im Blick hatte. Sie rückt damit, was die Reichweite der Aussagen angeht, zeitlich wie sachlich noch vor die Arbeiten Sacks. Es gehört zu den Merkwürdigkeiten der Entwicklung der Kriminalsoziologie, daß der Definitionsansatz nicht nach Peters früher Schrift, sondern erst nach Sacks Arbeiten in der BRD Beachtung fand, und zwar dann in seiner spezifischen, die Basis der Definitionen vernachlässigenden Form. Das ging so weit, daß Peters in den folgenden Arbeiten seine ursprünglich sozio-ökonomische Grundlegung des Definitionsansatzes vernachlässigte und nur noch den Zusammenhang von Definitionsprozessen und Herrschaftssicherung analysierte (z.B. mit D. Peters 1972). Es wurde nur die Nutzenfrage unterschiedlicher Definitionen diskutiert, nicht ihre Entstehungsbedingungen wie 1968. Dies scheint überhaupt die Wendung zu sein, die der Definitionsansatz in neueren Veröffentlichungen nimmt (vgl. D. Peters, 1973, Kapitel 1).

Aber nicht nur die Frage nach der sozialstrukturellen Basis der Kriminalisierungsprozesse darf aus einer interaktionstheoretischen Analyse der Instanzen sozialer Kontrolle nicht entlassen werden, auch andere Verkürzungen, die der Definitionsansatz in die Kriminalsoziologie einbrachte, sind zu vermeiden. Das gilt zuerst für die Beibehaltung der Analyse des als kriminell definierten Handelns selbst, ist doch die Kriminalität nicht auf den Akt der Definition reduzierbar, geht doch der Kriminalisierung ein Handeln voraus, das durch und durch gegenständlich ist und sich weder in den Ideen der Richter, Polizisten und Sozialarbeitern davon, noch in denen, die die Täter selbst sich bilden, auflöst (4). Hier müßte gezeigt werden, wie aus der Stellung in der Sozialstruktur mit bestimmten ökonomischen und politischen Handlungsmöglichkeiten ein kriminelles Handeln resultiert. Geht man mit Cohen, Cloward und Ohlin davon aus, daß in diesem Prozeß Gruppen sich entwickeln, sei es, daß mehrere Personen interagierend kriminell handeln, sei es, daß die Handlungen einzelner von Gruppen durch den Aufbau geeigneter Situationsdefinitionen vorbereitet werden - so gewinnt man eine erste wichtige interaktionstheoretische These zur Analyse der Kriminalität. Die zweite wird vom Definitionsansatz und den Forschern beigesteuert, die die sozialstrukturellen Bedingungen der Definitionen thematisierten:

1. Kriminalität ist das Produkt der kriminellen Randgruppen, der Subkulturen, die in der Unterschicht angesiedelt sind.
2. Kriminalisierungen erfolgen durch Rechtsanwendung, die die Interessen der herrschenden Schicht schützt. Sie richtet sich auf die Angehörigen der Unterschicht.

1.4 Der gesellschaftliche Zusammenhang von sozialstrukturell bedingten kriminellen und kriminalisierenden Handlungen

Ein Mangel des zuletzt angedeuteten sozialstrukturell -interaktionistischen Ansatzes war die Vernachlässigung der Vermittlung der Analyse und Erklärung der Kriminalität mit der Untersuchung der Tätigkeit der Instanzen sozialer Kontrolle, sieht man einmal von dem Versuch Sacks ab, diesen "Bezug" durch die Reduktion der Kriminalität auf die Kriminalitätsdefinition zu gewährleisten. Es lagen zwei miteinander nicht verbundene Theorien zur Kriminalität und sozialen Kontrolle vor. Ungeklärt blieb die Möglichkeit der Zuordnung der hier wie dort verwandten grundlegenden Konzepte unter einen durchlaufenden Ansatz.

Ab 1971 trat in der BRD die materialistisch-gesellschaftstheoretische Analyse der Kriminalität und der Instanzen sozialer Kontrolle mit dem Anspruch auf, diese Aufgabe zu bearbeiten.

Zu erinnern wäre zuvor an eine frühe Arbeit von Joachim Bergmann (1967), die in der kriminalsoziologischen Diskussion der BRD völlig unbeachtet geblieben ist, obwohl sie schon, ohne die Weiterentwicklung der sozialstrukturellen Analyse der Kriminalität und der Instanzen sozialer Kontrolle durch die interaktionistischen Ansätze abzuwarten, fruchtbare Ideen für einen derartigen Ansatz auf der Grundlage kritischer, gesellschaftstheoretischer Überlegungen enthielt.

Vier Jahre später setzte dann die marxistische Kriminalsoziologie mit mehreren Arbeiten ein. Zu verweisen ist auf das Autorenkollektiv Rose Ahlheim, Wilfried Hülsemann, Helmut Kapczynski, Manfred Kappeler, Manfred Liebel, Christian Marzahn, Falco Werkentin mit seiner Analyse der Fürsorgeerziehung, Verwahrlosung und Kriminalität, auf Falco Werkentin mit seiner Kritik am Ansatz von Tilmann Moser, auf den Arbeitskreis Kritische Sozialarbeit mit seiner Funktionsanalyse der Sozialarbeit, auf Lothar Hack, Wulf Krause, Ute Schmidt und Werner Wachutka mit ihrem Projektentwurf zur Klassenlage und Interessenorientierung junger Industriearbeiter, schließlich auf Falco Werkentin, Michael Hofferbert und Michael Baurmann mit ihrer Vorstellung der Grundzüge einer marxistischen Kriminalsoziologie und ihrer Kritik vorausgegangener kriminalsoziologischer Forschung. Sie alle fanden die bisherige Kriminalsoziologie - ob systemtheoretisch oder interaktionistisch - "idealistisch", "unhistorisch" und "partikularistisch" (Autorenkollektiv

Gefesselte Jugend, S.67ff). Sie stießen auf einen "Mangel eines Bezuges auf eine konsistente Gesellschaftstheorie" (F.Werkentin, M.Hofferbert und M.Baurmann, 1972, S.223). Im Gegenzug wollten sie "den Bezug herstellen zwischen den Entstehungsbedingungen proletarischer Lebenslage und den Erscheinungsformen von Verwahrlosung und Kriminalität ... zwischen den Strukturen der formalen Organisation bürgerlicher Herrschaft in ihren konkreten Erscheinungsformen wie Erziehungsheime, Gefängnisse und Irrenhäuser und den Bedingungen ihrer Notwendigkeit im historischen Kontext gesellschaftlicher Entwicklung" (Werkentin, Hofferbert und Baurmann, 1972, S.222). Dabei argumentierten sie "vor dem Hintergrund einer materialistischen Gesellschaftstheorie, deren Erkenntnisstandpunkt sich orientiert an einem prinzipiellen Interesse der Überwindung kapitalistischer Gesellschaftsstrukturen." (Werkentin, Hofferbert und Baurmann, 1972, S.224).

Dazu setzten sie mit einem Versuch zur konkreten Bestimmung von Kriminalität und Verwahrlosung ein. Damit ist eine Kritik der vorhergehenden Soziologie der Kriminalität und der Instanzen sozialer Kontrolle verbunden. Der Begriff des "abweichenden Verhaltens" sei für die Analyse zu allgemein, keiner Epoche zuzurechnen. Er eigne sich zur Analyse von Stammesgesellschaften ebenso wie von kapitalistischen Gesellschaften. Zwar richteten die Forscher, die den Begriff verwenden, bei ihren Untersuchungen gegenwärtiger Gesellschaften ihr Interesse auf die jeweils gesellschaftsspezifischen Formen des abweichenden Verhaltens, die Kriminalität, aber, so tadelt das Autorenkollektiv Gefesselte Jugend, der Verzicht auf eine ausdrückliche Verwendung des Kriminalitätsbegriffs und auf eine Klärung seiner Funktion mache die Forscher unempfindlich für die spezifischen Merkmale der Kriminalität, so wie sie heute in der BRD auftrete. So werden "durch die Anwendung eines zeitlosen formal-abstrakten Kategoriensystems...so unterschiedliche und auch historisch fixierbare Daseinsformen der Gesellschaft wie Kriminalität, Revolutionen und der Griff des Kindes in den Honigtopf als abweichendes Verhalten grundsätzlich identisch gesetzt. Das Spezifische, das abweichendes Verhalten erst zur Revolution werden läßt - und damit auch zur Kriminalität entsprechend der Staatsschutzbestimmungen des StGB -, wird bei dieser formalen Abstraktion unterschlagen" (Werkentin, Hofferbert und Baurmann, 1972, S.241).

Ahlheim, Hülsemann, Kapczynski, Kappeler, Liebel, Marzahn und Werkentin fanden in der BRD für die 60er Jahre nach einer Musterung der empirischen Literatur zum sozialisationstheoretischen Ansatz folgende Kriterien zur Einweisung von Jugendlichen in die Fürsorgeerziehung, die für die allgemeinen Bezeichnungen "verwahrlost" und "kriminell" stehen:

1. Verstöße gegen die bürgerlichen Eigentumsnormen,
2. Fortlaufen, Herumtreiben,

3. Mangelnde Arbeitsbindung, Arbeitsscheu, Schulschwänzen,
4. Verstoß gegen bürgerliche Sexualnormen.

Die Ermittlung der Verhaltensweisen, die in einer bestimmten Gesellschaft zu einer bestimmten Zeit kriminalisiert werden, werden in eine Beziehung zur Gesellschaftsstruktur gebracht, in der sie auftreten. Während der Begriff des abweichenden Verhaltens diese Vermittlung nicht leisten kann, versuchten die materialistisch-gesellschaftstheoretischen Forscher schon mit der Bestimmung dieses Verhaltens zu zeigen, daß "die soziale Qualität jener Handlungen, die in einer konkreten Gesellschaftsformation als kriminell definiert sind, ... begründet (ist) in den sozialen Konsequenzen, die die als kriminell definierten Handlungen für jene gesellschaftlichen Verhältnisse haben. Die bewußte Definition bestimmter Handlungen als kriminell zeigt, daß die Gesellschaft oder die herrschende Klasse die sozialen Konsequenzen bestimmter Handlungen erkannt hat. Die Definitionen sind ideeller Ausdruck bestimmter, unabhängig von diesen Definitionen existierender sozialer Probleme" (Werkentin, Hofferbert und Baurmann, S.249).

Bei der Analyse der Bedingungen der Kriminalität wurde in derselben Weise aufzuklären versucht, welche Merkmale der Gesellschaft der BRD das Auftreten von Verwahrlosung und Kriminalität auslösen. Auch darin sahen die materialistisch-gesellschaftstheoretischen Forscher eine klare Abgrenzung von bisher diskutierten Arbeiten anderer Ansätze. Nicht der Zusammenhang von abweichendem Verhalten und Schichtung der Gesellschaft, sondern von Kriminalität und Klassenstruktur kapitalistischer Gesellschaften wurde thematisiert. (5) Denn geschichtet waren und sind bisher alle oder fast alle Gesellschaften gewesen. Der allgemeine Verweis auf die Ungleichheit im Schichtungsbegriff sagt nichts über die besondere Struktur der Schichtung der BRD aus: sie ist durch das kapitalistische Wirtschaftssystem bedingt und tritt als Klassenstruktur auf, besetzt durch Personen, die sich benennen lassen: auf der einen Seite die Klasse der ausgebeuteten Lohnabhängigen, auf der anderen Seite die der ausbeutenden Kapitalbesitzer.

Das zentrale Argument läßt sich dann so skizzieren: In der kapitalistischen Gesellschaft erfolgt Ausbeutung und damit Herstellung krasser Ungleichheiten nach den objektiven Gesetzen des Kapitals. Gleichzeitig garantiert die Rechtsordnung formale Gleichheit. "Die Befolgung bürgerlicher Rechtsimperative bedeutet für den lohnabhängigen Teil der Bevölkerung eine sich potenzierende materielle Benachteiligung gegenüber den besitzenden bürgerlichen Klassen; innerhalb der Loyalität zum bürgerlichen Staat ist diese soziale Situation, die aus der Stellung im gesellschaftlichen Produktionsprozeß resultiert, nicht zu überwinden. Der legitime Weg der Bereicherung, die Ausbeutung anderer innerhalb der Rechtshoheit des bürgerlichen Staates, ist dem Lohnabhängigen, als Nicht-Eigentümer von Produktionsmitteln, versperrt. Notwendiges Resultat dieser gesellschaftlichen Verhältnisse muß es sein, daß diejenigen, die gegen bürgerliche Gesetzesimperative verstoßen, im Prinzip bei den Schichten der Bevölkerung zu suchen sind, in denen die Umgehung der ökonomisch bestimmten und durch gesetzliche Normen reflektierten Distributionsmechanismen der kapitalistischen Produktionsweise die einzige Möglichkeit ist, an den Gratifikationen des von ihnen produzierten gesellschaftlichen Reichtums in einem größeren Ausmaß zu partizipieren, als es ihre Klassenlage erlaubt" (Werkentin, Hofferbert und Baurmann, 1972, S.227).

Bei der Analyse der Instanzen sozialer Kontrolle wurde davon ausgegangen, daß Kriminalisierungen in kapitalistischen Gesellschaften unter Berufung auf Rechtsnormen erfolgen, deren Inhalt und Form von der sozioökonomischen Basis dieser Gesellschaften abhängig sind. "Die Tatsache, daß geltendes Recht Klassenrecht ist, drückt sich also nicht darin aus, daß bestimmte Rechtsinhalte unmittelbar Privilegien herrschender Klassen bezeichnen und sichern, sondern dadurch, daß im Begriff des Rechtsstaats schon die Tatsache sich verbirgt, daß die Rechtsform nur ein Überbaureflex der in der ökonomischen Basis sich entwickelnden Vorherrschaft der bürgerlichen Klasse ist... Wenn die rechtlichen Bestimmungen bürgerlicher Gesellschaft die spezifischen Reproduktionsbedingungen kapitalistischer Produktionsformen sichern und gewährleisten sollen, so bedeutet dies in einer inhaltlichen Dimension vor allem die Garantie bürgerlichen Privateigentums... (Sie) ist das faktische Substrat, auf das sich selbst so scheinbar historisch unabhängige Normierungen wie die von Mord, Totschlag etc. reduzieren lassen" (Werkentin, Hofferbert und Baurmann, S.227f). Dazu wurde in den Arbeiten des Autorenkollektivs (1971, Kap.1), des Arbeitskreises Kritische Sozialarbeit (1971) und in einem Aufsatz von Peter Paulsen immerhin ein Abriß der Entwicklung der Instanzen sozialer Kontrolle in Abhängigkeit von der Gesellschaftsstruktur geliefert. Die Triftigkeit der These ist allerdings auf der Grundlage dieses Materials kaum einzuschätzen.

Vor dem Hintergrund der von uns skizzierten Position der materialistisch-gesellschaftstheoretischen Forschung ist auch ihre Einschätzung der neueren Kriminalsoziologie in der BRD zu verstehen. Da deren Vertreter den Zusammenhang von Klassenstruktur und Kriminalität, von Recht und Kriminalisierung in der kapitalistischen Gesellschaft nicht begreifen, liefern sie partikulare Einsichten, etwa zur Überkriminalisierung oder zu schichtspezifischer Belastung. Derartige Informationen dienten aber vorzüglich den Instanzen sozialer Kontrolle und anderen staatlichen Organisationen zur Stabilisierung des kapitalistischen Systems. Die neuere Kriminalsoziologie ist daher für die materialistisch-gesellschaftstheoretischen Forscher eine "Polizeiwissenschaft".

Betrachtet man nun die Aussagen der im sozialstrukturellen oder interaktionistischen Bezugsrahmen arbeitenden Forscher in ihrer eigenen Fassung und nimmt man nicht die Verkürzungen ihrer marxistischen Kontrahenten dafür, sind Korrekturen angebracht, nicht nur, um zu einer abgewogeneren Darstellung der Positionen zu gelangen, sondern auch, um die überzeugenden Beiträge der verschiedenen Ansätze für eine Kriminalitätsanalyse zu bewahren und nicht in einem Schulenstreit zerstören zu lassen.

Dabei wäre dann zuerst festzuhalten, daß schon die Vertreter interaktionistischer Analysen der Kriminalität und der Kriminalisierung den Begriff des abweichenden Verhaltens selten verwendeten. Gerade ihre Untersuchung der Kriminalisierungsprozesse und der in ihnen verwandten Definitionen legt ja die Beachtung und eigene Verwendung der Kategorie "kriminell" nahe. So findet man an den zentralen Stellen der Arbeit von Sack selten den Begriff der Abweichung, sondern in der Regel den der Kriminalität. Aber diese Vermengung von Ansätzen, die Zurechnung von Schwächen des einen zum anderen Ansatz, tritt auch an anderen Stellen auf. So wird schon 1971 von Ahlheim, Hülsemann, Kapczynski, Kappeler, Liebel, Marzahn und Werkentin und später von Werkentin, Hofferbert und Baurmann der Nachweis zu führen versucht, die Kriminalsoziologie sei schlechthin idealistisch. Nun ist schnell zu zeigen, daß ein derartiges Ergebnis sich dann einstellt, wenn man einen Teil fürs Ganze nimmt, wenn man die Arbeiten zum Definitionsansatz als die ganze Kriminalsoziologie betrachtet, den "Stammbaum" der Kriminalsoziologie auf die Folge Durkheim/König/Sack verkürzt. Völlig übersehen werden so andere Zweige wie der "harte Unterschichtansatz", ein wichtiger Ableger der Mertonschen These, der aus den objektiven Lebensbedingungen der benachteiligten Schichten die Kriminalität begründete. Die Arbeiten von Forschern wie C.R.Shaw, H.D.McKay, W.C.Kvaraceus, A.J.Reiss und A.L.Rhodes, um nur einige zu nennen, tauchen bei Werkentin, Hofferbert und Baurmann nicht auf, obwohl, wenn man schon die soziologischen Theorien der Kriminalität (Werkentin, Hofferbert und Baurmann, S.239) analysieren will, auf sie nicht verzichten kann. Nur in der leicht kritisierbaren Form der Analyse von Tilmann Moser wird eine verengte Fassung dieses Ansatzes aufgeboten, die dann in der Kritik schnell untergeht. Immerhin muß aber zugestanden werden, daß auch diese Unterschichtansätze, wie ja auch die anderen sozialstrukturell angesetzten Analysen, nicht klären, was für die von ihnen ermittelten Schichten und ihre Kennzeichen konstitutiv ist. Hier gehen die marxistischen Kriminalsoziologen einen entscheidenden Schritt weiter.

Diese Fehleinschätzung der Kriminalsoziologie wiederholt sich bei der Kritik an der bisherigen Analyse der Instanzen sozialer Kontrolle, die wieder nur auf den Sackschen Definitionsansatz bezogen wird. Hier tadeln Werkentin, Hofferbert und Baurmann, die neuere Kriminalsoziologie übersehe, daß es nicht spezifischer, auf die Unterschicht gerichteter Definitionsprozesse bedürfe, um Klassenjustiz herbeizuführen, sondern in kapitalistischen Gesellschaften sei aufgrund der Klassenlage von Lohnabhängigen und Kapitaleigentümern gleiches Recht für alle für die Besitzlosen, bei ihren Versuchen, ein an den gesellschaftlichen Möglichkeiten orientiertes Leben zu führen, stets kriminalisierend. Hier wird übersehen, daß die schon genannten "harten" Unterschichtansätze und ihre neueren Vertreter ja gerade mit ihrer These von dem unterschichtbedingten kriminellen Verhalten die These des Definitionsansatzes von den Kriminalisierungsprozessen so lange überzeugend entbehren konnten, als der Akt des Subsumtion einer kriminellen Handlung unter Strafgesetze als problemlos betrachtet werden konnte. Die Leistung der Definitionstheoretiker bleibt, wie wir hoffen, gezeigt zu haben, ungeschmälert, wenn man diese ihre These als Fortführung behandelt. Zu beachten bleibt jedoch, daß diese Unterschichtthese der Definitionsthese vorausgeht, was Werkentin, Hofferbert und Baurmann aber nicht sehen.

Wenn die materialistisch-gesellschaftstheoretischen Forscher schließlich zu dem Ergebnis kommen, der sozialstrukturell-interaktionistische Ansatz sei eine "Polizeiwissenschaft", dann unterstellen sie seinen Vertretern eine Funktionalität in Bezug auf die Perfektionierung der Instanzen sozialer Kontrolle. Das ist nun gar nicht zu belegen. Geht man vom Definitionsansatz aus, verbindet man ihn mit der Gleichverhaltensthese (also der Aussage: die tatsächlichen Handlungen, die kriminalisiert werden, unterscheiden sich nicht von den nichtkriminalisierten, es unterscheiden sich nur die als kriminell definierten Personen von den anderen: sie gehören zur Unterschicht), so wird ein an diesem Ansatz entwickeltes Programm zur Kriminalitätsbekämpfung logischerweise auf eine Abschaffung von Kriminalisierungen drängen. Schon diese Maßnahme ist nicht herrschaftsstabilisierend, sondern das Gegenteil. Geht man gar vom Unterschichtsansatz aus, so zielt er auf eine Abschaffung von Schichtdifferenzen. Es braucht wohl nicht gesagt zu werden, daß das nicht herrschaftsstabilisierend ist. Eben deshalb gibt es auch nur wenige "'fortschrittliche' Individuen im Umfeld der Institutionen sozialer Kontrolle, (die) die 'kritischen' Positionen der jungen Kriminologie.. bereitwillig als solche anerkennen und inhaltlich übernehmen" (Werkentin, Hofferbert und Baurmann, 1972, S.231). Wenn die materialistisch-gesellschaftstheoretischen Forscher dazu auf die Anhänger einer sozialtherapeutischen Anstalt verweisen, übersehen sie, daß gerade von den Vertretern des Definitionsansatzes, wie z.B. von Dorothee und Helge Peters, diese Konzeption scharf kritisiert worden ist und ihr prominenter Vertreter Karl Dieter Opp - als Vertreter eines verhaltenstheoretischen Ansatzes - eine, wie wir hoffen gezeigt zu haben, ausgesprochene Sonderstellung in der Kriminalsoziologie einnimmt.

Diese Fehleinschätzungen der neueren Kriminalsoziologie sind auf ein Übersehen der erheblichen Unterschiede der verschiedenen Ansätze der soziologischen Analyse der Kriminalität und der Instanzen sozialer Kontrolle und auf eine Bezugnahme auf den jeweils schwächeren Ansatz bei der Kritik zurückzuführen. Bei der Kriminalitätsdefinition wird der sozialstrukturelle Devianzbegriff kritisiert und der interaktionistische Kriminalitätsbegriff übersehen. Bei der Bedingungsanalyse wird allein die definitionstheoretische, die Bedingungen der Kriminalität wie der Kriminalisierung praktisch ausblendende Position herangezogen und die sozialstrukturellen Arbeiten werden vernachlässigt. Bei der sozialpolitischen Konzeption muß die "sozialtherapeutische Anstalt" herhalten, die von den Anhängern eines sozialisationstheoretischen Ansatzes und von Opp gefordert wird, nicht jedoch von den Vertretern der anderen Positionen.

Wesentlich schwerer müssen aber die Kritiken wiegen, die die marxistischen Kriminalsoziologen ihren eigenen Anspruch nicht einlösen sehen. Werkentin, Hofferbert und Baurmann wollen "der Frage nachgehen, wie die konkreten handlungsdeterminierenden Ursachen zu bestimmen sind, die am sozialen Ort des Proletariats einerseits zu bewußtem klassenkämpferischen Handeln und andererseits zu angepaßtem Verhalten oder zur Delinquenz führen" (S.229). Eben das leisten sie in ihrem Ansatz nicht In der sehr ausführlichen Analyse der Verwahrlosung und Kriminalität und der Fürsorgeerziehung des Autorenkollektivs Gefesselte Jugend, an der Falco Werkentin ebenfalls mitgearbeitet hat, wird dies ebenfalls versprochen und nicht eingelöst. Unkritisch wird dort auf die Studien von Pongratz, Hübner und Specht und Sheldon und Eleanor Glueck verwiesen. Es wird nicht geprüft, ob die von Pongratz bis zu den Gluecks untersuchten Personen tatsächlich ein Verhalten gezeigt hatten, das "kriminell" genannt werden konnte, oder ob hier nicht überproportional einfach Zuschreibungen vorlagen. Es wird - noch wichtiger - nicht geprüft, ob und wie die Klassenlage zu einem kriminalisierenden Handeln führt. Statt dessen werden an den entscheidenden Stellen nur Behauptungen aufgestellt. So wird auf Armut, Konkurrenz und Entfremdung Bezug genommen als kriminogene Potenzen. Das Ergebnis der Analyse ist dann im einzelnen folgendes:

1. Die Klassenlage der Lohnabhängigen in der BRD ist nach Auffassung des Autorenkollektivs gekennzeichnet durch Pauperismus, Verelendung, Armut. Das führt zu Kriminalität: "Nicht Unwissenheit, Brutalität, moralische Degradation, physische und psychische Invalidität, auch nicht frühkindliche Sozialisationsdefizite an sich sind es, die die Vorbedingungen auch für Verwahrlosung und Kriminalität schaffen, sondern die sozioökonomische Situation der Arbeiter bzw. von Schichten der Arbeiterklasse selbst" (1971, S.1o6). Hatte man nun gehofft, hier eine Verbindung von sozio-ökonomischer Lage - als einem Element der Makrostruktur - und kriminellem Verhalten einzelner Akteure - einem Element der Mikrostruktur, das aber durch seine Massenhaftigkeit zu einem wahrhaft makrosozialen Tatbestand wird (6) - zu finden, so wird man enttäuscht.

Es gelingt nur halbwegs, diesen Zusammenhang für Armut und Diebstahl und teilweise für das Weglaufen dingfest zu machen. Die Auseinandersetzung mit Pauperismus, Verelendung und Armut aufs Ganze gesehen zeigt nur: Es gibt noch Ausbeutung. Der Zusammenhang von Ausbeutung und Kriminalität wird nicht hergestellt.

2. Bei der Erörterung der epochalen Verhaltensweise "Konkurrenz" wird an wenigen Stellen ein Zusammenhang mit der Arbeitsscheu, selten mit dem Fortlaufen und der Gewaltkriminalität sichtbar. Am Schluß muß sogar der einfache Hinweis genügen: "Dies ist ein Faktum, das, vor allem weil es Kriminalität und Verwahrlosung fördert, im Interesse der Arbeiter beim Namen genannt werden muß" (S. 111). Unbeantwortet bleibt so die Frage: Wieso führt Konkurrenz zur Kriminalität und nicht zu irgendwelchen anderen Verhaltensweisen?

3. Auch für das Strukturmerkmal "Entfremdung gegenüber der Arbeit" findet man keinen Nachweis des Zusammenhangs mit den Formen kriminellen Verhaltens.

Auf diesen Vorwurf – vom Verfasser in mündlicher Diskussion erhoben –, nicht die Entstehungszusammenhänge kriminellen Handelns zu analysieren und deshalb nicht zu zeigen, wie die Klassenlage in kriminelles Handeln verarbeitet wird, erklärten Werkentin, Hofferbert und Baurmann, Widersprüche verböten die Ableitung des kriminellen Handelns von bestimmten Bedingungen. Zufälle träten auf, die eine systematische Zurechnung des Handelns zu den Merkmalen der Gesellschaftsstruktur nicht gestatteten. Das sind unseres Erachtens aber brüchige Voraussetzungen der Erklärung des kriminellen wie des normalen Handelns.

Trotz dieser Kritik der Analysen der Kriminalsoziologie wie der Kriminalität und der Instanzen sozialer Kontrolle aus der Sicht eines materialistisch-gesellschaftstheoretischen Ansatzes verdient die zentrale These dieser Position festgehalten zu werden:

> Kriminalität: Kriminelles Handeln wie Kriminalisierungen sind als Produkt der Klassenstruktur der kapitalistischen Gesellschaft anzusehen. Die Zugehörigkeit zur Arbeiterklasse drängt einen kleinen Teil dieser Klasse, will er an dem von ihm produzierten Reichtum partizipieren, zu kriminellen Handlungen. Der Klassenstruktur entsprechen Formen und Inhalte von Gesetzen, entspricht ein Recht, die Gleichheit postulieren, aber die Versuche, die die faktische Ungleichheit partikular aufheben wollen, gerade unter Berufung auf das Gleichheitsprinzip kriminalisieren können.

Damit bieten die materialistisch-gesellschaftstheoretischen Kriminalsoziologen Lösungsvorschläge zu einer Klärung verschiedener, bisher offener Probleme der Kriminalsoziologie nach dem Auftreten des sozialisationstheoretischen, des sozialstrukturellen und des interaktionistischen Ansatzes an.

1.5 Theoretischer Ansatz zur Analyse und Erklärung der Kriminalität und Kriminalisierung von Jugendlichen

Der Verlauf der Diskussion hat deutlich gemacht, daß Gegenstände der Kriminalsoziologie sowohl das von der Kriminalisierung bedrohte und betroffene Handeln, der Prozeß der Kriminalisierung und die sozialstrukturellen Bedingungen dieser beiden Tatbestände sind. Geht man von dieser Einschätzung aus, dann begünstigte die Entwicklung in der Soziologie der Kriminalität und der Instanzen sozialer Kontrolle in der BRD die Bearbeitung der fünf Problembereiche, die sich aus unserer Gegenstandsbeschreibung ergeben, unterschiedlich:

1. Das Verhalten in seinen tatsächlichen Abläufen, die Situationsdefinitionen, die Gestalten und Selbstbilder der Beteiligten - Aspekte des Handelns, das bei Anwendung der gesetzlichen Definitionen kriminell genannt werden kann - hätten von der interaktionistischen Kriminalitätsanalyse erforscht werden können. In der BRD widmete sich diese Perspektive in der Form, die ihr Fritz Sack gegeben hatte, aber nur den Prozessen der Kriminalisierung. Alle anderen Ansätze sparten diesen Aspekt ebenfalls weitgehend aus, abgesehen von einigen theoretischen Hinweisen bei den materialistisch-gesellschaftstheoretischen Forschern. So ist ein Gegenstand der Kriminalsoziologie in der BRD theoretisch und empirisch praktisch unerforscht. Die Kriminalsoziologen analysieren allenfalls Verhaltensbeschreibungen, die ihnen Mitglieder der Instanzen sozialer Kontrolle geliefert haben. Die Bedeutung einer an einem unverzerrten Material vorgenommenen Analyse liegt aber auf der Hand.
2. Die Bedingungen des Handelns, das bei Anwendung der gesetzlichen Definitionen kriminell genannt werden kann, also die Merkmale einer Gesellschaftsstruktur, die Kriminalität entstehen lassen, wurden vom sozialisationstheoretischen Ansatz theoretisch und empirisch nur teilweise erforscht. Auch von Dreitzel, der in der BRD noch am ehesten für eine interaktionstheoretische Analyse der Bedingungen des kriminellen Verhaltens herangezogen werden kann, wurden diese Tatbestände nicht aufgehellt. Stark beachtet wurden sie theoretisch vom Anomieansatz und von der materialistisch-gesellschaftstheoretischen Perspektive.
3. Die Prozesse der Kriminalisierung, der Definition von kriminellen Handlungen und von kriminellen Tätern durch Sozialarbeit, Polizei, Strafjustiz und -vollzug wurden in der BRD im Anschluß an Sack vom interaktionistischen Ansatz intensiv theoretisch und empirisch, vom sozialstrukturellen und vom materialistisch-gesellschaftstheoretischen Ansatz bisher seltener und dabei mehr theoretisch analysiert.
4. Die Bedingungen der Kriminalisierung, nämlich der Zusammenhang von Gesellschaftsstruktur, Rechtsschöpfung und -anwendung wurden in der BRD bisher, abgesehen von Helge Peters Arbeit zur Analyse

der Instanz sozialer Kontrolle Sozialarbeit, nur von den materialistisch-gesellschaftstheoretischen Forschern thematisiert. Hier wäre ein eklatantes Versäumnis des Definitionsansatzes zu konstatieren.

5. Der Zusammenhang der vier Problembereiche wurde entweder gar nicht - vom sozialisationstheoretischen, sozialstrukturellen und interaktionistischen Ansatz - oder noch sehr unzureichend und nur theoretisch - vom materialistisch-gesellschaftstheoretischen Ansatz - erforscht. Hier fehlen Analysen, die den Zusammenhang von Klassenlage und einem bestimmten, konkreten Verhalten explizieren, noch ganz, die z.B. zeigen, wie die Klassenlage zu einem bestimmten kriminellen Verhalten führt, in ein konkretes Handeln eingearbeitet wird. Mit dem Hinweis auf Armut, Konkurrenz und Entfremdung ist es nicht getan. Zudem wäre zu klären, warum der weitaus größte Teil dieser Klasse sich nicht kriminell, sondern eben normal verhält. Weiterhin ist der Zusammenhang von Kriminalisierung, Sanktionierung einerseits und dem davon bedrohten und betroffenen Handeln (Problembereiche 1 und 3) nicht weiter aufgeklärt worden. So ist zu fragen, wie ist es zu erklären, daß bei den Kriminalisierten so viele Deklassierte, z.B. Hilfsarbeiter, Arbeitslose und deren Kinder, bei den Ausführenden, den noch nicht oder vielleicht nie kriminalisierten Personen, ebenso viele Facharbeiter, mittlere Angestellte, Beamte und deren Kinder zu finden sind?

Geht man von dieser Einschätzung der Diskussionslage aus, wird man sich in einem kriminalsoziologischen Projekt davor hüten müssen, einzelne Thesen zu formulieren und in empirischer Sozialforschung zu verfolgen, die nicht mit einem Blick auf diesen Zusammenhang der Problembereiche der Kriminalsoziologie und der Soziologie der Instanzen sozialer Kontrolle entworfen wurden. Wenn wir hier insbesondere die Defizite im Bereich der Handlungsanalyse zur Kriminalität (Problembereich 1 und die entsprechenden Ausschnitte aus dem Problembereich 5) beseitigen wollen, so sind wir doch gehalten, auch Thesen zu den Prozessen vorzulegen, die sich an die zu analysierenden kriminellen Handlungen anschließen.

Diese Thesen können nun nicht gewonnen werden, indem wir die zentralen Aussagen der verschiedenen Ansätze zu den Problembereichen hintereinanderschreiben. Zu viel miteinander nicht Verträgliches käme in einen solchen Hypothesenkatalog. Der kritische Durchgang der Positionen der jüngeren Kriminalsoziologie liefert noch keine Perspektive, wurde vielmehr erst von einer bestimmten Sichtweise ermöglicht. Auf der anderen Seite wird man nicht übersehen dürfen, daß überzeugende Analysevorschläge zu jedem der fünf Problembereiche von den verschiedenen Positionen verfolgt wurden. Es wurden Tatbestände aufgewiesen, die in einem unbestreitbaren Zusammenhang mit der Kriminalität stehen. Es kann daher auch nicht darum gehen, die bisher vorgeschlagenen Analyse- und Erklärungspositionen über den Haufen zu werfen und die Kriminalsoziologie neu anfangen zu lassen. Es scheint uns stattdessen sinnvoller zu sein, von einer durchlaufenden Perspektive auszugehen und von ihr die überzeugenden Thesen der anderen Ansätze zu rekonstruieren.

Wir haben bisher sicherlich schon deutlich erkennen lassen, welche leitende Perspektive wir bevorzugen: einen soziologisch-handlungstheoretischen Ansatz, der sich im Kern auf die These reduzieren läßt, daß Menschen durch den Aufbau materieller und bewußter, auf die Handelnden selbst bezogener, sozialer Handlungen ihre soziale Lage als Mängellage, die heute eine sozial produzierte Mängellage ist, und die durch soziale Ungleichheiten für die Masse der Handelnden eine verschärfte Mängellage ist, so verarbeiten, daß sie ihre Existenz dauerhaft gewährleisten können (vgl. H.Haferkamp, 1973b). So sind die sozialen Handlungen, die selbst eine soziale Struktur haben, bezogen auf größere soziale Strukturen: die unterschiedlichen sozialen Lagen der großen Mehrheit in einer Gesellschaft und der Minderheit. Die Ergebnisse dieser Handlungen führen zu veränderten sozialen Lagen der Menschen. Das Prinzip dieser Analyse, soziale Handlungen zwischen sozialen Lagen der Menschen. Das Prinzip dieser Analyse, soziale Handlungen zwischen sozialen Lagen zu analysieren, scheint uns auch für viele andere soziale Prozesse anwendbar zu sein.

Im Rahmen dieser allgemeinen These versuchen wir, den Zusammenhang von Gesellschaftsstruktur, Kriminalität und Kriminalisierung aufzuhellen. Wir fragen gemäß unserer soziologisch-handlungstheoretischen These: Welche sozial produzierten Mängel bestehen in der Bundesrepublik, die einen Druck erzeugen, der handelnd überwunden wird? Wir finden dann, daß starke Macht- und Besitzunterschiede die Gesellschaftsstruktur der BRD charakterisieren. Das haben zahlreiche sozialwissenschaftliche Analysen gezeigt. In den Arbeiten von Jörg Huffschmid (1969), Urs Jaeggi (1973), Margarete Tjaden-Steinhauer und Karl Hermann Tjaden (1973) wurde zudem nachgewiesen, daß unbesehen verschiedener feinerer Unterschiede, die Schichten erkennen lassen, zwei Klassen bestehen, eine Klasse der Besitzenden und Herrschenden, eine Klasse der Besitzlosen und Beherrschten. Die letztere wird einmal konstituiert durch die Abhängigkeit ihrer Mitglieder von von anderen festgesetzten Löhnen und Gehältern - ein Tatbestand, der auch für Angestellte, kleine und mittlere Beamte gilt und der als Besitzlosigkeit bezeichnet werden kann. Zum anderen gründet die Zugehörigkeit zu dieser Klasse in der Abhängigkeit von von anderen geschaffenen Gesetzen, Satzungen, Betriebsordnungen, Regeln - ein Tatbestand, der als Machtunterworfenheit bezeichnet werden kann. Diese Abhängigkeiten fallen in der Regel zusammen. Die anderen, die Löhne und Gehälter, Gesetze und Ordnungen festsetzen können, auch für sich, bilden die Klasse der Besitzenden und Herrschenden. Auch die Besitzenden und Herrschenden sind dieselben Personen. "In der Verbindung wirtschaftlicher und politischer Macht bestimmt die erste die zweite in einem höheren Maße als umgekehrt. Die moderne deutsche Gesellschaft ist in ihrem Wesen Wirtschaftsgesellschaft. Die Stellung ihrer Mitglieder ... bestimmt sich nach deren Funktion im Wirtschaftsprozeß" (U.Jaeggi, 1973, S.5o unter Verweis auf W.Hofmann).

Diese Befunde übernehmen wir voll, erfassen sie aber in Kategorien, die traditionell handlungstheoretisch sind, wenn wir von relativen Mängellagen bezogen auf Besitz und Macht für eine Mehrheit der Menschen in der BRD und von relativen Vorzugslagen für eine Minderheit der Menschen in der BRD ausgehen, die durch die von der Mängellage der Mehrheit ausgelösten Handlungen bedroht wird und dadurch selbst Züge des Mangels erhält. Wir unterstellen, daß diese verschiedenen sozialen Lagen einerseits und Kriminalität und Kriminalisierung andererseits nicht in einem quasi natürlichen Verhältnis stehen, daß keine der sozialen Lagen diese Tatbestände ohne weiteres austreibt. Wir vermuten, daß von diesen sozialen Lagen ein Druck produziert wird, der zur Kriminalität und Kriminalisierung drängt, sich darin aber nicht einfach entlädt, sondern Handlungsprozesse zu ihrer Verwirklichung voraussetzt.

So lauten unsere ersten beiden allgemeinen Thesen:

1. Die sozialstrukturellen Bedingungen der Kriminalität wie der Kriminalisierung sind unmittelbar aufeinander bezogen als soziale Mängellagen. Sie treten nur in unterschiedlicher Ausprägung auf: Besitz- und Machtlosigkeit drängen Menschen in Mängellagen, vermittelt über Gruppenprozesse, zu kriminellen Handlungen. Besitz und Macht drängen Menschen in Vorzugslagen angesichts der sie bedrohenden kriminellen Handlungen vermittelt durch Organisationen zu Kriminalisierungen.
2. Das Verhältnis, in dem Besitz und Macht, Teilhabe und Ausschluß die sozialen Lagen konstituieren, bestimmt das Ausmaß der Kriminalität wie der Kriminalisierung: Je weniger Besitz und Macht die einen im Verhältnis zu den anderen haben, um so stärker tritt bei ihnen der Druck zu Handlungen auf, die ihre relativen Benachteiligungen kompensieren sollen. Je mehr Besitz und Macht die anderen im Verhältnis zu den einen haben, um so stärker tritt bei ihnen der Druck zu Kriminalisierungen auf, die ihre relative Vorzugslage sichern sollen.

Von den Vertretern des sozialstrukturellen Ansatzes übernehmen wir zunächst den Versuch, durch eine diffe.enzierte Analyse die Merkmale der sozialen Lagen, der Besitz- und Machtverteilung zu benennen, die in einem Zusammenhang mit der Kriminalität stehen. Es sind nicht einfach Lohnabhängigkeit und Machtunterworfenheit, auch nicht Armut, Konkurrenz und Entfremdung, die zur Kriminalität drängen, sondern spezifische Formen, in denen Lohnabhängigkeit und Machtunterworfenheit als Mängellagen auftreten. Diese Formen sind von besonderer Prägnanz bei Jugendlichen. Auf diese Altersgruppe unter den von der Kriminalisierung bedrohten und betroffenen Personen konzentrieren wir uns daher. Hier stoßen wir nicht nur auf die eigenen Abhängigkeiten der Betroffenen im ökonomischen und politischen Prozeß, sondern z.T. auch auf Abhängigkeiten der Herkunftsfamilien der Jugendlichen.

An dieser Stelle scheint es uns nun auch sinnvoll zu sein, eine zentrale These des sozialisationstheoretischen Ansatzes von der kriminogenen Potenz der desorganisierten Familie aufzugreifen, diese Potenz aber auf eine andere Wirkung der Desorganisation zurückzuführen, als es im sozialisationstheoretischen Ansatz üblicherweise geschieht, nämlich auf die Konsequenzen, die dieser Zustand für die Ausstattung der Familienangehörigen hat.

Die allgemeinen Thesen, die wir in diesem Zusammenhang entwickeln, lauten:

3. Kriminelles Handeln von Jugendlichen ist durch drei Formen der Besitz- und Machtlosigkeit bedingt: durch die ökonomische und politische Abhängigkeit der Herkunftsfamilie, die Desorganisation dieser Familie und durch die eigene, sich ausbildende abhängige Position der Jugendlichen.
   Jugendliche aus Familien in abhängiger ökonomischer und politischer Lage sind in ihrem Handlungsspielraum eingeengt. Ihnen stehen aufgrund des niedrigeren Einkommens der Familie weniger Güter wie Nahrung, Kleidung, Lebensraum und Spielzeug, weniger Möglichkeiten der Freizeitgestaltung zur Verfügung.
   Von der Einengung dieses Handlungsspielraumes sind besonders stark die Jugendlichen betroffen, die aus desorganisierten Familien stammen. Treffen beide Benachteiligungen zusammen, so verschärft ein solcher Strukturschaden der Familie in der Regel den beschriebenen Mangel aufgrund der ökonomischen und politischen Abhängigkeit.
   Für die Jugendlichen aus abhängigen und desorganisierten Familien wird die Einengung des Handlungsspielraums beim Übertritt aus der Familie in die Schule und in den Arbeitsprozeß als auch für sie dauernd erfahren und definiert.
4. Für die Jugendlichen aus der dreifach benachteiligten sozialen Lage gibt es – hier folgen wir Cohen – vier Strategien für die Beseitigung ihrer Mängellage:
   1. Versuch des Gewinns von Besitz und Einfluß durch strenges Erfüllen der in der Gesellschaft herrschenden Normen, z.B. Aufstieg durch Schulbesuch, Studium, politische Botmäßigkeit und Sparsamkeit. Der typische Fall für die BRD wäre der Absolvent eines

langen, zweiten Bildungsweges. Diese Lösung tritt selten auf und führt - was den Erwerb von Besitz und Macht angeht - auch nicht zu dem gewünschten Erfolg.

2. Verzicht auf Erlangung von Besitz und Einfluß nach den geltenden Normen. Diese Handelnden rechnen sich keine Chance mehr aus, geben alle Hoffnungen auf. Sie haben resigniert, sie verhalten sich angepaßt. Diese Lösung ist relativ verbreitet.
3. Die Handelnden versuchen, Besitz und Einfluß zu erlangen, jedoch nicht nach den herrschenden Kriterien, sondern nach eigenen, "frei" entwickelten.
4. Die Handelnden versuchen, durch einen Zusammenschluß mit anderen auf politischem Wege die Besitz- und Machtstruktur zu ändern.

An diese Einschätzungen des sozialstrukturellen Hintergrundes der Kriminalität schließen sich dann betont handlungstheoretische Thesen an, die den "Verarbeitungsprozeß" der Mängellagen und damit den Anfang krimineller Karrieren erfassen sollen.

5. Der Gewinn von Besitz und Einfluß nach anderen als den gesellschaftlich geltenden Normen kann nicht von einem Handelnden allein realisiert werden, sondern nur durch mehrere Handelnde derselben Situation, die ihre relative Armut an Nahrung, Kleidung, Wohnung, Möglichkeiten der Lebensvorsorge, der Freizeitgestaltung über Prozesse des Probehandelns, der Konversation durch Gesten, des zögernden Interaktionsaufbaus in daraus entstehenden sozialen Zusammenhängen - lockeren gesellschaftlichen Randgruppen - zu Handlungen verarbeiten, die in einzelnen Situationen die Benachteiligungen kompensieren sollen. Man nimmt sich, was einem fehlt: einen Korb mit Lebensmitteln, eine Lederjacke, ein leer stehendes Haus, Geld, ein Auto.
   Der geringe Einfluß in Wohnhaus, Betrieb und Verwaltung, die fehlende politische Macht werden in den gleichen Prozessen zu Handlungen verarbeitet, die diese Benachteiligungen aufheben sollen. Man wehrt sich zuerst gegen die Übergriffe der anderen in der eigenen Familie, in der Nachbarschaft, dann im Betrieb und greift schließlich beliebige Fremde an.
   Stehen der Ausführung der Handlungsmuster des Wegnehmens und der Abwehr von Übergriffen aufgrund der Sozialisation große Hindernisse entgegen, kommt es zu Handlungen, die zum Besitz von begehrten Gütern und zum Einfluß auf andere Handelnde in einer vorgestellten Welt führen.
   Diese sozialen Handlungen umfassen eine Ebene des materiellen Verhaltens.
6. Wiederholbar, damit dauerhaft, werden diese Handlungen durch das Moment ihrer Typisierbarkeit. Die Beteiligten grenzen bestimmte,

für sie typische Merkmale ihres materiellen Verhaltens im Handeln aus und entwickeln daraus ihre Definitionen der Situation. Auch die Auslösungssituation, das Ergebnis, die sozialstrukturellen Bedingungen und die Verankerung dieses Verhaltens in der sozialen und natürlichen Umwelt werden definiert. Danach gestalten sie ihr zukünftiges Handeln. Diese Situationsdefinitionen unterscheiden sich von denen später auftretender Instanzen sozialer Kontrolle sehr.

7. Die Handlungen zur Überwindung der relativen Besitzlosigkeit und Machtunterworfenheit haben sehr konkrete Auswirkungen für die Beteiligten. Sie formen ihre Gestalt. Viele Formen dieser Handlungen zeichnen den Körper, stehen in einem Zusammenhang mit der Kleidung und dem Aussehen. Wer Drogen nimmt, versehrt seinen Körper. Wer in Aggressionen verwickelt ist, trägt oft selbst Verletzungen davon. Wer anderen etwas wegnimmt, entwickelt Fingerfertigkeiten, die er vorher nicht beherrschte. Es gibt Kleidungen, Aufmachungen und ein Aussehen, die für die einzelnen Handlungen besonders günstig sind.
   Bestandteil der Situationsdefinition ist eine Definition der Beteiligten selbst. Sie gewinnen aus der Teilnahme an den Handlungen ein Selbstbewußtsein. Es bezieht sich auf allgemeine Eigenschaften ihres Handelns, ihre Gestalt und ihre Mitgliedschaft in sozialen Zusammenhängen.
8. Durch die Reduktion der Kompensation der Benachteiligungen auf einzelne typisierte Situationen und einzelne typische Fälle unterscheiden sich diese Handlungen, die später "kriminell" genannt werden können, von den politisch bewußten Aktionen von Menschen derselben sozialen Lage, die die Benachteiligungen systematisch durch eine Änderung der Besitz- und Machtstruktur angehen.

Bei der Analyse der Kriminalisierungen greifen wir wieder Perspektiven auf, die von Vertretern materialistisch-gesellschaftstheoretischer wie sozialstruktureller Positionen ausgearbeitet wurden. Dabei scheint es uns nicht sinnvoll zu sein, die Kriminalisierungen als quasi automatisch auftretende Abhängige des Privateigentums zu betrachten - eine Verengung, von der gerade materialistisch-gesellschaftstheoretische Kriminalsoziologen sich fernhielten - oder als Resultante eines Rechtssystems, das Privateigentum garantiert und formale Gleichheit sichert, zu verstehen. Zweifelsohne sind diese letzten, von materialistisch-gesellschaftstheoretischen Forschern überzeugend herausgearbeiteten Zusammenhänge der Institutionen Privateigentumsschutz und formale Gleichheit ganz wesentliche Merkmale der Struktur der herrschenden Situationsdefinitionen, und die Kriminalisierungsprozesse knüpfen an diesen Merkmalen an. Es scheint uns aber notwendig, auch hier von Handlungsprozessen auszugehen, in deren Verlauf diese Situationsdefinitionen und auch die Kriminalisierungen als ihre Anwendung entstehen. Wir unterstellen, daß für die Bevorteilten die kompensatorischen Handlungen der Benachteiligten die Bedrohung ihrer Lage ist, die bei ihnen den Druck erzeugt, durch ein Herrschaftssystem mit Instanzen sozialer Kontrolle bei den Benachteiligten ein soziales Handeln hervorzurufen und zu stabilisieren, das die Besitz- und Machtverteilung erhält.

9. Relativer Reichtum und relative Macht, die Verfügung über Produktionsmittel, über Güter, die zur Lebensgewährleistung wichtig sind, und über Einfluß, über Sanktionen, die Handlungen anderer erzwingen können, werden als Reaktion auf die Übergriffe der Benachteiligten in Interaktionsprozessen zu Handlungen verarbeitet, die die Vorzugslagen dauerhaft sichern sollen.
1o. Es werden Situationsdefinitionen entwickelt, verbreitet und durchgesetzt, die die bestehenden Verteilungen des Besitzes und der Macht legitimieren, die formale Gleichheit der Gesellschaftsmitglieder garantieren, zu Besitz und Machterwerb im Dienst der Besitzenden und Mächtigen auffordern und dieses Handeln als normal bezeichnen. Ein anderes Vorgehen wird als Übergriff auf die bestehende Besitz- und Machtstruktur verboten. Das führt zur Kriminalisierung. Es entstehen Definitionen von Eigentums- und Aggressionsdelikten und einer Reihe weiterer Straftaten.
11. Anders als die Situationsdefinitionen der Benachteiligten werden die Kriminalisierungsnormen von Organisationen durchzusetzen versucht. Es werden separate Instanzen eingerichtet, die mit Sanktionsgewalt ausgestattet sind. Sie behindern die ohnehin nur punktuelle Verbreitung und Durchsetzung der Situationsdefinitionen, die gegen die bestehende Besitz- und Machtstruktur gerichtet sind, und drängen sie zurück.

Bei der Analyse des Kriminalisierungsprozesses selbst können wir uns an die von den Vertretern interaktionistischer Analysen des Kriminalisierungsprozesses entwickelten Thesen eng anschließen. Das liegt aufgrund der auch dort betonten Handlungsperspektive nahe und bedarf daher keiner weiteren Begründung. Lediglich zu den nicht kriminalisierten kriminellen Handlungen müssen wir eine These ganz neu entwickeln, da das kriminelle Handeln selbst, wie wir ausführlich aufwiesen, vom Definitionsansatz nicht thematisiert wurde.

12. Kriminalisierungen sind nicht einfach Handlungen der Subsumtion. Handlungen haben nicht so viele Merkmale, um eine Normanwendung zum Automatismus zu machen. Dazu bedarf es der Anwendungsregeln, die besagen, wann solche Subsumtion sinnvoll ist. Solche Regeln knüpfen an Merkmalen der Personen und besonderen Umständen ihrer Lebensführung an.
13. Mitglieder der Instanzen sozialer Kontrolle entwickeln die Anwendungsregeln, die ihrer Situation entsprechen. Sie erwarten keine zu kriminalisierenden Akte von den Personen, deren Besitz und Macht

sie erhalten sollen. Erwartet werden diese Akte vor allem von denen, die besitz- und machtlos sind, die keiner geregelten Arbeit nachgehen und in ungeordneten Verhältnissen leben. Durch berufsspezifische Sozialisation des Personals, das in die Instanzen sozialer Kontrolle eintritt, werden derartige Anwendungsregeln langfristig erhalten.

14. Nur ein Bruchteil der gegen die Besitz- und Machtstruktur gerichteten Akte wird den Mitgliedern der Instanzen sozialer Kontrolle bekannt, seltener noch werden die Beteiligten überführt. So kommt es häufig zu den von den eigenen Situationsdefinitionen geleiteten Handlungen von Besitz- und Machtlosen, die frei von Kriminalisierungen bleiben.
15. Haben Personen verschiedener sozialer Lagen ähnliche Handlungen ausgeführt, werden bevorzugt die kriminalisiert, deren sozialer Status die Handlungen erwarten ließ. Selbst wenn eine Teilnahme an derartigen Handlungen zweifelhaft ist, können diese Merkmale zur Kriminalisierung genügen. - Spezifische, interne Bedingungen und Alltagsroutinen der Instanzen sozialer Kontrolle verstärken die selektive Sanktionierung.

Kriminalisierungen sind keine konsequenzenlosen Definitionen. Wer als "kriminell" definiert wird, muß mit der Belastung durch erhebliche Übel rechnen. Dieser Tatbestand wurde lange von verschiedenen Ansätzen ohne theoretische Perspektive diskutiert. So wurde von den Vertretern des Definitionsansatzes zwar gesehen, daß im Gefängnis die selektive Sanktionierung bzw. selektive Kriminalisierung erst komplett wird, da hier der Abschluß der Kriminalisierung erfolgt. Daran schließt sich ein Handeln unter neuen Lebensbedingungen an, da die früheren Lebensbedingungen durch die Dauer des Vollzuges geändert werden.

Die wichtige Frage nach den Bedingungen dieser folgenreichen Sanktionierung wurde nicht gestellt. Es ist aber z.B. davon auszugehen, daß auch das Verhältnis von Arbeit - Schulung - Freizeit im Strafvollzug von Änderungen in der Struktur der Gesellschaft beeinflußt wird. So gilt die Faustregel, daß die Lage der Eingeschlossenen immer schlechter sein muß als die der Schicht, aus der sie sich rekrutieren. Jede Reform hat dort ihre Obergrenze. Insbesondere materialistisch-gesellschaftstheoretische Forscher haben schon früh - wie Georg Rusche und Otto Kirchheimer - diesen Tatbestand in eine Analyse des Zusammenhangs von Gesellschaftsstruktur und Kriminalisierung eingebracht. Wir folgen hier ihrem Ansatz:

16. Kriminalisierte werden in unterschiedlicher Weise behandelt. Beschränkungen ihres Einkommens durcl. Geldstrafen und ihrer Bewegungsfreiheit durch Einschließung variieren mit ihrer sozialen Lage, um den Sanktionscharakter zu erhalten. Nahrung, Kleidung, Wohnung, Vorsorge, Freizeitgestaltung in geschlossenen Institutionen bleiben in

ihrer Qualität stets unterhalb der Qualität dieser Güter in der untersten Schicht unter den Besitz- und Machtlosen. Rechte von Strafgefangenen bleiben stets noch unterhalb der Stellung der Machtunterworfenen außerhalb der geschlossenen Institutionen.

Mit einer These zu den Konsequenzen des Kriminalisierungsprozesses für die Betroffenen beschreiben wir den Abschluß krimineller Karrieren.

17. Die von der Kriminalisierung in besonderem Maße Betroffenen beginnen, die Kriminalisierungen der Instanzen sozialer Kontrolle für sich selbst zu akzeptieren. Sie definieren sich selbst als "kriminell".

Mit einer letzten These wenden wir uns der Konformität der Masse der Mitglieder einer Gesellschaft zu. In der sozialstrukturellen Analyse der sozialen Kontrolle und im materialistischen Ansatz unter der Kategorie der "Massenloyalität zum bürgerlichen Staat" ist dieser Tatbestand ausgiebig erörtert worden. Die auch nach unseren Thesen offene Frage, warum nur eine Minderheit trotz des Drucks der sozialen Lage zur Kriminalität kriminell handelt, beantworten wir daher mit einer These, die von der Beeinflussung der Situationsdefinitionen im Alltagsleben durch die Kriminalisierungsprozesse ausgeht.

18. Die Kriminalisierungen und ihre exemplarische Anwendung bei den besonders Benachteiligten gehören zum festen Bestand des Alltagswissens. Es strukturiert die Sozialisation in Familie, Nachbarschaft, Schule und Freizeit. Sie hält die Masse der Menschen in relativer Armut und Besitzlosigkeit davor zurück, die bestehende Besitz- und Machtstruktur anzutasten. Sie leben nach den Situationsdefinitionen der Besitzenden und Mächtigen und sichern in zweifacher Weise den Fortbestand der errichteten Sozialstruktur: Sie schützen ihren wenigen Besitz und ihren geringen Einfluß vor dem Zugriff der noch Ärmeren und Einflußloseren. Sie greifen nicht darüber hinaus. Sie sind damit Garanten des Fortbestandes der Kriminalität wie der Kriminalisierung.

Von diesen Thesen sind es die ersten acht, die in erster Linie die soziale Lage und die Handlungen von Jugendlichen betreffen, die "kriminell" genannt werden. Sie sind der Bewährung in empirischer Sozialforschung bedürftig. Für den Handlungsaspekt haben wir das hinreichend dargetan. Für die soziale Lage ist darauf zu verweisen, daß diese bisher nur für Kriminalisierte - nicht aber für Kriminelle bestimmt wurde (vgl. S.28). Zwar sind auch die Thesen 9-11 und 16 theoretisch und empirisch ähnlich dürftig bearbeitet, ein Fortschritt ist hier aber bald zu erwarten, da die in den Thesen 12-15 diskutierten Kriminalisierungsprozesse ja in der BRD schon ausgiebig erforscht wurden und von den dem Definitionsansatz verpflichteten Forschern zukünftig eine Wendung zur Analyse der sozialstrukturellen Basis dieser Prozesse erwartet werden darf. Für den Handlungsaspekt und den unverzerrt erfaßten sozialstrukturellen Hintergrund fehlen aber derartige Anhaltspunkte einer baldigen Aufarbeitung der bestehenden theoretischen und empirischen Defizite. Wir werden uns daher auf die Überprüfung dieser Thesen konzentrieren und die anderen Thesen nur als einen Bezugsrahmen für die Interpretation der Sachverhalte verwenden, die bei der Analyse der Kriminalität als weiterer Hintergrund mitbedacht werden müssen. Lediglich zusammengefaßt werden die Thesen zum Kriminalisierungsprozeß herangezogen, um die Beziehung des kriminellen Handelns zu diesen Prozessen deutlich zu machen.

Diese Auswahl hat für die gesamte Anlage des theoretisch-empirischen Vorgehens erhebliche Konsequenzen. Wir liefern hier eine Analyse der Kriminalität, genauer: krimineller Karrieren in der Großstadt, und nicht der Gesellschaft der BRD, obwohl die Kriminalität zu dieser Gesellschaft gehört, von ihr produziert wird. Wir versuchen diesen Zusammenhang zu wahren, aber die Erklärung der Kriminalität wird hier nicht als eine Gesellschaftsanalyse betrieben. Es wird keine Theorie der Gesellschaft ausgearbeitet und in ihren Annahmen überprüft, noch wird die Struktur der Gesellschaft der BRD im Verhältnis zur Gesamtgröße Kriminalität untersucht.

Diese Konzentration der Untersuchung zwingt uns dazu, eingehende Analysen sozialer Handlungen durchzuführen. Wir lernen so Interaktionsstrukturen und persönliche Merkmale der daran Beteiligten genauer kennen. Wir können dann Aussagen darüber machen, welche sozialstrukturellen Merkmale diese Personen aufweisen. Aber es kann uns auf diesem Wege nicht gelingen, die soziale Lage und ihre verschiedenen Ausformungen, die gemäß These 3 zu diesen Handlungen führten, theoretisch-empirisch zu analysieren - Klassen und Schichten, Organisationen und Sozialisationsleistungen von Familien, Ausbildungs- und Betriebsstrukturen. Diese Grenze wird uns schon dadurch gezogen, daß wir über 151 Personen aus vier Gruppen keinen auch nur ansatzweisen Zugriff auf die soziale Struktur der BRD und die sozialen Lagen der Menschen in ihr und daher auch nicht auf den Zusammenhang der verschiedenen Formen sozialer Mängellagen bekommen. So setzen wir bei der Analyse mit drei Merkmalen der sozialen Lage der beobachteten und befragten Personen ein, die wir bei der Suche nach den sozialen Orten gefunden haben, in denen sich für Jugendliche die Zugehörigkeit zu den Besitzlosen und Machtunterworfenen manifestiert und die ein Handeln auslöst, das ihre Benachteiligungen beseitigen soll.

Wir schließen mit den Kriminalisierungsprozessen uns bekannter Handlungen und Personen ab. Andere Kriminalisierungen, die Struktur der Instanzen sozialer Kontrolle, die Bedingungen ihres Auftretens, werden nicht analysiert. Es ist daher nur ein Ausschnitt des Zusammenhangs von Gesellschaftsstruktur und Jugendkriminalität, den wir näher untersuchen.

2 PLANUNG UND DURCHFÜHRUNG DER DATENAUSWAHL UND -ERHEBUNG

2.1 Idealer Plan zur Datenerhebung und Reduktion des Plans auf das Mögliche

Will man über die Triftigkeit der Thesen zum kriminellen Handeln in der BRD Aussagen machen, ist man auf den Weg empirischer Sozialforschung verwiesen. Wir haben an anderer Stelle (1973 a, S.9-5o) versucht, die Logik kontrollierter kriminalsoziologischer Forschung aufzuhellen. Wir kamen dort zu dem Ergebnis, daß zur Entscheidung über das Zutreffen einer Theorie keine empirischen Einzeltests, d.h. einmalige Widerlegungsversuche genügen. Der Bewährungsgrad von Thesen wäre dann sehr gering. Vielmehr sind ganze Serien von Überprüfungen anzustreben. René König hat dieses Vorgehen für die Beobachtung präzisiert: "Dies geschieht (1.) zunächst durch Wiederholung gerichteter Beobachtungsakte, ferner (2.) durch die Wiederholung solcher Beobachtungsakte durch weitere Personen, die entweder gleichzeitig wie der erste Beobachter oder zu verschiedenen Zeiten das gleiche Phänomen beobachten, schließlich (3.) geschieht die letzte Sicherung durch Rückgriff auf andere Materialien, z.B. literarisch niedergelegte Ergebnisse früherer Beobachtungen. Die Beobachtung kann also... überhaupt nicht als einzelne Beobachtung, sondern einzig in Beobachtungsserien vollzogen werden" (R.König, 1962, S.117).

Dazu kommen nun nicht von verschiedenen Beobachtern zu verschiedenen Zeiten beliebig ausgewählte, sich wiederholende Ereignisse in Betracht. Insbesondere ist eine strenge Hypothesenprüfung ausgeschlossen, wenn als Objekte von vornherein nur bestimmte bestätigende Ereignisse ausgewählt werden. Das ist ein Verfahren, das von vornherein jede Widerlegung der These vermeidet. Vielmehr sind die Datenerhebungen so anzusetzen, daß ihre Struktur der Struktur der Gesamtheit aller möglichen zur Prüfung nur in Frage kommenden Ereignisse entspricht (7). Ist uns diese Gesamtheit unbekannt, dann heißt das, daß uns auch die Zusammensetzung der Serie, die Ausprägung der ausgewählten Ereignisse im Hinblick auf das uns interessierende Merkmal vorher unbekannt sein muß. Jeder Hypothesentest hat mithin einen ungewissen Ausgang.

Wendet man diese Überlegungen auf das Forschungsprojekt an, über das hier berichtet wird, so wären zur Prüfung der nach der Diskussion der Kriminalsoziologie und der Soziologie der Instanzen sozialer Kontrolle in der BRD formulierten Thesen zunächst Personen verschiedener Macht- und Besitzlagen auszuwählen. Sodann wären aus den Gruppen stärker wie schwächer benachteiligter Personen solche mit organisierter wie mit desorganisierter Familie auszusuchen. In diesen Gruppen wären dann Auswahlen von Personen vor, in und nach dem Eintritt in das Ausbildungs- und Arbeitssystem vorzunehmen, das Ausmaß der sozialen Kontrolle, dem diese Personen unterworfen sind, wäre festzustellen und ihre Belastung mit kriminellen Handlungen zu ermitteln. So würden Stichproben gewählt, die Elemente enthalten, die sich nach allen diesen Merkmalen unterscheiden lassen. Es müßte sich dann zeigen, daß in der Gruppe der nach Besitz und Macht Benachteiligten Personen aus desorganisierten Familien beim Eintritt in das Ausbildungs- und Berufssystem, soweit sie unbehindert von den Instanzen sozialer Kontrolle Gruppen bilden können, in besonders hohem Maße an Handlungen beteiligt sind, die gegen die Besitz- und Machtstruktur gerichtet sind.

So haben James F. Short und Fred L. Strodtbeck (1965, S. 19) zur Bestimmung des sozialen Hintergrundes der von ihnen untersuchten kriminellen "Gangs" die örtlichen Gemeinden und die darüber hinaus gehenden Gemeindeverbände und ihre Institutionen, ihre Geschichte, ihr Angebot an Lebenschancen, die Ziele und Erwartungen der Erwachsenen und der Jugendlichen dort erforscht. Dazu wurden neben Feldbeobachtungen von Sozialarbeitern und von Forschungsteam-Mitgliedern, Interviews mit den Gang-Mitgliedern und den Sozialarbeitern zusätzlich demographische und ökologische Daten erhoben.

Wir möchten sofort darauf hinweisen, daß es in einem für die ganze Laufzeit des Projekts in großen Teilen von einer Person und in den anderen Teilen von mehrere Monate mitarbeitenden Studenten getragenen Forschungsprojekt nicht möglich war, einen derartigen Untersuchungsplan zu verfolgen. Zwar wurde in der Anlaufphase des Forschungsprojektes noch versucht, Viertel der Stadt, in der unsere Untersuchung ablief, nach sozialstrukturellen Daten zu unterscheiden. Dazu wurde auch eine Reihe von Experteninterviews durchgeführt. Die Angaben über die Schichtstrukturen einzelner Viertel waren aber so unterschiedlich und die Möglichkeiten ihrer Kontrolle so gering, daß wir uns entschlossen, zu den Thesen 1-3 die Erforschung des sozialstrukturellen Hintergrundes des Verhaltens schon im Ansatz auf eine <u>Befragung</u> der Mitglieder der kriminellen Gruppen nach den sozialstrukturellen Merkmalen ihrer Lebenssituation zu reduzieren.

Nun sind Befragungen zweifelsohne problematisch. Wir gehen weiter unten noch darauf ein. Aber die auf diese Weise erhobenen Daten haben dadurch einen besonderen Wert, daß wir Personen, die das Verhalten zeigten, das als "kriminell" definiert wird, im offenen Feld vor jeder Kriminalisierung befragten und ihre eigenen Antworten zur Bestimmung der Verteilung ihrer sozialen Lage verwandten. So konnten wir sicher sein, die Verteilung der sozialen Lagen derjenigen zu erfahren, die tatsächlich "kriminelles" Verhalten zeigten - vorausgesetzt natürlich, wir wurden im Interview bei den Angaben zur sozialen Lage nicht belogen. Das ist der wunde Punkt der Reduktion einer Untersuchung der sozialen Lage von Bevölkerungsgruppen auf eine Befragung zum sozialen Status vieler einzelner Personen (vgl. auch Haferkamp, 1973 a, S.29/3o).

Die Thesen 4-8 zur Bildung von Gruppen und zur Entwicklung und Stabilisierung von Handlungen wurde dagegen sehr genau geprüft. Im Gegensatz zur Sozialforschung in den USA ist dieser Zusammenhang in der BRD,wie wir oben schon ausführten auch empirisch bisher unerforscht geblieben. Es finden sich für die Vereinigten Staaten eine Reihe empirischer Studien, die Analysen der Gruppenprozesse, des Verhaltens, der Situationsdefinition und der Identitäten der Teilnehmer an derartigen Gruppenprozessen enthalten. Wir verweisen nur auf die klassischen Arbeiten von Frederic M.Thrasher (1927) und William F. Whyte (1943) wie die neueren Arbeiten von Walter B.Miller (1958), Lewis Yablonski (1962), Howard S.Becker (1963), Irving Spergel (1964), James F.Short und Fred L.Strodtbeck (1965), Leon R.Jansyn (1966) und Laud Humphreys (197o). Für die BRD kann allenfalls die frühe Arbeit von Christel Bals (1962) genannt werden. Diese Erhebung wurde jedoch im wesentlichen in einer Einrichtung einer Instanz sozialer Kontrolle vorgenommen, nämlich in einem von Sozialarbeitern geleiteten Jugendheim, und zudem aus der Position eines Mitgliedes dieser Instanz sozialer Kontrolle, nämlich als Mitarbeiter der Heimleitung, betrieben, so daß auch hier eine vom Wirken der Instanzen sozialer Kontrolle unverzerrte Datenerhebung nicht vorliegt.

Was das empirische Vorgehen bei derartigen Forschungen angeht, so ist mit dem von Jürgen Friedrichs herausgegebenen Buch (1973) methodisch ein erster Anknüpfungspunkt für solche Arbeiten gegeben.

2.2 Logik und Anlage des Auswahlverfahrens

2.2.1 Voraussetzungen

Geht man von den tatsächlich geprüften Thesen aus, so ist zunächst zu klären, welche Erwartungen wir vor der empirischen Erhebung über die Struktur der Daten haben. Wir unterstellen, vereinfacht gesagt, eine Abhängigkeit krimineller Handlungen von Gruppenbildungen und eine Abhängigkeit krimineller Gruppenbildungen von der Zugehörigkeit der Gruppenmitglieder zu benachteiligten sozialen Lagen. Nun gehen wir auch davon aus, daß es zahlreiche intervenierende Variablen gibt, d.h. die Abhängigkeit wird durchkreuzt. So haben wir auf das Wirken der Instanzen sozialer Kontrolle aufmerksam gemacht, das nicht nur dazu führt, daß bestimmte Handlungen als kriminell definiert werden, sondern das außerdem zur Folge hat, daß die meisten Mitglieder auch benachteiligter sozialer Positionen sich normal im Sinne dieser Instanzen verhalten. Zudem hatten wir oben schon in Betracht gezogen, daß auch einige, sehr wenige Angehörige der Besitzenden und Herrschenden kriminell handeln. Im Ergebnis führt das dazu, daß wir keinen perfekten Zusammenhang unterstellen, sondern nur einen tendenziellen.

Um diese These zu prüfen, ist es erforderlich, eine Vielzahl von Fällen in systematischer Weise zu erheben und zu untersuchen und nicht nur ein paar, die These bestätigende Beispiele anzuführen. So könnte man beobachtete Handlungen nach Kriminalität und Normalität unterscheiden, die Häufigkeiten ihres Auftretens auszählen und den Handlungen den sozialen Status der Ausführenden zuordnen. Dabei schließen wir es von vornherein aus, alle Fälle zu untersuchen, obwohl man stets bedenken sollte, ob man auf eine Vollerhebung von vornherein verzichtet. Denn durch das Ziehen von Stichproben handelt man sich einerseits geringere Kosten der Datensammlung, der Datenbehandlung und Analyse durch die Verwendung einer geringeren Fallzahl als der Gesamtzahl der Fälle ein, aber andererseits zieht man dadurch ein weiteres Problem an sich heran: das der Entscheidung, ob die Tatbestände, die man für die Stichprobe gefunden hat, auch für die Gesamtzahl der Fälle zu gelten haben (J. Galtung, 1967, S.51). Entscheidet man sich für eine Auswahl, eine Stichprobe, so ist anzustreben, daß die Auswahl im Sinne unserer These unverzerrt ist, d.h. die für eine Untersuchung relevanten Merkmale der Auswahleinheiten sich der Verteilung der Merkmale der Einheiten der Grundgesamtheit annähern. Diese Unverzerrtheit kann man für eine einzelne Untersuchung nie garantieren. Zieht man jedoch eine Zufallsstichprobe, so wird theoretisch für den Durchschnitt einer großen Zahl von Auswahlen eine quantitative Bestimmung für das Ausmaß der Abweichung möglich, und damit in gewisser Weise eine "Wahrscheinlichkeitsaussage" für den Einzelfall. Das ist aber nach wahrscheinlichkeitstheoretischen Überlegungen nur dann zu erwarten, wenn diese Auswahl als "Zufallsauswahl" oder "Zufallsstichprobe" gezogen wurde. Derartige Auswahlen oder Stichproben liegen nur dann vor, wenn jedes Element der Grundgesamtheit die gleiche Chance hat, in die Stichprobe aufgenommen zu werden. Um dies zu gewährleisten, gibt es viele Verfahren, z.B. die Verwendung von Zufallszahlen oder von systematischen Karteiauswahlen. Durch eine Schichtung, d.h. eine Gruppenbildung der Einheiten für eine Zufallsauswahl nach bestimmten, bekannten Merkmalen und Zufallsauswahlen in jeder Schicht, hat zwar nicht mehr jede Einheit die gleiche Chance, in die Auswahl zu kommen, aber die Auswahlchancen aufgrund der Schichtung sind zu quantifizieren und bei späteren Berechnungen zu berücksichtigen, so daß dieses Verfahren wegen der geringeren Erhebungskosten mit der einfachen Zufallsauswahl nicht nur verglichen, sondern dieser vorgezogen werden kann. Auswahlen, bei denen die möglichen Verzerrungen nicht zu quantifizieren sind, nennt man "gezielte Auswahlen" oder "Auswahlen nach Gutdünken". Hier ist die Verallgemeinerungsmöglichkeit stark eingeschränkt. Es ist daher selbstverständlich, daß wir zunächst prüfen, ob wir zur Prüfung unserer Thesen eine Zufallsstichprobe ziehen können.

2.2.2 Zur praktischen Unmöglichkeit, bei der Kriminalitätsanalyse Zufallsstichproben zu ziehen

Für unsere Fragestellung wäre es nun ideal gewesen, wenn wir uns eine begründete Vorstellung von den Grundgesamtheiten der auf der Basis der bevorteilten oder benachteiligten sozialen Lagen gebildeten Gruppen und der von ihnen aufgebauten Handlungen in der von uns untersuchten Großstadt hätten bilden können, um eine Zufallsstichprobe zu ziehen.

Dazu ist es zunächst erforderlich zu klären, welche Einheiten zur Prüfung der These detailliert untersucht werden sollen - Untersuchungseinheiten - und welche Einheiten für die Stichprobe ausgewählt werden sollen, um an diese Untersuchungseinheiten heranzukommen -Auswahleinheiten. Es erweist sich oft als sinnvoll, beide Einheiten zu unterscheiden. Betrachten wir die zu prüfenden Thesen, so bieten sich als Untersuchungseinheiten sowohl Gruppen als Aggregate von Handlungen von Personen wie die Handlungen von Personen selbst an. Dabei handelt es sich nicht um eine Alternative, da wir sowohl einzelne Aspekte einer Menge von Handlungen wie die Zusammenhänge der Handlungen untereinander untersuchen müssen.

Wählen wir Gruppen oder Handlungen, so erfolgt eine "Soziologisierung der Auswahl". Wir "kommen... von dem traditionellen Modell der Stimmzählung ab und berücksichtigen..soziale Strukturen... (Es) rücken.. Ursachen, Bedingungen, Reaktionen... an die Stelle der Einzelperson als Auswahlgegenstand...Soziologische Kategorien... sorgen für die Ablösung des früheren Atomismus durch eine Strategie der Stichprobenwahl, die sich auf verschiedene Erscheinungsformen der Sozialstruktur richtet" (H.Hartmann, 197o, S.125). Albert K.Cohen und James F.Short (1968, S.375) haben, von ähnlichen Überlegungen ausgehend, herkömmliche kriminalsoziologische Forschungen kritisiert: "Eine..Beschränkung.. (der) Delinquenz - Studien lag... in der Tendenz, Unterschiede in der Delinquenz allein als Unterschiede im Verhalten von Individuen anstatt als solche in den kulturellen Mustern und im kollektiven Verhalten zu sehen. Dieser Ansatz zur begrifflichen und deskriptiven Erfassung von Delinquenz liegt implizit dem herrschenden methodologischen Modell zugrunde, welches eine Experimentiergruppe von Delinquenten mit einer Kontrollgruppe von Nichtdelinquenten oder einer Gruppe rückfälliger mit einer Gruppe nichtrückfälliger Verbrecher vergleicht und versucht, diese Differenzen im individuellen Verhalten mit den Bedingungen der Situation oder der Entwicklung in Beziehung zu setzen." Da wir an einer Analyse der kriminellen Gruppen und des kriminellen Handelns interessiert sind und "diese..soziale Phänomene sui generis.. sind, ..müssen (sie) auf ihrer eigenen Ebene beschrieben werden." Alle Aussagen sind "aus der Beobachtung von Gruppen als Ganzen gefolgert, von den sozialen Beziehungen unter ihren Mitgliedern, von dem, was geschieht, wenn die

Mitglieder der Gruppe zusammen und getrennt voneinander sind, von der Ordnung, der Reihenfolge und der Verschiedenartigkeit der Gruppenaktivitäten, der delinquenten und nicht-delinquenten, ebenso von der Interaktion zwischen der Gruppe und anderen Gruppen und der größeren Gemeinde" (A.K.Cohen und J.F.Short, 1968, S.375).

Geht man von dieser Untersuchungseinheit aus, so kommen dennoch zunächst verschiedene Auswahleinheiten in Betracht, um an diese Untersuchungseinheit zu gelangen. So kann man bei Personen als Mitgliedern von Gruppen und Ausführenden ansetzen. Es wäre dann naheliegend, aus einer Liste von Gruppenmitgliedern eine Auswahl zu treffen. Das setzt voraus, daß die ganze Zahl oder bei fast unendlich großer Zahl eine in ihrer Struktur unverzerrte Menge der Personen, die an diesem Verhalten beteiligt sind, vorher bekannt sind. Diese Annahme wurde in der von uns bisher kritisierten Kriminalitätsforschung gemacht, wenn dort auf Karteien von Instanzen sozialer Kontrolle zurückgegriffen wurde. Dieser Weg ist uns aus den mehrfach erörterten theoretischen Gründen nicht möglich: es handelt sich um Karteien von Kriminalisierten, nicht notwendig um Karteien von an kriminellen Handlungen Beteiligten. Oft sind es auch Personen, die ungeschickt bei der Durchführung ihrer Akte sind und auffallen. Oder sie haben Merkmale, die, wie der Definitionsansatz gezeigt hat, eher Kriminalisierungen auf sie ziehen als andere Merkmale.

So wurden uns anfangs von Instanzen sozialer Kontrolle Kontaktpersonen vermittelt, die die ihnen zugeschriebenen Verhaltensmuster gar nicht gezeigt hatten. Ein "Betrüger" erwies sich als jemand, der, noch nicht volljährig, kleinere Auszahlungen aus seinem väterlichen Erbe durch Fälschung der Unterschrift seiner Mutter erhielt. Ein anderes Mal hatte ein "Bandenchef" gar keine Bande. Genannt wurden uns auch häufig junge Drogenkonsumenten, seltener an Aggressionsdelikten beteiligte Jugendliche, überhaupt nicht heranwachsende Ladendiebe - davon kannte man selbst bei den Instanzen sozialer Kontrolle zu wenig, obwohl das Auftreten gerade dieses Delikts auch in der Stadt unserer Untersuchung häufig war.

Weiterhin ist die Möglichkeit der Identifizierung krimineller Personen im Anschluß an eine repräsentative Befragung von Jugendlichen und Erwachsenen nach ihren Beteiligungen an kriminellen Handlungen zu prüfen. Zu diesem Vorgehen wird heute oft geraten. Es sei nur an entsprechende Äußerungen von Lloyd E.Ohlin (1964) und Karl F.Schumann (1973, S.92) erinnert. In empirischer Sozialforschung haben diesen Vorschlag durch Erhebungen selbstberichteter Kriminalität bestimmter Gruppen Austin L.Porterfield (1946), James F.Short und Ivan F.Nye (1957) und Paul Lerman (1967/68) in den USA, Stephan und Edelgart Quensel (1969), Manfred Brusten und Klaus Hurrelmann (1973) in der BRD einzulösen versucht. Umfangreicher angesetzt, dem Ohlinschen Vorschlag eher entsprechend, sind repräsentative Befragungen wie sie von Albert J.Reiss und Albert J.Rhodes (1961) durchgeführt wurden.

Wir finden diese Vorgehensweise nicht sehr erfolgversprechend, selbst wenn man sie nur zur Identifizierung von Auswahleinheiten und nicht von Untersuchungseinheiten einsetzt - ein Vorgehen, bei dem unsere Einwände nur stärker zur Geltung kommen dürften. So ist vor allem der Wahrheitswert der selbstberichteten Nichtkriminalität, aber auch der Kriminalität zu problematisieren. Alle Nachteile des Interviews sind in diesem Zusammenhang zu vergegenwärtigen.

Sodann ist die Situation zu berücksichtigen, in der derartige Befragungen durchgeführt werden. Sie finden in der Regel nicht im offenen Feld statt, sondern z.B. in Schulen, in Einrichtungen der Sozialarbeit oder, weit besser, in neutralen Büroräumen. Es ist zu erwarten, daß zumindest ein Teil der Befragten unter diesen Umständen an der Einhaltung der Anonymitätszusage starke Zweifel hat.

Aber selbst wenn bei den Beteiligten die Bereitschaft zur wahrheitsgetreuen Auskunft besteht und sie eine Weitergabe ihrer Auskünfte nicht befürchten, ist zu bedenken, ob nicht derartige Selbstberichte aufgrund ihres Informationsträgers kriminelle Handlungen oder Gruppen nur sehr unvollkommen erfassen können. So hat eine derartige Befragung von "normalen" Begriffen auszugehen, d.h. sie ist in der normalen Gesellschaftssprache abzufassen. Sie bietet dann jedoch keine Gewähr dafür, daß die Befragten den Teil ihres Verhaltens, der für die Instanzen sozialer Kontrolle kriminalisierbar ist, auch konsequent unter die im Fragebogen vorgelegten Formulierungen subsumieren. Zu fragen wäre stattdessen in den Begriffen der Sprache der Altersgruppe der Jugendlichen und ihrer einzelnen Gruppen. Durch die Unkenntnis eben dieser Sprache sind die gesuchten Personen und nach ihnen die zu untersuchenden Gruppen und Handlungen nicht zu identifizieren. Wir stehen so vor einem Dilemma: vor der Durchführung einer repräsentativen Befragung ist das Problem zu lösen, Fragen in einer Sprache zu stellen, die den gesuchten Kreis von Gruppen anspricht. Da man die subkulturelle Sprache nicht kennt, ist dann an die Entwicklung einer Art Metasprache der "Kriminellen" zu denken, eine Arbeit, die erst noch zu leisten wäre (vgl. dazu Egon Stephan, 1972).

Rolf lehnte es ab, "die Leute, die die Typen mit Shit versorgen" und zu denen er sich auch selbst zählte, "dealer" oder "Händler" oder gar "Rauschgifthändler" zu nennen. "Das ist negativ! Das ist ein Schimpfwort. Da wird ein Buhmann aufgebaut. Das wird so dargestellt, als ob die skrupellos arbeiten". Es ist uns daher nicht gelungen, einen allgemeinen Begriff zur Bezeichnung dieser Leute von Rolf zu hören: "Für mich sind das Ingo, Olaf, Lutz..." Rolf

sprach auch selbst nicht von "dealen", sondern von "versorgen", "Stoff beschaffen" usw. Ganz sicher würde er in einem Interview nicht angeben, daß er mit Rauschgift gehandelt habe - eher würde er die Frage, ob er seine Freunde mit Stoff versorgen würde, bejahen.
Ein Rocker hatte einem Mädchen in einem Park den Weg versperrt. Er hielt es fest, und ein Kumpel nahm dem Mädchen als Pfand fürs Wiederkommen eine Kette ab. Damit hatte er - nach seinem Verständnis - nicht einem anderen etwas weggenommen. Und er hatte auch keinem anderen Gewalt angedroht oder gegen ihn ausgeübt. "Räuberischer Diebstahl" war es für ihn schon gar nicht.
Ein Einsacker war in einen alten Kotten gegangen und hatte dort einen alten Spazierstock und einen alten Zylinder gefunden und anschließend damit gespielt. Das war für ihn kein Wegnehmen von Gegenständen, die anderen gehörten, schon gar kein Diebstahl.

Auch aus anderen Gründen scheint uns eine Repräsentativbefragung nicht unproblematisch: der Zeit- und Kostenaufwand ist erheblich. Das liegt auf der Hand. Zudem ist noch zu prüfen, ob Gruppen mit hoher Kriminalitätsbelastung - gelänge es überhaupt, sie so zu identifizieren - zu Kontaktaufnahmen bereit sind, da die Vertrauensbasis nach einem schriftlichen Interview doch noch zu schmal sein dürfte. Sie würde zusätzlich erschüttert werden, beriefe man sich bei der Kontaktaufnahme auf die Ergebnisse des Interviews, da dabei doch Anonymität zugesichert wurde.

Diese Fragen sind von den Forschern, die diese Methode bevorzugen, nicht verfolgt worden, weil sie die self-reports selbst schon für ein ausreichendes Datenmaterial zur Kriminalitätsanalyse hielten (vgl. in diesem Zusammenhang die Bedeutung, die die Untersuchungen von Short und Nye (1968), Short und Olson (1958) für die Definitionstheoretiker haben, die ebenfalls self-reports für eine angemessene Erhebungsmethode halten).

Eine andere Möglichkeit, die zu einer einfachen Zufallsauswahl geführt hätte, besteht in der Behandlung verschiedener Städte und verschiedener Stadtviertel als Auswahleinheit, die sich nach ihren sozialstrukturellen Daten unterscheiden. In diesen Gebieten wäre dann nach Gruppen zu suchen, und die Handlungen ihrer Mitglieder wären zu analysieren. Das ist von mehreren Forschern erwogen worden, so von Irving Spergel (1964), James F. Short und Fred L. Strodtbeck (1965).

Die erste Version dieses Vorgehens - Stadtvergleich - schied für uns auch bei der Auswahl aus. Wir haben schon darauf hingewiesen, daß uns dazu einfach die Ressourcen fehlten: die Finanzierung von Feldforschung in mehreren Städten lag völlig außerhalb unserer Möglichkeiten. Auch die zweite Version - Stadtviertelvergleich in einer Stadt - schied wie schon bei der Analyse des sozialstrukturellen Hintergrundes aus:

1. Wir sahen nach ausgiebigen Experteninterviews keine Möglichkeit, nach sozialstrukturellen Merkmalen zu unterscheidende Viertel in der von uns untersuchten Großstadt zu identifizieren. Dieses Problem stellte sich übrigens auch für James F. Short und Fred L. Strodtbeck in Chicago (vgl. 1965, S. 9).
2. Wir sahen außerdem keine Möglichkeit, uns einen Überblick über die Gruppen und ihre Handlungen in einem Stadtviertel zu verschaffen und daraus eine Auswahl zu treffen.
3. Es war zudem zu erwarten, daß die Jungen verschiedener Viertel sich dennoch regelmäßig an einem außerhalb ihrer Herkunftsviertel liegenden Ort treffen würden. Damit wären aber Viertel als Auswahleinheit nutzlos.

So verlegte eine von uns untersuchte Gruppe von Rockern ihren Treffpunkt von einer Landgemeinde in die Stadt, als Uwe, der Führer der Gruppe der "Vogelfreien", in einem Clubhaus seine Freundin Hella kennenlernte. Dirk sagte einmal zu einem Feldforscher: "Die gehen schon zwei Jahre zusammen. Hella ist auch der Grund, daß Uwe hier zur Wall Street gekommen ist. Wenn er sie nicht kennengelernt hätte, wäre vielleicht keiner von uns jemals hier hin gekommen. So aber sind wir mit Uwe mitgefahren und hier hängengeblieben."
Typen fuhren oft in ein 1oo km entfernt liegendes Dorf, weil dort gute Musik in einer Diskothek gespielt wurde. Abends kamen alle zum "Pott", da es dort Stoff gab.
Solche Treffgewohnheiten galten auch für die Normalen. Sie waren in der "Laube", einem Lokal, das auf dem Weg zur Schule lag, die einige von ihnen noch besuchten, und in der sie einen Deckel machen konnten, was sonst nur wenige Wirte einräumten.

Wir haben, da Stichproben von Personen oder Auswahlen von Regionen ausschieden, den Kontakt zu Gruppen, die das kriminelle Handeln zeigen, direkt gesucht. Einer Zufallsauswahl unter den kriminellen Gruppen und den Handlungen ihrer Mitglieder kamen wir dadurch jedoch nicht näher. Short und Strodtbeck haben schon klar formuliert, warum diese Möglichkeit nicht besteht: "Es gibt keine Liste der Gruppen, aus der Zufallsauswahlen nach statistischen Überlegungen hätten gezogen werden können. Hätte es eine solche Liste gegeben, dann wäre sie schon am Tage ihrer Aufstellung überholt gewesen, so veränderlich sind die Mitgliedschaften in den Gruppen und ihr Bestand überhaupt" (1965, S. 1o). In derselben Weise äußerte sich Howard S. Becker (1963, S. 46) über seine Auswahl von Drogenkonsumenten, die von ihm im offenen Feld beobachtet wurden: "Die Auswahl ist natürlich in gar keiner Weise zufällig im statistischen Sinne; es wäre überhaupt nicht möglich gewesen, eine Zufallsauswahl zu ziehen, da niemand die Gesamtheit kannte, aus der diese Auswahl zu treffen gewesen wäre."

So stimmten die Angaben, die uns Sozialarbeiter über die Existenz einzelner Gruppen machten, nur in wenigen Fällen. Ganze "Clubs" hatten sich aufgelöst. Von den Feldforschern beobachtete Gruppengrenzen veränderten sich von Tag zu Tag. Bei den Typen und bei den Rockern sah man immer wieder neue Gesichter im Feld und vermißte alte Bekannte. Selbst die Mitglieder bestehender Gruppen hatten keinen Überblick über andere Gruppen, obwohl sie oft an denselben Orten ein und aus gingen, und wie wir später zeigen, teilweise die gleichen Verhaltensmuster zeigten. So wurde ein Typ, der schon manches Stück mitgenommen hatte, gefragt, ob in der "Diele" Ladendiebe sein könnten. Er sagte: "Das sind alles versnobte Typen, die bringen nichts." Es war das Stammlokal der Einsacker.

Short und Strodtbeck entschieden sich daher schon für eine gezielte Auswahl, eine Methode, die ihnen "von der Natur der Untersuchungsgegenstände selbst aufgezwungen wurde" (1965, S.19) und Mueller, Schuessler und Costner halten dieses Vorgehen bei der Kriminalitätsanalyse für unvermeidbar (S.35of). Auch Heinz Hartmann findet nach einem Überblick über die empirische Sozialforschung: "Obwohl vielleicht im ganzen nicht behauptet werden kann, daß die Wahrscheinlichkeitsauswahl neuerdings zurücktritt gegenüber der Auswahl nach Gutdünken..., gewinnt die Auswahl nach Gutdünken doch verstärkte Legitimität."

Kritik an einem derartigen Vorgehen ist mehrfach geübt worden. Paul Lerman, der für die Repräsentativbefragung eingetreten ist, hat insbesondere die Aufmerksamkeit auf zwei Punkte gelenkt:

1. Durch die Fixierung auf einen Gruppenbegriff bekommt man nur eine sehr spezielle Form der Kriminalität in den Griff, eben solche, die an regelrechte Gruppenstrukturen gebunden ist.
2. Die Auswahl der Gruppen ist verzerrt. Dieser Umstand ist in der von Lerman kritisierten Studie von Short und Strodtbeck durch die Zusammenarbeit mit dem Chicagoer YMCA bedingt. Die Kritik läßt sich aber ohne weiteres auf andere Arbeiten ausdehnen.

Ohne nun die grundsätzliche Intention zunächst aufzugeben, unmittelbar mit Gruppen, in denen kriminell gehandelt wird, die Feldforschung durchzuführen, haben wir den Lermanschen Bedenken Rechnung zu tragen versucht. So haben wir einen relativ einfachen Gruppenbegriff verwandt.

Schwieriger war die Anlage der Auswahl. Wir suchten Trefforte und gingen dazu Informationen aus völlig unterschiedlichen Quellen nach: Sozialarbeiter und Kaschemmenwirte, Polizisten und zufällig kennengelernte "Kriminelle", Studenten mit einem Einblick in die Subkulturen, Diskothekenkellner und alteingesessene Bürger wurden befragt, Streifzüge durch Geschäftsviertel, Beobachtungen in Jugendheimen und Diskotheken, Imbißstuben und Gaststätten, Gänge durch Sanierungsviertel und Besuche in Parks und Wäldchen in der Stadt wurden unternommen, so daß wir schließlich eine Masse von Hinweisen auf Trefforte von Kriminellen hatten. Die dort sich anschließenden ersten Gespräche mit Mitgliedern von kriminellen Gruppen führten die Mitglieder der Forschungsgruppe immer wieder an dieselben großen und verzweigten Handlungszusammenhänge, die an verschiedenen, also auch anderen als uns ursprünglich von den Gewährspersonen genannten Orten zu lokalisieren waren, heran, so daß sich die von uns vorher noch gehaltene Annahme, viele kriminelle Gruppen würden sich verhältnismäßig unzusammenhängend über die Region der untersuchten Stadt verteilen, als falsch erwies. Die uns interessierenden Handlungen scheinen sich in der von uns untersuchten Großstadt im wesentlichen in diesen weit verzweigten, gleichwohl abgegrenzten "Feldern" verorten zu lassen. Sie sind die Gruppen im Sinne unserer allgemeinen Thesen. Es erwies sich sehr bald, daß sich die Teilnehmer dieser Felder oder Gruppen nicht, wie von uns auch vermutet, auf ein Delikt spezialisiert hatten. Wohl ließen sich nach der Auftretenshäufigkeit vorherrschende Handlungsmuster feststellen, so daß wir verschiedene Felder oder Gruppen für eine vergleichende Analyse untersuchen konnten. Es waren dies die Gruppen der "Typen"bzw."Beteiligten am Drogenmißbrauch" in der Sprache der Instanzen sozialer Kontrolle, der "Rocker" bzw. "Schläger" oder "Beteiligten an Körperverletzungen" und der "Einsacker" bzw. der "Ladendiebe."

Dort wurde versucht, Kontakte aufzubauen, um ungestörte Beobachtungen einzelner Handlungen und ganzer Handlungskomplexe durchführen zu können. Nun wird man zweifelsfrei zu bedenken haben, ob nicht die kontaktbereiten Mitglieder krimineller Gruppen wieder eine verzerrte Auswahl darstellen und zu einer unbrauchbaren Auswahl von Handlungen führen. Es könnten dies die besonders Gesprächigen, die Gruppentäter, die "Prestigesuchenden", die Außenseiter sein.

> So war der informierteste Fixer Christian sehr isoliert. Er wurde von den anderen als geizig betrachtet. Er gab uns aber bereitwillig Interviews mit sehr vielen ausführlichen Berichten über die Arten des Stoffs, die verschiedene Wirkung und dergleichen. Andererseits war der wichtige Fixer Gerold zu einem Interview nicht zu bewegen. Ein anderer Typ, Bruno, beobachtete z.B. die Mitglieder der Forschungsgruppe im Feld sehr genau. Er hörte sich an, was die anderen ihm so berichteten. Er vermied es, von sich aus Kontakt zu suchen, und erzählte uns später, er habe sich gesagt: "Wenn die eine Forschung über Rauschgift machen, dann kommen die früher oder

später an mir nicht vorbei. Wenn ich darauf warte, kann ich ihnen vielleicht Bedingungen stellen."
Bei den Rockern hatte Danny, dem sich ein Feldforscher als erster selbst vorstellte, nur Einfluß auf einen Teil der Gruppe, so daß der Feldforscher sich beeilte, auch die Bekanntschaft von Harro zu machen, der der Meinungsführer des anderen Teils war.
Bei den Einsackern war der erste Informant zwar eine führende Figur der Gruppe, wie sich später herausstellte, bestand aber zwischen ihm und Erwin, dem Führer, schon immer eine Rivalität. Es wäre daher zu fragen, ob nicht ein Teil der Schwierigkeiten, die der Feldforscher in dieser Gruppe hatte, auch damit zusammenhing, daß der später Ausgestoßene die erste Kontaktperson war.

Um diese mögliche Verzerrung unter Kontrolle zu haben, mußte auch die Beobachtung anderer Personen und ihrer Handlungen in den Gruppen erfolgen. Es waren dazu Kriterien für die Auswahl von Personen und Handlungen eben dieser Felder zu entwickeln, um auf der Basis der dann gewonnenen Teilgesamtheit Aussagen über die jeweils ganzen Gruppen zu machen. Dazu wurden aus der Beobachterperspektive Soziogramme nach der Interaktionsdichte und Rangskalen nach dem Einfluß entwickelt und daraus die Auswahl so getroffen, daß Personen hoher wie niedriger Interaktionsdichte und verschiedener Einflußstärke bei ihren Handlungen beobachtet und später selbst interviewt wurden.

Betrachtet man die Gruppen und die in ihnen auftretenden Handlungen, so kann man für die Rocker und die Typen sagen, daß sie sehr wahrscheinlich den Schwerpunkt entsprechender Aktivitäten in Normalstadt, wie wir die Stadt nennen wollen, in der unsere Untersuchung ablief, bildeten. Wie wir bei der Erörterung der Auswahl schon andeuteten, stießen wir bei den Informanten immer wieder auf dieselben Felder von Typen und Rockern. Die dort nach unterschiedlichem Status und unterschiedlicher Interaktionsdichte ausgewählten Personen und ihre Handlungen sollten die Gruppen und ihren Umkreis und damit auch andere Beteiligte dieser Handlungen in Normalstadt gut repräsentieren.

Etwas schwieriger ist die Einschätzung der Einsacker. Zwar wird diese Gruppe im Teil zu den Selbstbildern nicht behandelt, da die Mitglieder dieser Gruppe bei den Interviews sehr mißtrauisch waren, z.T. offenbar falsche Aussagen machten, z.T. gar keine Interviews gaben. Aber dank der ausführlichen Beobachtungsberichte des Feldforschers ist es möglich, diese Gruppe in ihrem Verhalten und in ihren Situationsdefinitionen mit den anderen Gruppen zu vergleichen. Es ist daher auch erforderlich, diese Gruppe im Verhältnis zu den anderen Einsackern einzuschätzen.

Dem Feldforscher gelang es, durch einfache Überlegungen diese Gruppe zu identifizieren. Er suchte "Ladendiebe" und studierte die

Gegend zwischen einigen größeren Geschäften der Stadt. Er ging von der Überlegung aus, daß auch jugendliche Ladendiebe ab und zu eine Pause machen und dazu eine Gaststätte aufsuchen. Ein Lokal, das diesen Vorstellungen sehr entsprach, wurde gefunden. Der Feldforscher setzte sich dort häufig hinein und lernte nach einiger Zeit die Einsakker kennen.

> In seinem ersten Gespräch erfuhr er: "Du mußt wissen, wir klauen einfach alles. Wir arbeiten nicht, wenigstens die meisten nicht. Wir bestreiten unseren Lebensunterhalt damit". "Klaut ihr nur in Normalstadt?" "Nein, auch in allen umliegenden Städten. Hier in Normalstadt ist man in manchen Läden schon auf uns aufmerksam geworden. Die Verkäuferinnen kommen immer gleich an und so. Vor allen Dingen mit den Platten ist das schwierig. Hier gibt es ja nicht so viele Plattenläden. Da müssen wir schon mal weiter weg, auch wegen der Auswahl."

Das alles sind Hinweise dafür, daß wir auch hier einen - wenn auch kleinen - Schwerpunkt dieses Handelns in der von uns untersuchten Großstadt vor uns haben. Folgt man den weiteren Aussagen der Mitglieder dieser Gruppe, wird diese Annahme bestätigt:

> Auf dem Weg zur Bushaltestelle unterhielt ich mich mit Shorty. "Hattet ihr schon mal was mit der Polizei zu tun?" "Die stehen uns ständig auf den Füßen. Mich haben sie schon ein paarmal verhört. Sie konnten mir aber nichts nachweisen. Sie haben nur Vermutungen über uns, aber keine Beweise." "Das ist aber nicht so gut, wenn die euch schon im Auge haben." "Wieso? Wir lassen uns eben nicht erwischen. Und unsere Konkurrenten haben sie erwischt. Das ist gut für uns. So haben wir jetzt in Normalstadt das Plattenmonopol."

Wir gehen daher davon aus, daß auch in dieser Gruppe typische Verhaltensprozesse und Situationsdefinitionen von Einsackern auftreten.

Will man die Handlungen der Mitglieder krimineller Gruppen ihrer sozialen Lage zurechnen, so muß auch gezeigt werden, daß Mitglieder normaler Gruppen tatsächlich ein anderes Handeln zeigen und - unter Berücksichtigung des Auftretens der Instanzen sozialer Kontrolle - unter anderen Bedingungen leben: Sie entstammen entweder derselben sozialen Lage wie die Mitglieder krimineller Gruppen, wurden jedoch, anders als diese, von den Instanzen sozialer Kontrolle frühzeitig zur Anpassung an die herrschenden Situationsdefinitionen des normalen Handelns gedrängt, oder sie kommen aus bevorteilten sozialen Lagen und zeigen das dieser Lage adäquate normale Handeln unabhängig von der Einwirkung der Kontrollinstanzen. Es wäre ja für die von uns vertretene Erklärung der Kriminalität fatal, wenn die Mitglieder normaler Gruppen tatsächlich in der gleichen Weise handelten und allesamt unter den gleichen Bedingungen wie die Kriminellen lebten. Der Erklärungswert unserer Thesen wäre dann gleich Null. Es ist daher notwendig, die untersuchten kriminellen Gruppen mit normalen zu vergleichen.

Dabei war es ein besonderes Problem zu bestimmen, was normales Verhalten ist. Auch dieses Verhalten muß erst präziser definiert werden. Dabei ergaben sich zunächst größere Schwierigkeiten als bei der Bestimmung des kriminellen Verhaltens, da man dort vor dem Hintergrund der in einer Gesellschaft geltenden Normen und ihrer praktischen und theoretischen Anwendung in zahlreichen Alltagssituationen als Forscher genügend Anhaltspunkte für eine erste Unterscheidung des kriminellen Handelns von anderen Handlungen hat.

Man kann normales Handeln zunächst als das Handeln bestimmen, das nicht gegen die Normen und die Regeln und Regelmäßigkeiten ihrer Anwendung verstößt. Es wird nicht als Verbrechen, Vergehen oder Übertretung von den Instanzen sozialer Kontrolle verfolgt. Ein derartiges normales Handeln tritt in einer sehr großen Zahl sozialer Situationen auf, in denen es die Alternative "kriminelles Handeln" gar nicht gibt. Man gehe nur vom Tagesablauf eines Menschen aus, und man findet unzählige Handlungen, die keinen Bezug zu den Normen und ihren Anwendungen in einer Gesellschaft haben: die Art des morgendlichen Aufstehens, die Weise der Essenseinnahme und vieles andere alltägliche Handeln. Dieses Handeln mit kriminellem Handeln zu vergleichen wäre unsinnig, zumal viele Mitglieder krimineller Gruppen dieses Handeln nicht anders anlegen als Mitglieder normaler Gruppen in einem noch zu definierenden Sinn. Wir müssen, um mit dem kriminellen Handeln vergleichbares normales Handeln zu gewinnen, den Bereich, aus dem wir dieses Handeln wählen wollen, eingrenzen.

Dazu wollen wir zuerst eine sachliche Begrenzung der Auswahl vornehmen. Kriminelle Handlungen sollen gemäß unserer allgemeinen Thesen bestimmte Erfolge zeigen. Sie sollen unter Außerachtlassen herrschender Situationsdefinitionen Mängel überwinden und zur Teilhabe an Besitz und Macht führen. Wir vergleichen damit nun solche normale Handlungen, die ebenfalls auf diese Ziele angelegt sind, aber den herrschenden Situationsdefinitionen entsprechen, also die gesellschaftlich erlaubten Mittel zur Überwindung des Mangels einsetzen. Das sind z.B. statt der Wegnahme das Ertauschen, meist das Kaufen eines Gutes oder die Bitte um kostenlose Überlassung, statt des Angriffs auf andere die Einflußnahme durch Güter, durch Belohnung oder durch Wissen, mit dem Handlungen anderer durch Überzeugen oder Überreden manipuliert werden.

Wie die kriminellen Handlungen von diesen normalen Handlungen durch Verwendung illegitimer Mittel abweichen, so ist damit zu rechnen, daß Handlungen auftreten, in deren Verlauf besonders "feine Mittel", "gute

Taten", "gute Werke" zum Erreichen der Ziele eingesetzt werden. "Tugendhaftes", "vorbildliches", ja "heiliges" Handeln resultiert. An dieses Handeln ist hier nicht gedacht, wenn wir normales Handeln suchen (8).

Aber auch normale Handlungen im bisher bestimmten Sinn treten in so vielen Situationen auf, daß vor einer Auswahl weitere Begrenzungen vorgenommen werden müssen, um die von uns gewünschte Vergleichbarkeit zu erreichen. Wir finden die nächste Beschränkung im sozialen Ort der Handlungen. So kommen zunächst für unsere Absicht nur normale Handlungen von Jugendlichen, Heranwachsenden und jungen Erwachsenen in Frage, um Gruppen mit einem vergleichbaren Altersstatus zu gewinnen. Zudem sollen sie im Kreis der Gleichaltrigen, der "peer group", nicht aber in der Familie, in der Schule, im Betrieb und ähnlichen gesellschaftlichen Zusammenhängen an von den Beteiligten selbst gewählten Plätzen entwickelt und ausgeführt werden.

Eine zeitliche Begrenzung wurde ebenfalls vorgenommen. Die von uns untersuchten kriminellen Handlungen wurden in der Freizeit der Beteiligten ausgeführt. Es lag daher nahe, nur solche normalen Handlungen in den Vergleich einzubeziehen, die in der Freizeit ausgeführt wurden.

Über dieses Handeln liegen für die BRD bisher keine Untersuchungen vor. Weder bieten die Analysen der Sozialstruktur der BRD noch die zahlreichen westdeutschen jugend- oder freizeitsoziologischen Untersuchungen geeignete Daten. Wir mußten durch Untersuchung normalen Handelns uns diese Daten beschaffen. Dabei ergab sich auch hier das Problem der Auswahl. Natürlich gibt es auch keine Liste der normal in der Freizeit handelnden "peer groups" von Jugendlichen, Heranwachsenden und jungen Erwachsenen in der Stadt, in der wir unsere Untersuchung durchführten. Eine Zufallsauswahl schied daher auch bei der normalen Vergleichsgruppe aus. So ist die Selektion einer normalen Gruppe oder mehrerer nicht einfacher als die Erhebung krimineller Gruppen. Im Gegenteil: Gehen wir von unseren allgemeinen Thesen und von unserer Alltagserfahrung aus, ist das normale Handeln von Jugendlichen, Heranwachsenden und jungen Erwachsenen in Gruppen von Gleichaltrigen in der Freizeit sehr verbreitet. Es tritt bedeutend häufiger als kriminelles Handeln auf. Würde man hier bei einzelnen Personen ansetzen, überprüft man dann ihre Kontaktpersonen, so käme man auf ähnliche Felder oder Gruppen wie bei den Kriminellen. Aber es wären nicht mehr einzelne oder nur sehr wenige Felder in einer Stadt - es sei denn, man würde mit einem sehr anspruchslosen Begriff des Zusammenhanges arbeiten, der auch die Bekanntschaft vom Sehen oder Grüßen erfassen würde. Einen derartigen Begriff haben wir aber bei der Kriminalität nicht verwendet. Zusammenhang hieß hier: Wechselseitige Verwicklung in kriminelle Handlungen. Halten wir an dieser Vorstellung fest, haben wir mit einer großen Zahl normaler Gruppen und Felder zu rechnen.

Wegen der Vielzahl normaler Gruppen und einer gewissen zu erwartenden Vielfalt des normalen Handelns wäre es nun zweifelsohne sehr ratsam gewesen, mehrere normale Gruppen und Felder als Vergleichsgruppen auszuwählen. Es mag einige normale Gruppen geben, deren typische Handlungsmuster schon Züge des tugendhaften Handelns aufweisen, andere mögen Verhaltensweisen zeigen und Situationsdefinitionen äußern, die in die Richtung des kriminellen Handelns gehen. Auch bei den Gruppen mit dazwischen liegenden Handlungsmustern mag es weitere Differenzierungen geben, die es uns gestatten könnten und nahelegen würden, unseren Normalitätsbegriff an Hand des empirischen Materials entschieden zu präzisieren und zugleich zu konkretisieren. Zudem sollte diese Gruppe unter den schon genannten verschiedenen Bedingungen leben, eine Mehrzahl unter denselben wie die Kriminellen mit zusätzlich starker sozialer Kontrolle. So gesehen wäre es wünschenswert gewesen, zur Kontrolle unserer allgemeinen Thesen die kriminellen Gruppen mit einer ganzen Reihe normaler Gruppen zu vergleichen. Die schon mehrfach erwähnten Begrenzungen unseres Forschungsprojektes in finanzieller und damit auch personeller Hinsicht, machten ein derartiges Vorgehen gänzlich unmöglich. Wir mußten uns damit begnügen, zum Vergleich der Handlungsstrukturen in den Kapiteln 4-7 zu den drei kriminellen Gruppen eine normale Vergleichsgruppe heranzuziehen. Man wird daher von vornherein einräumen müssen, daß durch diesen Tatbestand diesem Vergleich Grenzen gezogen sind.

Die Einschätzung der normalen Gruppe entsprach zwar ganz unserem allgemeinen Normalitätsbegriff. Verbrechen, Vergehen und Übertretungen zur Realisierung gesellschaftlicher Ziele waren ausgesprochen selten in der Gruppe. Andererseits war die Gruppe mit einer Pfadfindergruppe, einer christlichen Jugendgruppe, die nach besonderen Situationsdefinitionen "gute Taten" oder "Werke" zu vollbringen versucht, nicht zu vergleichen. Man verhielt sich in unserem Sinn normal. Wo aber im Rahmen der möglichen Variationsbreite normalen Handelns die Gruppe einzuordnen ist - ist kaum abzuschätzen. Wir müssen uns, da vergleichbare Daten aus anderen Untersuchungen fehlen, auf unsere und d.h. auf die Einschätzung der Gruppe durch die beiden Feldforscher und die Beurteilung des von ihnen produzierten Materials durch die anderen Mitglieder der Forschungsgruppe verlassen. Es wäre wünschenswert, wenn zukünftige Forschung Aufklärung über die Struktur einer Typologie des Freizeithandelns von Jugendlichen, Heranwachsenden und jungen Erwachsenen im Kreis der Gleichaltrigen mit den Extremen: kriminell-tugendhaft erbringen würde und begründete Vorstellungen über die Verteilung dieser Handlungsmuster entwickelt werden könnten.

Auf die von uns untersuchte normale Gruppe wurden wir von mehreren Personen, Sozialarbeitern, insbesondere Jugendpflegern, Wirten,

Kellnern und alten Normalstädtern aufmerksam gemacht. Man fand diese und eine Reihe von anderen Gruppen Jugendlicher und Heranwachsender, die sich in Gaststätten fest angesiedelt hatten und dort ihre Freizeit verbrachten, sich unterhielten, tranken, Karten spielten und von da in eine Diskothek oder ins Kino gingen "so richtig normal".

Für den Vergleich der unterschiedlichen Lebensbedingungen der Mitglieder krimineller und normaler Gruppen konnte diese Gruppe aber nicht eingesetzt werden. Da unseren allgemeinen Thesen gemäß normales Handeln einerseits sowohl von Angehörigen der benachteiligten sozialen Lage aufgrund des Wirkens der Instanzen sozialer Kontrolle wie von Angehörigen der bevorteilten Lage gezeigt wird, und da andererseits viele normale Gruppen und Felder in der Stadt unserer Untersuchung existierten, wir aber nur eine Gruppe auswählten, konnte diese aus der einen wie der anderen Lage kommen, konnten überproportional viele Angehörige der einen oder anderen Lage in ihr sein. Den Fall, daß eine normale Gruppe eine der BRD vergleichbare Aufteilung der Mitglieder über die sozialen Lagen aufweisen würde, also die soziale Struktur der BRD verkleinert abbilden würde, schlossen wir von vornherein wegen der mutmaßlichen Seltenheit dieses Falles aus. Die normale Gruppe ist daher nicht als Kontrollgruppe für den Vergleich der sozialstrukturellen Lage vorgesehen gewesen, sondern ausschließlich als Kontrollgruppe für die Handlungsanalysen, was ja nach unseren bisherigen Überlegungen in gewissen Grenzen möglich und sinnvoll ist. Wenn wir diese Gruppe dennoch zu Beginn der Handlungsanalysen auch nach ihren sozialstrukturellen Merkmalen beschreiben, so geschieht dies nur zur näheren Kennzeichnung dieser Gruppe, deren Grundtypus des Handelns zwar durch und durch normal im angegebenen Sinn war, die aber im Rahmen der "Bandbreite" dieses Handelns Besonderheiten zeigte, die möglicherweise mit den Merkmalen ihrer sozialen Lage in Beziehung stehen, was hier aber nicht weiter geprüft werden kann.

Die Thesen zum Zusammenhang von sozialer Lage und kriminellen Handlungen sollen statt dessen durch den Vergleich der kriminellen Gruppen mit fiktiven normalen Kontrollgruppen aus der Gesamtbevölkerung der BRD geprüft werden. Das ist möglich, da anders als zur Handlungsstruktur, Daten zur sozialen Lage der Familien und der Jugendlichen in der BRD in der amtlichen Statistik, in den zahlreichen wissenschaftlichen Sozialstrukturanalysen und jugend- und freizeitsoziologischen Untersuchungen vorliegen. Hier müßte gezeigt werden, daß die Mitglieder krimineller Gruppen im Vergleich zu entsprechenden Ausschnitten aus der Normalbevölkerung der BRD benachteiligt sind.

Wir sind uns völlig darüber im klaren, mit unserem Vorgehen das Problem einer kontrollierten repräsentativen Auswahl krimineller Gruppen und Handlungen nicht gelöst zu haben. Wir sehen aber in unserem Vorschlag einen wichtigen Schritt in Richtung auf eine bessere Kontrolle als bei dem Ausgehen von bekannten oder in Befragungen bekanntgewordenen Fällen krimineller Handlungen und Personen. Bei der Auswahl der normalen Gruppe standen einem auch quantitativ vergleichbaren Vorgehen die bekannten praktischen Schwierigkeiten entgegen, so daß für dieses Handeln ein forschungspraktisch und auch theoretisch adäquates Modell erst noch zu entwickeln ist.

2.2.3 Notwendiger Verzicht auf Signifikanztests

Das von uns verwandte Auswahlverfahren hat die wichtige Konsequenz, daß eine Prüfung der Thesen, eine Bestätigung oder Ablehnung unserer grundlegenden These, nur für die untersuchten Gruppen, nicht aber für die Grundgesamtheit möglich ist, selbst wenn diese Aussage nur mit einer angebbaren Wahrscheinlichkeit getroffen werden soll. Unbeschadet bleibt die Möglichkeit, das auf die Auswahl bezogene Ergebnis auch als Vermutung für die Grundgesamtheit zu unterstellen. Mit einer angebbaren Sicherheitswahrscheinlichkeit ist dies aber nicht möglich.

Da die Entscheidung, auf Signifikanztests zu verzichten, zweifelsohne von großer Bedeutung für die gesicherte Tragweite der erarbeiteten Ergebnisse ist, wollen wir uns an dieser Stelle ausführlicher mit der Frage befassen, ob nicht doch in der einen oder anderen Form ein Signifikanztest durchgeführt werden könnte, begnügt man sich nur mit einem einfachen Verfahren. So sind in einigen kriminalsoziologischen Arbeiten derartige Tests durchgeführt worden, obwohl die Auswahlen in derselben Weise erfolgten wie in unserer Untersuchung. In der Arbeit von Short und Strodtbeck wurden z.B. zur Prüfung von Verteilungsdifferenzen laufend Verfahren angewandt, die nur für Zufallsauswahlen einschlägig sind (9).

Wir möchten diese Frage am Beispiel des einfachen Chi-Quadrat-Tests erörtern, der häufig auch bei Auswahlen wie dieser als anwendbar betrachtet wird. Dieser Test kann neben anderen Aufgaben auch zur Bestimmung der Wahrscheinlichkeit einer auch nur minimalen Abhängigkeit herangezogen werden. Zwar ist Chi-Quadrat kein Maßstab des Grades der Abhängigkeit, also kein Assoziationskoeffizient, sein Signifikanzniveau bestimmt aber die Wahrscheinlichkeit für eine Abhängigkeit überhaupt. Um ein Assoziationsmaß zu haben, sind andere Berechnungen nötig, da das einfache Chi-Quadrat zwar variiert, aber nicht genormt ist, um nur zwischen 0 und 1 zu schwanken, wie andere Assoziationskoeffizienten, die damit Vergleiche der verschiedenen gemessenen Zusammenhänge ermöglichen. Geht man von einer Häufigkeitsverteilung über bestimmte Merkmalsausprägungen aus und errechnet man die Größe $\chi^2 = \sum_{i=1}^{n} \frac{(B_i - E_i)^2}{E_i}$, wobei B_i die beobachteten Häufigkeiten der i-ten Merkmalsausprägung, E_i die aufgrund einer Modellannahme erwarteten Häufigkeiten bei der i-ten Merkmalsausprägung, n die Zahl der Merkmalsausprägungen sind, so mißt χ^2 die Abweichung des empirischen Befundes von der Modellannahme. Es verteilt sich näherungsweise wie die theoretische χ^2 -Verteilung, die tabelliert in den meisten statistischen Lehrbüchern vorliegt.

Bei der Kontrolle von Thesen, die eine Abhängigkeit einer Variablen von einer anderen postulieren, z.B. wie in unseren Thesen eine Abhängigkeit krimineller Handlungen vom sozialen Status, besteht das Modell, mit dem die empirische Verteilung verglichen wird, in der Unabhängigkeit der beiden Variablen.

Aus den zu errechnenden Werten bei Unabhängigkeit und den Werten der beobachteten empirischen Verteilung ist gemäß der Formel χ^2 zu berechnen. Überschreitet Chi-Quadrat einen bestimmten Wert, ist die These, die Stichprobe stamme aus einer Grundgesamtheit mit unabhängiger Verteilung der Variablen mit einer angebbaren Sicherheitswahrscheinlichkeit widerlegt, d.h. es wird unter Anwendung des Umkehrschlusses unterstellt, die Stichprobenverteilung bestätige die ursprüngliche Abhängigkeitsthese.

Dieses Vorgehen führt aber nur dann zu verwertbaren Ergebnissen, wenn die Daten aus Zufallsauswahlen stammen. Das heißt aber: nachdem wir festgelegt haben, wie viele Kriminelle und wie viele Normale wir auswählen, muß die Auswahl dieser Kriminellen und Normalen unabhängig von der Klassenzugehörigkeit erfolgen. Das ist aber nur gewährleistet, wenn man die vorgesehene Zahl der Kriminellen und Normalen in einer Zufallsstichprobe erhebt. Das konnte aber in unserer Untersuchung nicht realisiert werden. Die übliche Weise der Anwendung des Chi-Quadrat-Tests kam also bei unseren Daten nicht in Frage.

Die Frage der anderweitigen Anwendung des Chi-Quadrat-Tests ist in den Sozialwissenschaften ein in der letzten Zeit lebhaft diskutiertes Problem. "Die Meinungen zu diesem Problem sind extrem verschieden. Auf der einen Seite findet die These, daß man statistische Tests auf Stichproben beschränken sollte, eine Reihe vorbehaltloser Anhänger". Andererseits "wird..von maßgeblichen Autoren die These vertreten, daß Signifikanztests nicht nur bei Stichproben angestellt werden dürften, die auf der Grundlage der Wahrscheinlichkeitstheorie aufbauen, sondern bei jeder beliebigen Sammlung von Fällen" (H.Hartmann,197o, S.157f). David Gold hatte 1969 gezeigt, daß bei jeder Datensammlung - unabhängig von der Auswahl - sinnvolle und nützliche Interpretationen von Signifikanztests möglich sind. Ein Signifikanztest kann als Versuch betrachtet werden, beobachtete Daten an das Modell eines Zufallsprozesses anzupassen, der für eine gegebene Datensammlung erzeugt werden kann" (S.43). Geht man von zwei unabhängigen Variablen aus und zieht man Stichproben und berechnet man Chi-Quadrat, findet man nur in 5% der Fälle ein Chi-Quadrat, das größer ist als das, was bei einer derartigen Stichprobe mit 95%iger Sicherheit zu erwarten war. Nur in 5% der Fälle tritt also ein Chi-Quadrat, das für Assoziation spricht, auf, wenn man zufallsverteilte Auswahlen gezogen hat und in der Grundgesamtheit kein Zusammenhang besteht. Das heißt, wenn schon diese statistische Signifikanz fehlt, so ist dies in besonderer Weise auffallend. Es bedeutet, daß der Zusammenhang der Variablen nicht größer ist, als er zufällig von zwei Variablen produziert wird. Das heißt dann, daß bei solchen Ergebnissen in der empirischen Sozialforschung, also bei Fehlen der Signifikanz einer Assoziation, der Wert dieses Zusammenhanges gering ist (Gold, S.44). Gegenüber dem zuvor erörterten Verfahren läuft dieses Vorgehen darauf hinaus, anstelle der Wahrscheinlichkeit für eine von Null verschiedene Korrelation in der Grundgesamtheit die Wahrscheinlichkeit für eben diese fehlende Korrelation zu errechnen. Der Wert derartiger Berechnungen ist aber begrenzt, da der Umkehrschluß- und das ist auch in unserem Projekt das Problem - nicht möglich ist. Bei statistischer Signifikanz liegt bei der Abweichung vom Zufallsmodell nicht unbedingt eine Abhängigkeit der Variablen mit angebbarer Sicherheitswahrscheinlichkeit vor, so daß auch in dieser Form der Chi-Quadrat-Test kaum zur Anwendung kommen kann.

2.3 Distanziert-teilnehmende Beobachtung von kriminellen und normalen Gruppen

Die Entscheidung, Gruppen und Handlungen in Gruppen zu analysieren, hat uns zwangsläufig schon sehr früh zu einer Beschäftigung mit den Methoden der Feldforschung geführt (1972 b, Abschnitte 25, 26, 1973a, 1973b). Diese Verfahren scheinen uns in ganz besonderer Weise den handlungstheoretischen Ansätzen als Instrumentarium zu einer methodischen Kontrolle angemessen zu sein. Der in weiten Teilen der Literatur immer wieder erhobene Vorwurf mangelnder empirischer Bewährung von interaktionistischen Ansätzen scheint - so berechtigt er gegenwärtig noch ist - durch eine systematische Arbeit mit diesen Methoden entkräftet werden zu können. Daß diese Verfahren nicht diese Leistung schon jetzt erbringen, dürfte mit der relativen Vernachlässigung und damit der geringen Entwicklung gegenüber dem sonstigen Arsenal empirischer Sozialforschung begründet werden können. Eine Verbindung der soziologischen Handlungstheorien mit den Methoden der Feldforschung könnte beide Orientierungen aus ihrer gegenwärtigen Marginalität befreien.

Bei der Erhebung von Daten zur Handlungsanalyse wird die an einem theoretischen Bezugsrahmen, wie zum Beispiel unseren Thesen, orientierte wissenschaftliche Perspektive oft mit der Sicht der Teilnehmer eines Feldes konfrontiert. Darauf hat E.C. Lindemann schon früh aufmerksam gemacht. Er räumt dabei der Methode der objektiven Beobachtung in Bezug auf alle Einzelheiten des Verhaltens (und der Personen, die untersucht werden sollen), der Beobachtung "from outside", denselben Stellenwert wie der Beobachtung "from inside" ein. Lindemann zog daraus den Schluß, es sei notwendig, mit zwei Beobachtern zu arbeiten, da einer beide Perspektiven nicht handhaben könne (E.C. Lindemann nach J. Madge, 1962, S.119).

Diese Position der notwendigen Unterscheidung beider Perspektiven wird heute von niemand anderem entschiedener vertreten als von Severyn T. Bruyn (1969) (1o), der dabei die "innere Perspektive" ganz auf die gruppensprachlichen Äußerungen der Teilnehmer reduziert. Er bezeichnet die soziologische Perspektive als undramatisch, kühl, formal, realistisch und komplex, die gruppensprachliche nennt er dramatisch, persönlich, konkret, ideal und einfach. Sie befaßt sich mit "dem inneren Charakter der Kultur" (S.27). Der Beobachter lernt es, die Leute in ihrem eigenen Bezugsrahmen zu verstehen. Dabei kann man nicht davon ausgehen, daß man die innere Perspektive in die äußere auflösen kann. Man muß die innere Perspektive in ihren eigenen Begriffen audrücken (S.28). Um die "innere Perspektive", die Situationsdefinitionen der Teilnehmer zu erfahren, bedarf es einer methodischen Position, die auf George Herbert Mead zurückgreift. Der Forscher muß die Bedeutung von Aussagen in der Alltagswelt einer untersuchten Gruppe selbst begreifen und über sie mit den Mitgliedern sprechen können.
"To be objective about man, paradoxical as it would seem, we must understand the subjective world of meanings" (T.S. Bruyn, 1966, S.163).
Diese Position der teilnehmenden Beobachtung wird charakterisiert durch drei Merkmale:

1. Der teilnehmende Beobachter nimmt am Verhalten teil und begreift die Situationsdefinition in "Auge-in-Auge"-Situation, d.h. die Rolle des teilnehmenden Beobachters umfaßt Anpassung und persönliches Engagement im Umgang mit den Beobachtern (S.13).
2. Der teilnehmende Beobachter muß zu einem normalen Teil der Kultur und des Lebens der beobachteten Menschen werden, d.h. die wissenschaftliche Rolle des teilnehmenden Beobachters ist aufs engste verbunden mit einer sozialen Rolle in der beobachteten Kultur.
3. Die Rolle des teilnehmenden Beobachters reflektiert die sozialen Prozesse des Lebens in einer beobachteten Gesellschaft.

In der sonst wichtigen Kritik von René König an Bruyn ist nun nicht deutlich geworden, daß Bruyn weder die objektive, äußere Perspektive durch die subjektive, innere Perspektive ersetzen, noch beide Perspektiven einfach additiv nebeneinander setzen will. Bruyn klärt das Verhältnis beider Perspektiven und weist jeder ihre Position zu. Er erledigt damit auch Bedenken von G. Kunz, der beide Vorgehensweisen als Alternativen betrachtet und für die innere Perspektive aufschließende teilnehmende Beobachtung zugibt, "daß der Forscher zwar den besseren verstehensmäßigen Zugang zu den Gruppenaktivitäten hatte, andererseits jedoch mit der Übernahme einer Rolle in der Gruppe die Gefahr der subjektiven Verzerrung oder Wahrnehmung verbunden war". Wird die methodische Vorgehensweise bei einem vergleichbaren Forschungsvorhaben wegen des Rückzugs auf die äußere Perspektive "als nichtteilnehmende Beobachtung eingeordnet, so sinkt die Wahrscheinlichkeit subjektiver Verzerrungen, während umgekehrt die Gefahr falscher Interpretation des kommunikativen Geschehens in der Gruppe steigt, insbesondere wegen der "privaten Sprache" vieler Primärgruppen" (S.92) (11).

Dieser Entgegensetzung beider Perspektiven entgeht Bruyn. Er verweist darauf, daß schon Auguste Comte das Alltagswissen gesehen, jedoch als primitive Wissensform qualifiziert habe. " Es wäre daher ein Gipfel der Häresie, die Rückkehr des sozialwissenschaftlichen Wissens zu einer derartig primitiven Wissensform zu fordern, um auf dieser Basis das menschliche Leben analysieren und erklären zu können. Eben das geschieht in der teilnehmenden Phase der teilnehmenden Beobachtung. Will man darüber hinaus gelangen, ist das Verhältnis von subjektivem und objektivem Standpunkt zu bestimmen. Der teilnehmende Beobachter muß sich als Beobachter von der Perspektive der Teilnehmer trennen und sie selbst objektiv einordnen", d.h. der Beobachter klärt, worauf sich die Aussagen der Teilnehmer beziehen, auf welches Verhalten, welche Situationen, welche Strukturen. Er klärt den ideologischen Gehalt der Sicht der Teilnehmer durch einen Vergleich ihrer Sicht mit seinen Beobachtungen von außen. Er weist die Bedingungen des Entstehens der Gruppenperspektive nach wie ihre Funktion. "So ist der Forscher als teilnehmender Beobachter zur Hälfte in der Gruppe und zur Hälfte draußen" (S.17o).

Mit der durchgehaltenen Vermittlung von objektiver und subjektiver Perspektive geht Severyn T.Bruyn klar über Herbert Blumer, der sonst gern als Ahnherr dieser methodischen Position benannt wird, hinaus. Blumer fordert den Forscher auf, "die Interpretationen der Handelnden zu erfassen. Die Interpretationsprozesse können durch den Rückgang auf die vorauslaufenden Bedingungen dieses Prozesses nicht erhoben werden. Diese sind nur dann heranzuziehen, wenn sie in den Interpretationsprozeß selbst eingehen... Sie begründen den Prozeß aber nicht... Man kann die Interpretationsprozesse nicht einfach ableiten" (1962, S.188). Damit verweist Herbert Blumer nur auf die Perspektive des Handelnden und läßt ihre soziologische Analyse und Erklärung unbeachtet. Diese Position hat Blumer noch 1969 vertreten. Er schreibt dort der Wissenschaft die Aufgabe der Schaffung von exakt überprüften Vorstellungen über die empirische Welt zu (S.23). Diese gewinnt der Forscher durch Teilnahme an der empirischen Welt seiner Forschungsobjekte und Übernahme ihrer Position.

Der Wert der Überlegungen Bruyns für eine Analyse und Erklärung des kriminellen Handelns wird nun dadurch wesentlich gesteigert, daß Bruyn den Versuch unternommen hat zu zeigen, daß Kriminalität ein Feld ist, in dem sich diese Methode besonders bewähren kann (S.172). Zu den üblichen Kriterien der Verifikation einer Theorie wie Kohärenz, d.h. Übereinstimmung der Aussagen mit den Regeln der Logik, und der Konsistenz, d.h. Übereinstimmung der operational definierten Begriffe und Sätze mit dem Gesehenen, kommt nach Bruyn die Adäquanz der gesellschaftlichen Interpretation, die abhängig ist vom Konsens, den der Forscher mit den "erforschten" Personen erreicht. Gerade dieses Kriterium ist nach Bruyn für die Erforschung der Zusammenhänge von der Zugehörigkeit zu benachteiligten sozialen Lagen und dem Auftreten des kriminellen Handelns unentbehrlich. Denn ohne die Erfahrungen, die über die sichtbaren Fakten und die Korrelationen hinausgehen, sind wir unfähig, eben diese Korrelationen zu verstehen. "Wir müssen wissen, wie dieser Zusammenhang im Bewußtsein und in den Erfahrungen der Leute hergestellt wird, die ihn - den Zusammenhang - leben. Das leistet teilnehmende Beobachtung. Durch sie erfahren wir, wie Menschen ihre Lage sehen, warum sie darauf mit Kriminalität reagieren" (S.176). Für Bruyn ist einfach nicht darauf zu verzichten, dieses Bewußtsein der Beteiligten ausführlich zu zitieren und erst anschließend diese Aussagen im Lichte der soziologischen Thesen zu interpretieren. Dazu sucht der Forscher auf der Ebene der Aussagen der Beteiligten den Konsens mit ihnen, auf der Ebene der soziologischen Analysen den Konsens mit den Forscherkollegen: "Als Teilnehmer muß der Beobachter lernen, sich in der Kultur der Beobachteten zu bewegen, sich in ihr zu Hause zu fühlen. Sobald er aber seine Daten untersucht und analysiert, muß er sich von dieser Kultur wegbewegen und seinen Platz in der Kultur der Forscher wieder einnehmen" (S.T.Bruyn, 1966, S.171).

Diese Unterscheidung Bruyns ist nun in einem Punkt aufzugeben. Zwar können, wie Bruyn und viele andere Methodologen sagen, soziologisch-wissenschaftliche Aussagen ohne Zweifel über die gesellschaftliche Struktur mehr und Richtigeres aussagen als die Menschen im Alltagsleben. Derartige Analysen sind z.B. die Basis jeder Ideologiekritik und Wissenssoziologie, soziologischer Ansätze, auf die nicht verzichtet werden darf. Aber wenn dieses sozialwissenschaftliche Wissen auch dem Alltagswissen voraus ist, so bezieht es sich dennoch auf Strukturen, die erst im Alltagsleben aufgebaut und dort, wenn auch unvollkommen, definiert werden (vgl. H.Haferkamp, 1973 b, Abschn. 6.2). Durch Diskussion sind dann den Menschen im Alltagsleben die objektiven wissenschaftlichen Aussagen zu vermitteln. Da sie ihre eigene Lage betreffen, sollten sie um so eher zu einem Konsens mit den Wissenschaftlern gelangen, als deren Aussagen ihre Lage zutreffend analysieren. Der Konsens über die <u>wissenschaftliche</u> Interpretation ist also mit beiden Gruppen zu suchen.

2.4 Zur Forschungslogik teilnehmender Beobachtung in kriminellen Gruppen

Mit der Entscheidung, kriminelle Gruppen im offenen Feld unmittelbar zu suchen, ist eine Reihe von Problemen verbunden. Diesen Problemen der teilnehmenden Beobachtung ist eins gemeinsam: die Gestaltung der Forscher-Forschungsfeld-Beziehung. Denn Beobachtungen in kriminellen Gruppen sind, wie die angelsächsischen Erfahrungen zeigen (vgl. schon Whyte 1943), nicht möglich in der distanzierten Haltung des Laboratoriumsexperimentators. Es tritt dann eine Art soziologischer Unbestimmtheitsrelation auf. Die Tätigkeit des Forschers wird als wissenschaftliche registriert, das Verhalten auf die wissenschaftliche Beobachtung ausgerichtet.

> So wurden Achim von der Gruppe der Typen zu Beginn der Untersuchung noch sehr viele Erklärungen über den Sinn der Forschung gegeben. Dadurch war Achim bewußt, daß Beobachtungen stattfanden. Er stellte sich darauf ein: Ein Feldforscher berichtet: Achim spricht uns gegenüber viel von seinen Polizeierlebnissen. Ich halte es für unwahrscheinlich, daß er das Typen gegenüber auch tut. Er scheint davon auszugehen, daß uns das interessiert. Dazu haben wir wohl auch Anlaß gegeben, da wir dann immer erstaunt waren und uns interessiert zeigten, wenn er davon berichtete. Ich halte es daher für geboten, zu versuchen, bei den nächsten Malen in diesen Sachen uninteressierter aufzutreten. Wir könnten so die Möglichkeit einer systematischen Verzerrung kontrollieren.

Versucht man so, kriminelles Handeln zu beobachten, dürfte in der Regel bedeutendere Kriminalität nicht mehr in Anwesenheit des Feldforschers gezeigt werden, oder aber - noch unerwünschter - es wird Kriminalität zu Demonstrationszwecken produziert, der Feldforscher als Agent provocateur.

> Das war immer das Problem bei Wolfgang, dem alten Fixer. Da er den Feldforscher, anders als alle anderen Typen später, nicht im Feld, sondern durch Vermittlung eines Sozialarbeiters als eine Person kennenlernte, die an einer Untersuchung zum Drogenmißbrauch arbeitete, war Wolfgang ständig bereit, dem Feldforscher zu zeigen, wie denn nun gefixt würde. Schon bei der Verabredung zum ersten Interview brachte er seine "Fixe" und etwas "O" mit. Als er den Verfasser kennenlernte, machte er ihm mehrfach das Angebot, sich eine Fixe zu setzen.

Es kommt daher auf einen Kontakt zur Gruppe an, der diesen Effekt vermeidet. Dazu gehört schon die Kontaktaufnahme in der zu beobachtenden Gruppe in ihrer alltäglichen Situation, an ihren gewohnten Plätzen, in ihrem Feld. Das Bewußtsein der Beobachteten, in ihrer vertrauten Umgebung zu sein, in der sie sich in der Regel nach eigenem

Gutdünken verhalten, kommen und gehen, wie sie es wünschen, läßt ihr Handeln zunächst auch unter Beobachtung unbeeinflußt:

> Ein Feldforscher berichtete über seinen ersten Besuch im Feld: Ich ging zum Brunnen, ohne dort irgendeine Verabredung zu haben, ohne begründete Erwartung, einen Typen, der mir inzwischen bekanntgeworden war, wiederzusehen. Ich stand daher prinzipiell vor dem Problem, Typen überhaupt zu identifizieren. Die auf den Bänken an der einen Seite des Brunnens sich aufhaltenden Personen wurden von mir als Typen identifiziert. Grundlegend für die Einschätzung war zunächst einmal das Aussehen: lange Haare, Barttracht, bestimmte Kleidungsstücke und das Zusammensein waren die wesentlichen Kriterien. Entscheidend scheint mir jedoch für die Einordnung letzten Endes das Zusammensein an diesem Ort in einer bestimmten Form zu sein. Auf allen Plätzen ergab sich das gleiche Bild. Personen saßen auf der Bank bzw. auf dem Brunnenrand. Andere standen davor. Man schwieg. Schaute in die Gegend. Einer sagte etwas. Ein Gespräch begann. Dann hörte es wieder auf. Man schwieg wieder. Dazwischen kam es zu Platzwechseln sowohl an der Bank wie zwischen den Bänken. Ständig wurden Zigaretten gedreht. Einmal beobachtete ich, wie ein Junge einen Finger mit Speichel befeuchtete und den Glutrand der Zigarette abtupfte und anschließend beim Ziehen der Zigarette diese mit vier Fingern in eine nach oben geneigte Stellung brachte.

In der Regel wird jedoch dem Forscher das Handeln und Auftreten im Feld der Gruppen fremd sein. Oft ist er älter.

> So berichtete der Feldforscher von seinem zweiten Tag am Brunnen: Es kommt eine Gruppe von vier Mädchen zum Brunnen. Darunter Cilly. Sie stellen sich zu einem Typen. Cilly spricht ihn gleich an. Leider kann ich diesmal so gut wie nichts verstehen. Während der folgenden Zeit baue ich einen Augenkontakt zu Cilly auf. Sie lächelt zurück. Nach einiger Zeit kommt sie auf mich zu. Cilly: "Was machst Du hier?" Feldforscher (Ff): "Ich arbeite". Cilly: "Wo arbeitest Du?" Ff: "Hier". Cilly: "Versteh ich nicht". Ff: "Ich interessiere mich für Hasch, Trips und so". Cilly: "Bist Du von der Polizei?" Ff: "Nein! Ich will mit 'n paar Leuten vielleicht mal darüber schreiben." Cilly: "Das find ich gut." Ff: "Wir wollen über das Leben der Leute schreiben, die Joints rauchen, Trips einwerfen und mal O fixen". Cilly: "Das ist interessant." Ff: "Du hast doch auch schon Joints geraucht und Trips eingeworfen. Wie ist das denn so?" Cilly: "Ich habe unwahrscheinlich viel genommen. War in München. Habe viele Trips gemacht. Aber seit zwei Jahren kein Stück mehr". Der Feldforscher schaut wohl ungläubig drein. Cilly: "Ja, seit zwei Jahren kein Stück mehr. Ich war völlig fertig, völlig herunter. Ich bin froh, daß ich davon ab bin. Bin wirklich sehr froh".

So fallen Feldforscher auf. Das ruft, wie schon die Erfahrungen Thrashers und Whytes und zuletzt Spergels zeigten, bei den Beobachtungen den Eindruck hervor, ein Zivilfahnder, "Spitzel", habe sich in ihren Kreis geschlichen. Dazu braucht man aber nicht unbedingt älter zu sein. Jüngere Feldforscher können den Eindruck erwecken, daß sie Geld ganz gut gebrauchen könnten:

> So meinte Bruno eines Tages zu mir, ich wäre wohl kein Spitzel. Aber die anderen, die wären ja Studenten. Für die wären doch zweitausend Mark im Monat eine große Sache.

Es ist daher schon sehr früh ein Prinzip der Beobachter krimineller Gruppen geworden, sich als Feldforscher zu erkennen zu geben und die Beobachteten von dem Zweck der Anwesenheit des Forschers zu unterrichten.

> Ein Feldforscher von den Einsackern berichtete: Guido fragte mich über die Uni und mein Studienfach. Ich erzählte ihm etwas über Soziologie. "Warum bist Du denn hier an der Hauptstraße?" "Wir machen eine Jugenduntersuchung. Deshalb bin ich hier. Ich will mich mit den Leuten mal ein bißchen unterhalten. Mit ihnen mal zusammensein. Das finde ich ganz interessant." "Dann sind die wahrscheinlich alle ganz offen zu Dir." "Ich hoffe". Gerd, der dazugekommen war, warf ein: "Alles werden sie Dir natürlich nicht auf die Nase binden."
> Dabei kann es merkwürdige Szenen geben. Ein Feldforscher, der schon lange bei einer Gruppe war und deren Aktivitäten gut kannte, unterhielt sich mit einem Mitglied: Toni fragte mich, was ich denn morgens in der Uni zu tun hätte. "Ich bin doch da beim Forschungsprojekt angestellt und muß dafür so einige Sachen erledigen." "Ach, Ihr erforscht ja Kriminalität". Ich verbesserte ihn und sagte: "Ja, Kleinkriminalität". "Wie bitte? Willst Du mich beleidigen?" "Nee, wieso?" "Ich mache doch keine Kleinkriminalität". Ich hatte ihn offensichtlich in seiner Ehre gekränkt. "Das ist ja auch nicht so wichtig. Ich wollte Dir nicht auf den Schlips treten." "Ist schon gut."

So ist es, wie Bruyn und viele andere Methodologen teilnehmender Beobachtung gefunden haben, ein ganz vordringliches Problem eines erfolgreichen Zutritts, eine vernünftige Definition der Rolle des Sozialforschers zu finden. Bruyn fordert, "ein wirklich menschliches Verhältnis zu denen aufzubauen, bei denen man forscht, ein Verhältnis, das freundschaftlich, direkt ist und von gegenseitiger Wertschätzung getragen wird. Gerade diese Wertschätzung und die Ernsthaftigkeit der Beziehungen, die man oft in den Feldberichten teilnehmender Beobachter bei kriminellen Gruppen fand, sind die Voraussetzung des Überlebens des Beobachters in der Gruppe." Es ist dann auch möglich, ein auf den ersten Blick wenig erfolgversprechendes Vorgehen anzuwenden.

Nachdem ein Feldforscher mehrere Tage am Brunnen erschienen war, sein Auftreten bekannt war, seine Gespräche mit einer Reihe von "kleineren Typen" wie mit Cilly und noch anderen beobachtet worden waren, entschloß er sich, Jan, einen Typen mit offenbar sehr vielen Kontakten, direkt anzusprechen: Ich ging über den Kaiserplatz. Ein Typ saß auf dem Boden vor einer Schauvitrine. Neben sich hatte er ein Tuch liegen. Darauf lag Schmuck. Ich hatte ihn zwei Tage vorher im Park gesehen. Da stellte er den Schmuck her. Jan kniete vor dem Tuch, betrachtete die Stücke sehr sorgfältig. Dann stand er auf, ging weg. Ich ging hinter ihm her und sprach ihn am Ende des Platzes an: "Tag, Du kennst mich doch?" "Jaja". "Ich wollte mich mal mit Dir unterhalten." "Worum geht es denn?" "Das weißt Du doch. Über Kiffen, Fixen und so. Haste doch schon was von gehört?" "Nee". Ich erklärte ihm, daß wir eine Forschungsgruppe gebildet hätten, die den Drogenkonsum untersucht. Wir suchten Kontakte zu Leuten, die selbst Drogen nehmen. Alle Äußerungen seien vertraulich. Jan war zum Gespräch bereit.

Einem anderen Feldforscher gelang es auf eine ähnliche Weise, Bruno, einen Fixer mit sehr großer Erfahrung, zu gewinnen: Gegen neun Uhr treffe ich Christian mit Bruno im Pott. Während ich mit Christian rede, geht Bruno hinaus. Ich gehe mit Christian hinterher und spreche Bruno an. Er hätte doch sicher schon von unserer Untersuchung gehört, und ob er nicht auch mal bereit wäre, uns ein paar Fragen zu beantworten. Bruno: "Weißt Du denn überhaupt, wer ich bin?" Ff: "Ja! Bruno." "Dann weißt Du sicher auch, daß Bruno sich normalerweise für so etwas nicht hergibt." "Ja, normalerweise." Anschließend erzählt er mir sofort, daß er jetzt seit zwei Jahren fixt, alles durchprobiert hat, auf O, Morph und Heroin hängengeblieben ist.

Aber es klappte nicht immer so gut wie mit Jan und Bruno: Ich kam an den Brunnen, als dort eine Überprüfung der Personalien von Typen ablief. Die Polizisten beendeten nach einiger Zeit ihr Gespräch mit den Typen und gingen aus dem Park. Hecki ging zur Bank gegenüber, sprach dort kurz mit den Typen und haute ab. Da ich ihn schon oft im Pub gesehen hatte, vermutete ich, daß er dorthin gegangen war. Erwartungsgemäß traf ich ihn da. Ich sprach ihn auf den Vorfall an. "Die haben mich nach meinem Ausweis gefragt. Da habe ich denen gesagt, den zeig ich ihnen nicht. Da können sie ja alle Leute hier im Park nach dem Ausweis fragen. Da war der Polizist sauer." Ff: "Ich hab gesehen, wie der Dir den Papierkorb weggezogen hat." "Jaja, eigentlich habe ich nicht viel gegen die Polizei. Aber vor ein paar Tagen waren welche bei einem Freund von mir. Haben Haussuchung gemacht. Da war nur die alte Mutter von dem da. Die war ganz fertig. Seit dem kann ich keinen Bullen mehr sehen. Verstehst Du." Hecki entfernte sich, sagte halblaut: "Du bist nämlich auch ein Bulle." "Was sagst Du da. Hecki, das stimmt nicht." Hecki ging runter in den Pub. Ich hinterher, hielt ihn an. Ff: "Wie kommste denn darauf, daß ich ein Bulle bin?" "Warum interessierste Dich denn für das alles so?"

Ist der erste Kontakt angeknüpft, ist der erste Verdacht, ein "Spitzel" zu sein, ausgeräumt, kommt es darauf an, diese Bekanntschaft so einzusetzen, daß man beim Zusammentreffen mit anderen Mitgliedern der Gruppe als Mitglied definiert wird.

Einem Typen mit Überblick war das sofort klar: Er wollte meinen Namen wissen. Ich sagte ihm meinen Namen. Er sagte: "Ich heiße Heinz. Es ist besser, wir können uns mit Namen anreden."

In vielen Fällen ist es so, daß der eine Teilnehmer aus dem Feld die anderen Teilnehmer überzeugt, daß der Feldforscher "in Ordnung" ist.

Vom Methodischen her war interessant, wie die Vermittlung von Willi durch Michael wirkte. Ich hatte vorher kaum Kontakt zu Willi gehabt. Als ich kam, saß er in Untersuchungshaft, und später war ich ja viel mit den Vogelfreien zusammen. Dennoch war Willi einer von denen, die am meisten zu verlieren hatten, und der dennoch am freiesten sprach. Über das Forschungsprojekt habe ich ihm keine einzige Auskunft zu geben brauchen, während andere immer wieder nachfragten. Ihm genügte es, daß Michael ihn über die Straße hinweg angesprochen hatte (sie wohnen sich fast gegenüber, von Fenster zu Fenster vierzig Meter) und ihn zu einem "Frag-und-Antwort-Spiel" einlud.

An diese Kontakte schließt sich die stets neu zu lösende Aufgabe an, die beobachteten Personen davon zu überzeugen - und das mit gutem Gewissen -, daß ihnen aus den Erhebungen des Forschers kein Nachteil erwächst, der insbesondere darin gesehen wird, wenn Strafverfolgungsinstanzen Kenntnis von den Informationen des Forschers erhalten. Bei allen von uns beobachteten Gruppen war es daher trotz aller guten Kontakte eine von allen Feldforschern ständig einzulösende Aufgabe, den immer wieder aufkommenden "Spitzelverdacht" - wie wir diese Situation nach kurzem regelmäßig benannten - zu zerstreuen:

Bei den Rockern war einem der Feldforscher der Einstieg ins Feld anfangs sehr leicht gefallen. Später stellte er eine gewisse Zurückhaltung fest: Michael erzählte mir, daß mir einige an der Wallstraße mißtrauten, daß ich evtl. ein Spitzel des Jugendamtes sein könnte und daß ich in Wirklichkeit gar kein Student sei. Er nannte Harro und Ferdi, von denen diese Meinung u.a. getragen würde. Harro habe gesagt: "Der weiß schon viel zu viel." Als ich sagte,

mir könne ja zunächst nicht mehr passieren, als daß man mich völlig von den Informationen ausschließe, meinte Michael, daß es damit im Konfliktfall nicht getan sei. Die anderen seien aus irgendwelchen Gründen mißtrauisch geworden. Harro habe mich mal nach einigen lateinischen Vokabeln gefragt, und ich hätte sie nicht übersetzen können. Ich hätte gesagt, das sei schon zu lange her. Zwar konnte ich mich an einen solchen Vorfall nicht erinnern, aber es kann dennoch gewesen sein.
Einige Tage später fragte Koks dann, ob jemand mit in den Heuschober gehe. Hottel, Harro und Ferdi wollten mitfahren. Bevor sie einstiegen, erklärte ich, daß ich vorher noch etwas klären wolle. Ich hätte gehört, daß mir einige hier nicht trauten, ob wir das nicht klären könnten. Harro: "Das wird hauptsächlich von uns getragen. Fahr mit." Wir fuhren dann in den Schober. Es ergab sich dann, daß ihr Mißtrauen u.a. dadurch erregt wurde, daß ich anfangs erklärt hatte, ich sei an Freizeitverhalten interessiert, mich dann aber hauptsächlich für Kriminalität interessierte. Dieses Mißtrauen wurde verstärkt, als sie sich mit einem anderen unterhielten (sie = Harro und Ferdi), der unabhängig von ihnen ebenfalls skeptisch war. (Diese gewandelte Einstellung mir gegenüber zeigte sich übrigens eindeutig in ihrer größeren Zurückhaltung mir gegenüber nach den ersten Tagen.) Das Mißtrauen ging schließlich so weit, daß sie gar nicht mehr glaubten, daß ich Student bin; sie hielten mich viel eher für jemanden vom Jugendamt und betonten immer wieder, daß das Risiko ganz auf ihrer Seite läge. "Wenn wir wenigstens wüßten, was Ihr wollt, worauf Ihr hinauswollt." Schließlich bot ich ihnen an, daß sie unseren Zwischenbericht lesen könnten, woran allerdings auch kein großes Interesse bestand. Ferdi meinte, daß das Verhältnis zwischen ihnen und mir nun zwar ein anderes sei, daß ich aber nicht erwarten dürfe, daß nun sämtliche Skepsis auf ihrer Seite völlig ausgeräumt sei: das Sicherheitsrisiko würde schließlich völlig von ihnen getragen, und es sei ganz beträchtlich.

Oft besteht gar nicht einmal ein regelrechter "Spitzelverdacht". Die Teilnehmer aus dem Feld gehen einfach davon aus, daß die Instanzen sozialer Kontrolle sich des Forschers bedienen und er sich dagegen nicht wehren kann.

So berichtete ein Fixer einem Feldforscher, daß einige Leute noch immer sehr mißtrauisch ihm gegenüber seien; sie meinten immer noch, er habe etwas mit der Polizei zu tun: Dieter kommt auch dazu. Da ich annehme, daß insbesondere Dieter Vorbehalte mir gegenüber hat, spreche ich ihn direkt darauf an: "Und Du glaubst also auch, daß ich ein Polizeispitzel bin?" Dieter: "Das habe ich nicht gesagt." Ff: "Das meinst Du aber." Wir unterhalten uns dann etwa zwei Stunden über dieses Thema. Die zentrale Vorstellung Dieters

> zu diesem Thema ist: "Ihr seid vielleicht gar nicht von der Polizei. Aber Ihr sammelt Material über die Leute. Wenn das den Bullen in die Hände fällt, dann seid Ihr dafür verantwortlich."Gerold bestätigt das lachend. Außerdem sei das ja in H.genauso gelaufen. Da seien auf einmal Leute gekommen, Forschungsgruppen, in Wirklichkeit waren es Bullen. Ich frage Dieter, ob die dann auch in der Universität Forschungsräume gehabt hätten. Dieter meint, das wäre der Fall gewesen. Ich bezweifle das stark. Dieses Problem beschäftigt uns noch sehr lange.

Der Verdacht, daß der Feldforscher ein "Spitzel" ist, kann immer wieder auftreten:

> So fand an dem Treffort der Typen eine Razzia statt. Am nächsten Tag berichtete mir Dieter, daß wieder die Vermutung aufgetaucht sei, daß irgendein Zusammenhang zwischen der Polizei und uns bestünde. Gestern nachmittag sei doch wohl die Besprechung wegen der möglichen Hilfen für Drogenkonsumenten mit den Leuten vom Jugendamt gewesen. (Ich hatte Dieter schon mehrfach vorher davon berichtet und ihn auch gebeten, doch da mit hinzugehen.) Er meinte nun, ob nicht durch irgendwelche Aussagen von mir die Polizei aufgescheucht worden wäre, weshalb die Razzia stattgefunden habe.

Insbesondere wenn es Verhaftungen gegeben hat, tritt der Spitzelverdacht auf.

> Nach einer Weile fragte ich Bruno vorsichtig: "Weißt Du nicht, wie man mit den Marokkanern in Kontakt kommt? Du kennst sie doch alle." "Sicher kenn ich die, und ich wüßte auch, wie man leicht mit denen in Kontakt kommt, aber ich werde in der Richtung überhaupt nichts mehr unternehmen, sondern erst einmal abwarten, was Ihr so unternehmt." Ff: "Und aus welchem Grund?" "Es sind in letzter Zeit so viele Leute verhaftet worden, so daß ich mir über gar nichts mehr im klaren bin." "Willst Du damit sagen, daß Du mir zutrauen würdest, daß ich Leute an die Bullen verpfeife?" "Das traue ich jedem zu." Ich zuckte mit den Achseln.

Es wäre gut, wenn es möglich wäre, den Beobachteten die Gewißheit zu vermitteln, daß die Forschung für die Lösung ihrer eigenen Probleme von Belang ist. Dazu ist es weniger erforderlich, etwa den Hypothesenkatalog darzustellen oder die etwaige sozialpolitische Relevanz der untersuchten Fragestellung auszubreiten, als vielmehr in allen Äußerungen eine Tendenz des Verstehens der problematischen Situation der Beobachteten erkennen zu lassen, was um so eher gelingt, als der Forscher diese Sicht auch tatsächlich teilt.

Als der Feldforscher bei den Einsackern einmal unnötig weit ausholte, ließ ihn Shorty "abfahren". Ff: "Ja, die Juristen kennen eben nur ihre Gesetze." Shorty: "Was wollt Ihr denn nächstens anders machen?" "Wir müssen erst mal eine gute Erklärung haben, wieso Leute so und so handeln. Nicht mit angeborener Kriminalität und so einem Quatsch. Wenn wir die richtige Erklärung haben, werden wir mit sozialpolitischen Maßnahmen und Änderungen von bestimmten Gesetzen weitersehen. Das dauert allerdings einige Zeit." "Dasselbe haben die mir von dem linken Verein hier auch erzählt. Und bei meiner letzten Verhandlung hat der eine von der linken Gruppe dem Richter gesagt, die Arbeit der Projektgruppe sei gescheitert und aussichtslos, weil das Objekt - das Objekt hat er gesagt - schon wieder straffällig geworden sei."

Der Feldforscher bei den Rockern traf dagegen nur Feststellungen: Während des Flipperns mußte Rosa wohl mit Spitz über mich gesprochen haben, denn als wir hinterher wieder an der Theke standen, fragte mich Spitz, ob ich Student sei und warum wir das hier machten. Ich erzählte ihm, warum wir das hier machten, daß wir gerade solche Jugendliche genommen hätten, die von der Polizei oder von den Sozialarbeitern als kriminell definiert würden. Da diese Leute meist keine Ahnung hätten, wie diese Jugendlichen zusammenlebten und wie ihr Verhalten sei, machten wir diese Untersuchung, um diese Instanzen von ihren falschen Vorstellungen abzubringen. Spitz fragte dann weiter, was ich von ihnen so hielte. Ich sagte ihm, daß wir nicht das Bild von ihnen hätten, das z.B. die Polizei hat. Daß sich ihr Verhalten kaum von dem Verhalten sogenannter normaler Jugendlicher unterscheide. Anschließend berichtete Spitz ausführlich von seinen Erfahrungen im "Knast".

Oft folgten solchen Gesprächen Bitten um Hilfen, meist bei einfachen Problemen:

Ich unterhalte mich derweil mit dem anderen Typ. Sage ihm kurz, was ich so mache. Er meint, was für ihn wichtiger wäre, wäre, daß ihm geholfen wird. Ff: "Durch wen?" Typ: "Durch jemand, der mir sagt, was mit mir los ist." Ff: "Ist denn da ein Arzt richtig?" Typ: "Ja." Wir verabreden uns auf Montag am Pott. Ich will ihm dann einen Kontakt zu einem Arzt vermitteln.

Der langjährige Fixer Bruno und ein Feldforscher hatten ein freundschaftliches Verhältnis zueinander gewonnen. Eines Tages sagte Bruno: "Du hast ja auch gemerkt, daß ich seit zwei Wochen sehr merkwürdig bin, gereizt, launisch, aggressiv. Ich habe nämlich wieder ganz schön geschossen. Im Augenblick schieße ich mir am Tag drei oder vier Schuß. So etwa o,2 Gramm jeweils. Ich habe noch gut zehn Gramm. Das sind mehr als fünfzig Schuß. Da bleibe ich dann abends einfach in meiner Bude..."
Nach weiteren Ausführungen sprach ich ihn auf Selbstentziehung an.

Jeden Tag immer weniger. Bruno hielt davon nichts. Das würde er nicht schaffen. Ich sprach ihn auf eine Gruppenlösung an. Mit jemanden zusammenziehen, mit Dieter, mit Horst. Mit Dieter auf eine Studentenetage. Er wollte sich die Leute aussuchen. Er wollte nicht mit jedem zusammenziehen. Außerdem sagte er: "Das ist bei mir eben das Schizophrene. Einerseits will ich, daß mir geholfen wird, andererseits bin ich auch zu stolz dazu." Ich betonte, daß die Verbindung zu einem Arzt jederzeit aufgebaut werden könne. Zwischendurch rief ich aus einem anderen Zimmer Dr. Müller an. Er war kurzfristig zu einer Hilfe bereit. Ich versuchte dann aber noch weiter, an der Selbsttherapie zu arbeiten. Bruno typisierte sich dabei ausgesprochen negativ: er sei willenlos, schwach, ein kaputter Typ, ein Fixer, süchtig, ihm sei nicht zu helfen, er könne nichts. Dann kramte er in seiner großen Plastiktüte mit Büchern. Unten hatte er unter anderem seinen Löffel drin. Holte das Zeug raus und meinte: "So, jetzt setze ich mir einen Schuß." Ff: "Wozu, Bruno, laß das doch sein. Das hat doch keinen Zweck." Bruno nahm sofort davon Abstand. Diese Szene wiederholte sich noch einmal. Mein Vorschlag an Bruno lautete dann, er solle, wenn er nicht langsam mit den Dosen aufhören könne, sofort aufhören, so wie er es ja schon einmal hingekriegt hätte. Er solle mir das Zeug geben, dann bestünde auch die Versuchung nicht. Er solle sich mit Dieter oder einem anderen eine Bude suchen. Er solle intensiv an einer Sache arbeiten, beispielsweise an dem Aufbau einer Selbsthilfeeinrichtung für die Typen. Bruno schien auf den Vorschlag einzugehen. Außerdem, sagte ich ihm, könnten wir ja jederzeit noch auf einen Arzt zurückgreifen. Wir fuhren dann zu seiner Wohnung. Unterwegs äußerte er dann wieder große Zweifel. Er sei ein Fixer, er schaffe das nicht, usw. Ich sagte ihm daraufhin, er sei zwar ein Fixer, aber er sei noch vieles andere, er betone im Augenblick nur die unwichtigen Teile seiner Person. Er sei doch auch und vielmehr der Mann, der vom Hook aus eigener Kraft runtergekommen sei usw. Bruno meinte, das sei alles nicht zu schaffen. Er habe so viele Probleme in seiner Rolle (sein Begriff), und er flüchte vor diesen Problemen. Ich ging mit in Brunos Zimmer. Er holte dann sein Fixerbesteck, ein Fläschchen mit O-Tinktur und Rohopium, packte alles in Zeitungspapier. Ich nahm das Paket. Wir zogen los. Wir fuhren am Pott vorbei zur Uni, schlossen das Paket in meinen Schrank.

Derartige Bitten dürfen aber nicht überschätzt werden. Gerade weil der Feldforscher "nur" Teilnehmer ist, ist auch sein Einfluß, geht er über das hinaus, wozu der andere von sich aus bereit ist, sehr klein.

Bruno und Klaus waren im Zimmer des Feldforschers. Bruno zeigte Klaus seine Sachen aus der Tüte im Schrank. Er wies dann auf das Fläschchen und meinte, da sei eine klasse Tinktur drin, die könnte

Klaus haben. Ff: "Bruno, mach doch nicht so eine Scheiße." Bruno: "Wieso, das kann ich ihm doch geben. Sonst geht es kaputt. Dann kann man es ja gleich wegschütten." Darauf nahm ich das Fläschchen und wandte mich mit ihm zum Spülstein. Bruno in aller Schärfe: "Mach das ja nicht. Fang mir nicht so an. Dann ist es aber aus." Ich schlug vor, daß wir das ja mal in Ruhe besprechen könnten. Klaus ging wieder raus. Bruno meinte dann, es ginge nicht an, daß ich versuchen würde, ihn zu bevormunden. Das ließe er auf keinen Fall mit sich machen. Alle Versuche, die Situation anders zu deuten, wies Bruno schroff ab.

In vielen alltäglichen Situationen zeigt diese Struktur sich immer wieder: man wendet sich an den Feldforscher, ist aber nicht bereit, seine Vorschläge zu akzeptieren, wenn sie von der Handlungslogik der Teilnehmer abweichen.

Gegen sieben war ich in meinem Büro. Beate rief an. "Ich laß mir jetzt 'nen Schuß machen." Ff: "Warum das denn?" "Nur so." "Ich denk, Du wolltest mit dem Schießen nichts zu tun haben." "Ich hab ja erst einen Schuß gemacht." "Nach allem, was ich weiß, ist es aber nicht so gut mit dem Fixen. Willst Du nicht lieber mit mir zum Pott fahren?" "Nee, ich mach mir erst 'nen Schuß." "Ich würd mirs ja noch einmal überlegen." "Wir sehen uns ja nachher."

In anderen Fällen geht es um die Beschaffung eines Jobs, einer Wohnung oder auch einmal um ein Nachtquartier.

Als wir wieder am Tisch saßen, stellte sich heraus, daß Tabak von zu Hause weggelaufen war, weil er nicht mehr nach acht aus dem Haus durfte, wie er sagte. Nach Meinung seiner Mutter sollte er zu Hause bleiben, damit er am nächsten Morgen wieder früh aufstehen konnte. (Tabak hat seit einer Woche eine Lehre angefangen). Als er daraufhin frech wurde, sei sein Vater aufgestanden, quer durch das Zimmer auf ihn zugegangen und habe ihm eine gelangt. Das habe ihn so überrascht, er habe überhaupt nicht reagieren können: ansonsten kümmere sich sein Vater nämlich nie um die Erziehung, er sei richtig übertölpelt worden. An dem Abend sei er dann abgehauen, und er wolle nun auf keinen Fall mehr zurück. Die Nacht von Sonntag auf Montag hatte er bei Harro geschlafen. Nun überlegten sie, wo Tabak in der kommenden Nacht schlafen könne. Matthias fragte, ob es nicht bei mir ginge. Ich erwiderte, ich hätte auch schon daran gedacht; es müsse sich machen lassen. Tabak und ich haben uns kurz darauf verabschiedet. Bevor wir gingen, war ein kleiner dicker Mann hereingekommen und hatte sich an die Theke gestellt; es war ganz offensichtlich, daß er nicht in die Kneipe paßte. Da Tabak annahm, daß er von der Polizei gesucht würde, überlegten wir, wie wir uns verhalten sollten, wenn er hinter uns herkommen sollte. Matthias:

"Wenn der hinter Euch herkommen will, dann werden wir ihn hier schon ein bißchen aufhalten, darauf verlaßt Euch man."
Tabak und ich haben uns dann ungefähr noch zwei Stunden lang unterhalten; Tabak: "Wenn ich zu Hause bin, dann geht das drei, vier Tage gut, und dann ist alles wieder dasselbe - dahin gehe ich nicht wieder zurück." Er beabsichtigte, bis zum Sonntag hier in Normalstadt auf Michael zu warten, wobei ihm das Risiko, in der Zwischenzeit hier gefaßt zu werden, auch recht hoch zu sein schien. - Trampen schien ihm zu gefährlich, da man ihn schon vor einigen Tagen, als er am Wochenende Michael in Hamburg besuchen wollte, in Hannover von der Polizei gefaßt hatte. Entweder wollte er in Hamburg bleiben und versuchen, dort eine Dealer-Existenz aufzubauen, oder er wollte nach München fahren und das gleiche dort versuchen. Hamburg würde er vorziehen, weil er dort einige Leute kennt, aber auch in München meinte er, leicht Anschluß finden zu können. Über alle diese Alternativen hatte er selbst überhaupt noch nicht nachgedacht; sie kamen erst allmählich im Gespräch zum Vorschein - und dabei wurde ihm auch gleich ihre Fragwürdigkeit deutlich. Zunächst schien Tabak aber nur bis zum Sonntag zu planen, bis er also mit Michael zusammentreffen konnte - und auch diese Planung war nicht mehr als der Vorsatz, so lange hier zu bleiben. Tabak wußte weder, wo er die nächste Nacht schlafen konnte, noch woher er Geld bekommen sollte. Nach der wahrscheinlichen Reaktion von Michael befragt, meinte Tabak: "Entweder er hilft mir, nach Hamburg zu kommen, oder er haut mir ein paar vor die Schnauze."
Am anderen Morgen rief ich mit Tabaks Einwilligung einen Sozialarbeiter an. Am Mittwoch trafen wir uns mit ihm am Teich und sprachen Tabaks Fall noch einmal durch. Der Sozialarbeiter verwies u.a. auf die wohnliche Lage von Tabaks Eltern, daß Tabaks spätes Nach-Hause-Kommen den Vater stören würde, der um vier Uhr schon wieder aufstehen müsse, daß Tabak zu Hause sowieso ein gewisses Vorrecht besäße gegenüber den anderen und daß andererseits die Mutter die dominierende Person in der Familie sei, die alles bestimme und die der Selbständigkeit der Kinder im Wege stehe. Die Mutter sei aber nicht mehr zu ändern, und auf der anderen Seite bliebe nur ein Lehrlingsheim. Abgesehen von den finanziellen Schwierigkeiten sei das auch noch unter dem Aspekt zu überlegen, daß Tabak sehr unselbständig sei und daher das Problem auftrete, daß Tabak zu sehr sich selbst überlassen bleibe. Tabak rang die ganze Zeit über schwer mit sich, erklärte sich dann bereit, zuerst zur Arbeitsstelle zu fahren, dort zu versuchen, sein Nicht-Erscheinen während der vergangenen drei Tage zu erklären, und es dann noch einmal mit seinen Eltern zu versuchen. Der Sozialarbeiter wollte auch noch einmal ein Gespräch mit der Mutter führen.

Nun muß auf der anderen Seite beachtet werden, daß durch die Anwesenheit eines Feldforschers kriminellen Gruppen eine unerwartete Prominenz zuteil wird.

> Als Erwin und Toni in Begleitung des Feldforschers einmal groß eingesackt hatten, sagte Toni zu ihm: "Du hättest uns heute mal filmen sollen. Das wäre eine dolle Sache gewesen." Ich stimmte zu, meinte aber: "Stellt Euch mal vor, ich wäre mit einer Kamera hinter Euch hergelaufen. Die hätten Euch ja sofort eingesackt." "Ja, das wäre nicht gegangen", meinte Erwin.

Es spricht durchaus einiges dafür, daß der Zutritt des Feldforschers bei den Beobachteten ein Verpflichtungsgefühl entstehen läßt, sich des Rufes würdig zu erweisen, der einem diesen Besuch verschaffte, d.h. es werden abweichende Akte produziert, um den Forscher an sich zu fesseln. Zur Vermeidung derartiger Kriminalitätsverstärkung gehört zunächst einmal der Verzicht auf jedes auffällige Interesse an kriminellen Handlungen und das Unterlassen jeder Bitte etwa um Demonstration eines solchen Aktes. Kriminelles Handeln wird nicht gesucht, sondern abgewartet. Schließlich ist zu fordern, daß der Feldforscher sich bei allen Verhaltensweisen entfernt, die dennoch als eine Demonstration an seine Adresse gerichtet sein könnten, in der Annahme, daß reine Demonstrationsakte ohne Anwesenheit des Adressaten unterlassen bleiben.

> Ich mußte noch ein Ansichtsbuch bei Ramm & Co abgeben. Gerold fragte mich, ob sie mich im Laden denn kennen würden. Ich sagte, daß ich immer nur telefonisch mit denen verkehren würde. "Dann gehe ich mal mit und gucke mal, ob ich mir was zum Opiumgesetz da mitnehmen kann." Als wir dann zum Laden gingen, bat ich Gerold, doch davon abzusehen, etwas mitzunehmen. "Ist gut, dann informier ich mich nur mal da."

Beide Forschungstaktiken - die Bekanntgabe des eigenen Auftrags und die Vermeidung der Demonstration des Interesses an kriminellen Akten - ändern nun nichts an der prinzipiell stets gegenwärtigen Beachtung der Anwesenheit einer Person, die nicht zum Feld gehört und deren Reaktion - ob negativ oder positiv - für die Beobachteten nicht ganz einzuschätzen ist. Das muß zu einer Verzerrung der Situation führen und damit die Güte der erhobenen Daten und letzten Endes der Theorie, die durch dieses Material geprüft werden soll, beeinträchtigen. Es ist daher nach einer Position im Feld zu suchen, die im Anschluß an die Bekanntgabe der Identität des Forschers seinen Einfluß minimiert bei gleichzeitiger Maximierung seiner Beobachtungschancen: er muß beobachtend eine Position beziehen, in der er selbst zunehmend unbeobachtet ist. Dazu eignet sich nun die Position eines Teilnehmers, der sich nicht nur selbst so definiert, sondern der auch von den anderen so betrachtet wird, am besten. Diese Position gehört per Definition zum

Feld der Forschungsobjekte. Sie existiert völlig unabhängig davon, ob eine Beobachtung durchgeführt wird oder nicht. Die Besetzung einer Teilnehmerposition durch einen Forscher hat keinerlei Signaleffekt für seine Anwesenheit. Sie ist die Position, die den doppelseitigen Agent-provocateur-Effekt vermeidet. So müssen gewisse Formen der Teilnahme praktiziert werden, um überhaupt erst, anstelle einer die Situation verfremdenden, eine neutrale, unverzerrte Forscher-Forschungsfeld-Beziehung aufzubauen, die es den Beobachteten ermöglicht, sich so zu verhalten, als würden sie nicht beobachtet, sei es bei der alltäglichen Interaktion, sei es bei den Gruppengesprächen.

Wird die Beobachtung langfristig angelegt, werden diese Formen der Teilnahme sich wiederholen, wird die Anwesenheit des Feldforschers immer selbstverständlicher. Wahrscheinlich wird erst dann der Forscher wirklich zur "Nullperson", von der kein Anreiz mehr zu stärkerer oder schwächerer "Kriminalität" ausgeht. Die "Kriminellen" begehen die Akte, zu denen sie entschlossen sind. So kommt es aus methodischen Gründen systematisch zur längerfristigen Teilnahme an "kriminellen" Akten. Wir sehen in der Wahl dieser Beobachterstellung das entscheidende Merkmal der teilnehmenden Beobachtung krimineller Gruppen.

Beide Elemente teilnehmender Beobachtung werden in kriminellen Gruppen problematisiert: die Teilnahme wie die Beobachtung. Zu welchen Ergebnissen der Feldforscher dabei gelangt, hängt stark von dem Verhältnis der Teilnahme und der Beobachtung ab, das er herstellt. Betont er von Anfang an die Rolle des Teilnehmers, läßt er die Forscherrolle in den Hintergrund treten, so dürfte er dennoch auch am Anfang Schwierigkeiten haben, überhaupt Beobachtungen machen zu können - am Ende muß der Feldforscher, der so vorgeht, aber darüber wachen, die Teilnahme in kriminellen Gruppen in bestimmten, engen Grenzen zu belassen. Betont der Feldforscher seine Beobachterrolle und beläßt er es hinsichtlich der Teilnehmerrolle bei einem Dabeisein, so ist seine Beobachtertätigkeit für die Dauer der ganzen Erhebungsphase gefährdet. Andererseits wird der Feldforscher gerade in der jeweilig zu beobachteten Situation und auch auf Dauer Distanz zu wahren haben, um überhaupt die erforderlichen Abstraktionsleistungen zu erbringen. Es war oben bereits gesagt worden, daß von einem echten Teilnehmer diese Leistungen nicht zu erbringen sind; seine Perspektive ist keine wissenschaftliche. Das setzt der Teilnahme des Feldforschers wiederum sehr enge Grenzen. Sie darf nur so weit durchgeführt werden, daß einerseits der Signaleffekt vermieden wird, andererseits die wissenschaftliche Sicht erhalten bleibt.

Zwischen den Regeln der Teilnahme und Distanzierung besteht ein notwendiger Widerspruch. Wir sehen seine Auflösung in der Teilnahme an den Akten, die überhaupt erst den Zugang zur Subkultur eröffnen, die überhaupt erst Beobachtung, Abstraktion aus Distanz, krimineller Akte ermöglicht. Das ist die Teilnahme an den Handlungen des "Entrée", an dem Verhalten, das von jedem Mitglied um der Mitgliedschaft willen erwartet wird. Wer es nicht zeigt, ist Außenseiter. Wer es zeigt, hat noch keinerlei hervorgehobene Position.

Die Rolle des einfachen Teilnehmers bewahrt jedoch nicht vor problematischen Situationen, von denen die in der Rolle des Schutzbefohlenen noch die angenehmste ist.

> Als Werner und ich später an der Theke hingen, erzählte er mir, daß sein 16jähriger Bruder heute von einem anderen Prügel bezogen habe. Er habe bereits herauszufinden versucht, wer es war, hatte es aber nicht erfahren können. "Wenn ich den erwische, den schlage ich zusammen, daß der meinen Bruder nicht noch einmal anfaßt. Würdest Du doch auch machen, oder? ... Wenn einer vom Club angefaßt wird oder wenn Dich einer anfaßt, dann brauchst Du uns das nur zu sagen, dann bezieht der Prügel, der faßt Dich nicht noch einmal an."

Die Forscherrolle wird oft nicht verstanden, von den Teilnehmern oder von anderen als Förderrolle mißverstanden.

> Gerold fragte dann, ob ich ihm nicht einen Gefallen tun könnte, ob ich ihm nicht Gift besorgen könnte, gemeint war O. Ich verneinte, verwies auf die Fachrichtung der Fakultät, bezweifelte auch, daß es an einer medizinischen Fakultät besser gehen würde.

Es kommt dann immer wieder darauf an, den Zusammenhang, in dem die Forschung steht, zu verdeutlichen. Es ist eine Forschung, die in einem Zusammenhang mit der Abschaffung des sozialen Problems "Kriminalität" steht.

Es liegt nun auf der Hand, daß von der Überwindung der Fremdheits- wie der Prominanzschwelle bis zur Erreichung einer partizipierenden Stellung eine mehr oder weniger lange Periode der "Infiltration" vergeht. Zudem kann sich der Forscher der einmal erworbenen Teilnehmerschaft nicht auf Dauer sicher sein. Schon kurzfristige Abwesenheiten - etwa von mehreren Abenden - aus seinem Feld, können in der beobachteten Gruppe wieder Zweifel an seiner Identität aufkommen lassen. Der Feldforscher wird daher versuchen, möglichst kontinuierlich mit den Kontaktpersonen zusammen zu sein. Daneben erfordert die teilnehmende Beobachtung, wie Homans gezeigt hat, das Erlebnis der Gruppen unter verschiedenen sozialen Umständen, Kenntnis ihrer Sprache, Intimität des Verhältnisses zu den Gruppenmitgliedern und Konsensus über ihre Wirklichkeitssicht, Kriterien für die Qualität des aus der teilnehmenden Beobachtung gewonnenen Materials. Für die praktische Sozialforschung ergibt sich daraus das Problem der intensiven Befassung mit dem Einzelfall. Außerdem macht kriminelles Handeln nur einen Bruchteil des Handelns dieser Akteure aus. Meist handeln auch Kriminelle "normal". Daraus ergibt sich die Notwendigkeit langer Untersuchungsphasen.

Man wird nun zweifellos zu bedenken haben, ob dieses Verfahren für jede Art kriminellen Verhaltens geeignet ist. Kriminalität wie Mord, Totschlag und ähnliche Gewaltdelikte schließen am "Entrée" teilnehmende Beobachtung wegen der Schwere der einzelnen Handlungen völlig aus. Es ist in diesen Fällen noch zu prüfen, auf welche Weise die Informationen beschafft werden können, die Kriminalitätsformen wie den Aufbau einer "Murder, Inc." (M. Berger, 1962) zu erklären vermögen. Auch andere geschäftsmäßig betriebene Bandenkriminalität ist so nicht zu erforschen.

Andere schwerwiegende Kriminalität wie schwere Einbrüche usw. lassen kaum distanziert-teilnehmende Beobachtung zu. Hier wird der Feldforscher in der Situation wohl nicht einfach teilnehmender Beobachter bleiben können. Er wird zu einem vom "Kriminellen" in Rechnung gestellten und so behandelten Objekt in jeder Situation, sei es als erwünschter, qualifizierter Helfer oder lästiger Zeuge.

> Ich gehe noch einmal in den Pott und setze mich mit Bernhard und Specht zusammen. Bernhard fragt mich, ob ich nicht Geld brauche. Als ich zustimme, meint er, ich könnte mir leicht ein paar hundert Mark verdienen. Ich solle mit ihm zusammen einen Bruch machen und ein paar Tonbandgeräte rausholen. "Da brauchst Du fast gar nichts dabei zu machen, nur mit dem Wagen hinfahren. Die Geräte nehme ich dann mit nach ...... und verkaufe sie da." Ich würde kein Risiko eingehen. Als ich ablehne und ihm sage, das Risiko sei gemessen an dem möglichen Gewinn zu groß, meint er, da könne gar nichts schiefgehen. Er habe das jetzt schon fast zehn Mal gemacht. Das sei völlig sicher. Als ich mich nicht überreden lasse, setzt sich Specht neben mich und fragt mich, ob ich mir das nicht noch einmal überlegen will. Ich könnte ihnen ja auch den Wagen zur Verfügung stellen, dann brauchte ich gar nichts zu machen. Nachher sollte ich dann sagen, mir sei der Wagen gestohlen worden. Inzwischen würden sie ihn dann wieder zurückgestellt haben. Ich solle dann sagen, man hätte mir die Schlüssel aus der Jacke gestohlen, als ich sie im Pott hingelegt hätte. Ich versuche, ihnen klar zu machen, daß das Risiko zu groß ist und daß uns schon so viele Leute zusammen gesehen haben und daß ich außerdem nachher von der Uni fliegen könne, geschweige davon, daß unser Projekt und damit sie selber gefährdet werden könnten. Sie sehen auch alles ein, wollen die Sache jedoch trotzdem durchführen, wenn sie einen Wagen bekommen.

Zudem bleiben alle bisher genannten schwerwiegenderen kriminellen Handlungen oft einmalige Ereignisse der betreffenden Handelnden. So sind sie zu selten, um in einer vertretbaren Zeit in der angegebenen Weise erforscht zu werden.

Dafür eignet sich die massenhafte Kleinkriminalität wie Diebstähle, insbesondere Fahrzeug- und Ladendiebstähle, Rauschgiftmißbrauch, insbesondere -konsum und -kleinhandel und Aggressionsdelikte, insbesondere sogenannte "Rockerdelikte" um so besser. Diese Delikte treten sehr häufig auf - in der aufzuwendenden Zeit fallen genügend Ereignisse an. Sie laufen zudem in offenen und übersichtlichen Feldern (Straßen, Kaufhäusern, Diskotheken, Vergnügungsplätzen) ab und gestatten direkte Beobachtung. Dort handelt es sich bei den Teilnahmeakten des Entrée durchweg um unproblematischeres, elementareres Verhalten der zu untersuchenden Gruppen. Dazu gehörten zunächst das wenig problematische Dabeistehen oder -sitzen, das Mitgehen und -lagern, das "Herumhängen" an allen Plätzen, an denen die zu beobachtende Kriminalität ausgeübt wird. Dazu gehören aber auch Handlungsweisen nach sehr präzise angebbaren, feststehenden Erwartungen: Bei Laden- oder Automatendieben gelegentliches Festhalten und Beaufsichtigen weggenommener Gegenstände oder Hilfsmittel, bei Drogenkonsumenten Beiträge zur Herstellung und zum Mitkonsum von Haschischzigaretten u.ä., bei Schlägern Verstärkung des Stärkeeindrucks (Imponierszene) der beobachteten Gruppe durch bloßes Dabeistehen und die unterlassene Hilfeleistung für die Opfer. Derartige Handlungen des Entrée sind durch die auch in den beobachteten Gruppen üblichen Mitgliedschaftsdefinitionen, die keineswegs formalisiert zu sein brauchen, geboten. Es sind die Akte, die von jedem erwartet werden, der zur Gruppe gehört und nicht als Außenseiter auffallen will. Dem Außenseiter werden aber nicht die in der Gruppe sonst üblichen Handlungen gezeigt. Das definiert eben sein Außenseitertum in "kriminellen" Gruppen.
Andererseits bieten eben solche Mitgliedschaftserwartungen auch einen höchst wirksamen Schutz gegen weitergehende Inanspruchnahmen. Akte, die darüber hinausgehen, verschaffen in der Regel in der Gruppe einen gehobenen Status qualifizierter Mitglieder. Eine Verpflichtung, einen derartigen Status anzustreben, besteht nun nicht, da das ja die Gruppen der normalen Mitglieder berauben würde, auf die sich auch die Statushöheren stützen.
Allerdings darf man sich keine Illusionen machen: auch der im Feld lebende und von allen als Teilnehmer anerkannte Beobachter wird immer wieder einmal abgewiesen - zum Teil in durchaus harmlosen Situationen.

Adrian, ein Typ, erzählte: "Ich habe mir mit Hans vorgenommen, wir nehmen zusammen noch mal so einen Durchblicktrip. Da gehen wir dann rauf auf die Burg und werfen den da ein. Da bekommen wir dann starke Erkenntnisse. Da kommt dann eine Bewußtseinsspaltung. Man kommt sich dann vor, wie ein Weiser, wie ein Prophet." Ff: "Kann man da nicht mal teilnehmen?" Adrian: "Das ist schlecht. Du siehst da ja gar nichts. Das kann ich Dir ja hinterher alles erzählen."

Ein anderes Mal wollte sich Achim mit seinem Freund einen Schuß setzen: Ich fahre ihn zu seiner Wohnung. Wir kommen an. Achim: "Hör mal, da kannste gleich nicht dabei sein, wenn mein Freund und ich den Schuß setzen. Weißte, der kennt Dich nicht. Da ist das dann schlecht."

Man kann dann natürlich fragen, wie weit die Methode der distanziert-teilnehmenden Beobachtung überhaupt das "Dunkelfeld" erhellt.

Fragt man Willi von den Rockern, der zu zwei Feldforschern großes Vertrauen hatte und viel von sich preisgab, so ist die Antwort entmutigend: zum Abschluß der Untersuchung meinte er zu einem der beiden Feldforscher: "Du weißt sowieso nur einen ganz kleinen Teil von allem. Wenn das alles rauskommt, dann gehe ich bestimmt ein paar Jahre hinter Gitter." Damit hatte er untertrieben. Was wir von ihm wußten, reichte dazu auch schon aus.

2.5 Die Technik distanziert-teilnehmender Beobachtung: Zwei unterschiedliche Arbeitsweisen

Von den sieben Feldforscher, die neben den beiden Feldforschern in der Gruppe der "Normalen" in den kriminellen Gruppen die Erhebungen betrieben, gelangten zwei zu einer Rolle, in der die Teilnahme zeitweise die Beobachtung behinderte. Bei einem Feldforscher war die Stellung genau umgekehrt. Das war nicht geplant. In den vorbereitenden Besprechungen der distanziert-teilnehmenden Beobachtung und den während der Beobachtungsphasen laufenden Auswertungsgesprächen wurde das Vorgehen immer sehr eingehend besprochen. In der Praxis ergaben sich aber oft Schwierigkeiten bei der Anwendung dieser Konzeption.

Man findet folgende Verteilung der Vorgehensweisen bei den kriminellen Gruppen: Eine große Distanz trat bei einem Feldforscher bei den Einsackern, eine mittlere Distanz bei je zwei Feldforscher bei den Typen und den Rockern, eine geringe Distanz bei je einem Feldforscher bei den Typen und den Rockern auf.

Nach unserer Einschätzung sind drei Faktoren für die unterschiedlichen Positionen von großer Bedeutung:

1. Das Beobachtungsrisiko der Teilnehmer, das von Delikt zu Delikt verschieden ist. Insoweit gibt die Verteilung einen ersten Hinweis: bei Eigentumsdelikten werden Beobachter eher abgewehrt.
2. Die Größe des Feldes, die über die Möglichkeiten entscheidet, beobachtend eine Position zu beziehen, in der man unbeobachtet ist. Je größer das Feld, je höher die Zahl der Teilnehmer, um so eher gelingt es, selbst Teilnehmer zu bleiben. Die Rocker und Typen lebten in sehr großen Feldern.

3. Die von Feldforscher zu Feldforscher graduell unterschiedliche individuelle Betonung der Beobachter- oder Teilnehmerrolle.

Wir wollen die Situation von Feldforschern in kriminellen Gruppen an den beiden Extremfällen thematisieren und die Frage nach den Bedingungen dieser Differenzen erörtern. Dazu wählen wir Berichte über ihr Vorgehen und ihre Erlebnisse in vergleichbaren Situationen. Gleichzeitig sollen diese Schilderungen das praktische Vorgehen von teilnehmenden Beobachtern illustrieren und aus den jeweiligen Differenzen den Verhaltensspielraum wie die Vielfalt der konkreten Situationen erkennen lassen.

Der Feldforscher bei den Einsackern hatte, wie wir schon berichteten, den Kontakt zu der Gruppe gesucht, indem er sich einfach in die "Diele" setzte, die ihm für eine Pause für "Ladendiebe" günstig erschien.

> Dort wartete er und wartete er: Nach einiger Zeit kamen zwei junge Männer in das Lokal. Sie gingen zur Theke. Der eine holte aus einer Tragetasche einen Stapel Langspielplatten - es waren ungefähr vierzig Stück - und legte ihn auf den Colazapfautomaten. Ein Gast kam an, setzte sich auf den Hocker vor der Theke und nahm den Stoß Schallplatten. Dann sichtete er die Schallplatten. Hin und wieder legte er eine auf die Theke. Plötzlich sagte er: "Die ist ja neu!" Er nahm die Platte aus der Hülle und betrachtete sie. Der andere hatte ihm inzwischen den großen Stapel wieder abgenommen. Der Gast las die Titel genau durch. Dann wendete er die Schallplatte und machte dasselbe. Einer, der an der Theke saß, fragte: "Von wem ist die Scheibe?" "Von Procul Harum." Dann nahm der Gast, der von den anderen Kalle gerufen wurde, die Scheibe und legte sie wieder in die Hülle und zu den anderen Platten auf die Theke. Er musterte die Platten, die er auf die Theke gelegt hatte, noch einmal alle - es waren sechs Langspielplatten - und sagte dann: "Seid Ihr mit vierzig zufrieden?" Die beiden zögerten. "Okay". Kalle holte aus seiner Börse noch eine kleinere Börse (Rundformat) und gab ihnen daraus zwei Zwanzigmarkscheine. Der lange Mann mit dem Schnäuzer legte den Stoß Platten wieder in die Tragetasche. Dann verabschiedeten sie sich und gingen weg. Kaum waren die beiden gegangen, als Kalle mit den sechs Platten zu den beiden schwarzhaarigen Mädchen, die in der Mitte des Lokals saßen, ging und ihnen die Platten zeigte. Er sagte ganz stolz: "Für alle nur vierzig Mark. Das ist doch toll." Die beiden Mädchen lachten. Dann nahm er die Platten und ging zum nächsten Tisch. Einer der Gäste fragte Kalle: "Wo haben die beiden die Platten her?" Antwort: "Das ist doch Nebensache. Ich weiß von nichts."
>
> Einige Tage später: Um sechs war ich in der "Diele". Ich bestell-

te eine Cola. Da entdeckte ich wieder dieselben Leute, die am Vortag mit den Schallplatten dagewesen waren. Sie hatten auch diesmal wieder ihre Kaufhaustasche bei sich. Ein Junge, zum ersten Mal da, hatte die Platten schon durchgesehen und nahm den beiden eine Schallplatte für fünf Mark ab. Die beiden gingen an den Tisch hinten in der Ecke und setzten sich zu den drei anderen Jungen, die dort saßen. Ich schnappte meine Cola und setzte mich an den Nebentisch, um eventuell mit den Jungen ins Gespräch zu kommen. Doch nach einer halben Minute standen alle fünf auf und gingen weg. Ich stand auf und wollte meine Cola bezahlen. Das wurde ein wenig verzögert, weil der Kellner - er wurde Schorsch genannt - kein Wechselgeld hatte. Als ich draußen war, konnte ich die fünf Plattenleute nicht mehr auftreiben.

Wieder ein Tag später: Als ich um sieben die "Diele" betrat, sah ich Hans Meier an dem Tisch neben dem Eingang mit ein paar Jungen und einem Mädchen sitzen. Hans winkte mir zu, doch auch an dem Tisch Platz zu nehmen. Er stellte mir Wolfgang vor. Hans hatte Wolfgang schon erzählt, wen ich hier suchte. Wolfgang sagte mir, er kenne Leute, die er mir vermitteln könne. Es handle sich um Schallplattenexperten. Ich fragte Wolfgang, ob es sich um dieselben Leute handle, die häufig in der "Diele" Schallplatten verkaufen. Er bejahte: "Sie klauen überall Schallplatten zusammen und verscherbeln die dann." Ein anderer, Ferdi mit Namen, meinte, er kenne die Leute auch. Sie wohnten bei ihm in der Nähe. Wolfgang fragte mich, wie er mich erreichen könne. Ich sagte ihm, ich sei häufig in der "Diele" anzutreffen. Für alle Fälle gab ich ihm aber meine Telefonnummer.

Einige Tage später in der "Diele". Um kurz nach fünf kam ich an. Wolfgang und Ferdi winkten mir zu. Ich ging an ihren Tisch und begrüßte sie. Ferdi sagte zu mir: "Du, ich hab mit den Leuten gesprochen. Die wollen das machen." "Prima." Wolfgang: "Ich habe heute morgen welche von ihnen gesehen. Vielleicht kommen sie heute noch einmal vorbei."... Ich ging auf die Alleestraße, um frische Luft zu schnappen. Vor einer Boutique entdeckte ich den langen Jungen, den ich vor einigen Tagen mit den Platten in der "Diele" gesehen hatte. Er unterhielt sich mit drei Mädchen. Ich ging schnell in die "Diele" und haute Wolfgang an: "Draußen steht der Typ, von dem wir gesprochen haben." Wolfgang ging mit mir raus. Ich zeigte ihm den Jungen. Wolfgang meinte: "Genau der ist es." Wir gingen auf ihn zu. Wolfgang begrüßte ihn mit Handschlag. Ich sagte zu ihm: "Grüß Dich!" Wir schüttelten uns die Hände. Wolfgang: "Du, ich hab Dir doch vor einigen Tagen von einem erzählt, der sich für Euch interressiert. Das ist er. Vielleicht können wir uns mal unterhalten." "Ja, gut. Ich komme gleich in die "Diele".

Einen Moment noch." "Okay." Wolfgang und ich gingen in die Kneipe. Wir setzten uns an den Tisch im hinteren Teil des Lokals. Nach einigen Minuten kam der Lange an und setzte sich zu uns. Wolfgang: "Das ist der Mann von der Uni. Die wollen..." Er wandte sich zu mir und sagte: "Erzähl Du ihm am besten, worum es geht." Ich erzählte ihm, daß ich von der Uni sei und wir ein Forschungsprojekt machten. Wir interessierten uns für Leute, die Ladendiebstähle machten. Die Informationen aus der Zeitung seien uns zu oberflächlich, wir brauchten Informationen aus erster Hand. Ferdi oder ein anderer schien ihm schon etwas von uns erzählt zu haben, denn er sagte: "Also Ihr wollt wahrscheinlich von uns wissen, wie das geht, und warum wir das machen. Also zum Wie. Das ist ziemlich einfach. Du mußt einfach die Sachen nehmen, wenn die Verkäuferin mal unachtsam ist. Alles Nervensache. Aber wie gesagt, es ist alles ziemlich einfach. Das würde man gar nicht für möglich halten..." Der Bitte des Feldforschers, ihm weitere Kontakte zu vermitteln, wurde ohne weiteres entsprochen: Ich sagte, es wäre vielleicht gut, wenn ich mal zu seinen Leuten mitkönnte. "Wenn Du Zeit hast, kannst Du ja heute mitkommen. Wir braten Puten heute abend." Ich sagte: "Prima".

Bereitwillig wurde der Feldforscher von Martin anderen Gruppenmitgliedern vorgestellt: Wir näherten uns dem Haus. Martin sagte: "Ich stelle Dich bei den anderen als Kumpel vor. Sonst fühlen die anderen sich gehemmt." Wir schellten. Ein kleiner Typ mit langem schwarzem Wuschelkopf öffnete uns die Tür. Martin sagte: "Hast Du die Pute schon in der Pfanne?" "Nur die Hälse." Wir betraten die Küche. "Das ist ein Kumpel von mir", sagte Martin, auf mich hindeutend....
Nach einiger Zeit kam Martin mit einem Joint in das Zimmer. Er bot mir an, mitzurauchen. Ich sagte: "Ich bin Nichtraucher." "Ach ja, stimmt ja." Er legte nach einigen Minuten den Joint wieder in den Aschenbecher und ging in die Küche. Nach fünf Minuten kam er mit dem anderen wieder. Wir sahen einen Fernsehfilm. Um 21.2o Uhr sagte der Blonde: "Ich hau ab. Ich pofe heute mal zu Hause.." Er ging dann weg. Um 21.3o holte Martin die beiden Puten. Sie boten mir nichts an. Der kleine Schwarzhaarige legte sich auf die Couch und aß dort. Martin meinte, nachdem er ein Bein schmatzend gegessen hatte: "So ganz durch ist sie noch nicht." Sie stellten beide die Puten auf den Tisch und aßen nicht mehr weiter.

Aber es gab auch schon am Anfang der Beobachtertätigkeit Mißtrauen dem Feldforscher gegenüber:

Einige Tage später kam Erwin aus dem Urlaub zurück. Während Martin so erzählte, war Erwin schweigsam und verzog keine Miene. Martin sagte: "Du, klär den Erwin mal auf, der denkt immer noch,

Du seist ein Bulle." Erwin bekam einen roten Kopf. Ich bot ihm an, meinen Ausweis zu zeigen. Er lehnte ab. Ich sagte ihm, ich könne sein Mißtrauen verstehen; ich sei aber wirklich kein Bulle. Martin meinte zu Erwin: "So weit müßtest Du aber eigentlich schon sein, Bullen von anderen unterscheiden zu können." Später machte ich den Vorschlag, doch mal zur Uni zu fahren, um den beiden unsere Forschungsräume zu zeigen. Martin war einverstanden. Erwin sagte nichts. Martin erzählte dann, er habe mal als Elektriker in einer Uni gearbeitet... Wir gingen hinein. Ich öffnete den Raum. Erwin meinte: "Jetzt läuft das alles so und nachher kommt das dicke Ende."

Vor Beginn der Feldforschung hatten wir eine Organisation der Sozialarbeiter in unserer Stadt gebeten, uns einen Kontakt mit einem Jugendlichen zu vermitteln, dem Drogenmißbrauch vorgeworfen wird. Wenige Tage später schrieb der Sozialarbeiter:

> Einer unserer Klienten (16 Jahre) hat sich bereit erklärt, mit Ihnen Kontakt aufzunehmen. Es handelt sich um einen Haschisch rauchenden Jugendlichen, der weitgehend die in Ihrem Schreiben aufgezählten Bedingungen erfüllt. Wie aus beiliegendem Schreiben hervorgeht, ist der Minderjährige bereit, sich mit den Mitarbeitern der Forschungsgruppe am Mittwoch, dem... um elf Uhr im Club... zu treffen. Der Jugendliche hat den Schlüssel zu den Clubräumen. Machen Sie sich bitte durch die an der Clubtür angebrachte Klingel bemerkbar. Der junge Mann teilte uns mit, einige seiner Bekannten seien sicherlich auch an der Mithilfe an der Untersuchung der Forschungsgruppe interessiert. Mit näheren Einzelheiten stehen wir Ihnen jederzeit gern zur Verfügung. Wir wünschen nur, daß die Anonymität des Klienten gewahrt bleibt.

Der Feldforscher ging zum vereinbarten Termin und führte mit Wolfgang in den folgenden Tagen eine Reihe sehr informativer Gespräche. Auch alle anderen Feldforscher lernten nie wieder einen Typen kennen, der sich mit den Stoffen, ihrer Zusammensetzung, ihrer Herkunft oder Herstellung, ihren Bezugsquellen, ihren Preisen, ihrer Anwendung und ihren kurzfristigen oder langfristigen Wirkungen so auskannte wie Wolfgang. Ein Einstieg in die Subkultur der Typen gelang dem Feldforscher auf diesem Wege jedoch nicht. Wolfgang war ein Außenseiter. Er blickte auf die anderen Typen herab - die kleinen Kiffer und versumpften Fixer. Vielen der Typen war er unbekannt, bei den älteren Typen galt er als arrogant, und, was viel schlimmer war, als geizig. Von seinen guten Sachen gab er nie was raus. Es war Wolfgang gar nicht möglich, den Feldforscher in das Feld einzuführen.

Wolfgang gab an, daß er sich von den meisten Haschern sehr unterscheide. "Der Sozialarbeiter sagt auch, daß ich mich von den meisten unterscheide. Ich fixe wenn ich Lust habe und mache dann auch so meine Forschungen. Am Anfang haben wir uns zum Beispiel alle den Puls gemessen. Irgendeiner meiner Kollegen muß die Tabellen noch zu Hause haben. Die meisten, die haschen, denken sich ja gar nichts dabei, die machen das, weil es nun mal modern ist und die versumpfen dann auch schnell und werden asozial." Auf meine Frage, was er denn unter asozial versteht, nennt er als Kriterien vor allem "völlig abgeschlafft sein, ständig fixen, auf nichts mehr ansprechbar sein, häufig die Wohnung wechseln, keine geregelte Arbeit..." Er sieht demgegenüber im Haschen und Fixen eine völlig normale Erscheinung, die viel besser als Trinken ist. "Außerdem hat man nachher dann auch keinen schweren Kopf und wenn man mal kotzen muß, geht es einem nachher noch besser als vorher. Man fühlt sich dann so richtig erleichtert. Mit dem Fußvolk will ich nichts zu tun haben. Die wissen sowieso nicht, warum sie das machen und sind außerdem auch nicht geschickt genug, an die guten Sachen ranzukommen. Mit denen kann man allenfalls mal einen Joint rauchen. Aber gerade deshalb sind die nicht so gut auf mich zu stehen. Die nennen mich deshalb auch "Knikkerich" und haben mir noch andere Spitznamen gegeben (nennt noch einige). Trotzdem ist es nicht so, als wenn die nichts mit mir zu tun haben wollten, sondern die wollen sich ganz gern an mich ranhängen."

Der Anschluß an die Subkultur gelang dem Feldforscher in sehr ähnlicher Weise wie dem Kollegen bei den Einsackern. Er kannte außer Wolfgang nur noch einen weiteren Typen: Achim. Dieser hatte zwar Beziehungen zu vielen anderen Typen, er nahm den Feldforscher aber nicht mit ins Feld. So machte dieser sich selbst auf die Suche. Er ging zu einem Platz, von dem in der Zeitung stand, dort seien bei einer Kontrolle am Vortage "Hascher" aufgefallen: Um fünf Uhr fand ich mich am Brunnen ein, wo etwa zwanzig Jugendliche auf den Bänken und auf der Brunnenumrandung saßen. Unter ihnen auch Achim. Am Tag vorher hatte die Polizei dort eine Razzia gemacht und einige Jugendliche mitgenommen. Auf der Wiese, auf der die Jugendlichen am Vortag gelegen hatten, waren drei Schilder angebracht worden mit der Aufschrift: "Betreten der Wiese und Lagern verboten." Als ich eintraf, saß niemand auf der Wiese. Offensichtlich in der Annahme, bei der nächsten Razzia gepackt zu werden. Nachdem ich mich demonstrativ auf die Wiese gesetzt hatte, meinte ein Mädchen zu mir, ob ich denn nicht das Schild gesehen hätte. Lagern sei doch verboten. Ich fragte sie, was mich denn das Schild angehe. Das sei doch völlig egal, ob es da stehe oder nicht. Durch unser Gespräch wurden einige Beisitzende auf uns aufmerksam. Als ich meinte, die Bullen hätten wohl nichts anderes zu tun, kam Achim auf mich zu und setzte sich neben mich. Ich fragte ihn, ob er schon den Bericht in der Zeitung vom Vortag gelesen hätte. Dies war nicht der Fall. Da in der Nähe jemand saß, der eine Zeitung hatte, holte Achim sich diese, setzte sich auf die Wiese und begann mit dem Zeitungsstudium. Im Nu waren einige andere Jungen da, die den Artikel auch noch nicht kannten. Sie hockten um uns herum, lachten über den Artikel, erkannten die Personen auf dem Photo wieder und amüsierten sich. Ein Mädchen auf einer Bank kannte den Artikel wohl recht gut und zitierte laufend einige Stellen aus dem Gedächtnis. Nachdem der Artikel von allen gelesen war, verließen bis auf Achim und mich alle anderen die Wiese und setzten sich wieder auf die Bänke. Achim hatte Shit bei sich und steckte ihn in meine auf dem Boden liegende Zigarettenschachtel. Falls die Bullen kommen sollten, sollte ich die Schachtel einstecken. Am selben Tag fuhr der Feldforscher mit Achim und zwei weiteren Typen zu einer Diskothek. Dabei rauchte er ein paar Joints mit.

Ein Tag später: "Um vier traf ich am Brunnen ein, wo Achim mit einigen anderen Leuten zusammen auf der Umrandung des Brunnens saß. Es saßen etwa zwanzig bis dreißig Personen auf dem Brunnen und auf den Bänken. Achim setzte sich mit uns auf die Wiese und unterhielt sich kurz mit uns, u.a. auch über den vorigen Tag. Achim war plötzlich mit zwei Mädchen fortgegangen, Richtung Ebertstraße. Ich entschloß mich, mitzugehen, und traf ihn mit den Mädchen im "Appel". Diese waren kurz aufgestanden und weggegangen. Ich setzte mich an den Tisch, an dem neben Achim auch Jakob saß, den ich zum ersten Mal sah. Achim schien kein Geld bei sich zu haben, so daß ich ihm eine Coca mitbestellte. Unterhalten wurde sich am Beginn recht wenig. Jakob fragte mich, wo ich herkäme. Ich erzählte ihm, ich sei Student und hätte zur Zeit drei Monate Semesterferien. Von unserem Forschungsprojekt sagte ich ihm erst viel später etwas."

Wie man sieht, verläuft die Kontaktaufnahme bei beiden Feldforschern sehr ähnlich: Erste Gespräche im offenen Feld, Mitnahme an einen von Außenstehenden kaum aufgesuchten Ort, kein Unterlassen der kriminellen Handlungen auf der Seite der Teilnehmer. Aber es sind auch schon zwei wichtige Unterschiede zu beobachten. Der Feldforscher bei den Einsackern nimmt nicht teil. Den Joint lehnt er ab, von der Pute bekommt er nichts. Er ist mehr Gast. Der Feldforscher bei den Typen ist dabei: er raucht ein paar Joints mit. Bei einem der führenden Einsacker tritt sofort der Verdacht auf, der Feldforscher sei Spitzel – bei den Typen ist dies nicht der Fall. Dazu kommt sicherlich schon in dieser Phase das Beobachtungsrisiko, das für Erwin eben größer ist als für Achim und Jakob.

Der Feldforscher bei den Einsackern wird trotz der gewissen Vorbehalte von Tag zu Tag seines Dabeiseins mehr akzeptiert und schließlich auch beteiligt.

Auf dem Weg zum Clubhaus fragte ich Erwin: "Schlaft Ihr heute abend wieder im Club?" "Ja." "Weißt Du, ich habe folgendes Problem: mein Zimmernachbar bekommt heute Besuch. Wenn ich heute abend bei Euch im Club übernachten könnte, dann könnte er seinen Besuch bei mir übernachten lassen. Meinst Du, daß ich heute nacht im Club schlafen kann?" "Das ist kein Problem. Wir haben ja genug Liegen frei. Einen Schlafsack hast Du ja?" "Ja, zwar einen alten, der ein bißchen stinkt, aber der geht." "Die stinken ja alle." ... Wolf sagte zu mir: "Wenn Du die beiden Liegen dort zusammenstellst, dann kannst Du unheimlich gut pofen." Ich befolgte seinen Rat und stellte mir die beiden Liegen nebeneinander. Die beiden bauten ihr Lager auf den Liegen auf, die in der Ecke standen... Ich legte mich schon hin. An Einschlafen war aber noch nicht zu denken, weil hinter meinem Kopf ein Lautsprecher mich mit Pop-Musik berieselte. Ich bat Wolf, den Lautsprecher doch abzustellen. Er tat das auch. Er wollte nur noch die Platte "Pretty Girl" von John Mayall hören. Aber nur mit einem Lautsprecher. Nach dieser Gute-Nacht-Musik schlief ich irgendwie vorübergehend ein.

Nach einigen Tagen des Mitgehens in der Gruppe der Einsacker kam es dann zu einer völlig unbehinderten Beobachtung beim "großen Fischzug" der Einsacker: Götz fragte Felix: "Sollen wir gleich los in die Stadt?" "Ja, können wir machen." Götz ging weg und holte eine große Plastiktüte vom Kaufhaus Müller. Felix suchte aus der Plattensammlung eine Platte aus, die er an den Seiten nach oben bog, so daß man den so entstandenen Gegenstand als Aschenbecher benutzen konnte. Ich fragte: "Ist die für Plato bestimmt?" Er nickte. Gerda saß mit Götz auf der Liege hinter dem Plattenpult und küßte ihn leicht auf den Mund. Felix erhob sich und fragte mich: "Gehst Du mit in die Stadt?" "Ja." Wir gingen los. Als wir das Haus verließen, meinte Götz: "Du, ich hab mir noch von Gerda Geld mitgenommen." "Warum das denn?", fragte Felix. "Naja, damit wir auch mal was kaufen können." Als wir an der Weißen Straße dem Bus entstiegen, fragte ich die beiden: "Sackt Ihr eigentlich immer in der Mittagszeit ein?" "Immer nicht, aber meistens. Da ist die Hälfte der Verkäuferinnen weg. Mittagspause machen die. Und da passen also halb so wenig Leute auf. Das ist ja logisch." "Das läßt sich nicht leugnen." Sie erzählten mir, daß sie am Vortag für Gerda eine Cordhose und eine schöne Bluse eingesackt hätten. "Sie hat sie eben angehabt. Hast Du sie gesehen?" "Nein." Dann berichteten sie mir, daß Gerda sie nachher zu einem Zigeunerschnitzel eingeladen hätte. Später meinte Götz: "Am besten, wir gehen zuerst zum Kaufhaus Meier." "Ja", antwortete Felix. Götz sagte am Eingang zum Kaufhaus Meier zu mir: "Weißt Du, ich brauche dringend eine neue Hose.

Bei meiner alten ist vorn eine Naht geplatzt."
Wir betraten Meier und fuhren mit der Rolltreppe in den ersten Stock. Götz flüsterte Felix einige Worte ins Ohr, die ich aber nicht verstehen konnte. Im ersten Stock angelangt, gingen wir zu einem Verkaufsstand, der wie ein Haus aufgebaut war. Dort hingen Hosen, Wildlederkleidung und Jacken. Der Verkaufsstand schien für junge Leute hergerichtet zu sein. Vor dem "Haus" an der Frontseite stand die Verkäuferin neben der Kasse. Sie unterhielt sich gerade mit einem Kunden. Felix und Götz gingen in das "Haus" hinein. Ich registrierte, daß es zwei Eingänge gab. Während die beiden sich am Hosenständer an den Cordhosen zu schaffen machten und diese nach Größe und Farbe musterten, postierte ich mich auf der linken Seite des Hauses und tat so, als ob ich auf jemanden wartete. Ich verlor die beiden aber nicht aus dem Auge. Sie suchten etwa zwei, drei Minuten nach den für sie richtigen Hosen. Die Verkäuferin ließ sich nicht blicken. Sie schien die beiden gar nicht bemerkt zu haben. Felix nahm die erste Hose vom Bügel und tat so, als ob er sie genau mustern würde. Dasselbe machte er mit der zweiten Hose. Felix drehte die erste hastig ein wenig zusammen und ließ sie in die Tasche fallen. Dasselbe machte er mit der zweiten. Felix verließ den Verkaufsstand am rechten Eingang, Götz mit der Tasche am linken. Felix ging einen Moment eher heraus, so daß die Verkäuferin ihn ohne Tasche herauskommen sah und infolge dessen nicht auf Götz achten konnte. Die beiden gingen schnell, aber nicht laufend, die Treppe hinunter. Ich folgte ihnen. Unten angelangt fragte Götz mich: "Hast Du alles gut beobachtet?" "Ja. Das ging alles sehr schnell." "So muß das auch sein." Wir verließen das Kaufhaus und gingen ein Stück die Alleestraße entlang. Die beiden steuerten plötzlich eine Tür zwischen einem Kino und einer Bank an. Ehe ich mich versah, war ich im Treppenhaus eines Bürohauses. "Was wollt Ihr denn hier?" "Nur eben die Preisschilder abmachen." Jeder nahm sich eine Hose aus der Tüte und machte die Schilder ab. Götz hatte einige Schwierigkeiten, Preis- und Markenschild abzubekommen. Er sagte zu Felix: "Du, Felix, Du bist doch der große Spezialist im Preisschilder-Abmachen. Mach Du das mal." Felix nahm Götz' Hose und bemühte sich, Preis- und Markenschild abzumachen. Plötzlich hörten wir Schritte im Treppenhaus. Felix beeilte sich und stopfte die Hosen schnell in die Plastiktasche. Wir gingen schnell hinaus zum Kaiserplatz. ...

Als wir bei Müller ankamen, steuerten die beiden den Eingang an. Vorher hatte ich etwas von Socken und Hemden gehört. An einem Wühltisch, auf dem Sommeroberhemden lagen, musterten sie kurz die Ware. Sie schien ihnen aber nicht zuzusagen. Am Sockenstand griff Felix einige Socken heraus. Sie gefielen ihnen auch nicht. Wir gingen zum Bücherstand. Dort standen zwei Kunden und keine Verkäuferin. Felix und Götz sahen sich die Krimis an. Dann sahen sie

hin und wieder die Kunden an. Diese blieben aber einige Zeit am Bücherstand und wechselten zudem häufig ihren Standort, so daß Felix und Götz nie allein und ungesehen die Bücher sichten konnten. Nach etwa acht Minuten sagte Felix: "Komm." ...
Sie gingen dann zu dem Stand, wo die Ledergürtel hingen. Sie musterten einige Gürtel, gingen aber dann wieder zum Hemdenstand. Ich sah mir auch einige Hemden an. Götz hatte ein blaues und hellrotes Hemd oben auf die anderen gelegt. Hin und wieder blickten sie sich an. Dann gingen sie in die Abteilung für Lederwaren. Dort sahen sie sich einige Wildlederjacken an. Dann gingen sie nach draußen. Götz sagte vor dem Eingang: "Verdammt viele Ostagenten hier!" "Ostagenten?" fragte ich. "Ja, Kaufhausspitzel. Das ist heute hier zu gefährlich."

Wir gingen zu A&B. Dort sahen die beiden sich wiederum einige Hemden an. Dann gingen sie zu einem Wühltisch, auf dem Fünfer-Packungen Strümpfe lagen. Felix blickte sich um. Das Kaufhaus war leer, und er war immer im Blickfeld von irgendwelchen Verkäuferinnen. Als wir hinausgingen fragte ich ihn: "Hier war wohl für Euch nichts zu holen." Felix: "Nee, da war wirklich nichts zu holen."

Wir gingen dann zu Franz & Co. Felix und Götz gingen dort zum Plattenstand, der ein wenig abseits steht. Am Plattenstand stand keine Verkäuferin. Eine Verkäuferin stand hingegen am Schreibwarenstand, der sich gegenüber des Plattenstandes befindet. Während Felix und Götz sich die Platten ansahen, sah ich mir einige Schreibwaren an, die beiden - unauffällig für die Verkäuferin - im Auge behaltend. Hin und wieder nahm Felix eine Langspielplatte aus dem Ständer heraus und sah sich die Hülle genau an. Die beiden blickten manchmal zur Verkäuferin herüber. Ich bemerkte daß sie die meisten Platten wieder in den Ständer stellten, aber nur nicht an den alten, sondern einen anderen Standort. Sie suchten etwa fünf Minuten die Platten durch. Ich beschloß, meinen Standort zu wechseln. Ich ging in die Nähe des Ausgangs, so daß ich mich zwanzig Meter parallel zu Felix und Götz befand, die beiden noch gut im Blickfeld habend. Ich tat so, als ob ich auf jemand wartete und blickte manchmal auf die Uhr. Götz und Felix hatten bemerkt, daß ich woanders stand. Sie blickten nur kurz zu mir herüber, machten dann mit der Musterung der Platten weiter. Die Verkäuferin am Schreibwarenstand unterhielt sich kurz mit einer Kollegin. Felix behielt sie im Auge. Als die Kollegin gegangen war, sah die Verkäuferin zum Plattenstand herüber. Felix und Götz blieben dort noch etwa zwei Minuten und gingen dann weg. Die Verkäuferin spaßte noch mit Felix über dessen dreckige Füße. Am Ausgang traf ich die beiden wieder. Ich fragte: "Habt Ihr was gefunden?" "Nein, das war uns ein bißchen zu gefährlich", meinte Felix. Götz: "Wir gehen nachher nochmal zu Franz. Wir haben uns die Platten, die wir haben wollen, schon an einer bestimmten Stelle zurechtgestellt, dann geht es nachher einfacher." "Und was ist, wenn zwischendurch ein Kunde beim Durchsehen der Platten die Platten wieder durcheinanderbringt?" "Das kommt bestimmt nicht vor, da haben wir schon vorgesorgt." "Ach, dann habt Ihr die Platten dort zurechtgestellt, wo die anderen Kunden nicht sortieren?" "Genau so haben wir es gemacht."

Wir gingen dann ins PAK-Kaufhaus. Götz und Felix gingen dort zum Plattenstand. Ich ging zum gegenüberliegenden Zeitschriftenstand. Ehe ich mich versah waren die beiden verschwunden. Ich ging im Kaufhaus herum, um die beiden zu suchen. Da kam Felix und sagte: "Götz ist schon wieder draußen. Wir haben mal schnell drei Platten eingesackt." ...

Wir gingen dann zur "Diele". Wir nahmen an dem Tisch hinten in der Ecke Platz. Nach zwei Minuten ging Felix mit der neuen Cordhose zur Toilette, um sich dort umzuziehen. Nach zwei Minuten kam er mit der neuen Hose wieder. Er sagte: "Die paßt ganz gut." Götz: "Ich bin ja gespannt, ob meine passen wird." Götz ging jetzt los, um sich umzuziehen. Seine Hose paßte auch ganz gut. Felix nahm seine Brieftasche aus der alten Hose heraus und steckte die alte Hose in die Kaufhaustüte. Götz machte dasselbe.

Auf dem Weg zur Bushaltestelle erzählte Felix: "Scheiße, daß das mit den Stiefeln bei Meier heute nicht mehr geklappt hat." "Wolltest Du Stiefel einsacken?" "Ja, ich hatte die Dinger schon an, da kam die Verkäuferin an und schimpfte: "Mit so dreckigen Füßen können Sie doch die Stiefel nicht anprobieren." Ich hab dann noch mit ihr da rumgelabert, bin dann abgehauen. Das wären meine dritten Stiefel gewesen." "Wie, gehst Du einfach hin und ziehst die an und haust dann einfach wieder ab?" "Ja, sicher."

Das Verhältnis zu den Mitgliedern der Gruppe entwickelte sich schließlich so gut, daß die Bereitschaft der Gruppenmitglieder stark zunahm, Beobachtungen zuzulassen:

Ich ging noch ein Stück mit den beiden mit. Als Rolf uns verließ, fragte Toni mich noch einige Dinge über mein Studienfach. Ich erzählte ihm einige Dinge über Soziologie und darüber, daß wir uns zur Zeit besonders für abweichendes Verhalten interessierten. Zum Abschied meinte er: "Wenn wir mal besonders dick einsacken, geb ich Dir mal einen Tip."

Auch der Feldforscher bei den Typen wurde zur Beobachtung der von den Teilnehmern selbst als schwerwiegend betrachteten Verhaltensweisen zugelassen, wie z.B. beim Fixen.

So hörte der Feldforscher ein Gespräch zwischen Jakob und Ente mit an: Jakob: "He, Ente, grüß Dich. Hab gehört, Du warst in Berlin. Wo hast Du denn gewohnt?" Ente: "In der Kommune." Jakob: "Hast Du auch gefixt?" Ente: "Na klar, die fixen doch bald alle." Jakob: "Wie oft hast Du denn gefixt?" Ente lacht: "Weiß ich nicht." Jakob: "Zeig doch mal Deinen Arm." Ente krempelt den Ärmel hoch und zeigt die Venen. Ente: "Die Schüsse sieht man jetzt nicht mehr so, habe heute gebadet. Außerdem schieße ich jetzt immer in den Handrücken. Da sieht man dann gar nichts. ... Demnächst werde ich auch wieder nach Berlin abhauen. Hier ist doch nichts los." Jakob: "Was sagen denn Deine Eltern dazu?" "Die waren froh, als sie mich wiedersahen. Die wußten ja gar nicht, daß ich zu der Zeit kam und lagen schon im Bett. Sollte erst mal erzählen. Mein Alter hat mir sogar Zigaretten gegeben." Jakob: "Was sagen die denn dazu, daß Du nicht arbeitest?" Ente: "Ich habe ja vorher auch schon ein paar Monate nicht gearbeitet. Meine Alten meinen, ich wäre ja alt genug und müßte wissen, was ich tue. - Am liebsten würde ich Dir ja mal einen Schuß setzen. Das wär ganz dufte." Jakob: "Wie läuft das denn ab?" "Das O kochen wir in einem Löffel auf und ziehen es dann durch einen Wattebausch in die Fixe." "Soll ich meine Fixe dann mitbringen?" "Was hast Du denn für eine?" "Eine Plastikfixe, ist noch ganz neu." "Das ist gut." "Soll ich die vorher auskochen?" "Ist nicht nötig." "Aber wenn man nachher einen Faden mit rein kriegt oder Bazillen?" Ente: "Die sind doch sterilisiert, brauchst Du höchstens mit kaltem Wasser ausspülen." Jakob: "Ich bin doch nicht lebensmüde. Meinst Du, ich will draufgehen?" Ente lacht. "Du bist doch ein alter Feigling. Siehst mich doch. Ich bin auch nicht draufgegangen. Von der Watte kommt häufig auch ein Fädchen mit rein, das macht gar nichts." Jakob: "Wie wirkt das Zeug denn?" Ente: "Da hast Du einen ganz irren Flash und anschließend ein ganz duftes Feeling." "Und wie lange dauert das?" "Eine halbe Stunde vielleicht, nach dem Flash kannst Du auch schon abhauen, auch wenn Du wohl keine Lust dazu hast." "Setzt Du Dich denn nicht während des Flashs hin?" "Bei mir wirkt der erst richtig, wenn ich dabei stehe."

Ente und Jakob verabredeten sich zum Donnerstag um fünf Uhr, um dann zusammen einen zu schießen. Ich fragte Ente, ob ich nicht morgen dabei sein könnte, wenn Jakob seinen ersten Schuß bekommt. Er hat nichts dagegen, zumal er meint, daß wir dann mit dem Wagen ein bißchen rausfahren könnten, um dann irgendwo im Wald das O aufzukochen oder sogar im Auto.

Am nächsten Tag traf der Feldforscher Ente und Jakob: Wir fuhren mit dem Wagen in die Nähe von Adorf. Ich parkte den Wagen am Waldrand auf einem Feldweg. Vom Wagen aus waren zwei ältere Ehepaare in etwa hundert,zweihundert Meter Entfernung zu sehen. Zwischendurch kamen drei- oder viermal Passanten vorbei, die argwöhnisch zu uns rübersahen. Ente machte zuerst Musik und holte dann alle notwendigen Mittel aus der Tasche. Auf einem Blech stellten wir die drei Kerzen zusammen, um einen Brenner zu haben. Ente holte das O aus der Tasche, das er in Silberpapier eingewickelt hatte. Es sah etwa wie Shit aus und war eine Menge so groß wie der Kopf eines Reißbrettstiftes und ziemlich dünn. In der Stadt hatte mich Ente schon gefragt, ob ich auch einen Schuß haben wollte, was ich aber verneint hatte. Er wickelte das Silberpapier ab, füllte einen Eßlöffel mit Wasser und legte das O hinein. Jakob hielt den Löffel über die Flamme. Um es aufzulösen, stocherte Ente mit einem Schraubenzieher (Messer hatten wir keins) in dem O. Es ergab sich mit der Zeit eine bräunliche Flüssigkeit. Wir stellten fest, daß wir Watte vergessen hatten, so daß Ente Jakob aufforderte, ihm einen Zigarettenfilter zu geben. Hier hatte Jakob Bedenken, es könnten doch Bazillen dran sein. Ente legte die Watte des Filters in den Löffel, zog das O in die beiden Fixen. Eine gehörte Jakob. Sich selbst füllte er drei Meter ein. Jakob andertalb Meter. Dann füllte er das O in seiner eigenen Fixe noch einmal um in seine Glasfixe. Den Schaum, der sich an der Kanüle bildete, leckte er ab. Beim Umfüllen zeigte sich, daß Ente sehr zittrig war und kaum mit der Kanüle in die andere Fixe fand. Vorher hatte Jakob gefragt, ob Ente auch Spiritus dabei hätte, um vorher den Arm einzureiben, wo er den Schuß setzen würde. Darauf mußte Ente lachen und meinte: "Wie im Krankenhaus. Du bist doch vielleicht ein Feigling." Jakob: "Meinst Du, ich will die ganzen Bazillen im Körper haben?"

Während Jakob auf dem Fahrersitz saß, gab Ente ihm den Schuß in die Vene. Beim Schießen meinte Jakob: "Drück doch schneller, ich merke überhaupt nichts, ich fühle mich nur schlaff in den Beinen." Anschließend schoß Ente. Während er den Schuß setzte, hockte er . Gleich nachdem er die Fixe rausgezogen hatte, stand er wieder auf. Jakob klagte darüber, daß sein Arm so weh tue, er könne ihn kaum bewegen. Was er ihm denn für einen Kram geschossen habe. Jakob: "Hast Du den eigentlich schon selbst vorher geschossen?" "Das O noch nicht, aber das haben meine Kumpel schon geschossen, von denen ich das habe." "Ich merke überhaupt nichts. Ich bin nur schlaff in den Beinen." "Steh doch mal auf." Dazu war Jakob nicht zu bewegen. Er klagte nur immer wieder über seinen Arm. Als Ente versuchte, über die Einschußstelle zu fahren, meinte Jakob: "Meinste, ich will auch noch Deine Bazillen haben?" und lutschte schnell an der Stelle. Jakob: "Vielleicht habe ich schon Bazillen drin und es tut deshalb so weh.""Wenn Du welche drin hättest, dann würde sich das Loch nicht schließen, aber bei Dir ist es doch zu." Ente meinte auch, daß das O nicht besonders gut sei, er habe auch keinen starken Flash gehabt. Aber das Fee-

ling, das komme ganz bestimmt noch.
Wir setzten uns in den Wagen und fuhren in die Stadt zurück. Unterwegs rauchten beide eine Zigarette und Ente meinte, er wolle mal "M" fixen und fragte Jakob, ob er nicht mit ihm zusammen etwas kaufen wolle. Im weiteren Verlauf schwärmte er von "M" und dessen guter Wirkung.

Wir sehen, daß beide Feldforscher zur unbehinderten Beobachtung kommen. Offenbar schätzen die Einsacker wie die Typen für einige Zeit das Beobachtungsrisiko gleich gering ein. Da beide Forscher auch in ihren Feldern relativ neu sind, spielt die Größe der Gruppe auch noch keine bedeutende Rolle. Weder der Beobachter bei den Einsackern noch der bei den Typen fällt den Beobachteten "auf die Nerven." Bei den Einsackern ist diese Offenheit jedoch nur von kurzer Dauer.

Es gibt Formen der Beteiligung an kriminellen Handlungen, die auch vom Feldforscher erwartet werden.

Der Feldforscher bei den Einsackern berichtete vom ersten Treffen mit Martin, als sie sich noch keine Stunde kannten: Als der Bus kam, nahm ich meine Geldbörse aus der Tasche. Martin sagte: "Zahlen gilt nicht." "Okay."

Ähnlich war es beim Mitrauchen des Joints bei den Einsackern. Es wurde erwartet. Der Feldforscher tat es auch; man wußte, daß er nicht so gern rauchte. Darum meinte einer ironisch: "Hier, nimm und paß auf, daß Du nicht süchtig wirst."

Es traten Verwicklungen in die Verhaltensmuster der Einsacker auf:

Felix meinte zu mir: "Du, wir wollen noch mal ins Kaufhaus. Bleibst Du hier und paßt auf die Platten auf?" "Okay." Sie nahmen ihre alten Hosen aus der Tüte vom Kaufhaus wieder heraus und legten die Hosen auf die Bank neben mich. Daneben stellten sie die Platten.

Aufgrund dieser und anderer Erlebnisse wurde der Feldforscher bei den Einsackern zurückhaltender und zog sich von seiner Teilnehmerrolle etwas zurück.

Wir machten uns auf den Weg zu Kaufmann. Kurz vor der Ampel gab Felix mir die drei Platten und sagte: "Halt mal eben." Ich nahm ihm die Platten ab. Auf der anderen Seite gab ich sie ihm wieder. Kurz vor dem Kaufhauseingang fragte Felix mich: "Nimmst Du die Platten im Kaufhaus?" Ich fragte zurück: "Hier bei Kaufmann?" Felix behielt die Platten und sagte: "Wir wollen doch gar nicht in die Plattenabteilung."

Toni: "Du, wir geben Dir eine Cola aus." "Nein, kommt nicht in

Frage." "Wieso, Du hast uns doch auch in der Mensa ein Essen ausgegeben." Nun willigte ich ein, zumal die Cola von Gerdas Geld bezahlt wurde und nicht von dem, das sie durch den Plattenverkauf verdient hatten.

Der Feldforscher lehnte schließlich die Beteiligungen ab:

> Um acht Uhr kam ich im Keller an. Toni kam auf mich zu und gab mir die Hand: "Gut, daß Du kommst. Wir sprechen gerade von heute morgen. Wir wollen vielleicht um neun mit dem Sozialarbeiter diskutieren wegen des primitiven Gangstertums." Da ich nicht wollte, daß man mich in einer evtl. stattfindenden Diskussion zum Wortführer oder zumindest zum Mitstreiter machte, was ich vermutete, riet ich von einer Diskussion ab: "Laßt das doch sein. Da kommt überhaupt nichts raus." "Wieso nicht?" "Ihr überzeugt den Sozialarbeiter nicht und der Sozialarbeiter überzeugt Euch nicht." ... Toni plötzlich: "Was hältst Du persönlich vom Klauen?" "Ich hätte nicht die Nerven dazu." "Nehmen wir mal an, Du hättest die Nerven dazu." "Schwer zu sagen."
>
> Rolf kam zu mir: "Du wolltest doch mal Shit haben. Du kannst jetzt was kriegen." "Im Moment brauche ich keinen Shit." Rolf fragte mich, weil ich irgendwann mal nach Shit gefragt hatte, um herauszubekommen, ob sie Shit nähmen.

Auch der Feldforscher bei den Typen nahm teil:

> Unterwegs meint Joe, er habe auch eine Entschädigung für mein langes Warten und holt eine Wasserpfeife aus der Jacke, die er von Molly geliehen hat. Auf meiner Bude füllt er Wasser in den unteren Pfeifenteil. Während ich den Shit zerkleinere, holt er den Tabak aus seiner Zigarette heraus und mischt ihn dann mit den Shitbröckchen. Wir haben den Shit nicht weich gemacht, sondern ihn nur in kleine Stückchen zerbröckelt. Er zündet dann die Pfeife an. Während ich mehrere kurze Züge mache, macht Joe nur immer einen sehr langen Zug und dann wechselt die Pfeife. Wir haben ziemlich viel Shit in der Pfeife gehabt, trotzdem turnt der Shit nicht so ruckartig an, als wenn O drin wäre.

Der Feldforscher nahm selbst einen Trip:

> Während Jakob und Moppel den Trip gleich einwarfen, wollte ich damit warten. Bei mir angekommen, warf ich den Trip ein: eine weiße Kapsel. Anschließend trank ich noch einen Schluck Coca Cola, damit sie richtig runterrutschte. Inzwischen war es neun Uhr, und Jakob und Moppel kamen nun richtig auf den Trip. Bei mir dauerte es noch über eine halbe Stunde, bis ich auf dem Trip war. Vorher konnte ich das Gerede von Jakob und Moppel kaum verstehen. Moppel meinte einige Male, der Trip sei Scheiße,

oder er äußerte seine Hoffnung, daß das noch nicht alles sei. Am häufigsten war seine Redewendung: "Jetzt schon.. auch egal". Ich kann mich nicht mehr genau an den Zeitpunkt erinnern, an dem ich auf den Trip kam. Es war ein langsamer Prozeß. Plötzlich lief jedenfalls alles anders ab, und ich konnte mich auch besser mit den beiden verständigen. Rein physisch waren keine Änderungen festzustellen. Nur meine Sinne und Gedankenabläufe waren geändert. Wir lagen auf meinem Bett. Zeitweise saß dann auch jemand auf dem Kissen oder dem Sessel oder sogar auf dem Fußboden.
Optische Hallus: Zu Beginn des Trips stellte ich fest, daß die Ränder der Bilder zu flackern begannen, wenn ich längere Zeit hinsah. Später bewegten sich selbst die Bilder und die Figuren darauf, oder man sah völlig andere Dinge darauf. Die Wände begannen zu flakkern und bewegten sich. Dinge, die man sonst nie bemerkt hatte, fielen jetzt plötzlich auf. Die Farben waren viel zu kräftig und interessanter als früher und wechselten häufig.
Geschmack: Mein eigener Geschmack hatte sich geändert. Als wir z.B. eine Nußschokolade aßen, schmeckte diese wie Rumschokolade, obwohl ich klar feststellen konnte, daß es Nußschokolade war. Die Cola schmeckte jedoch weiter wie Cola.
Gedanken: Es war schwer, lange geordnete Gedankengänge zu vollziehen. Da man durch die Umgebung so sensitiviert wurde, hielt man sich nur immer wenige Momente mit einem Phänomen auf, um seine Konzentration wieder auf etwas anderes zu richten. Dadurch konnte einerseits eine völlig rationale Diskussion in einem Moment stattfinden, während im nächsten Augenblick rationale Argumente völlig ignoriert wurden oder man sogar gar nicht mehr auf das Gerede des anderen hörte und Antworten gab, die in keiner Weise in den Zusammenhang hineinpaßten, was natürlich bei den einzelnen große Heiterkeit hervorrief. Manchmal wurden die Lachanfälle dann so stark, daß man sich wieder einer anderen Sache zuwenden mußte, um das Lachen abzubrechen. Dies konnte z.B. erreicht werden, indem man auf die Musik achtete oder sich die brennende Kerze ansah.

Die Gedächtnisleistung war jedoch in keiner Hinsicht eingeschränkt. So konnten wir uns weiter über frühere Erlebnisse oder andere Personen unterhalten oder auch die Wirkungsweise eines Trips erörtern. Jedoch waren die Erörterungen meist nur kurz, da irgend jemand sich bald wieder anderen Dingen zuwandte und dadurch lustige Situationen entstanden. Auch die Begründungen für bestimmte Handlungen fielen völlig aus dem "normalen" Rahmen heraus. So konnte es vorkommen, daß man jemand recht gab, weil seine Äußerung den objektiven Tatsachen entsprach, subjektiv hielt man aber an der eigenen Vorstellung weiter fest. Die Möglichkeit, den anderen zu überreden, war entschieden größer als sonst. Das zeigte sich u.a., als sich Moppel eine Zigarette anzündete und ich ihm sagte, das sei doch scheußlich, sich die Lungen mit Nikotin vollzupumpen. Er hatte kaum die Zigarette angezündet, als er sie schon wieder ausdrückte und sagte: "Eigentlich hast Du ja recht."

Jakob zog sich um zehn und um zwölf jeweils einen Schuß Meskalin auf und drückte sich den. Beim Aufkochen beschmutzte er sich an Händen und Armen mit dem Ruß, der am Löffel entstand, als er das Meskalin über der Kerze aufkochte. Er mußte sich jedoch den Schuß setzen, bevor er sich die Hände gewaschen hatte und war zu umgekehrter Vorgehensweise nicht zu überreden. Der Trip wurde nach Jakobs Darstellung durch den Meskalinschuß noch farbenfreudiger. Während des ganzen Trips hatte ich immer das Gefühl, auf die beiden anderen aufpassen zu müssen, damit sie keinen Unsinn anstellten, obwohl die beiden erheblich mehr Triperfahrung hatten. Auch wenn ich selbst bei mir nie das Gefühl hatte, irgendwelche unkontrollierten Handlungen zu begehen und meine Aufpasserrolle möglicherweise völlig unbegründet war, so hielt sie doch bis zum Ende des Trips an; selbst noch zu der Zeit, als Jakob und Moppel schon vom Trip runter waren, denn ich konnte nicht völlig feststellen, ob sie ganz runter waren oder nicht. Einziges Kriterium, dies festzustellen, war die Anordnung einzelner verbalisierter Gedankengänge. Wenn eine Konsistenz der Gedanken über längere Zeit bestand, so konnte man annehmen, daß der betreffende langsam herunterkam. Wenn die Gedankengänge jedoch ab und zu durch Sätze unterbrochen wurden, die irgendwie nicht in den Gesamtzusammenhang paßten, dann war ich mir sicher, daß sie noch auf dem Trip waren. Das Zeitgefühl war während des Trips bei mir völlig aufgehoben. Hätten wir nicht eine Uhr dabeigehabt, so hätten wir uns keineswegs orientieren können. Beim Sprechen wurde Moppel zwischendurch einige Male ungewollt ziemlich laut und mußte von Jakob beruhigt werden. Die äußeren Reize konnten nur immer partikular aufgenommen werden und es bestand die Möglichkeit, die eigenen Erfahrungen dem anderen zu vermitteln, jedoch war es selten, daß zwei Personen an einer Situation das gleiche erlebten.

Während Moppel und ich in meiner Bude schliefen, schlief Jakob nebenan. Während ich im Bett lag, leuchteten mir die Leuchtziffern des Weckers äußerst grell ins Gesicht, sonst kann man die Ziffern nachts kaum sehen. Ich redete mir ein, mein Arm würde jetzt schwer wie Blei. Ich konnte tatsächlich feststellen, wie der Arm schwerer wurde, und es fiel mir nachher schwer, ihn noch anzuheben.

Der Feldforscher nahm schließlich an einem Treffen mehrerer Fixer teil:

Im Pott haute mich gleich Jakob an, ob ich ihn nicht nach Holzen, zu Ingo, bringen könne. Es stellte sich heraus, daß auch noch fünf andere zu ihm fahren wollten. Ich wollte erst nicht fahren. Nach langem Hin und Her entschloß ich mich, ihn hinzufahren. Ingo organisierte noch einen zweiten Wagen. Es dauerte ziemlich lange, bis wir abfahren konnten, denn irgend jemand fehlte ständig. Ingo wohnte in einem ziemlich alten Haus und hatte ein Zimmer unter dem Dach, das ziemlich groß war. Im Zimmer begann Ingo, das O auszupacken. Man zweifelte noch daran, ob es überhaupt ausreichend wäre. Ingo holte dann aus der Küche Wasser und einen Löffel und Watte, zündete eine große Kerze an und begann, das O aufzukochen. Jakob packte seine Fixe aus. Er hatte in einer Dose auch etwa zehn 18er und 20er Kanülen dabei, die er alle ausgekocht hatte. Ingo holte seine Glasfixe. Jakob hatte neben seiner Glasfixe noch eine Einwegfixe dabei, die Keule haben wollte, um sich damit einen Schuß zu setzen. Ente hatte am Vortag seine Plastikfixe verloren und hatte jetzt keine dabei. Da alle ziemlich genau mit ihren Fixen umgehen und sie nicht gerne einem anderen geben, kam er also erst an eine Fixe, nachdem schon jemand anders sie gebraucht hatte.

Während des Aufkochens herrschte eine ziemlich gespannte Atmosphäre. Man wußte noch nicht genau, wieviel O herauskommen würde. Besondere Spannung bestand zwischen Ente und Jakob, wobei die Spannung aber eindeutig von Ente ausging, denn dieser wollte unbedingt als erster seinen Schuß haben. Als Ingo meinte, von dem O würden sie etwa vier bis viereinhalb Meter bekommen, wurde gleich gerechnet, wieviel Schüsse davon gemacht werden könnten. Ingo und Ente wollten einen Schuß von anderthalb Metern. Der Rest war für Keule. Jakob kochte sich daraufhin sein eigenes O auf. Als heraus war, daß es vier Komma zwei Meter waren, wurde beschlossen, daß Ingo eins Komma sieben schießt, Ente anderthalb, einen für Keule, wobei dieser noch einen halben Meter von Jakob bekommen sollte.

Ablauf beim Fixen: Hans fixte überhaupt nicht und lag zugedeckt auf dem Sofa. Den ersten Schuß verpaßte sich Ingo. Er bat mich, mit einem Gürtel den Arm abzudrücken. Ich befestigte den Gürtel am Oberarm und drückte ihn zu, während Ingo die Fixe langsam in die Vene drückte. Er schob die Kanüle ziemlich tief hinein. Dann bat er mich, den Gürtel abzumachen. Schließlich drückte er das O recht schnell in die Vene und zog die Kanüle gleich wieder hinaus. Es kam fast kein Blut heraus. Er leckte nur kurz über die Stelle. Bevor er die Kanüle in die Vene schob, drückte er den Zylinder ein wenig, damit etwas O herauskam und leckte es dann ab. Das gleiche ließ er mich dann auch machen. Zum Fixen hatte sich Ingo im Schneidersitz auf den Boden gesetzt. Er stand anschließend gleich auf. Eine Reaktion war während des Schießens nicht festzustellen.

Erst als er stand, spürte er den Flash kommen. Er begab sich gleich wieder an den Tisch, um die Fixe auszuwaschen. Als nächster war Keule an der Reihe. Ingo wollte ihm erst den ersten Meter schießen und anschließend den Rest von Jakob. Damit war Keule aber nicht einverstanden, denn er wollte nicht so viele Löcher im Arm haben. Er wartete einen Moment und ließ sich dann alles auf einmal eindrücken. Ich band Keule den Arm ab, dieser wollte sich den Schuß nicht selbst geben und ließ Ingo die Sache durchführen. Dieser ließ Keule erst einige Male mit dem Arm pumpen, damit die Venen richtig heraustraten. Anschließend setzte er die Kanüle in den Unterarm. Offensichtlich schmerzte Keule der Einstich. Ingo meinte, "was hat der denn für eine Haut?" Keule stöhnte ein bißchen. Dann ging die Kanüle aber gut in die Vene, und Ingo drückte das O hinein, nachdem ich den Gürtel gelöst hatte. Kurz bevor alles drin war meinte Keule, es sei genug. Er solle herausziehen. Ingo drückte ihm noch den kleinen Rest hinein und zog dann die Fixe heraus.

Es ist noch zu bemerken, daß in der Zwischenzeit, gleich nachdem Ingo sich selbst den Schuß gegeben hatte, Keule ihn aufgefordert hatte, ihm den Schuß zu setzen. Da hatte Ingo erst gesagt, er solle ein paar Minuten warten, er wolle erst den Flash genießen. Keule, der bis zu dem Schuß auf dem Sofa gesessen hatte, stand anschließend gleich auf. Offensichtlich hatte er einen ziemlich starken Flash, denn er faßte sich vor die Brust, als wenn er den Herzschlag überprüfen wollte. Er ging zwei Schritte, blieb noch ein paar Sekunden auf der Bettkante sitzen und ließ sich dann auf das Bett fallen. Ich hatte den Eindruck, als wenn die Menge zu stark für ihn war. Ingo hatte Keule vorher gefragt, wann er den letzten Schuß gehabt hätte. Als dieser bemerkte, daß das schon eine Woche her sei, meinte Ingo, dann würde er auch einen guten Flash haben. Nach etwa einer halben Minute stand Keule wieder vom Bett auf und meinte, das sei ein ungeheurer Flash gewesen.

Anschließend wollte Jakob sich einen Schuß setzen. Auch Ente traf die ersten Vorbereitungen, um sich mit Ingos Fixe einen Schuß zu setzen. Ich band Jakob mit dem Gürtel den Oberarm ab. Die Venen traten gut hervor. Er wollte sich den Schuß zuerst selber setzen. Als er mit der Fixe an die Vene ging, zitterte seine Hand. Jakob: "Guck Dir mal meine Hand an. Ingo, setz Du mir mal den Schuß. Ich bin einfach zu nervös."

Wie sehr die anderen Teilnehmer des Feldes einen Feldforscher, der eine Teilnehmerrolle erreicht, als Teilnehmer identifizieren, wird deutlich in den Situationen, in denen der Feldforscher – zumindest für jeden Außenstehenden – ganz eindeutig wieder eine Beobachterposition bezieht. Sie wird nicht mehr wahrgenommen. Die ganze Situation wird als dem Feld zugehörig definiert.

So führten wir mit einzelnen Mitgliedern der Gruppen ausführliche Fallanalysen mit Fragebogeninterviews, Selbstbilder-, Bezugspersonen-, TA-Tests und Biographieerhebungen in den neutralen Räumen der Forschungsgruppe durch. Die Situation wurde von den Teilnehmern durchweg so definiert, daß hier ein Joint oder ein Schuß angebracht sei, sei es, um die "Testleistung" zu verbessern, sei es, um dem "Typen", der nach dem Kiffen und Fixen fragt, das zu zeigen, wovon man spricht. So führte ein Feldforscher mit Klaus und Ente die Fallanalyse durch: Zwischendurch beginnt Klaus dann, einen Joint zu drehen. Er meint, er könne dann besser nachdenken. Er raucht den Joint an, und er kreist dann unter uns dreien.

Es kam dann zu Verwicklungen dieses Feldforschers in die Verhaltensmuster der Gruppe, die den Verwicklungen des ersten Feldforschers sehr ähneln.

Da Peter bis neun nicht gekommen ist, gibt mir Moppel fünfzig Mark und bittet mich, diese Peter zu geben und ihm zu sagen, daß er den letzten noch nicht verkauft hat. Zwei Tage später hieß es in einem Bericht: Ich gab Peter die fünfzig Mark, die mir Moppel für die Trips gegeben hatte.

Wir sehen hier erhebliche Unterschiede in der Situation beider Feldforscher. Während der Feldforscher bei den Einsackern sich als Teilnehmer zurückhält und zunehmend von Teilnahmen zurückzieht, ist die Situation beim Feldforscher bei den Typen ganz anders. Es wäre sicherlich verfehlt, diese Differenz allein auf die individuellen Unterschiede in der Handhabung der Rolle des teilnehmenden Beobachters bei beiden Feldforschern zurückzuführen. Hier spielt wieder das Beobachtungsrisiko und zuerst die Größe des Feldes eine weitere Rolle. Die Einsacker sind sich des kriminellen Gehaltes ihrer Handlungen voll bewußt. Auch die Teilnahme eines Feldforschers kann für sie unangenehme Folgen haben. Sie wissen aus eigener Erfahrung und aus den Berichten anderer, daß auch Teilnehmer an gemeinsamen Einsackunternehmen sich bei der Strafjustiz durch bereitwillige Aussagen eine mildere Bestrafung verschaffen. Für die Typen stellt sich zum Zeitpunkt der Feldforschung die Situation noch völlig anders dar. Sie sehen bestimmte Sanktionen wie Gefängnis oder dergleichen noch nicht in dem Maß wie die Einsacker auf sich zukommen. Sie gestatten daher noch bereitwillig die Teilnahme. Schließlich ergeben sich auch in einem größeren Feld wesentlich mehr Möglichkeiten der Teilnahme und Beobachtung.

Die folgende Phase der teilnehmenden Beobachtung unterschied sich bei beiden Feldforschern im Anschluß an die vorhin beschriebenen Situationen ganz erheblich. In beiden Feldern machten sich verstärkte Fahndungsmaßnahmen der Polizei bemerkbar, und aus beiden Gruppen hatten

Mitglieder der Polizei "Tips" über andere Mitglieder gegeben. Es kam zu vorübergehenden Festnahmen, Verhören. In beiden Gruppen entstand eine beachtliche Nervosität. Dadurch kühlte sich in beiden Gruppen das Verhältnis der Teilnehmer zum Feldforscher ab - bei den Einsackern jedoch wesentlich mehr als bei den Typen.

Zu den Einsackern war ein alter Bekannter wieder gestoßen, der die anderen wohl vor der Bespitzelung durch einen Feldforscher gewarnt hatte. Über ihn sagte später Toni: "Matte ist von Natur aus mißtrauisch. Der ist sehr zurückhaltend. Erst als ich im Club mit ihm einige Joints und so gezogen habe, hatte ich Gelegenheit, mit ihm mich mal zu unterhalten. Ich kannte ihn da allerdings schon ein Vierteljahr. Aber jetzt ist er unheimlich nett zu mir. Der hilft und gibt mir Tips. Er ist wirklich unheimlich dufte."

Der Feldforscher bei den Einsackern verstärkte seine Bemühungen, Beobachtungen zu machen, bei gleichzeitiger Weigerung der Gruppe, ihm Teilnahmechancen zu eröffnen, und seiner eigenen Ablehnung, die spärlichen Gelegenheiten zur Teilnahme auszunutzen. Eines Tages kam dann auch, wie nicht anders zu erwarten, der früher schon einmal geäußerte Verdacht wieder auf, der Feldforscher sei ein Spitzel. Das erste Mal wurde der Spitzelverdacht gegen den Feldforscher so geäußert: Nach einigen Minuten setzte ich mich zu Erwin. "Du, wir haben gestern bis halb elf auf Dich gewartet. Wie lange haben die Dich denn bei der Polizei dabehalten?" "Bis halb elf so rum." "Und was hat es gegeben?" "Ich konnte nur noch gestehen." "Wieso?" "Außer dem Martin hatten die noch einen, der uns verpfiffen hat. Ich kriegs schon noch raus, wer das war. Der wird was erleben."

Nach unserer Rekonstruktion hatten die Polizeibeamten die weiteren Aussagen von einem anderen ausgestoßenen Gruppenmitglied. Für den Feldforscher waren die Folgen katastrophal:

Einen Tag später äußerte ein anderes Gruppenmitglied den Verdacht verschlüsselt: Um zwölf Uhr kam ich in der "Diele" an. Burschi begrüßte mich. Ich entdeckte Wolf, Teddy und Pablo. Ich begrüßte sie und fragte sie: "Wart Ihr gestern noch bei Martin?" "Nee, hat nicht mehr geklappt." Pablo fragte mich: "Weißt Du, wo es hier Pusten gibt?" "Wie bitte?" Er wiederholte seine Frage. "Was sind denn Pusten?" "Mein Gott. Das sind Knarren." "Nö, weiß ich nicht." "Ich will mir nämlich eine zulegen. Es sollen so viele Spitzel hier herumlaufen." "Ich brauche keine", sagte ich zu ihm.

Einen Tag später: Toni kam zu mir. "Wie geht es?" "Es geht so." "Übrigens, morgen erfahren wir, wer der Spitzel ist." "Ich denke, Erwin weiß das schon längst." "Nee." "Woher wollt Ihr das denn rausbekommen?" "Ein Vater von einem unserer Leute hat vor kurzem bei der Kripo aufge hört. Der will mal nachfragen." "Ich vermute ja, daß das der Martin ist." "Der auf jeden Fall, aber es sollen zwei gewesen sein." "Na, dann seht mal zu." Toni: "Eins sag ich Dir. Der Spitzel wird seines Lebens nicht mehr froh." Toni stand auf und ging.

Zwischendurch kühlte sich der Verdacht ab. Toni kam plötzlich und legte sich auf der Wiese neben mich. "Glaubst Du, daß wir Dir gegenüber besonders mißtrauisch gewesen sind?" "Nicht unbedingt, nur Matte, eben weil er mich noch nicht kennt. Das ist aber kein Problem. Ihr seid nur zur Zeit auf dem Spitzelhorror." "Das stimmt. Das ist aber verständlich." Ich nickte. Toni stand auf.

In der folgenden Zeit begann der Feldforscher sich über den Spitzelhorror lustig zu machen. Nach ein paar Tagen war man in einer Gaststätte wieder beim Thema: "Jetzt fängt das schon wieder an mit dem ganzen Spitzelscheiß", sagte ich. "Ja, warte mal ab, wenn wir erst einmal eine Knarre haben." "Ich höre immer, daß Ihr Euch eine Knarre kaufen wollt. Allmählich will ich mal die Knarre sehen. Zeigt sie mir doch mal. Oder besorgt Euch doch eine." Toni: "Das meinst Du ernst?" "Ja!" "Dann hast Du gerade Dein Todesurteil selbst gesprochen." "Vor allen Dingen mein Todesurteil." Tomato: "Ich biete fünfzig Mark für jeden toten Spitzel." Gerda: "Ich bin ja auch immer ein Spitzel." Toni: "Aha, das gibt schon mal hundert Mark." Wolf und Toni setzten sich zu Tomato an einen anderen Tisch. Erwin: "Heute abend schneide ich meinem Alten die Reifen auf. Sein Wagen ist ja sein ein und alles. Der wird schon meine Rache spüren." Toni, Tomato und Wolf steckten die Köpfe zusammen. Gerda lachte: "Seht mal, streng geheim. Spitzel in der Nähe." Tomato und Wolf drehten sich um. Ich legte meinen Finger vor den Mund: "Pst, pst, Spitzel in der Nähe" und deutete dabei auf mich. Gerda lachte. Gerda: "Paßt auf, daß Euch ja keiner verpfeift." Tomato: "Wer mich verpfeift, der verpfeift mich nur einmal."

Der gegen den Feldforscher gerichtete Spitzelverdacht führte dazu, daß dieser zunehmend von den Informationsquellen abgeschnitten wurde:

Feldforscher: "Habt Ihr heute sonst noch was eingesackt?" Toni: "Nee. Wir nicht. Aber andere mit Münzen. Dürfen wir ihm das erzählen?" "Das haben die anderen gemacht. Da können wir nichts erzählen", meinte Erwin.

Ein paar Tage später saßen Schmalen und Matte an dem Tisch hinten in der "Diele". Als sie uns sahen , stand Toni auf und ging zu Pablo und Wolf. Im Vorbeigehen gab er mir die Hand. "Heute ist vielleicht schon ein Hammer passiert", sagte er zu Pablo und Wolf und ging mit ihnen vor die Tür. Ich setzte mich an den Tisch. Schmalen las Stellenangebote. Matte sagte zu ihm: "Du brauchst erst gar nicht die Stellenangebote zu lesen. Ohne Papier kriegst Du sowieso nichts." Die Einsacker waren recht schweigsam. Erwin hatte seine Füße auf die Bank gestellt und die Beine angewinkelt. Sein Kopf lehnte an der Wand. "Mensch, das muß ich erst verkraften." Toni, Pablo und Wolf kamen zurück. Wolf: "Das war wirklich ein dicker Hammer." Erwin: "Da holt der zitternd tatsächlich eine Pistole aus der Jacke." Schmalen: "Das war wohl eine Spielzeugpistole?" "Kann sein." Toni: "Nachher haben sie sich dann entschuldigt." Ich fragte: "Was war denn los?" Keiner antwortete. Es war für drei Minuten Schweigen. Nach kurzer Pause Matte: "Mensch, gerade einen Tag in Normalstadt und dann wieder son Hammer." Erwin: "Da flippt man aus." Matte: "Der eine fragte mich, ob ich arbeite. Ich hab dem gesagt, ich wäre gerade aus Griechenland wiedergekommen. Wovon ich denn lebe, wollte er wissen. Ich habe ihm erzählt, daß ich bei meiner Freundin esse. Er hat dann noch so Sprüche gekloppt, ich solle arbeiten." Ich fragte: "Wer hat das gesagt?" Matte: "Son Typ da." Matte zu Erwin: "Meinst Du, daß das mit Frankfurt noch was gibt?" "Glaub ich nicht mehr." Matte: "Man weiß nie. Oft kommt nach einem dreiviertel Jahr noch das dicke Ende." Schmalen und Toni gingen los, Gerda abzuholen. Nach zehn Minuten kamen sie wieder. Gerda begrüßte mich. Toni unterhielt sich mit Matte: "Meinst Du, daß die uns fotografiert hätten?" Matte: "Der eine hatte ja eine Kamera." Toni: "Ich glaube schon, daß der uns fotografiert hat." "Weißt Du das genau?" "Nee, gesehen hab ich das nicht, aber ich vermute das." Matte: "Als ich später eine Zigarette haben wollte, hielt der eine von denen davon gar nichts." "Nee, da hielten sie gar nichts von. Man sollte die Sache mal in die Zeitung bringen. Und wenn es nur ein paar Zeilen sind." Ich zu Toni: "Erzähl doch mal, was war. Jeder macht hier so Andeutungen. Ich versteh das nicht." Matte: "Man braucht ja nicht mehr zu erzählen, als nötig und andere zu wissen brauchen."

Im Laufe der vorher erfolgten Unterhaltung hatte sich schon angedeutet, was ich jetzt ganz genau gehört hatte. Die Einsacker wollten nicht so recht mit der Sprache heraus. Ich hatte das Gefühl, daß sich am Morgen etwas Wichtiges zugetragen hatte, von dem ich aber nichts wissen sollte.

Weitere Tage später: Erwin, Gerd und Ernst und einige andere besprachen einen Ausflug in die "Steppe". Sie wollten sich um halb zehn in der Stadt treffen, dann in die "Steppe" trampen. "Wir nehmen alle eine Penntüte mit." Gerd: "Zu essen können wir uns ja da etwas kaufen." "Shit habt Ihr ja?" wurde Erwin gefragt. "Ja!" Man plante noch, vor der Fahrt eine Pute einzusacken. Die Pute wollte man dann abends beim Lagerfeuer braten. Die Besprechung dauerte etwa eine Viertelstunde. Ich fragte Erwin: "Fahrt Ihr morgen in die Steppe?" "Ja!" "Kann ich da mitfahren?" "Das weiß ich nicht." "Wo fahrt Ihr denn hin?" "Das ist ganz versteckt. Bei Steppstadt. Das findest Du nie." "Wie kommt Ihr denn da hin?" "Wir trampen." "Vielleicht könnte ich ja einen Kumpel auftreiben, der einige von Euch noch mitnehmen könnte." "Wir wollen doch da möglichst wenig sein." "Der Kumpel würde uns ja nur hinfahren und wieder abholen." "Trampen ist doch viel interessanter." Ich hakte dann noch einmal nach, aber er ließ mich abfahren: "Wir wollen ein möglichst kleiner Kreis sein."

Der Feldforscher verstärkte nun seine Bemühungen, Zutritt zu erhalten. Aber die Einsacker schnitten ihm nun die Möglichkeiten dazu völlig ab: Von zwölf bis ein Uhr war ich in der "Diele". Dort war keiner der Einsacker. Um kurz nach ein Uhr sah ich in Balduins Stube nach. Auch keiner. Um zwei Uhr ging ich zum Kaiserplatz. Dort traf ich Erwin, Matte und einen Typen, den ich nur vom Sehen kannte. Ich begrüßte die drei. Matte hatte einen blauen Sack bei sich. Ich hatte das Gefühl, daß sie einsacken wollten. Ich fragte Erwin, wie denn der Vorabend gewesen sei. Danach fragte er mich: "Wo willst Du denn jetzt hin?" Da ich annahm, daß die drei zur "Diele" wollten, sagte ich: "Zur Diele". Erwin grinsend: "Dann wollen wir Dich nicht länger aufhalten." Ich war verschaukelt worden. Ich ging erst einmal ein Stück weiter. Ich sah, daß die drei Richtung Kaufhaus gingen. Um das zu kontrollieren, ging ich noch einmal zum Platz zurück. Doch die drei sahen, daß ich zurückgekommen war, da sie noch nicht weit genug waren. Ich winkte ihnen zu. Ich merkte, daß Matte sauer war und schimpfte. Ich sah in ein Schaufenster. Als sie zweihundert Meter weiter waren, drehten sie sich um und sahen mich am Schaufenster stehen. Ich beschloß daraufhin, die Alleestraße zu verlassen.

Schließlich kam es sogar zu einem Angriff - mit harmlosen Waffen freilich - auf den Feldforscher: Nach ein oder zwei Minuten begab ich mich in den Keller. Als ich die Tür gerade geschlossen hatte, bekam ich eine Ladung Wasser ins Gesicht. Das Licht war ausgeschaltet. Um zu sehen, wer mir die Ladung Wasser verabreicht hatte, schaltete ich das Licht an. Pablo kam um die Ecke und sagte: "Hoffentlich machst Du bald das Licht aus, Du Blödmann, sonst scheuer ich Dir eine." Er ging zum Lichtschalter und schaltete das Licht wieder aus. Ich setzte mich in den Sessel. Da keiner ein Wort sagte, ging ich nach fünf Minuten wieder nach draußen. Matte und Erwin kamen nach weiteren fünf Minuten raus. Erwin: "Ernsts Frau müssen wir verarschen." Sie stand neben dem Eingang zur Diskothektür. Erwin und Matte hielten die Spritzen in der Innenhand, so daß man sie nicht sehen konnte. Dann stellten sie sich neben Ernsts

Freundin. Plötzlich hielten sie ihre Spritzen unter den Rock von Ernsts Freundin und drückten ab. Ernsts Freundin schrie: "Seid Ihr denn wahnsinnig? Ach du Schande, meine ganze Hose ist naß." Erwin und Matte grinsten. Ernsts Freundin ging in die Diskothek. Erwin, Wolf und Matte luden Wasser nach und gingen wieder in den Keller. Toni kam herein und wurde mit Wasser begrüßt. Er lachte und sagte: "Ihr habt sie wohl nicht mehr alle. Noch einmal, dann flippe ich aus." Dann ging er wieder hinaus. Wolf sagte: "Mach mal einer das Licht aus." Gerd schaltete das Licht aus. Kaum war es ausgeschaltet, bekam ich von zwei Seiten eine Ladung Wasser. Ich dachte: Das wird noch ein kühler Abend und zog mir meine Windjacke über. Das Licht wurde wieder angeschaltet. Der Schmale kam herein und bekam einen Segen mit. "Ihr werdet wohl übermütig." Er bekam noch einen Segen. "Mensch, laß das sein. Macht mir ja nicht meine Liege naß. Sonst werde ich sauer." Erwin: "Kommt, wir machen wieder ein paar Keulen naß." Wir gingen in die Diskothek. Matte und Erwin rannten die Treppe hoch. Wolf und ich standen noch unten im Flur. Matte: "Wolf komm, da ist was los." Wolf rannte los. Ich hinterher. Damit hatte man gerechnet. Ich bekam von oben eine Ladung Wasser aufs Haupt. Ich lief weiter hoch und tat so, als ob sich nichts ereignet hätte. Wir gingen wieder in den Keller. Das Kommando hieß: "Licht aus." Ich wechselte schnell meinen Standort, bekam aber noch genug Wasser mit. Die Spritzentour gegen den Feldforscher hatte begonnen. Ich kaufte mir eine Cola. Dann stellte ich mich neben den Türrahmen der Tür zum Abstellraum. Dort im Türrahmen war ich einigermaßen sicher. Matte lag auf der Liege mir gegenüber. Das Licht wurde ausgeschaltet. Ich begab mich schnell in den Türrahmen. Trotzdem bekam ich eine Ladung Wasser mit. Ich ließ daraufhin eine Ladung Cola in Richtung Matte los. Matte: "Ich glaube, es geht los. Noch einmal, dann ist es aber aus." Er hatte nicht so viel mitbekommen wie ich, da der Rest Cola herausspritzte und meinen Feldforscherpullover beehrte. Da aber die Liege naß geworden war, setzte sich Matte in den Sessel. Nach zehn Minuten wurde wieder das Licht ausgeschaltet. Ich wechselte blitzschnell meinen Standort. Als das Licht wieder angeschaltet wurde, war man enttäuscht, daß man nur eine nasse Wand vorfand und mich noch halbwegs trocken an einem anderen Standort. Das Spiel wurde noch einmal wiederholt. Wieder mit derselben Methode, die auch diesmal zum Mißerfolg, sprich zur nassen Wand, führte. Wir gingen nach draußen. Als die anderen wieder weg waren, ging ich wieder die Treppe hinunter. Matte stand unten und spritzte auf mich los. Er hatte schlecht gezielt. "Ihr müßt viel besser zielen", sagte ich zu ihm. Als ich wieder nach draußen ging und die Treppe erklommen hatte, kam von unten wieder eine Ladung. Ich ging langsam wieder hinunter und meinte: "Übrigens, das war wieder schlecht gezielt!" Die zweite Ladung wurde abgespritzt, aber ich bekam nur ein wenig davon ab. Ich ging vor die Tür. Wolf kam hoch. Ein paar von den anderen sprachen mich an: "Du kannst wohl kein Bier trinken. Leute, die kein Bier trinken können, sollen das lassen." Sie hatten meinen Pullover gesehen und geschlossen, daß ich mich mit Bier besudelt hätte. Ich antwortete: "Bier kann ich schon trinken, nur keine Cola." Wolf mußte lachen. Die anderen sahen ein wenig verdutzt aus. Nach einer Weile meinte einer von ihnen: "Wer keine Cola trinken kann, kann auch kein Bier trinken." Ich antwortete: "Das kann man so allgemein nicht sagen. Es gibt eben Leute, die können erstklassig mit Bier umgehen, aber nicht mit Cola." Ich sagte zu Wolf: "Es ist schon neun. Ich will man nach Hause gehen." Dann ging ich durch den Schleichweg weg, weil ich erwartete, daß die anderen von dort lospirschen würden, um mir auf dem Heimweg noch eine Ladung Wasser zu verabreichen. Ich hatte mich nicht getäuscht. Als sie mich sahen, waren sie ein wenig verdutzt. "Ihr seid schon ganz schön pfiffig", sagte ich, "bis morgen." Ich ging nach Hause. Ich sah noch, wie sie sich hinter einem Wagen versteckten, um zwei älteren Frauen, die die Amselstraße entlang gingen, vielleicht einen schönen guten Abend zu wünschen. Die Frauen wechselten die Straßenseite. Die Aktion wurde abgeblasen.

Davon völlig unterschieden war die Situation des Feldforschers bei den Typen: Wir hatten zuletzt schon gesehen, wie seine Teilnahme den Spitzelverdacht ausräumte. Aber diese Teilnahme brachte die Gefahr des Verlustes der Distanz zu den Aktivitäten der Randgruppe. Das fing auf der Ebene des Gesprächs an:

In einer sehr ähnlichen Situation, wie sie der Feldforscher bei den Einsackern erlebte, als man ihn nach seiner Einstellung zum "Klauen" befragte, reagierte der Feldforscher bei den Typen ganz anders: Als ich gehen wollte, kamen auch Carola, Volker und Theo, die man aber auch nicht in den Pub hineinließ. Ich nahm sie im Wagen mit zum Pott. Als ich im Auto bemerkte, daß ich völlig pleite sei, seitdem ich ein Auto habe, meinte Volker, ich solle doch an der Uni dealen. "Das ist eine Möglichkeit." Volker:"Oder hast Du irgendwelche Skrupel?" "Nicht die geringsten, aber ich glaube, es sind nicht so viele an der Uni, die Shit rauchen." "Wieso, was sind das denn für Leute?" "Entweder Bürgersöhne oder sie glauben, das könne sie in ihrer politischen Arbeit behindern."

Beide Feldforscher argumentierten praktisch wie grundsätzlich. Beide lehnten die gruppenspezifische Aktivität aus praktischen Gründen für sich ab. Der Feldforscher bei den Einsackern ließ aber noch seine grundsätzliche Einstellung im Zweifel. Der zweite Feldforscher tat dies nicht.
Schließlich kam es beim Feldforscher bei den Typen zu einer proble-

matischen Verwicklung:

Am Abend im Pott gebe ich Mack noch Geld, damit er mir aus Hamburg etwas Shit mitbringt. Ich höre von ihm, daß sie noch am gleichen Abend mit Joachim dorthin fahren wollen. Mario will auch gern mitfahren, damit er die Typen in Hamburg kennenlernt und später selbst hochfahren kann, um sich dort etwas zu holen. Um elf Uhr fahren Dirk, Leif, Joachim, Mack, ein Mädchen, das ein paar Tage vorher mit Joachim, Mario und mir einen Joint geraucht hatte und die aus Oberndorf kommt, und noch ein Typ.

Einige Tage später: Joachim sagte, sie seien in Hamburg "gelinkt" worden, und er könne mir nur Roten geben und außerdem das Gramm für vier Mark. Eigentlich wollten sie Schwarzen mitbringen. Ich sage ihm, er solle mir doch dann lieber das Geld wiedergeben, denn für fünf oder sechs Mark wäre der Shit ja doch sehr teuer. Er meint, Geld könne er mir jetzt nicht geben, da er keines habe, aber dafür könne ich Shit haben. Oder ich solle warten bis zum nächsten Freitag, dann wolle er Schwarzen holen, und ich könne davon etwas haben. Ich sage ihm, daß ich mir das überlegen will und wir am Abend noch darüber sprechen können.

Als der Feldforscher, dem bei diesem Stand der Dinge selbst Bedenken über sein Vorgehen gekommen waren, dem Forschungsgruppenleiter seine Situation berichtete, wurde festgelegt, daß der Feldforscher keinen Shit nimmt und sich statt dessen von Molly das Geld zurückgeben läßt. Der Feldforscher verfuhr so. Seine Position im Feld wurde dadurch nicht verschlechtert.

Auch ohne einen Vergleich der beiden Vorgehensweisen zu führen, findet man sofort, daß bei dem zweiten Feldforscher eindeutig ein "going native" auftritt, das zu vermeiden ist. Es hätte ihn über kurz oder lang von seiner Beobachterrolle abgedrängt. Andererseits wäre es für den Beobachter bei den Einsackern sinnvoll gewesen, die Rolle des einfachen Teilnehmers ohne jede hervorragende Aktivität zu behalten. Nach dem Auftreten des "Spitzelverdachts" war aber bei den Einsackern die Situation des Feldforschers außerordentlich prekär: für die Einsacker bestand schon kein Beobachterrisiko mehr, sie standen nach ihrer eigenen Situationsdefinition unter Polizeiaufsicht im Feld. Es war klar, daß sie diese dann so wenig wie möglich sehen lassen wollten.

Bei der kleinen Mitgliederzahl gab es hier auch keine Möglichkeit für den Feldforscher, die Kontaktpersonen zu wechseln und in der Gruppe unterzutauchen, eine Möglichkeit, die in den großen Feldern für die anderen Forscher stets bestand und von dem Beobachter bei den Typen, von dessen Vorgehen hier berichtet wird, auch ausgiebig realisiert wurde. Für den Beobachter bei den Einsackern gilt: bei seiner individuellen

Handhabung der Beobachterrolle mit einer relativ großen Distanz mußte ihn der Ausschluß voll treffen.

Der Feldforscher bei den Einsackern versuchte, seine Position zu verbessern, indem er von sich aus die Distanz etwas verkürzte. Als einige der Einsacker von Instanzen sozialer Kontrolle verfolgt wurden und diese über ihre Rechte gegenüber den Instanzen rätselten, gelang es dem Feldforscher, den Spitzelverdacht abzubauen: Ich traf Wolf. Ich sagte ihm, wir hätten uns mit einer Juristin unterhalten. Falls er etwas wissen wolle, könne er gleich mitkommen. Wir würden dort noch einmal anrufen. ... Wir ließen uns dann von Willi Münzen für das Telefon geben, und kurz nach acht machten wir uns auf den Weg. Wolf ging mit. Toni: "Kannst Du mir gleich Geld für ein Bier geben? Ich habe einen unheimlichen Durst." "Okay." Dann sagte Toni zu Wolf: "Der ist kein Spitzel, sonst würde der sich jetzt nicht so für uns einsetzen. Oder glaubst Du, daß der ein Spitzel ist?" "Nee." Ich fragte die beiden, wieso sie überhaupt geglaubt hätten, daß ich ein Spitzel sei. "Seit Du da warst, hatten wir so auffällig viel mit den Bullen zu tun. Das mußt Du doch verstehen." "Ich hatte mich schon immer gefragt, wieso Ihr auf den Spitzelhorror gekommen seid. Ich fand das unheimlich blöd." Wolf: "Das mußt Du aber verstehen."

Der Feldforscher verhalf Toni auch zu einem neuen Job. Toni sagte hinterher zu ihm: "Ich hab das da gut getroffen. Aber ich glaube, wenn Du an dem Morgen nicht mitgekommen wärst, dann wäre ich da nie hingegangen." Später, als ich mit Toni allein war, sagte er: "Du, jetzt gebe ich Dir mal einen Tip. Erwin und Matte sind sauer auf Dich." "Glauben die immer noch, daß ich ein Spitzel bin?" "Nein, aber die fühlen sich bespitzelt. Am Freitag..." "Ach ja, Freitag, das habe ich mir schon gedacht. Da hat mich Erwin ganz elegant aussteigen lassen...". "Die waren unheimlich sauer, daß Du hinter ihnen hergegangen bist. Matte ist ja süchtig. Aber der fackelt nicht lange. Der würde Dir voll einen langen. Erwin hat auch schon mal gesagt, daß er Dir eine langen will, wenn Du noch mal so direkte Fragen stellst. Du mußt bei Erwin indirekt vorgehen." "Ah, ich habe mir das schon gedacht, daß ich zu viele Fragen stelle und ich ihnen auf den Wecker falle. Aber ich dachte, die wissen, daß wir Forschung machen und haben nichts dagegen." "Nein, das kannst Du nicht machen. Bei Erwin mußt Du indirekt vorgehen. Der fühlt sich wahrscheinlich so ein bißchen als Forschungsobjekt degradiert." "Ach Du Schande, wieso das denn?" "Ja, Erwin ist ein bißchen schwierig, aber wenn Du Dich mal richtig mit ihm unterhältst, dann wirst Du feststellen, daß er ganz gut sein Wort machen kann. Wenn Ernst oder Gert oder so dabei sind, dann kann man ja kein vernünftiges Wort reden." "Aber wie machen wir das denn?" Ich fragte Toni weiter: "Meinst Du, daß es sinnvoll wäre, sich bei Erwin mal zu entschuldigen und mit ihm ein offenes Wort zu reden?" "Entschuldigen ist Scheiße bei Erwin. In dem Fall gibst Du eine Schwäche bei ihm zu. Und in dem Moment bist Du von ihm abhängig. Dann hast Du sozusagen ausgeschissen. Mach das lieber mehr auf die indirekte Tour." "Ich war bis vor kurzem sowieso mehr für die indirekte und vorsichtige Tour. Aber unser Forschungsgruppenleiter hat mich ein wenig verrückt gemacht. Der hat gesagt, Du mußt unbedingt mal wieder mit, wenn die einsacken. Dann hat er gesagt, ich sei zu vorsichtig." "Bestell ihm mal, er läge damit völlig falsch bei uns. Lieber auf die indirekte Art. Das ist viel besser." "Ja, Du hast recht. Am Anfang war ich vorsichtiger. Da habt Ihr mich ja selbst gefragt, ob ich mit in die Stadt wollte. Beim Einsacken, meine ich." "Das stimmt. Als wir kurz vor dem Kaufhaus waren und uns hatte immer noch kein Kaufhausdetektiv gepackt, da wußten wir, daß Du kein Spitzel warst. Aber lieber auf die indirekte Art." Ich erklärte Toni, daß die indirekte Art nicht immer die beste Art zu sein brauchte. Bei Befragungen zum Sex zum Beispiel würde man die Leute mit direkter Fragetechnik überfahren. "Das mag ja richtig sein. Aber ich glaube, daß sonst das andere besser ist." "Ich meine, wir von der Uni sind sowieso ein wenig optimistisch, wenn wir glauben, die Leute würden uns so alles sagen. Wir kommen da einfach in so eine Gruppe, von der wir wissen, daß sie Ladendiebstähle macht und glauben, wir könnten da so herumforschen. Vielleicht fallen wir den Leuten da nur auf den Wecker und die finden das lästig. Ich bin sehr pessimistisch." Toni: "Das brauchst Du aber wiederum nicht zu sein." "Aber der Fehler am Freitag mit Erwin. Das läßt sich nicht so ausbügeln." "Das will ich gar nicht mal sagen. Ich rede mal mit ihm. Ich war ja lange genug im Team mit drin."

Ein anderes Mal gab Guido eine anderslautende Erklärung. Er verglich das Vorgehen des Feldforschers bei den Einsackern mit dem eines Feldforschers bei den Rockern, den er auch kennengelernt hatte:" Das kommt so. Du bist immer ziemlich still und so. Der andere, der Willi, den ich auch kenne, der ist schon so richtig einer von denen. Aber Du bist still und zurückhaltend. Das kam denen verdächtig vor. Du hast denen auch kaum etwas über Dich erzählt, oder zumindest sehr wenig, wolltest aber viel von ihnen wissen. Das ist denen komisch vorgekommen. Eine Zeit lang haben sie Dich auch "Schatten" genannt." "Ich weiß, daß ich da Fehler gemacht habe. Was glaubst Du denn, was ich falsch gemacht habe?" "Du warst die meiste Zeit immer mit Erwin zusammen. Und Erwin hat die anderen beeinflußt. Du hättest mehr mit den anderen zusammen sein müssen. Und vor allen Dingen, nicht nur mit den Einsackern. Du bist immer mit denen zusammen gewesen. Du hättest mehr durch das ganze Clubhaus gehen müssen. Wenn Du mal kurz in den Raum hineingehst, erzählen die Dir viel mehr." "Das kann schon sein."

Auf der anderen Seite nahm der Feldforscher bei den Typen mehr Distanz. Er konnte aber nicht verhindern, daß die Mitglieder des Feldes aufgrund seiner früheren Teilnehmerposition weiterhin Erwartungen an ihn richteten, denen er nicht entsprechen konnte und die er enttäuschte. Daß diese Distanz akzeptiert wurde, zeigt ein weiterer Fall, in dem der Feldforscher eine Beteiligung an einer "Apo" ablehnt, ohne seine Position zu gefährden:

Ente und Jakob unterhalten sich inzwischen über die Möglichkeit eines Apothekeneinbruchs. Jakob fragt mich, ob ich nicht meinen Wagen zur Verfügung stellen könnte: "Du brauchst Deinen Wagen nur in ein paar hundert Metern Entfernung zu parken. Dann fahren wir irgendwo hin und teilen das Zeug auf." Ente: "Ein paar hundert Meter ist das doch gar nicht." Beide bereden mich, meinen Wagen zur Verfügung zu stellen. Dann brauchen sie auch nicht noch jemanden Dritten... Der Feldforscher lehnt ab.

Wir sehen, wie beide Feldforscher sich wieder in die Richtung einer einfachen Teilnehmerrolle bewegen, um dadurch ihre Position in der Gruppe zu verbessern bzw. zu halten.

In der folgenden Zeit gelang es dem Feldforscher bei den Einsackern dann, das Mißtrauen und die Abneigung Zug um Zug abzubauen - nur nicht beim Chef Erwin. Das machte sich dann wieder als sehr hinderlich bei dem Versuch bemerkbar, von den Mitgliedern der Gruppe Einzelinterviews zu bekommen. Erwin sagte zunächst zum Interview zu: Ich fragte ihn: "Du, hast Du nächste Woche mal eine Stunde Zeit?" "Wofür?" "Ich will mich mal gern mit Dir unterhalten." "Worüber?" "Weißt Du, wir wollen von der Uni so einige Sachen wissen. Das ist praktisch so eine Art Einstellungsbefragung. Und dann habe ich Euch ja auch schon die Bilder gezeigt. Da sollst Du bestimmte aussuchen und dazu jeweils eine Geschichte erzählen. Das sind alles so kleine wissenschaftliche Tricks, die für uns wichtig sind. Wir können dann mal, wenn Du Zeit hast, zu mir rübergehen und die Sache bei Vitamalz über die Bühne bringen." "Warum gerade mit mir?" "Weißt Du, ich hoffe, daß Deine Freunde sich auch bereit erklären, uns zu helfen. Aber wir wollen ja mit den wichtigen Leuten anfangen." "Ja, können wir mal machen." "Also nächste Woche mal, wenn Du Zeit hast." ... Als Erwin aufgestanden war, sagte ich zu Toni: "Du machst doch auch nächste Woche die Befragung mit?" "Was hat Erwin denn gesagt ?" "Der fand das gut. Der macht auch mit." "Ja, dann mache ich auch mit."

Erwin wich in der folgenden Zeit dann immer wieder aus. Der Feldforscher diskutierte schließlich mit der ganzen Gruppe über die Interviews: "Das sind im Grunde ganz harmlose Sachen. Im vorigen Jahr hat ein Kollege von mir andere interviewt, die auch so leben wie Ihr. Das hat denen Spaß gemacht." Schmalen: "Nachher kommt das zu den Bullen." "So ein Mist. Ich habe doch schon ein paar Mal gesagt, daß nichts von unserem Material zu den Bullen kommt." Schmalen: "Ehrlich, dann würde ich Dich auch lang machen. Das sage ich nicht nur, das würde ich dann auch machen." "Da kannst Du Dich voll drauf verlassen. Dafür lege ich meine Hand ins Feuer." "Hol mal einer Feuer her!" meinte Gerd.

Schmalen fragte mich: "Was studierst Du eigentlich?" "Sozialwissenschaften." "Da halte ich sowieso nichts von. Alles was mit Sozialarbeit zu tun hat, ist Scheiße. Wenn ich den Schmidt vom Jugendamt schon reden höre." "Das ist doch etwas ganz anderes. Die Sozialarbeiter lernen, wie man Leute bequatscht. Ich will erklären, weshalb sich bestimmte Leute in einer bestimmten Weise verhalten." Erwin: "Dann bin ich ja Dein Forschungsobjekt." "Das ist nicht ganz richtig. Wir beiden können uns aber noch genauer darüber unterhalten", sagte ich zu Erwin. Obwohl er völlig recht hatte, konnte ich ihm nicht recht geben, weil er sich irgendwie laut Toni als Forschungsobjekt degradiert fühlte. Gerd: "Warum machst Du das eigentlich. Willst Du Deine Doktorarbeit über uns schreiben?" "Ich habe eigentlich keinen persönlichen Nutzen davon, weil ich keine Arbeit darüber schreiben will." "Aber Ihr wollt doch das dann irgendwie veröffentlichen. Und dann schreibt Ihr doch Namen da rein." "So dumm sind wir auch nicht. Namen interessieren bei der statistischen Auswertung überhaupt nicht. Da erscheinen nur Tabellen und Prozentzahlen und andere Sachen. Es kann nur sein, daß wir bestimmte Beispiele zur Veranschaulichung bringen. Das geht dann so: Ein Junge, Franz, etwa neunzehn Jahre alt, aus der Großstadt X usw..." "Ach so." Gerd: "Du bist doch jetzt schon so zwei Monate oder mehr bei uns. Was hast Du denn schon herausbekommen?" "Die Auswertung ist noch nicht begonnen worden." "Aber irgendwie mußt Du doch schon was herausbekommen haben. Oder sag uns doch einfach, was Dir so einfällt." "Also gut. Ich finde, das läuft hier ganz normal, wie bei vielen anderen jungen Leuten auch." Alle protestieren laut. Erwin: "Das war doch wohl nichts." "Wieso, ich kenne andere, die auch gern Musik hören, die auch schon beim Kaufhaus Platten geklaut haben." "Ach, das glaube ich nicht", meinte Erwin. "Natürlich seid Ihr besser im Einsacken." Schmalen: "Woher willst Du das überhaupt wissen?" "Das laß man meine Sorge sein." "Sonst nichts?", fragte Gerd. "Doch, Ihr hört lieber oder nur Pop-Musik, während andere Jugendliche nur die kommerziellen Sachen hören." Schmalen: "Was ist eigentlich der Unterschied?" "Die kommerziellen Platten verkaufen sich besser und werden in entschieden höheren Auflagen verkauft", sage ich. Schmalen: "Das war wohl nichts." Gerd: "Doch, das stimmt. Er hat völlig recht." "Und dann raucht Ihr lieber Shit und die anderen trinken lieber Bier." Gerd: "Das stimmt." "Die anderen tanzen auch lieber. Ich hab Euch noch nie tanzen sehen." Erwin: "So in Mühlbach, da würden wir auch tanzen, aber nicht so wie die Affen, sondern dann richtig. Wenn wir hier den Raum vollständig hergerichtet haben, dann werden wir auch mal tanzen." Gabriele: "Warum bist Du denn gerade zu uns gekommen?" "Das ist Zufallsprinzip." Sie nickte. Schmalen sagte: "Also morgen abend ab sieben Uhr bin ich da, da können wir das machen." Dann stand er auf und ging. "Sind sonst noch Unklarheiten?" Gerd: "Unklarheiten eigentlich nicht, aber ich bin noch ein bißchen gehemmt." "Dazu ist aber kein Anlaß. Das ist wirklich eine ganz harmlose Sache. Du kannst ja mal den Trottel von den Rockern fragen, den kennst Du doch, der hat sich vor kurzem mit Willi unterhalten." "Da halte ich gar nichts von. Der eine sagt dies, der andere das. Da kommt nichts bei raus", meinte Gerd. "Die meisten haben das bis jetzt gut gefunden. Manche waren richtig begeistert." Nach einer Weile wurde die Musik eingeschaltet. Wir hörten noch bis halb zehn Musik und lagen faul herum. Als ich einmal neben Ernst lag, sagte ich zu ihm: "Ich versteh das gar nicht, was die anderen für Probleme haben. Die denken wohl, das sei ein Polizeiverhör. Das hat ja gar nichts damit zu tun. Wir machen da ein ganz lockeres interessantes Gespräch." Ernst nickte.

Nach dem Interview mit Gerd unterhielten wir uns noch. Ich fragte ihn: "Wie hat Dir das Interview denn gefallen?" Gerd: "Das möchte ich noch nicht sagen. Ich muß mir noch darüber Gedanken machen. Heute abend werde ich den anderen darüber Bericht erstatten. Aber eins muß ich sagen. Die Fragen mit dem Shit und dem Einsacken, die fand ich ganz schön stark." "Glaubst Du, daß die anderen ein Interview machen werden, wenn Du ihnen davon erzählst?" "Glaube ich nicht." "Daß Erwin kein Interview machen will, ist klar. Er hat irgendwie Hemmungen." Gerd sagte darauf: "Du mußt wissen, daß Erwin bei uns eine gewisse Führungsposition innehat." "Woran liegt das?" "Er ist ganz anders als wir. Wir reden immer gleich drauf los und sagen, was wir denken. Bei ihm ist das anders. Er hört immer erst zu, macht sich seine Gedanken, bevor er sich seine Meinung bildet. Dann bleibt er auch dabei."

So war es tatsächlich! Erwin versuchte noch, zum Abschluß unserer Beobachtungen im Feld für die Interviewbereitschaft "seiner Leute" eine Autofahrt zu einem weiter entfernten Handelsplatz für Shit herauszuholen: Erwin: "Auf die Studenten ist ja auch kein Verlaß mehr." Ff: "Du weißt ganz genau, daß wir keine Tauschgeschäfte eingehen. Wir haben Dir gesagt, daß wir für ein Interview keine Autofahrt anbieten. Wir haben klipp und klar gesagt, daß wir solche Tauschgeschäfte nicht eingehen können. Du hättest ja daraufhin die Interviews ablehnen können. Das haben wir Dir freigestellt." Gerd: "Das ist klar, daß ich kein Tauschobjekt bin, von wegen Interview und so." Erwin meinte zum Abschluß: "Ihr müßt nur wissen, daß Ihr Euch nicht nur Eure weitere Arbeit unmöglich macht, sondern auch für Eure Nachfolger."

Tage später schloß der Feldforscher bei den Einsackern termingemäß seine Beobachtungen mit gemischten Gefühlen ab.

Das Vorgehen des zweiten Feldforschers führte dazu, daß dieser bis zum Schluß der Beobachtung voll akzeptierter teilnehmender Beobachter des Feldes war und eine große Zahl sehr wertvoller Informationen liefern konnte.

2.6 Das Rohmaterial und die Einschränkungen der Vermutungen zur Verallgemeinerungsfähigkeit

Gruppenbeobachtungen und Interviews mit einzelnen Personen wurden von den Mitgliedern der Forschungsgruppe jeweils etwa drei Monate in der Regel wochentäglich von siebzehn bis zweiundzwanzig Uhr durchgeführt, manchmal auch noch darüber hinaus.

So berichtete der Feldforscher bei den Einsackern von einer Übernachtung im Raum der Gruppe im Clubhaus: Es war so gegen drei Uhr. Erwin und Wolf schienen wieder einzuschlafen. Toni fragte nach zehn Minuten Gerda: "Meinst Du, wir könnten den Studenten bitten, uns sein Bett freizumachen?" "Weiß nicht." Nach einer Minute: "Frag doch den Herrn Professor mal, ob wir nicht tauschen können." "Ja gleich." Diese Aufforderung an Gerda wiederholte sich etwa jede Minute. Da es mir schwerfiel, weiter den Schlafenden zu mimen, faßte ich den heroischen Entschluß, ihnen mein Lager zu räumen. Sie bedankten sich sehr. Ich lag die Hälfte der Nacht auf einem etwa einen halben Meter zu kleinen Chaiselongue, bekam Rückenschmerzen und hoffte auf bessere Zeiten, während die Einsacker den gerechten Schlaf der emsigen Ladendiebe schliefen.

Zur Gewährleistung der Zuverlässigkeit der Daten wurden als erster Schritt in den Feldern je zwei Beobachter eingesetzt. Das war jedoch im Feld der Einsacker nicht möglich.

Teilweise wurden in dieser Zeit auch zwischen den Beobachtungen an Orten, die in einer kurzen Entfernung vom Geschehen lagen, z.B. im Fahrzeug des Feldforschers, Beobachtungen in Stichworten festgehalten, teilweise wurden nach Verlassen des Feldes zu Hause, vor dem Schlafengehen, erste Notizen gemacht. Am folgenden Vormittag wurden dann die Beobachtungsprotokolle angefertigt. Darin wurde versucht, eine möglichst ausführliche und sehr genaue Beschreibung der beobachteten Ereignisse zu erreichen. War der Beobachtungszeitraum zu lang und liefen zu viele Ereignisse ab, waren nur kriminalisierbare Ereignisse auszuwählen und der Bericht entsprechend zu kennzeichnen. Bei den Gruppendiskussionen zu den Situationsdefinitionen wurde auf eine möglichst sehr genaue Wiedergabe der Diskussionsbeiträge der Teilnehmer geachtet. Die Aussagen der Mitglieder der Gruppen wurden in Anführungsstrichen wiedergegeben, obwohl nur in seltenen Fällen die Rede wörtlich protokolliert wurde oder auf Band genommen werden konnte. "So ist es typographisch einfacher und in Berichten über teilnehmende Beobachtungen offenbar der Brauch" (R. Lautmann, 1972, S.44).

Bei allen Gruppen war auf alle kriminellen Handlungen zu achten, z.B. bei den Typen auch auf Diebstähle, bei den Rockern auch auf Drogenkonsum, bei den Einsackern auch auf Aggressionsdelikte. Die Aufmerksamkeit sollte sich über alle Formen des kriminellen Verhaltens gleichmäßig verteilen.

Wöchentlich fanden ein bis zwei Diskussionen der Forschungsgruppe über ausgewählte Protokolle statt, in denen auch die Anwendung der Verfahren und die erzielten Ergebnisse eingehend erörtert wurden. Daß ohne das sehr große Engagement der beteiligten studentischen Feldforscher diese Untersuchung nicht zustande gekommen wäre, wurde schon erwähnt und sei hier erneut unterstrichen.

Nach Abschluß der Erhebungen lag folgendes Material vor:

1. 451 Beobachtungsberichte von über 2.7oo Seiten aus den vier Gruppen, davon 15o Beobachtungsberichte von über 1.coo Seiten über die Rocker, 151 Beobachtungsberichte von über 74o Seiten über die Typen, 6o Beobachtungsberichte von über 32o Seiten über die Einsacker und 9o Beobachtungsberichte von über 69o Seiten über die Normalen.
2. 142 Fallberichte von insgesamt mehr als 1.4oo Seiten aus den vier Gruppen, davon 58 Fallberichte von über 76o Seiten von den Rockern, 37 Fallberichte von über 26o Seiten von den Typen, 6 Fallberichte von 41 Seiten von den Einsackern und 41 Fallberichte von über 35o Seiten von den Normalen.
3. 151 ausgefüllte Fragebogen über verschiedene Merkmale von einer ebenso großen Zahl von Personen aus den vier Gruppen.

Nun hatten wir oben in Betracht gezogen, mit zwar begründeten, aber nicht nach Sicherheitswahrscheinlichkeit quantifizierten Vermutungen hinsichtlich der Verallgemeinerung der Analysen zu arbeiten. Auch diese Absicht ist nun in Anbetracht der Zahl der Fälle nur eingeschränkt zu verwirklichen. Gehen wir einmal von den 151 Interviews nach Fragebogen aus. Davon entfallen 43 auf die Typen, 58 auf die Rocker, 8 auf die Einsacker und 42 auf die Normalen. Prüft man, ob die Mitglieder sich in bezug auf ein dichotom ausgeprägtes Merkmal unterscheiden, so teilen sich z.B. 42 Normale über zwei Ausprägungen auf. Die Größe dieser Gruppe liegt zwar über der Untergrenze von Auswahlen, die sinnvoll für eine größere Gesamtheit stehen können (vgl. J.Galtung, 1967, S.6of), bei den Typen sind aber aus noch auszuführenden Gründen häufig Ausfälle zu verzeichnen, so daß diese Gruppe manchmal mit weniger als zwanzig Fällen vertreten ist. Die Einsacker mit den acht Fällen werden von vornherein in der Regel nur in der Gesamtgruppe der "Kriminellen" behandelt.

Bei den Verhaltens-, Definitions- und Selbstbildanalysen treten zwar große Zahlen auf, sie sind aber von Gruppen von Personen produziert, die etwa zwei- bis drei Mal so groß wie die Gruppen der Befragten sind. Auch diese Zahlen sind noch nicht sehr hoch. Das setzt auch der nicht nach Sicherheitswahrscheinlichkeiten quantifizierten Verallgemeinerungsfähigkeit der Ergebnisse selbstverständlich eine sehr enge Grenze. Wenn man so will, kann man unsere Tests als eine "erste Bestätigung" oder "erste Widerlegung" ansehen, denen eine breiter angelegte Forschung zu folgen hätte. Einer solchen Interpretation unserer Ergebnisse würden wir uns auch voll anschließen.

Überblickt man einmal die gegenwärtige empirische Forschung zur Kriminalität in der Bundesrepublik und zu einem großen Teil auch in den USA, so liegen zwei Arten von Forschungen vor: entweder werden illustrierend zahlreiche Beispiele zum Beleg von Thesen angeführt, über Verteilungen wird jedoch geschwiegen, oder es werden Verteilungen angeführt, die durchaus eine breite Materialbasis haben, z.B. aufgrund von Fragebogeninterviews, aber der weitere Sinnzusammenhang, in dem diese Daten für die Beteiligten, also die Interviewten, stehen, bleibt ungeklärt, und auch die theoretische Interpretation bewegt sich über viele, nicht selbst mit Daten belegte Sachverhalte hinweg. Hier liegt unser Forschungsprojekt in der Mitte. Zweifelsohne hätten wir es bei einer rein illustrierenden Auswertung der Daten bewendet sein lassen können. Damit wäre aber eine Einfachheit der sozialen Struktur des Gegenstandes vorgetäuscht, die dieser nicht hat. Die Verfeinerungen, die die Verteilungen erkennen lassen, mahnen uns zur Vorsicht gegenüber zu einfachen Modellen bei der Analyse der Kriminalität.

2.7 Bemerkung zum Analyseprinzip

In den nun folgenden Analysen werden soziale Lagen, Verhaltensweisen, Definitionen von Situationen, Selbstbilder und Kriminalisierungen der Mitglieder krimineller und normaler Gruppen nicht in ihrer Entwicklung analysiert. Für die soziale Lage ist dies sofort einsehbar. Daten aus einem Fragebogeninterview zeichnen nicht die Entwicklung einzelner Lagen bis zu den Ansatzpunkten bestimmter Handlungen nach. Sie erfassen Merkmale einzelner Situationen zu einem bestimmten Zeitpunkt. Aber auch die Handlungsprozesse wurden nicht in ihrer Entwicklung aufgezeichnet. Das hätte die Zahl der Ereignisse noch weiter schrumpfen lassen.

Wir versuchen, durch die Folge unserer Teile und durch den Bezug der einzelnen Teile auf den jeweils folgenden anzudeuten, wie wir die Entwicklungsprozesse sehen. In der Analyse werden aber in der Entwicklung der Gruppen frühe Ereignisse gleichzeitig mit späteren analysiert. So fragen wir z.B. bei der Verhaltensanalyse stets nach dem Auftreten von Instanzen sozialer Kontrolle, obwohl zu erwarten ist, daß derartige Kontakte sich kaum am Beginn eines Gruppenprozesses einstellen, wohl aber, wenn die Aktivitäten einen ersten Höhepunkt erreicht haben. Ebenso dürften subkulturelle Vorstellungen über Gegner außerhalb der Gruppe, wie es die Mitglieder der Instanzen sozialer Kontrolle für viele Gruppen sind, erst relativ spät sich ausbilden. Selbstdefinitionen wie "Ich bin ein Krimineller" sollten erst am Ende einer Karriere auftreten. Dennoch analysierten wir auch die Definitionen und Selbstbilder ohne einen Bezug auf den Zeitpunkt ihres Auftretens.

3 ZUR SOZIALEN LAGE VON MITGLIEDERN KRIMINELLER GRUPPEN+

Wir gehen in unseren allgemeinen Thesen 1-3 davon aus, daß Besitzlosigkeit und Machtunterworfenheit Menschen zu kriminellen Handlungen drängen. Durch das Wirken der Instanzen sozialer Kontrolle werden jedoch viele Menschen benachteiligter sozialer Lage an der Entwicklung und Ausführung dieser Handlungen gehindert. So handelt nur eine Minderheit von ihnen kriminell, während die Mehrheit trotz des Drucks zum kriminellen Handeln sich normal verhält. Anders ist die Situation der Menschen bevorteilter sozialer Lage: Besitz und Macht drängen zu normalem Handeln. Das Auftreten der Instanzen sozialer Kontrolle hat keinen bedeutenden Einfluß auf diesen Zusammenhang. So sind an der Kriminalität die Angehörigen der benachteiligten, nicht der bevorteilten sozialen Lage zu einem größeren Anteil beteiligt, als es ihrem Anteil an der Gesamtbevölkerung einer Gesellschaft entspricht.

Wir haben dann unseren Gegenstand auf die Jugendkriminalität begrenzt. Wir müssen nun genauer klären, welche Formen der ökonomischen und politischen Abhängigkeit Jugendliche zu den kriminellen Handlungen drängen. Dazu liefert These 3 wichtige Bezugspunkte. Die allgemeine Situation der Jugendlichen in der BRD ist gekennzeichnet durch ihre schrittweise Ausgliederung aus der Herkunftsfamilie und ihren Eintritt in das Wirtschaftssystem. Besitzlosigkeit und Machtlosigkeit äußern sich daher für die Jugendlichen benachteiligter sozialer Lagen zuerst in der Herkunftsfamilie und zuletzt in ihrer eigenen Position im Wirtschaftssystem.

3.1 Die soziale Lage von Herkunftsfamilien der Mitglieder krimineller Gruppen

3.1.1 Präzisierung und Operationalisierung der These von den durch die soziale Lage der Herkunftsfamilie bedingten kriminellen Handlungen

Bei der Darstellung des Verlaufs der kriminalsoziologischen Diskussion der letzten Jahre haben wir schon darauf hingewiesen, daß diese These keineswegs neu ist. In den verschiedenen Ansätzen wird gesehen, daß Kriminalität und Kriminalisierungen mit der Ungleichheit in der Gesellschaft vermittelt sind, daß das kriminelle Handeln keineswegs zufällig auftritt, daß es nicht zufällig bearbeitet wird durch Instanzen sozialer

---

+ Die Kodierarbeiten und die Grundauszählungen der Daten zu diesem Teil führten Peter Boy und Christel Faber aus.

Kontrolle. Schon in der strukturfunktionalen Erklärung der Kriminalität bei Merton trat diese These auf, die angelsächsischen Interaktionisten, insbesondere die Subkultur- und Gruppentheoretiker unter ihnen, haben daran festgehalten. Die materialistisch-gesellschaftstheoretischen Ansätze haben diese Perspektive entschieden vertieft und vor allem konkretisiert.

Wir hatten auch schon darauf hingewiesen, daß die These bestritten wurde, vor allem von den interaktionistischen Analysen der Tätigkeit der Instanzen sozialer Kontrolle im Anschluß an Fritz Sack in der BRD, die teilweise davon ausgingen und auch heute noch ausgehen, daß der Kriminalisierungsprozeß keinen Bezug auf ein besonderes Verhalten bei den Kriminalisierten habe und daß sich daher auch die Analyse der Bedingungen des kriminellen Verhaltens erübrige. Wir nennen dies die Gleichverhaltensthese des Definitionsansatzes. Nun gibt es immer wieder Arbeiten aus definitionstheoretischer Perspektive, in denen diese These stark abgeschwächt wird. So wird auch von Sack an einigen Stellen unterstellt, "daß die Korrelation zwischen Schichtzugehörigkeit und Kriminalität völlig verschwindet, wenn nicht auf die offizielle Kriminalität, sondern auf erfragte Gesetzesverletzungen abgestellt wird" (F.Sack, 1973a, S.139). Das heißt dann aber: es tritt durchaus ein besonderes kriminelles Verhalten auf. Alle Schichten sind aber zu einem gleichen Anteil daran beteiligt. Nur die Unterschichtangehörigen fallen überproportional häufiger auf. Wir nennen dies die Gleichverteilungsthese des Definitionsansatzes. Wenn wir nun an der These vom Zusammenhang der sozio-ökonomischen Lage und der Kriminalität festhalten, so setzen wir uns damit klar von beiden Thesen des Definitionsansatzes ab und halten wesentliche Momente der vorher genannten Positionen fest.

Wenn wir unsere Thesen nun genauer überprüfen wollen, ist es sinnvoll, sie in anderer, kürzerer Form zu schreiben, die dann den von uns behaupteten Zusammenhang noch deutlicher macht. Wir suchen dazu die zentralen Elemente der Thesen heraus und stellen die Richtung ihres Zusammenhangs fest und bringen sie dann in die Form einer "Wenn-dann"-Behauptung, einer Hypothese. Dazu operationalisieren wir in vielen Fällen unsere Kategorien, d.h. wir ersetzen in den speziellen "Wenn-dann"-Hypothesen unsere allgemeinen Kategorien durch Begriffe, die Bezüge haben, die den Instrumenten empirischer Sozialforschung zugänglich sind. Dieser Operationalisierungsbegriff fußt auf Überlegungen zur Anwendung sozialwissenschaftlicher Kategorien und alltagssprachlicher Begriffe und zum Verhältnis der verschiedenen Sprachebenen bei der Analyse von Handlungen (vgl. H. Haferkamp, 1973b, S.164-174).
Aus den Thesen 1-3 könnten wir zunächst die Hypothese folgern:

> Wenn Jugendliche aus Familien benachteiligter sozio-ökonomischer Lage unbehindert von Instanzen sozialer Kontrolle Gruppen bilden können, dann äußern sie häufiger kriminelle Handlungen als Jugendliche aus Familien bevorteilter sozio-ökonomischer Lage.

Um diese immer noch recht allgemeine Hypothese zu prüfen, ist es erforderlich, ihre Bestandteile zu präzisieren und zu operationalisieren, d.h. in Handlungsanweisungen zu überführen, die es uns gestatten, Objekte zu finden und zu beschreiben, um auf der Basis dieser Informationen zu entscheiden, ob die Hypothese zutreffend ist oder nicht.

Das ist für den zweiten Teil der Hypothese sehr einfach. Die Mitglieder von verschiedenen Gruppen, die Handlungen äußern, die sich gegen die bestehende Besitz- und Machtstruktur richten und die von den Instanzen sozialer Kontrolle als kriminell definiert werden können und die, wie sofort hinzugesetzt werden soll, nur zu einem kleinen Teil, z. B. aufgrund des unterschiedlichen Bekanntwerdens, tatsächlich als "kriminell" definiert werden, können wir in der Feldforschung ebenso identifizieren wie Gruppen, deren Mitglieder normal handeln. Obwohl dieses Vorgehen so einfach ist, wurde es - wie wir eingangs ausführten - bisher doch selten angewendet. Immer wieder ist in der Kriminalsoziologie der BRD und der USA beim Versuch der Bestimmung der Schicht- und Klassenzugehörigkeit von Kriminellen von den Instanzen sozialer Kontrolle bekannten Kriminellen, also von Kriminalisierten ausgegangen worden - ein Vorgehen, das sich für den sozalisationstheoretischen, den sozialstrukturellen, den interaktionistischen und den marxistischen Ansatz gleichwohl verbot, wollte man Kriminalsoziologie und nicht nur Kriminalisierungssoziologie betreiben, wie sie die Definitionstheoretiker tatsächlich unternehmen, was sie selbst aber nicht sehen. Die Befunde dieser Untersuchungen lassen sich dann auch nur auf Kriminalisierte, keinesfalls jedoch, wie es fast immer geschieht, auf alle von der Kriminalisierung Bedrohten und Betroffenen beziehen. Findet man z.B. wie Dorothee Peters (1971) bei einer Reihe von polizeilich vernommenen Personen einen starken Zusammenhang von der Zugehörigkeit zur unteren Unterschicht und der Ausführung krimineller Delikte, so ist dieser, wie von Dorothee Peters auch gesehen, nur so zu deuten: vom Kriminalisierungsprozeß ist die untere Unterschicht überproportional betroffen. Es ist eine völlig andere Frage, wie weit die Lebenssituation der unteren Unterschicht mit den Handlungen zusammenhängt, die kriminalisiert werden <u>können</u>. Darauf versuchen wir, in diesem Teil eine Antwort zu geben, wie z.T. andere Interaktionisten vor uns.

Wir sehen daher in diesem Teil nicht in der <u>theoretischen</u> Analyse der Bedingungen der Kriminalität, also in der <u>Untersuchung</u> von sozioökonomischer Lage und in den folgenden Abschnitten von Familienorganisation und eigener sozio-ökonomischer Position der Betroffenen und der Mitgliedschaft in kriminellen Gruppen, <u>einen</u> wesentlichen Unterschied unserer Forschung gegenüber anderen kriminalsoziologischen Untersuchungen - sondern im methodisch-empirischen Ansatz zur Identifizierung der Personen, die aufgrund dieser Bedingungen ein kriminalisierbares Handeln äußern.

Wesentlich schwieriger ist nun die Präzisierung und Operationalisierung des hier verwandten Begriffs der sozialen Mängellage in Anlehnung an einen Klassenbegriff, wie wir ihn schon in den allgemeinen Thesen einführten. Zunächst gingen wir selbst in einem frühen Stadium der Entwicklung der Thesen nicht von einem Lagen-, sondern einem Schichtungsbegriff aus. Erste empirische Befunde bei der Durchführung des Projekts haben uns dann gezeigt, daß es bei der Analyse des Zusammenhangs von Merkmalen der Gesellschaftsstruktur und kriminellem Handeln, das von der Kriminalisierung bedroht und betroffen ist, nicht sinnvoll ist, von einem Schichtungsbegriff auszugehen, ganz gleich, ob die Schichtung der Bundesrepublik als durch Berufspositionen, Einkommen und Bildung und ähnliche objektive Kriterien oder als durch selbst- oder fremdgeschätztes Prestige konstituiert betrachtet und dann nach unterer und oberer Unterschicht, unterer, mittlerer und oberer Mittelschicht und Oberschicht oder ähnlichen Klassifizierungen unterschieden wird. Das soll in einer Diskussion funktionalistischer und interaktionistischer Arbeiten zur Schichtung, wie die von Erwin K. Scheuch (1961) und Harriett Moore und Gerhard Kleining (196o) erörtert werden, die zusammen mit den Analysen von Morris Janowitz (1958) neben räumlich begrenzteren Analysen wie denen von Renate Mayntz (1958) und den mehr sozialstatistischen Darstellungen Friedrich Fürstenbergs (1967, 1972 (2.Aufl.)), Karl Martin Boltes, Dieter Kappes und Friedhelm Neidhardts (1966) und der Sozialkunde Dieter Claessens, Arno Klönnes und Armin Tschoepes (1971 (4.Aufl.)) lange Zeit die wichtigsten, mit eigenen Erhebungen empirisch belegten sozialstrukturellen Analysen der BRD boten.

Diese Arbeiten müssen zum Teil schon als ausdrückliche Ablehnungen (vgl. E.K.Scheuch, 1961, S.93, Anm.4) einer Schichtungsanalyse betrachtet werden, wie sie von Helmut Schelsky in den 50er Jahren (1955, S.218ff, 349; 1957, S.38, 223) vertreten wurde. Seine Analyse orientierte sich an der Institutionentheorie, die für die sozialisationstheoretischen Arbeiten zur Kriminalsoziologie und zu den Institutionen der Sozialarbeit das leitende Paradigma war. Sie muß noch heute - zum Teil unter systematischem Übersehen (vgl. z.B.U.Jaeggi, 1973, K.J.Huch, 1972, im Gegensatz zur gründlicheren Bestandsaufnahme von M.Tjaden-Steinhauer und K.H.Tjaden, 197o) eben der genannten systemtheoretischen Schichtungsanalysen Scheuchs, Mayntz´ und anderer und der interaktionistisch orientierten wie der von Moore und Kleining - als Beweis für den unkritischen Ansatz bürgerlicher Soziologie "herhalten". Schelskys These von der "nivellierten Mittelstandsgesellschaft", der sich auch Helge Peters bei seiner Analyse der Instanzen sozialer Kontrolle bediente, behauptete für die BRD eine Nivellierung auf der "unteren Mitte" aufgrund von Prozessen vertikaler Mobilität. Es bahne sich die Ausbildung einer nivellierten kleinbürgerlich-mittelständischen Gesellschaft an, die ebenso wenig proletarisch wie bürgerlich sei. Ein Verlust der Klassenspannung und sozialen Hierarchie sei zu verzeichnen. Die Nivellierung gehe bis zu einer breiten, verhältnismäßig einheitlichen Gesellschaftsschicht. Diese Gesellschaft sei nicht mehr von der Struktur der Sozialschichtung, sondern sie sei wesentlich von ihrer Mobilität und der damit zusammenhängenden Mentalität zu begreifen. Die durchdringende Dynamisierung der gesellschaftlichen Zusammenhänge bewirkt nach Helmut Schelsky ein spezifisches Dilemma. Sie führt zur "Standortlabilität" und "Belanglosigkeit" der gesellschaftlichen Status. Es sei kein Einwurzeln in einer beharrenden sozialen Position gestattet. Als Belege führt Schelsky die Chancengleichheit und die Vereinheitlichung der sozialen und kulturellen Verhaltensformen an.

Von dieser These klar zu unterscheiden sind nun die systemtheoretischen Schichtungsanalysen, die gerade im Gegensatz zu Schelsky den ungebrochenen Fortbestand deutlicher sozialer Ungleichheiten feststellen. Die Position Scheuchs wird verständlich, wenn man als Hintergrund die Diskussion um die Analyse der Sozialstruktur der USA nach 1945 heranzieht. Unterstellt wurde in der systemtheoretischen Soziologie, daß die Kategorie "Schichtung" wesentliche Züge der Sozialstruktur erschloß. Dazu wurden "objektive" Ansätze vertreten, die zum großen Teil an einem allgemeinen,undifferenzierten Merkmal wie der Ungleichheit der Belohnungen bei Kingsley Davis und Wilbert E.Moore (1945, deutsch: 1967), der Ungleichheit der kollektiven Gruppen bei W.Buckley (1958) oder der generellen Einstufung in einer Hierarchie bei Talcott Parsons (1949) ansetzten. Auch mehrere spezifische Merkmale wurden als konstitutiv für die Schichtung in Erwägung gezogen, wie etwa bei Melvin Tumin (1967) die Gliederung einer sozialen Gruppe in eine Hierarchie von Positionen, die in bezug auf Macht, Eigentum, soziale Wertschätzung und psychische Belohnungen ungleich sind. Die Schichtung wurde von diesen Forschern als Funktion des sozialen Systems Gesellschaft angesehen. So betrachteten Davis und Moore die Schichtung als Beitrag zur Systemerhaltung. Jedes System habe eine Positionsdifferenzierung. Die Differenzierung impliziere Qualifikationsunterschiede, die durch die menschliche Konstitution einerseits, durch die gesellschaftlichen Wertsysteme andererseits bestimmt seien. Die Positionen erhielten unterschiedliche Belohnungen. Dieser Mechanismus sei erforderlich, um erstens Leute zu motivieren, diese Positionen anzustreben, zweitens Leute anzuhalten, die Verpflichtungen der Positionen gewissenhaft auszuüben. Die Belohnungen führen dann zur Schichtung. Die Determinanten der Wichtigkeit und damit der Höhe der Belohnung sind nach Davis und Moore die funktionale Bedeutung aufgrund der Einzigartigkeit und Abhängigkeit der anderen und die relative Knappheit des Personals.

Diesen Erklärungen der funktionalisitischen Schule war nun auch die Arbeit E.K.Scheuchs verpflichtet. Er versuchte mit dem "Kölner Index", bestehend aus neun Variablen, deren Ausprägung für einen Fall zu einer Gesamtzahl kombiniert wurde, die soziale Stellung einer Person sowohl nach wirtschaftlicher Lage, Berufszugehörigkeit und kulturellem Niveau zu erfassen. Der Index wurde später vereinfacht auf die Kombination von drei Merkmalen: Einkommen des Haupternährers, Beruf- und Schulbildung. Je nach Punktwert ordnete Scheuch die Person einer der oben genannten sechs Schichten zu.

In interaktionstheoretisch orientierten Forschungen zur gesellschaftlichen Ungleichheit wurde die subjektive Schichtungsvorstellung, die Selbst- und Fremdeinschätzung zum Maßstab gesellschaftlicher Differenzierung. Typisch dafür war in der Bundesrepublik die Analyse von Harriett Moore und Gerhard Kleining. Sie ließen Personen den eigenen Status im Vergleich zu anderen definieren und fanden die Schichten der Großunternehmer, die sich selbst als Elite begriffen, der leitenden Angestellten und Beamten, die sich Energie und Dynamik zusprachen, der mittleren Angestellten und Beamten mit bürgerlichen Einstellungen, der unteren Angestellten, Beamten und Handwerker, die nach ihrer Auffassung den Mittelstand verteidigten, der hochqualifizierten Arbeiter, die sich als normale Menschen, Fachleute bezeichneten, der untersten Angestellten, Beamten und Händler, die nicht über ein klares Gesellschaftsbild verfügten, der untersten Industriearbeiter, die sich als einfache Menschen mit Realismus sahen und der Straßenarbeiter und ähnliche Berufe, deren Inhaber verschlossen waren und einem robusten Männlichkeitsideal anhingen und schließlich der sozial Verachteten, die sich selbst als arme Schlucker definierten.

Stellt man die Ergebnisse beider Ansätze zu einer Analyse der Sozialstruktur der BRD einander gegenüber, findet man folgende Verteilungen:

Tabelle 1: Verteilung der Bevölkerung der BRD über die Schichtung..

..nach Scheuch	%	..nach Moore und Kleining	%
Oberschicht	3	Großunternehmer	1
obere Mittelschicht	6	leitende Angest.u.Beamte	5
mittlere Mittelschicht	15	mittl.Angest.u.Beamte	15
untere Mittelschicht	21	unt.Angest.,Beamte,Handw. und hochqualif.Arbeiter	3o
obere Unterschicht	37	unterste Angest.,Beamte, Händler u.unterste Ind.Arb.	28
untere Unterschicht	19	Straßenarbeiter u.ä.Berufe	17
		Sozial Verachtete	4

Im Zusammenhang mit der Analyse der Kriminalität mußten diese Schichtungskonzepte - wie in den USA auch geschehen - zur These führen, daß für die Auslösung des kriminellen Handelns und seiner Kriminalisierung eine objektiv vorfindbare (sozialstruktureller Ansatz) oder subjektiv definierte (interaktionistischer Ansatz) extrem schlechte soziale Lage verantwortlich sei: die der unteren Unterschicht. So ermittelte Dorothee Peters 1969 (zuerst veröffentlicht: 1971, S.95) zuerst empirisch einwandfreie Befunde zur Schichtverteilung der polizeilich ermittelten Kriminellen. Danach entstammten die kriminellen Täter der unteren Unterschicht zu 56, der oberen Unterschicht zu 34, den beiden Schichten also zu 9o%. Nun hatte Dorothee Peters damit, wie sie selbst immer wieder betonte, wie aber ebenso oft von anderen übersehen wurde, die Schichtverteilung von Kriminalisierten gefunden. Sie darf aber nicht mit der der Kriminellen verwechselt werden. Wie erste Kontakte mit den Kriminellen uns nämlich zeigten, und an diesem Punkt setzt nun unsere zuerst empirisch gewonnene Kritik an den Theorien vom Zusammenhang von Schicht und Kriminalität an, sind diese Schichtungskategorien für eine Erklärung des kriminellen Handelns nicht deshalb unbrauchbar, weil sie den Blick vor krassen Benachteiligungen in der Gesellschaft verschlössen - was marxistische Kriminalsoziologen gern der "bürgerlichen" Kriminalsoziologie vorhalten -, sondern weil die soziale Lage der Kriminellen, die Lage, die in einem Zusammenhang mit dem kriminellen Handeln steht, die dieses Handeln auslöst - achtet man auf ihre ökonomische und politische Struktur -,bei Angehörigen der unteren und oberen Unterschicht, der unteren und mittleren Mittelschicht - im Sinne der Schichtungsanalyse - keine für dieses Handeln wesentliche, d.h. kriminelles Handeln produzierende Unterschiede aufweist. Diese These hat zwei Voraussetzungen:

1. Es gibt wesentliche soziale Strukturgleichheiten verschiedener, von den Systemtheoretikern und Interaktionisten unterschiedener Schichten, d.h. es gibt soziale Lagen großer Breite.
2. Diese sozialen Lagen und keine Schichtlagen stehen im engen Zusammenhang mit dem Auftreten der Kriminalität.

Bei der ersten Voraussetzung gibt es eine Übereinstimmung mit der Marxschen Analyse, die die vielen abgeleiteten Unterschiede von Berufen, Einkommen, Ausbildungen und Bewußtseinsformen verschiedener Schichten auf den Unterschied in kapitalistischen Gesellschaften mit hoher Arbeitsteilung und privater und ungleicher Wertaneignung zurückführt, den Unterschied im Besitz von Produktionsmitteln. Die Marxsche Analyse wurde für die Situation der Bundesrepublik vertieft und empirisch belegt durch die wichtigen Arbeiten zur Analyse der Sozialstruktur von Jörg Huffschmid (1969), Urs Jaeggi (1969 und 1973), Margarete Tjaden-Steinhauer und Karl Hermann Tjaden (197o, 1973) und anderen. Greift man die Ergebnisse dieser Analysen zur Besitz- und Machtstruktur der BRD auf, erfaßt sie jedoch in der traditionell handlungstheoretischen Kategorie der Mängellage, dann bezeichnet sie, anders als bei anderen Handlungstheoretikern, einen Tatbestand, der gesellschaftlich produziert wurde und nicht Merkmal menschlicher Existenz schlechthin ist.

Die zweite Voraussetzung stimmt mit Thesen der materialistisch-gesellschaftstheoretischen Analysen der Kriminalität, insbesondere von

Werkentin, Hofferbert und Baurmann überein. Gleichzeitig ist diese Voraussetzung aber auch – nimmt man sie ernst – die Grundlage einer Kritik an ihrer Position, die das kriminelle Handeln mit der Klassenlage des Proletariats in einen Zusammenhang bringt, den Prozeß aber, in dem dieser Zusammenhang erst hergestellt wird, nicht oder nur sehr unzureichend analysiert.

Was sind nun die gemeinsamen Mängel, denen Angehörige der unteren Unterschicht bis zur mittleren Mittelschicht ausgesetzt sind, die zur Kriminalität führen? Wir haben schon mehrfach darauf hingewiesen: Es sind Besitzlosigkeit und Machtunterworfenheit:

1. Die gemeinsame soziale Lage ist gekennzeichnet durch Besitzlosigkeit. Die Mitglieder krimineller Gruppen kommen aus Familien, die von Löhnen und Gehältern abhängig sind, die von anderen festgesetzt wurden. Sie werden selbst Lohnabhängige in diesem Sinn. Sie haben keine andere Basis zur Lebensführung als diese. Unterschiede in Kleidung, Nahrung, Wohnraum und Möglichkeiten der Freizeitgestaltung sind innerhalb dieser Soziallage gegeben. Sie ändern aber nichts an der gemeinsamen Besitzlosigkeit, an ihrer relativen Armut, der Beschränkung der Handlungsmöglichkeiten, der Lebensbedingungen inmitten der Fülle. Das führt zu Übergriffen auf den Bereich, in dem die Fülle ist.
2. Die gemeinsame soziale Lage ist gekennzeichnet durch Machtunterworfenheit. Die Mitglieder krimineller Gruppen kommen aus Familien, die in allen Bereichen gesellschaftlicher Organisation machtunterworfen sind, die von Gesetzen, Satzungen, Betriebsordnungen, Regeln, Heim- und Hausordnungen beherrscht werden, die andere festgesetzt haben: in Betrieben, Schulen, im Wohnviertel und im Freizeitbereich. Auch hier gibt es erhebliche Differenzen zwischen den Schichten. Aber gemeinsam ist ihnen die Machtlosigkeit im Handeln. Diese Machtlosigkeit führt dazu, daß die Handelnden ihre aus der relativen Armut resultierenden Handlungen nicht gegen die Instanzen der sozialen Kontrolle, gegen die Kriminalisierung durchhalten können.

Beide sozialen Lagen fallen in der Regel zu einer Lage zusammen. Das wissen die Beteiligten auch selbst. Ohne jede Vorgabe von uns sprachen die Mitglieder der untersuchten kriminellen Gruppen von "wirtschaftlicher Ausbeutung" und davon, daß sie politisch eben machtlos seien. Wir gehen daher davon aus, daß Personen dieser sozialen Lage an der Kriminalität beteiligt sind. Eine Konzentration auf die untere Unterschicht erwarten wir nicht.

Dagegen findet man nicht bzw. nur unterproportional selten unter den kriminellen Gruppen Angehörige der – im alten Verständnis – oberen Mittelschicht und Oberschicht, d.h. Personen, deren Familie Anteil am Besitz, insbesondere an Produktionsmitteln, oder Anteil an Herrschaft als

Angehörige der obersten Gruppe der Exekutive, wie der Spitzen der Verwaltung oder des Militärs, haben.

Das ist aber ein Sachverhalt, der sich nicht mehr mit einem vielgliedrigen Schichtungsbegriff, sondern mit einem am Klassenbegriff entwikkelten Begriff der sozialen Lage, der an ökonomischen und politischen Funktionen ansetzt, in den Griff bekommen läßt, der zur Bezeichnung gesellschaftlicher Positionen, die durch Ausschluß oder Anteil an Besitz und Macht gekennzeichnet sind, geeignet ist.

Damit sollen Analysen, die mit dem Schichtungsbegriff arbeiten, nicht von vornherein verworfen werden. Der Schichtungsbegriff mit seiner Orientierung an Beruf, Einkommen und Ausbildung hat ja durchaus einen realen Hintergrund: Damit müßte sich ja auch zeigen lassen, daß die Gesellschaft straff geschichtet ist. Eine Analyse der Kriminalität soll jedoch zeigen, daß diese Unterschiede zwischen den einzelnen Schichten für die Kriminalitätsentstehung nicht entscheidend sind, sondern Strukturmerkmale der BRD, die die Verteilung der Ausprägung der Merkmale hervorbringen.

Dazu müssen wir genau angeben, welche Positionen im ökonomischen und politischen Prozeß als relativ besitz- und machtlos betrachtet werden sollen. Wir formulieren unsere erste Hypothese als erste Präzisierung und Operationalisierung der allgemeinen Thesen 1-3 dann so:

H 1: Wenn Jugendliche aus Familien, deren Hauptemährer Arbeiter, Angestellte oder Beamte - mit Ausnahme der Spitzenpositionen der letzten beiden Kategorien - sind, unbehindert von Instanzen sozialer Kontrolle Gruppen bilden können, dann äußern sie häufiger kriminelle Handlungen als Mitglieder von Gruppen von Jugendlichen aus Familien, deren Haupternährer Selbständige oder Angehörige der Spitzengruppe der Angestellten oder Beamten sind.

Der Status des Vaters im Produktions- und Verteilungsprozeß ist die Basis der sozialen Lage einer Familie. Er determiniert auch die Verfügungsmöglichkeiten über Ressourcen zum Aufbau oder zur Erhaltung einer bestimmten Lebensqualität. Wir gelangen so zu den Unterschieden der Einkommen der Väter der Mitglieder krimineller und normaler Gruppen. Nun ist es oft schwierig, das Monatseinkommen zu erheben. Das gilt schon für die Befragung der Bezieher selbst. Die Schwierigkeiten werden sehr vergrößert, wenn man Kinder nach dem Einkommen ihrer Väter befragt, wie wir es in unserer Untersuchung zeitweise taten, selbst wenn die Kinder als Jugendliche Geld verdienen und zum Familieneinkommen einen Teil beisteuern. Man bekommt selten zuverlässige Antworten. Es hat sich in der empirischen Sozialforschung bewährt, nach dem Besitz einzelner für die Lebensführung notwendiger oder angenehmer Güter zu fragen und von ihnen auf das Einkommen zu schließen. Dementsprechend lautet eine Ableitung unserer ersten allgemeinen Thesen:

H 2: Wenn Jugendliche aus Familien, die nur über notwendige Güter und Dienstleistungen zur Lebensführung verfügen, unbehindert von Instanzen sozialer Kontrolle Gruppen bilden können, dann äußern sie häufiger kriminelle Handlungen als Mitglieder von Gruppen von Jugendlichen aus Familien, die über mehr als nur notwendige Güter und Dienstleistungen zur Lebensführung verfügen.

Sodann wäre zu beachten, daß die Einnahme einer abhängigen Position heute durch das Fehlen einer qualifizierten Ausbildung in der Schule und Hochschule gefestigt wird. Wir gehen daher davon aus, daß wir nur Schulausbildungen unterhalb des Abiturs bei den Vätern der Mitglieder krimineller Gruppen finden.

H 3: Wenn Jugendliche aus Familien, in denen der Vater eine Schulbildung unterhalb des Abiturs hat, unbehindert von Instanzen sozialer Kontrolle Gruppen bilden können, dann äußern sie häufiger kriminelle Handlungen als Mitglieder von Gruppen von Jugendlichen aus Familien, in denen der Vater eineSchulbildung mit Abitur hat.

3.1.2 Datenanalyse zur sozialen Lage der Herkunftsfamilien

Prüfen wir zuerst die Hypothese 1, so finden wir:
Die Väter der Typen, der Beteiligten an Drogenmißbrauchdelikten, sind 1 Tankwagenfahrer, 1 Maurer, 1 Tischler, 1 Drechsler, 3 Schlosser, 1 Reparaturschlosser, 1 Buchbinder, 1 Zweiradmechaniker, 1 Lithograph, 1 Magazinverwalter, 9 kaufmännische Angestellte, 1 Hausmeister, 1 Buchhalter, 1 Maschinensteiger, 1 Verwaltungsbeamter, 1 Postamtmann, 1 Lehrer, 1 selbständiger Taxifahrer, 1 kleiner Gastwirt, 1 Bäkkermeister, 1 Rohproduktenhändler, 1 selbständiger Malermeister, 1 selbständiger Kaufmann, 2 Ingenieure, 1 Wirtschaftsprüfer und 1 Arzt. 3 sind Arbeiterrentner, 3 konnten über den Vater keine Angaben machen, da sie ihn kaum kannten, er war früh gestorben, ein Typ war unehelich geboren, bei einem war die Ehe der Eltern sehr früh geschieden worden. Die Mütter sind 1 Putzfrau, 1 Näherin und 1 Angestelltenrentnerin.
Die Väter der Rocker, der Beteiligten an Aggressionsdelikten, sind 3 Hilfsarbeiter, 3 Kraftfahrer, 1 Glaserhilfsarbeiter, 2 Arbeiter, 1 Gärtner, 1 Scherer, 1 Friseur, 4 Maurer, 1 Gerüstebauer, 1 Stukkateur, 2 Zimmerleute, 2 Tischler, 1 Maler, 1 Metallarbeiter, 1 Polierer, 1 Schmelzer, 3 Schlosser, 1 Autoschlosser, 1 Dreher, 1 Küfer, 1 Chemiearbeiter, 1 Elektriker, 1 Maschinengraveur, 1 Pförtner, 1 Postangestellter, 6 kaufmännische Angestellte, 1 Schuhmachermeister,1 Fleischermeister, 1 Meister, 1 Postbeamter, 1 Kirchenbeamter, 1 Operpostrat, 1 selbständiger Taxifahrer und 1 selbständiger Bäckermeister; 2 sind Arbeiterrentner; 3 Rocker kannten den Vater nicht. Die Mütter sind 1 Inspektorin, 1 Kontoristin und 1 Hausfrau.

Die Väter der Einsacker, der Beteiligten an Eigentumsdelikten, sind 1 Kraftfahrer, 1 Schlachter, 1 Tischler, 1 Kraftfahrzeugmechaniker, 1 Elektromonteur, 2 kaufmännische Angestellte und 1 Angestelltenrentner.

Prüft man die Hypothese 1 systematisch und faßt man die Daten zusammen, so findet man folgende Verteilung (12):

Tabelle 2: Ökonomische Position der Väter von Mitgliedern krimineller Gruppen+

Position	Gruppe			
	Kriminelle	Typen	Rocker	Einsacker
Größere Selbständige	4	4	o	o
Mittl. u.kl.Kaufl.u.Handw.	6	4	2	o
Leitende Beamte	1	1	o	o
Gehobene Beamte	7	4	3	o
Leitende Angestellte	8	6	2	o
Qualifizierte Angestellte	6	3	3	o
Einfache und mittl.Angest.	14	3	8	3
Qualifizierte Facharbeiter	5	3	2	o
Facharbeiter	37	1o	22	5
Angelernte Arbeiter	1o	1	9	o
Ungelernte Arbeiter	3	1	2	o
Summe	1o1	4o	53	8

+ 8 der Berufe waren auf der Scheuchschen Berufsskala nicht eindeutig einzuordnen, beispielsweise, weil die Selbständigkeit oder Anstellung unklar war, oder die Bedeutung einer Stellung (Position in der Hierarchie, Größe des Betriebes) auch unter Verwertung weiterer Angaben zur Person nicht abzuschätzen war.

Ziehen wir einmal die Ergebnisse sozialstatistischer Erhebungen aus den Jahren zum Zeitraum der Untersuchung (197o/71) heran, finden wir für die BRD folgende Zusammensetzung: 197o waren 16% der Erwerbspersonen Selbständige oder mithelfende Familienangehörige und 84% Unselbständige. Davon waren 38,4% Beamte und Angestellte, 45,6% Arbeiter (Wirtschaft und Statistik, 1971, S.739). 1971 fand man: 16,9% waren Selbständige oder mithelfende Familienangehörige, 83,1% waren unselbständig, darunter 7,3% als Beamte, 3o,3% als Angestellte und 45,5% als Arbeiter (Mikrozensus 1971). Gehen wir einmal von den abgerundeten Daten des Jahres 1971 aus und fassen wir unsere Gruppen entsprechend zusammen, finden wir folgende Verteilung der Anteilswerte: (siehe Tabelle 3, S.136)

Rechnen wir zu den ökonomisch und politisch abhängigen Positionen die Beamten, Angestellten und Arbeiter und schlagen wir, um die Verteilungen der Anteilswerte der Gruppen mit den Anteilswerten für die BRD vergleichen zu können, die mittleren und kleineren Kaufleute und

Tabelle 3: Anteilswerte der Positionen der Väter von Mitgliedern krimineller Gruppen im BRD-Vergleich

Position	Gruppe			
	BRD	Kriminelle	Typen	Rocker
Selbständige	o,17	o,1o	o,2o	o,o4
Beamte	o,o7	o,o8	o,13	o,o6
Angestellte	o,3o	o,28	o,3o	o,25
Arbeiter	o,46	o,54	o,38	o,66
Summe	1,oo	1,oo	1,o1	1,o1

Von den Einsackern kamen 3 aus Angestellten- und 5 aus Arbeiterfamilien.

Handwerker zu den führenden Selbständigen als nicht abhängige ökonomische und politische Positionen, so finden wir folgende Tabelle:

Tabelle 4: Ökonomische Position der Väter von Mitgliedern krimineller Gruppen im BRD-Vergleich (Zusammenfassung)

Position	Gruppe				
	BRD	Kriminelle	Typen	Rocker	Einsacker+
Selbständige	(o,17)	1o (o,1o)	8 (o,2o)	2 (o,o4)	o
Beamte, Angestellte, Arbeiter	(o,83)	91 (o,9o)	32 (o,8o)	51 (o,96)	8
Summe		1o1	4o	53	8

Tau V/K = o,o1; Tau V/T = o,oo; Tau V/R = o,o5

+ Anteilswerte wurden für diese und alle folgenden Tabellen nur für die Gruppen errechnet, die bei Gleichverteilung der Gesamtzahl über die Zellen jede Zelle mit mindestens 1o besetzt hätten. Sie beziehen sich in den Abschnitten 1-3 dieses Teils stets auf die Spaltensumme.

Man sieht auf den ersten Blick, daß diese Verteilungen sich sehr unterscheiden. Zwar ist es nicht so, daß in der Gruppe der Kriminellen nur Mitglieder auftreten, deren Väter Beamte, Angestellte und Arbeiter sind, die wir hier in einer etwas groben Operationalisierung zur besitzlosen und machtunterworfenen Lage zählen, aber der Anteil derartiger Mitglieder an der Gesamtzahl der Kriminellen und die Anteile bei den einzelnen Gruppen sind hoch: Neun Zehntel der "Kriminellen", fast alle Rocker, haben Väter mit unselbständigen Positionen. Das weist auf den ersten Blick auf eine Abhängigkeit der kriminellen Handlungen von der Position der Väter der Jugendlichen hin.

Für Aussagen über den Wert unserer Hypothese und insbesondere für den Vergleich dieses Zusammenhangs mit anderen muß diese Aussage jedoch präzisiert und standardisiert werden, um eben Vergleiche zu erlauben. Dazu suchen wir ein Assoziationsmaß, um die Stärke des vermuteten Zusammenhanges zu messen. Die Errechnung derartiger Maße setzt die Kenntnis der Verteilung entsprechender Daten einer Vergleichsgruppe voraus, die sich in ihrer Größe nicht zu sehr von der ersten Gruppe unterscheidet. Wir wollen nun für die Einschätzung der kriminellen Gruppe und jeder der speziellen kriminellen Gruppen jeweils gleich große fiktive normale Vergleichsgruppen bilden, die im Hinblick auf die einzelnen Merkmale der sozialen Lage die Quoten für die Bundesrepublik erfüllen. Für die Beurteilung des Zusammenhangs von ökonomischer Position und Mitgliedschaft in kriminellen Gruppen allgemein werden 1o1 fiktive Vergleichspersonen entsprechend den Anteilswerten der Positionsverteilung für die Bevölkerung der BRD aufgeteilt. In dieser fiktiven normalen Vergleichsgruppe hätten 17 der Mitglieder Selbständige, 84 Beamte, Angestellte oder Arbeiter als Väter. Für die Einschätzung der Typen werden 4o, für die der Rocker 53 nach denselben Quoten aufgeteilt, so daß die fiktive Vergleichsgruppe im ersten Fall 7 Selbständige und 33 Nichtselbständige und im zweiten Fall 9 Selbständige und 44 Nichtselbständige als Väter aufweist.

Zur Beurteilung der beobachteten Gruppen im Vergleich mit den fiktiven Gruppen könnte man nun noch einmal auf den Chi-Quadrat-Test zurückgreifen, wenn man seine Ergebnisse als Signifikanzwerte interpretiert, aber nicht für Schätzungen von Werten für die Grundgesamtheit verwendet. Man könnte dann von den zu bildenden Randverteilungen ausgehen und sich fragen, mit welcher Wahrscheinlichkeit eine Verteilung der Zellenwerte auftritt, so wie wir sie gefunden haben, wenn die Variablen in der Auswahl unabhängig voneinander sind. Man errechnet dann Erwartungswerte, die von der Unabhängigkeit der Position des Vaters - aufgrund der Randverteilung - und der Mitgliedschaft in der kriminellen und der fiktiven normalen Gruppen ausgehen und findet so Erwartungswerte. Man kommt so zweifelsohne zu Aussagen über die Abhängigkeit, aber man kann den Chi-Quadrat-Wert nicht in einer Weise interpretieren, die angibt, wie stark im Vergleich zu anderen Verteilungen die Abhängigkeit in dem speziellen Vergleich ist. Das gilt auch für die Koeffizienten Phi (zu seiner Berechnung vgl. G.Clauss und H.Ebner, 1972, S.252ff), Q (G.Clauss und H.Ebner, S.259f) und andere. Man kann sie nicht interpretieren (vgl. L.A.Goodman und W. H.Kruskal, 1954, S.739ff, ferner L.A.Goodman und W.H.Kruskal, 1959).

Diese und andere Koeffizienten werden oft angewendet, obwohl man keine präzisen Aussagen über ihre sachliche Bedeutung für eine Verteilung machen kann. "Für die soziologische Forschung wäre es aber sinnvoll, Maße zu verwenden, die eine "Vorhersagemöglichkeit" der Verteilung der Fälle über die Merkmale einer Variablen aus der Kenntnis der Verteilung der Fälle über die Merkmale einer anderen Variablen leisten" (H.L.Costner, 1965, S.342). Der Wert eines solchen Koeffizienten sollte in dem Maße steigen, in dem die Fehlerzahl der Vorhersagen der Werte der abhängigen Variablen aufgrund der Kenntnisse der Werte der unabhängigen Variablen fällt (vgl. Leo A. Goodman nach H.L.Costner, S.342). Beispielhaft dafür ist der Bravais-Pearsonsche Korrelationskoeffizient r. Nach diesem Vorbild sind nun die für unsere Daten geeigneten Koeffizienten Lambda von Goodman und Goodmans und Kruskals Tau aufgebaut (13, 14). Jedes dieser Maße basiert auf derselben Logik. Sie sind "für Zwecke der soziologischen Forschung.. weitaus nützlicher als Maße, die dem Kriterium der Prognosefähigkeit nicht genügen. Denn über die bloße Bestimmung eines Zusammenhangs und seine Beurteilung als hoch, mittel oder niedrig hinaus wird der Einfluß der als unabhängig konzipierten Variablen bewertet" (H.Hartmann im Anschluß an H.L.Costner, 197o, S.156). Von den Maßen Lambda und Tau ist Lambda nur dann angemessen, wenn die Verteilungen bei der Variablen, für die Abhängigkeit behauptet wird - hier die Mitgliedschaft in kriminellen oder Vergleichsgruppen - über die Merkmale der unabhängigen Variablen - hier die ökonomische Position des Vaters - ihren Modalwert bei der Ausprägung annehmen, für die die Abhängigkeit von einer bestimmten Ausprägung der unabhängigen Variablen behauptet wird. Das wäre der Fall, wenn wir für die folgende Tabelle 5 unterstellten, die Väter in selbständigen Positionen hätten meist Kinder in normalen Gruppen, die Väter in unselbständigen Positionen hätten dagegen meist Kinder in kriminellen Gruppen. Davon gehen wir aber aufgrund des Wirkens der Instanzen sozialer Kontrolle nicht aus, wie wir mehrfach ausgeführt haben.

Nun ist aber zu bedenken, daß wir mit derartig strukturierten Verteilungen durchaus auch zu rechnen haben. Aber es treten, wie in der Tabelle 5, viele Verteilungen auf, in denen die Modalwerte für jede Zeile in derselben Spalte liegen, d.h. die meisten Kinder von Vätern aus abhängigen wie unabhängigen Positionen sind Mitglieder normaler Gruppen. Für diese Fälle ist Goodman-Kruskals Tau angemessener. "Tau ist besonders dann angebracht, wenn die Häufigkeiten in den einzelnen Zeilen disproportional zu den Randverteilungen sind und dennoch den Modalwert in derselben Kategorie haben" (J.H.Mueller, K.F.Schuessler und H.L.Costner, 197o, S.262). Da wir die einzelnen Assoziationsmaße miteinander vergleichen wollen, ist es erforderlich, durchgehend ein Maß anzuwenden. Wir wählen dazu Tau, denn dieses Maß ist in den erstgenannten Fällen ebenso gut anwendbar. Tau wird berechnet nach der Formel $\frac{E1 - E2}{E1}$. (Zu allen Einzelheiten der Ableitung vgl. J.H. Mueller, K.F.Schuessler und H.L.Costner, 197o, S.257 - 267). Dabei ist E1 die Zahl der falsch eingeordneten Elemente der abhängigen Variablen aufgrund der Kenntnis ihrer eigenen Verteilung und E2 die Zahl der falsch eingeordneten Elemente der abhängigen Variablen aufgrund der Kenntnis ihrer eigenen Verteilung für jede Kategorie der unabhängigen Variablen. Diese Fehler werden nach einfachen wahrscheinlichkeitstheoretischen Formeln errechnet. So machen wir bei der Einschätzung der Mitgliedschaft als "normal" für 1o1 zufällig unter den 2o2 ausgewählten Personen aufgrund unserer Information, daß sich die 2o2 Mitglieder der fiktiven normalen und der kriminellen Gruppe im Verhältnis von 1o1:1o1 über diese Gruppen verteilen, $1o1 \times \frac{1o1}{2o2} = 5o{,}5$, bei der Einschätzung der Mitgliedschaft als "kriminell" für die verbliebenen 1o1 Personen ebenfalls 5o,5; zusammen also 1o1 Fehler. Die Berechnung der Fehlerzahlen für jede der Zeilen erfolgt analog. Für unsere Tabelle 4 zu Hypothese 1 finden wir dann das Tau fiktive Vergleichsgruppe/Kriminelle:

$$\text{Tau V/K} = \frac{1o1 - \left| \frac{1o \times 17}{27} + \frac{17 \times 1o}{27} + \frac{91 \times 84}{175} + \frac{84 \times 91}{175} \right|}{1o1} = \frac{1o1 - 1oo}{1o1} = \frac{1}{1o1} = \underline{\underline{o{,}o1}}$$

Wir interpretieren dies so: Wenn wir allein aufgrund der Kenntnis der Größen der gezogenen Auswahlen, d.h. der Größen der fiktiven normalen Vergleichsgruppe und der Gruppe der Kriminellen, bei jedem Fall der Gesamtauswahl seine Gruppenzugehörigkeit schätzen würden, machen wir 1o1 Fehler bei den 2o2 Elementen. Die anderen 1o1 Fälle ordnen wir dagegen richtig ein. Wenn wir die Verteilung der Gruppenmitgliedschaften für die einzelnen Positionen von Vätern kennen, ordnen wir im Vergleich zur ersten Schätzung aufgrund der Kenntnis der Größe der beiden Auswahlen aufgrund dieser neuen Kenntnis 1 Fall weniger falsch, d.h. richtig ein, d.h. aufgrund der Kenntnis der Gruppenmitgliedschaft von Personen mit Vätern einer bestimmten Position ordnen wir 1 von 1o1 bisher falsch eingeordneten Personen richtig ein, was einem Anteilswert von o,o1 entspricht. Kürzer gesagt: Von den nach Kenntnis der Gruppengröße nicht richtig eingeordneten Fällen ordnen wir nach Kenntnis der Gruppenverteilung für die Positionen einzelner Väter etwa 1/1oo richtig ein. Noch kürzer gesagt: Etwa 1/1oo der Mitgliedschaften in den Gruppen steht mit den Positionen der Väter in einem Zusammenhang. Da wir annehmen, daß die Position des Vaters aufgrund ihrer Konsequenzen für die soziale Lage des Jugendlichen, diesen zu kriminellen Handlungen drängt, seine Gruppenmitgliedschaft also beeinflußt, können wir auch sagen, daß die Gruppenmitgliedschaft von der Position des Vaters abhängt, von ihr erklärt wird. In diesem Sinne wird 1/1oo der Mitgliedschaften in den Gruppen durch die Position der Väter erklärt.

Man kann jetzt natürlich sofort die Frage stellen, ob dieser Wert von o,o1 ausreicht, um etwas über den Wert unserer Hypothese und damit unserer allgemeinen These zu sagen. Dazu könnte man ihn mit anderen, in sozialwissenschaftlichen Untersuchungen gefundenen Werten vergleichen. Für Tau ist dies leider nicht möglich, da es bisher nur sehr wenige Untersuchungen gibt, in denen dieses Maß Verwendung fand.

Aber Tau ist im Fall einer Vierfeldertafel gleich Phi-Quadrat (vgl. L.A. Goodmann und W.H. Kruskal, 1959, S.126): ein Maß, das nach Phi aufgelöst, sehr häufig eingesetzt wird. Wir kommen dann hier auf einen Phi-Wert von o,1. Errechnet man ferner die Prozentdifferenz, findet man 7.

Wir sehen so zwar, daß der Wert, verglichen mit den Ergebnissen aus anderen sozialwissenschaftlichen Untersuchungen, klein ausfällt, aber die bisherige Argumentation orientierte sich nur an der Höhe der numerischen Werte und Wertschwellen, die in den Sozialwissenschaften üblich sind. Das sind in der Regel statistische Signifikanzwerte bzw. ihre Schwellen. Eine Beurteilung des Tauwertes oder der anderen Werte nach ihrer Aussage über die Beziehung, der sie zugeordnet werden, fand nicht statt. Die sozialwissenschaftliche Bedeutsamkeit eines Wertes ist aber nur vor dem Hintergrund theoretischer Überlegungen einzuschätzen. Dazu ist es erforderlich, sich Vorstellungen von den zu erwartenden Werten zu verschaffen, wenn die zu prüfenden Thesen in ihrer Komplexität zutreffend sind. So ist zu bedenken, daß wir ja davon ausgehen, daß auch in der Grundgesamtheit kein ungebrochener Zusammenhang zwischen sozialer Lage, hier Beruf des Vaters, und Gruppenmitgliedschaft besteht. Wir haben immer wieder betont, daß die meisten Jugendlichen von Vätern aus abhängigen Positionen sich zweifelsohne normal verhalten, und daß sich auch einige wenige Jugendliche aus Familien bevorteilter sozialer Lagen durchaus kriminell verhalten (15).

Um uns eine solche Vorstellung von der Größe sinnvoller Tauwerte bilden zu können, wollen wir einmal rein hypothetisch davon ausgehen, daß aufgrund des Wirkens der Instanzen sozialer Kontrolle nur 5% der Angehörigen der benachteiligten sozialen Lage kriminell handeln und daß 1% der Angehörigen der bevorteilten Lage aufgrund hier nicht zu klärender Tatbestände kriminell handeln (vgl. Tabelle 5). Diese Differenz wäre in einer nach Millionen zählenden Bevölkerung als höchst bedeutsam anzusehen. Wir fänden dann bei einer Zahl von 2o Millionen Personen ein Tau von o,oo5.

Nun wurden Kriminelle und Mitglieder der fiktiven normalen Vergleichsgruppe im Verhältnis 1:1 untersucht. Führen wir dies auch einmal für unser vorgestelltes Beispiel durch. Wir würden dann z.B. alle kriminellen Jugendlichen in der Bundesrepublik, jedoch nur eine dem Auswahlsatz von 1:1 entsprechende Zahl von Normalen untersuchen. Wir finden für diesen fiktiven Fall ein Tau von o,o5. Das bedeutet, daß bei repräsentativen Zufallsstichproben aus der Gesamtgruppe der Normalen und der Kriminellen im Verhältnis von 1:1 das Tau der Stichprobe diesen Wert hätte.

Nun haben wir keine Zufallsstichprobe gezogen, sondern die kriminellen Gruppen gezielt ausgewählt. Es ist daher nicht möglich, von diesem oder einem realitätsnäheren Modell der Grundgesamtheit den Bereich festzulegen, in dem unser Tau bei Zutreffen der allgemeinen These und der spezielleren Hypothesen fallen müßte. Unsere Argumentation sollte nur deutlich machen, daß hohe Tauwerte etwa in der Nähe von 1,o oder o,9 von uns gar nicht erwartet werden können. 1,o wäre nur zu erreichen, wenn alle Normalen in der BRD selbständige und alle untersuchten Krim nellen unselbständige Väter hätten.

Tabelle 5: Ökonomische Position der Väter von Mitgliedern krimineller und normaler Gruppen (angenommene Zahlen)

Ökonomische Position der Väter	Gruppe		Summe
	Normale	Kriminelle	
Nicht abhängige Position	3.366.000	34.000	3.400.000
Abhängige Position	15.770.000	830.000	16.600.000
Summe	19.136.000	864.000	20.000.000

Ist nun noch die Verteilung dadurch gekennzeichnet, daß die Mehrzahl beider Gruppen aus unselbständigen Familien kommt, fällt Tau sehr stark und erreicht bei Aufteilungen entsprechend unserer vorgestellten Aufteilung Werte um o,o5. Da dieser Wert schon bei - von den reinen Zahlen gesehen - geringen, gleichwohl sozialwissenschaftlich bedeutsamen Differenzen zu errechnen ist, können wir hier nur erwarten, daß die Tauwerte in der Nähe dieses Wertes liegen, wenn unsere Hypothesen zutreffend sind. Das ist unseres Erachtens in diesem Teil immer dann gegeben, wenn wir o,o5 erreichen oder überschreiten. Dieser Wert entspricht auch einem Phiwert von o,22 und einer hohen Prozentdifferenz, also Werten, die in sozialwissenschaftlichen Untersuchungen sonst als kritische Werte betrachtet werden. Die Wahl derartiger Maße empfiehlt sich zwar, da sie bekannt und vertraut sind und ihre Werte rein numerisch höher ausfallen. Andererseits sind sie aber nicht sinnvoll zu interpretieren, sondern dazu erst in Tau umzuwandeln. Daher gehen wir hier von vornherein von Tau aus, auch wenn wir dann mit numerisch kleineren Werten argumentieren müssen. Höhere Tauwerte als o,o5 sprechen für entsprechend höhere Differenzen in der Grundgesamtheit, denen eine gesteigerte sozialwissenschaftliche Bedeutsamkeit zukäme. In unserem ersten Test wird o,o5 nicht erreicht, so daß die Hypothese 1 in ihrer allgemeinen Form nicht bestätigt wird.

Wenden wir uns dann den einzelnen kriminellen Gruppen zu. Beim Vergleich einer fiktiven normalen Vergleichsgruppe mit den Typen finden wir Tau V/T = o,oo. Wir erreichen hier keine Irrtumsminderung mehr. Besser wird Tau beim Vergleich der Rocker mit der fiktiven normalen Vergleichsgruppe: o,o5. 5% der Zugehörigkeit zur Rockergruppe oder 3 der Mitgliedschaften dieser Gruppe sind allein durch den Berufsstatus des Vaters zu erklären. Bei den Rockern bewährt sich also die Hypothese 1. Wir sehen ferner, daß es nicht sinnvoll ist, die Typen, Rocker und Einsacker bei der Analyse ihrer sozialen Lage zusammenzufassen. Die Typen unterscheiden sich erheblich von den beiden anderen Gruppen.

> So berichtete Ulrich, ein Typ: Seinen Vater hat Ulrich fast nicht erlebt. Er kann sich jedenfalls nicht an ihn erinnern. Er ist im Alter von fünfzig Jahren am Herzinfarkt gestorben. Seine Mutter ist erst vor zwei Jahren gestorben. Sein Vater besaß eine Fabrik für Maschinenzulieferungsteile. Ulrich meinte, daß er später noch einiges erben werde, zur Zeit hätten seine Tanten den Kram.

Ulrich war kein Einzelfall unter den Typen. Unter den Rockern oder den Einsackern fanden wir jedoch nicht einen einzigen, der aus vergleichbaren Verhältnissen stammte(16). Die Positionsverteilung der Typen entspricht dagegen bei einer leichten Überrepräsentation der Selbständigen und der Beamten wie einer Unterrepräsentation der Arbeiter der Verteilung der BRD recht gut. Bei allen drei kriminellen Gruppen haben wir keinerlei Hinweise dafür, daß die Verteilungen durch die Auswahlen herbeigeführt wurden. Wir kommen daher zu dem ersten Ergebnis, daß die Zugehörigkeit zu den Gruppen der Rocker und der Einsacker vom Status des Vaters des Befragten abhängig ist und betrachten dies als erste Bestätigung der Hypothese 1, bezieht man sie auf diese Gruppen.

Prüfen wir weiterhin zur Vervollständigung des Versuchs der Bestimmung der ökonomischen und politischen Position der Väter der Gruppenmitglieder die Verteilung ihrer Einkommen. Wir hatten dazu die spezielle Hypothese 2 formuliert. Wie wir schon ausführten, ergeben sich jedoch große Schwierigkeiten bei dem Versuch, diese Einkommen zu erheben. In sehr vielen Fällen war es den Kindern nicht bekannt. So haben wir nach anfänglichen Versuchen, diese Informationen zu beschaffen, uns alternativ bemüht, auf anderem Wege uns eine Vorstellung von dem Monatseinkommen zu verschaffen und dazu nach der Ausstattung des Familienhaushaltes gefragt.

> So berichtete Alfons, ein Rocker: "Ich lebe mit meinen Eltern und meinem jüngeren Bruder in zwei Zimmern. Das ist so eng, daß wir noch nicht einmal einen Kühlschrank aufstellen können. Ich bin ganz ehrlich, ich schäme mich, einen mit nach Hause zu nehmen, weil es so eng ist. Deshalb bin ich auch die meiste Zeit nicht zu Hause. Ich habe meinen Eltern schon oft den Vorschlag gemacht, doch eine größere Wohnung zu nehmen, aber sie wollen nicht."

Bei der Verfügbarkeit über bestimmte Hilfskräfte oder Gegenstände oder ein bestimmtes Einkommen finden wir folgende Verteilungen: (siehe Tabelle 6, S.143)

Es ist schwierig, Vergleichszahlen für diese Verteilungen zu gewinnen. "Der vielförmige sozialstaatliche Umverteilungsmechanismus, Beihilfen,

Tabelle 6: Verteilung der Netto-Einkommen der Haushaltsvorstände oder Verfügung über Dienstleistungen und Güter in den Familien von Mitgliedern krimineller Gruppen

Verfügung/ Nettoeinkommen		Gruppe		
		Kriminelle Typen	Rocker	Einsacker
Stundenhilfe, Dienstboten / über 1.600 DM	8	6	2	o
Auto u. Telefon/ 1.100 - 1.600 DM	12	7	4	1
Auto oder Telefon / 800 - 1.100 DM	29	11	16	2
Kühlschrank und Fernseher / 400 - 800 DM	35	6	28	1
Kühlschrank oder Fernseher / 400 - 600 DM	13	6	4	3
weder Kühlschrank noch Fernseher/ bis 400 DM	1	1	o	o
Summe	98	37	54	7

Versorgungsleistungen usw., ebenso wie die besondere Eigenart des westdeutschen Steuersystems machen die Einkommensverhältnisse undurchsichtig. ... Die Undurchsichtigkeit der Einkommensstrukturen kann als ein entscheidendes Charakteristikum des westdeutschen Gesellschaftssystems gelten" (D. Claessens, A. Klönne, A. Tschoepe, 1971, S. 259f). Geht man von einer Einkommensstatistik vom April 1968 (Wirtschaft und Statistik, 1969, S. 160) aus und rechnet man sicherheitshalber sogar mit einer 50%igen Einkommensverbesserung, findet man, daß 4,7% 2.400 DM und mehr, 8,5% 1.600 - 2.400 DM, 26.3% 1.100 - 1.600 DM, 36.4% 800 - 1.100 DM, 17.6% 400 - 800 DM, 2.6% 200 - 400 DM und 4 % bis 200 DM als Nettoeinkommen hatten. Fassen wir die Einkommensgruppen mit höheren Einkommen als 1.600 DM oder mit der Verfügung über Dienstboten oder Stundenhilfen zu einer bevorzugten Einkommenslage zusammen, so finden wir : (siehe Tabelle 7, S. 144)

Wir finden, wie nach der Verteilung der ökonomischen Positionen auch nicht anders zu erwarten, erneut, daß es nicht sinnvoll ist, die verschiedenen Gruppen zusammenzufassen. Bei den Typen tritt relativ häufig eine bevorzugte Lage auf. Ganz anders ist es dagegen bei den Rockern und Einsackern. Hier finden wir Daten, die mit unserer Hypothese übereinstimmen. Jedoch fällt der Taukoeffizient zu klein aus.

Tabelle 7: Verteilung der Netto-Einkommen der Haushaltsvorstände oder Verfügung über Dienstleistungen und Güter in den Familien von Mitgliedern krimineller Gruppen im BRD-Vergleich (Zusammenfassung)

Lage	Gruppe				
	BRD	Kriminelle	Typen	Rocker	Einsacker
bevorzugt	(o,13)	8 (o,o8)	6 (o,16)	2 (o,o4)	o (o,oo)
benachteiligt	(o,87)	9o (o,92)	31 (o,84)	52 (o,96)	7 (1,o)
Summe		98	37	54	7

Tau V/K = o,o1, Tau V/T = o,oo, Tau V/R = o,o3

Prüft man die Schulbildung der Väter der Gruppenmitglieder, da diese zum Teil zur Stabilisierung einer ökonomischen oder politischen Position eingesetzt werden kann, findet man folgende Verteilung:

Tabelle 8: Schulbildung der Väter von Mitgliedern krimineller Gruppen

Schulbildung	Gruppe			
	Kriminelle	Typen	Rocker	Einsacker
Hochschule m. Abschluß	3	3	o	o
Hochschule o. Abschluß	2	2	o	o
Abit. o. weitere Schulbildg.	3	3	o	o
Fachschule m. Abschluß	3	3	o	o
Mittlere Reife	13	6	6	1
Höhere Schule o. mittl. Reife	3	3	o	o
abgeschlossene Volkssch.	62	21	34	7
Summe	89	41	4o	8

Zieht man zu einem Vergleich Daten über die Schulbildungsstruktur in der Bundesrepublik heran, findet man für die erwerbstätigen Männer im Alter von 15 bis unter 65 Jahren nach der Art der Ausbildung für 1964 (F. Fürstenberg, 1972, S. 121), daß 3,2% eine Universitätsausbildung, 5,4% eine Fach- oder Ingenieurschulausbildung und 91,4% keine qualifizierte Schulausbildung hatten. Faßt man die Schulen entsprechend ihrer Nähe zu den von uns unterschiedenen ökonomischen und politischen Positionen zusammen, findet man folgende Verteilung:

Tabelle 9: Schulbildung der Väter von Mitgliedern krimineller Gruppen im BRD-Vergleich (Zusammenfassung)

Schulbildung	Gruppe				
	BRD	Kriminelle	Typen	Rocker	Einsacker
qualifiziert	(o,o9)	5 (o,o6)	5 (o,12)	o (o,oo)	o
nicht qualifiz.	(o,91)	84 (o,94)	36 (o,88)	4o (1,oo)	8
Summe		89	41	4o	8

Tau V/K = o,oo, Tau V/T = o,oo, Tau V/R = o,o5

Diese Verteilungen bestätigen die Hypothese 3 wiederum nur für die Rokker und Einsacker. Dabei kann wegen der kleinen Gruppengröße dieses Ergebnis für die Einsacker nur als vorläufige Bestätigung angesehen werden.

Auf der Grundlage der bisher diskutierten Verteilungen ist es auch möglich, eine Schichtverteilung der Mitglieder krimineller Gruppen zu ermitteln und daran unsere Aussagen zum Zusammenhang von kriminellen Handlungen und der Schicht oder Lage zu kontrollieren. Hier müßte sich ja zeigen, ob der Schichtbegriff tatsächlich zur Analyse der sozialen Lage der Familien der Mitglieder krimineller Gruppen geeigneter ist als ein dichotomisierender Lagenbegriff. Das wäre dann der Fall, wenn die Mitglieder krimineller Gruppen sich weitgehend aus einer Schicht rekrutierten oder wenn die Anteile einzelner Schichten kein durchlaufendes Verteilungsprinzip erkennen ließen.

In Anlehnung an E.K.Scheuch (1961) und unter Anpassung an die veränderten Strukturen im Berufs-, Einkommens- und Ausbildungsbereich wurden drei Skalen gebildet und jedem Skalenabschnitt ein Punktwert zugeordnet. Dem Berufsstatus wurde, wie bei Scheuch auch vorgesehen, eine besondere Gewichtung gegeben. Geht man von diesem Schichtungsmodell aus, findet man folgende Verteilungen:

Tabelle 1o: Schichtzugehörigkeit der Väter von Mitgliedern krimineller Gruppen im BRD-Vergleich

Schicht	Gruppe				
	BRD+	Kriminelle	Typen	Rocker	Einsacker
Oberschicht und obere Mittelsch.	(o,o9)	7 (o,o8)	6 (o,17)	1 (o,o2)	o
mittl.u.untere Mittelschicht	(o,36)	22 (o,26)	15 (o,42)	5 (o,12)	2
obere Unterschicht	(o,37)	37 (o,43)	14 (o,39)	18 (o,43)	5
untere Unterschicht	(o,19)	19 (o,22)	1 (o,o3)	18 (o,43)	o
Summe		85	36	42	7

+ Verteilung für die BRD nach Scheuch 1961, S.1o3 nach Ausscheiden der Nichteingeordneten. Eine neuere Schichtverteilung nach dem Index von Scheuch liegt für die BRD leider nicht vor.

Wir sehen erneut, daß die Gruppe der Typen zur Oberschicht und zur oberen Mittelschicht hin verzerrt ist. Bei den Rockern finden wir, daß sie sich nicht, wie von einem schichttheoretischen Erklärungsansatz dieser Kriminalität her zu erwarten wäre, in einer Schicht konzentrieren. Im Gegenteil, die Mitglieder verteilen sich über alle Schichten. Die

Anteile lassen auch ein durchgehendes Verteilungsprinzip im Sinne der These von weitverbreiteten sozialen Lagen erkennen.

Fassen wir zum Schluß dieses Abschnitts die wichtigsten Werte der Assoziationsmaße in einer Tabelle zusammen, finden wir:

Tabelle 11: Tauwerte aus dem Vergleich der Mitglieder krimineller Gruppen mit fiktiven normalen Vergleichsgruppen in Beziehung zur sozialen Lage der Herkunftsfamilie +

Merkmal der sozialen Lage	Mitgliedschaft in der Gruppe der Kriminellen	Typen	Rocker	Einsacker
ök. Position des Vaters	o,ol	o,oo	o,o5	o:8
Schulbildung des Vaters	o,oo	o,oo	o,o5	o:8
Einkommen/Ausstattung	o,ol	o,oo	o,o3	o:7

+ Für die Gruppe der Einsacker wurden keine Tauwerte errechnet. Um diese Gruppe in den Vergleich mit einzubeziehen, wurde die Verteilung der absoluten Häufigkeiten über die Merkmale der sozialen Lage in einer Verhältniszahl ausgedrückt, in der die erste Zahl jeweils die Besetzung der bevorteilten sozialen Lage angibt.

3.1.3 Diskussion der Ergebnisse der Datenanalyse

Die Ergebnisse der Datenanalyse bestätigen unsere Hypothesen und damit auch unsere Thesen nur zum Teil. Auf die Probleme, die die Verteilung der Daten zur ökonomischen Position und der davon abgeleiteten Tatbestände der Familien der Mitglieder der Gruppe der Typen mit sich bringt, wiesen wir bereits hin. Folgt man unserer Datenanalyse, kann man bei dieser Gruppe von einem von der sozioökonomischen Lage bedingten Handeln nicht sprechen. Hier finden wir vielmehr erste Hinweise für die Notwendigkeit eines Rückgriffs auf Mertons Rückzugsthese. Wir werden sie nach der Analyse der Daten zur eigenen sich ausbildenden sozialen Lage genauer zu prüfen haben.

Die Überrepräsentation selbständiger Positionen und teilweise auch einflußreicher Beamtenpositionen bei den Eltern der Drogenkonsumenten wurde auch in anderen empirischen Untersuchungen gefunden. So hat Ulf Homann zwar eine Auswahl nach dem Schneeballsystem seiner Analyse zugrunde gelegt, die mit einer großen Verzerrung behaftet sein dürfte, aber einige seiner Ergebnisse können als deutliche Hinweise dafür betrachtet werden, Beteiligte an Delikten des Drogenmißbrauchs in anderen als unteren Schichten zu suchen. Bei der sozialen Herkunft der Konsumenten dominierte bei Homann die obere Mittelschicht. "Die Väter von 47 (der 1o9) Befragten waren - meist akademisch vorgebildete - höhere Beamte bzw. Angestellte oder Selbständige (größte Berufsgruppe: 14 Ärzte). Die zweitstärkste Gruppe war die der mittleren Beamten, Angestellten und Selbständigen (einschließlich der Handwerker). Mit diesen beiden Gruppen waren 7o% der Väter hinsichtlich ihrer sozialen Stellung erfaßt" (1972, S.24).

Dagegen bestätigten die Ergebnisse der Datenanalyse unsere Hypothesen und Thesen für die Gruppe der Rocker und für die Einsacker voll. Dabei darf natürlich nicht übersehen werden, daß die Gruppe der Einsacker sehr klein ist und wir daher im Grunde nur von Hinweisen für eine Bestätigung der Hypothesen und Thesen sprechen können.

Ähnlich fand Günther Kaiser (schon 1959), daß die von ihm untersuchten Halbstarken, die als Vorläufer der Rocker betrachtet werden können, nur aus der Unterschicht kamen. "Die Halbstarken..stammen.. nicht als allen sozialen Kreisen und Ständen, sondern fast ausschließlich aus der unteren Sozialschicht" (1959, S.23).

Für die Rocker zeigt daher das Ergebnis, daß wahrscheinlich ein Zusammenhang zwischen der sozio-ökonomischen Lage und dem Verhalten, das als kriminell definiert wird, besteht und daß es sinnvoll ist, diese Lage mit einem an einem Klassenbegriff orientierten Konzept anstelle eines Schichtungsbegriffs zu erfassen. Damit kommen wir zu einer Relativierung des einfachen Schichtansatzes. Dazu ist es zunächst erforderlich, auf die nach Scheuch ermittelte Schichtverteilung zurückzugehen. Betrachtet man die feinere Untergliederung in der Tabelle 1o, findet man eine Konzentration in der unteren Unterschicht, einen beachtlichen,überproportionalen Anteil in der oberen Unterschicht und einen noch bedeutsamen, wenn auch unterproportionalen Anteil in den darüberliegenden zusammengefaßten mittleren Schichten. Bei den Einsackern ist auf die geringe Zahl der Fälle zu achten. Die Anteile der gesamten Unterschicht sind bemerkenswert, sehen wir doch unsere These bestätigt, daß es nicht nur die Jugendlichen aus den Familien der Ärmsten der Armen, sondern auch die aus soliden Arbeiter- und honorigen Angestellten- und kleinen, aber gesicherten Beamtenfamilien sind, die im Vergleich zur Schichtverteilung für die BRD unter den Rockern wie den Einsackern dominieren. Es scheint also nicht einfach ein Mangel zu sein, der zur Kriminalität führt, sondern ein relativer Mangel, der auch noch oder gerade von den Jugendlichen erlebt wird, die offenbar mit dem Notwendigsten versorgt sind. Wir können an dieser Stelle den Nachweis noch nicht führen, daß es die diesen Positionen allgemein eigentümliche Besitz- und Machtlosigkeit ist, die zur Kriminalität führt - das soll in der Handlungsanalyse versucht werden -,aber mit der Feststellung dieser Verteilung ist eine wichtige Voraussetzung für diesen Nachweis geschaffen.

Vergleicht man die Verteilung mit den Daten von Dorothee Peters von 1971 und ihrer Erklärung dieser Daten von 1973, so liefern sie Anhaltspunkte für eine Klärung des Verhältnisses von sozialstruktureller Analyse der Kriminalität und Definitionsansatz. Dorothee Peters fand folgende Verteilungen:

Tabelle 12: (nach D. Peters): Schichtspezifische Verteilungen der - nach dem Urteil der Polizei - einer Straftat, eines Eigentums- oder eines Aggressionsdelikts verdächtigen Personen im Vergleich zur Schichtverteilung für die BRD (n = 998)

Schicht	Strafverdächtige in %	Diebstahlsverdächt. %	Aggressionsdeliktverd. %	BRD Bevölkerung %
O u. OM	1	1	1	9
M u. UM	9	3	9	36
O U	34	3o	35	37
U U	56	65	56	19

Ähnlich fand Specht 1967, S. 31, daß 65% der von ihm untersuchten Fürsorgeerziehungszöglinge (einschließlich freiwillige Erziehungshilfe) aus der unteren Unterschicht und 18% aus der oberen Unterschicht, mithin 83% aus der gesamten Unterschicht kamen. Rechnet man im Sinne unserer Hypothese noch die Angehörigen der unteren Mittelschicht mit 14% dazu, kommt man auf 97%. Dabei waren die Haupteinweisungsgründe Eigentums- oder Aggressionsdelikte. Die Vergleichbarkeit ist also gegeben.

Wir sehen nun in der Differenz unserer Ergebnisse von denen aus der Studie von Dorothee Peters und den Arbeiten von Friedrich Specht einen wichtigen Beleg für die Richtigkeit unserer Auffassung, eine Reduktion der Kriminalsoziologie auf die Soziologie der Kriminalisierung, wie sie von Fritz Sack und auch von Dorothee und Helge Peters programmatisch gefordert wird, abzulehnen, und an der Vermittlung einer sozialstrukturell-interaktionistischen Erklärung der Kriminalität mit einer ebenso angesetzten Erklärung der Kriminalisierung festzuhalten. Denn dafür sprechen unsere Ergebnisse: Geht man nicht von Kriminalisierten aus, sondern von Kriminellen, d.h. von denjenigen, die an Handlungen teilnahmen, die zwar kriminalisierbar sind, aber nur zum Teil von den Instanzen sozialer Kontrolle als kriminell definiert wurden, sei es, weil sie unbekannt blieben oder weil sich die Beteiligten der Strafverfolgung zu entziehen wußten, findet man diese große Streuung der Schichtzugehörigkeit über die ganze Breite ökonomisch und politisch abhängiger Positionen mit dem Schwerpunkt in der Schichtlage der unteren und oberen Unterschicht. Wenigstens gilt dies für Aggressionsdelikte. Kriminalisiert werden aber bevorzugt die Angehörigen der unteren Unterschicht - weil sie als die typischen Vertreter des Teils der benachteiligten sozialen Lage erscheinen, der sich handelnd gegen die Verteilung des Besitzes und der Macht wendet. Personen dieser Schicht stehen in einer Situation des permanenten Verdachts (Johannes Feest), ihnen werden Handlungen als kriminell zugerechnet, die anderen Schichten aus der benachteiligten Lage noch als nicht kriminell "durchgelassen" werden. Zudem dürfte es gerade diese Gruppe unter den Benachteiligten sein, die sich gegen Kriminalisierungen am wenigsten zur Wehr zu setzen weiß.

3.2 Die Organisation der Herkunftsfamilien von Mitgliedern krimineller Gruppen

3.2.1 Präzisierung und Operationalisierung der These von den durch die Organisation der Herkunftsfamilien bedingten kriminellen Handlungen

Nun ist die ökonomische und politische Abhängigkeit des Vaters nur eine Determinante für die Mängelsituation von Kindern und Jugendlichen. Dazu kommt die Struktur der Familie selbst, die diese Defizite verschärfen oder - zumindest - mildern kann.

Unsere allgemeinen Thesen 1-3 behaupteten neben dem Zusammenhang von der benachteiligten sozialen Lage des Vaters eines Jugendlichen und dem kriminellen Handeln dieses Jugendlichen eine Beziehung zwischen diesem Verhalten und der Desorganisation seiner Familie. Dieser Teil der Thesen könnte in der verkürzten Form einer noch allgemeinen Hypothese lauten:

> Wenn Jugendliche aus desorganisierten Familien unbehindert von den Instanzen sozialer Kontrolle Gruppen bilden können, dann äußern sie häufiger kriminelle Handlungen als Jugendliche aus organisierten Familien.

Indem wir kriminelles Handeln in einen Zusammenhang mit der Desorganisation der Familie bringen, betreten wir zunächst kein theoretisches Neuland. Wir haben bei der Diskussion der Entwicklung der Kriminalsoziologie daran erinnert, daß vor der sozialstrukturellen Analyse und Erklärung der Kriminalität und der Aktivitäten der Instanzen sozialer Kontrolle das Auftreten der Kriminalität von Forschern wie Sheldon und Eleanor Glueck, Thomas P. Monahan und Jackson Toby in den USA, Lieselotte Pongratz, Hans-Odo Hübner und Günther Kaiser in der BRD ganz oder teilweise aus schlechten Familienverhältnissen abgeleitet wurde. Bei der Erhebung der Daten ging man von Personen aus, die Instanzen sozialer Kontrolle bekannt waren - von Anschriftenkarteien der von der Sozialarbeit "lose Betreuten" bis zu den Insassen von Vollzugsanstalten. Wie schon bei der Erhebung von Daten zur sozioökonomischen Lage erfaßte man damit die Kriminalisierten, nicht notwendig die Kriminellen.

So wenig zufriedenstellend die Erklärung auch in sozialisationstheoretischen oder daran anschließenden Ansätzen für die gesellschaftliche Verteilung der Kriminalität wie der Kriminalisierungsprozesse auch war, und so sehr das methodisch-empirische Vorgehen auch mit Mängeln behaftet war, so viel sprach andererseits auch dagegen, diesen Zusammenhang zukünftig einfach unbeachtet zu lassen, wie dies in der Kriminalsoziologie später oft geschah (17). So war in unseren ersten Thesen zum Forschungsprojekt die Desorganisation der Familie als eine soziale Situation, die zur Kriminalität drängt, unberücksichtigt geblieben. Zur Beachtung der Desorganisation der Familie wurden wir durch die Erhebung der Biographien unter den Mitgliedern krimineller Gruppen veranlaßt. Wir stießen dort auf einen hohen Anteil von Familien, die Formen der Desorganisation aufwiesen. Aber wenn auch "Delinquenz in einer zerrütteten Familie mit größerer Wahrscheinlichkeit zu finden ist als in einer "normalen" (und).. die Familiensituation möglicherweise delinquentes Verhalten "erzeugt" ",bleibt zu fragen: "Wie?" (J.Toby, 1968, S.91). Geklärt muß also werden, welche der vielen möglichen Schwächen einer Familienstruktur eigentlich im Zusammenhang mit der Kriminalität bzw. dem kriminellen Handeln steht und wie dieser Zusammenhang produziert wird.

Dazu ist zunächst eine begriffliche Klärung notwendig: Desorganisation der Familie bezeichnet nach René König (1946) das Ausscheiden des Vaters oder der Mutter aus der Familie durch Trennung oder Scheidung, Verlassen, Tod oder Verzicht auf den Aufbau einer Familie. Diese Verwendung des Begriffs ist für die Analyse der Kriminalität schon seit den Arbeiten von William I.Thomas und Florian Znaniecki (1918-1921) eingeführt. Dabei bezeichnet der Begriff praktisch nur Fälle der durch den Vater erzeugten Desorganisation der Familie, einfach weil andere Fälle sehr selten waren und es auch heute noch sind. In neueren Analysen zum Verhältnis von der Desorganisation der Familie und der Kriminalität finden wir eine Tendenz, durch eine Differenzierung der Formen der Desorganisation Erklärungen des Auftretens der Jugendkriminalität näher zu kommen. So geht Gottfried Feger davon aus, daß "die Desorganisation der Familie (abgesehen vom Sonderfall der Unehelichkeit) .. sich gradmäßig verschieden auf die Sozialisation auf die Kinder auswirkt.. wird, je nachdem es sich um eine natürliche Ausfallerscheinung (Ableben eines Elternteils oder beider Eltern) oder mehr oder weniger um gewaltsame Ausfallerscheinungen (Scheidung bzw. getrennt lebende Eltern) handelt" (G.Feger, 1969, S.119). H.J.Schneider geht noch darüber hinaus: "Vom Erleben des Kindes oder Jugendlichen her gesehen sind Unehelichkeit, Tod der Eltern, eines Elternteils oder eines seiner Geschwister, Scheidung oder Trennung der Eltern völlig voneinander verschiedene Tatbestände. Auch den Eindruck, den die Unvollständigkeit der Familie, ihre Veranlassung und ihre Folgen auf die Persönlichkeit des Kindes oder Jugendlichen macht, kommt es aber entscheidend an, wenn die Einflüsse der Unvollständigkeit der Familie auf die Jugendkriminalität in Betracht gezogen werden sollen" (H.J.Schneider nach G.Feger, S.119).

Wir glauben nicht, daß ein derartiges Vorgehen Antworten auf die Frage liefert, was denn an der Desorganisation der Familie zur Kriminalität drängt, wie dieser Prozeß abläuft. Dagegen scheint es uns sinnvoller zu sein, von den Strukturgleichheiten vieler krimineller Handlungen von Mitgliedern aus desorganisierten Familien auszugehen und dementsprechend nach den allgemeineren Merkmalen dieser Familien zu fragen. Dabei ist dann allerdings der Weg zur Erhebung von Daten zu beschreiten, den wir bei der Suche nach den Daten zur sozialen Mängellage der Herkunftsfamilie ebenfalls geltend machten. Anzusetzen ist bei Personen im offenen Feld, unabhängig von dem Bestehen irgendwelcher Kontakte zu den Instanzen sozialer Kontrolle. Darin ist wieder ein wichtiger Unterschied zu dem bisher üblichen empirischen Vorgehen bei der Erfassung der Zusammenhänge von der Situation der Familie und den kriminellen Handlungen zu sehen.

Bei der Suche nach den allgemeinen Strukturmerkmalen desorganisierter Familien wollen wir uns zunächst vor Augen halten, daß der Personenausfall in diesen Familien sehr naheliegende gegenständliche Folgen hat. Von der Desorganisation betroffene Familien haben fast dieselben Funktionen zu erfüllen wie die organisierten, aber sie sind im Gegensatz zu diesen in ihrer Leistungsfähigkeit stark geschwächt. Selbst wenn man den "Wert" jeder Handlung des Vaters in der Familieninteraktion einmal außer Betracht läßt und nur bei seinem Einkommen ansetzt, wird die Bedeutung seines Ausfalls sofort klar. Welche Art des Familieneinkommens man auch in Betracht zieht, sei es durch die Berufstätigkeit der Mutter, durch Renten oder Alimentenzahlungen, die Ersparnisse aufgrund des "Ausfalls" oder "Ausscheidens" eines Versorgungsfalles sind wesentlich geringer als die Differenz von altem - realem oder fiktivem - Familieneinkommen mit dem später ausgefallenen oder ausgeschiedenen Familienmitglied und dem Einkommen der Restfamilie. So verfügt eine desorganisierte Familie einfach über absolut und relativ weniger Mittel zur Lebensführung als eine organisierte Familie. Sie kann die Funktionen der Familie weniger ausfüllen und die Bedürfnisse ihrer Mitglieder nicht so befriedigen wie andere, wohl organisierte Familien. "Wenn ein Jugendlicher einen Elternteil...verliert, so führt es mit Sicherheit zu irgendwelchen Formen der Versagung. Fehlt der Vater, wie es meistens der Fall ist, dann befindet sich der Jugendliche damit in einem offensichtlichen wirtschaftlichen Nachteil" (T.P.Monahan, 1968, S.73). Das gilt noch für den Fall der Wiederverheiratung oder des Ersatzes des Vaters auf anderen Wegen. In der Regel treten derartige Ergänzungen erst nach längeren Zeiten der Vakanz auf, so daß für eine beachtliche Dauer eben der Mittelmangel besteht. Die aus dieser Situation entwickelten Handlungen können zu Mustern werden, die auch noch beibehalten werden, wenn die Organisation der Familie sich wesentlich gebessert hat. Man kann die allgemeine These vom Zusammenhang des "Mittelmangels innerhalb der Fülle" mit der Kriminalität, die wir im letzten Abschnitt entwickelt haben, hier sozusagen in verkleinertem Maßstab geltend machen.

Dieser sozio-ökonomische Zusammenhang der Desorganisation der Familie und der Beteiligung von Kindern und Jugendlichen an kriminellen Handlungen wurde sehr oft übersehen, obwohl Albert J.Reiss schon 1951 auf den Zusammenhang von unzureichender ökonomischer Basis einer Familie und Kriminalität aufmerksam machte. In ähnlicher Weise haben zuletzt in einer groß angelegten Studie Chilton und Markle (1972) nachgewiesen, "daß das Familieneinkommen als wichtige Variable zur Interpretation der Beziehung von Delinquenz und Familiensituation betrachtet werden kann. Denn für Kinder aus Familien mit geringem Einkommen gilt, daß die ökonomische Situation im Vergleich zur Zusammensetzung der Familie der wichtigere Faktor zur Erklärung der Delinquenz ist" (S.97).

Nun ist es aber nicht allein der Mangel aufgrund der schwächeren ökonomischen Situation der desorganisierten Familie, der zu kriminellem Handeln drängt. die mangelnde Ausbildung der Fähigkeiten, die (verbliebenen) Mittel nach den Maßstäben der Gesellschaft effektiv einzusetzen, kommt hinzu: Gehen wir wieder von dem weitaus häufigsten Fall der Desorganisation der Familie durch den Ausfall des Vaters aus: Das Kind erlebt außer den Beziehungen mit etwaigen Geschwistern nur Interaktionen mit der verbliebenen Mutter, nicht mit dem Vater. Zudem lernt es auch die Handlungen von Mann zu Frau in der Familie nicht kennen. Diese Interaktionen in der Familie zwischen Vater und Kind und unter den Eltern vermitteln dem Kind aber wichtige Handlungsmodelle, denn "innerhalb der Familie erlernt der Einzelne sowohl die verschiedenen Typen der Verhaltensweisen, die ihm als vollgültigem Glied der Gesellschaft abverlangt werden, wie auch die verschiedenen Möglichkeiten des Ausgleichs von Spannungen und Frustrationen, die einem geregelten Sozialleben innewohnen" (S.N.Eisenstadt, 1966, S.31). So üben männliche Familienmitglieder stärker instrumentelle, weibliche Mitglieder stärker affektive Funktionen aus. Diese Rollendifferenzierung hat Zelditch (1955) als universal für die Familie nachgewiesen, wenn man die Kernfamilie überall aus den sie umfassenden Strukturen, z.B. der Großfamilie, heraushebt. Er leitete seine Hypothese aus den Überlegungen ab: Die einfachste Differenzierung betrifft die Anwesenheit und Abwesenheit von Personen bei verschiedenen Gelegenheiten. Typischerweise verbleibt nun die Mutter mit den Kindern an dem Ort, der symbolisch mit der Existenz der Familie verbunden ist, während der Vater außerhalb dieses Ortes Tätigkeiten nachgeht. Entscheidend ist nun die Differenzierung der Tätigkeiten, die daraus erwächst. "Draußen" werden die instrumentellen Aufgaben wie die Existenzsicherung, "drinnen" die expressiven, wie die Integration der Familie besorgt. So können beide Aktivitäten schon technisch nicht von einer Person geleistet werden. Durch Geburt und Ernährung der Kleinkinder durch die Mutter wird sie aber "ans Haus" gebunden. Zelditch geht davon aus, daß diese Situation verallgemeinert wurde und so zum typisch instrumentellen Handeln des Mannes führte.

Wenn wir auch die Universalitätsthese von Zelditch nicht teilen, müssen wir nach einer Musterung empirischen Materials für die BRD doch feststellen, daß hier die von Eisenstadt formulierte und von Zelditch belegte These von der Funktionsverteilung bestätigt wird. So fand Friedhelm Neidhardt (1966) zur Außenorientierung des Mannes: Im außerlandwirtschaftlichen Bereich arbeiten 90% aller Männer außerhalb der Wohnung, 20% außerhalb des Wohnortes. Auch Gesprächsanalysen weisen auf solche Differenzen hin: Arbeit, Beruf, Politik und Parteien sind Gesprächsthemen des Vaters, Alltagsereignisse Themen der Mutter. In Familien wird umso weniger über öffentliche Themen geredet, je stärker die Autorität der Mutter ist. Talcott Parsons fand, daß die Wandlungen in der Familie in den letzten Jahren eben diese Arbeitsteilung vertieft haben. Die Ausformung des Berufssystems habe die instrumentelle Führerschaft verstärkt und sehr eindeutig auf den Mann festgelegt. Verzerrungen, wie sie in der Großfamilie üblich waren, wurden abgebaut. Die Abwesenheit des Mannes habe auch die Rolle der Mutter als expressive Führerin gefestigt, trotz der Senkung der Kinderzahl in der Kleinfamilie. Zwar sind gegenläufige Entwicklungen zur strikten Differenzierung mit zunehmender Berufstätigkeit der Frau zu erwarten, aber diese Berufstätigkeit wird vermieden, so weit es möglich ist, auch wenn man mit geringerem Einkommen auskommen muß. Wo sie unumgänglich ist, wird sie durch die verbliebenen Aufgaben zumindest in den Interaktionen in der Familie als Handlungsmodell der Frau zurückgedrängt.

Betrachten wir nun weiter die Kooperation in organisierten Familien. Durch die Orientierung an instrumentellem Handeln vermittelt der Vater auch in der Interaktion in der Familie dem Kind ein Handlungsmodell, in dem die Befriedigung der Bedürfnisse zugunsten bestimmter, später zu erreichender Ziele zurückgestellt wird. "Während es im Verlauf der ersten Lebensstadien ohne Zweifel noch ein Maximum unmittelbarer Befriedigung erstrebt, lernt..(das Kind) allmählich durch seine Beziehung zum .. Vater, sein Verhalten, durch das diese Befriedigung erreicht wird, zu regulieren" (S.N.Eisenstadt, 1966, S.31). Zum anderen sind aber auch alle Beziehungen in der Familie expressiv strukturiert aufgrund des weiblichen Elements. "Durch Gewinn von ... expressiver Gratifikation in bestimmten Verhaltensweisen..mildern sich Spannungen und Frustrationen, wie sie aus instrumentellen Handlungen und aus der Notwendigkeit entstehen, die Gratifikation aufzuschieben und andere Menschen lediglich als Mittel zum Zweck zu betrachten bzw. von ihnen so angesehen zu werden" (S.N.Eisenstadt, S.32). Das führt zur Solidarität der Familienmitglieder untereinander.

Beide Orientierungen sind für viele zukünftige Situationen wichtig. Das Fehlen des Vaters in der Familie führt nun zum Ausfall der instrumentellen Handlungsorientierung. Die unmittelbare Folge ist: Die Fähigkeit, Ziele mit instrumentellem Handeln zu verfolgen, wird nicht ausgebildet. Es kommt häufig, zumindest häufiger als bei anderen Kindern und Jugendlichen zu unmittelbar bedürfnisbefriedigenden Akten (18). Dinge, die man gerade zu haben wünscht, werden genommen - beim Griff des Kindes in den Honigtopf ebenso wie bei der Wegnahme einer Lederjacke aus dem Regal eines Kaufhauses.

An und für sich brauchte ein derartiges Verhalten nicht kriminalisiert zu werden. So wird in der Familie einem solchen Verhalten viel Verständnis entgegengebracht. Der Griff in den Honigtopf belächelt, meist milde getadelt, selten bestraft. "Wenn jedoch die wesentlichen integrativen Prinzipien der Sozialstruktur sich von denen unterscheiden, die das Verhalten in (der) Familie..bestimmt (haben), so ist dieser reibungslose Übergang von der Familie" in den Arbeitsprozeß unmöglich, "da das Individuum seine Verhaltensweisen an einem bestimmten Punkt seines Lebensweges ändern muß, um seinen vollen Status in der Gesellschaft zu erlangen" (S.N.Eisenstadt, 1966, S.37). Expressives Verhalten ist in einer Gesellschaft mit starken Unterschieden der Macht und des Besitzes aufgrund hoher Arbeitsteilung und privater Wertaneignung nicht besonders geschätzt. Gerade die hohe Differenzierung verlangt, ohne unmittelbare Aussicht auf affektiv befriedigende Situationen zu arbeiten. Die Differenzierung läßt nur Teilproduktionen zu, für deren Entgelt dann von ganz anderen Handelnden erarbeitete Produkte zum Ziel der Tätigkeit werden. Für die Schallplatte aus dem Warenhaus soll im Betrieb eine äquivalente, mit Geld bezahlte Arbeitsleistung erbracht werden.

Ob wir nun die ökonomischen Folgen oder die Konsequenzen der Interaktion der desorganisierten Familien bedenken, wir finden beim Zusammenhang solcher Familien und dem kriminellen Handeln dieselbe Struktur wie bei der Korrelation von der sozioökonomischen Position des Vaters und dem kriminellen Handeln von Jugendlichen. Es fehlen gesellschaftlich akzeptierte Mittel und Wege, das Maß an Lebensqualität zu erreichen, das rundum sichtbar ist. Es fehlt die Fähigkeit, durch instrumentelles Handeln wenigstens einen Teil davon zu erlangen. Es fehlt die Macht, die eigenen, abweichenden Mittel und Wege zu legalisieren.

Wir können nun unsere Hypothese vom Anfang dieses Abschnitts und damit auch die Thesen 1-3, insbesondere jedoch 3, erneut präzisieren:

H 4: Wenn Jugendliche aus Familien, in denen der Vater, sei es durch Tod, Scheidung oder langfristige Abwesenheit oder andere Gründe immer fehlt oder lange Zeit fehlte, unbehindert von Instanzen sozialer Kontrolle Gruppen bilden können, dann äußern sie häufiger kriminelle Handlungen als Jugendliche aus Familien, in denen der Vater nicht fehlt oder fehlte.

Auf der Grundlage dieser Analyse der Struktur von Familien, deren Personenbestand reduziert ist, ist es auch möglich, dem Begriff der desorganisierten Familie nun eine andere, weitere Fassung zu geben, als dies Thomas und Znaniecki zuerst in der empirischen Sozialforschung und René König in seiner theoretischen Analyse taten. Da es nicht einfach das Fehlen des Vaters in der Familie ist, das zur Kriminalität drängt, sondern ein Mangel an Mitteln, sei es als ein Fehlen von Geld oder bestimmter Einstellungen zum Handeln, ist es sinnvoll, auch solche Familien als desorganisiert zu bezeichnen, die aufgrund von Eigentümlichkeiten ihrer Binnenstruktur die erforderlichen Mittel ebenfalls nicht bereitstellen können, insbesondere nicht die zum instrumentellen Handeln erforderlichen Orientierungen. So können die Eltern zwar zusammenleben, aber möglicherweise wächst ein Kind gar nicht bei ihnen auf. Oder der Jugendliche lebt nicht bei ihnen, sondern in einem Heim, bei Verwandten oder in ähnlichen Situationen. Die Folgen dürften in vielen Fällen denen ähneln, die wir für den Ausfall des Vaters in der Familie geltend gemacht haben. Das führt zu einer zweiten Präzisierung der eingangs erarbeiteten Hypothese. Es liegt nahe, daß Kinder, die nicht bei ihren Eltern aufwuchsen, selbst eine Desorganisation der Familie erleben und daher zu kriminellem Handeln gedrängt werden:

H 5: Wenn Jugendliche, die nicht bei ihren Eltern aufgewachsen sind, unbehindert von Instanzen sozialer Kontrolle Gruppen bilden können, dann äußern sie häufiger kriminelle Handlungen als Jugendliche, die bei ihren Eltern aufgewachsen sind.

Schließlich ist zu prüfen, ob es den Eltern möglich ist, Modelle des instrumentellen Handelns in einer Weise zu übermitteln, die von den Kindern als positiv empfunden wird. Das zeigt sich insbesondere, wenn Korrekturen erforderlich sind bei den ersten Versuchen der Kinder, instrumentelles Handeln auszuführen. Die Durchführung solcher Handlungen dürfte ihnen sicher nicht auf Anhieb gelingen. Reagieren Eltern, Vater wie Mutter, darauf mit Unverständnis, ist die langfristige Übernahme dieses Handlungsmodells erschwert. In diesem Zusammenhang sind auch autoritäre Handlungsweisen der Eltern folgenreich. Wo Eltern ihre Kinder nach ersten Fehlschlägen übermäßig kontrollieren, wird ähnlich wie beim Zusammenhang von sozialer Lage und Kriminalität eine Herrschaftsbeziehung zum wesentlichen Strukturmerkmal. Das führt zu einer von den Jugendlichen als völlig unnötig empfundenen Beschränkung der Handlungen angesichts der gegebenen Möglichkeiten. Es kommt zu Handlungen, die über die von den Eltern gesetzten Grenzen hinausgehen, die aus der Sicht der Eltern den Mangel haben, nicht die richtigen Mittel zur Erreichung eines Ziels einzusetzen. Unsere letzte Präzisierung der Hypothese zur Desorganisation der Familie lautet daher:

H 6: Wenn Jugendliche aus Familien, in denen die Eltern kein Verständnis für ihre Kinder haben oder die Kinder schlagen, unbehindert von Instanzen sozialer Kontrolle Gruppen bilden können, dann äußern sie häufiger kriminelle Handlungen als Jugendliche aus Familien, in denen die Eltern Verständnis für ihre Kinder haben oder die Kinder nicht schlagen.

3.2.2 Datenanalyse zur Organisation der Herkunftsfamilien

Es wäre nun ideal, wenn wir unsere weiteren Datenanalysen so betreiben könnten, daß wir jeden zusätzlichen Faktor nicht als eine Alternative zu dem vorhergehenden einführen, sondern gleichzeitig mit ihm, so daß alle möglichen Beziehungen zwischen den Faktoren untersucht werden können (vgl. H.Zeisel, 1965, S.293). Wir haben aber schon im letzten Teil gesehen, daß unsere Gruppen mit Umfängen von 8 bis 58 schon für einen Vergleich mit einer fiktiven normalen Vergleichsgruppe nach zwei Merkmalsausprägungen sehr klein sind. Würden wir noch eine weitere Variable einführen, erhielten wir statt der 4- eine 8-Felder-Tafel. Die Besetzungen der Zellen würden durchweg so klein sein, daß kaum noch zureichende Interpretationen möglich sind. Man erinnere sich, daß z.B. bei den Mitgliedern der Gruppe der Rocker die jeweils als bevorzugt angesehene ökonomische Lage sehr schwach besetzt war, z.B. nahmen zwei Väter der Rocker eine Position ein, die man einer klar bevorteilten Lage zurechnen würde. Schon diese Besetzung einer Untergruppe ist - ist man auf weiterreichende Folgerungen aus - sehr klein, eine weitere Teilung wäre aber nicht mehr vertretbar. Zudem fehlen uns dazu geeignete Vergleichsdaten vollkommen, da entsprechende mehrdimensionale Verteilungen geeigneter Vergleichsgruppen weder in den allgemeineren sozialstrukturellen Datenanalysen der BRD noch in den spezielleren jugend- und freizeitsoziologischen Untersuchungen zu finden sind.

Nun können wir aber beim Übergehen der bisher gefundenen Beziehungen "neue" Zusammenhänge finden, die tatsächlich von den "alten" produziert wurden, wenn nämlich die Desorganisation der Familie nur von der ökonomischen und politischen Position abhängig sein sollte. Wir überprüften daher die wenigen Fälle von Mitgliedern krimineller Gruppen aus nicht abhängigen Familien und fanden, daß die Zahl desorganisierter Familien und benachteiligter eigener Positionen in dieser sozialen Lage mit entsprechenden Anteilen unter den abhängigen Familien gut übereinstimmte. Das kann als erster Hinweis auf eigene Wirkungen der Desorganisation der Familie und der eigenen abhängigen Position auf das kriminelle Handeln betrachtet werden. Wir halten es daher für gerechtfertigt, die Organisation der Familie in diesem Abschnitt und die eigene Position der Mitglieder krimineller Gruppen im folgenden eingehend zu analysieren.

Liest man die Biographien oder die Protokollnotizen, die sich mit den Familienverhältnissen von Beobachteten befassen, findet man für die Mitglieder krimineller Gruppen häufig, daß sie vaterlos sind. Das Fehlen ihres Vaters wird von vielen der Jugendlichen auch bewußt erlebt.

> Franz, ein Einsacker: "Ich bin jetzt 23 Jahre alt. Als ich sechs war, starb mein Vater. Er war bei einem Autounfall als Kraftfahrer umgekommen. Soweit ich mich an meinen Vater erinnern kann, war er ein ruhiger Mann. Er hat mich nie geschlagen und viel Verständnis gezeigt." Shorty: "Warum wir das machen, das ist ein bißchen schwierig... Weißt Du, ich bin unehelich, in Heimen aufgewachsen und so weiter."

Zur systematischen Prüfung der Hypothese 4 greifen wir nun wieder auf die ausgezählten Interviewdaten zurück:

Tabelle 13: Organisation der Familie von Mitgliedern krimineller Gruppen

Familien-organisation	Gruppe			
	Kriminelle	Typen	Rocker	Einsacker
Eltern leben zusammen	36	1o	2o	6
Vater verst./Ki.unehel.m.St.v.	1	1	o	o
Vater verst./Ki.unehel.o.St.v.	12	4	8	o
Mutter verst.m.Stiefm.	1	o	1	o
Mutter und Vater verstorben	3	2	o	1
Eltern gesch.mit Ersatz	3	o	3	o
Eltern gesch.ohne Ersatz	1o	3	6	1
Eltern leben getrennt	2	o	2	o
Summe	68	2o	4o	8

Zum Vergleich können wir Daten aus dem Mikrozensus 1968 (Statistisches Jahrbuch 197o, S.41) heranziehen. Danach lebten in den untersuchten Familien in 87,5% der Fälle beide Eltern, bei 7,2% war der Vater, bei 1% die Mutter verstorben (ob Stiefväter oder Stiefmütter in diesen Familien waren, wurde nicht angegeben). 2,8% der Familien waren geschieden oder lebten getrennt, und die Mutter lebte mit ihren Kindern zusammen. o,3% waren geschieden oder getrennt, und der Vater lebte mit den Kindern zusammen. In 1,2% der Fälle lebten ledige Mütter mit ihren Kindern zusammen.

Gehen wir zur Prüfung der Hypothese 4 von einem sehr formalen Begriff der organisierten Familie aus, so sind nur die Familien so zu bezeichnen, in denen die Eltern zusammenleben. Alle Familien, in denen der Vater fehlt oder zeitweise fehlte, sind in formalem Sinne desorganisiert. Dabei rechnen wir alle Kinder aus geschiedenen oder getrennten Ehen zu den desorganisierten Familien, da davon ausgegangen werden kann, daß die Kinder in der Regel bei der Mutter leben. Unberücksichtigt blieben alle Fälle, in denen die Mutter allein verstorben war. Damit soll keinesfalls übersehen werden, daß auch der Verlust der Mutter für ein Kind oder einen Jugendlichen von sehr großer Bedeutung ist - die unmittelbaren Folgen dürften jedoch andere als die beim Ausfall des Vaters unterstellten ökonomischen Belastungen und die Defizite in der instrumentellen Handlungsorientierung sein.

Tabelle 14: Organisation der Familie von Mitgliedern krimineller Gruppen im BRD-Vergleich (Zusammenfassung)

Familienorganis.		Gruppe			
Herkunft aus..	BRD	Kriminelle	Typen	Rocker	Einsacker
vollst. Familie	(o,88)	36 (o,54)	1o (o,5o)	2o (o,51)	6
unvollst. Familie	(o,13)	31 (o,46)	1o (o,5o)	19 (o,49)	2
Summe		67	2o	39	8

Tau V/K = o,14; Tau V/T = o,19; Tau V/R = o,15

Auch hier sieht man auf den ersten Blick, daß sich die Verteilungen unterscheiden. Betrachtet man den Tau-Koeffizienten für den Vergleich der fiktiven normalen Vergleichsgruppe mit den Kriminellen, so kann der Wert von o,14 als besonders zufriedenstellend bezeichnet werden. Auch hier ist wieder zu vergegenwärtigen, daß aufgrund der Verteilungen in der Grundgesamtheit der zu erwartende Wert bei einer Zufallsauswahl sicherlich nicht 1 oder nahe 1 gewesen wäre. Er dürfte ganz im Gegenteil nicht höher als der Wert für den Zusammenhang vom Status des Vaters und dem Handeln des Jugendlichen sein. Dort gehen wir von der Annahme aus, daß durch die Wirksamkeit der Instanzen sozialer Kontrolle trotz des großen Drucks zur Kriminalität der größte Teil der Handelnden kein kriminelles Handeln zeigt. Wir hatten daher Werte von o,o5 dort erwartet. Wir werden daher hier Werte, die um o,o5 liegen bzw. diesen Wert übersteigen, als Hinweis auf einen möglichen Zusammenhang auffassen und betrachten daher auch den Wert von o,14 als eine Bestätigung unserer Hypothese 4.

Eine feinere Analyse zeigt dann, daß diese Unterschiede im wesentlichen von den Eltern produziert wurden, die getrennt leben bzw. sich scheiden ließen. Das ist schwieriger zu interpretieren. Bei unserem Ausgehen von der Bedeutung der ökonomischen Benachteiligung desorganisierter Familien wäre eine ausgewogenere Verteilung beider Formen der Desorganisation - Versterben des Vaters und Unehelichkeit gegenüber Scheidung oder Trennung - eher zu erwarten gewesen. Diese Verteilung scheint uns mehr für die These von der fehlenden Fähigkeit zum instrumentellen Handeln zu sprechen.

Bei der Analyse der verschiedenen kriminellen Gruppen finden wir zwischen Rockern und Typen keine wesentlichen Unterschiede. Dabei darf die Bedeutung dieses Ergebnisses wegen des geringen Umfangs beider Gruppen nicht überschätzt werden. Immerhin steigt der Tau-Wert in beiden Fällen, so daß auch hier die Hypothese 4 eine erste Bestätigung findet. Auffallend ist, daß von den acht Einsackern, über deren Familienverhältnisse hier Aussagen im Sinne unserer Hypothesen gemacht werden können, die weitaus größere Zahl - sechs - aus zusammenlebenden Familien kommt. Sie produzieren auch das etwas kleinere Tau für die Gesamtgruppe der Kriminellen gegenüber den Typen und Rockern. Für die Einsacker können wir daher keinen Hinweis für das Zutreffen unserer Hypothese und des entsprechenden Teils der allgemeinen These 3 gewinnen.

Zur Benachteiligung der Kinder und Jugendlichen, die nicht bei ihren Eltern aufwuchsen, ergeben sich viele Anhaltspunkte in den Biographien und den Ausführungen der Mitglieder der verschiedenen Gruppen im offenen Feld.

Wie ein Heimaufenthalt wirkt, hat Harald, ein älterer Rocker, einem Feldforscher etwas ausführlicher berichtet (Tonbandprotokollauszug): "Die Erzieherin, die war nicht schlecht oder was, die war jedenfalls unheimlich in Ordnung. Jedenfalls ging das folgendermaßen: Die kaufte für die Jungens, weil, die kriegten nur Heimsachen, die hatten praktisch keine eigenen Sachen, bis auf manche, die von zu Hause Pakete kriegten oder was, und da kaufte sie für die Jungs so Jacken oder mal, daß sie Brötchen kaufte oder so, so was gab's ja für die Jungs nicht, daß es da mal irgendwie Brötchen gab oder was. Das war der erste Anstoß, daß 'te mal gepflegt aussahst, wenigstens Samstag, Sonntag, so daß 'te saubere Sachen anhattest, sonst hat da keiner was drauf gegeben, ob de saubere Sachen anhattest. Da liefste praktisch rum, Sonntag wie Alltag. Und da kam es, das erste Mal, daß 'te überhaupt saubere Sachen praktisch anhattest." Als ihr Geld dann zu Ende war, seien sie auf die Idee gekommen, Geld zu besorgen. Sie hätten von den Wiesen Blumen gepflückt und die im Dorf verkauft. Auf die Idee dazu war die Erzieherin gekommen, als sie einmal nachmittags mit der Gruppe spazierengingen und von Wiesen Blumen pflückten. Von da an hätten sie immer Blumen gepflückt und im Dorf verkauft, Strauß für fünfzig, siebzig Pfennig; "und das war natürlich nachher langweilig, so Wiesenblumen zu verkaufen und so, und dann: in die Gärten gegangen." Wie sie darauf gekommen seien, in die Gärten zu gehen, wisse er nicht mehr, er könne sich vorstellen, daß sie wohl mal an einem Garten vorbeigegangen seien, und da seien dann wohl so schöne Blumen dringestanden, und da hätten sie dann wohl gedacht, da könne man auch Geld mit machen, und dann hätten sie sie wohl rausgerupft und sie hinterher an die Leute wieder verkauft. "Ja, da fing das dann langsam an mit dem Klauen. Das im Heim waren immer bloß kleine Dinge so, daß wir mal nen Nachtisch geklaut haben, oder in der Küche, wenn just keiner drin war, dann haben wir uns die Hosentaschen voll Würfelzucker gepackt und sind dann schnell abgehauen, sind in 'n Gruppenraum gegangen und haben uns in eine Ecke gesetzt und haben da Würfelzucker gefressen. Ja und dann, es war also so, du kriegtest im Monat eine Mark Taschengeld, das wurde dann erhöht, als ich vierzehn war, da kriegteste acht im Monat. Ach so, ja, und dann kam dann das etwas größere Ding, wo von einer Erzieherin das Zimmer auf war, wo die das ganze Geld von der Gruppe drin hatte, da bin ich mit einem Kumpel reingegangen und wir haben uns da fünfundzwanzig Mark rausgenommen. Jeder hat so viel genommen, wie er brauchte. Da waren hinterher dann natürlich nur noch ungefähr zehn Mark drin, und das war die Kasse für den Urlaub mit. Naja, und da hieß es also, es wird nicht in Urlaub gefahren, wenn derjenige sich nicht meldet, der das Geld geklaut hat. Da haben wir uns natürlich nicht gemeldet, und dann sind se trotzdem in Urlaub gefahren." Ich fragte ihn dann noch mal, wie sich das denn so entwikkelt hätte mit dem Klauen. Er meinte, sie hätten die Sachen genommen, "weil wir kein Geld hatten, damit wir mal endlich Geld in der Hand hatten."

Bei der systematischen Prüfung der Daten zur These 5 finden wir:

Tabelle 15: Sozialer Ort des Aufwachsens von Mitgliedern krimineller Gruppen

Sozialer Ort des Aufwachsens	Gruppe			
	Kriminelle	Typen	Rocker	Einsacker
bei den Eltern	45	11	27	7
bei der Mutter allein	6	2	4	o
bei dem Vater allein	2	o	1	1
bei Mutter und Stiefvater	3	1	2	o
bei Verwandten	1	o	1	o
in einem Heim	3	1	2	o
Summe	6o	15	37	8

Zum Vergleich der kriminellen Gruppen mit normalen scheint es uns sinnvoll zu sein, auf Daten aus der letzten großen jugendsoziologischen Analyse zurückzugreifen und danach jeweils gleich große fiktive normale Vergleichsgruppen zu bilden. Viggo Graf Blüchers Untersuchung der Generation der Unbefangenen (1966) war so angelegt, daß eine repräsentative Auswahl von Jugendlichen, Heranwachsenden und jungen Erwachsenen zwischen 15 und 24 Jahren - eine Altersspannweite, die gut mit der der von uns untersuchten Gruppen übereinstimmt - unter anderem auch nach der Situation der Familie befragt wurde. Dabei wurde zwar nicht der soziale Ort des Aufwachsens erhoben, aber es wurde ausgezählt, bei wem die Befragten lebten. Greifen wir davon einmal die 15- bis 18-Jährigen heraus und unterstellen wir einmal, daß die Zahlen für die Zeit vor dem 15. Lebensjahr sicherlich nicht unter diesen liegen, so können wir davon ausgehen, daß in den fiktiven normalen Vergleichsgruppen mindestens 96% bei den Eltern lebten (V.G. Blücher, 1966, S.98). Wir finden dann folgende Verteilungen und Koeffizienten:

Tabelle 16: Sozialer Ort des Aufwachsens von Mitgliedern krimineller Gruppen im BRD-Vergleich (Zusammenfassung)

Sozialer Ort des	Gruppe				
Aufwachsens	BRD	Kriminelle	Typen	Rocker	Einsacker
bei den Eltern	(o,96)	45 (o,75)	11	27 (o,75)	7
nicht bei d. Eltern	(o,o4)	15 (o,25)	4	1o (o,25)	1
Summe		6o	15	37	8

Tau V/K = o,1o; Tau V/R = o,12

Die unterschiedlichen Anteilswerte bestätigen unsere These vom Zusammenhang von der desorganisierten Familie und der Mitgliedschaft in kriminellen Gruppen und unsere Hypothese 5, nach der die Desorganisation für die Kinder sich darin ausdrücken kann, daß sie nicht bei den Eltern aufwuchsen. Auch für die Rocker finden wir einen, bezogen auf unsere Erwartungen, noch annehmbaren Wert.

Bei den Typen hatten wir größere Ausfälle bei der Befragung, so daß die gefundene Verteilung nur als Hinweis auf einen Zusammenhang auch bei den Typen verstanden werden darf. Bei den Einsackern finden wir eine gegenläufige Tendenz.

Zur Hypothese 6 fragten wir, ob sich die Jugendlichen von ihren Eltern verstanden fühlten.

> Knut, ein Typ, hatte sehr große Schwierigkeiten mit seinen Eltern. Er meinte: "Diskussionen sind nicht mehr möglich, sie arten sofort in Streitereien aus." Molly: "Eigentlich haben die alle in meiner Familie was gegen mich."
> Matthias, ein Rocker, hatte praktisch immer Krach zu Hause. Seine Eltern waren sehr streng. Er mußte immer sehr früh zu Hause sein: "Heute gibt es bei uns jeden Tag etwas, worüber sich die Alten ärgern. Für mich sind die beiden total bematscht, obwohl die das natürlich nicht wirklich sind, aber für mich ist es das Einfachste, es so zu erklären, dann ist das für mich gelöst."
> Martin, ein Einsacker, zum Feldforscher: "Was meinst Du, was hier los ist in den Familien! Die meisten Jugendlichen kommen doch nur zum Schlafen nach Hause. Wir sind eben konsequent, wir sagen nicht, zu Hause stinkt es uns, wir hauen einfach ab. Wir sind unabhängig, wir sind eben konsequenter als die anderen... Wenn wir mal zu Hause sind, gibt es nur Krach." Ff: "Wenn man aber die

Häuser hier so sieht, würde man das gar nicht für möglich halten, weil alles so harmonisch aussieht." Martin: "Der Schein trügt."

Einige wenige Mitglieder krimineller Gruppen verstanden sich gut mit ihren Eltern. Wir untersuchten dann das Verhältnis zum Vater genauer.

Für Smarty, einen Typen, sah die Situation zu Hause so aus: "Mein Vater ist ganz schön brutal." Walter hielt von seinem Vater, einem Arzt - er nannte ihn einen Kleinkapitalisten - gar nichts.

Schnabel, ein Rocker: "Mein Alter, der war hundertprozentig in der SS. Der hat gemeint, wir jungen Leute verstünden das ja noch gar nicht. Wir wüßten ja gar nicht, was das bedeuten würde. Wir hätten das doch gar nicht mitgemacht. So war er immer dran." Ff: "Ist Dein Vater in der NPD?" "Voll drin. Der war früher schärfste SS. Ich war mal mit ein paar Freunden zu Hause. Da wollte der uns bequatschen, in irgendeine scharfe Organisation in Hannover einzutreten. Der hat da rumgelabert, das glaubst Du nicht. Einmal hat ein Freund von mir aus dem Souvenirladen, wie er meinem Vater sagte, gekauft, in Wirklichkeit war das natürlich eingesackt, einen Hakenkreuzwimpel. Was meinst Du, was mein Vater für einen Bock darauf hatte, den Wimpel zu bekommen." Ff: "Ist Dein Vater streng?" "Auf alle Fälle." Matthias: "Der Alte hat einen Bumms, der hat mir immer voll einen geschrubbt. Die erste Erinnerung, die ich an meinen Vater habe, ist die, daß ich von ihm Prügel bekam."

Sven, ein Einsacker: "Mit meinem Vater komme ich eigentlich nicht so gut aus. Er ist sehr streng. Er sagt immer das Falsche an der falschen Stelle." Helga berichtete: "Ich bin jetzt achtzehneinhalb. Ich bin ein typisches Arbeiterkind. Mein Vater war früher Maurer und häufig auf Montage. Als ich klein war, habe ich ihn oft nur alle sechs Wochen gesehen. Manchmal war er selbst zu Weihnachten nicht da. Und gerade Weihnachten hätte ich ihn gern zu Hause gesehen. Und wenn er mal zu Haus war, dann war er müde und abgespannt. Wenn wir uns mal gehen ließen als Kinder, hat er uns eine Ohrfeige gegeben. Als ich neun Jahre alt war, haben wir in einer Zweizimmerwohnung gewohnt. Wir mußten uns da sehr behelfen... Mein Vater ist jetzt Fahrer und kommt jetzt öfter nach Hause. Aber er ist immer abgespannt und leicht reizbar. Deshalb bin ich lieber woanders als zu Hause."

Wertet man die Biographien systematisch aus, faßt man die Angaben zusammen und vergleicht man sie mit den Antworten auf die Frage: "Meinen Sie, daß sich Ihre Eltern zu viel oder zu wenig um Ihre Angelegenheiten kümmern?" aus der Untersuchung von Blücher (S.1o9), so findet man:

Tabelle 17: Verstehen mit dem Vater von Mitgliedern krimineller Gruppen im BRD-Vergleich (Zusammenfassung)

Verstehen mit dem Vater	Gruppe				
	BRD	Kriminelle	Typen	Rocker	Einsacker
verstanden bis / jetzt gleichgültig	(o,78)	34 (o,5o)	6	26 (o,57)	2
kein Verständnis oder schlechter	(o,22)	34 (o,5o)	9	2o (o,43)	5
Summe		68	15	46	7

Tau V/K = o,o8; Tau V/R = o,o5

Beim Vergleich der Kriminellen mit der fiktiven normalen Gruppe ergibt sich eine Übereinstimmung mit der Hypothese 6. Auch für die Typen könnte die Hypothese zutreffend sein, jedoch läßt uns die kleine Zahl vorsichtig sein. Leider haben wir auch hier nur wenige Einsacker. Immerhin geben hier fünf von ihnen an, das Verhältnis zum Vater sei gleichgültig bzw. schlecht. Für die Rocker ist das Ergebnis nicht ganz so gut. Tau sinkt auf o,o5, ist aber immer noch ausreichend, um für eine Bestätigung der Hypothese 6 sprechen zu können.

Wir fragten auch danach, wie sich die Jugendlichen mit ihrer Mutter verstanden.

> Alex, ein Typ: "Meine Mutter ist so richtig autoritär. Als ich damals mit meiner Malerlehre angefangen habe, hat sie gleich gesagt, daß Lehrjahre keine Herrenjahre wären, und sie fände das gut. Ich habe die Lehre schon so richtig verschüchtert angefangen, und dann hat da natürlich auch nichts geklappt. Wenn ich was gesucht habe, bin ich schon von vornherein mit der Einstellung rangegangen: Das finde ich sowieso nicht. Dann habe ich es auch nicht gefunden."

> Matthias, ein Rocker, berichtete, er habe sich eine Zeitlang mit seinem Vater hervorragend verstanden. Als er sechzehn Jahre alt war, sind sie jeden Abend nach Nebenstadt in die Diskothek gefahren und haben sich dort mit den Engländern gedroschen. Seine Mutter habe jeden Tag von neuem gejammert, wenn sie beide am frühen Morgen total betrunken nach Hause kamen. Sie sei auch die eigentlich treibende Kraft, die seinem Vater jeden Tag in den Ohren hängt, bis er ihm mal wieder eine scheuert. Und dann ist sie zufrieden. Dann gibt sie Ruhe."

> Gerda bei den Einsackern sagte: "Meine Mutter hat sich mit uns dreien ganz schön durchgeschlagen. Es ist klar, daß sie sich nicht um jedes einzelne von uns Mädchen so richtig kümmern konnte. Ich habe mich selten so richtig von ihr verstanden gefühlt."

Prüft man die Biographien systematisch, findet man folgende Verteilung:

Tabelle 18: Verstehen mit der Mutter von Mitgliedern krimineller Gruppen im BRD-Vergleich

Verstehen mit der Mutter	Gruppe				
	BRD	Kriminelle	Typen	Rocker	Einsacker
verstanden bis jetzt gleichgültig	(o,78)	55 (o,8o)	15	35 (o,76)	5
kein Verständnis oder schlechter	(o,22)	14 (o,2o)	2	11 (o,24)	1
Summe		69	17	46	6

Tau V/K = o,oo; Tau V/R = o,oo

Wir finden keine Unterschiede zwischen den kriminellen Gruppen und der fiktiven normalen Vergleichsgruppe. Die Hypothese 6 wird also nur für das Verhältnis zum Vater bestätigt.

Wir haben weiter geprüft, ob die Jugendlichen früher oder jetzt Schläge zu Hause bekamen bzw. bekommen.

> In der Familie von Thomas, einem Rocker, herrschte das Faustrecht: "Wer den größten Hammer hatte, der hatte auch was zu sagen." Moskau: "Mein Vater ist ein Schläger, der war früher, als ich klein war, immer schon brutal zu mir. Als er mich einmal geschlagen hatte, hab ich ihn fertig gemacht, und dann ist er zum Jugendamt gefahren."

Prüft man zur Hypothese 6 systematisch, wie weit die Mitglieder der verschiedenen Gruppen von ihrem Vater Schläge bekamen, und sucht man Vergleichsdaten, stößt man in verschiedenen Untersuchungen auf die Angabe, 85% der Eltern der BRD erzögen ihre Kinder mit Schlägen (vgl. D.Claessens u.a., 1973, S.459, H.P.Bleuel, 1971, S.17). Prüft man die Quelle der Angabe näher, findet man, daß Klaus Horn, auf den man sich bezieht, gerade diese Angaben, die auf eine Untersuchung von Walter Hävernick zurückgehen, sehr scharf kritisiert und als völlig unzulänglich abgesichert und übertrieben bezeichnet. Leider haben wir keine verläßlichen Daten gefunden, so daß wir nur sehr vorläufig aus einer Einstellungsbefragung geeignete Daten folgern können. Nach einer Repräsentativbefragung traten 1961 75% der Befragten für eine Erziehung durch Prügel, 23% dagegen ein, 2% waren unentschieden (E.Noelle und E.P.Neumann, 1965, S.65). Gehen wir einmal davon aus, daß die nach Abzug der Unentschieden verbleibenden 76% der Befürworter des Prügelns dies auch exekutieren, dann finden wir: (Siehe Tabelle 19, Seite 165)

Schließlich wurde auch die Frage gestellt, ob die Jugendlichen von der Mutter geschlagen worden waren. Es ergeben sich folgende Verteilungen: (Siehe Tabelle 2o, Seite 165).

Tabelle 19: Körperliche Züchtigung durch den Vater von Mitgliedern krimineller Gruppen im BRD-Vergleich

Häufigkeit der Züchtigung	Gruppe			
	BRD	Kriminelle+	Typen	Rocker
vom Vater nie geschlagen	(o,24)	1o (o,24)	1	8 (o,3o)
vom Vater geschlagen	(o,76)	31 (o,76)	9	19 (o,7o)
Summe		41	1o	27

Tau V/K = o,oo; Tau V/R = o,oo; + einschließlich Einsacker

Tabelle 2o: Körperliche Züchtigung durch die Mutter von Mitgliedern krimineller Gruppen im BRD-Vergleich

Häufigkeit der Züchtigung	Gruppe			
	BRD	Kriminelle Typen	Rocker	Einsacker
von Mutter nie	(o,24)	9 (o,18) 3	3 (o,o9)	3
v. Mutter geschlag.	(o,76)	42 (o,82) 8	3o (o,91)	4
Summe		51 11	33	7

Tau V/K = o,o1; Tau V/R = o,o4

Im ganzen scheint die Abhängigkeit der Mitgliedschaft in kriminellen Gruppen von der Häufigkeit der Züchtigung durch den Vater - als ernsthafter Behinderung der Übernahme instrumenteller Handlungsorientierungen - nicht zu bestehen: Dieser Teil der Hypothese 6 ist also in allgemeiner Form nicht zu bestätigen. Bemerkenswert ist lediglich die Rolle der Mutter für die Mitglieder der Gruppe der Rocker. Wir finden hier zuerst Hinweise auf ein Zutreffen des von uns unterstellten Zusammenhanges von strenger Züchtigung und dem Druck zum Anschluß an kriminelle Gruppen. Zwar ist der Wert von o,o4 unterhalb des erwarteten Tauwertes, die Anteilswertdifferenz ist dennoch so groß (o,1o), daß wir für diese Gruppe von einem Hinweis für die Bestätigung der Hypothese 6 ausgehen wollen.

Schließen wir diesen Abschnitt mit einer zusammenfassenden Übersicht über die Werte der wichtigen Assoziationsmaße:

Tabelle 21: Tauwerte aus dem Vergleich der Mitglieder krimineller Gruppen mit fiktiven normalen Vergleichsgruppen in Beziehung zur Organisation der Familie und Verteilung absoluter Zahlen

Merkmal der Organisation der Familie	Mitgliedschaft in der Gruppe der			
	Kriminellen	Typen	Rocker	Einsacker
Unvollständigkeit	o,14	o,19	o,15	6:2
Kind nicht bei Elt.aufgew.	o,1o	11:4	o,12	7:1
Ki.v.Vater nicht verstanden	o,o8	6:9	o,o5	2:5
Ki.v.Mutter nicht verstanden	o,oo	15:2	o,oo	5:1
Kind v.Vater geschlagen	o,oo	1:9	o,oo	
Kind v.Mutter geschlagen	o,o1	3:8	o,o4	3:4

3.2.3 Diskussion der Ergebnisse der Datenanalyse

Überblickt man alle Tests, findet man einen Unterschied in der Organisation der Familien der Mitglieder krimineller Gruppen im Vergleich zu fiktiven normalen Gruppen. Dabei bilden die Rocker die größte Teilgruppe unter den Kriminellen. Sie produzieren diesen Zusammenhang. Betrachtet man einmal die kleine Gruppe der Typen, von der Daten zur Organisation der Familie vorliegen, so weisen sie bis auf ihr "gutes Verhältnis" zur Mutter stets dieselben Merkmale desorganisierter Familie wie die Rocker auf. Berücksichtigen wir zudem, daß bei der Analyse des Personenbestandes die Gruppe der Typen in gerade ausreichender Größe (2o) in die Analyse eingehen und dabei ein Tau von o,19 gefunden wurde, so scheint es uns begründbar zu sein, wenn wir auch für die Typen die Hypothesen 4-6 - sicher mit Vorbehalten - als bestätigt betrachten. Für die Rocker und Typen sind damit auch die Thesen 1-3 weiter abgestützt. Anders ist die Situation bei den Einsackern. Zwar fühlen sich die meisten von ihnen vom Vater unverstanden, sonst finden wir aber keine Hinweise auf eine Desorganisation ihrer Herkunftsfamilie. Für die kleine Gruppe der von uns untersuchten Einsacker sind die Hypothesen 4-6 und die auf die Organisation der Familie bezogenen Teile der These 3 sicher als widerlegt anzusehen.

Gehen wir im folgenden von den Typen und Rockern aus, so ist der Unterschied der Organisation ihrer Herkunftsfamilie im Vergleich zu den Normalen kleiner als in den empirischen Untersuchungen, die von den den Instanzen sozialer Kontrolle bekannten Beteiligten an kriminellen Handlungen ausgingen. Peter Brosch berichtet von Daten, nach denen 35-45% der verwahrlosten Jugendlichen aus vollständigen Familien und 18-25% aus geschiedenen Ehen kommen. 22,5% sind unehelich und 13-14% Halb- oder Vollwaisen (1971, S.35 und 171). Friedrich Specht fand (1967, S.41 und 71), daß 65% der von ihm untersuchten Zöglinge der Fürsorgeerziehung und der freiwilligen Erziehungshilfe aus unvollständigen Familien kamen. Verband man gar mehrere Kriterien geordneter Familienverhältnisse miteinander, ergab sich: "Nur 3% der männlichen und 3,5% der weiblichen Probanden stammten aus einer äußerlich unauffälligen Familie" (1967, S.71).

Damit finden wir erneut, daß es sinnvoll ist, die Kriminellen und die Kriminalisierten zu unterscheiden. Auf der einen Seite der Kriminellen scheint es so zu sein, daß auch die Desorganisation ihrer Herkunftsfamilie - sicherlich in begrenztem Umfang - zu kriminellen Handlungen drängt. Andererseits werden von den Kriminellen in besonderem Maße die ausgewählt und kriminalisiert, die aus "gestörten Elternhäusern" kommen. Insoweit wird auch Fritz Sacks Argument, daß heute diejenigen Leute, deren familiäre Situation nicht der des normalen Gesellschaftsmitgliedes entspricht, die meisten Chancen haben, "kriminalisiert" zu werden, insofern bestätigt, als im Kreis der Kriminalisierten die Mitglieder aus desorganisierten Familien überrepräsentiert sind. Das bedeutet: Die Situation dieser Familie drängt zum kriminellen Handeln, mehr aber noch zur Kriminalisierung.

3.3 Die sich ausbildende eigene soziale Lage von Mitgliedern krimineller Gruppen

3.3.1 Präzisierung und Operationalisierung der These von den durch die eigene soziale Lage bedingten kriminellen Handlungen

Betrachtet man unsere Ausgangsthesen 1-3 weiter, so ist nun der Zusammenhang vom Eintritt des Jugendlichen in das Produktionssystem und seiner Mitgliedschaft in kriminellen Gruppen zu untersuchen. Dazu sind die allgemeinen Thesen 1-3 in einer noch allgemeinen Hypothese so zu fassen:

> Wenn Jugendliche in der Phase der Eingliederung in den Produktionsprozeß unbehindert von Instanzen sozialer Kontrolle Gruppen bilden können, dann äußern sie häufiger kriminelle Handlungen als Jugendliche, die sich nicht in dieser Phase befinden.

Auch mit der Analyse dieses Zusammenhanges betreten wir - wie schon bei den bisherigen Teilanalysen - kein theoretisches Neuland. Von den Vertretern des sozialstrukturellen und des interaktionistischen Ansatzes in den USA und der materialistisch-gesellschaftstheoretischen Analyse in der BRD und selbst von Vertretern der sozialisationstheoretischen Perspektive ist diese Beziehung thematisiert worden.

Auf der Seite der Analyse der Tätigkeit der Instanzen sozialer Kontrolle ist ebenfalls von mehreren Forschern aller Richtungen gesehen worden, daß die Kriminalisierungen sich auf einen Personenkreis richten, der selbst - und nicht nur von seiner Familie her - Merkmale der Zugehörigkeit zur unteren Schicht der Bevölkerung aufweist. Daß dabei nur Definitionsprozesse im Spiel sind, hat wiederum Fritz Sack behauptet. Der Kriminelle ist danach nicht derjenige, der eine fremde Sache gestohlen hat, sondern der Arbeitslose, der Gelegenheitsarbeiter, allenfalls der Hilfsarbeiter, wie es zuletzt Dorothee Peters unterstellte (1973).

Von dieser Beziehungsanalyse setzen wir uns ab - wie in den anderen Abschnitten dieses Teils -, gehen wir doch davon aus, daß tatsächlich ein Zusammenhang von der eigenen Position und der Mitgliedschaft in kriminellen Gruppen besteht. Wir hoffen, unsere These belegen und die der Definitionstheoretiker widerlegen zu können, indem wir auch in diesem Abschnitt auf Daten zurückgehen, die von Personen erhoben wurden, die zu einem großen Teil noch nicht kriminalisiert wurden. Damit ist auch schon angedeutet, wie wir das bisher vorliegende empirische Material zu dieser These einschätzen. Da man dabei auch wieder von den den Instanzen sozialer Kontrolle bekannten Personen ausging, dürfte auch der so ermittelte Personenkreis nach seiner eigenen Position im ökonomischen Prozeß verzerrt sein.

Eine Untersuchung dieses Sachverhaltes darf sicherlich nicht einfach bei dem mit 18 oder 2o Jahren erreichten Status eines Jugendlichen ansetzen. Sie hat zu berücksichtigen, daß dem Eintritt in das Produktionssystem die Ausbildung in der Schule vorausgeht, die von der späteren Statuszuweisung viel vorwegnimmt. Bei Angehörigen der Familie mit Vätern in abhängiger ökonomischer Position, aus denen ja nach unserer Hypothese 1 die kriminellen Gruppen ihre Mitglieder rekrutieren, wird man nun vonvornherein keine besonders qualifizierte Ausbildung erwarten. Das ist ein in der Soziologie der Schule anerkannter Tatbestand. Analysen, die diesen Sachverhalt aufzeigen und erklären, liegen seit langem vor. Sie setzen bei dem niedrigen Anteil der Arbeiterkinder unter den Studenten in westeuropäischen Ländern an, der selbst in Ländern mit wesentlich höheren Anteilen als in der BRD unter dem Anteil der Schicht in der Bevölkerung bleibt. Das ist das Ergebnis eines langwierigen Selektionsprozesses, in dessen wichtigen Phasen die Unterschichtkinder in überdurchschnittlichem Grade getroffen werden, da die Schulen Bürgerschulen sind, die in ihrer ganzen Struktur, im Interaktionsstil, in der Arbeitsweise, den notwendigen Arbeitsmitteln, den Prüfungsanforderungen die Kinder der Bürgerschicht bevorteilen. Die Kinder dieser Schicht aus den organisierten Familien werden von vornherein durch ihre soziale Lage zum Besuch weiterführender Schulen und damit zur anschließenden Ausübung von Aneignungs- und Leitungspositionen qualifiziert. In dem Alter, in dem ihre Altersgenossen aus den Familien der Lohnabhängigen schon im Produktionsbereich tätig sind, besuchen sie noch immer Schulen. Zwar entscheidet der Schulbesuch nur sehr begrenzt über den Auf- und Abstieg von Familien in der Klassenstruktur, da die Familien der Besitzenden und Herrschenden auch unabhängig von einer Qualifikation in der Schule ihren Status sichern können. Aber auch für sie dürfte zur Gewährleistung einer optimalen Ausnutzung ihres Besitzes eine gute Ausbildung begehrt sein. Für die Familien der Manager und Funktionäre gilt dies umso mehr. Das Schulziel für ihre Kinder wird zum Instrument des Erhaltes der sozialen Lage. Im ganzen leben die Jugendlichen aus den bevorteilten sozialen Lagen in einer bevorzugten Situation mit relativ viel Freizeit. Andererseits sind sie aber finanziell abhängiger von ihren Eltern und unterstehen ihrer Aufsicht mehr. Sie durchlaufen weiter einen geordneten Sozialisationsprozeß. Selbst wenn ihnen zu dieser Zeit mehr Verzichtleistungen abverlangt werden, so besteht der prinzipielle Unterschied ihrer Situation zu der der Altersgenossen aus der benachteiligten sozialen Lage darin, daß sie begründete Hoffnungen auf eine fundamentale Änderung ihrer Situation innerhalb der nächsten Jahre unterhalten können. Unsere erste Präzisierung der Eingangsthesen lautet daher:

H 7: Wenn Jugendliche, die eine weniger qualifizierte Ausbildung aufweisen, unbehindert von Instanzen sozialer Kontrolle Gruppen bilden können, dann äußern sie häufiger kriminelle Handlungen als Jugendliche, die eine qualifizierte Ausbildung aufweisen.

Wir haben oben schon auf die beiden wichtigen Strukturmerkmale des Wirtschaftssystems der BRD hingewiesen, die auch zur Konstituierung der sozialen Lagen beitragen, auf den hohen Grad an Arbeitsteilung und die ungleiche Wertaneignung. In dieses Wirtschaftssystem treten nun die Jugendlichen aus den ökonomisch und politisch abhängigen und desorganisierten Familien mit ihrer nicht qualifizierten Ausbildung an einer bestimmten Stelle ein. Für sie sind die Positionen vorgesehen, in denen bei gesellschaftlich wichtiger, großer Arbeitsleistung vergleichsweise geringe berufliche Autonomie und geringe Entlohnung zu erhalten ist. Sie üben Funktionen aus, die sie zu einem abhängigen Status führen. Diese Situation unterscheidet sich zwar von der in der Familie und in der Schulklasse nicht - aber dort bestand immer noch die Aussicht auf eine Beendigung dieser Verhältnisse. Diese Hoffnung müssen die Jugendlichen beim Eintritt in das Wirtschaftssystem begraben. Die Jugendlichen sollen dort den bekannten Ansprüchen an ihr Handeln auf Dauer unterworfen werden. Zudem hat dieses System deutlicher als Familie und Schule seine spezifischen Widersprüche: "Man kann diesen Widerspruch gerade in den "Erwartungen" der Gesellschaft den Jugendlichen gegenüber wahrnehmen...ein konformistisches, auf illusorischen Werten gründendes System (ist) aufrechtzuerhalten und zugleich (ist) vorzugeben, Erwachsene heranzubilden, die fähig seien, sich aktiv in ein derartiges System einzugliedern und dieses gleichzeitig zu humanisieren" (G.Lapassade, 1965, S.198). Die Jugendlichen aus der benachteiligten sozialen Lage spüren diesen Widerspruch bei der Einnahme ihrer Position im Wirtschaftssystem besonders deutlich, da sie als Jugendliche noch nicht angepaßt sind, den Druck zur dauerhaften Anpassung aber als neues Erlebnis besonders stark empfinden, da sie als Mitglieder von Familien abhängiger Positionen die Benachteiligungen dieser Status ungeschminkt sehen, und der Druck zur Anpassung sie dennoch ungebremst trifft.

Dieser Sachverhalt ist in der kriminalsoziologischen Theorie oft gesehen, aber anders interpretiert worden. Im Anschluß an die Analyse der Situation der Jugendlichen von Shmuel N.Eisenstadt ist das Berufsleben oft nur aufgrund der abgeforderten Einstellungen problematisiert worden. Zu partikularen Einstellungen, die auf das Besondere einer Situation abstellen, treten universale, die das Allgemeine einer Situation betonen. Dieser Einstellungswandel ist "besonders für die Heranwachsenden akut, die ganz abrupt lernen müssen, daß sie nicht länger Kinder sind, sondern daß man von ihnen erwartet, daß sie sich wie junge Männer und Frauen verhalten" (J.F.Short und F.L.Strodtbeck,1965,

S.228). Daraus wird eine ganz allgemeine Ambivalenz der Heranwachsenden zu ihrem Leben gefolgert.

In der Jugendsoziologie der BRD hat Helmut Schelsky (1958) ähnliche Thesen vertreten. Danach bestehen in der Industriegesellschaft mit ihren anonymen und funktionalen Beziehungen, ihrer Sachlichkeit des Verhaltens, ihrer Dynamik und Veränderbarkeit weiterhin primärgruppenhafte Beziehungen. Sie stehen in einer familienfremden, ja familienfeindlichen Umwelt. So ist der Übergang des Kindes aus der Rolle des Kindes in die des Erwachsenen in der modernen Gesellschaft ein Übergang zwischen zwei sozialen Verhaltenshorizonten, die weitgehend gegensätzlich strukturiert sind. Schelsky beobachtete eine Zuspitzung der Antinomie in der BRD schon Mitte der fünfziger Jahre: Die Familie werde immer intimer, Arbeitswelt und Öffentlichkeit immer versachlichter. An diese Analyse schließen noch heute Jugendsoziologen an. So ist für Friedhelm Neidhardt (1967) der Übergang als Orientierungsproblem zu begreifen, das entsprechend den Anforderungen der "modernen" Gesellschaft in vier Bereichen zu verorten ist:

1) Es ist ein Realitätsproblem, ein kognitives Problem. Die Jugendlichen müssen lernen, größere, komplexere Strukturen und auch neue Normen und Werte zu erfassen.
2) Es besteht ein Leistungsproblem aufgrund der Erfordernisse der Erfüllung der instrumentellen und spezifischen Ansprüche der Arbeitswelt.
3) Es treten Solidaritätsprobleme auf, da die Jugendlichen positive innere Beziehungen zu diesen neuen sozialen Bereichen aufzubauen haben.
4) Identitätskrisen ziehen auf, die verschärft werden durch neue Bedürfnisse des Organismus. Der Jugendliche muß sich nach innen kontrollieren, nach außen abgrenzen (F. Neidhardt, 1967, S.3o).

Der Bezug dieser Probleme zur Arbeitssituation, zum Verhältnis von tatsächlich erbrachtem Produktionsbeitrag und Entlohnung wurde aber weder in den angelsächsischen noch in den deutschen Arbeiten geleistet. Darauf kommt es aber an. Die Thesen von Eisenstadt, Short und Strodtbeck, von Schelsky und Neidhardt sind sicherlich zutreffend, nur betreffen sie Tatbestände, die abgeleitet, abhängig sind von der materiellen Situation der Jugendlichen im Betrieb.

Für die Jugendlichen aus den bevorteilten sozialen Lagen vollzieht sich nach Abschluß des Schulbesuchs der Eintritt in das Wirtschaftssystem auf andere Weise. Sie treten in Positionen ein, die auf herrschende und besitzende Positionen vorbereiten, in denen ein relativ hohes Einkommen zu erwerben und wenig beschränkte Autorität auszuüben sind. Gewisse Begrenzungen in der Anfangszeit nach der Positionseinnahme werden wie in der verlängerten Schulzeit hingenommen aufgrund der günstigen Zukunftsaussichten. So hatten wir schon angedeutet, daß aus der Vorbereitung auf Positionen in einer bevorteilten Lage nicht die Hypothese abgeleitet werden darf, diese Jugendlichen verdienten schon zu diesem Zeitpunkt mehr Geld als die Mitglieder der kriminellen Gruppen. An Kandidaten für leitende und besitzende Positionen werden anfangs nur "Erziehungsbeihilfen" oder ähnliche Leistungen gezahlt. Andere sind in den Eingangsstufen entsprechender Positionen mit verhältnismäßig geringem Einkommen. Wenn man auf der anderen Seite bedenkt, daß ein Teil der Jugendlichen aus abhängigen Familien nach dem Schulabschluß eine Lehre aufnimmt, ein Teil aber sofort als Hilfsarbeiter mit dem "Verdienen" anfängt, wird man keine großen Einkommensdifferenzen zwischen beiden Gruppen von Jugendlichen erwarten (19). Wir gelangen so zur Hypothese

H 8: Wenn Jugendliche aus Berufen, die zu abhängigen ökonomischen und politischen Funktionen führen, unbehindert von Instanzen sozialer Kontrolle Gruppen bilden können, dann äußern sie häufiger kriminelle Handlungen als Jugendliche aus anderen Berufen.

Diese Situation bei der Eingliederung in den Produktionsprozeß führt dann bei den Jugendlichen in selbst abhängigen Positionen anders als bei ihren Altersgenossen, die sich auf bevorteilte Positionen im ökonomischen und politischen Prozeß vorbereiten, zu subjektiv empfundenen "Schwierigkeiten" in dem Teil des Wirtschaftssystems, in dem sie tätig sind, in ihrem Betrieb. Dementsprechend lautet unsere Hypothese:

H 9: Wenn Jugendliche, die beim Übergang von der Schule in den Betrieb "Schwierigkeiten" haben, unbehindert von Instanzen sozialer Kontrolle Gruppen bilden können, dann äußern sie häufiger kriminelle Handlungen als Jugendliche, die diese "Schwierigkeiten" nicht haben.

Die mit dem Eintritt in das Produktionssystem verbundenen Probleme stellen sich in aller Deutlichkeit den männlichen Jugendlichen. Zwar sind weibliche Jugendliche beim Eintritt in diesen Prozeß objektiv in derselben Position. Sie erleben ihre Lage aber oft gemildert. Während im Sozialisationsprozeß der Jungen stärker die Leistung, der Wettbewerb, die Öffentlichkeit betont wird und dadurch ihr Blick für die Schwierigkeiten ihrer Situation beim Eintritt in das Wirtschaftssystem geschärft wird, unterstreicht die Sozialisation der Mädchen immer noch mehr die Pflege, das Gefühl, die Familie, die Privatheit. So sind die weiblichen Jugendlichen oft daran gehindert, ihre benachteiligte Situation zu erkennen. Zudem bestehen Aussichten für sie, durch Heirat aus dem Prozeß, wenigstens zeitweise, auszuscheiden. Das ist bei den männlichen Jugendlichen nicht der Fall. Unsere nächste Hypothese lautet daher:

H 1o: Wenn männliche Jugendliche unbehindert von Instanzen sozialer Kontrolle Gruppen bilden können, dann äußern sie häufiger kriminelle Handlungen als weibliche Jugendliche.

Nun sind die Erfolgschancen für den einzelnen Jugendlichen und selbst für einige, die sich an einem Arbeitsplatz zusammenfinden, zur Beseitigung der Schwierigkeiten im Produktionssystem und im einzelnen Betrieb gering. Die meisten passen sich an. Das liegt auch nahe, wenn, wie Nicole de Maupeou-Leplâtre (1965) fand, die Stellung des jugendlichen Arbeiters in der industriellen Welt durch drei Aspekte charakterisiert wird:

1) Jugendliche Arbeiter unterhalten in der Mehrheit täglich sehr konkrete Beziehungen mit erwachsenen Arbeitern.
2) Sie sind Unmündige in der Welt der Arbeit.
3) Ihre Funktion besitzt etwas Undefiniertes, Unpräzises.

Alle drei Merkmale stehen in Zusammenhang mit der Eingliederung in die Welt der Arbeit. Daraus ist für Maupeou-Leplâtre auch für die Mehrzahl der 14-18jährigen Arbeiter das Fehlen einer Alterskultur, die nicht auftretende Zugehörigkeit zu Banden zu erklären. Der Konflikt mit den Älteren wird nicht wahrgenommen, es erfolgt vielmehr eine Identifikation mit den erwachsenen Arbeitern und nicht mit den Altersgenossen. Das führt aber auch nicht zu einer Lösung der Probleme. In dieser Situation setzen sich Konformismus in den Arbeitsbeziehungen, Gleichheit der Reaktionen, Enthaltung von Kritik schnell durch. Zur Anpassung gehört durchaus die Suche nach Vorwänden und Ausflüchten, da die Wünsche nach Freiheit, Unabhängigkeit auch bei den angepaßten jugendlichen Arbeitern fortexistieren. Daneben tritt die Beobachtung der Nutzlosigkeit des eigenen Tuns. Paul Goodman hat in einer Untersuchung der "Jobs für Jugendliche" in den USA gefunden, daß "Mannesarbeit", d.h. Berufe, die "Energie erfordern und Fähigkeiten beanspruchen und in denen man sich Ehre und Würde bewahren kann", selten sind. Nur ein Zehntel bis ein Zwanzigstel aller Berufe sind - so Goodmans pointierte These - solcher Arbeit heute gewidmet. Der Rest der Berufe ist unnütz. Ihre Produktion erfolgt nicht für den Gebrauch, sondern für den Profit. Diese Berufe und ihre Produkte sind nutzlos und gewinnbringend. Daraus resultiert nun Anpassung bei den Jugendlichen. Denn der Wunsch nach Sicherheit ist groß, weil die Arbeit unnütz ist. Wäre sie zu etwas nütze, wäre der jugendliche Arbeiter auch gewiß, gebraucht zu werden, hätte er die Sicherheit und damit auch eine Basis für seine Auflehnung.

So ist die Anpassung im ganzen nicht vollkommen. Mißvergnügen und Distanz bestehen dennoch. Aber sie lassen sich kaum zureichend als Zeichen mangelnder Integrationsbereitschaft oder als Symptome für das Mißlingen der Eingliederung in die Welt der Erwachsenen interpretieren. Vielmehr scheinen in diesen Phänomenen problematische

Folgen gelungener Anpassung zum Ausdruck zu kommen (L.v.Friedeburg) (2o).

So ist von vornherein zu erwarten, daß nur eine Minderheit zu einem Verhalten übergeht, daß sich gegen die bestehenden Besitz- und Machtstrukturen richtet. Im Prozeß der Ausbildung krimineller Handlungen in Gruppen erfolgt zunächst ein partieller und gelegentlicher Rückzug von der Teilnahme am Produktionsprozeß. Der Jugendliche ist "in seinen Gedanken nicht mehr bei der Arbeit", sondern woanders. Er übt in Gedanken andere Tätigkeiten aus, begibt sich an andere Plätze. Er kommt mit anderen Jugendlichen zusammen, die in derselben Situation sind, die dieselben Gedanken haben. Kommt es zu einem Gespräch über die gemeinsame Situation, so liegt gemeinsames Handeln nahe. Auf der Arbeitsstelle wird gebummelt, man fehlt mal einen Tag, "feiert krank", kommt wieder, erfährt den Tadel wegen der Abwesenheit, findet die Arbeit noch schlechter. Das führt um so stärker zu einem Verlangen, andere Tätigkeiten auszuüben. Wird auch diese Einschätzung der Situation wieder von anderen geteilt, ergibt sich wiederum die Situation eines Gespräches darüber, verstärkt sich bei den Teilnehmern die Ablehnung der Arbeit und das Verlangen nach alternativen Handlungen. Es kommt zu einem steten Rückzug aus dem Arbeitsprozeß bis zur Arbeitslosigkeit. Auf dieser "Basis" wird dann der ganze Tag nur noch im "Freien" verbracht. So kommt es zum Abbruch der Ausbildung, zur Verweigerung der Arbeit:

H 11: Wenn Jugendliche, die ihre Ausbildung abgebrochen haben, unbehindert von Instanzen sozialer Kontrolle Gruppen bilden können, dann äußern sie häufiger kriminelle Handlungen als Jugendliche, die ihre Ausbildung nicht abgebrochen haben.

Mit der Ausgliederung aus dem Produktionsprozeß geht eine weitere Deklassierung in der Gesellschaft einher. Diese Jugendlichen behalten noch nicht einmal den Status ihres Vaters unter den Besitz- und Machtlosen.

H 12: Wenn Jugendliche, die im Vergleich zu ihrem Vater sozial abgestiegen sind, unbehindert von Instanzen sozialer Kontrolle Gruppen bilden können, dann äußern sie häufiger kriminelle Handlungen als Jugendliche, die nicht abgestiegen sind.

Sie hören schließlich ganz auf zu arbeiten.

H 13: Wenn Jugendliche, die längerfristig arbeitslos sind, unbehindert von Instanzen sozialer Kontrolle Gruppen bilden können, dann äußern sie häufiger kriminelle Handlungen als Jugendliche, die nicht längerfristig arbeitslos sind.

3.3.2 Datenanalyse zur eigenen Position der Jugendlichen

In den Interviews, bei Gesprächen im offenen Feld, äußerten sich viele Mitglieder krimineller Gruppen über ihre eigene Schulbildung.

> Adrian, ein Typ: "Ich bin dann in die Schule gekommen. Ich trug eine Brille. Da bin ich unheimlich verspottet worden. Alle übertrumpften mich. Weil ich aus dem Heim kam, war ich auch ziemlich naiv. Ich dachte, ich wäre ein Idiot, ein Bekloppter. Das sagten die andern oft zu mir. Ich bekam jede Menge Komplexe und war dann in der Rolle drin, die mir die anderen zugedacht hatten. Man wird im Leben in einen Typ hineingepreßt. Das geht einem so. Als Kind glaubt man alles, was die anderen einem erzählen. Man glaubt auch an Märchen. Das Kind hat keine Vergleichsmöglichkeiten. So war ich total frustriert. Ich war dann in der Schule faul. Ich bin mit sieben Fünfern im Zeugnis sitzengeblieben. In dieser Zeit habe ich auch häufig geklaut, vor allem, um mir auf diese Weise Anerkennung zu verschaffen."

> Thomas, ein Rocker, berichtete: "Ich habe noch vier Geschwister. Wir waren zu Hause fünf Mann. Keiner ist zur höheren Schule gegangen. Alle zur Schule schicken lag nicht drin. Dann hätten alle hin müssen. Es wäre nicht fair den anderen gegenüber gewesen, wenn nur einer hätte hingehen können. Die anderen hätten dafür zahlen müssen. Sie hätten nicht alle zur höheren Schule gehen können. Da waren meine Eltern konsequent, und das finde ich auch richtig so."

Zur systematischen Prüfung der Hypothese 7 werden die Antworten auf die Frage nach der eigenen Schulbildung oder dem eigenen Schulabschluß herangezogen. Wir fanden folgende Verteilung: (s.Tab.22,S.175).

Als Vergleichsdaten bieten sich Angaben von Claessens, Kloenne und Tschoepe an. Danach waren 1969 "6o v.H.aller Schulentlassenen der allgemein bildenden Schulen...Volksschüler.., 19 v.H. Realschüler, 9 v.H. Berufs- und Berufsfachschüler, 12 v.H. Gymnasiasten (1973, S.367). Schlagen wir zu den höheren Schülern noch 1% Fachhochschulabsolventen und fassen wir Abiturienten, höhere Schüler und Absolventen von höheren Fachschulen zu einer Gruppe besonders qualifiziert Ausgebildeter zusammen und betrachten wir alle anderen Abschlüsse als nicht besonders qualifizierte Ausbildungen, finden wir folgende Verteilung: (s.Tabelle 23, S.175).

Wir sehen erneut, daß sich die Verteilungen sehr unterscheiden. Beim Vergleich der Anteilswerte ist wiederum zu beachten, daß die kriminellen Gruppen sehr klein sind und insofern Abweichungen bei einer Vergrößerung der Gruppengröße durchaus zu erwarten wären, aber die Tendenz

Tabelle 22: Schulbildung von Mitgliedern krimineller Gruppen

Schulbildung	Gruppe			
	Kriminelle	Typen	Rocker	Einsacker
Abitur	3	3	o	o
Höh.Sch.ohne mittl.Reife	2	2	o	o
Noch höherer Schüler	7	7	o	o
Höhere Fachsch.o.Abschl.	1	1	o	o
Realschule mit Abschluß	13	7	5	1
Realschule ohne Abschluß	7	3	4	o
Noch Realschüler	2	1	1	o
Fachschule mit Abschluß	2	2	o	o
Fachschule ohne Abschluß	2	2	o	o
Hauptschule mit Abschluß	51	11	36	4
Sonder-/H.schule vor 8.Kl.	15	4	8	3
Summe	1o5	43	54	8

Tabelle 23: Schulbildung von Mitgliedern krimineller Gruppen im BRD-Vergleich (Zusammenfassung)

Schulbildung	Gruppe				
	BRD	Kriminelle	Typen	Rocker	Einsacker
qualifizierte	(o,13)	1o (o,1o)	1o (o,23)	o (o,oo)	o
nicht qualifiz.	(o,87)	95 (o,9o)	33 (o,77)	54 (1,oo)	8
Summe		1o5	43	54	8

Tau V/K = o,oo; Tau V/T = o,o1; Tau V/R = o,o7

der Anteilswertdifferenzen zwischen den kriminellen Gruppen und der fiktiven normalen Vergleichsgruppe ist doch deutlich.

Betrachtet man die Gesamtgruppe der Kriminellen, findet man zunächst eine Übereinstimmung ihrer Ausbildungsstruktur mit der der Jugendlichen in der BRD. Eine nähere Analyse der Teilgruppen erweist jedoch erneut, daß dieses Ergebnis künstlich durch die Addition produziert wird. Typen einerseits und Rocker und Einsacker andererseits unterscheiden sich in ihrer Ausbildungsstruktur ganz erheblich, wobei dieses Ergebnis wiederum für die Gruppe der Einsacker aufgrund der geringen Besetzung noch nicht verallgemeinert werden darf. Die Typen sind auch im Vergleich zur Ausbildungsstruktur der BRD in ihrer Schulbildung sehr qualifiziert.

Unseren Erwartungen und damit der Hypothese 7 entsprechend ist die Ausbildungsstruktur der Rocker und Einsacker.

Bei der Bestimmung der Berufsstruktur zur Hypothese 8 finden wir folgende Verteilung:

Tabelle 24: Ökonomische Position von Mitgliedern krimineller Gruppen

Position	Gruppe			
	Kriminelle	Typen	Rocker	Einsacker
Selbständiger	o	o	o	o
qualifizierter Angestellter	2	1	1	o
mittlerer Angestellter	1o	4	5	1
einfacher Angestellter	6	2	3	1
hochqualifizierter Facharb.	1	1	o	o
unselbständiger Handwerker	2	o	2	o
Facharbeiter	3o	1o	17	3
angelernter Arbeiter	12	o	11	1
ungelernter Arbeiter	24	1o	12	2
Summe	87	28	51	8

Vergleichsdaten zur näheren Prüfung der Hypothese 8 können wir wieder aus Blüchers Jugenduntersuchung gewinnen. Danach waren von den männlichen erwerbstätigen Befragten 63% Arbeiter und 33% Angestellte (S.59). Unterstellen wir einmal, die fehlenden 4% waren Beamte und Selbständige und betrachten wir 63% Arbeiter als Vergleichszahl und räumen wir Personen, die als Jugendliche, Heranwachsende oder junge Erwachsene mindestens eine Angestelltenposition erreicht haben, noch die *Möglichkeit* eines zukünftigen Aufstiegs in eine *nicht* abhängige Position ein, finden wir folgende Verteilungen:

Tabelle 25: Ökonomische Position von Mitgliedern krimineller Gruppen im BRD-Vergleich (Zusammenfassung)

Position	Gruppe				
	BRD	Kriminelle	Typen	Rocker	Einsacker
qualifiz. Beruf	(o,37)	18 (o,21)	7 (o,25)	9 (o,18)	2
nicht qual. Ber.	(o,63)	69 (o,79)	21 (o,75)	42 (o,82)	6
Summe		87	28	51	8

Tau V/K = o,o3; Tau V/T = o,o1; Tau V/R = o,o5

Bei den Kriminellen finden wir hier zuerst eine Übereinstimmung zwischen den Daten zur sozialen Lage bei den Typen und Rockern. Sie kommt im Tauwert nicht so deutlich zum Ausdruck wie in den Anteilswerten. Während bisher die Typen stets bessere Positionen in der Sozialstruktur bezogen, ist dies beim eigenen Beruf nicht mehr der Fall. An dieser Verteilung können die sieben Oberschüler unter den Typen noch Korrekturen anbringen, die Tendenz dürfte aber erhalten bleiben. Hypothese 8 kann für die Rocker als bestätigt betrachtet werden. Für die Typen und Einsacker ergeben sich Hinweise in derselben Richtung.

In Zusammenhang mit der Hypothese 8 hatten wir auch gesagt, daß trotz erheblicher Unterschiede in der Berufsposition Einkommensbenachteiligungen noch nicht zu erwarten sind. Bei einer Analyse der Einkommensverteilungen finden wir dann auch, daß sich die Verdienste der Mitglieder der kriminellen Gruppen vom Durchschnitt der Jugendlichen der BRD zumindest ab dreihundert Mark nicht wesentlich unterscheiden. Immerhin finden wir dort auch in der Klasse der Verdienste unter dreihundert Mark einen höheren Anteil bei den Mitgliedern krimineller Gruppen. Einige von ihnen verdienen aber ebenso gut wie die besseren Verdiener unter den normalen Jugendlichen. In diesem Zusammenhang muß aber gesehen werden, wie diese Einkommen verdient werden.

Fitty erzählte mir, daß er nebenbei sehr viel schwarzarbeite. Das scheint fast typisch zu sein: entweder man arbeitet überhaupt nicht, oder man versucht, so viel Geld wie möglich zu machen. Einzig von Koks habe ich einmal gehört: "Wenn ich meine acht Stunden voll habe, dann habe ich genug." Aber Koks verdient auch (197o) über acht Mark Stundenlohn."

Zur Hypothese 9 von den subjektiv empfundenen Schwierigkeiten beim Eintritt in den Arbeitsprozeß finden wir in vielen Biographien und Beobachtungsprotokollen Aussagen der Mitglieder der verschiedenen Gruppen.

Ein Mädchen unter den Typen: "In der Fabrik ist es immer das gleiche. Das ist Arbeit an toten Gegenständen. Ich sehne mich nach Menschen... Der ideale Job für mich wäre Blumenbinderin." "Für wen und warum eigentlich arbeiten? Das macht doch sowieso keinen Spaß. Mehr als drei bis vier Stunden hält man ja doch nicht aus", meinte Christian.

Guntram, ein Rocker, sagte von sich, er sei von der Arbeit völlig fertig. Die Arbeit sei viel zu schwer für ihn. Außerdem müsse er alles allein machen. Das schaffe er gesundheitlich nicht mehr. Wegen seines Herzens und seines Kreislaufs sei er bei der Musterung untauglich geschrieben worden. Er arbeite für vier Mark zwanzig die Stunde. Er traue sich nicht, mehr zu fordern oder die Vorgesetzten darauf hinzuweisen, daß er der Arbeit nicht gewachsen ist. Lieber fräße er alles in sich hinein. So ist zu verstehen, daß er sagt, er habe schon mit dem Gedanken gespielt, sich das Leben zu nehmen. Er habe schon in der Firma im obersten Stock am Fenster gestanden.

Ein Feldforscher unterhielt sich einmal mit Harro, der unter den Rokkern viel Einfluß hatte, darüber, ob er die Übergangsschwierigkeiten von der Schule zum Beruf für die Entwicklung abweichender Verhaltensmuster für wichtig hielte. Harro verneinte dies. "Das kann ich mir nicht vorstellen." Der Feldforscher hielt ihm entgegen, daß bei Befragung die meisten sagen, daß sie mit den Eltern und mit dem Meister Ärger haben. Harro gab dies zwar zu, betonte aber, daß die Schwierigkeiten mit den Eltern sehr viel schwerwiegender seien: "Weil sie persönlich sind, weil man sie sich jeden Tag anhören muß. Durch die viele Meckerei erreichen sie aber überhaupt nichts." Der Feldforscher hatte Zweifel, ob diese Einschätzung für die ganze Gruppe repräsentativ ist. Immerhin war Harro schon sehr lange arbeitslos.

Pablo, ein Einsacker: "Ich bin Hilfsarbeiter. Ich habe anderthalb Jahre Büromaschinenmechaniker gemacht. Das hat mir dann gestunken. Der Alte war sowieso bescheuert. Ich mußte drei Tage vor der Zwischenprüfung anfangen, mein Berichtsheft zu schreiben: Dreimal, und dann hat der Sack immer noch nicht unterschrieben. Da habe ich das Berichtsheft ohne seine Unterschrift zur Zwischenprüfung abgeliefert. Sowieso alles nur Ausbeutung. Nach den anderthalb Jahren konnte ich dasselbe wie ein Geselle. Ich hab auch immer dieselbe Arbeit gemacht wie ein Geselle. Die haben auch dafür denselben Stundenlohn angerechnet wie für einen Gesellen. Ich hab allerdings nur eine Mark fünfzig bekommen."

Es ist schwierig, geeignete Vergleichsdaten zu finden. Nach Blücher empfanden von den befragten erwerbstätigen Jugendlichen 1% die Arbeit als schwere Last, 5% als notwendiges Übel, 3o% als Möglichkeit zum Geldverdienen, 36% als befriedigende Tätigkeit und 28% als Erfüllung einer Aufgabe (S.69). Gehen wir einmal davon aus, daß die letzten beiden Gruppen keine Übergangsschwierigkeiten hatten, so finden wir bei der systematischen Auszählung der Antworten auf eine entsprechende Frage im Interview folgende Verteilung:

Tabelle 26: Übergangsschwierigkeiten von Mitgliedern krimineller Gruppen im BRD-Vergleich

Übergangs-	Gruppe				
schwierigkeiten	BRD	Kriminelle	Typen	Rocker	Einsacker
nein	(o,64)	14 (o,26)	1	1o (o,29)	3
ja	(o,36)	4o (o,74)	1o	25 (o,71)	5
Summe		54	11	35	8

Tau V/K = o,15; Tau V/R = o,12

Leider sind die Gruppen nur sehr schwach besetzt. Bei den Typen konnte diese Frage in einer Nachbefragung nur elf Personen gestellt werden und bei den Einsackern wurden wie üblich nur acht erfaßt. Lediglich von den Rockern liegen fünfunddreißig Antworten auf diese Frage vor, so daß für sie die Hypothese 9 als bestätigt betrachtet werden darf. Immerhin zeigen die Zahlen im ganzen, daß die Kriminellen häufiger subjektiv "Schwierigkeiten" bei dem Eintritt in den Arbeitsprozeß haben. Unter ihnen waren es insbesondere die Typen. Dieser, von der Basis des Zahlenmaterials nicht besonders gesicherte Befund, kann zumindest als ein Hinweis für eine Erklärung des Abstiegs bei der Einnahme von Berufspositionen dieser sonst mehr bevorteilten Gruppe angesehen werden.

Beim Übergang in den Arbeitsprozeß treten die Schwierigkeiten auf - sie führen dann zum beruflichen Abstieg.

Bei der Prüfung der Daten zur Hypothese 1o finden wir folgende Verteilungen:

Tabelle 27: Geschlecht von Mitgliedern krimineller Gruppen

Geschlecht	Gruppe			
	Kriminelle	Typen	Rocker	Einsacker
Mädchen	14 (o,13)	7 (o,16)	6 (o,11)	1
Jungen	92 (o,87)	36 (o,84)	49 (o,89)	7
Summe	1o6	43	55	8

Leider haben wir keine Vergleichsdaten gefunden, so daß eine zuverlässige Beurteilung der Hypothese nicht möglich ist. Wie man sofort sieht, sind die Mädchen in allen Gruppen in der Minderheit. Das stimmt mit den Ergebnissen empirischer Untersuchungen überein, die zeigen, daß Mädchen in stärkerem Maße als Jungen ihre Freizeit zu Hause verbringen. Bei den kriminellen Gruppen scheint uns diese Minoritätsposition der Mädchen erheblich verstärkt zu sein.

Der Hypothese 1o hatten wir die Überlegung vorausgestellt, daß die mit dem Eintritt in das Produktionssystem verbundenen Probleme nicht allen Personen in gleicher Weise sich stellen. Man kann daher auch danach fragen, in welchem Alter die Mitglieder krimineller und normaler Gruppen sind und mit der stillschweigenden Annahme arbeiten, daß der Druck zur Kriminalität insbesondere Jugendliche im engeren Sinn, also 14- bis 17-Jährige trifft. Wir finden dazu folgende Verteilung:

Tabelle 28: Alter von Mitgliedern krimineller Gruppen

Alter	Gruppe			
	Kriminelle	Typen	Rocker	Einsacker
14 - 15 Jahre	4	1	3	o
16 - 17 Jahre	32	1o	17	5
18 - 19 Jahre	43	2o	21	2
2o - 21 Jahre	19	9	1o	o
22 Jahre und mehr	8	3	4	1
Summe	1o6	43	55	8

Man sieht, daß tatsächlich in den kriminellen Gruppen mehr Personen nicht mehr Jugendliche im engeren Sinn sind. Zwar sind nur ein Zehntel der Mitglieder junge Erwachsene, aber die Gruppe der 18-19Jährigen ist bei den Typen wie Rockern die größte.

Zur Hypothese 11 von den abgebrochenen Berufsausbildungen fanden wir wieder sehr viele Aussagen in allen Gruppen.

Alex, ein Typ: "Beruflich habe ich eine Lehre angefangen. Ich hatte Angst, daß ich alles falsch machen würde. So ist es dann auch gekommen. Da hab ich dann aufgehört."

Hajo, ein Rocker: "Nach der Schule habe ich zuerst eine Tischlerlehre angefangen. Aber da bin ich nach zwei Jahren wieder aufgehört. Ich mußte immer das gleiche machen. Man lernte überhaupt nichts. Mit meinem Meister bin ich immer gut ausgekommen. Nur meinem Chef gefiel es nicht, daß ich aufhörte. Mit meinen Kollegen hatte ich auch immer ein gutes Verhältnis. Die Arbeit selbst hat mir auch immer Spaß gemacht. Am Anfang jedenfalls. Aber wenn man dann immer dasselbe machen soll, vergeht einem die Lust."
Trottel: "Nach der Schule wußte ich nicht, was ich machen wollte. Den Ausschlag hat Olly gegeben. Er lernte Tankwart. Er meinte, ich solle auch da hinkommen. Ich hatte schon immer Interesse für Autos. Nach zwei Jahren habe ich die Lehre abgebrochen. Ich habe wegen dem Chef und der Gesellen aufgehört, sollte unbezahlte Überstunden machen. Bin dann einfach nicht mehr hingegangen. Der Chef wollte mir die Papiere und das restliche Geld nicht geben. Das ging sogar vor die Handelskammer."
Klaus, ein anderer Rocker:"Nach der Schule hab ich eine Lehre als Mechaniker angefangen. Die hab ich ungefähr ein halbes Jahr durchgestanden. Im ersten Monat hatte ich keine Schwierigkeiten, aber dann hab ich den irresten Meister gefunden. Wir haben jeden Tag Streit gehabt. Der hat mich regelrecht schikaniert. Für allen Mist hat er mich ausgeschimpft. Zum Schluß hatten wir einen richtigen Streit. Da hab ich ihm eine Feile ins Kreuz gehauen. Ich hab dann die Lehre abgebrochen und anschließend drei Monate nichts getan. Darauf bin ich bei Schütz als Hilfsarbeiter angefangen. Das hab ich bis August 1971 gemacht. Dann wurde mir das zu langweilig, und ich war einen Monat bei Schulz als Nähmaschinenmechaniker in der Lehre. Nach einem Monat wurde mir die Lehre zu langweilig. Ich fühlte mich nicht ausgefüllt. Ich hab dann dort auch aufgehört, d.h. ich bin einfach nicht mehr hingegangen, bis sie mir meine Papiere geschickt haben."

Sven, ein Einsacker: "Mit dem Beruf und der Lehre habe ich bisher kein großes Glück gehabt. Ich habe eine Lehre angefangen gehabt. Die mußte ich aber vom Arzt aus nach zwei Jahren unterbrechen. Ich hatte auch vorher häufig Krach mit dem Meister gehabt. Die Kollegen haben auch häufig gemotzt wegen meiner langen Haare. Und was mir stank,war, daß ich den ganzen Tag fegen mußte. Jetzt werde ich irgendeine Lehre anfangen, bei der man viel Geld verdienen kann. Für die Zwischenzeit werde ich woanders als Hilfsarbeiter anfangen."

Dennoch hielt der größte Teil der Mitglieder krimineller Gruppen eine

Lehre durch.

> Ali, ein Rocker: "Ich habe eine Lehre als Autoschlosser gemacht. Schwierigkeiten in der Lehre hat jeder. Der Lehrling hat überhaupt keine Rechte bis heute. Der Lehrling wird unterbezahlt, obwohl er dasselbe leistet wie ein Geselle. Er kriegt höchstens 'ne Feile ins Kreuz von den Kollegen. Wir haben damals als erstes einen Lehrlingsstreik angefangen. Wegen Überlänge der Arbeitszeit. Wir mußten abends noch stundenlang fegen, hat damals großen Staub aufgewirbelt."

Völlig unüblich war jedoch ein regelrechtes Engagement für die Durchführung einer Lehre. Ein Feldforscher bei den Rockern unterhielt sich darüber einmal mit Ferdi:

> Ferdi meinte zu seiner Verurteilung: "Wenn die mir die Lehre kaputtgemacht hätten, dann wäre ich zum Berufsverbrecher geworden. Meine Lehre will ich zu Ende machen, das siehst Du schon daran, daß ich kein einziges Mal blau gemacht habe. Nur einmal habe ich eine Woche lang krank gefeiert, ohne daß ich was hatte."

Eine Reihe der Mitglieder krimineller Gruppen nahm eine Lehre erst gar nicht auf:

> So versuchte Odo einem der Feldforscher klarzumachen, daß, solange die Konjunktur so anhalte, er überall genau die gleiche Chance habe wie jemand, der seine Lehre absolviert hat: "Ich kann...(er führt mehrere Arbeiten auf, die er ausführen könne), und damit verdiene ich dasselbe Geld wie die anderen. Ich mache ja dieselbe Arbeit, nur habe ich drei Jahre eher angefangen zu verdienen."

Nach Angaben von Blücher waren "nicht mehr als 5% der erfaßten jungen Menschen...ungelernte Arbeitskräfte und Hilfskräfte" (S.85).
Bei der systematischen Überprüfung der Daten zur Hypothese 11 finden wir dann:

Tabelle 29: Abschluß der Ausbildung von Mitgliedern krimineller Gruppen im BRD-Vergleich

Berufsausbildung aufgenommen o. abgeschlossen	Gruppe				
	BRD	Kriminelle	Typen	Rocker	Einsacker
ja	(o,95)	59 (o,61)	22 (o,63)	32 (o,60)	5
nein	(o,o5)	37 (o,39)	13 (o,37)	21 (o,4o)	3
Summe		96	35	53	8

Tau V/K = o,16; Tau V/T = o,15; Tau V/R = o,16

Beim Vergleich mit dem Anteil der nicht Ausgebildeten im Beruf finden wir, daß in fiktiven normalen Gruppen selten ein Jugendlicher seine

Ausbildung aufgibt, abbricht oder gar nicht erst aufnimmt. Dagegen liegen die Anteilswerte für nicht Ausgebildete unter den Mitgliedern krimineller Gruppen - Typen wie Rocker - etwa gleich hoch über dem Vergleichswert, womit Hypothese 11 eine erste Bestätigung erfährt. Diese Tendenz wird verstärkt, wenn man einmal nur die Frage nach dem Abschluß oder dem Abbruch einer aufgenommenen Ausbildung stellt, also alle Personen ausgliedert, die noch in der Ausbildung sind oder gar keine Ausbildung aufnahmen. Man findet dann folgende Verteilung:

Tabelle 3o: Abschluß aufgenommener Berufsausbildungen von Mitgliedern krimineller Gruppen

Berufsausbildung	Gruppe			
	Kriminelle	Typen	Rocker	Einsacker
aufgenommen und abgeschl.	31 (o,53)	14 (o,64)	15 (o,45)	2
aufgenommen und abgebr.	28 (o,47)	8 (o,36)	18 (o,55)	2
Summe	59	22	33	4

Auch diese Differenzen können als Hinweis auf eine Bestätigung unserer Hypothese 11 betrachtet werden.

Zur Prüfung der Hypothese 12 vom beruflichen Abstieg der Mitglieder krimineller Gruppen ist zu beachten, daß die Mitglieder der von uns untersuchten Gruppen noch nicht ihren Lebensstatus erreicht haben. Sie stehen noch am Anfang ihres Berufsweges. Um aber auf Dauer keine abhängige Position einzunehmen, war es notwendig, daß die Gruppenmitglieder zum Zeitpunkt unserer Befragung mindestens mittlere Angestellte waren. Wir finden zur Mobilität folgende Verteilung: (s. Tabelle 31, Seite 183).

Wollen wir den Netto-Effekt verdeutlichen, finden wir:

Tabelle 32: Mobilität in den ökonomischen Positionen von Mitgliedern krimineller Gruppen

Mobilitätsverhalten	Gruppe			
	Kriminelle	Typen	Rocker	Einsacker
Aufsteiger	5 (o,o6)	1	4 (o,o7)	o
Immobile	33 (o,38)	11	18 (o,33)	4
Absteiger	49 (o,56)	12	33 (o,6o)	4
Summe	87	24	55	8

Nimmt man einmal an, daß in den Normalfällen die Zahl der Aufsteiger der Zahl der Absteiger bei einer großen Zahl der Unbeweglichen entspricht, so stimmt das Ergebnis auf den ersten Blick gut mit unserer Hypothese überein. Die Zahl der Absteiger ist in allen kriminellen Gruppen sehr viel höher als die Zahl der Aufsteiger. Im ganzen wird man je-

Tabelle 31: Mobilität in den ökonomischen Positionen von Mitgliedern krimineller Gruppen (ohne Einsacker)

Position d. Vaters / Position d. Sohnes	Selbständiger	leit. o. gehob. Angest. - o. Beamtenpos.	qualifizierte Angestellten-position	qualifizierter Facharbeiter	mittl. o. einf. Pos. (Angest. oder Arbeiter)	angelernter Arbeiter	ungelernter Arbeiter	Summe
Selbständiger								
leit. o. geh. Ang. o. B. pos								
qualif. Angest. position			1		1			2
qualif. Facharbeiter				1				1
mitt. o. einf. Pos. (Ang./A)	4	6	5	2	27	3	1	48
angelernter Arbeiter	1	2			7	2		12
ungelernter Arbeiter	2			2	13	5	2	24
Schüler	1	4			2			7
Summe	8	12	6	5	5o	1o	3	94

doch festhalten müssen, daß das Material in der vorliegenden Form bei Fehlen geeigneter Vergleichsdaten die Hypothese 12 weder bestätigen noch widerlegen kann, so daß breiter angelegte Datenerhebungen abzuwarten sind.

Zur Hypothese 13 von der Arbeitslosigkeit der Mitglieder krimineller Gruppen finden wir wieder in den Biographien und in den Beobachtungsberichten viele Aussagen, die auf eine starke Neigung schließen lassen, die Arbeit "hinzuwerfen":

"Arbeit ist Mittel zum Zweck. Wenn ich das nötige Geld hätte, würde ich nicht arbeiten oder höchstens, wenn ich Lust habe", meinte Ulrich, ein Typ. "Arbeiten ist für mich nichts. Ich mache so viel, daß ich leben kann. Wenn das ohne Arbeit geht, ist das natürlich noch besser", sagte Hans. Ein anderer Typ berichtete dem Feldforscher, durch Bewußtseinserweiterung sei er zu der Meinung gekommen, daß er gar nicht wisse, warum er arbeite, und er habe auch festgestellt, daß ihm die Arbeit überhaupt keinen Spaß mache, und er komme daher zu dem Ergebnis, daß es besser sei, überhaupt nicht mehr zu arbeiten.

Dannys, eines Rockers, Haltung gegenüber der Arbeit war ablehnend: "Wenn ich schon wieder daran denke, in dieser Hitze auf der Straße zu arbeiten, wird mir jetzt schon schlecht." Matthias: "Ich arbeite nur, weil ich muß und zwar weil ich erstens ohne Arbeit in die Fürsorgeerziehung komme und zweitens braucht man etwas Abgeschlossenes für später. Ich will nicht immer Hilfsarbeiter sein. Wenn ich fertig bin, kann ich machen, was ich will. Wenn ich jetzt im Moment zu bestimmen hätte, würde ich auch nicht arbeiten. Guck Dir Harro an, der tut schon lange nichts mehr, der hat aber immer Geld für ein Bier und so. Der hat doch ein feines Leben."

Bei den Einsackern hörte der Feldforscher ein Gespräch von Toni und Erwin mit an. Toni erzählte, daß er eine Stelle bei einer Gebäudereinigungsfirma bekommen hätte. Seine Haare müsse er kürzer schneiden lassen, weil er mit bestimmten Geräten arbeiten müsse. Erwin wollte diese Stelle nicht annehmen, weil er seine Haare nicht schneiden lassen wollte. "Ich fange sowieso erst acht Tage vor der Verhandlung an zu arbeiten. Acht Tage nach der Verhandlung höre ich wieder auf. Sonst sagt der Richter nachher, ich hätte nur wieder angefangen zu arbeiten, um bei Gericht einen guten Eindruck zu machen."

Immer wieder fanden wir bei den Typen, Rockern und Einsackern, sie hatten einfach keine Lust, arbeiten zu gehen. So hörte man denn auch nur selten, daß Mitglieder krimineller Gruppen die Notwendigkeit der Arbeit betonten.

Ein Typ: "Arbeiten ist notwendig. Arbeiten muß man. Anders geht es nicht." Ein anderer meinte: "Arbeit muß sein, man kann doch nicht den anderen Leuten ständig auf dem Portemonnaie liegen."

Zur Hypothese 13 finden wir bei vielen Mitgliedern der kriminellen Gruppen außerdem, daß sie schon früh die Arbeit unterbrechen, immer wieder geben sie die Arbeitsstellen auf.

Tilly, ein Mädchen bei den Typen, hat bisher fünf Stellen gehabt. 1. als Aushilfe im Büro, 2. als Aushilfsblumenbinderin, 3. als Autowäscherin, 4. als Aushilfszimmermädchen, 5. als Fabrikarbeiterin.

Michael von den Rockern hat ungefähr fünfzehn Arbeitsstellen gehabt. "Meistens habe ich wegen der Arbeit aufgehört, weil mir die Arbeit nicht gefiel." Ein anderer Rocker meinte: "Wer fünfzig Jahre in einer Firma bleibt, der ist blöde, der hat ja keinen anderen Schuppen kennengelernt – natürlich soll man das auch nicht so machen wie Hecht, daß man fünfzehn Stellen im Jahr hat."

Jack, ein Einsacker, berichtete: "Ich bin dann für neun Monate bei der Firma Schmitz gewesen. Der Meister war da unheimlich sauer auf mich. Einmal im Fahrstuhl dachte ich, ich hätte den Fahrstuhl voll im Griff. Da schleuderte der aus, und der Meister flog voll auf die Schnauze. Ich hatte dann von einem aus dem Betrieb erfahren, daß man mir kündigen wollte. Ich habe natürlich dann von alleine gekündigt. Das ist immer besser als umgekehrt. Dann war ich ungefähr drei Monate bei der Firma Mann. Dann bin ich zweieinhalb Jahre bei Kamp auf dem Bau gewesen. Da mußte ich nachher nur noch Flaschen holen. Jürgen aus der Siedlung war mit mir angefangen. Der durfte nachher schon viel mehr. Ich sagte zu ihm, als wir mal auf der Plattform standen: "Jürgen, wenn Du Dich nicht mal einsetzt, daß ich vom Flaschenholen herunterkomme, dann gibt es was." Aber es geschah weiter nichts. Mit dem Polier kam ich gar nicht klar. Ich hab ihn mal angehauen, daß ich nicht nur fegen und Flaschen holen wollte. "Was willst Du denn? Dafür wirst Du doch bezahlt." Es war nichts drin. Einmal habe ich dann dem Polier voll eins übergezogen. Er hatte die Kiefer gebrochen. Die letzten acht Tage wollte er sich noch an mir rächen. Da habe ich mich von ihm abschirmen lassen. Dann war ich noch kurz bei einer anderen Firma und schließlich als Bürohelfer bei Wilhelmy beschäftigt. Da war ich dann vierzehn Tage weggeblieben. Ich hatte nur einen Kollegen erreicht und dem gesagt, daß ich unbezahlten Urlaub haben wollte. Einen vom Büro habe ich nicht benachrichtigt. Daraufhin hat man mir gekündigt. Anfang Oktober habe ich jetzt meine siebte Stelle angetreten."

Schließlich hören viele Mitglieder krimineller Gruppen ganz auf zu arbeiten.

Adrian, ein Typ: "Mir ist klar, daß ich nicht mehr in einem Betrieb arbeiten werde. Ich weiß jetzt, wie schön, wie interessant das Leben ist. Bis neunzehn habe ich das nicht begriffen. Heute weiß ich das." Hase kam zu einem Feldforscher, und sie unterhielten sich: Hase hat als Werkzeugmacher gelernt, arbeitet aber jetzt schon ein halbes Jahr nicht mehr. Er meint, er habe mal vor kurzem wieder ein paar Tage in seinem Beruf gearbeitet. Er halte das aber nicht aus: "Man ist einfach so festgelegt. Schon immer um sechs Uhr aufstehen und um neun Uhr Frühstück machen. Alles ist geregelt."

Hermann, ein Einsacker: "Ich habe eine Lehre als Dreher angefangen. Ich habe sie aber nach anderthalb Jahren abgebrochen. Ich sollte die schmutzigste Arbeit machen, aber die habe ich erst gar nicht gemacht. Zur richtigen Arbeit bin ich erst gar nicht gekommen. Mir hat der Ton der Vorgesetzten nicht gefallen. Ich war immer der Kleine und bekam immer zu hören, Lehrjahre sind keine Herrenjahre. Ich war für die der Saubermann im Dienst. Die Arbeit war für mich eine Umstellung, da ich früher aufstehen mußte und lange arbeiten mußte, dadurch hatte ich immer zu wenig Freizeit. Auch die Bezahlung war mies, nur hundertfünfzig Mark im Monat, das reichte gerade für drei Tage. Zu Hause gabs natürlich Schwierigkeiten, als ich aufgehört hatte."

Prüfen wir systematisch, wie stark in den Gruppen die Zahlen der Arbeitslosen sind, finden wir bei einem für die BRD hypothetisch angenommenen Anteil von 3%:

Tabelle 33: Arbeitslosigkeit von Mitgliedern krimineller und normaler Gruppen im BRD-Vergleich

Teilnahme am Arbeitsprozeß	Gruppe				
	BRD	Kriminelle	Typen	Rocker	Einsacker
berufstätig	(o,97)	69 (o,77)	18 (o,62)	44 (o,83)	7
arbeitslos	(o,o3)	21 (o,23)	11 (o,38)	9 (o,17)	1
Summe		9o	29	53	8

Tau V/K = o,o9; Tau V/T = o,18; Tau V/R = o,o5

Wir finden erhebliche Unterschiede zwischen der fiktiven normalen Vergleichsgruppe und den kriminellen Gruppen im Sinne der Hypothese 13. Aber auch unter diesen Gruppen gibt es erhebliche Unterschiede. Es fällt auf, daß bei den Typen die Arbeitslosigkeit verbreiteter ist als in anderen Gruppen. Dabei macht sich wohl auch das allgemeine Muster der Typen bemerkbar, sich zurückzuziehen. Die Verteilung bei der kleinen Gruppe der Einsacker kann als verzerrt betrachtet werden. Sie wurden zu einem Zeitpunkt befragt, als sie "aufgefallen" waren und sich nun schleunigst Arbeit besorgten, um vor Gericht eine bessere Ausgangsposition zu haben.

Fassen wir abschließend die wichtigen Assoziationsmaße und Verteilungen in einer Tabelle zusammen: (Siehe Tabelle 34, Seite 187).

3.3.3 Diskussion der Ergebnisse der Datenanalyse

Die Ergebnisse der Datenanalyse bestätigen bis auf eine Ausnahme unsere allgemeinen Thesen 1-3 und die daran anknüpfend formulierten Hypothesen. Es liegen also klare Anzeichen für einen Zusammenhang

Tabelle 34: Tauwerte aus dem Vergleich der Mitglieder krimineller Gruppen mit einer fiktiven normalen Vergleichsgruppe in Beziehung zur eigenen sozialen Lage und Verteilung absoluter Zahlen

Merkmal der eigenen sozialen Lage	Gruppe Kriminelle	Typen	Rocker	Einsacker
unqualifizierte Schulbd.	o,oo	o,ol	o,o7	o:8
nicht qualif. Beruf	o,o3	o,ol	o,o5	2:6
Übergangsschwierigkeit.	o,15	1:1o	o,12	3:5
männlicher Jugendlicher	14:92	7:36	6:49	1:7
Ber.ausb.nicht aufg. o. abgebr.	o,16	o,15	o,16	5:3
Abstieg im Beruf	5:33:49	1:11:12	4:18:33	o:4:4
Arbeitslosigkeit	o,o9	o,18	o,o5	7:1

von eigener sozialer Lage und der Zugehörigkeit zu kriminellen Gruppen vor, der nicht erst durch Kriminalisierungsprozesse hergestellt wird.

Wir finden hier auch zuerst - was die Daten zur sozialen Lage angeht - eine Übereinstimmung zwischen Typen, Rockern und Einsackern. Sie nehmen nicht nur fast alle im Produktionsbereich Positionen ein, die abhängig sind, sondern sie sind zu einem Teil schon regelrechten Deklassierungsprozessen unterworfen. Lediglich in der Ausbildungsstruktur weichen die Typen noch von den anderen Kriminellen zugunsten einer besseren Ausbildung ab. Das hat man auch in anderen Untersuchungen häufig gefunden. In diesen Daten dürften wir weitere Belege dafür finden, daß Robert K. Mertons Rückzugsthese geeignet ist, den Drogenkonsum zu erklären. Diesen Formen "kriminellen" Handelns geht nach Merton voraus, daß die Ausführenden die Vorschriften normalen Handelns voll internalisiert haben. Daher scheiden für sie von vornherein Eigentumsdelikte und Aggressionsdelikte als direkte und offene Angriffe auf die Besitz- und Machtstruktur aus. Sie haben aber auch nicht den Zugang zu legitimen Mitteln, zu qualifizierten Berufen, sich erarbeitet, die zum Erwerb oder zur Übernahme von bevorteilten Positionen führen würden. Eskapismus resultiert.

Unsere Ergebnisse für die Rocker stimmen auch mit Befunden von Günther Kaiser überein, der diese aus Berufsgruppen der Hilfsarbeiter und Lehrlingen sich rekrutieren sah, kaum aber aus Facharbeitern, Angestellten und höheren Schülern (S.2oo) und der sie einfach "beruflich erfolglos oder unzufrieden" fand (S.23). Peter Brosch hat seine unmittelbaren Erfahrungen in der Fürsorgeerziehung mit Jugendlichen, die dort besonders häufig wegen Aggressionsdelikten und Arbeitsbummelei waren, so zusammengefaßt: "Die Jugendlichen sehen, wie sie mit ihrer Hände Arbeit mithelfen, riesige Reichtümer aufzuhäufen, von denen sie aber kaum einen Fitz bekommen" (1971, S.32).

Wir sehen auch erneut, daß diese Mängelsituation verbreitet ist und nicht nur für eine Schicht innerhalb einer breiten benachteiligten Lage gilt. Auf der anderen Seite laufen aber Kriminalisierungsprozesse ab, wie sie die Definitionstheoretiker beschrieben haben. Sie richten sich dann wieder auf den Teil der Mitglieder krimineller Gruppen, der besonders stark dem Deklassierungsprozeß ausgesetzt war. Ziehen wir dazu noch einmal die Untersuchungen von Lieselotte Pongratz und Hans-Odo Hübner (1959), Friedrich Specht (1967) und Dorothee Peters heran. Wir hatten die von Dorothee Peters gefundenen Verteilungen schon mit der Schichtlage der Familien der Mitglieder krimineller Gruppen verglichen, wollen hier jedoch noch einmal diesen Vergleich mit der eigenen Position der Mitglieder krimineller Gruppen versuchen. Dabei zählen wir die Berufe der Selbständigen und qualifizierten Angestellten zur Oberschicht und zur oberen Mittelschicht bzw. zur Ausgangsposition für diese Schichten, die Berufe mittlerer, einfacher Angestellter und hochqualifizierter Facharbeiter zur mittleren und unteren Mittelschicht, die der Facharbeiter und Handwerker zur oberen Unterschicht und die der Angelernten und Ungelernten zur unteren Unterschicht. Wir finden dann:

Tabelle 35: Schichtverteilung der Mitglieder krimineller Gruppen und verschiedener von der Polizei einer Straftat verdächtiger Personen

Schicht	Gruppe				Strafverdächtige als			BRD
	Kriminell.	Typen	Rocker	Einsack.	Täter n.spez.	Aggress. täter	Dieb	
O+OM	2 (o,o2)	1	1 (o,o2)	o	(o,o1)	(o,o1)	(o,o1)	(o,o9)
M+UM	17 (o,2o)	7	8 (o,16)	2	(o,o9)	(o,o9)	(o,o3)	(o,36)
O U	32 (o,36)	1o	19 (o,37)	3	(o,34)	(o,35)	(o,3o)	(o,37)
U U	36 (o,41)	1o	23 (o,45)	3	(o,56)	(o,56)	(o,65)	(o,19)
Summe	87 (o,99)	28	51 (1,oo)	8	(1,oo)	(1,o1)	(o,99)	(1,o1)

Bei den (noch) nicht kriminalisierten Kriminellen stoßen wir – stärker als bei ihren Vätern – auf eine klare Unterrepräsentation der Oberschicht und der oberen Mittelschicht, eine deutliche Unterrepräsentation der mittleren und unteren Mittelschicht und eine Überrepräsentation der unteren Unterschicht gegenüber der Schichtverteilung der Bevölkerung der BRD. Das spricht wieder für die These, daß Kriminalität mit einer breiten benachteiligten sozialen Lage in einem Zusammenhang steht: Auch die mittlere und untere Mittelschicht stellt noch einen beachtlichen Anteil unter den Kriminellen, und daß es tatsächlich Benachteiligungen sind, die von Schicht zu Schicht zunehmen und die zum kriminellen Handeln drängen. Sie sind aber nicht für die einzelnen Schichten spezifisch, sondern sie treten, in ihrer Stärke abnehmend, in allen Schichten bis zur mittleren Mittelschicht auf. Das trifft für die Besitzlosigkeit und die Machtunterworfenheit zu.

Zudem sieht man, daß der Anteil der Personen aus höheren Schichten unter den Kriminellen stets größer ist als unter den Kriminalisierten.

Wir deuten dies so, daß die Kriminalisierung sich auf die Mitglieder der kriminellen Gruppen richtet, die als Arbeitslose, Gelegenheits- und Hilfsarbeiter dem Bild der Mitglieder der Instanzen sozialer Kontrolle von typisch Kriminellen am besten entsprechen.

4 ZUM VERHALTEN VON MITGLIEDERN KRIMINELLER UND NORMALER GRUPPEN

4.1 Zur Notwendigkeit handlungstheoretischer Analysen der Kriminalität

4.1.1 Die Überwindung der Kovariationsanalyse zum Verhältnis von Gesellschaft und Kriminalität

Wir haben bei der Darstellung der Entwicklung des Forschungsprojektes schon ausgiebig darauf hingewiesen, daß wir die Klärung der Frage, wie eine sozialstrukturelle Lage von Mitgliedern einer Gesellschaft zu einem bestimmten materiellen Verhalten im Handeln führt, d.h. wie diese Lage ein bestimmtes Handeln entstehen läßt, formt, prägt, für geboten halten. Es muß gemäß der allgemeinen Thesen 4, 5 und 8 gezeigt werden, wie die vielen konkreten Situationen, in deren Gesamtheit die Zugehörigkeit zu einer klar benachteiligten sozialen Lage erlebt wird, in ein Handeln einzelner, bestimmter Personen verarbeitet wird. Wir erinnerten daran, daß Richard A. Cloward, Lloyd E. Ohlin und Albert K. Cohen diese Aufgabe der Kriminalsoziologie angesichts der Vorherrschaft der Anomietheorie stellten. In unserer hier vorgelegten Analyse haben wir einen ähnlichen Punkt erreicht. Wir haben den sozialstrukturellen Hintergrund der Mitglieder der von uns untersuchten Gruppen im letzten Kapitel ausführlich untersucht. Würden wir nun einfach die Kriminalitätsbelastungen der einzelnen Gruppen miteinander vergleichen und ihrer sozialen Lage zurechnen, würden wir stillschweigend mit einer "These der Diskontinuität" arbeiten, die Cohen schon bei Merton nachweisen konnte. Wir behandelten dann kriminelle Akte so, als ob es einen abrupten Bruch, ein Loch zwischen dem Druck aufgrund der ökonomischen und politischen Situation und dem Auftreten der Kriminalität gäbe. Dagegen setzte Cohen (1965) einfach die These, die den interaktionistischen Ansatz in der Kriminalsoziologie begründete, daß menschliches Handeln, ob kriminell oder normal, sich typischerweise entwickelt; es wächst in einem Prozeß. Die Leute tasten und fühlen sich einen Weg entlang. Sie beginnen einen Akt, sie vollenden ihn nicht. Sie fangen das eine an, sie schließen das andere ab. Sie befreien sich aus einer Situation, oder sie verstricken sich in diese noch tiefer. Diesen Sachverhalt thematisieren wir in den allgemeinen Thesen 4, 5 und 8.

So hat Howard S. Becker am Beispiel der Drogenkonsumenten ausgeführt, auf welche Fragen wir Antworten finden müssen, wollen wir dieses kriminelle Handeln erklären: "Wir brauchen eine Erklärung dafür, wie ein Mensch in eine Situation kommt, in der Drogen ihm überhaupt zugänglich sind. Wir brauchen eine weitere Erklärung, warum er dann das erste Mal bereit ist, mit diesen Stoffen zu experimentieren. Wir brauchen noch eine Erklärung, warum er diese Experimente über das erste Mal hinausdehnt" (1963, S.23). Für James F. Short und Fred L. Strodtbeck folgte daraus: "Unser Interesse muß sich künftig mehr auf die Entwicklung der Interaktionen der Kriminellen als auf ihren familiären Hintergrund oder ihren Status in der Sozialstruktur richten. Das heißt in keinem Fall, daß die Familienverhältnisse oder die Klassenlage unwichtig sind, sondern nur, daß diese Faktoren nicht die Herausbildung, das Auftreten der einzelnen Fälle des kriminellen Handelns vor dem Hintergrund des im großen und ganzen doch nicht - kriminellen, also normalen Verhaltens ein und derselben Personen klären" (1965, S.185). Short und Strodtbeck trieben damit die interaktionistische These um ein weiteres Stück voran. Sie machten auf den ausgesprochen wichtigen Tatbestand aufmerksam: Trotz seiner Benachteiligung verhält sich nicht nur der größte Teil der Jugendlichen aus den Arbeiter-, Angestellten-, kleinen und mittleren Beamtenfamilien normal, sondern auch der andere kleinere Teil, der an kriminellem Handeln beteiligt ist, handelt in den meisten Situationen ebenfalls normal. Für die Kriminalsoziologen ergeben sich dann zwei Möglichkeiten, die Diskontinuitätsthese aufzulösen:

1) Sie thematisieren die Handlungsprozesse, die zur Normalität der Normalen als des größeren Teils der Gesellschaft führen, und machen das Fehlen wesentlicher Merkmale dieser Prozesse für die Kriminalität der wenigen Gesellschaftsmitglieder verantwortlich.
2) Sie erforschen die Handlungsprozesse, die vereinzelt zur Kriminalität der Kriminellen als dem kleineren Teil der Gesellschaft führen - der Weg, den auch Short und Strodtbeck beschritten.

Die erste Strategie wird gegenwärtig in der materialistisch-gesellschaftstheoretischen Kriminalsoziologie verfolgt. "Die Fragestellung für eine weitere Analyse des Verhaltensaspektes von Kriminalität und Verwahrlosung wäre..nicht mehr: Warum werden einzelne Individuen unter bestimmten, durch ihre Klassenzugehörigkeit bestimmten, Bedingungen kriminell, während ihre Nachbarn sich unter den gleichen Bedingungen normkonform verhalten?, sondern sie hätte zu lauten: Wie gelingt es der Bourgoisie, zu erreichen, daß ein Teil des Proletariats sich trotz seiner Klassenlage normkonform verhält?" (F. Werkentin, M. Hofferbert, M. Baurmann, 1972, S.227). Mit dieser Empfehlung, die Analyse des Handlungsaspektes auf die Erklärung der Konformität der Lohnabhängigen zu konzentrieren, nähern sich Werkentin, Hofferbert und Baurmann aber den Fragestellungen von Nachfahren Durkheims im Definitionsansatz der BRD, die von einer Kriminalitätsanalyse abdrängen. Das zentrale Thema der Durkheimschen Theorie war die soziale Kontrolle durch das Kollektivbewußtsein, ein Theorem, das heute noch der unausgesprochene Hintergrund definitionstheoretischer Arbeiten ist. Danach ist die selektive Sanktionierung funktional, herrschaftssichernd, weil die Instanzen sozialer Kontrolle keinen "Klassenkampf von oben" zu betreiben brauchen. Sie unterdrücken nicht eine Mehrheit. Die

Masse ist vielmehr aufgrund der Wirksamkeit der kollektiven Vorstellungen, die sie verinnerlicht hat, konform; die selektive Sanktionierung sichert diesen Zustand nur dauerhaft. Vor diesem Hintergrund einer stillschweigenden Übereinstimmung muß die Hoffnung Werkentins, Hofferberts und Baurmanns gesehen werden, von typisch definitionstheoretischen Arbeiten wie denen von Johannes Feest, Manfred Brusten und Dorothee Peters wichtige Aufschlüsse zur Klärung des Tatbestandes der Massenkonformität zu erhalten.

Mit der Reduktion der Analyse des Handlungsaspektes auf die Prozesse, die Konformität garantieren, bringen sich Werkentin, Hofferbert und Baurmann zudem ungewollt in die Nähe einer weiteren Durkheimschen These und einiger Vertreter des von ihnen so heftig bekämpften Definitionsansatzes, nämlich bei der Einschätzung des Zusammenhangs der Bedingungen der Kriminalität und des individuellen kriminellen Handelns. Zwar bleibt der fundamentale Unterschied zwischen beiden Kriminalitätsanalysen im Ausgangspunkt bestehen: Während Durkheim das kriminelle Handeln als ungezügelte Aktivität begriff, die nicht sozial bedingt ist, sondern nur sozial kriminalisiert wird, lassen die materialistisch-gesellschaftstheoretischen Forscher keinen Zweifel an den sozialen, sozio-ökonomischen, Bedingungen der Kriminalität: Es sind Strukturmerkmale der kapitalistischen Gesellschaft. Aber nach beiden Ansätzen, dem Durkheimschen wie dem marxistischen hat der Prozeß, durch den jemand erst zu diesem Handeln kommt, keine soziale Struktur, d.h. das Handeln wird nicht in sozialen Prozessen hergestellt und auf Dauer gestellt, sondern es verläuft als Naturprozeß, der bestehenden Trieben folgt oder auf zufällig sich bietenden Wegen notwendige Bedürfnisbefriedigungen realisiert. So begreifen Werkentin, Hofferbert und Baurmann Kriminalität als "rohe, unbewußte Art der Reaktion... der Mitglieder der Arbeiterklasse...auf ihre soziale Lage" (S.228). Andererseits stellen sie der materialistisch-gesellschaftstheoretischen Kriminalsoziologie die Aufgabe, "außer der Bezeichnung der allgemeinen Bedingungen jene spezifischen Umstände zu charakterisieren, die bei Proletariern zur Herausbildung krimineller Handlungsweisen führen" (S.229). Im Gegensatz zur Arbeit des Autorenkollektivs "Gefesselte Jugend", wo diese Aufgabe nicht eingelöst wurde, bleiben derartige Äußerungen bei Werkentin, Hofferbert und Baurmann eher randseitig und in einem ungeklärten Widerspruch zur sonst durchgängig vertretenen These von der "rohen, unbewußten..Reaktion" Kriminalität.

Das ist dann aber nur eine Variante der Diskontinuitätsthese, die nur zur Globalanalyse, zur Aufdeckung der Kovariation von Klassenlage und kriminellem Handeln führt, die mit der soziologischen Systemtheorie die Vorliebe für Thesen teilt, die Anfangszustände und Endzustände beschreiben, jedoch den Prozeß, durch den Handlungen und komplexe Strukturen eben als Handlungsstrukturen aufgebaut, stabilisiert und umgeformt werden, vernachlässigen.

4.1.2 Handlungstheoretische Orientierung

Um die Aufgabe der Analyse des Handlungsaspektes der Kriminalität einer Lösung näher zu bringen, brauchen wir handlungstheoretische oder interaktionistische Kategorien, die es gestatten, die sozialen Prozesse des Verhaltens, der Bewußtseinsbildung und des Selbstverständnisses zu analysieren, wie sie in den kriminellen Gruppen ablaufen. Auf dieses Instrumentarium wäre ja auch bei der Bearbeitung des von Werkentin, Hofferbert und Baurmann gestellten Problems der Erklärung der Konformität der Massen ebenso wenig zu verzichten. So setzen wir diese Begriffe auch bei einer Untersuchung des Handelns der Mitglieder normaler Gruppen, aber auch der Mitglieder der Instanzen sozialer Kontrolle ein.

Interaktionstheoretische Kategorien ermöglichen es uns erst, in empirischer Sozialforschung in den Feldern, in denen kriminelles Handeln auftritt, an konkreten Handlungen die Thesen 4, 5 und 8 vor dem Zusammenhang von sozialer Lage und kriminellem Handeln einerseits und der Kriminalisierung andererseits als richtig zu bestätigen, zu belegen oder als falsch zu verwerfen.

Wendet man sich nun der soziologischen Handlungstheorie zu und arbeitet man ihre zentralen Begriffe heraus, findet man eine Konzentration der begrifflichen Klärungen auf Kategorien wie "Sinn", so bei Max Weber in seinem großen Kategoriensystem, wie "Orientierung" bei Parsons' gegenüber Weber sehr verfeinertem Kategoriensystem, "Bedeutung" bei Schütz und "Definition der Situation" bei Thomas und den symbolischen Interaktionisten. Es ist nun wichtig zu beachten, daß diese Begriffe nur für einen Grundbegriff, der nur eine Handlungsebene erfaßt, unter mehreren Begriffen, die mehrere Handlungsebenen erfassen, stehen. Dazu muß die Konzeption eines Begriffes kommen, der die gegenständliche Basis, den materiellen Bezug von Sinn als eine weitere Handlungsebene erfaßt. Zudem brauchen wir auch einen Begriff für die Konsequenzen, die Folgen der Existenz sinnhaften Handelns für die Beteiligten, für ihre Person und ihr Bewußtsein davon. Damit bleiben die zentralen Begriffe bei Weber, Parsons, Schütz und anderen erhalten, ihre Reichweite wird jedoch spezifiziert.

Fragt man nach der Basis vom Sinn, findet man bei George Herbert Mead anders als bei Weber, bei dem das Konzept des Verhaltens weiter nicht geklärt wird, viele wichtige Anregungen zur Verhaltensebene im Handeln. Aber bei Mead sind noch keine ausreichenden Analyseinstrumente zu finden. Die erforderlichen Operationalisierungen sind erst zu leisten. Wir haben dies an anderer Stelle versucht (1973 b) und greifen hier auf diese Überlegungen zurück. Eine der zentralen Kategorien zur Handlungsanalyse ist dort die "Produktion sozialer Handlungen". "Produktionen von sozialen Handlungen" liegen immer dann vor, wenn ein Handelnder in auf mindestens einen anderen Handelnden bezogener

Weise ein Ereignis auslöst. Als Ereignisse kommen schon aufeinander abgestimmte Beachtungen von Merkmalen eines der Handelnden oder von ihren Aktivitäten, sei es von vokalen Gesten, von Bewegungen des Körpers oder von allen anderen Aktivitäten in einem Augenblick zusammen, in Frage. Ereignisse brauchen aber nicht immer ein Merkmal eines Handelnden oder ein Handeln zu sein. Es kommen auch alle möglichen anderen Ereignisse dazu, wie die Beachtung eines Stücks Erde, eines Stocks, eines Hauses, eines Staates" (1973 b, S.5o). Wir haben dort weiter ausgeführt, "daß die Menschen nicht von Bedürfnissen gesteuert werden, daß es keine festen Objekte zu ihrer Existenzerhaltung gibt, sondern daß sie selbst Prozesse einer Vermittlung von Bedürfnissen und Objekten durchführen. Wie bewältigen die Menschen dieses Problem? Wie kommen sie damit zurecht, daß sie nicht auf Instinkte zurückgreifen können?" (S.59) "Wir wollen von der nicht zu bezweifelnden Tatsache ausgehen, daß menschliche Bedürfnisse jeder Art, angeborene und neu entstehende, durch gesellschaftliche Arbeit erfüllt werden, welche allgemein darin besteht, daß zwischen die menschlichen Bedürfnisse und Antriebe jeder Art und ihre Erfüllungssituation..praktisches Verhalten.. tritt" (A.Gehlen, 1956, S.11).

Wir haben dann den Begriff der Produktion als Praxis ausdrücklich nicht nur für solche Aktivitäten verwandt, "in denen durch die Aufnahme oder Bearbeitung irgendwelcher Weltteile wie durch die Herstellung von Nahrungsmitteln, unmittelbar die körperliche Existenz der Menschen erhalten wird. Das ist zweifelsohne ein ganz wichtiger Bereich praktischer Produktion, aber es ist nicht der ganze" (S.59). "Der Maßstab biologischer Zweckmäßigkeit..reicht..nicht aus, um...gesellschaftliches Verhalten ganz zu erschöpfen" (J.Habermas, 1958, S.28). Wir wollen mit diesem Begriff vielmehr den ganzen Bereich praktischen Tuns bezeichnen, in dem in oft sehr vermittelter Weise Leben gewährleistet wird. Dabei bedeutet Lebensgewährleistung für uns nicht einfach nur Lebenserhaltung, Ausleben von biologischen Funktionen, sondern ebensosehr Lebenssteigerung, Fortsetzung der Menschwerdung im Sinne einer fortschreitenden Entlastung von dem Druck der Außendetermination (F.Jonas, 1968-69, IV, S.78).

An dieser Auffassung wollen wir prinzipiell festhalten. Nun ist aber zu beachten, daß der Begriff der Produktion sich in der wissenschaftlichen Sprache und auch im alltäglichen Sprachgebrauch auf die Arbeit, auf die Herstellung wirtschaftlicher Güter bezieht. Diese Verwendung ist eingeführt und wird allgemein akzeptiert. Sie wird beim Lesen dieses Begriffes daher immer mitgedacht. Es dient daher nicht der Verständlichkeit unserer Analyse, wenn diese Verwendung hier unbeachtet bleibt. Um dem Rechnung zu tragen, wollen wir im weiteren auf die Verwendung des Begriffes Produktion im Zusammenhang mit dem Handeln in einfachen sozialen Situationen verzichten und statt dessen den Begriff "Verhalten" oder bedeutungsgleich "Aktivität" und "materielle

Ebene des Handelns" verwenden. Der Verhaltensbegriff bietet sich aus zwei Gründen an:

1) Er erfaßt traditionell den ganzen Bereich der von einzelnen oder mehreren Menschen ausgeführten Tätigkeiten. Die Teilnahme am Wirtschaftsprozeß wird ebenso von ihm begriffen wie das Freizeitverhalten.
2) Die mit dem Verhaltensbegriff arbeitenden Forscher wollen damit soziale Prozesse unterhalb der Ebene von Sinn und Definitionen erfassen. Sie bleiben auch dabei - während wir daneben Definitionsprozesse, Entwicklungen der Person und der Identität analysieren.

Es handelt sich bei dem Austausch des Produktionsbegriffs durch den Verhaltensbegriff bzw. die synonym verwandten Begriffe ausschließlich um eine Frage der Begriffsverwendung. Sachlich möchten wir entschieden daran festhalten, daß das Handeln eine durch und durch materielle Seite hat, die von Menschen erst produziert werden muß, die die Ebene des praktischen Tuns, des gegenständlichen Verhaltens, umfaßt, die erst in einem zweiten Schritt definiert, mit Sinn versehen wird, sei er alltagsweltlich oder wissenschaftlich.

Nicht praktisch und darum kein Verhalten ist daher für uns zunächst das Handeln, das gedanklich derartiges Verhalten ausgrenzt, es generalisiert, sprachlich bezeichnet, typisiert und in eine Beziehung zu anderem bringt, das wir ausführlich im nächsten Teil unter dem Begriff der Definition der Situation erörtern werden. Zwar entwickeln sich die Situationsdefinitionen sozialen Handelns aus der Berührung der Menschen mit den Dingen, sie führen aber nach ihrem Auftreten eine von jeder Berührung mit den Gegenständen unabhängige weitere Existenz. Ihr Auftreten, ihre Aktualisierung sind dann an das materielle, tatsächliche, augenfällige Tun nicht mehr gebunden. (Vgl. auch J.Galtung, 1967, S.11o; ähnlich P.Lerman, 1967 und 1967/68). Einfach gesagt: "Es ist eine Sache, was eine Person sagt oder schreibt, eine andere ist es, was sie tut" (J.Galtung, 1967, S.111).

Dabei wollen wir uns hier einer Einschätzung beider Aspekte nach unterschiedlicher Relevanz enthalten; obwohl aufgrund der genetischen Priorität des Verhaltens gegenüber den Situationsdefinitionen und seiner ganz offenbaren Notwendigkeit zur Erhaltung der menschlichen Existenz diesem oft mehr Realitätsgehalt zugeschrieben wird, während die verbalen Handlungen oft als epiphänomenal behandelt werden (J. Galtung, S.111f). "Besteht z.B. eine Diskrepanz zwischen dem, was eine Person tut, und dem, was sie sagt, dann ist es die übliche Interpretation, daß die Person mit Worten und nicht mit Taten lügt" (J.Galtung, S.111). Galtung hat auch darauf hingewiesen, daß diese Aspekte des Handelns nach ihrer kulturellen Bedeutung sowohl im Alltagsleben wie in der Wissenschaft in umgekehrter Reihenfolge behandelt werden. So sind Sozialforscher "immer darin geübt, geschriebene und gesprochene Handlungen zu bearbeiten. Diese Ausbildung führt dann dazu, derartige Daten zu bevorzugen" (S.111).

Die Trennung, die wir hier vornehmen, ist zweifelsohne nur analytisch. Kriminelles Handeln tritt stets als Handeln auf, ganz im Weberschen Sinn, als ein Verhalten, das mit einem Sinn, einer Situationsdefinition versehen ist. So enthalten auch alle in diesem Teil analysierten und z.T. beschriebenen sozialen Prozesse sprachlich bezeichnete Situationsdefinitionen, und alle im nächsten Teil behandelten und exemplarisch dargestellten Situationsdefinitionen treten in Zusammenhang mit Verhaltensweisen auf, aber der eine oder andere Handlungsaspekt steht für unsere Analyse im Vordergrund. Das bestimmt die Einordnung durch uns.

Mit diesem Vorgehen unterscheiden wir uns auch zweifelsohne von der Subkulturtheorie, so wie wir uns von den systemtheoretischen Ansätzen im Gefolge Robert K. Mertons ebenso wie von den gesellschaftstheoretischen Ansätzen absetzen, die beide das kriminelle Handeln nicht analysieren. Wenn wir im Sinne Albert K. Cohens, Richard A. Clowards und Lloyd E. Ohlins die Prozesse analysieren, die zur Ausbildung krimineller Handlungen führen, so unterscheidet sich die hier vorgeschlagene Perspektive doch von den interaktionistischen Konzepten, die nur von Situationsdefinitionen der Kriminellen, von Subkulturen als den Systemen sozialer Situationsdefinitionen ausgehen und Verhaltensprozesse nur am Rande untersuchen oder sie gar als den Definitionen vollkommen komplementär betrachten (21).

Dieser Verhaltensbegriff ist auch geeignet, über das Tun einzelner Personen hinauszugreifen. Denn das Verhalten wird von Menschen massenhaft in gleicher Weise und nicht vereinzelt mit einmaligen Eigenschaften nebeneinander erzeugt. Ein Verhalten ist jeweils auf ein anderes bezogen. Diese Vielzahl aufeinander bezogener, gleichartiger Verhaltensweisen bildet eine soziale Struktur mit denselben Merkmalen, die auch das einzelne Verhalten hat: Sie ist auch gegenständlich, dinglich, materiell und objektiv.

Die Kategorie des Verhaltens ist zwar allgemein; aber mit der Anwendung auf konkrete soziale Tatbestände wie das kriminelle Handeln, mit der konkreten Beschreibung krimineller Verhaltensweisen erfaßt dieser allgemeine Begriff gesellschaftlich bestimmte Sachverhalte.

Mit der hier vorgelegten Verhaltensanalyse liefern wir schließlich eine zweifelsohne nicht allein hinreichende, aber doch notwendige Grundlage für eine Kritik der Ideologie der "Kriminellen" wie der Mitglieder der Instanzen sozialer Kontrolle. Die Definitionen des Verhaltens der Mitglieder krimineller Gruppen wie der Mitglieder der Instanzen sozialer Kontrolle liefern keineswegs eine zutreffende, richtige oder gar wahre Beschreibung dieses Verhaltens. Sie sind verzerrt.

4.1.3 Die Unterscheidung vom Definitionsansatz

Mit der Richtung der folgenden Analyse setzen wir uns auch klar vom Definitionsansatz ab. Bei Fritz Sack und anderen bleibt, wie wir oben für den programmatischen Ansatz und das methodische Vorgehen zeigten, von einer Verhaltensanalyse nichts mehr übrig. Die wesentliche These dieses Ansatzes lautet ja: Kriminalität ist das Produkt von Kriminalisierungsprozessen durch Strafrechtsanwendung. Sie richtet sich auf beliebige Akte von Angehörigen benachteiligter Schichten.

Diese These mag in dieser Form von den Vertretern des Ansatzes als überzogen formuliert betrachtet werden, könnten sie doch darauf aufmerksam machen, daß Sack (1969, S.25) mit Günter Albrecht durchaus unterstellt: "Der richtige Kriminelle bzw. der typische Fall des Kriminellen ist danach nicht derjenige, der eine fremde Sache gestohlen hat, sondern derjenige, der zusätzlich (Hervorhebung von mir - H.H.) etwa folgende Merkmale aufweist: einen unsteten Beruf ausübend, in einer schlechten Gegend wohnend, ein liederliches Familienleben führend." Zur selben Zeit zitiert Fritz Sack auch anerkennend Jeffery. Jener "löst den Vorgang einer verbrecherischen oder delinquenten Handlung in zwei separate analytische Bestandteile auf: 1. die Handlung als solche und 2. die Definition der Handlung als kriminell. Beide Aspekte sind strikt voneinander zu trennen und müßten gesondert untersucht und analysiert werden" (1969 a, S.967). 1972 meint Sack, daß sich bei einer kriminellen Handlung "von der sozialen Karriere eines zunächst als physikalisch beschreibbaren Geschehens sprechen läßt" (1972, S.18).

Derartig verstreute Hinweise verlieren aber an Bedeutung, wenn im programmatischen Aufsatz von 1968 von Sack ausdrücklich beide Ansätze - der den Verhaltensaspekt betonende, der den Definitionsaspekt hervorhebende - verglichen werden mit folgendem Befund: Es gibt zwei Strategien zur Identifizierung des kriminellen Verhaltens: 1) Es werden die Normbrüche im Verhalten zu beobachten versucht, 2) Es wird unterstellt, daß das Verhalten, das unter Normen fällt, so inkonsistent ist, daß ein Beobachter nicht mehr tun kann, als die Reaktionen der Leute auf Abweichungen zu beobachten und diese Reaktion als Richtschnur zu benutzen. Sack findet dann die Vorteile auf der Seite der zweiten Position: 1) Dort wird Kriminalität verstanden als ein Konzept, das eine Beziehung zwischen Menschen beschreibt, zwischen dem Täter und anderen Mitgliedern der Gesellschaft. Kriminalität ist kein Merkmal eines Verhaltens, dessen Existenz zweifelsfrei zu entscheiden ist. 2) Die zweite Position löst damit Probleme der aktuellen kriminologischen Diskussion, der Definition des kriminellen Verhaltens und der Verläßlichkeit kriminalstatistischer Daten. Sie klärt nämlich einmal das Problem der Begriffsbildung: Kriminelles Verhalten wird empirisch definiert im Kontext des Alltagslebens, und sie zeigt zum anderen, daß das Dunkelzifferproblem nur so angegangen werden kann, daß kriminell das ist, was Instanzen sozialer Kontrolle so nennen. Es löst sich damit in nichts auf.

In der angelsächsischen Forschung hat der Labeling approach sich so radikal nie verstanden. Er hat nicht nur programmatisch, sondern auch in der praktischen Sozialforschung den Verhaltensaspekt neben dem Definitionsaspekt behandelt. So untersuchte schon Frank Tannenbaum als Vorläufer 1938 beide Seiten in aller Ausführlichkeit.

Earl Rubington und Martin S.Weinberg (1968, S.5f) gingen später in der gleichen Weise vor. Vorbildlich - programmatisch wie empirisch - sind dazu immer noch Howard S. Beckers Analysen (z.B. 1963).

Wir haben unsere Kritik an diesem Ansatz an anderer Stelle ausführlich entwickelt (1972 c, S.1o6-114, 136-138) und beschränken uns hier auf wenige Aussagen.

Es kann nicht bestritten werden, daß Definitionsprozesse ablaufen, die erst bestimmte Verhaltensweisen als "kriminell" bezeichnen und damit "die Kriminalität" einer Gesellschaft erst schaffen. Aber diese Kriminalisierungsprozesse richten sich auf bestimmte Aktivitäten, die sich von anderen, nicht als kriminell definierten Aktivitäten unterscheiden, wie eine soziologische Verhaltensanalyse zeigen kann, und die bestimmte Bedingungen haben, die sich von den Bedingungen des normalen Verhaltens unterscheiden, wie eine soziologische Strukturanalyse zeigen kann. "Weit ab von juristischem Tatbestandsfetischismus kann auch der Soziologe sagen: in einer Unzahl sich wiederholender Akte steckt so viel Konsistenz oder Ähnlichkeit, ... daß die Gesellschaft sich" - zwar nicht, wie Tilmann Moser meint - "wie kompromißhaft und gewaltverzerrt auch immer - auf "operationale" Definitionen bestimmter abweichender Verhaltensweisen geeinigt hat" (S.17), sondern daß es den Besitzenden und Herrschenden und ihrer Organisation ohne weiteres gelang, Definitionen, eben Strafgesetze, zu formulieren, die diese Akte auch konsistent und in ähnlicher Weise zu behandeln gestatten. Nicht mehr als diese Leistung - mit anderen Kategorien und anderen Interessen freilich - nimmt die Soziologie in Anspruch, wenn sie sich der These von der Beliebigkeit der kriminalisierten Handlungen verschließt und ihre Analyse betreibt. Sack kann vollkommen zu Recht darauf hinweisen, daß oft erhebliche definitorische Prozesse im Strafgerichtsverfahren, in polizeilichen Untersuchungsberichten und Falldarstellungen von Sozialarbeitern erforderlich sind, um eine "kriminelle Handlung" zu konstruieren. Das löst bei Sack die Einführung von Anwendungsregeln und eine sehr feinsinnige Argumentation dazu aus. Zugegeben, Kriminalisierungsprozesse sind komplex, Anwendungsregeln sind erforderlich - deshalb löst sich aber die eigene Struktur des kriminalisierten Verhaltens noch nicht auf. Man muß nur sehen, daß es Grenzfälle gibt." Es hat auch nichts mit einer Verwirrung in der Soziologie zu tun, sondern es ist ein Faktum des sozialen Lebens, das zwischen abweichendem und konformem Verhalten unklare Grenzgebiete liegen. Die Menschen sind sich selbst oft nicht sicher und können sich nicht einigen, was nun eigentlich abweichendes Verhalten ist" (A.K.Cohen, 1968, S.28).

Da die "Vorstellung von abweichendem Verhalten..keine Erfindung der Soziologen (ist), sondern ein Faktum des sozialen Lebens" (A.K.Cohen, 1968, S.28), ist die handlungstheoretische Analyse der Kriminalität nicht aufzugeben. Die gesellschaftlichen Vorstellungen von der Kriminalität steuern die Kriminalisierung des Verhaltens von Personen. Will die Soziologie nicht ihres ideologiekritischen oder wissenssoziologischen Gehaltes verlustig gehen, darf sie diese alltagsweltlichen Vorstellungen nicht nur aufzeichnen und analysieren, sondern sie muß sie in zweifacher Weise problematisieren: auf ihren Ursprung hin - diesen Gedanken verfolgen wir im Teil 7, und auf ihre Bezugsebenen hin, d.h. auf das Verhalten, die Definitionen, die Personen, die so bezeichnet werden - Ebenen, denen die Teile 4-6 gewidmet sind. Nur eine Soziologie, die ausschließlich im gesellschaftlichen Wissen Gesellschaft realisiert sieht, die sich mit der Wiedergabe von Aussagen, von Definitionen der Situation der Akteure begnügen würde - eine sehr verkürzte idealistische Position also -, kann auf die Herstellung des Zusammenhangs von Kriminalisierung und Gesellschaftsstruktur einerseits und der Kriminalisierung und des von ihr bedrohten und betroffenen Handelns verzichten. Selbst in dem Ansatz von Peter Berger und Thomas Luckmann, die häufig dieses Vorgehen der Definitionstheoretiker legitimieren sollen, fehlt eine Thematisierung der Basis des Wissens nicht. (Vgl. 1969, S.49-72; ferner P.Berger und St.Pullberg, 1965). Vor dem Hintergrund der Arbeiten sowohl systemtheoretischer wie materialistisch-gesellschaftstheoretischer, handlungstheoretischer wie George H.Meads und sozialisationstheoretischer Arbeiten ist diese Forderung ganz selbstverständlich. Warum dieser Ansatz in der BRD eine Fassung fand, die darüber einfach hinweggeht, scheint auf Eigentümlichkeiten im deutschen Rezeptionsprozeß zurückzuführen sein (vgl. H.Haferkamp, 1972 c, S.136 f).

Wie unhaltbar die Position Sacks ist, zeigen folgenschwere Widersprüche in seiner Arbeit von 1973 (a) - dabei ist allerdings zu berücksichtigen, daß dieser Aufsatz auf einen Vortrag von 1970 zurückgeht -, in der Sack zunächst ebenso argumentiert wie 1968 und dann einige seiner Thesen präzisieren will. Er bringt zum Schluß dieses Aufsatzes als neuen Aspekt die "Subkultur" in seinen Ansatz hinein. Ohne es zu wollen, liefert damit Sack selbst ein wichtiges Stichwort zur Auflösung seiner Thesen. Denn wenn "die spezifischen Normen und Werte der Unterschicht..soziale Interaktions- und Gruppenprozesse...resultieren" (S.145) lassen, die "die Wahrscheinlichkeit erhöhen, mit dem Gesetz in Konflikt zu geraten, und die "Auslebung" der Werte der eigenen Kultur..das Risiko der Gesetzesverletzung..impliziert.." (S.145 f), dann ist doch wohl die Rede von "Lebensstilen", die sehr wohl schon vor ihrer Kriminalisierung für die Soziologen wie die Menschen im Alltagsleben beschreibbare, analysierbare und erklärbare Strukturen und Entwicklungsprozesse haben. So macht Sack mit dem Rückgriff auf das Konzept der Subkultur selbst auf die Grenzen aufmerksam, die der Definitionsansatz hat, der Kriminalität nur als Kriminalisierung begreift, die die Konformität gewährleistet. So sprengt die Aufnahme der Interaktions- und Gruppenprozesse den alten Definitionsansatz, und sie führt seine unbestritten fruchtbaren Ideen weiter in eine weiterreichende Kriminalitätstheorie ein. Eben diese Interaktions- und Gruppenprozesse, die Sack auch in diesem Aufsatz in seinem programmatischen Teil nicht thematisiert und die erst als Konsequenz seiner Einführung des Subkulturkonzepts auftreten, sollen hier untersucht werden.

4.2 Das kriminelle Verhalten von Mitgliedern krimineller und normaler Gruppen

4.2.1 Präzisierung und Operationalisierung der These von der Verarbeitung sozialer Lagen in kriminelles Verhalten

4.2.1.1 Begriff des kriminellen Verhaltens

Das Verhalten, das uns hier interessiert, das gemäß der allgemeinen Thesen 4 und 5 gegen die Besitz- und Machtstruktur der BRD gerichtet ist und das sich in der Wegnahme von Gütern ohne Übergabe des gesellschaftlich definierten Äquivalents, in der Verletzung von Leib und Leben anderer ohne jede gesetzlich definierten Gründe und in der Einnahme von Drogen ohne autorisierte Definition des Einnehmenden als "krank" äußert, ist ein Verhalten, das von den Beteiligten – wie wir in unserer Forschung fanden – selbst als "frei" und von den Mitgliedern der Instanzen sozialer Kontrolle als "kriminell" definiert wird oder definiert werden kann. Mit der Verwendung der Möglichkeitsform machen wir auf einen wichtigen Sachverhalt aufmerksam. Den Mitgliedern der Instanzen sozialer Kontrolle wird der weitaus größte Teil der kriminalisierbaren Handlungen nicht bekannt. Würden wir uns ihrer Auswahl anschließen, würden wir einen nach den Merkmalen der Personen und der Handlungen verzerrten Ausschnitt aus der Masse dieses Verhaltens untersuchen. Zudem dürfte das Verhalten durch das Auftreten der Instanzen sozialer Kontrolle deformiert sein.

Um zu einer einwandfreien Auswahl und zu unversehrten Handlungsmustern zu gelangen, ist es erforderlich, diese Handlungen vor den Instanzen sozialer Kontrolle zu identifizieren. Dazu prüft der teilnehmende Beobachter, ob er, übernimmt er gedanklich die Rolle des Mitglieds der Instanzen sozialer Kontrolle, ein Verhalten als kriminell definieren würde. Dabei unterscheiden wir Verbrechen, Vergehen und Übertretungen nicht, sondern subsumieren sie alle dem Begriff des "kriminellen Handelns". Zu dieser Rollenübernahme ist der Feldforscher in – zugegeben – engen Grenzen und – wie ebenfalls einzuräumen ist – mit

Fehlerquellen behaftet aufgrund seiner Sozialisation in der normalen Gesellschaft, seines Studiums einschlägiger Ausführungen in den Strafgesetzen und der kriminalsoziologischen Literatur und seiner Kenntnis von Einzelauskünften von "berufenen Interpreten" der gesetzlichen Bestimmungen wie Richtern zu den speziellen beobachteten Delikten imstande.

Diese Identifikation des Verhaltens der Mitglieder krimineller Gruppen macht eine Voraussetzung: Es gibt Verhaltensabläufe, die eine feste, von anderen Verhaltensabläufen unterscheidbare, beobachtbare Struktur haben, die es den Mitgliedern der Instanzen sozialer Kontrolle gestattet, in wiederholter Weise zuverlässig dieses Verhalten als kriminell zu bezeichnen.

Mit dem Vorgehen der gedanklichen Anwendung einer alltagsweltlichen Definition verzichten wir auf eine eigene "rein" wissenschaftliche Definition des kriminellen oder abweichenden Verhaltens, die mit wissenschaftsinternen Kategorien irgendwelche Strukturmerkmale des Verhaltens bezeichnen könnte, die dem alltäglichen Wissen gleichgültig sind oder gar verborgen blieben. Dieses Vorgehen scheint uns für eine sozialwissenschaftliche Analyse der Kriminalität angemessen zu sein, da sie sich auf einen Gegenstand bezieht, der von den Gesellschaftsmitgliedern selbst konstruiert wurde, von den Ausführenden einerseits - praktisch und mit eigenen Definitionen - und von den Mitgliedern der Instanzen sozialer Kontrolle andererseits durch Subsumtion unter Kriminalitätsbegriffe (vgl. auch Haferkamp 1972 c, S.8-2o).

Dieses Vorgehen darf nicht so mißverstanden werden, als betrachteten wir als unseren Forschungsgegenstand die gesellschaftlichen Definitionen kriminellen Handelns. Es sollte deutlich geworden sein, daß wir uns auf ein materielles, gegenständliches Verhalten beziehen, das in einem zweiten Schritt von den Ausführenden, in späteren Schritten von den Instanzen sozialer Kontrolle definiert wird bzw. definiert werden kann, das wir in einem eigenen Schritt gedanklich unter die alltagsweltlichen Definitionen der Instanzen sozialer Kontrolle subsumieren und dadurch für uns als kriminelles Handeln identifizieren. Gegenstand unserer Analyse ist hier also ein durch und durch wirkliches Verhalten und keine bloßen Bewußtseinsformen.

Damit klären wir auch ein Mißverständnis unseres theoretischen Ansatzes (1972 c), wie dies bei Falco Werkentin, Michael Hofferbert und Michael Baurmann (1972, S.245 f) auftritt: "Der Abweichende oder Kriminelle ist derjenige, der seine Situationsdefinition nicht durchsetzen konnte und dem die sozialen Kontrolleure erfolgreich das Stigma des Kriminellen zuschreiben konnten. Entsprechend ist abweichendes Verhalten jenes Verhalten, das von den Kontrolleuren oder dem Dritten mit Erfolg so bezeichnet wird" (S.246). Das ist eine zutreffende Interpretation des Labeling approach, von dem wir uns aber dadurch absetzen, daß wir beim Verhalten der Ausführenden ansetzen und die Definition der Instanzen sozialer Kontrolle zunächst nur als Mittel zur Identifizierung einsetzen. Darum ist - um ein Beispiel von Werkentin, Hofferbert und Baurmann zu verwenden - die Situation, in der "jemand einem Zweiten den Schädel einschlägt" in jedem Fall Gegenstand unserer Analyse, da dies ein Verhalten ist, das unter die Kriminalitätsdefinition der Instanzen sozialer Kontrolle zu subsumieren wäre. Bezugspunkt unserer Analyse wäre hier das tatsächliche Verhalten. Das wäre zu analysieren. Zu identifizieren als Gegenstand kriminalsoziologischer Analyse ist es durch die Alltagsdefinitionen. Diese Definition ist abgeleitet aus unserem theoretischen Ansatz. Andere Definitionen würden uns große Probleme eintragen.

Warum wir z.B. von den offiziell als kriminell bezeichneten Handlungen keine homogene Gruppe von Personen oder Handlungen als Gegenstand unserer Analyse erwarten können, hat Howard S. Becker deutlich gemacht: "Wir können nicht annehmen, daß diese Leute tatsächlich einen kriminellen Akt ausgeführt oder ein Gesetz gebrochen haben, weil der Prozeß der Kriminalisierung nicht unfehlbar ist; einige Leute sind kriminalisiert worden, die tatsächlich gar kein Gesetz gebrochen haben. Außerdem können wir nicht davon ausgehen, daß die Kategorie der Kriminalisierten alle diejenigen erfaßt, die tatsächlich ein Gesetz gebrochen haben. Manche von ihnen mögen es verstanden haben, sich der Strafverfolgung zu entziehen, und so finden wir sie in unserer Population der "Kriminellen" nicht" (1963, S.9).

In der Gefahr einer Analyse eines inhomogenen Gegenstandes stehen auch marxistische Kriminalsoziologen wie Werkentin, Hofferbert und Baurmann, die von einem Begriff der Kriminalität ausgehen, der die Handlungen bezeichnet, "die den Anforderungen..kapitalistischer..Gesellschaft nicht gemäß sind". Es bleibt nämlich unklar, ob die mit dieser Definition zu erfassenden Handlungen solche sind, die tatsächlich in dieser Gesellschaft so definiert wurden oder bei Bekanntwerden definiert würden oder auch solche, die, klärt man nur die objektiven Gesetze des Kapitalismus hinreichend, so definiert werden könnten. Wir neigen dazu, Baurmann, Hofferbert und Werkentin die zweite Definition zu unterstellen: Es werden die Handlungen von ihnen als kriminell analysiert, die den Gesetzen kapitalistischer Gesellschaft widersprechen - entdeckt oder unentdeckt, als solche definiert oder nicht. Damit richten sie ihre Analyse dann auch auf die Handlungen, die von keinem der Beteiligten selbst als "frei" oder "kriminell" bezeichnet würden, sei es mit Bezug auf ein und dasselbe Verhalten oder nicht. Gegenstand der Analyse werden damit auch Verhaltensweisen, die von den Beteiligten anders definiert wurden - in ihrem falschen Bewußtsein von der Notwendigkeit kapitalistischer Produktion -, wie Werkentin, Hofferbert und Baurmann sagen würden. Damit bezöge sich dann aber ihre Analyse auf ein Verhalten, das nur von Kriminologen als "kriminell" betrachtet werden würde, die die Rolle des verallgemeinerten Anderen im Meadschen Sinn im kapitalistischen System übernommen haben.

Unser Verzicht auf eine über eine bestimmte Organisation alltagsweltlicher Definitionen hinausgehende wissenschaftliche Definition der Kriminalität darf nicht so verstanden werden, als ob hier die Position vertreten würde, wissenschaftliches Wissen käme prinzipiell nicht über alltagsweltliches Wissen hinaus. Wir setzen hier beim alltagsweltlichen Wissen zwar an, aber wir analysieren dann das tatsächliche, gegenständliche Verhalten, die Definitionen, die Gestalten und Selbstbilder in einer Weise, die über das Alltagswissen hinausgeht. Wir unterstellen also in diesem Teil durchaus "den objektiven Charakter gesellschaftlicher Strukturen, und zwar objektiv nicht nur im Sinne von durch Tradition und Sanktion perpetuierten Normsystemen, sondern als Eigenschaft verdinglichter gesellschaftlicher Verhältnisse, in denen sich die Beziehungen der Menschen untereinander konstituieren" (Baurmann, Hofferbert und Werkentin, 1973, S.1). "Kritische Wissenschaft, auch eine der Kriminalität, ist genötigt, diese Strukturen analysierend begreifbar zu machen, in einer Weise, die jenen gesellschaftlichen Verhältnissen als objektiv und unabhängig von dem Bewußtsein der Menschen über sie gesetzten, adäquat sind. Eine so verstandene Theorie... schließt die Alltags-"Definition" der Individuen... insofern ein, als sie diese ideologiekritisch in ihrer notwendigen Falschheit noch aus den gesellschaftlichen Strukturen ableiten und erklären kann" (Baurmann, Hofferbert und Werkentin, 1973, S. 1 f).

4.2.1.2 Die Verarbeitung sozialer Lagen in kriminelles Verhalten

Wir haben als Forderung aufgestellt, die Kriminalsoziologie müsse zeigen, wie die Handlungen, die sie thematisiert, als Verarbeitungen sozialer Lagen sich entwickeln. Dazu ist die Auswahl einzelner Verhaltensmuster, die kriminalisiert als Delikte bezeichnet werden, erforderlich. Wir haben im zweiten Teil schon ausgeführt, daß wir Diebstahl, Körperverletzung und Drogenmißbrauch heranziehen, da diese Verhaltensmuster sehr verbreitet sind und ihre teilnehmende Beobachtung möglich ist. Da nach unserem theoretischen Ansatz das Jugendalter Anbruchsphase kriminellen Handelns ist und da mit den aufgrund von knappem Geld und Personal begrenzten Erhebungsmöglichkeiten eine ausreichend große Zahl von Ereignissen zu erfassen war, wurden als Ausführende der Verhaltensmuster Jugendliche, Heranwachsende und junge Erwachsene ausgewählt, zumal diese Altersgruppe durch teilnehmende Beobachtung von meistens Studenten besonders gut ansprechbar ist.

Betrachten wir zuerst alle Gruppen zusammen. Sie werden von meist männlichen Jugendlichen gebildet, die fast alle in der BRD geboren, dort aufgewachsen und sozialisiert worden sind. Oft haben sie dieselben Schulen, manchmal dieselben Klassen besucht. Alle Gruppen existieren in einer normalen Umgebung. In allen Vierteln gehen fast alle Menschen zeit ihres Lebens ganz normalen Tätigkeiten nach. Sie arbeiten regelmäßig, führen ein normales Familienleben, betreiben Hobbies. Wir finden überhaupt keine Hinweise für das Bestehen einer eigenen "Welt" in den verschiedenen Stadtteilen, in denen die von uns untersuchten Gruppen ansässig sind oder aus denen die Mitglieder stammen. Auf vielfältige Weise nehmen die Bewohner dieser Gegenden auch Einfluß aufeinander, um ein normales Leben in ihrem Viertel zu gewährleisten. Kinder und Jugendliche werden zur Ruhe auf der Straße und auf den öffentlichen Plätzen, in Parks und Einrichtungen gemahnt, sie sollen nur auf Bolzplätzen Fußball spielen und das Radfahren auf den Bürgersteigen unterlassen. So besteht eine wirksame informelle soziale Kontrolle.

Dazu kommt die Präsenz von Mitgliedern der formellen Instanzen sozialer Kontrolle. Polizisten fahren mit ihren Streifenwagen durch die Straßen der Viertel. "Auffällige" Personen werden kontrolliert, "merkwürdiges" Verhalten wird beobachtet, bis man herausgefunden hat, ob es "normal" oder "kriminell" ist. Sozialarbeiter führen bei wenigen Familien Hausbesuche durch. Sie ermahnen Eltern und Jugendliche, ein normales Verhalten zu zeigen. Eltern sollen nicht zu streng, Jugendliche nicht zu "frei" sich verhalten.

Es darf daher nicht erwartet werden, daß bei den Mitgliedern einmal gebildeter krimineller Gruppen nur kriminelle Tätigkeiten auftreten. Auch in diesen Gruppen ist häufiges Auftreten von normalem Verhalten zu erwarten - einfach aufgrund der mächtigen sozialen Kontrolle. Wir kommen daher zu unserer Hypothese:

H 14: Wenn Gruppen auftreten, deren Mitglieder kriminelles Handeln äußern, dann ist ihr Handeln dennoch in den meisten Situationen normal.

Betrachten wir noch einmal im Anschluß an unsere allgemeine These 3 und zur Formulierung von Hypothesen zu den Thesen 4 und 5 die kriminellen Gruppen, so finden wir neben gemeinsamen Strukturmerkmalen ihrer sozialen Situation auch Unterschiede.

Gemeinsam ist ihnen die Besitz- und Machtlosigkeit - sei es bei den Rockern, den Beteiligten an Aggressionsdelikten, als durchgehender Zug ihrer sozialen Lage, oder sei es bei den Typen, den Beteiligten am Drogenmißbrauch, und den Einsackern, den Beteiligten an Eigentumsdelikten, als Ergebnis zweifacher Benachteiligungen. Notwendiges Ergebnis dieser Übereinstimmung in der sozialstrukturellen Lage ist, daß in allen Gruppen Handlungen auftreten, die diese Defizite in Anbetracht der offenbaren gesellschaftlichen Möglichkeiten ausgleichen sollen. So sind in allen kriminellen Gruppen Eigentums- und Aggressionsdelikte zu erwarten.

Über die weite Verbreitung einer Form des kriminellen Handelns, nämlich der Eigentumsdelikte, sind denn auch die verschiedenen kriminalsoziologischen Forscher (vgl. L.Yablonski, 1967, S.169) sich einig. Dabei ging man sogar so weit, der These von der Spezialisierung der kriminellen Gruppen zu widersprechen. So wird die für die Ladendiebe typische Nutzenkriminalität von Albert K.Cohen, James F.Short und Howard S.Becker auch bei den Beteiligten am Drogenmißbrauch vermutet. Unsere nächste Hypothese lautet daher:

H 15: Wenn Gruppen auftreten, deren Mitglieder aus sozialen Lagen stammen, die durch Besitz- und Machtlosigkeit gekennzeichnet sind, dann äußern die Mitglieder häufiger Eigentums- und Aggressionsdelikte als Mitglieder von Gruppen, deren Lage nicht durch Besitz- und Machtlosigkeit gekennzeichnet ist.

Betrachten wir aber die einzelnen Gruppen, so sollte man aufgrund der Differenzen ihrer sozialen Lage erwarten, daß sie sich, wie ihre Namen auch versprechen, in der Häufigkeit und der Intensität der Eigentums- wie der Aggressionsdelikte und anderer Formen kriminellen Verhaltens deutlich voneinander unterscheiden.

Derartige Differenzierungen von Gruppen nach dem Schwerpunkt ihrer Aktivität sind in der kriminalsoziologischen Theorie oft vorgenommen worden; die bekannteste stammt von Richard A.Cloward und Lloyd E.Ohlin. Sie ist für uns von besonderem Interesse, da wir uns bei der Auswahl der untersuchten Delikte auch von den von ihnen unterschiedenen Gruppen leiten ließen. Cloward und Ohlin setzten mit der Frage ein, warum es unterschiedliche Arten der kriminellen Subkulturen gibt, und in ihrer Antwort vermittelten sie die Schichtlage und die kriminellen Randgruppen und das von ihnen getragene Handeln nicht unmittelbar, sondern sie nahmen in diesen Zusammenhang die Nachbarschaft, das Viertel, den Stadtteil auf, in dem eine bestimmte Klassenlage weit verbreitet ist und kriminelle Gruppen auftreten. Dieser Stadtteil hat Merkmale, die für das Auftreten von Randgruppen höchst bedeutungsvoll sind: Integrationsgrad der relevanten Bevölkerungsgruppen, Wirksamkeit der sozialen Kontrolle und typische Aufstiegsmuster.

Das Auftreten von Diebstahlsgruppen führten Cloward und Ohlin auf einen Zusammenhang von Kriminellen der verschiedenen Altersstufen und auf die Verfilzung der Unterwelt mit der örtlichen Verwaltung in einem Stadtteil zurück. Das erste Moment ist wichtig, um den Dieben überhaupt das Lernen ihres Handlungsmusters zu ermöglichen. Fehlt ein derartiger Zusammenhang, bestehen keine kriminellen Rollenmodelle für die Jugendlichen, die auf Diebstahl aus sind. Das zweite Moment verschafft den Kriminellen durch die Verbindung mit den Konformen den notwendigen Schutz für ihre Aktivität. Für Cloward und Ohlin besteht kein Zweifel daran, daß Diebstahlsgruppen nur in Gegenden mit dieser Doppelstruktur auftreten können. Schlägergruppen werden von Cloward und Ohlin auf drei Bedingungen zurückgeführt: 1. Sie entstehen in

Slums, denen jede Integration fehlt - sowohl der konformen wie der kriminellen Muster. 2. Es fehlt den Jugendlichen in diesen Slums die Gelegenheit sowohl zum normalen wie zum abweichenden Aufstieg. 3. Die soziale Kontrolle ist in diesen Stadtteilen in jeder Hinsicht ausgefallen. Die Entstehung von Gruppen von Beteiligten am Drogenmißbrauch sind schließlich auf das Bestehen von Zugangsmöglichkeiten zu Drogen und weitverbreiteten "zweifachen Fehlschlägen" zurückzuführen, d.h. Jugendliche dieser sozialen Lage haben weder auf normalem noch auf abweichendem Weg bisher Erfolg gehabt.

Yablonsky (1967, S.167) hatte schon für die Vereinigten Staaten geltend gemacht, daß die Voraussetzungen, aie Cloward und Ohlin für das Entstehen der Diebesgruppen geltend machten, auch dort nicht mehr gegeben waren. Die feste Hierarchie krimineller Gruppen in Stadtbezirken bestand nicht mehr. Die Gruppen krimineller Jugendlicher existieren aber noch heute, jedoch eröffnen sie nicht mehr den Zugang zu einer speziellen kriminellen Klassengesellschaft.

Wir konnten uns auch nicht entschließen, diesen Ansatz für unsere Analyse der Jugendkriminalität in einer Großstadt zu übernehmen. In der BRD dürften Stadtviertel, die sich in der von Cloward und Ohlin vorgeschlagenen Weise charakterisieren lassen, immer noch selten sein. Jedenfalls gibt es in der von uns untersuchten Großstadt keine Stadtteile, in denen organisiert "Kriminelle" verschiedener Altersstufen zusammenkommen und unter dem Schutz einer korrupten Verwaltung ihrem "Tagewerk" nachgehen können, noch gibt es "Nachbarschaften", die sich durch einen Zugang zu Drogen und verbreitetem zweifachen Fehlschlag kennzeichnen lassen. Auch Slums der gesuchten Art treten nicht auf. Allenfalls einzelne Häuser, kleine Siedlungen, die der Beschreibung des Herkunftsmilieus von Rockern entsprechen. Aber auch diese Orte sind durch andere Merkmale präziser zu bezeichnen als gerade durch die von Cloward und Ohlin diskutierten. Wir hielten es daher nicht für sinnvoll, den Cloward- und Ohlinschen Ansatz, was die Bedingungen der Entstehung spezieller Subkulturen angeht, weiter zu verfolgen. Statt dessen wollen wir die Entstehung von verschiedenen kriminellen Gruppen auf die Eigentümlichkeit ihrer sozialen Lage zurückführen. Betrachten wir die einzelnen Gruppen. Bei den Rockern und Einsackern finden wir die Besitzlosigkeit schon in der Herkunftsfamilie. Sie haben schon als Kinder Benachteiligungen und Entbehrungen erleben müssen. In ihrer Kleidung, ihrer Ausstattung für die Schule, in vielen Dingen des alltäglichen Gebrauchs, die für Kinder und Jugendliche nun einmal notwendig sind, können sie mit Kindern aus Familien anderer sozialer Lagen nicht konkurrieren. Das ruft bei Rockern wie bei Einsackern einen Druck zu Handlungen hervor, sich das Fehlende zu beschaffen, zu nehmen. Ganz anders ist die Situation bei Jugendlichen aus normalen Familien und zum Teil bei den Typen. Der elterliche Besitz eröffnet wenig begrenzte Konsumchancen, so daß hier kein Druck zur Eigentumskriminalität entsteht.

Zudem erleben Rocker wie Einsacker von früher Kindheit an die Machtlosigkeit der Menschen, die sie kennen: der Eltern, der Nachbarschaft, der Bekannten. Aus den Gesprächen in der Familie entnehmen sie immer wieder, daß man "in vielen Situationen nichts machen kann", daß "man etwas hinnehmen muß", daß "der Stärkere siegt, daß auf seiner Seite das Recht ist". Das ruft einen Druck zu Aggressionsdelikten hervor.

Die Rocker und die Typen erleben desorganisierte Familien. Bei den Rockern wird dadurch die Mangelsituation verschärft, da die ökonomische Situation einer Familie der benachteiligten sozialen Lage durch den Ausfall des Vaters weiter verschlechtert wird. Das verstärkt zunächst den Druck zur Eigentumskriminalität. Bei den Typen führt die Zugehörigkeit zur desorganisierten Familie zwar auch zu einer Verschlechterung der ökonomischen Situation, aber die Ausgangslage ist noch solide genug, um diesen Statusabfall zu bremsen. Sie werden dadurch noch nicht in eine nachhaltige Mängelsituation getrieben. Diese Erfahrung machen sie erst später beim Bezug der eigenen Position in der Sozialstruktur. Aber dieser Weg wird vorbereitet durch die Desorganisation und vor allem durch den Streit der Eltern. Auf ihn folgt die mangelhafte Ausbildung in den instrumentellen Handlungsfähigkeiten, der Lebenstechnik, die in einer Gesellschaft wie der BRD nun einmal gefordert wird. Das Modell expressiven Handelns, das nach kurzfristiger Bedürfnisbefriedigung strebt, wird zu ihrem Lebensprogramm. So entsteht bei ihnen der Druck zum Drogenkonsum.

Die Rocker wie die Typen erleben schon als Kinder Machtlosigkeit aufgrund der Situation ihrer Familie. Sie erleben, daß ihre Väter sie nicht verstehen und ihre Handlungen oft durch offene Gewalt (Schläge, Ohrfeigen), Drohungen mit Gewalt bei den Rockern oder durch Zureden, durch Manipulation bei den Typen abgeblockt werden, wenn nicht beim ersten, so dann doch bei späteren Malen. Bei den Rockern wird so der Druck zu Aggressionsdelikten ganz erheblich gesteigert. Er tritt gleich stark neben den Druck zu Eigentumsübergriffen. Bei den Typen führt diese Form der erlebten Macht anderer, hier der Eltern, nicht zur körperlichen Auseinandersetzung mit anderen. Bei ihnen entwickelt sich ebenfalls das Verhaltensmodell der Manipulation anderer, sei es durch Überreden oder Überzeugen zu dem Verhalten, mit dem sie selbst auf ihre soziale Lage reagieren, zum Drogenmißbrauch.

Die Folgen der Zugehörigkeit zur desorganisierten Familie sind daher bei Rockern und Typen verschieden, bei den ersteren kommt es zu machtausübenden Akten gegenüber anderen, zu Aggressionsdelikten, bei den letzteren zu expressivem Handeln mit sich selbst und mit anderen, zu Rauschgiftdelikten.

Für alle Mitglieder krimineller Gruppen hat sich die Situation im Jugendalter nicht geändert, sie hat sich für alle weiter verschlechtert:

Im Produktionsprozeß nehmen sie Positionen ein, deren Bezahlung ihnen weiteren Verzicht auferlegt. Sie sehen, wie zum Teil Gleichaltrige, meist Ältere - nicht jedoch ihre Väter - viele brauchbare Güter besitzen, die sie nicht haben: Autos, Motorräder, Mopeds, gute Kleidung, Radios, Stereoanlagen, Recorder und andere Gegenstände zur angenehmen Freizeitgestaltung, Getränke, Rauchwaren. Sie haben auch Geld, um durch Geschenke andere Menschen, wie eine attraktive Freundin, an sich zu binden. Die Jugendlichen, deren Platz auf abhängigen Positionen sich immer deutlicher abzeichnet, sehen auch, daß derartige Güter massenhaft vorhanden sind - ein Blick in ein Kaufhaus beweist es ihnen. Da sie selbst, wie andere auch, arbeiten, und - wie ihnen scheint - noch mehr als andere -, ist es nicht einzusehen, warum sie diese Güter nicht auch haben sollen. Es liegt daher nahe, sich diese Gegenstände zu beschaffen.

Versuchen die Jugendlichen dazu den in der BRD legalen Weg zu beschreiten, werden sie in der Regel auf Arbeit verwiesen, um dann für den Lohn die begehrten Güter zu erwerben. In das Arbeitsverhältnis treten sie aber an einer bestimmten Stelle ein - in den Positionen des Lehrlings, Hilfsarbeiters oder jungen, gelernten Arbeiters, gelegentlich des kleinen Angestellten. Diese Position ist gekennzeichnet, so haben wir oben gesagt, durch ökonomische und politische Abhängigkeit und zwar dauerhaft im Rahmen des gesellschaftlichen Systems der BRD. Die einzige Möglichkeit, für die Jugendlichen, sich dennoch die begehrten Dinge zu verschaffen, ist dann die naheliegendste: Man nimmt sie einfach mit (22), und zwar so, daß man sie nicht sofort wieder abgenommen bekommt. Offenbares Ziel dieses Handelns ist der Besitz und der Verbrauch dieser Güter oder das Wegnehmen von Gütern, um im Wege des Verkaufs sich Geld zum Kauf eben der begehrten Güter zu beschaffen. Der Druck zu Eigentumsdelikten bei den Rockern wie bei den Einsackern wird so weiter verstärkt.

Bei den Typen ist die Ausgangssituation im Jugendalter anders, das Endergebnis unterscheidet sich von dem für andere Kriminelle nicht. Es gelingt ihnen nicht, im Wirtschaftssystem in Positionen Fuß zu fassen, die der elterlichen Lage entsprechen. Sie rutschen ab, und die Eltern erleben, daß ihre Hoffnungen auf Erhalten der Position sich nicht realisieren. Die Typen erleben dann die Situation, die den Rokkern und Einsackern von klein auf vertraut ist, einmal aufgrund ihrer eigenen Person, zum anderen, weil, anders als bei den Normalen, die Eltern den Typen den Zutritt zum gehobenen Konsum nicht mehr in dem in der Kindheit gewährten Maße ermöglichen, teilweise in der Hoffnung, eine gewisse Askese werde diese Jugendlichen wieder zu Leistungen anspornen. So erwarten wir, daß auch bei den Typen Eigentumsdelikte auftreten, jedoch in beschränkterem Maße, eben weil ihre Eltern aufgrund ihrer Lage und trotz der Desorganisation der Familie immer noch in Mängelsituationen eingreifen. Sie helfen mit Geld aus und mit den gewünschten Gütern. Zudem bleibt die normale Kindheit nicht ohne Folgen. Die Jugendlichen haben die Gebote normalen Lebens stark internalisiert. Die moralischen Hindernisse werden wahrgenommen, ihre Überwindung als unmöglich angesehen. Außerdem haben viele Typen eine relativ qualifizierte Schulausbildung hinter sich. Das fördert eher eine ideelle und theoretische Lösung des Problems. Ein Ausweg für sie besteht dann darin, in einer imaginären Welt begehrter Güter teilhaftig zu werden und weniger gute für sehr begehrenswert zu halten. Die Tendenz zum Drogenkonsum wird so verstärkt; wie wir im nächsten Teil noch erörtern werden, ist mit ihr stets ein gut Stück Theorie verbunden.

Die Mitglieder aller drei kriminellen Gruppen haben auch das Erlebnis der Machtlosigkeit im eigenen Beruf. Die Wirkungen dieser Erfahrung sind aber bei allen verschieden. So sehen die Rocker nicht nur, wie mit ihren Eltern, wie mit ihnen selbst zu Hause und im Betrieb umgegangen wird, sie erleben diese Handlungen ganz einfach als Verhaltensmodelle, als Weisen der Interaktion. Zudem fühlen sie ihre Kräfte, ihre Energien dort gefesselt. Sie suchen nach Möglichkeiten der Äußerung. Beides zusammen führt zum Widerstand, schließlich zum Angriff, um sich selbst nicht verteidigen zu müssen, wenn der andere die Initiative ergreift – zuerst in der Familie, dann im Betrieb, dann draußen bei den eigenen "Freunden" und schließlich bei Fremden, erst jüngeren, dann auch älteren. Sie werden Opfer aggressiver Akte. Schlägerei ist daher ein Muster, das die Rocker zuerst in der Familie erfahren und in der eigenen Gruppe ausgebildet haben. Dort wird es nicht behindert, wird es als Konfliktregelungsmechanismus anerkannt. Dort erfolgt auch kein Zugriff der Instanzen sozialer Kontrolle. Selbst wenn einer der Beteiligten sich an diese Instanzen wendet, wird er abgewiesen. Erst später wird dieses Muster auch bei Auseinandersetzungen mit Außenstehenden angewendet. Vergleicht man den Druck zu Eigentumsdelikten mit dem zu Aggressionsdelikten, so sollten beide etwa gleich stark sein.

Für die Einsacker ist das Erlebnis der Machtlosigkeit anders. Sie stammen nicht in dem Maße aus desorganisierten Familien, in denen die Machtlosigkeit der Kinder und Jugendlichen offen erlebt wird. Sie kennen sie nur als "Begleiterscheinung" ihrer ökonomischen Lage, der ihrer Familie wie ihrer eigenen. Sie sehen daher auch stärker als andere als einzige Möglichkeit, aus der Rolle der Unterworfenen herauszukommen, den Erwerb von Besitz, der frei macht, der einen in die Lage versetzt, sich nicht mehr alles sagen lassen zu müssen. Bei ihnen bewirkt die Machtlosigkeit verstärkt die Ausübung von Eigentumsdelikten.

Die Typen erleben hier zuerst die rohe Machtausübung. Sie haben ja den Einfluß der Eltern eher in der Form des Überredens kennengelernt. Dieses späte Erlebnis offenbarer Machtlosigkeit wird von ihnen nicht mehr in ähnlich strukturierte Verhaltensmodelle eingearbeitet wie von den Rockern und Einsackern, vielmehr läßt es ihre Orte des Rückzugs von diesen Belastungen als besonders attraktiv erscheinen. Wir kommen so zu folgenden Hypothesen:

H 16: Wenn Jugendliche, die aus abhängigen und desorganisierten Familien stammen und deren eigener Status abhängig ist, unbehindert von Instanzen sozialer Kontrolle Gruppen bilden können, dann äußern sie kriminelle Handlungen als Eigentums- und Aggressionsdelikte in gleichem Maße.

H 17: Wenn Jugendliche, die aus nicht abhängigen und desorganisierten Familien stammen und deren eigener Status abhängig ist, unbehindert von Instanzen sozialer Kontrolle Gruppen bilden können, dann äußern sie kriminelle Handlungen als Drogenmißbrauch und in geringem Umfang als Eigentumsdelikte.

H 18: Wenn Jugendliche, die aus abhängigen und organisierten Familien stammen und deren eigener Status abhängig ist, unbehindert von Instanzen sozialer Kontrolle Gruppen bilden können, dann äußern sie kriminelle Handlungen vor allem als Eigentumsdelikte.

Prüft man, in welcher Größenordnung wir Assoziationsmaße in etwa erwarten, so sollten diese deutlich über denen im letzten Teil liegen. Wenn wir auch erwarten, daß in allen Gruppen Eigentumsdelikte auftreten, so sollten sich doch die Anteilswerte deutlich unterscheiden. Gehen wir einmal von hundert Delikten je Gruppe aus, so erwarten wir bei den Einsackern, daß diese mehr als die Hälfte als Eigentumsdelikte durchführen. Für die Typen und Rocker sollte der Wert dagegen wesentlich niedriger liegen. Wir finden für solche hypothetischen Fälle Tauwerte, die knapp über o,1 liegen. Ähnliches gilt für andere Verteilungsdifferenzen in diesem Abschnitt, so daß wir hier Tauwerte von mindestens o,1 erhalten müssen, um unsere Hypothesen als bestätigt betrachten zu können.

4.2.2 Datenanalyse zur Verarbeitung der sozialen Lagen

4.2.2.1 Zur Beobachtbarkeit kriminellen Verhaltens

Zur Überprüfung der allgemeinen Thesen 4 und 5 und der Hypothesen 14 - 18 und auch der folgenden wurde eine Vielzahl von Ereignissen an den "natürlichen" Trefforten, den Feldern der vier Gruppen, beobachtet. Da wir in erster Linie an einer Analyse und Erklärung krimineller Handlungen interessiert sind, widmeten wir diesen Abläufen unsere besondere Aufmerksamkeit. Bei der theoretischen Orientierung, die wir hier vertreten, war bei der Gewinnung der Daten zu diesem Verhalten von vornherein darauf zu achten, daß keine mit dem Ansatz unverträgliche Vordefinition unsere Datenauswahl deformierte. Zu dem praktischen Vorgehen, das zu derartigen Auswahlen führt, haben wir uns schon im Teil 2 geäußert. Während für die Erhebung von Situationsdefinitionen, insbesondere aber von Daten zur Person und zu den Selbstbildern weitere Überlegungen erforderlich sind, erübrigt sich an dieser Stelle eine über die beschriebenen Grundsätze teilnehmende Beobachtung hinausgehende Diskussion von Verfahren zur Erhebung von Daten zur Verhaltensstruktur . Hat man einmal eine Position als teilnehmender Beobachter bezogen, ist das kriminelle Verhalten zu sehen, so kann es auch in Beobachtungsberichten beschrieben werden (23).

Obwohl dieses Vorgehen so einfach ist, wird es dennoch sehr selten betrieben. In der empirischen kriminalsoziologischen Forschung der BRD ist uns bisher kein Fall bekannt, in dem dieses Vorgehen gewählt wurde. Fritz Sack hat (1972, S.12 f) darauf hingewiesen, "daß unangesehen unterschiedlicher Begriffsbestimmungen des Verbrechens oder des Verbrechers für Vertreter...unterschiedlichster Disziplinen, die sich mit der Analyse und Erklärung von Kriminalität oder kriminellem Verhalten beschäftigen, der empirische Ausgangspunkt überall der gleiche ist. Die Aussagen über empirische Sachverhalte, Regelmäßigkeiten oder Verallgemeinerungen sind gewonnen an Personen, die von dazu legitimierten Personen und Institutionen gemäß einem bestimmten Ritual nach bestimmten Regeln als Täter bzw. noch abstrakter: als für bestimmte verbotene Handlungen verantwortlich zu machende Mitglieder identifiziert und verurteilt worden sind."

Zwar ist sofort darauf hinzuweisen - was Sack nicht erwähnt -, daß es in den USA wie in der BRD eine Reihe von Studien gibt, die selbstberichtete Kriminalität (vgl. St.Quensel, 1969, E.Stephan, 1972 a, b, M.Brusten und K.Hurrelmann 1973 und die dort zitierte angelsächsische Literatur) analysierten. Aber diese Methode ist ebenso wenig gegen Verzerrungen geschützt wie die Analyse von Akten oder anderen Materialien der Instanzen sozialer Kontrolle oder gar der von ihnen als kriminell identifizierten Personen. Sack versäumt auch, in seiner Kritik darauf aufmerksam zu machen, daß es in den USA eine Reihe sehr gründlicher Untersuchungen gibt, die sich weder von den Instanzen sozialer Kontrolle, noch von den Teilnehmern an kriminellen Akten ihren Gegenstand vordefinieren ließen. Wir verweisen nur auf die hier schon mehrfach genannten Arbeiten Frederic M.Thrashers, William F.Whytes, Walter B.Millers, Howard S.Beckers, Lewis Yablonskys, Leon R. Jansyns und Laud Humphreys. In der kriminalsoziologischen Forschung der BRD fehlen aber derartige Untersuchungen. So sind in dem Sammelband von Jürgen Friedrichs zur teilnehmenden Beobachtung abweichenden Verhaltens von 1973 außer meiner eigenen keine Feldstudien aus der BRD als Beispiele angeführt.

Nun ist sicherlich sofort die Frage zu stellen, ob sich denn wirklich kriminelles Verhalten beobachten läßt, ob es einem Forscher möglich ist, ein derartiges Ereignis im natürlichen Feld zu studieren. Wir haben im Teil 2 das Vorgehen im einzelnen beschrieben, das zur Erlangung einer Position führt, von der diese Beobachtungen betrieben werden können. Wir wollen hier prüfen, mit welchen Erträgen diese Methode aufwarten kann.

Bei der Datenerhebung haben wir auch solche Informationen festgehalten, die wir Berichten von Mitgliedern der beobachteten Gruppen entnehmen konnten, die diese im natürlichen Feld erstatteten, sei es in der Unterhaltung mit einem anderen Teilnehmer oder in einem Gespräch mit dem Forscher. Das bietet sich insbesondere bei den Ereignissen an, die im wesentlichen von den Beteiligten selbst erlebt werden und bei denen nur wenig an äußerem Verhalten zu sehen ist.

> Im Verlauf der Erarbeitung der zweiten Taxonomie warfen Lenchen und Daddy sich einen halben Trip ein. Lenchen kramte auf einmal in ihrer Tasche, holte einen Trip heraus, kniff mit dem Daumennagel die Hälfte ab und steckte ihn in den Mund, schluckte ihn runter, schaute kurz danach auf die Uhr, machte dann weiter wie bisher. Ich konnte auch im folgenden nichts Besonderes an ihr beobachten.

So ist es bei dieser Art des Drogenmißbrauchs oft. Man ist dann auf Berichte der Teilnehmer angewiesen.

> Ff: "Wie ist das eigentlich so aufm Trip?" "Das ist ganz große Klasse. Da siehste ganz dolle Farben." Ff: "Andere Farben als sonst, oder wie?" G: "Nee, blau ist blau und rot ist rot, aber alles ist intensiver, lebendiger." Ff: "Ist das gleich so?" G: "Zuerst merkst Du gar nichts. Aber dann immer mehr. Am dollsten ist es mit dem Körper. Dann gehste regelrecht raus aus Deinem Körper." Ff: "Wie geht das denn?" G: "Du betrachtest Deinen Körper ganz distanziert. Du denkst, der liegt neben Dir. Du weißt gar nicht, was richtig ist." Ff: "Wie ist es denn mit Shit?" G: "Das ist nicht so gut. Aber Shit mit O ist gut. Das ist ganz anders." Ff: "Wie ist das denn?" G: "Da bist Du richtig weg irgendwie. Das kann man gar nicht beschreiben." Der Typ mit dem grünen Pullover: "Das kann man sowieso alles nicht beschreiben. Man kann das nur fühlen." G: "Einiges kann man schon beschreiben."

> Tilla und Karl fingen von sich aus an, dem Feldforscher zu erzählen. Tilla: "Bei Trips habe ich kein Ich mehr. Alles scheint mir im Wandel zu sein. Zellen und alles verändert sich." Ff: "Kannst Du denn besser malen, wenn Du einen Trip eingeworfen hast?" Tilla: "Einmal habe ich die ganze Nacht durch gemalt und alles, was ich malte, gefiel mir unheimlich gut. Außerdem habe ich viel bessere Ideen, aber sonst besteht zwischen den Bildern, die ich sonst, und denen, die ich aufm Trip male, kein Unterschied. Auf dem letzten Trip waren die Leute wie aus Plastik oder Pappe. Und

Farben kann man sich wünschen." Karl: "Licht wird immer rot." Tilla: "Und Farben werden immer intensiver. Als ich das erste Mal merkte, daß man sich Farben wünschen kann, habe ich mir immer gesagt, jetzt wünsche ich mir z.B. rosa und das kam dann auch. Wenn man aber nicht weiß, daß Farben kommen, kommen auch keine." Ff: "Bist Du aufm Trip gern mit anderen Leuten zusammen?" Tilla: "Aufm Trip bin ich nicht gern allein. Aber zu viele sind auch nicht gut. Harte Musik schlägt mich körperlich." Karl und Tilla stimmen darin überein, daß sie sich als pulsierender Blutkreislauf manchmal fühlen. "Auf dem Trip kann man auch Filme, ganze Filme an einer weißen Wand sehen." Tilla: "Das gleiche kann man auch durch Meditation erreichen. Ach, und neulich stand ich einmal aufm Trip vor einer Ampel, und als es grün wurde, wußte ich plötzlich nicht mehr, wie man losgeht, wie man das macht." Karl: "Neulich habe ich beim Autofahren alles nur schwarz-weiß gesehen, aber alles haarklein, ganz deutlich, als wenn man die Moleküle und Atome sieht." Tilla: "Gestern z.B. war plötzlich alles schwarz-weiß und rauschte und flimmerte, wie auf einem Fernsehbild. - Eine sichere Möglichkeit, sich aufn Horror zu bringen, ist, sich selbst im Spiegel zu betrachten. Wenn man dann sein völlig verzerrtes und entstelltes Gesicht sieht, kann man ganz schön aufn Horror kommen." Karl: "Aufm Trip kann man auch das Gefühl haben, als wenn sich die Leute wie im Trickfilm bewegen, so zackig." Ff: "Wenn Ihr jetzt mal überlegt, was man auf jedem Trip feststellen kann, was allen Trips gemeinsam ist, könntet Ihr mir da etwas nennen?" Karl: "Man fühlt sich als Teil des Ganzen. Entweder ist alles nüchtern oder alles unheimlich organisch. Aber rauskommen tut man nirgendwo, fühlt sich immer eingeschlossen. Man fühlt sich immer so, als wenn man ein Dach über sich hat. Wenn man essen soll, kommt einem das richtig abartig vor, irgendwas in den Mund zu stecken. Man sollte den Menschenfressern mal welche einwerfen." Tilla: "Büsche und Sträucher kommen mir vor wie Tiere, Krokodile usw. .Wenn man Musik hört, meint man, man säße mittendrin. Man meint z.B., man führe mit dem Zug oder so.Auf allen Trips meint man, man schwebe und man könne sich auf den Wind stellen. Die Luft ist so plastisch. Man kann Klima und Farben bestimmen. Wenn man will, daß es heiß wird, wird es einem unheimlich heiß, und wenn man sich eine Farbe wünscht, kommt sie. Und man wird wie eine Mücke vom Licht angezogen. Manchmal kommt es einem so vor, als ob man einen Film eingeworfen hätte, als ob alles schon vorprogrammiert worden sei." Karl: "Man fühlt sich immer größer als man wirklich ist. Beim Gehen hat man ganz lange Beine. Alles ist kleiner als man selbst." Ff: "Was denkt man denn über den Partner?" An Tilla: "Was denkst Du z.B. über den Karl aufm Trip?" Tilla: "Man fragt sich, wer das eigentlich ist. Manchmal kommt es einem so vor, als ob man genau wüßte, warum die und die Leute das und das tun, was sie für Komplexe haben. Ein Kribbeln im Rücken hat wohl auch jeder aufm Trip, ein ganz angenehmes Gefühl. Das hängt wohl mit den Nerven dahinten zusammen." Karl: "Ich war mal zusammen mit einem Mädchen aufm Trip, das mußte sich immer hinsetzen, weil es meinte, es habe dann erst die richtige Größenordnung." Karl/Tilla:" Und man meint immer, es stürbe einem etwas weg." Karl: "Es gibt auch Geräusche, die aufm Trip unheimlich stören können, Geräusche von der Straße her, Fernsehen von nebenan oder Schnarchen von nebenan. Das Schnarchen wird zu einem fürchterlichen Gegrunze. Einmal habe ich das nicht mehr ausgehalten und mußte den Trip abbrechen weil ich meinte, ich drehe durch." Tilla: " Oder doofe Schlager, die stören einen auch unheimlich. Anfangen tut ein Trip immer mit der Kicherphase."

Wie viel aber von manchen Schilderungen über die Wirkung von Trips zu halten ist, offenbarte uns ein Gespräch mit Dieter, Gerold und Lutz, dem alten Dealer:

Dieter: "Die meisten Sachen sind doch gepanscht. Da nehmen die Leute Kapseln, nehmen die auseinander und packen dann Milchpulver rein." Lutz: "Wir haben doch mal so ein paar Dinger den Leuten verkauft. Am anderen Tag haben wir denen gesagt, das wären Blindgänger gewesen. Wir wollten ihnen das Geld wiedergeben. Das hat uns keiner geglaubt. Da gibt es Typen, die fahren ab, da braucht gar kein Trip dabei zu sein." Gerold bestätigt das. Lutz erzählt von einem Fall, bei dem er praktisch nur Blindgänger hatte und etliche Leute ihm hinterher erzählten, was sie für mordsmäßige Abfahrten hatten.

Aber auch Berichte über andere Verhaltensweisen wurden ausgewertet:

Michael erzählte dem Feldforscher: "Vor zwei Tagen saß ich mit Roland und Kilian auf einer Bank im Park, und auf einer Bank etwa hundert Meter weiter saßen auch zwei, aber wir konnten nicht erkennen, ob die "zu uns" gehörten oder nicht. Wir sind dann hinübergegangen und einer hat aus Spaß gesagt, da wir meinten, es könnte jemand von der Wallstreet sein: "Vielleicht kriegen wir jetzt noch einen in die Fresse." Als wir herankamen, hat Roland den einen erkannt und gesagt, das sei eine miese Type. "Der ist eklig und hat eine große Fresse." Michael: "Und Roland merkt so etwas immer erst viel später als ich, und ich dachte mir dann auch, daß der wirklich eklig sei und meinte, die große Fresse dürfe er nicht haben. Kilian setzte sich dann zu den beiden auf die Bank und Roland und ich blieben davor stehen. Ich habe mich direkt vor den einen ziemlich großen, wenn auch jüngeren, "Rocker" hingestellt und zugesehen, wie der sich in die Hände klatschte und auf die Schenkel. Ich bin ziemlich musikalisch, und das tat mir richtig weh, wie der da so ohne Takt herumklatschte. Dann hörte der auf und meinte: "Was guckst Du mich so an, paßt Dir was nicht?" Das ist eigentlich die Aufforderung, zu verschwinden, und der guckte mich dann noch so dösig an, da habe ich ihm voll einen geschossen, mit der Rechten auf die Backe. Er hielt sich sofort mit beiden Händen die Schnauze, maulte so vor sich hin "der hat einen Schlag" und guckte mich immer noch so böse an. Nun muß ich zugeben, mir war nach Schlagen zumute, und ich wollte ganze Arbeit machen und habe ihm mit der Linken noch auf die andere Backe einen gegeben. Und das war schlimm, das hat ihm das Maul aufgerissen, daß das Blut da so rauskam. Eigentlich hatte ich noch Hemmungen, weil der mir eigentlich gar nichts getan hat, aber ich habe Angst vorm Schlagen, ich habe Angst, daß ich die Fresse voll kriege, und deshalb schlage ich immer so lange, bis der andere nicht mehr kann. Es ist nämlich so, wer anfängt, der hat auch meistens gewonnen. Ja ja, und er war denn auch ruhig. Und am Abend habe ich dann gehört, daß er mir mit zwanzig Mann den Arsch vollhauen wollte. Ich bin mit Roland wieder hingegangen, und als wir kamen, da ging ein Teil der Bande schon stiften. Ich wollte das sofort im Keim ersticken, bin zu den anderen hin, die noch bei dem Langen stehen geblieben sind, drei, vier Mann, sage zu denen "was, Ihr wolltet dem helfen?" und haue denen sofort einen der Reihe nach mit der flachen Hand - der erste hatte Pech, der hat am meisten abgekriegt. Dann dreh ich mich zu ihm um und sage: "Und Du wolltest mir den Arsch vollhauen?" Da stellt der Kerl sich doch richtig dumm und hat wieder eine große Klappe. "Wie kommst Du denn darauf? Was willst Du überhaupt?"und so weiter. Mit einem Mal wußte keiner von denen überhaupt, worum es ging, und der Kerl hat denen bestimmt erzählt, was am Morgen passiert ist. Ich haue dem Langen wieder einen auf die Fresse, er bückt sich, und ich pack ihn in die Haare und trete mit dem Knie zu. Dabei war ich aber zu erregt und hab das Knie zu hoch gezogen und ihn mit den Muskeln oberhalb des Knies am Kopf getroffen. Naja, er hatte trotzdem genug. Ich bin dann weggegangen, und als ich um die Ecke war, da habe ich gehumpelt - das Knie ist jetzt noch dick. Aber jetzt überlege mal, wenn ich den voll getroffen hätte: dem wäre das ganze Gesicht kaputt gewesen und ich war angefangen, das war ganz eindeutig, ich könnte morgen schon wieder vorm Richter stehen. Und das wegen so einem Scheiß. Da will man arbeiten, um sich Sachen anzuschaffen, und dann muß man nachher nur Schmerzensgeld zahlen."

Nun ist zu beobachten, daß die Informationen, die wir zuerst analysierten, nur Informationen über Beobachtungen waren. Sie strukturierten unsere Einschätzung der Situationen im Feld. Wir hörten dann viele mündliche ausführliche Berichte von Teilnehmern, die mit unseren Beobachtungen übereinstimmten. Es wurden Abläufe beschrieben, die denen sehr weitgehend ähnelten, die wir selbst beobachtet hatten. Wir beschlossen daher, sie in unsere Auswertung mit hineinzuziehen.

Diese Verwendung von Informationen ähnelt dem Vorgehen bei der Erhebung selbstberichteter Kriminalität. Es bestehen aber wichtige Unterschiede:

1. Der Feldforscher kann aufgrund seiner Erfahrungen mit dem Berichterstatter und mit den Verhaltensmustern im Feld die Glaubwürdigkeit eines Berichtes einschätzen.

   So beobachtete ein Feldforscher immer wieder, daß die Fixer, d.h. die harte Drogen injizierenden Typen, nach dem Beginn von Entziehungsversuchen immer sehr gereizt waren. Eines Tages unterhielt er sich mit Dieter, der ihm sagte, er sei von der Fixerei ganz runter. Der Feldforscher vermerkte in dem Bericht: "Ich habe nicht den Eindruck, nach allem, was ich bisher so beobachtet habe, daß das stimmt. Bruno ist gereizt, seit er nichts mehr hat oder regelmäßig hat, Gerold war schon sauer, wenn er nur an diese Möglichkeit dachte. Dieter ist aber die Ruhe und Freundlichkeit selbst. Ich bin daher sicher, daß er weiter drückt."

2. Der Feldforscher hört in vielen Fällen andere zu dem berichteten Ereignis, die den Bericht bestätigen oder widerlegen:

   So berichtete Heiki einem Feldforscher bei den Rockern: "Einmal gab es die große Klopperei im Berghof. Man hatte den Vogelfreien und den Wallstreets sagen lassen, dreißig Mann erwarteten sie dort, sie sollten man kommen. Sie seien dann mit einem VW-Bulli und drei Öfen runtergefahren. Als wir kamen, ging denen die Düse, keiner wollte etwas gehört haben." Heiki fing schließlich an. Er ging zum ersten hin und fragte ihn: "Bist Du auch einer von den Dreißig?" Als der verneinte, schubste Heiki ihn auf die nächste Bank und griff sich den nächsten: "Bist Du einer von den Dreißig?" Als der auch "nein" sagte, haute Heiki ihm einen, so daß er auch auf die Bank fiel. Zwischen den beiden hing ein eisernes Gitter an einer Kette von der Decke. Als der andere wieder hochkam, schlug Heiki vor das Gitter, das traf ihn ins Gesicht, und er ging sofort wieder auf die Bank.

Dieser Bericht wurde von mehreren anderen Mitgliedern der Gruppe voll bestätigt.

3. Der Feldforscher kann aufgrund einer Reihe objektiver Kriterien kontrollieren, ob der Bericht zutreffend sein kann. Wenn jemand Shit bei sich hat, ist seine Darstellung über einen Dealakt wahrscheinlich zutreffend. Wenn jemand unter Beachtung verschiedener Vorsichtsmaßregeln mehrere neue Schallplatten weit unter dem Ladenpreis verkauft, ist

seinem Bericht über einen Plattendiebstahl zu glauben.

"Als die Zigaretten ausgingen, machte sich Tabak sofort erbötig, für Nachschub zu sorgen, sofern jemand mitgehe. Ferdi sofort: "Harro! Du gehst nicht mit!" Heiki ging dann mit; die beiden nahmen eine Flasche mit, um ein Werkzeug zum Kloppen zu haben. Kurze Zeit später kamen sie zurück; Heiki entschuldigte sich bei Harro, daß er keine H7 mitgebracht habe: er habe es drei Mal feste versucht, Tabak könne es bezeugen, aber es klappte nicht. Sie brachten drei Schachteln Adler mit." - Wir haben dies als einen Automatendiebstahl notiert.

Der Feldforscher bei den Einsackern berichtete: Nach zwanzig Minuten kamen Erwin und Toni mit leerer Tüte wieder. Sie setzten sich wieder an den Tisch. Ich fragte sie: "Hat das mit den Platten nicht geklappt?" "Nee, die holen wir morgen, das hat noch Zeit." "Dann habt Ihr gar nichts mehr eingesackt?" "Bist Du blind?" "Wieso?" Toni zeigte auf Erwin. Erwin trug jetzt eine nagelneue Wildlederjacke. "Wie habt Ihr das denn gemacht?" "Ja, die hing da so ungünstig im Weg, schnell vom Bügel genommen und angezogen, dann ab." - Einen Tag später ging der Feldforscher zu Franzen. Dort hatten die beiden die Wildlederjacke eingesackt. Die entsprechende Abteilung befand sich im zweiten Stock. Der Feldforscher schreibt: "Ich kam bei meiner Begutachtung des "Tatortes" zu dem Schluß, daß die Ware für die Einsacker eine strategisch gute Lage hatte." - Auch hier haben wir einen Ladendiebstahl kodiert.

Waren nun derartige Berichte ausführlich genug, haben wir sie in derselben Weise ausgewertet wie unsere eigenen Berichte auch.

Um nun die Beobachtbarkeit von kriminellem Verhalten beurteilen zu können, scheint uns ein Vergleich der durch das Anhören der Berichte gewonnenen Informationen mit durch eigene Beobachtung gewonnenen sehr aufschlußreich zu sein. Zwar ist es so nicht möglich zu prüfen, welche der zwei möglichen Informationsarten - Anhörung oder teilnehmende Beobachtung - mehr von der tatsächlichen Kriminalität erfaßt, da dieser Vergleich den Bezug der verglichenen Information auf ein und dieselben Akte voraussetzt, aber unsere Gegenüberstellung macht deutlich, bei welchen Formen die Teilnehmer an kriminellem Verhalten am ehesten Forschung zulassen. Denn wenn man unterstellt, daß die Beteiligten mögliche Konsequenzen der Handlungen eines Handlungstyps gleich einschätzen, ist es interessant, ob die Arten der Zugänglichkeit der Information darüber sich unterscheiden. Wir finden folgende Verteilung: (Siehe Tabelle 36, Seite 218)

Wir sehen, daß allein 29o kriminelle Verhaltensweisen beobachtet wurden. Zählt man noch die 15 Verhaltensweisen dazu, die unter keine der

Tabelle 36: Informationsart bei verschiedenen kriminellen Handlungen

Art des Verhaltens	Art der Information		Summe
	Anhörung	Beobachtung	
Drogenmißbrauch	124 (o,37)	21o (o,63)	334 (1,oo)
Aggressionsdelikte	55 (o,56)	44 (o,44)	99 (1,oo)
Eigentumsdelikte	1o3 (o,74)	36 (o,26)	139 (1,oo)
Summe	282	29o	572

Tau = o,1o

drei Deliktgruppen zu rechnen waren und zieht man die 2 Akte ab, die in der normalen Gruppe auftraten und beobachtet wurden, kommt man auf 3o3 Fälle kriminellen Verhaltens in kriminellen Gruppen, die beobachtet wurden. Dazu wurden insgesamt 7 Beobachter an durchschnittlich 5o Beobachtungsterminen eingesetzt, d.h. bezogen auf einen Beobachtertag wurde knapp einmal kriminelles Verhalten beobachtet. Bedenkt man nun, daß bei einem anderen Vorgehen verzerrte Informationen aus den Akten der Polizei, Strafjustiz und Sozialarbeit verwandt werden müssen oder Informationen der Teilnehmer, deren Verzerrung nicht ausreichend kontrollierbar ist, dann kann man die These, kriminelles Verhalten sei nicht zu beobachten, da es verborgen werde, nicht aufrechterhalten. 3oo Fälle sind eine Ereignismasse, die ausreichend vergleichende Analysen erlaubt.

Vergleicht man nun die Fälle der häufig beobachteten Verhaltensweisen: Drogenmißbrauch, Aggressionsdelikte und Eigentumsdelikte mit den berichteten Fällen, so findet man, daß die von den Teilnehmern geduldete oder geförderte Art der Informationsbeschaffung stark variiert. Der Anteil beobachteter Daten ist beim Drogenmißbrauch sehr gut. Bei den Aggressionsdelikten ist er auch noch recht hoch mit einem Verhältnis von etwa 1:1 von Anhörung und Beobachtung. Bei den Eigentumsdelikten wird der Anteil der Beobachtungen jedoch spürbar kleiner. Wir finden ein Tau von o,1, d.h. wir können in etwa 1o% der Fälle, die wir nicht schon aufgrund der Anteile der Informationsarten zutreffend einschätzten, allein aufgrund des Deliktes die Informationsart vorhersagen. Anders gesagt: In 1o% der Fälle hängt die Informationsart vom Delikt ab. Sicherlich darf daraus nicht ohne weiteres auf die Beobachtbarkeit einzelner Delikte geschlossen werden. Dazu müßte zuerst eine Einschätzung des Wahrheitsgehaltes der Berichte erfolgen. Unterstellen wir diese aufgrund der Kontrollmöglichkeiten der Beobachter als hoch, so wäre sodann zu prüfen, ob jeweils, beabsichtigt oder nicht, zu viele oder zu wenige Ereignisse bezogen auf die tatsächlich abgelaufenen Ereignisse zur Beobachtungszeit berichtet wurden.

Bei den Typen - weniger bei den Rockern und Einsackern - kann man davon ausgehen, daß zwar viele Fälle des Drogenmißbrauchs für sie ganz alltäglich sind, so daß sie gar nicht mehr darauf kommen, darüber zu sprechen.

So unterhielten sich zwei Typen über Erlebnisse beim Trip. Abrupt unterbricht sie ein Dritter: "Müßt Ihr immer darüber reden? Habt Ihr nichts anderes zu tun? Immer darüber reden!" Adrian erwidert: "Wieso rede ich immer darüber?" "Stimmt. Du redest auch über andere Sachen, aber es gibt viele, die reden nur immer darüber."

Ein bewußtes Verschweigen ist jedoch nicht für die Drogenkonsumenten zu unterstellen. Der Effekt bleibt daher: die Zahl der berichteten Fälle dürfte kleiner sein als die der tatsächlich abgelaufenen. Das würde den Anteil der beobachteten Delikte senken, vielleicht bis auf den Anteil der beobachteten Rockerdelikte: Bei den Aggressionsdelikten kann für die Rocker - weniger für die anderen - unterstellt werden, daß sie freimütig über vergangene Ereignisse berichten, da es ihnen Ansehen bringt. Ein Verschweigen ist nicht zu erwarten.

Jürgen erzählte, er habe vor ungefähr vierzehn Tagen noch eine Schlägerei gehabt, dabei habe er einen mächtig vertrimmt. Er habe ihm einen Schlag in den Magen versetzt, dann einen unter das Kinn, dann habe er ihn in die Haare gefaßt, den Kopf heruntergezogen und sein Knie hochgerissen. Der sei liegengeblieben. Der Mann habe dann einige alte Kumpel aktiviert, und man habe ihm bestellt, er solle da und da hin kommen, fünfzehn Mann würden dort auf ihn warten. Er sei dann durch die alte Mühle gegangen (Ferdi: Vorher war die Bude voll und nachher war sie halb leer) und mit zehn Mann zu der Stelle hingegangen. Als die anderen sie hätten kommen sehen, hätten sie sofort einen Abgang gemacht und sie seien einen Augenblick später schon wieder zurück gewesen.

Hier dürfte eher ein übertriebener Bericht vorliegen. So finden wir in den Berichten der Rocker, die ein Bild von Bandenkriegen entstehen lassen, Schilderungen, die wenig mit der Realität zu tun haben. Das kehrt auch häufig in allgemeinen Berichten über die eigene Gruppe wieder:

Harry, ein ziemlich bulliger Typ, sagte zuerst kein Wort. Er schien uns alle erst taxieren zu wollen. Erst eine ganze Weile später fing er an zu reden. Seinen Worten war zu entnehmen, daß er einer Gruppe angehörte, der Jungen aus Vorstadt, Schmalbach und Breitberg angehörten. Zu Harro gewandt meinte er: "Wenn Hacki, unser Boß, einen zusammenschlägt, landet der sofort im Krankenhaus." Er meinte, wenn ihm jetzt hier einer was täte, würde er nichts machen, wäre aber morgen mit mindestens fünfzig Mann wieder da, und dann ginge es rund. Wenn sie wollten, könnten sie mindestens zweihundert Mann zusammenkriegen. Von den anderen wurde er kaum weiter beachtet. Zu Hein gewandt meinte Harry: "Komm, Hein, hier ist ja doch nichts los, noch nicht einmal 'ne Schlägerei."

Gehen wir von Übertreibungen aus, so dürfte der Anteil der beobachteten Ereignisse nicht wesentlich sinken, sondern im Gegenteil, er könnte noch steigen. Auch wenn man beachtet, daß das von uns beobachtete Feld sehr klein war, kann für Eigentumsdelikte spezialisierter Gruppen - weniger für die anderen - eine Tendenz zum Verschweigen unterstellen, eben wegen der befürchteten Folgen. Wir haben für dieses Verhalten der Einsacker viele Belege im Teil 2 ausgebreitet und verzichten hier auf eine Wiederholung.

Sind diese Annahmen richtig, dürfte die Beobachtbarkeit für Drogenmißbrauch und Aggressionsdelikte weiterhin als gut eingeschätzt werden dürfen, bei Eigentumsdelikten ist sie jedoch als eingeschränkt zu betrachten. Wir sehen damit eine schon früher geäußerte Vermutung bestätigt, daß die teilnehmende Beobachtung keineswegs als universale Erhebungsmethode betrachtet werden darf. Mit der Schwere des Delikts - definiert aus der Sicht der Ausführenden nach der Härte der zu erwartenden Sanktion - nimmt die Beobachtbarkeit ab.

Geht man von den einzelnen Gruppen aus, findet man folgende Verteilung:

Tabelle 37: Informationsart und Verhaltensart in kriminellen Gruppen

Gruppe und Art des Verhaltens		Art der Information		Summe
		Anhörung	Beobachtung	
Typen	Drogenmißbr.	1o6 (o,39)	169 (o,62)	275 (1,o1)
	Aggressionsdel.	5	7	12
	Eigentumsdel.	17	1	18
Rocker	Drogenmißbr.	14 (o,41)	2o (o,59)	34 (1,oo)
	Aggressionsdel.	46 (o,62)	28 (o,38)	74 (1,oo)
	Eigentumsdel.	34 (o,68)	16 (o,32)	5o (1,oo)
Einsacker	Drogenmißbr.	4 (o,17)	2o (o,83)	24 (1,oo)
	Aggressionsdel.	3	9	12
	Eigentumsdel.	48 (o,73)	18 (o,27)	66 (1,oo)
Summe		277	288	565

Tau = o,12

Ziehen wir nun alle Personen und Verhaltensgruppen in Betracht, zu denen mehr als 2o Informationen vorliegen, finden wir, daß der Anteil der Beobachtungen beim Drogenmißbrauch in keiner Gruppe abnimmt. Bei den Einsackern nimmt er sogar zu. Bei den Aggressionsdelikten liegen für Typen und Einsacker zu wenige Daten vor. Bei den Rockern stellen wir fest, daß ihre typische Verhaltensweise etwas weniger gut zu beobachten ist als in anderen Gruppen. Bei den Eigentumsdelikten finden wir - nach Ausklammerung der Typen - daß die Beobachtbarkeit bei

Rockern wie Einsackern gleichermaßen begrenzt ist. Um diese Vermutung weiter zu kontrollieren, wurden einmal die Verhaltensweisen des Diebstahls zum längerfristigen Verbrauch und des Diebstahls zum Verkauf zusammengefaßt und geprüft, wie sie sich über die Gruppe verteilen und welche Beobachtbarkeit wir finden:

Tabelle 38: Informationsart beim Diebstahl in kriminellen Gruppen

Gruppe	Art der Information		Summe
	Anhörung	Beobachtung	
Einsacker	2o (o,72)	8 (o,29)	28
Typen und Rocker	31 (o,74)	11 (o,26)	42
Summe	51	19	7o

Tau = o,oo

Die Unterschiede zwischen den verschiedenen Gruppen in bezug auf die Informationsart sind also sehr gering. Das bestätigt unsere These in Teil 2, die Schwierigkeiten bei der Beobachtung der Gruppe der Einsacker seien darauf zurückzuführen, daß diese Gruppe von einem erhöhten Beobachtungsrisiko ausgehe. Das Vorgehen des Feldforschers dürfte dagegen nur nachrangige Bedeutung haben. Geht man von einzelnen Verhaltensweisen aus, fällt auf: Nur aus Berichten wurden uns von den von uns untersuchten Verhaltenskomplexen "Heroinfixen" und "Heroinhandel", Widerstand gegen die Staatsgewalt und Selbstverletzung, Einbruch und Fahrzeugdiebstahl, Betrug und Waffenhandel bekannt. Dieser Tatbestand darf für die zum Drogenkonsum und Handel zu rechnenden Verhaltensweisen nicht verallgemeinert werden. Allenfalls der Umgang mit Heroin, ob als Konsum oder Handel, war zur Zeit unserer Feldforschung noch so "heiß", daß er auch vor unseren Feldforschern bewußt verborgen worden sein kann.

> Heroin hielt Dieter, ein alter Fixer und Dealer und anerkannter Meinungsführer der Typen, für sehr gefährlich: Wenn einer nach Normalstadt kommt mit Heroin, so wird ihn Dieter über den Haufen schießen. Das hat er Schmitz vom Rauschgiftkommissariat auch schon gesagt: "Wenn hier einer mit H dealen will, den schieß' ich um. Schon aus Selbsterhaltungstrieb - verstehst Du!" Heroin gibt es nach seiner Meinung auch nicht in Normalstadt. Wenn uns das jemand gesagt habe - ich zweifelte an dieser Stelle wohl etwas -, dann habe er uns gegenüber angeben wollen.

Bedenkt man aber die sonstige Zugänglichkeit gerade des Verhaltens im Umgang mit Drogen, darf daraus nicht der Schluß gezogen werden, kriminelles Verhalten mit härtesten Drogen sei nicht einsehbar. Für die zwei Aggressionsdelikte kann ebenfalls keine systematische Ausschaltung der Beobachtungsmöglichkeit erschlossen werden, da z.B. in Massenschlägereien derartige Verhaltensweisen ebenfalls auftraten und beobachtet wurden. Bei den Eigentumsdelikten ist zunächst darauf zu verweisen, daß Betrug völlig am Rande unseres Interesses lag und daher den zwei Fällen keine große Bedeutung zugemessen werden sollte. Ähnliches gilt für Fahrzeugdiebstähle und den Waffenhandel. Bei den Einbrüchen hatten wir ja bewußt auf Beobachtung verzichtet, wie wir im Teil 2 schon ausführten. Wir kommen daher zu dem Ergebnis, daß abgesehen vom Einbruch die zu den hier zu erforschenden Verhaltenskomplexen zu zählenden Verhaltensweisen durch uns durchaus erforscht werden konnten.

Prüft man noch, ob einzelne Verhaltensweisen, die mindestens zehn Mal beobachtet wurden, starke Abweichungen von der Beobachtbarkeit des Verhaltenskomplexes zeigen, zu dem sie gehören, finden wir, daß das Tripwerfen nur zu einem Viertel, das O-, M- und Speed-Fixen wie das Dealen nur zur Hälfte, einfache tätliche Aggressionsdelikte zu einem Drittel, einige Formen der Wegnahme nur zu einem Zehntel bis zu einem Siebtel beobachtet wurden. Da bei den anderen Formen kriminellen Verhaltens zu den jeweiligen Verhaltenskomplexen auch sehr schwerwiegende Verhaltensweisen beobachtet werden konnten, sehen wir nur bei den Eigentumsdelikten darin die Möglichkeit einer systematischen Tendenz zur Ausschaltung.

Nun könnten derartige Tendenzen zum Ausschluß von Beobachtern auch damit in Zusammenhang stehen, daß es gewisse Verhaltensweisen gibt, bei denen die Beteiligten generell eine Geheimhaltung wünschen - vor Beobachtern ebenso wie vor Teilnehmern aus dem Feld. So könnten die Teilnehmer sich zur Durchführung solcher Verhaltensweisen zurückziehen, ihr Verhalten abschirmen, ja sogar andere Gruppenmitglieder abweisen. Es läge dann nicht an der Art des Beobachterverhaltens oder an einem Beobachterrisiko, sondern an Merkmalen des Verhaltens selbst, die seine Beobachtbarkeit bestimmen würden. Dementsprechend wurden alle kriminellen Verhaltensweisen von uns danach untersucht, ob sie als offen, zugänglich oder als geschlossen, nicht zugänglich zu definieren waren. Die Geschlossenheit wurde von uns am Rückzug der Beteiligten, an der Abschirmung ihres Handelns oder an der Abweisung anderer Personan abgelesen. Wir finden in den Berichten, die dazu Angaben enthalten: (Siehe Tabelle 39, Seite 223)

Durch den überproportionalen Ausfall von angehörten Ereignissen, die keine ausreichenden Angaben zur Offenheit/Geschlossenheit enthielten, dürfte die Zelle angehörter Berichte über geschlossene kriminelle Verhaltensweisen zu niedrig besetzt sein. Denn bei Anhörungen war das berichtete Ereignis, wie Spaltenanteilswerte für die Tabelle 39 zeigen würden, relativ häufiger als geschlossen zu klassifizieren als bei beobachteten - ein Sachverhalt, der einleuchtend ist: weil man sich zurück-

Tabelle 39: Informationsart und Offenheit oder Geschlossenheit des kriminellen Verhaltens

Art des Verhaltens	Art der Information		Summe
	Anhörung	Beobachtung	
offenes krim. Verh.	37 (o,19)	155 (o,81)	192
geschlossenes k.V.	75 (o,47)	86 (o,53)	161
Summe	112	241	353

Tau = o,o9

zog, erfuhr der Beobachter vom Ereignis durch Bericht. Das dürfte den wahren Anteil geschlossener krimineller Verhaltensweisen, die beobachtet werden konnten, weiter senken. Um so deutlicher besteht dann ein Zusammenhang mit dem Offenheits-Geschlossenheitsaspekt. Es ist aber keineswegs so, daß dieses Merkmal eines Verhaltensprozesses die Beobachtbarkeit ausschließlich bestimmt. Immerhin war in 53,4% der geschlossenen kriminellen Akte dennoch teilnehmende Beobachtung möglich, - sei es, weil der Feldforscher schon so weit akzeptiert wurde, daß er nicht zu den abzuweisenden Personen aus der eigenen Subkultur zählte, oder sei es, weil er dennoch Mittel und Wege fand, sich einen Zugang zu verschaffen.

So zog Harald sich zum Fixen stets zurück. Eines Tages fuhr ein Feldforscher mit Güni zu ihm hin: Wir klopfen an. Die Tür ist dicht. "Wer ist da?" Ich: "Ich". "Wer ist ich?" Ich: "Der Güni und Hans. Sollen wir 'ne Runde um den Block drehen?" "Nee, laßt mal, ich mache auf." Die Tür wird geöffnet. Harald sitzt auf dem Kanapee, entblößter Arm, er blutet leicht. Hat einen Riemen zum Abbinden in der Hand. Elisabeth hat die Fixe in der Hand. Harald kümmert sich überhaupt nicht um uns, nimmt den Riemen, knüllt ihn zusammen, packt ihn irgendwo hin, setzt sich wieder aufs Kanapee. Er spricht immer noch nicht, reibt sich das Gesicht, die Stirn, den Haaransatz. Elisabeth säubert im Spülstein die Fixe. Sie macht es gründlich und zieht mehrfach Wasser hinein und drückt es hinaus. Sie verpackt sie dann und zeigt das Päckchen Güni und mir: "Die wollten die Bullen neulich mitnehmen. Da hab ich denen gesagt, das kommt nicht in Frage, die gehört mir. Da war nichts für die zu machen."

Eine Differenzierung nach Verhaltensarten führt zu wichtigen Unterschieden (siehe Tabelle 4o, Seite 224):

Auch hier wäre wieder zu berücksichtigen, daß aufgrund des Ausfalls von angehörten Ereignissen bei den geschlossenen kriminellen Verhaltensweisen der Anteil der beobachteten Delikte zu hoch sein dürfte, so daß z.B. der Drogenkonsum zwar auch in geschlossenen Interaktionen zu

Tabelle 4o: Informationsart und Offenheit oder Geschlossenheit des kriminellen Verhaltens (Aufgliederung)

Art des Verhaltens	Art der Information		Summe
	Anhörung	Beobachtung	
Offener Drogenkons.u.-hand.	9 (o,o8)	1o9 (o,92)	118
Geschl.Drogenkons.u.-handel	32 (o,31)	72 (o,69)	1o4
Offene Aggressionsdelikte	23 (o,43)	31 (o,57)	54
Geschlossene Aggressionsdel.	4	3	7
Offene Eigentumsdelikte	5 (o,25)	15 (o,75)	2o
Geschlossene Eigentumsdel.	39 (o,78)	11 (o,22)	5o
Summe	112	241	353

Tau = o,25

beobachten sein dürfte, aber der Unterschied der Beobachtbarkeit im Vergleich zum offenen Drogenkonsum und -handel dürfte doch wesentlich größer sein. Ein ähnliches Verhältnis sollten wir bei den Aggressionsdelikten finden. Bei den Eigentumsdelikten zeigt sich sehr deutlich die Auswirkung der getroffenen Abschirmungsmaßnahmen. Nur 11 von sicherlich mehr als 5o Fällen eines geschlossenen Verhaltens, das zu einem Eigentumsdelikt führte, konnten beobachtet werden. Wir kommen daher zu dem Ergebnis, daß die Beobachtbarkeit nicht nur vom Delikt selbst, sondern auch sehr stark von der von den Beteiligten hergestellten unterschiedlichen Öffentlichkeit bei den einzelnen Verhaltensweisen abhängt.

Prüft man einmal, wieweit Anhörungen und Beobachtungen im Zusammenhang mit der Zahl der Beteiligten stehen, findet man bei einer großen Zahl von Berichten die entsprechenden Angaben:

Tabelle 41: Informationsart und Beteiligung bei kriminellem Verhalten (Zusammenfassung)

Verhalten	Art der Information		Summe
	Anhörung	Beobachtung	
Verhalten, allein	27 (o,63)	16 (o,37)	43
Verhalten, mit anderen	116 (o,35)	219 (o,65)	335
Summe	143	235	378

Tau = o,o3

Dabei begreifen wir als Alleinhandlungen solche Handlungen, die der Akteur tatsächlich allein durchführt, und die ein Feldforscher nur aus weiter Entfernung beobachtet oder von denen er gehört hat. Ebenso bezeichnen wir die Abläufe, bei denen der Feldforscher eindeutig vom Teilnehmer als Beobachter eingeschätzt wird.

Das war z.B. bei Christian in der ersten Zeit der Fall. Da der Beobachter ihn nicht im Feld kennengelernt hatte, identifizierte Christian den Feldforscher ganz als distanzierten Beobachter, ließ ihn dennoch zu. "Das vierte Treffen mit Christian fand in der Wohnung seiner Eltern statt, die zur Zeit im Urlaub sind. Christian hatte sich um sieben Uhr einen halben Meter Horse geschossen und war dabei "ganz derbe abgefahren". Kurz nach meiner Ankunft schoß er sich einen weiteren halben Meter. Der zweite Flash war entschieden schwächer als der erste, trotzdem aber stärker als beim O. Christian meinte, daß er diesen großen Schuß brauche, "weil ich in den letzten Tagen so viel Ärger gehabt habe." Während er fixt, zeigt sich, daß er tiefer atmen muß, um den Flash zu verkraften. Nachdem er sich die Kanüle aus der Vene gezogen hat, fährt er sich mit den Händen ständig über und durch die Haare und übers Gesicht und reibt und kratzt sich am Hals und an den Schultern. Offensichtlich empfindet er den Flash sehr positiv. Während des Flashs steht er auf, stellt aber schnell fest, daß es besser ist, sitzenzubleiben und legt sich auf die Couch. Hierbei will er ein paar Minuten Ruhe haben, um sich besser auf die Musik konzentrieren zu können und um nicht zu stark abzufahren. Die Bitte, ein paar Minuten ruhig zu sein, richtet er während des folgenden Gesprächs einige Male an mich, denn durch die Diskussion wird die angenehme Wirkung der Abfahrt abgebaut, und das Gespräch strengt zu sehr an, bzw. man ist nicht so sehr am Gespräch interessiert."

Wie man sieht, variiert die Beobachtung auch mit der Zahl der Teilnehmer stark. Da die Zahl der Verhaltensweisen, die allein durchgeführt wurden, klein ist, wirkt sich diese auf den Koeffizienten noch sehr stark aus. Unterscheidet man jedoch nach den einzelnen Delikten, findet man:

Tabelle 42: Informationsart und Beteiligung bei kriminellem Verhalten (Aufgliederung)

Verhalten	Art der Information		Summe
	Anhörung	Beobachtung	
Drogenmißbrauch allein	13 (o,5o)	13 (o,5o)	26
Drogenmißbrauch mit anderen	45 (o,22)	162 (o,78)	2o7
Aggressionsdelikt allein	3	3	6
Aggressionsdelikt mit anderen	33 (o,52)	3o (o,47)	63
Eigentumsdelikt allein	11	o	11
Eigentumsdelikt mit anderen	38 (o,59)	27 (o,41)	65
Summe	143	235	378

Tau = o,16

Wir finden bei dem Drogenmißbrauch und bei den Eigentumsdelikten dieselben Tendenzen. Bei den Aggressionsdelikten gibt es jedoch kaum einen Unterschied in der Verteilung der Informationsarten, ob das Delikt nun allein oder mit anderen ausgeführt wurde. Wir kommen daher zu dem Ergebnis, daß eine Beobachtbarkeit der von uns untersuchten Delikte gegeben ist. Jedoch sind zahlreiche Einschränkungen angebracht.

4.2.3.2 Strukturanalyse des kriminellen Verhaltens

Wir wollen zunächst die allgemeine Situation und die typischen Ereignisse an den Trefforten der Gruppen beschreiben, bevor wir die Thesen zur Verarbeitung sozialer Lagen genauer überprüfen.

> Peter, ein guter Kenner der Typen, gab uns einen Überblick über die Gruppe in Normalstadt: "Da sind zwanzig Fixer, die harte Drogen nehmen, fünfzehn Dealer, darunter fünf vom Balkan und zehn andere Dealer. Die Balkandealer kennen sich untereinander, arbeiten aber nicht direkt zusammen. Sie dealen hauptsächlich unter ihren Landsleuten. Dann gibt es so dreihundert Kiffer, die rauchen, und außerdem noch solche, die welche sein wollen. Von den ersteren sind fünfzig Ausgeflippte und zweihundertfünfzig sind Leute, die außer Rauschmitteln auch noch andere Interessen haben. Von ihnen sind hundert "normale Kiffer". Zwanzig sind Leute, die normalerweise Bier trinken, das sind "Plauderer, Diskutierer, Beisammensitzer". Zehn sind vom Balkan, die auch versuchen, dazuzugehören. Sie sind durchschnittlich älter. Zwanzig sind ältere Leute mit Geld, die nicht reinpassen, die aber noch so mitmachen. Dann gibt es noch so zwanzig Lederjackenhalbstarke. Das sind Leute, die sehen, daß was Neues passiert, wovon sie nicht ausgeschlossen sein wollen. Sie passen eigentlich nicht rein, rauchen aber trotzdem mit. Schließlich gibt es so fünfzig bis sechzig Wochenendhippies, Leute, die ihre "bürgerliche Karriere" nicht aufgeben wollen oder aus medizinischen Gründen was dagegen haben."
>
> Sehr viele Typen trafen sich bei gutem Wetter tagsüber auf einigen Bänken an einem Brunnen in einem Park. Feldforscher berichteten: Zwei Typen kamen auf uns zu. Sie fingen an der Bank nebenan an, stellten sich vor den ersten und fragten: "Hasse Shit?" und gingen dann so die Reihe herunter bis zu mir, ihre Frage wiederholend. Alle bedauerten. "Nein", meinte einer der Typen, "es ist im Augenblick nichts da." Tilli deutete mit dem Kopf auf die beiden und sagte zu mir: "So geht das, nicht wie der eine da, der fragte: "Wo kann man hier Haschisch kaufen?""
>
> Bruno hatte die ganze Zeit allein auf der Bank gesessen. Er nahm sich nun seine Klampfe, die ein anderer Typ hatte, begab sich auf eine andere Bank und spielte auf der Gitarre. Jockel, der auf der Bank neben mir gesessen hatte, stand auf, setzte sich vor Bruno auf

den Boden. Er griff ebenfalls in die Saiten von Brunos Gitarre. Zwei Flöten wurden von zwei anderen herausgeholt und gespielt. Einer neben Bruno schlug im Trommelrhytmus auf die Gitarre. Es bildete sich eine kleine Traube von fünf Typen um die Bank, die Musik machten. Jan kam um die Ecke. Er ging auf die erste Bank zu. Er sprach sofort mit ein paar Typen. Silberpapierpäckchen und Hartgeld gingen hin und her. Ein alter Mann mit Frau ging zwischen dem Brunnen und den mit den Typen besetzten Bänken hindurch. "Wie dreckig sieht das hier aus. War früher so sauber hier. Wer macht das denn wieder sauber? Ihr doch nicht!" Er redete das Letzte so laut, daß die Typen auf der Bank es hörten. Sie grinsten den Mann an. Er verschwand.

Werktags wurden die Typen von einem Fenster aus des öfteren von Leuten aus einem Verwaltungsgebäude gegenüber dem Brunnen beobachtet, die ab und zu mal hinter einer Gardine hervorsahen. Falls die Typen das merkten, winkten sie den Leuten zu, die winkten zurück.

Oft fuhr man zur Burg hinauf. Von dem Rundgang hatte man einen sehr guten Überblick über die Stadt: Der Typ hatte etwa dreißig Gramm schwarzen Pakistan bei sich. Wir setzten uns auf eine Bank, nachdem wir vorher von dort oben einen Blick auf die Stadt geworfen hatten. Ich hatte meine Pfeife dabei, aus der wir den Shit pur rauchen wollten. Dazu wollten wir mit Silberpapier einen kleinen Kopf herstellen und in den großen hineinstecken, das klappte aber nicht richtig, so daß wir die Pfeife auch mit etwas Tabak stopften. Der Shit turnte recht gut an. Die Pfeife kreiste in gleicher Reihenfolge unter uns. Ein uns in zehn Meter gegenübersitzendes Paar beachtete uns kaum. Als wir die Pfeife aufgeraucht hatten, blieben wir noch einige Zeit sitzen und unterhielten uns und sahen uns die Stadt an, die langsam im Dunkeln verschwand.

Bei schlechtem Wetter traf man sich in einer Kaufhauscafeteria und in einer tagsüber geöffneten Diskothek. Am Abend wurden zwei Diskotheken aufgesucht: Der "Pott" und der "Appel". Im Appel saßen die Typen meistens und erzählten sich etwas: Ich komme kurz vor neun Uhr in den Appel. Es ist mäßig voll. Ich unterscheide zwei Besuchergruppen. Typen und Bürger. Die Typen sitzen an den Tischen zusammen, vereinzelt stehen sie mal am Flipper. An den Tischen gewinnt man stärker als bei den anderen den Eindruck, die gehören zusammen. Die Köpfe sind meist dichter beisammen und man erzählt sich was, alle nehmen daran teil. Die Bürger stehen meist an der Theke, hinten rechts, oder an den Tischen, in der Nähe der Theke. Ich habe den Eindruck: die hängen einfach nicht so zusammen wie die anderen. Am Pott war eine der Diskothek gegenüberliegende

Häuserwand ebenfalls ein Treffpunkt. Typen kamen und gingen den ganzen Abend, schauten in die Diskothek, blieben darin, oder sie kamen gleich wieder heraus, standen draußen herum, hingen mit den anderen zusammen. Andere gingen gar nicht in die Diskothek, sondern hielten sich den ganzen Abend draußen auf. Einige kamen mit alten Autos angefahren: Ein Mädchen steigt aus Oskars VW. Sie bittet Achim, auf den Wagen aufzupassen, da das Schloß kaputt sei. Sie geht in den Pott. Achim steigt sofort in den Wagen, schiebt das Verdeck zurück, dreht das Autoradio auf die volle Lautstärke, guckt oben mit dem Kopf heraus und ruft: "Die Stones! Live! Original!" und verschwindet wieder im Wagen, versucht, einen besseren Ton hinzubekommen und läßt die Musik über die Straße klingen. Es kommen Typen vorbei, die in den Pott wollen. Ein Typ sagt in ihre Richtung: "Shit" - mehr nicht. Die Typen gehen vorbei.
In der Diskothek hatten die Typen ebenfalls feste Plätze belegt: Es läßt sich folgende Verteilung erkennen: Tribüne und Sitzgruppen hinter der Bar: Typen. Bar: mehr Bürgerliche. Sitzgruppen um die Tanzfläche: mehr Bürgerliche. Tanzfläche: nur Typen. Fläche zwischen der Tanzfläche und der Tribüne: Typen. Man sieht, die Typen haben ein bestimmtes Areal für sich. Wenn man einmal von der Tanzfläche absieht, sind es die weniger attraktiven Plätze, es sind die, die man etwas weniger einsehen kann. Auf dem "Typenareal" kann man im Grunde dasselbe beobachten wie am Brunnen: Man sitzt in Gruppen zusammen, redet wenig. Ein paar stehen davor, es gibt etwas Fluktuation.

Bot sich die Gelegenheit, sich in eine Wohnung zurückzuziehen, wurde diese Gelegenheit von mehreren Typen genutzt: Im Wohnzimmer öffnete mir Gerold. Er sah gerade fern: "Zimmermanns Jagd". Ich legte mich auch auf eine der am Boden liegenden Matratzen. Wenig später kam Adelheid herein. Dieter kam rauf. Adelheid: "Du bist spät." Dieter: "Ich hab Shit verkauft." "Wieviel?" "Für fünfundzwanzig Mark. Ist guter Türke. Ist zwar nicht das Beste, was es so gibt. Da ist noch viel von der Pflanze mit drin, ist aber immer noch guter Türke. Im Augenblick kriegst Du ja nichts Besseres." Ff: "Was nimmst Du denn so fürs Gramm?" Dieter: "Ich verkaufe nicht gramm- sondern gesichtsweise. Es kommt immer ganz auf den Typ an." Gerold: "Das ist richtig, so mach ich das auch immer. Kommt ganz auf das Gesicht an." Adelheid und Dieter legen sich auch hin. Es wird dann ferngesehen, ab und zu unterbrochen durch ein paar Kommentare zu den Bildern. An irgendeiner Stelle wird auf Kurt Bezug genommen. Gerold: "Wie Kurt, der nimmt sich auch immer 'ne Sicherheitsnadel, um sich ein paar Einstiche beizubringen." Nach der Sendung "Zimmermanns Jagd" holt Adelheid Steffel, den Kater, ins Zimmer. Zuerst spielt Dieter mit ihm, dann holt Adelheid eine Glaskugel, gibt sie Steffel, der diese über den Boden treibt.

Allgemeine Aufmerksamkeit für den Kater. Gerold erzäht, daß sie schon mal mit Lutz Monopoly gespielt haben. Lutz gewinnt dann meistens. Einmal haben sie bis morgens halb zehn gespielt. Adelheid entdeckt dann auch ein Paddel unter dem Musikschrank, auf dem der Fernseher steht. Sie setzt sich auf das Paddelblatt, Gerold hebt es hoch. Sie rutscht runter. Mehrfache Wiederholung. Gerold setzt sich auf das Blatt. Adelheid hebt es jetzt hoch. Dann wird wieder mit dem Kater gespielt. Dieter zeigt auf ein Buch, das auf dem Fußboden liegt. Es kommt zu einem gemeinsamen Lob von Kriminalromanen und Science Fiction-Stories.
Adelheid verweist dann auf eine Quick. Sie hat kein Geld dafür ausgegeben, sondern sie mitgenommen. Da steht etwas über den Manson-Prozeß drin. Adelheid liest einige Passagen vor. Alle sind amüsiert. Eine Stellungnahme erfolgt aber nicht. Adelheid verweist dann auf einen Haschischartikel in der Zeitschrift. Ich nehme mir das Ding und lese vor: "Tödliches Hasch - Sucht nach dem Hasch" und ähnliches. Es gibt ein allgemeines Gelächter. Dieter: "Was meint Ihr, warum die so was schreiben?" Nach einer Pause: "Die wollen alle gegen uns aufhetzen. Dann können sie uns besser abservieren."
Es wird dann ein Krimi gezeigt: Simon Templar und das Fährhaus. Alle sehen zu, kaum ein Kommentar wird gemacht. Kurz nach Ende dieses Films will ich abhauen. Dieter will noch da bleiben, so gehe ich allein.

Die Gruppe der Rocker an der "Wallstreet" war ein Zusammenschluß von zwei der sehr wenigen Gruppen, die sich von den vielen dieser Art aus früheren Zeiten noch gehalten hatten. Es gehörten dazu zwanzig Leute, die noch richtig mitmischten, eine Handvoll Alte, die die Nase voll hatten, und fünfzig, die auch so mit ihnen herumgingen, darunter zwölf Mädchen. Sie hatten sich in einem Clubhaus, das früher der "offenen Jugendarbeit" gewidmet war, "niedergelassen" und alle anderen Besucher allmählich vertrieben. "Tätlich" waren sie dabei nur in sehr wenigen Fällen geworden, die anderen blieben einfach weg. Ein Feldforscher berichtete von einem Abend vor dem Clubhaus: Laufend kommen Neue mit Moped und Auto und andere gehen. Die Zahl der Anwesenden schwankt zwischen fünfzehn und fünfunddreißig. Häufig macht die Wallstraße den Eindruck eines Feriencamps, wenn zwanzig bis dreißig Leute auf dem Rasen an der Straße liegen oder auf den Stufen und Bänken vor dem Clubhaus sitzen. Von einigen, dazu gehörten, u.a. Danni, Günther, Thomas, Hecht, Harro, Ferdi, wurde im Laufe des Nachmittags eine beachtliche Menge Bier verbraucht. Zumindest die ersten drei versuchen immer zuerst, eines der Mädchen oder einen der Jüngeren zu schicken. Wenn dies nicht gelingt, bequemen sie sich meist selbst, hundert Meter bis zur nächsten Bude zu gehen. Obwohl sie für alle Flaschen Pfand bezahlen müssen, habe ich es erst ein einziges Mal gesehen, daß jemand die Flaschen wieder zurückbrachte, als er sich neue holte. Ansonsten werden sie immer in die Büsche am Clubhaus geworfen. Thomas, als ihn jemand auf dreißig Pfennig Pfand für eine Cola-Flasche aufmerksam machte: "Ist das Dein Geld oder meins?" Die Ecke zwischen Clubhaus und einem anderen Haus, von der Straße durch Büsche abgeschirmt, dient im allgemeinen als Pissoir.

Fritz ist geistig etwas zurückgeblieben. Obwohl seine Mutter es ihm verbietet, kommt er doch immer wieder zum Clubhaus, obwohl er genau weiß, daß er dort nur auf jede erdenkliche Weise auf den Arm genommen wird. So steht er immer etwas abseits, anwortet auf die gelangweilten Zurufe der anderen und ist doch offensichtlich nicht in der Lage, wegzugehen. Häufig sieht man ihn auf der anderen Straßenseite auf und ab gehen, ohne daß er näher kommt. Dann rufen einige der anderen: "Fritz! Fritz, komm doch mal. Darfst Du heute wieder nicht?" usw. An einem Tag, als Fritz wieder einmal dort vorbeiging, liefen zuerst zwei Mädchen rüber, dann kam eins zurück, ein anderes ging hin etc. Auch Danni versuchte sein Glück, konnte Fritz aber ebenfalls nicht dazu bewegen zu kommen. Schließlich ging Michael hinüber und auf die sanfte, geduldige Tour, mit vielen Worten, gelang es ihm, Fritz, entgegen dem ausdrücklichen Verbot seiner Mutter, mitzubringen. Er führte ihn vor, sagte zu Danni: "Da hast Du ihn", und ging wieder weg. Da sich niemand um ihn kümmerte, blieb Fritz einige Schritte abseits stehen, ging aber nicht wieder zur Straße. Dann wurde Fritz wieder herausgefordert.

Eines der beliebstesten Spiele mit Fritz ist, daß eines der Mädchen vorgibt, sie sei in ihn verliebt und einer der Jungen wolle etwas von ihr. Sie stellt sich hinter ihn, der Junge kommt von vorne und vollführt Scheinangriffe gegen Fritz, während die übrigen sich teils um die beiden herumstellen, teils von ihren Plätzen aus Fritz (nicht den anderen!) anfeuern. Wenn Fritz richtig in Rage kommt und wenn die anderen ihn scharf anfeuern, beginnt er zu bellen, was von allen als die Spitze seiner Darbietungen angesehen wird. Manchmal bekommt zwar jemand Mitleid mit ihm, ruft dann "hört doch endlich auf, laßt Fritz in Ruhe", aber fünf Minuten später steht auch er wieder dabei und feuert Fritz an.

Fritz arbeitet bei Meise. Dannis Kommentar: "Sechzehn Jahre arbeitet der schon an einer einzigen Stelle" - es schien Danni unglaublich zu sein, ein letzter Beweis, daß Fritz "nicht ganz richtig im Kopf" ist.

Eines der Mädchen überredete Fritz, ein Lied zu singen: "Liebeskummer lohnt sich nicht, my Darling" und "Man müßte noch mal zwanzig sein". Beide Lieder sang Fritz von der ersten bis zur letzten Strophe ab. Bei den ersten Tönen waren alle aufgestanden und hatten sich um ihn herumgestellt, scheinbar mit Andacht zuhörend. Vom zweiten Teil des letzten Liedes an stand er wieder ganz allein auf dem Weg, sang aber dennoch bis zum Ende weiter.

Bennetz berichtete, er sei am Dienstag das Gerüst am Kirchturm hinaufgeklettert bis zum Kreuz. Für den ganzen Weg habe er nicht länger als zehn Minuten gebraucht. Als ich an der Zeitspanne Zweifel äußerte, bezeugten alle Anwesenden, auch die, die unsere vorherige Unterhaltung nicht mitbekommen hatten, Bennetz' Angaben. Jemand habe zuerst zwei Flaschen Bier geboten, aber als Koks dann einen ganzen Kasten setzte, habe er kaum ausgesprochen, als Bennetz auch schon loslief. Dieses Thema gab noch Stoff für etliche Zeit Unterhaltung, wobei insbesondere der Aspekt des Abstürzens betont wurde.

Smith war auch da, heute mit einem Fahrrad, von dem immer die Kette absprang. Als Werner und Michael weggingen, griff Werner in die Kette des Rads und schleppte es ungefähr, gegen die lautstarken, aber ergebnislosen Proteste Smiths, zehn Meter weit mit sich. Dann ließ er es liegen und wandte sich zum Weggehen. Aber nun war Michael zurückgekommen, stemmte das Fahrrad hoch und warf es ungefähr drei Meter weit ins Gebüsch, von der Zustimmung der anderen unterstützt. "Beim nächsten Mal kaufst Du Dir ein vernünftiges Rad."

Schließlich gingen wir, unter anderem auf Drängen von Danni, mit den anderen, die sich inzwischen auch vor dem Clubhaus versammelt hatten, nach unten auf die Wiese, d.h. wir fuhren in Koks' Wagen. Wenn es irgendwie möglich ist, werden die zweihundert Meter vom Clubhaus bis zum Park nicht zu Fuß zurückgelegt. Harro, Ferdi, Matthias und ich saßen zuerst auf der Wiese. Die drei unterhielten sich ungefähr eine halbe Stunde damit, sich den Deckel einer Fahrradklingel zuzuwerfen. Dann lagen alle, bis auf zwei Mädchen, auf dem Rasen, unterhielten sich oder schwiegen. Ferdi und Martha kalberten, sprangen auch manchmal auf und liefen ein Stückchen die Wiese hinunter. Weiter wurde nichts gemacht. Als Micha kam, kletterte er auf eine Buche und versuchte, kleine Zweige herunterzuwerfen. Harros Freund lieh sich einmal die Maschine von Harro aus, um zum nächsten Zigarettenautomaten zu fahren. Dies bot für einige Zeit Unterhaltung, denn Harros Moped ist in keiner Weise mehr verkehrstüchtig: Der erste Gang geht überhaupt nicht mehr, den dritten muß man während der Fahrt mit zwei Händen einwerfen, etc.

Während meiner Unterhaltung mit Ali und mit Ferdi war auf dem gegenüberliegenden Parkplatz ein Ford-Kombi vorgefahren, aus dem ein Mann und ein Hund ausstiegen. Einige riefen sofort, als sie den Wagen sahen: "Da kommt wieder der Bulle von...". Der Polizist kam mit dem Hund ungefähr zwanzig Meter in die Wiese herein. blieb dort stehen und beobachtete uns ungefähr eine Viertelstunde lang. Während dieser Zeit schauten zuerst alle wie gebannt nach drüben, einige riefen Provozierendes nach drüben, wurden von den anderen aber sofort zurechtgewiesen: "Willst Du uns die Bullen auf den Hals holen? Sollen die uns von hier verjagen?" Andere stellten Überlegungen an, was sie machen würden, wenn jetzt eine Razzia durchgeführt würde: auf die Bäume klettern, ruhig liegen bleiben etc.. Nach einiger Zeit nahm kaum noch jemand Notiz von der Figur, die in einiger Entfernung von uns in der Wiese stand. Als wir zwischen zwanzig und einundzwanzig Uhr den Platz verließen, sah es dort wie auf einem Campingplatz aus: überall Papier verstreut, die Bierflaschen waren von Danni und Porno eingesammelt worden - Danni legte viel Wert darauf, daß der Platz ordentlich verlassen wurde, hatte damit aber keinen Erfolg bei den anderen.

Am Abend zog man es meistens vor, sich ans Clubhaus zurückzubegeben: Sigurt und der andere, der mit Teddi an dem alten Moped gebastelt hatte, mußten sich wohl entschlossen haben, das Moped von der alten Mühle zu holen. Teddi wollte sich kaputtlachen und gab ihnen noch gute Ratschläge mit auf den Weg... Teddi hörte die beiden auf dem Moped schon von weitem. Sie kamen dann den schmalen Plattenweg hochgefahren. Mit großem Hallo wurden sie empfangen. Sie drehten noch eine Ehrenrunde, damit auch jeder dieses Moped bestaunen konnte. Das Moped war eine alte "Rixe" aus dem Jahr 1951. Entsprechend sah es auch aus. Man sah, daß es nur äußerst notdürftig hergerichtet war. Teddi wollte auch sofort eine Runde drehen. Um das Moped zu starten, mußte man zuvor den Gang einstellen, dann das Moped im Laufschritt etwa fünf bis sechs Meter anschieben, und wenn der Motor dann ansprang, mußte man sich schnell daraufhechten. Alle waren natürlich begeistert von diesem Vehikel. Jeder wollte einmal damit fahren.

Vor dem Clubhaus mußte Zorro wieder sein Motorrad vorführen. Er hatte von jemandem eine Maschine geliehen bekommen und fuhr nun den ganzen Abend damit rum. Er kam sich dabei wie ein kleiner Star vor. Mit stolzgeschwellter Brust drehte er immer wieder Runden um das Clubhaus, um dann vor dem Eingang abzubremsen und ganz lässig und gewollt ungezwungen die Maschine abzustellen. Er besaß keinen Führerschein, fuhr aber trotzdem den ganzen Abend damit herum. Er tat damit besonders wichtig und meinte, er dürfe nur Schleichwege fahren, sonst könnten ihn die Bullen packen. Er versuchte immer, sich eine besonders weltmännische Art zuzulegen und spielte immer den Überlegenen. Doch diese Masche wurde von allen anderen schnell durchschaut und belacht. Zorro wurde von niemand recht ernst genommen, obwohl er von seiner Statur vielen überlegen war. Toni wollte heute abend noch in die Heide, wo sich ein Teil seiner Kumpel aufhalten sollte. Zorro wollte ihn mitnehmen. Die anderen bewegten sich auf die Straße zu. Dort am Bürgersteig stieg Toni hinten bei Zorro aufs Motorrad. Zorro wollte jetzt wieder zeigen, wie gut er die Maschine beherrschte. Mit einem Schnellstart, bei dem die Maschine vorn hochgeht, wollte er anfahren. Doch er überschätzte sich. Die Maschine ging zu steil hoch, unterstützt durch das Gewicht von Toni hinten drauf. Zorro konnte die Maschine nicht mehr halten. Die Maschine kippte zur Seite weg und beide lagen auf der Straße. Plötzlich fing Toni ganz laut an zu stöhnen und zu schreien. Wir liefen zu ihm hin und sahen, daß sein Fuß zwischen Schutzblech und Hinterrad eingeklemmt war. Erich ging auf ihn zu und versuchte, durch ruckartige Bewegungen den Fuß freizubekommen. Doch Toni schrie noch mehr. Wir dachten schon, sein Fuß sei gebrochen und wollten einen Krankenwagen herbeirufen. Zorro bekam es jetzt mit der Angst, denn er war ohne Führerschein gefahren. Er meinte, ein anderer solle dann einfach sagen, er wäre gefahren, wenn die Polizei mitkommen sollte. Erich packte nochmals energisch an Tonis Fuß und zog ihn trotz heftigen Geschreis von Toni raus. Er hörte dann auch auf zu jammern. Man faßte seinen Fuß an. Er war nicht gebrochen, sondern nur gequetscht. Sie stützten Toni und setzten ihn auf den Rasen neben den Bürgersteig. Man gab Zorro den Rat, das Motorrad zu verstecken. Wenn die Polizei käme, würde man eben sagen, Toni sei am Bordstein umgeknickt. Man beratschlagte noch, was man nun mit Toni machen solle. Werner, der hinzugekommen war, wollte Toni nach Hause fahren. Dort sollte er dann einen Verband umlegen und eventuell später zum Arzt gehen.

Gegen zehn bis elf Uhr verlief sich dann die Gruppe: Am Abend gegen Viertel vor zehn waren noch etwa fünfundzwanzig am Clubhaus. Sie unterhielten sich laut, pfiffen usw. Um fünf nach zehn waren es nur noch fünf Mann: Tabak, Michael, Leo, Smith und ich. Michael pfiff gerade laut vor sich hin, als Menne, der Sozialarbeiter, um die Ecke bog und sich näherte. Er machte uns darauf aufmerksam, daß es zehn Uhr sei, und wir folglich doch bitte ruhig sein möchten. Die Nachbarn hätten sich bereits wieder bei ihm beschwert. Daraufhin versuchte Michael, ihn leicht hochzunehmen, daß er gerade jetzt gekommen sei, jetzt treffe er wieder mal die Falschen an, die nun w i r k l i c h nichts gemacht hätten, die anderen, die Schlimmen, seien gerade erst gegangen usw. Wir begaben uns dann schließlich wieder zur Straße, wo Smith weiter, zum x-ten Mal, die Erlebnisse seiner Italienfahrt mit unveränderter Lautstärke kundtat. Eine Frau steckte kurz ihren Kopf aus dem Fenster, rief, sie wolle auch endlich mal schlafen, wir sollten den Mund halten, was aber den Gang der Unterhaltung in keiner Weise störte.

Man blieb oft noch länger zusammen und suchte sich dazu einen geschützten Platz: Ich ging mit dem anderen Mädchen zum Fußballplatz, der versteckt in einem kleinen Wäldchen lag und von der Straße her nicht eingesehen werden konnte. Dort hatte man zwei Feuerchen angemacht. Am ersten, kleineren, saßen mehrere Jüngere, am zweiten, größeren, saßen Danni, Ömmel, Alfons, Schnarch, Omo und Ulla. Später kamen Bohne, Mäuschen und Bärchen dazu. Otto und Alfons gingen zweimal ins Gebüsch, um trockenes Holz zu suchen. Als sie zurückkamen, erzählte Otto, daß Alfons im Dunkeln Angst gehabt habe. Dann "befahl" er ihm, mit seinem Mofa zur nächsten Baustelle zu fahren und Kleinholz zu holen. Alfons weigerte sich zunächst, aber Otto wiederholte die Aufforderung so häufig und so befehlend, daß er schließlich nachgab. Als er zurückkam, meckerte Otto ihn an, das Holz sei zu klein und Alfons mußte ein zweites Mal fahren. Dieses Mal war Otto das Holz zu groß, aber nun nahm Mäuschen Alfons in Schutz. In der Zwischenzeit wurde für einen Kasten Bier gesammelt, und Bohne ging weg, um einen Kasten zu kaufen. Als er zurückkam, fuhr er mit seinem Wagen ohne Licht langsam auf den Platz. Danni, der den Wagen zuerst gesehen hatte, flüchtete sofort ins Gebüsch, kam aber wieder heraus, als er sah, daß es Bohne war. Er war so unwahrscheinlich schnell gewesen, alle anderen saßen noch, daß ich mich etwas darüber mokierte. Danni: "Ich bin doch nicht besoffen. Ich bin der Älteste hier, mir hängen sie alles an." Otto wollte einmal Zweige und Äste von den Bäumen abreißen, aber Danni wurde sehr wütend darüber (vermutlich, weil das noch größere Schwierigkeiten geben würde), und Otto unterließ es – solange Danni da war. Später leerte Otto den Bierkasten – er war aus Kunststoff – und warf ihn auf das Feuer. Danni schimpfte sofort wieder los, aber als die Flammen dann fast zwei Meter hoch schlugen und den Platz "wie Flutlicht" erleuchteten, fand auch er Gefallen daran. Sie überlegten, wo man noch mehr Kästen holen könnte, und wollten Alfons losschicken, aber dieser weigerte sich. Dann überlegten sie, ob sie nicht eine Ente vom Teich fangen könnten; einige meinten, die Enten seien zu schnell im Wasser, und so überlegten sie, wo man an Hühner oder Kaninchen herankommen könne. Selbst Ferkel waren im Gespräch. Allerdings blieb es auch bei allen beim Gespräch. Bohne, Otto und Danni fuhren schließlich gegen zehn Uhr zu einer Party nach Großhausen, "mal gucken, was da los ist". Sie wollten schnell zurückkommen. Kurze Zeit darauf kamen Tabak und Freddy, letzterer ziemlich betrunken. Als Omo ihm sagte, er solle noch einen Bierkasten besorgen, fuhr er mit Tabaks Fahrrad sofort los. Tabak selbst hatte abgelehnt, mitzufahren.

Etwa zehn Jugendliche gehörten zur Gruppe der Einsacker - manchmal waren es mehr, wenn einige etwas brauchten, manchmal waren es weniger. Ein Mädchen, Gerda, war auch unter ihnen. Sie war die Freundin von einem. Gelegentlich waren auch andere Mädchen da, die guckten, was bei den Einsackern so passierte. Es entwikkelten sich dann Freundschaften zu einzelnen der Mitglieder, die mehr oder weniger lange dauerten. In einem Jugendheim hatten die Einsacker einen eigenen Raum.
Der Feldforscher bei den Einsackern berichtete von seinem ersten Betreten des Zimmers, in dem sich die Einsacker immer trafen:
Shorty wollte mir das Gruppenzimmer zeigen. Er hatte einen Nachschlüssel für das Jugendheim und so konnten wir in das Heim hinein. Das Heim war nämlich offiziell geschlossen. Wir betraten den Kellerraum. Die Wände waren bemalt."Das hat Fitty alles gemalt. Du siehst doch, daß der Talent hat."
In dem Raum wurde viel Musik gehört: Nach zehn Minuten legte Wolf die Platte "Umma gumma" von Pink Floyd auf. Diese Platte wird von den Einsackern gern gehört. Sie fängt mit Vogelgezwitscher an. Zwischendurch hört man Wellenrauschen. Der Gesang klingt verhalten. Danach legte Wolf die Platte "Old sun" von Pink Floyd auf. "Die finde ich noch am besten." In dieser Platte hört man einen Hahn krähen zu Anfang. Dann wird ebenfalls mit verhaltenem Gesang die Sonne besungen, die man allerdings im Raum nicht gewahr werden konnte. Dafür machte sich Wolf ans Werk, die Neonröhren in der Mitte des Raumes wieder anzubringen. Ich fragte ihn: "Warum machst Du das denn?" "Ja, was meinst Du, wenn die vom Jugendamt hier die Beleuchtung sehen würden, die würden ausflippen." Dann montierte er noch die beiden anderen Lampen an, so daß die helle Leuchte die Raumdecke, die rote den Mittelteil des Raumes beschien. Meier, der Sozialarbeiter, kam kurz herein und meinte: "Endlich mal wieder helles Licht hier."
Wir vertieften uns in die Musik. Neben Matte auf der Liege lag Bocki mit seiner Freundin. Auf der Liege in der Ecke lag Pablo mit Helen. Wolf lag auf der Liege neben der Tür zur Diskothek. Man hatte das Licht gelöscht. Ein wenig Licht fiel durch die geöffneten Fenster. Wolf hatte eine Zigarette angezündet. Ein rotes Pünktchen, das sich hin und her bewegte, ersetzte das rote Psycholicht. Eine Viertelstunde progressive Musik. Melodische Elektronik, disharmonische Gesänge, wechselnde Rhythmik, Mystik, ein wenig Orgelmusik - bald abklingend einem höllischen Lärm weichend, um dann wieder ins leise Summen überzugleiten, schafften eine Atmosphäre der Versunkenheit.

Toni interessierte sich in der Folge für Jacqueline. Er begab sich mit ihr auf die Liege und knutschte mit ihr. Gerd, dessen Privileg das sonst war, wurde sichtlich nervös und versuchte, die beiden andauernd zu stören. Toni begab sich mit Jacqueline in den Sessel. Jacqueline saß auf seinem Schoß. Gerd befummelte Jacqueline von hinten. Toni: "Komm, wir versozialisieren sie". Gerd: "Von wegen. Was fällt Dir eigentlich ein, die ist noch keine sechzehn. Ich bin der Staatsanwalt. Ich klage Sie wegen Verführung Minderjähriger an. Haben Sie als Angeklagter noch etwas zu sagen?" Wolf kam hinzu und spielte den zweiten Staatsanwalt. Beide schrien Toni an und bezichtigten ihn der Unzucht mit Minderjährigen. Jacqueline lachte und stand auf und verließ den Raum. Wolf und Gerd zerrten Toni aus dem Sessel und riefen: "Angeklagter, aufstehen." Gerd: "Haben Sie noch etwas zu Ihrer Verteidigung zu sagen?" Toni lachte, riß sich los und ging in die Diskothek. Als wir wiederkamen, warf Gerd eine Flasche an die Wand. Die Mädchen Lola und Jacqueline wollten auch Flaschen an die Wand werfen. Gerd gab ihnen zwei kleine Bierflaschen. Von der Couch aus warfen sie die Flaschen an die Wand, so ähnlich wie beim Ball-Weitwurf. Sie nahmen die Flasche mit dem Flaschenbauch in die volle Hand und hielten den Arm hoch, ihn leicht hinter den Kopf ziehend, dann mit Schwung abziehend, sich leicht von der Sitzfläche hebend. Wenn die Flasche an der Wand zersprang, lachten sie laut auf.

Diesen Treffort verteidigten die Einsacker mit Energie und Umsicht. Als der Sozialarbeiter das Heim schloß, hatten sie sich schon wieder Einlaß beschafft: Guido, den ich bisher noch nicht im Zimmer gesehen hatte, öffnete mir die Tür. Ich setzte mich. Martin, Ernst und Erwin saßen auf der Couch hinter der Plattenbar. Es wurde keine Musik gespielt, weil das Heim geschlossen war und der Sozialarbeiter nicht wissen durften, daß die Einsacker im Haus waren. Sie hatten sich am Samstag Schlüssel nachmachen lassen. Manchmal schliefen sie auch dort, und der neue Tag fing für sie schon in ihrem Raum an: Um halb zehn wurde ich von meinem Halbschlaf durch ein Poltern gegen die Eingangstür geweckt. Ich beschloß, liegen zu bleiben. Das Poltern dauerte eine Viertelstunde an. Wolf wurde wach: "Ich glaub, ich krieg 'nen Ulcus." Erwin und die anderen wurden auch wach. Wolf: "Ist Meier das?" Erwin: "Der hat doch 'nen Schlüssel." Wolf stand auf und ging zur Tür. Fred kam rein. Er brachte die Bildzeitung und die Neue Stadtzeitung mit. Es waren aber alle noch zu schläfrig, um zu lesen. Das Licht war noch ausgeschaltet. Heinz setzte sich in den Sessel und rauchte eine Zigarette. Alle anderen waren wieder still. So verging etwa noch eine halbe Stunde. Gegen zehn klopfte es wieder. Es war Ferdi. Fred hatte diesmal die Tür geöffnet. Ferdi schaltete das Licht ein und las die Bildzeitung. Wolf näherte sich dem Wachzustand und bat Ferdi, eine Beatlesplatte aufzulegen. Fred hatte den Vorschlag, Heintje spielen zu lassen. Dieser Vorschlag fand keine, auch von Fred nicht erwartete, Begeisterung. Nach zehn Minuten Beatlesmusik verlangte Wolf nach der Bildzeitung. Ich las die Neue Stadtzeitung. Um halb elf waren alle wach und krochen aus ihren Schlafsäcken. Toni wurde erkoren, Frühstück zu holen. Er verweigerte. So wurde das Frühstück unnötig hinausgezögert. Ferdi erzählte, man habe ihn heute morgen hinausgeschmissen. "Die Alten spinnen doch."

Die Einsacker gingen auch gern "gut essen": Sie gingen schnellen Schrittes in den Kamin. Wir nahmen Platz. Erwin bestellte ein halbes Masthähnchen mit Kartoffelsalat. Wolf bestellte ein Jägerschnitzel. Ich bestellte ein kleines halbes Hähnchen mit Brot. Wir fingen an, unsere Hähnchen zu rupfen. Wolf mußte auf sein Jägerschnitzel noch einige Zeit warten. Kaum hatte er sein Schnitzel bekommen, tauchten auch schon Gerda, Toni und Tomato auf. Toni und Gerda setzten sich an unseren Tisch. Tomato setzte sich an den Nebentisch zu einem Ausländer, mit dem er sich ein wenig unterhielt. Wolf schmatzte. "Dir scheint es ja gut zu schmecken." "Es gibt nur drei wichtige Dinge auf der Welt." "Nämlich?" fragte ich. "Gut essen, wenig arbeiten und gute Frauen!" "Aber wenn Du wenig arbeitest, kannst Du das andere meist auch nicht haben", führte ich als Stimulus ein. "Das meinst Du. Die cleveren Leute finden auch noch andere Möglichkeiten."

Bot sich die Gelegenheit, sei es, weil Eltern verreist oder ausgegangen waren, hielten sich die Einsacker auch in einer Wohnung auf. Der Feldforscher sah: Die Küche war in einem chaotischen Zustand. Der Spülstein war voller Geschirr. Auf dem Küchentisch stand noch der Kaffee vom Morgen, angeschimmelte Milch, alte Bierflaschen und alte zusammengeknüllte Zeitungen und noch schmutziges Geschirr. Neben dem Kochherd stand eine Pfanne, in der zwei Kaninchenköpfe lagen. Sie waren der Rest des Abendschmauses vom Vorabend. Auf der Erde lag Abfall. Ich ging mit Martin durch den Flur in ein anderes Zimmer. Da die Schlafzimmertüren offenstanden, konnte ich sehen, daß sämtliche Betten benutzt worden waren. In dem Zimmer, in dem wir uns niederließen, stand eine Liegecouch, drei alte Sessel, bei denen die Sprungfedern herausstachen, ein Tisch mit Abfall - Papier und Bananenschalen - überladen und ein Fernsehapparat. Auf dem Teppich lag Futter, das ursprünglich für das Meerschweinchen, dessen Käfig unter dem Fenster stand, gedacht war. Im Fernsehprogramm gab es gerade das Intermezzo. Wir gingen in die Küche und holten uns Pudding, den wir aus der Schüssel aßen. "Komm, laß uns die Puten braten." Vorher war der blonde Junge weggegangen, um Gewürze zu holen. Inzwischen war er wieder da, und die Braterei konnte starten. Martin stand in der Mitte der Küche, in der einen Hand die mitgenommene Pute, zwischen den Flügeln im Griff, in der anderen die Gewürzdose. Er hielt uns einen Vortrag über das Würzen von Puten. Ich fragte ihn: "Woher kannst Du das?" "Ich habe früher einmal einen Kochkurs mitgemacht. Ja, so war ich früher mal." Nachdem er die Puten beide gewürzt hatte, legte er sie in den Bratentopf, in dem das Fett schon brutzelte. Dann gingen wir wieder in das Zimmer zum Fernsehen. Gegen acht Uhr schellte es. Der Blonde sprang auf und ging zum Fenster. "Schon mal Fluchtweg sichern." Martin ging zur Tür und öffnete. Es war Karl. Er hatte eine Platte verkauft. Der Blonde sagte: "Gott sei dank. Das hält keiner aus." Dann legte er sich auf die Couch. Karl war wieder gegangen. Martin und der Schwarzhaarige gingen weg, um Zigaretten zu holen. Wir sahen inzwischen die Tagesschau und den Anfang des Spielfilms "Die glorreichen Halunken".

Zur Beschreibung der Gruppe der Normalen müssen wir etwas weiter ausholen. Wir hatten schon angekündigt, daß wir zur besseren Einschätzung verschiedener konkreter Merkmale des normalen Handelns dieser Gruppe auch die soziale Lage der Mitglieder der Gruppe charakterisieren wollen:
Die Väter der Normalen sind: 1 Kraftfahrer, 1 Schlosser, 1 Schriftsetzer, 1 Arbeiter, 1 Drucker, 1 technischer Angestellter, 1 Maurermeister, 1 Werbefachmann, 3 kaufmännische Angestellte, 1 Verlagsangestellter, 1 Kammermusiker, 1 Marketingleiter, 2 Ingenieure (angestellt), 1 Bauingenieur (angestellt), 1 Prokurist, 1 Postbeamter, 1 Bundesbahnbeamter, 1 Oberamtsrat, 1 Staatsanwalt, 1 Oberlandgerichtsrat, 1 beamteter Arzt, 1 Manager, 4 selbständige Kaufleute, 1 Einzelhändler, 1 Textilkaufmann, 1 Juwelier und Goldschmiedemeister, 1 Autohändler, 1 Anlageberater, 1 Zahnarzt, 3 Fabrikanten und 4 Angestelltenrentner. Selbständige waren also 13 (o,35), Beamte 6 (o,16), Angestellte 14 (o,38) und Arbeiter 4 (o,11).

Ein Vergleich mit den sozialstrukturellen Daten für die BRD zeigt, daß die Positionen der Väter der Mitglieder der Gruppe der Normalen zu den Selbständigen und damit zu nicht abhängigen ökonomischen Positionen hin verzerrt sind, während Arbeiterväter in dieser Gruppe relativ selten auftreten. Das hatte einen naheliegenden Grund. Der Treffort der Normalen wurde bevorzugt von höheren Schülern und "Ehemaligen" aufgesucht. Es ist daher zu erwarten - und eine Analyse der Schulbildung der Gruppenmitglieder, die wir nach einiger Kenntnis der Gruppe durchführten, zeigt dies auch -, daß die Gruppe in hohem Maße von höheren Schülern und ehemaligen Besuchern des Gymnasiums gebildet wird. Der Zusammenhang von eigenem Schulstatus und der ökonomischen Position des Vaters kann aber als gesichert betrachtet werden.

Ein Normaler erzählte dem Feldforscher:

"Wir sind ja schon seit Jahrzehnten hier drin. Nach der Schule mal rein und dann schnell ein Bier." Ff: "Was macht Ihr denn so? Kommt Ihr alle von der höheren Schule?" "Alle waren vorher auf dem Stadtgymnasium." Ff: "Haben denn die Lehrer von der Schule nichts dagegen, daß die Schüler hier reingehen?" Helga: "Zu meiner Zeit schon. Da sagten sie immer, man sieht doch, wer immer in der Laube sitzt. Heute ist ja alles viel freier geworden. Die Schüler sitzen schon mittags um ein Uhr auf der Treppe und warten darauf, daß die Kneipe aufgemacht wird. Dann ist hier oben alles voll und die stehen in Dreierreihen an der Theke." "Wie alt sind denn die Schüler?" Helga: "Mit dreizehn Jahren fängt es hier so an. Die Schüler sind aber nur mittags und nachmittags hier. So um acht Uhr abends sind dann alle weg. Dann kommen die älteren." Ff: "Gibt es denn hier richtige Gruppen oder Cliquen?" Benno: "Eigentlich nicht." Helga: "Denk doch mal an Ferdy und seine Clique. Das sind alle ehemalige Stadtschüler, jetzt im Beruf, z.T. mit abgeschlossenem Studium. Etwa fünfundzwanzig Jahre alt. Die haben alle Geld und trinken viel und kommen sehr oft."

Es ist daher zu prüfen, ob die Gruppe der Normalen überhaupt als Vergleichsgruppe in Frage kommt. Das wird sicherlich für die sozialstrukturellen Daten zu verneinen sein. Eine andere Einschätzung ergibt sich für den weiter unten anzustellenden Vergleich des Handelns. Soweit wir dort eine Normalität des Handelns in der normalen Vergleichsgruppe feststellen können, ist es auch möglich, dieses Handeln als Vergleichsgegenstand für das kriminelle Handeln zu betrachten.

Zur Verteilung der Nettoeinkommen der Haushaltsvorstände oder Verfügung über Dienstleistungen und Güter finden wir: 12 der 37 Familien, aus denen die Normalen stammten, hatten eine Stundenhilfe oder Dienstboten oder ein Nettoeinkommen von über 1.6oo.- Mark, 18 hatten ein Auto und Telefon oder ein Nettoeinkommen zwischen 1.1oo.- und 1.6oo.- Mark, 4 hatten ein Auto oder ein Telefon oder ein Nettoeinkommen zwischen 8oo.- und 1.1oo.- Mark, 3 hatten einen Kühlschrank und ein Fernsehgerät oder ein Nettoeinkommen zwischen 4oo.- und 8oo.- Mark. Die beiden untersten Gruppen waren bei den Normalen nicht besetzt. Zur bevorzugten Lage waren 12 (o,33) der Familien der Normalen zu rechnen. Drei der Väter der Normalen hatten einen Hochschulabschluß, zwei die Hochschule ohne Abschluß besucht, einer hatte eine höhere Fachschule abgeschlossen, zehn hatten das Abitur ohne weitere Schulausbildung, einer hatte die Fachschule abgeschlossen, sieben hatten die mittlere Reife und dreizehn hatten die Volksschule abgeschlossen. Eine qualifizierte Ausbildung wiesen also sechs (o,16) auf. Der Oberschicht und der oberen Mittelschicht waren 21 (o,62), der mittleren und unteren Mittelschicht 9 (o,26) , der oberen Unterschicht 2 (o,o6) und der unteren Unterschicht 2 (o,o6) zuzurechnen.

Auch Mitglieder der normalen Gruppe kamen aus desorganisierten Familien:

Hadi, ein Normaler, berichtete: Der Tod seines Vaters sei ein schwerer Schlag für seine Familie gewesen. Die Eltern haben sich nie gestritten, es habe ein sehr harmonisches Familienleben bei ihm zu Hause bestanden. Der Vater haben vielen Ärger gehabt, besonders mit seinen Großeltern. Auch in der Firma habe er sich sehr stark eingesetzt und viele Sorgen gehabt. Der Vater habe sich aber auch um alles bemüht und für vieles eingesetzt. Er habe alles in sich hineingefressen und daraus habe wahrscheinlich auch seine Krankheit, eine Angina pectoris, resultiert. Nach dem Tod seines Vaters habe er, Hadi, sich erstgefangen, als sich ein Nachbar persönlich um ihn gekümmert habe. Die Nachbarfamilie, neben der sie damals erst vier Jahre wohnten, habe sich sehr um sie gekümmert. Es haben sich echte Freundschaften herauskristallisiert. Sein Vater sei in einem Club gewesen. Auch von daher habe seine Familie Hilfe empfangen. Zwei weitere Familien, mit denen sie schon seit langem befreundet seien, sie haben z.B. gemeinsame Urlaube verbracht etc., haben sich auch stark um sie gekümmert. Der Nachbar habe die finanziellen Dinge, die sein Vater immer sehr korrekt geführt habe, weitergeführt. Seine Mutter und er haben davon ja keine Ahnung gehabt. Als der Nachbar etwa im März dieses Jahres merkte, wie Hadi sich verhielt - seine Schwester war im Internat - er ließ seine Mutter viel allein, merkte nicht, daß sie oft sehr allein und traurig war, hat er ihm einmal bei einem Besuch Hadis in dessen Haus zu einem Gespräch von Mann zu Mann gebracht. Er habe ihm Vorschläge, keine Vorschriften gemacht. Das Wichtigste an diesem Ereignis sei gewesen, daß er nun gewußt hätte, daß sich jemand um ihn kümmere. Der Nachbar habe ihm seinen Vater zwar nicht voll, jedoch ein wenig ersetzen können. Er habe die Vorschläge angenommen, da er eingesehen habe, daß er so wie bisher nicht leben könne. In seiner Familie sei immer bewußt gelebt worden. Er wisse, daß er als einziger "Mann" eine gewisse Verantwortung trage. So habe es z.B. sein Vater nicht verdient, daß er den Ruf seiner Familie aufs Spiel setze. Man könne das auch als Sinn des Lebens formulieren. Eigentlich gäbe es keinen Sinn des Lebens, nur Aufgaben und Ziele. Das höre sich sehr nüchtern an, aber es gäbe schöne Aufgaben und Ziele. Für ihn sei das z.B. das Vorbild seines Vaters.. Außerdem wolle er die Einstellung und das Glück seines Vaters haben. Mit Glück seines Vaters meinte er z.B. die Harmonie in der Familie, die sein Vater in seiner Kindheit nie besessen habe. Außerdem strebe er die Erreichung der Eigenschaften seines Vaters an wie z.B. Ausgeglichenheit, Überlegtheit, Beherrschtheit, besondere Gerechtigkeit, Gewissenhaftigkeit, Bewußtsein des Lebens und Verantwortungsbewußtsein. Er möchte die Richtlinien, die sein Vater hatte, auch sich aneignen.

Im ganzen finden wir: 3o von 41 der Familien lebten zusammen, in 8 Familien war der Vater verstorben, oder der Jugendliche war unehelich geboren und ohne Stiefvater, in je einer Familie waren die Mütter verstorben, die Eltern geschieden oder Vater und Mutter verstorben, ohne daß der ausgefallene Elternteil ersetzt worden war. Insgesamt waren 1o (o,25) der Familien als unvollständig zu betrachten. Es fällt auf, daß auch die Normalen seltener aus organisierten Familien kommen, wie dies nach dem entsprechenden Prozentsatz für die BRD zu erwarten wäre. Die Differenz beträgt immerhin 1o%.

Nur 2 (o,o5) der Normalen wuchsen nicht bei den Eltern auf. 5 (o,13) lebten zum Zeitpunkt der Untersuchung nicht bei ihren Eltern. Mit dem Vater verstanden sich 5 (o,13) von 38 nicht, mit der Mutter 9 (o,23) von 4o. Geschlagen wurden vom Vater 2o (o,51) von 39 und von der Mutter 35 (o,9o).

11 Mitglieder der Gruppen hatten das Abitur, 15 waren noch höhere Schüler, 1 hatte die Höhere Fachschule erfolgreich absolviert, 8 hatten die mittlere Reife, 3 waren noch Realschüler, einer hatte die Fachschule abgeschlossen, 3 hatten den Hauptschulabschluß.

Von den erwerbstätigen Normalen war ein Selbständiger, 6 qualifizierte, 3 mittlere und 2 einfache Angestellte, einer war hochqualifizierter und ein anderer ungelernter Arbeiter. Aber die meisten Normalen gingen noch zur Schule.

Von den 15 Berufstätigen klagten 8 über Schwierigkeiten beim Eintritt in das Arbeitssystem. 29 (o,69) der 42 Mitglieder waren Jungen. Eines der Mitglieder war 14-15, 1o waren 16-17, 9 18-19, 1o 2o-21 und 12 waren 22 und mehr Jahre alt.

Auch in dieser Gruppe finden wir sehr selten ein regelrechtes Eintreten für eine Berufsausbildung, aber bei ihren Mitgliedern ist das Durchhalten trotz der Schwierigkeiten verbreitet. Sie finden die Verhältnisse in der Lehre oft ebenso schlecht wie die Mitglieder der kriminellen Gruppe, sie machen aber trotzdem weiter und schließen die Ausbildung ab.

> Wolfgang, ein Normaler: "Nach der mittleren Reife habe ich als technischer Zeichner in einem Architekturbüro angefangen. Meine Lehre habe ich bei der Firma ja noch durchgehalten, aber mir war von Anfang an klar, daß ich dort nicht bleiben würde. Ich wurde immer wie der kleinste Lehrling behandelt. Dauernd mußte ich Botengänge für Kollegen machen. Wie das so ist, Zigaretten und Bier holen oder sonst irgendwelche Sachen machen, weil die anderen keine Lust dazu hatten. Wenn ich nach der Lehre dann noch weiter geblieben wäre, hätte sich nie was daran geändert. Das ist doch immer so, man bleibt dann immer der kleine dumme Lehrling. Und sagen kann man auch nichts, weil man doch seine Prüfung machen will, und da muß man sich mit den Kollegen gut verstehen, damit sie

einen auch an schwierigere Sachen ranlassen, damit man was lernt. Ich war ja oft sauer, aber mit meinen Eltern konnte ich darüber nicht sprechen, dann hieß es immer: Lehrjahre sind keine Herrenjahre."

So nahmen alle eine Berufsausbildung auf und schlossen sie ab. Bei den wenigen, die im Beruf standen, fanden wir 2 Aufsteiger, 3 Immobile, 8 Absteiger.

Dabei ist jedoch zu beachten, daß die Schüler und Studenten nicht berücksichtigt wurden. Sie können das Bild noch entscheidend beeinflussen, da ein Teil der Befragten, der einen Beruf ausübte, vorzeitig von der Schule abging. Insofern benachteiligen diese Daten die Gruppen, in denen der Schüleranteil hoch ist – das sind die Normalen. Die Schüler können die Verteilungen dieser Gruppe noch erheblich begünstigen, da sie qualifiziertere Berufe ergreifen. So findet man bei den Normalen, daß von den Schülern zwar 4 den Status des Vaters höchstens halten, immerhin 19 aber noch aufsteigen können. Allerdings könnten auch alle 23 noch absteigen, was aber nicht sehr wahrscheinlich ist. Schließlich ist zu bedenken, daß bei den Jugendlichen der von uns untersuchten Altersgruppe die berufliche Entwicklung zumindest für die Jugendlichen aus den Familien der bevorteilten sozialen Lage keineswegs abgeschlossen ist. Das könnte die Aufstiegsbilanz weiter verbessern. Von den Schulentlassenen war keiner arbeitslos.

Die Gruppe der Normalen verkehrte in der Laube. Es gab einmal die Jüngeren, die meist an den Tischen saßen und Karten spielten und um die sich auch ein paar Mädchen gruppierten, und die Älteren, die an der Theke saßen oder standen, dort knobelten und zu denen auch einige Mädchen gehörten.

Die Normalen saßen immer in der Laube. Ein Feldforscher berichtete vom ersten Besuch in der Laube: Ich setzte mich an einen Tisch. Auf meine Frage, warum es so leer sei, sagte ein Mädchen: "Es sind doch Ferien." Frage von mir: "Seid Ihr oft hier?" Sie schauten sich an und lachten ein bißchen und sagten dann: "Immer". Ich fragte sie, ob ich mich zu ihnen setzten dürfe. Alle gaben durch Nicken und "Ja bitte schön" zu verstehen, daß sie nichts dagegen hatten. Ff: "Kennt Ihr die Leute, die jetzt hier drin sind?" Sie drehten sich ein wenig um,und Helga sagte: "Ja, alle". Ff: "Was machen die Leute beruflich, die hier sind?" Helga: "Schüler, Lehrlinge, machen so alles." Gerhard: "Und ich? Ich bin nämlich der Opa hier. Ich bin schon 35 Jahre." Helga: "Willst Du etwa sagen, daß das normal ist? Du bist doch die Ausnahme hier." Gerhard: "Da muß ich Dir recht geben. Ich bin hier hängen geblieben."

Man verspottete sich oft bei den Normalen. Phillip frotzelte: "Ferdl, bring doch erst mal die Klobürste weg, die Du in der Tasche hast,

bring die doch erst mal weg!" Ferdl lachte nur. Noch mehrfach am Abend forderte Phillip Ferdl auf, die Klobürste doch endlich zurückzubringen.
Phillip hatte ein Pils und ein Alsterwasser getrunken. Als er sich noch ein Pils bestellte, sagte Uwe: "Jetzt ist es aber gut, trinkt uns da einen vor, und wir müssen zugucken!" Ff: "Erzähl Du was vom Zugucken, dann erzähl ich Dir einen ganz langen." Uwe: "O ja, erzähl mal." In dem Stil ging es noch weiter, die Stimmung stieg, nachher wurde über jede Bemerkung gelacht. Gesprächsthema wie an jedem der bisherigen Abende wurde jetzt wieder der Frosch, den Fritz essen soll. Fritz hatte eine Wette gemacht mit mehreren aus der Clique, einen lebenden Frosch zu essen; das ist an jedem Abend ausgiebig diskutiert worden. Fritz sollte den Frosch lebend essen. Sie wollten ihm einen so großen mitbringen, daß er erst den Kopf abbeißen müßte. Kotzen dürfte er ihn wieder, müßte ihn aber wieder essen. Falls er dann nicht mehr zappeln sollte, müßte er einen neuen essen. Fritz schien das alles nichts auszumachen. Er grinste und sagte, sie sollten endlich mal einen anbringen. Einen Ochsenfrosch lehnte er allerdings ab. Ich bot an, mal nachzusehen, ob bei mir im Garten einer zu finden sei. Er lehnte ab. Die gewettet hätten, müßten das Vieh selbst besorgen. Sie diskutierten nun, wo sie das machen sollten. Einer schlug vor, im Keller. Fritz: "Dann bekomme ich für mein Leben lang Lokalverbot." Noch eine Weile wurde über den Frosch gesprochen. Besonders wenn einer eine Suppe aß (Ochsenschwanzsuppe wurde immer gegessen, bisher noch nie etwas anderes), kam oft das Gespräch auf den Frosch. Das wurde dann genüßlich ausgemalt, wie schleimig der sein müsse und wie die Farbe und wie die Scheiße aussieht, wenn er ihm den Kopf abgebissen hat. Besonders Uwe tat sich dabei hervor, immer neu wieder die Platte mit dem ekligen Frosch aufzulegen. Am Anfang wandten sich noch - besonders die Mädchen - alle ab, und der Essende bat darum, aufzuhören, was allerdings die Bemühungen nur verstärkte, inzwischen sagte, glaube ich, keiner mehr was dazu, sondern die meisten beteiligten sich an den Beschreibungen.

Die jüngeren Normalen gingen häufig auch zum Flippern in eine andere Gaststätte. Der Flipper wird frei. Phillip verabschiedet sich, da er morgen wieder arbeiten müsse. Prinz und Ferdl stehen auf und gehen an den Flipper. Ich stelle mich zu ihnen. Endlich kommt auch Teckel und stellt sich neben mich. Prinz und Ferdl beginnen zu spielen, dabei bezeichnen sie das ja recht schnelle Spiel mit einer Fülle von Ausdrücken, die ich weder behalten noch zuordnen kann. Das Prinzip des Spieles besteht darin, mit einer Kugel, die mit einer Feder ins Spiel geschossen wird, möglichst viele der auf der leicht nach der Seite des Spielers abfallenden überglasten Spielplatte angebrachten Hindernisse und in unterschiedlichem Rhythmus aufleuchtenden Knöpfe und Tore zu berühren, da dann jeweils eine bestimmte Zahl auf der oberhalb des Spieles angebrachten Anzeigentafel automatisch zu den Punkten des gerade Spielenden addiert wird. Die Kugel wird mit den Augen verfolgt, ihr jeweiliger Lauf von kurzen Ausrufen der Freude, des Erstaunens, der Enttäuschung, "ha, oh, Scheiße" kommentiert. Die beiden erreichen heute abend sehr hohe Punktzahlen und gewinnen ein Freispiel nach dem anderen. Manchmal sagt einer: "Da hast Du aber Glück gehabt", wenn einem etwas gelingt, oder wenn einer eine besonders hohe Punktzahl erreicht: "Hat der ein Glück!" Die regelmäßige Antwort lautet: "Das ist kein Glück, das ist alles pures Können." Als einmal beide drei Freispiele gewinnen, sagt Teckel: "Da soll noch einer sagen, wir könnten nicht flippern." Beim Spiel sind beide jeweils sehr konzentriert, sie lassen sich ihre Punktzahlen sagen, um nicht hochblicken zu müssen. Leicht vornüber gebeugt, die Hände auf die Seiten des Automaten gestützt, damit sie mit den Fingern die an der Seite angebrachten Bedienungsknöpfe für die Flipper erreichen können, stehen sie vor dem Gerät. Wenn sie flippern, kann man vorher beobachten, wie sich ihr ganzer Körper anspannt, sie gehen leicht in die Knie und richten sich im Moment des Abdrückens gerade auf. Oft schütteln sie am Gerät, wenn die Kugel in eine Öffnung herein soll. Läuft die Kugel irgendwohin, wo sie offensichtlich nicht hin soll, heißt das manchmal "Hermann Löns" und manchmal "Eisen", wann,konnte ich nicht feststellen. Wenn einer meint, schuld daran zu sein, daß die Kugel zwischen den Flippern hindurchrollt, weil er zu spät oder in der falschen Reihenfolge die Flipper betätigt, sagt Teckel: "Verflippt."

Über die älteren Normalen berichtete der Feldforscher: Sie bilden die Thekenclique, die sich stark abgrenzt von der Schülerclique, die an den Tischen sitzt. Grundsätzlich sind alle untereinander bekannt, reden auch zusammen, wenn sie nebeneinander stehen. Begrüßt wird beim Hereinkommen zuerst Maria, die Kellnerin, dann alle anderen, die man kennt. Wenn einer Zeit hat zum Knobeln, fragt er den Nebenmann oder noch 2-3 andere. Wenn abgelehnt wird, wird nicht gedrängt. Es wird viel und schnell getrunken. Frauen werden gleich behandelt. Sie bezahlen selbst und trinken genau so viel wie die Männer. Mit den Frauen wird auch geflachst, man kann sagen, geflirtet, aber in rauhem Ton. Den Ton geben die Männer an. Die Frauen haben sich ganz darauf eingestellt. Gefragt ist ausgesprochene Schlagfertigkeit. Geld pumpt man sich selten, wenn, dann nur, um anderen etwas auszugeben, nicht, um den Deckel bei Maria zu bezahlen. Der Deckel wird bezahlt, wenn fünfzig bis hundert Mark drauf stehen. Wenn man an der Theke steht, ist die Kommunikation nicht gleichzeitig mit allen möglich, höchstens mit vier Leuten.

Feste Freundinnen und Freunde werden mitgebracht, wenn sie selbst fest zur Clique gehören. Nie brachte einer eine neue Freundin mit und stellte sie vor.

Überblickt man alle Berichte, so findet man: Das Grundmuster des Verhaltens an den verschiedenen Orten der Gruppen unterschied sich nicht sehr. Die Jugendlichen saßen, standen oder gingen in Parkecken oder Räumen von Jugendheimen oder Gaststätten und erzählten sich etwas. Im Jugendheim und in der Gaststätte wurden alkoholische und andere Getränke konsumiert, und dort wurde Musik gehört. Eine Ausnahme bildete eine Zeit lang die Gaststätte der Normalen. Bevor auch dort eine Schallplattenanlage installiert wurde, gingen sie zum Musikhören in eine andere Gaststätte. An den meisten Orten wurde geflippert, gekickert und Billard gespielt, oder man ging zu diesem Zweck an einen nahe gelegenen anderen Ort. Diese Verhaltensmuster sind in allen untersuchten Gruppen sehr verbreitet. Das sind die vorherrschenden Aktivitäten. In der relativen Häufigkeit des Auftretens dürften nach unseren Beobachtungen keine signifikanten Unterschiede zwischen den Gruppen festzustellen sein. Lediglich das Musikhören war bei den Typen und Einsackern verbreiteter als bei den Rockern und den Normalen. Da die Musik aber auch in diesen beiden anderen Gruppen oft im Hintergrund von Platten und Bändern abgespielt wurde, ist es schwierig, das Anhören der Musik als typisches Verhalten einzelner Gruppen zu bezeichnen. Zur Wahl spezifischer Musikstile äußern wir uns im nächsten Teil. Vor diesem Hintergrund der verschiedenen Felder mit den relativ ähnlichen Grundverhaltensmustern lief in den einzelnen Gruppen eine Reihe von kriminellen Handlungen ab.

Unterscheidet man nun nach den Gruppen und faßt man den Eindruck aus den Beobachtungen zusammen und prüft man, in welchen Gruppen gehäuft die verschiedenen Delikte auftreten, so zeichnen die Feldforscher für die einzelnen Gruppen folgende Bilder:

An den Plätzen der Normalen kam es nur sehr selten zu kriminellen Handlungen. Die Beobachter fanden sehr wenige Eigentumsdelikte und noch weniger andere Delikte. Es dominierten das Unterhalten, das Biertrinken, das Kartenspielen und das Knobeln.

Bei den Typen fanden sie dagegen eine Konzentration auf Drogendelikte. Hier wurden viele "Joints" geraucht, "Trips geworfen" und "Schüsse gemacht". Es wurde gedealt, aber auch mal etwas mitgenommen und geschlagen.

Bei den Rockern fanden wir das "Anmotzen" von anderen Jugendlichen und Erwachsenen, die Sachbeschädigungen und die Schlägereien. So fanden im Stall bei den älteren Rockern an jedem Tag mindestens eine, durchschnittlich aber zwei Schlägereien statt. Meistens kämpfte einer gegen einen, selten mehrere gegen einen. Ferner kam es zum Drogenkonsum und -handel, zu Automatenbrüchen, zu Diebstählen und zu ähnlichen Delikten.

Die Aktivitäten bei den Einsackern waren: Einsacken, Dealen mit Eingesacktem, Shit rauchen, Trips einwerfen und Schwarzfahren. Eingesackt wurden Platten, Kleidung und Lebensmittel. Bei den Platten kamen nur LPs in Frage von Pop-, Underground- und Protestmusik. Aus Bekleidungsgeschäften oder -abteilungen großer Kaufhäuser wurden Lederstiefel, -jacken, -hosen, -hemden, Cordhosen und -jacken und Wollpullis mitgenommen. Lebensmittel wurden von der Margarine bis zur ganzen Pute eingesackt. Die Aktivitäten wurden nicht nur auf die Geschäfte und die großen Kaufhäuser von Normalstadt und auf die Nachbarstädte beschränkt, sondern auch auf hundertfünfzig Kilometer entfernt liegende Städte ausgedehnt. Platten und Kleidung wurden auch verdealt. Bei den Platten wurde ein Preis von zehn Mark im Schnitt genommen, von der Kleidung wurden sowohl Leder- wie Cordwaren verkauft. Platten und Kleidung konnten auch auf Bestellung eingesackt und gedealt werden. Gedealt wurde mit den Jugendlichen, die man kannte und von denen man sicher war, daß sie nichts sagten.

Die Berichte bestätigen in allgemeiner Form unsere Hypothese 14. So finden wir, daß die Bedeutung krimineller Akte im ganzen Zeitraum nicht so groß ist, wie sonst vermutet wird. Man stellt immer wieder fest, daß die meiste Zeit auf normale Akte verwandt wird. Wir hatten eingangs unserer Darstellung der verschiedenen Situationen an den unterschiedlichen Trefforten schon darauf hingewiesen, wie sich die Bilder im allgemeinen gleichen. Zur genaueren Prüfung der Hypothese 14 wären nun alle beobachteten Ereignisse, "normal oder kriminell", auszuzählen, und die Häufigkeiten wären miteinander zu vergleichen. Dabei stoßen wir auf eine Schwierigkeit. Es wurde angestrebt, eine genaue Beschreibung der zu beobachtenden Abläufe zu liefern. Das ist aber oft nicht möglich gewesen, denn wollte man einen ganzen Abend in aller Ausführlichkeit beschreiben, bekäme man nicht nur einen sehr langen Bericht - die Berichte umfaßten auch so schon zum Teil dreißig Seiten -, die Erinnerungsfähigkeit des Beobachters und Protokollanten würde in einer Weise in Anspruch genommen, die nicht ihrer tatsächlichen Leistungsfähigkeit entspräche. Es waren daher immer wieder Auswahlen zu treffen.

Dazu hätten wir nun wieder regelrechte Auswahlverfahren einsetzen können. Laud Humphreys (1973), Jürgen Friedrichs und andere (1973) zeigen, wie dazu vorgegangen werden kann. Nun gingen wir von vornherein von der - wie sich herausstellen sollte: richtigen - Hypothese aus, daß kriminelle Ereignisse auch in kriminellen Gruppen selten auftreten. Das führte uns dazu, als wichtiges Auswahlkriterium zuerst die Kriminalität einer Handlung festzusetzen. Trat nun ein länger dauerndes kriminelles Verhalten an einem Beobachtungstag auf oder fanden wir mehrere derartige Prozesse von mittlerer Dauer, kam es dazu, daß normale Verhaltensabläufe zum Teil auch von langer Dauer nicht protokolliert wurden. Man wird schon aus diesem Grunde nicht erwarten können, daß bei kriminellen Gruppen der Anteil normaler Handlungen auch nur annähernd wiedergegeben ist. Es ist daher nicht möglich, die Hypothese 14 in einer wünschenswerten Form zu testen.

Aber die absolute Zahl der beobachteten Fälle des kriminellen Handelns sagt doch einiges aus. Es wurden bei den Normalen 7, den Typen 3o6, den Rockern 179 und den Einsackern 1o2, insgesamt also 594 kriminelle Verhaltensweisen protokolliert. Unterstellen wir einmal, daß auch alle gehörten, also nicht nur die beobachteten Verhaltensweisen in demselben Zeitraum und an denselben Plätzen abliefen, so kommen wir auf knapp zweimaliges kriminelles Verhalten pro Beobachtertag. Berechnet man für einen Beobachtungstag im Durchschnitt vier Stunden Beobachtungszeit, kommen wir auf einen Akt innerhalb von zwei Beobachtungsstunden. Bedenkt man, daß die Feldforscher regelrecht auf die Beobachtung kriminellen Verhaltens aus waren, also ihre Aufmerksamkeit ganz auf diese Akte richteten, und in den Haupthandlungszeiten im Feld waren, dann wird man unsere These 14, daß auch die Kriminellen sich selten kriminell verhalten, als bestätigt betrachten dürfen, insbesondere wenn man noch unsere weite Kriminalitätsdefinition berücksichtigt (vgl. S. 2off). Vergleicht man jedoch die Mitglieder krimineller Gruppen mit den Mitgliedern normaler Gruppen, fällt der Unterschied auf, der es rechtfertigt, die Gruppen unterschiedlich zu bezeichnen. Bei den Normalen beobachteten zwei Feldforscher zusammen an etwa hundert Beobachtungstagen von ungefähr vierhundert Stunden ganze sieben Fälle kriminellen Verhaltens, obwohl sie, da wir vorher auch die These des Definitionsansatzes von der tatsächlichen Gleichverteilung kriminellen Verhaltens diskutiert hatten, auf die Beobachtung solcher Verhaltensweisen unter den Normalen wirklich ebenfalls aus waren.

Zur Hypothese 15 finden wir oben schon, daß auch die friedfertigen und aus bevorzugten sozialen Lagen stammenden Typen Aggressions- und Eigentumsdelikte begehen: (Siehe Tabelle 44, Seite 248).

Wir sehen, daß im Sinne unserer Hypothese in allen Gruppen Eigentums- und Aggressionsdelikte auftreten, aber die Anteilswerte unterscheiden sich zum Teil erheblich. Wegen der geringen Zahl der Delikte von Mitgliedern normaler Gruppen wollen wir diese Daten nicht weiter analysieren. Auffallend ist aber der kleine Anteil der Eigentumskriminalität an dem kriminellen Verhalten der Typen wie der hohe Anteil dieses Verhaltens an dem kriminellen Verhalten der Einsacker.

Tabelle 43: Delikte von Mitgliedern krimineller und normaler Gruppen

Gruppe	Delikt: Drogen-mißbr.	Aggress.-delikt	Eigen-tumsdel.	Sittlich-keitsd.	Verkehrs-delikt	Verschie-denes	Summe
Normale	1	1	5	o	o	o	7
Krimin.	333 (o,57)	98 (o,17)	134 (o,23)	2 (o,oo)	13 (o,o2)	7 (o,o1)	587
Typen	275 (o,9o)	12 (o,o4)	18 (o,o6)	1 (o,oo)	o (o,oo)	o (o,oo)	3o6
Rocker	34 (o,19)	74 (o,41)	5o (o,28)	1 (o,o1)	13 (o,o7)	7 (o,o4)	179
Einsack.	24 (o,24)	12 (o,12)	66 (o,65)	o (o,oo)	o (o,oo)	o (o,oo)	1o2
Summe	334	99	139	2	13	7	594

Tau T/R/E = o,33; Tau T/R = o,3o; Tau T/E = o,36; Tau R/E = o,o8

Auch die Verteilungen im ganzen stimmen mit unseren Hypothesen gut überein, wenn man die jeweils häufigsten und bei den Typen und Rokkern auch die zweithäufigsten Verhaltensweisen mit den von unserer Hypothese vorausgesagten vergleicht. Diese Verteilungen dokumentieren, daß es sehr sinnvoll ist, die Gruppen zu unterscheiden, da mit dem Auftreten einer der Gruppen mit dem Auftreten gruppenspezifischer Verhaltensweisen zu rechnen ist. Bei den Rockern finden wir z.B. Drogenmißbrauch, sogar in beachtlichem Umfang. Es ist jedoch zu berücksichtigen, daß ein großer Teil, insbesondere der schwerwiegendere, dieser Verhaltensweisen auf eine Person zurückzuführen ist, die vor ihrem Zusammensein mit den Rockern engen Kontakt zu den Typen hatte und unter den Rockern heimlich weiterhin Drogen nahm – was von einem Feldforscher gleichwohl beobachtet wurde:

> Heute abend habe ich mich längere Zeit mit Tabak unterhalten. Tabak hat persönliche Probleme in bezug auf Haschen und Fixen. Es bedrückt ihn ziemlich stark, daß die anderen alle glauben, er habe es völlig aufgegeben, und daß er es in Wirklichkeit immer noch tut. Harro hat ihn heute noch gefragt, wie es denn bei ihm damit stehe, und er habe ihm versichert, es sei nichts mehr, und gerade in bezug auf Harro macht es ihm zu schaffen. Dabei ist das Haschen für ihn nicht das große Problem, sondern das Fixen. Er spritzt sich mittlerweile jede Woche einmal (dienstags) M, er hat es seit fünf Wochen regelmäßig getan, vorher ungefähr dreimal in unregelmäßigen Abständen. Er glaubt, daß er es immer bei dieser Häufigkeit belassen könnte, daß er nicht wirklich süchtig werden würde. Im Laufe

dieser Diskussion wird er aber immer unsicherer. Ich versuche, ihn auf eine Entscheidung hin zu drängen, ihn eventuell so weit zu bringen, daß er die Spritze wegwirft, aber als das akut wird, bricht Tabak das Gespräch ab, nicht ohne mir vorher das Versprechen abzunehmen, Michael nichts davon zu sagen: "Der würde mich zusammenschlagen, wenn der nur erführe, daß ich ein-, zweimal gespritzt habe." Das Gespräch bzw. sein Problem scheint ihn aber den ganzen Abend über sehr zu beschäftigen.

Dennoch bleibt ein beachtlicher Anteil des Drogenmißbrauchs, der der Gruppe zuzurechnen ist.

Für unsere Hypothesen von der Verarbeitung verschiedener sozialer Lagen in verschiedene soziale Verhaltensweisen finden wir in vielen Beobachtungsberichten zahlreiche Belege.

So berichtete Ingbert, ein Rocker, dem Feldforscher ausführlich in einem Interview, wie es zu den kriminellen Handlungen kam (Tonbandprotokollauszug): Von der Haltestelle aus sei er dann gleich erst mal in den "Bär" gegangen. Das sei immer der erste Weg, wenn man von irgendwo her wegkäme. Gleich in den "Bär" und gucken, wer da so ist. Dort hätte er dann Klaus getroffen. Klaus sei auch gerade von zu Hause abgehauen, hatte auch die Schnauze voll von seinen Eltern. Sie hätten erstmal so eine Art Begrüßungsfeier gemacht, hätten erstmal derbe einen gesoffen. "Ja, und dann gings darum, wo schlafen."Ja", habe ich gesagt:" Ich weiß schon was, da suchen wir uns irgendwo, wo Wochenendhäuser stehen, so Gartenlauben, so was." Ja, sind wir losmarschiert, Richtung Oberdorf raus, ja, und dann haben wir da das beste Gartenhaus, was von außen am besten aussah, erstmal mit 'ner Taschenlampe, vielmehr erstmal mit 'nem Streichholz durchgeleuchtet, da durchs Fenster, geguckt, ob da auch 'ne Couch oder so was drin stand, wo man sich drauflegen konnte. Ja, und dann haben wir da son Wochenendhäuschen gefunden, war aber alles zu, ja und da haben wir die Scheibe kunstgerecht rausgemacht, ja, und dann haben wir das von innen aufgemacht, den Griff, sind wir reingestiegen, haben geguckt, ob was zu fressen da war, und dann haben wir uns über die Eßwaren da hergemacht, Ofen war ja auch drin, Holz und alles, nä, haben wir uns erstmal ne schöne warme Suppe gekocht, Kaffee, und dann haben wir erstmal richtig diniert." Am nächsten Tag hätten sie die Scheibe dann wieder eingesetzt bzw. lose davorgelehnt. Am Abend seien sie dann wieder hingegangen, hätten die Scheibe abgenommen und hätten wieder darin geschlafen. Insgesamt hätten sie das anderthalb Monate durchgehalten und immer in einem Haus übernachtet, immer in demselben.

Ich fragte ihn, wie sie darauf gekommen seien, sich Klamotten aus den Kaufhäusern zu holen: "Das war dann folgendermaßen: Ein bißchen Geld hatten wir meistens immer, irgendwie zusammengeschlaucht, oder so, gib mal 'nen Groschen, oder so, also daß wir wenigstens morgens am Bahnhof 'ne Tasse Kaffee trinken konnten. Und da haben wir das so gemacht, daß wir in der Alleestraße, da war son Automaten, son Lebensmittelgeschäft, und vor dem Lebensmittelgeschäft, da war son Automaten, wo man Brötchen rausholen konnte, so geschmierte Brötchen so, und oben auf dem Apparat, auf dem Automaten, da stand immer ne Kiste morgens um sechs Uhr mit Brötchen, und das wußten wir aber vorher noch nicht, und einen Morgen, da sind wir mal 'nen bißchen früher aufgestanden und sahen, wie die Alte die Brötchen da oben runterholte, 'ne Kiste mit Brötchen. Und da sind wir eines morgens extra früh aufgestanden, hingegangen, Plastiktüte, die Leute blieben alle stehen und guckten, wie wir die Brötchen da in unsere Plastiktüte kippten. Und da haben wir uns den Spaß gemacht und uns hingestellt und geguckt, wie die Alte kam und wollte die Brötchen holen. Ja, die hat geguckt, da lagen nur noch zwei drin. Da waren so dreißig Brötchen in der Kiste, da guckte sie rein, da lagen da keine Brötchen mehr drin, höchstens nur noch zwei bis drei. Naja, und wie wir da am nächsten Tag hingegangen sind, da stand die Kiste dann da nicht mehr." Ff: "Wieviel Leute sind denn da morgens vorbeigekommen?" Ingbert: "Ja, so alle, die so morgens zur Arbeit gingen." Ff: "Und da hat keiner die Bullen geholt oder so?" Ingbert: "Nee, die guckten nur alle." Ff: "Und was war dann?" Ingbert: "Ja, dann sind wir zum Bahnhof gegangen, 'nen Tag vorher hatten wir das also alles schon geplant, die Brötchen da wegzuholen; sind wir am Bahnhof gegangen, haben wir uns vorher noch Butter geholt, also, die haben wir gekauft, und so Wurst und Marmelade von unserem restlichen Geld. Und da haben wir uns da inn Bahnhof reingesetzt, in die Gaststätte, da, nich in Wartesaal, und dann haben wir die Tasche hingestellt, Brötchen aufm Tisch gelegt, Tasse Kaffee bestellt, und dann haben wir mit Taschenmesser da Brötchen geschmiert. Und dann sind wir so um zehne rum in die Stadt gegangen und dann haben wir uns erstmal Sachen besorgt, Hosen, Schuhe, Strümpfe, und was man so braucht zum Anziehen." Ff: "Ja, wie kam das denn das erste Mal, daß Ihr Euch Klamotten besorgt habt?" Ingbert: "Ja, weil wir keine sauberen Sachen mehr hatten, haben wir gesagt, wollen wir 'ne saubere Hose wieder haben. Geld zur Reinigung oder so was hatten wir nicht, sind wir in die Stadt gegangen, bei Antonius, da haben wir, also zwei Hosen darfste mit reinnehmen, drei haben wir mitgenommen, eine haben wir angezogen, alte Hose drüber, und dann sind wir rausmarschiert, zwei Hosen haben wir da wieder abgegeben am Ständer, oder haben wir uns mit dem Verkäufer unterhalten, und nebenbei 'ne Hose geklaut." Ff: "Ja, wie?" Ingbert: "Ja, Plastiktüte gehabt, die hatten wir ja immer, und da haben wir mit dem Verkäufer gesprochen, und da haben wir sie mit einer Hand vom Bügel runtergezogen, weißte, dann hatten wir die Plastiktasche immer so zwischen uns, dann haben wir die Hose da reinfallen lassen, dann habn wir uns beim Verkäufer verabschiedet und sind rausgegangen. Ja, also das war nachher so Routine geworden, also das erste Mal, wie wir das gemacht haben, da ging uns die Muffe, nachher da war das so routinemäßig schon, also da sind wir praktisch in Müller & Co. gegangen, da sind sie schon hinter uns her gekommen mit 'nem Notizblock, um zu gucken, was wir geklaut hatten. Aber das haben die immer erst später festgestellt. Aber beweisen konnten sie uns nichts, se guckten nur immer, wenn wir morgens um zehn nach Müller oder Antonius oder so was reingingen, und dann sind wir bei Radio Schmidt gewesen, und da haben wir uns mit dem Macker unterhalten, und wir haben nebenbei noch 'nen Lautsprecher mitgehen lassen, son großen, haben wir in 'ne Tasche reingesteckt, und das paßte nicht, und so, und all son Scheiß, haben da rumgemurkst und mußten noch so lachen dabei, und der Verkäufer erklärte uns son Stereotonband, und wir mußten so lachen immer, und der war ja so doof, der merkte gar nicht, warum wir so lachten, und der Lautsprecher, der paßte hinten und vorne nicht, und dann, als, ich meine, das hätte der ja merken müssen, weil, wir kamen mit der Tasche rein, die war so (er zeigte mit den Händen einen kleinen, schmalen Abstand), und wir gingen raus, da war die so (er zeigte mit den Händen einen breiten Abstand). Und da haben wir dann gesagt, wir müßten noch zur Bank, Geld abholen, kämen heute nachmittag wieder, würden das Tonband kaufen, sollte es mal zurückstellen. Ja, dann sind wir nie wieder hingegangen." Ff: "Und was habt Ihr mit dem Lautsprecher gemacht?" Ingbert: "Ja, den wollten wir verscheuern, aber, Abend später, hatten se uns dann." Am Abend später wurden dann Klaus, Henne und er beim Einbruch erwischt. Den Lautsprecher hätten sie zum Bahnhof ins Schließfach gebracht. Dorthin hätten sie erstmal alle Sachen gebracht, die sie irgendwo geklaut hätten. Auf meine Frage erklärte er, daß sie erst nur was zu essen und anzuziehen für sich geklaut hätten, dann aber nur noch Sachen, die sie verscheuern konnten und wo sie Geld für kriegten. Die Sachen hätten sie im "Bär" abgesetzt. Von dem Geld hätten sie dann gelebt, das hätten sie zum größten Teil im "Bär" gelassen. Andererseits hätten sie die Sachen für sich zum Anziehen weiter geklaut, und was zum Essen auch. Von dem Geld für die geklauten Sachen hätten sie fast nur im "Bär" gesoffen, oder mal eine Tasse Kaffee im Bahnhof gekauft oder solche Kleinigkeiten. Ich fragte ihn dann noch einmal, wie es denn genau das erste Mal dazu gekommen wäre, daß sie

Klauen gegangen seien. Er sagte wieder, weil sie nichts mehr hatten, kein Geld, keine Arbeitspapiere. Seine Arbeitspapiere wären immer noch auf der alten Arbeitsstelle, denn er wäre ja einfach abgehauen, hätte ja nicht gekündigt, weil er ja wegmußte, da er nichts zu Wohnen hatte. Und da unten würde er sich auch nicht weiter auskennen, so daß ihm ja nichts anderes übrig geblieben sei, als abzuhauen. Und darum sei er dann "so auf diese Tour gekommen." Ich fragte ihn, wie es denn nun genau mit Henne gekommen wäre und wie das abgelaufen sei. Er sagte, den hätten sie also im Café Natter getroffen, und sie hätten sich so unterhalten. Ingbert: "Ja, und da haben wir so erzählt von Schwule ausnehmen und so, und da war er hell begeistert von, um an Geld zu kommen." Ff: "Das habt Ihr auch gemacht?" Ingbert: "Ja, Schwule auch. Also Spezialist darin ist Klaus. Der geht hin zu den Schwulen, sieht da zwei Schwule zusammen, dann geht er hin, tut er auch einen auf schwul, und wenn der Kerl ihn anpackt,dann kriegt er einen auf die Maske. Ja, und dann sagt Klaus zu denen: "Gib mal ńe Mark für Zigaretten", und dann sagt der Macker: "Ich hab kein Geld." Bums, kriegt der wieder einen, und dann sagt der Klaus zu ihm: "Gib mal ńe Mark für Zigaretten". "Ich hab kein Geld." Bums, kriegt der wieder einen, und dann sagt der Klaus zu ihnen: "Ja, jetzt sinds schon zwei Mark. Gib mal zwei Mark für Zigaretten." Dann packt der Macker da nur noch in die Tasche und gibt ihm das ganze Geld, Kleingeld, was er in der Tasche hatte, nur um bloß keinen weiter auf die Maske zu kriegen. Ja, das war aber auch praktisch, da waren wir selber so in Not, da blieb uns nichts mehr anderes übrig." Ich frage ihn dann, wie es denn nun genau zu dem Bruch gekommen sei. "Ja, das war so, folgendermaßen: Henne, der kommt aus Berlin, jedenfalls sein Vadder wohnt in Berlin, da haben wir: ja, wir fahren nach Berlin, fliegen nach Berlin rüber, jetzt hatten wir aber kein Geld, und also wollten wir, wir waren beim Arbeitsamt, haben wir gefragt, wie das ist in Berlin mit arbeiten und so. Ja, haben die uns gesagt, Berlin, jeder Zeit könnt Ihr da arbeiten. Ja, ist gut, jetzt brauchen wir jeder wenigstens hundert Mark, nä, um da rüberfliegen zu können. Ja, sagt Henne, also wenn wir drüben sind, sagt er, können wir bei mein Vadder wohnen, naja, und dann haben wir gedacht, wo jetzt Geld weg, so viel auf einen Schlag und zwar schnell." Ff: "Warum denn schnell?" Ingbert: "Ja, wir wollten nächsten Tag schon gleich fliegen. Naja, und dann haben wir uns das so ausgemalt, irgendwo einzubrechen und da Geld rauszuholen. Ja, und da kamen wir auf die Idee, es mal im Kaufhaus Schulz zu versuchen, das liegt so ziemlich vom Schuß ab. Ja, und dann sind wir losgegangen, nach Schulz, abends um zwölf Uhr. Ja und haben wir die Scheibe da eingehauen, und da waren wir noch nicht im Kaufhaus, da waren wir erst im Büro, da haben wir drei Türen aufgebrochen, damit wir überhaupt ins Kaufhaus reinkamen. Und dann haben wir uns erst mal die Kassen da untersucht, aber da war nirgends wo was drin. Das einzigste in einer Kasse da waren fünfzig Mark drin. Fünfzig Mark hatten wir schon mal. Da haben wir uns gedacht, wenn da schon kein Geld ist, dann wollen wir wenigstens was anderes mitnehmen, wollten ordentlich was zum Leben haben, und Kaufhaus Schulz, da kriegste ja alles. Ja, und da wollten wir uns mal neu einkleiden und mit nem Mal hörten wir: tatü tata, ja, und, ich guck aus 'nem Fenster, da standen da unten schon Bullen. Ja, sag ich, kommt, jetzt müssen wir aber mal langsam sehen, daß wir mal irgendwie noch wegkommen, aus dem Kaufhaus kamen wir jedenfalls nicht mehr raus, da hab ich nur noch das einzig Richtige gemacht, was ich machen konnte, 'nen Schrank abgezogen, dahinter war 'ne Nische, den Schrank, wieder rangezogen, hab mich dahinter in die Nische reingesetzt. Ja, und Klaus, der wußte überhaupt nicht, wo er sich verstecken sollte, ging er an son, son, da war son Ständer, wo lauter so Kleider draufhingen, so Kittel, und da versteckte er sich drin, den hätten se auch nie gefunden, wenn se keinen Hund gehabt hätten. Und er saß da, und da hat ihn der Hund gleich inn Arsch gebissen, voll inn Arsch rein. Klaus gleich: "Ja, ja" sagt er, "nehmt den Hund weg, ich bin hier." Und da fragten die Bullen: "Wo sind die anderen?" Sagt er: "Da sind keine anderen." Sagt er: "Ich war hier allein". Sagten die Bullen: "Wo sind die anderen, sonst nehmen wir den Hund nicht weg." "Ich weiß nicht, ich weiß nicht", sagt er, "kann auch sein, daß se schon weg sind," und so, und da hat der Hund noch zwischendurch ein paar Mal richtig zugebissen, und dann, ein Polizist, der erkannte Klaus, den hatte Klaus mal verhauen, und Klaus war immer am Schreien: "Nehmt den Hund weg", "nehmt den Hund weg", und wie der Polizist ihn sah, meinte er: "Ah, guck mal da, mein Freund, ja, sagte er, laßt den Hund mal noch ein bißchen da", und da hat der Hund natürlich noch ein paar Mal ganz derbe zugebissen, da mußte er denselben Abend noch ins Krankenhaus. Ja, und jetzt suchten sie uns natürlich". Ff: "Wo war der Henne denn?" Ingbert: "Ja, der war bei mir mit in der Nische. Jetzt suchten se uns natürlich, und die wollten just gehen, und der Hund, der wurde verrückt vor unserem Schrank, und die geguckt: auf'm Schrank, innem Schrank, nichts. Da sagt der eine: "Kerl, hier muß doch irgendwo noch was sein", sagt er, "guckt Euch mal den Hund an, der wird ja verrückt hier", und der Hund, der war am Kläffen und am Bellen und ich hab mich dahinten bald kaputtgelacht, nä. "Ja," sagt der eine, "komm, laß uns den Schrank mal abziehen", naja, und da haben se uns dann gehabt." Ff: "Und der Hund auf Euch drauf, oder wie?" Ing-

bert: "Nee, das war folgendermaßen, wie ich mal zu Hause war, hab ich zum Geburtstag mal einen Schäferhund geschenkt gekriegt, und das war auch so, aber noch ein ziemlich junger, und das war ein ziemlich wilder Hund, und daher wußt' ich das, wennde bei Hunden still stehen bleibst, dann tun se Dir nichts. Überhaupt bei Polizeihunden, der hatte auch die Polizeischule besucht, und wenn de da ganz ruhig stehen bleibst, dann machen die nichts mehr, dann setzen se sich vor Dir hin und passen nur noch auf, ja und da bin ich natürlich ganz ruhig stehen geblieben, und da machte der Hund natürlich nichts mehr, und wie der Henne das sah, daß der Hund mir nichts tat, da machte, der sprang also auch erst rum wie ein Wilder, und als der Hund da auf ihn losging, blieb er mit einem Mal ganz ruhig stehen, naja, und dann setzte sich der Hund dahin und paßte auf, und dann habense uns da durchsucht nach Waffen, und all son Scheiß. Und dann ab."
Er sagte dann, er sei auf Haftprüfung entlassen worden. Ich fragte, wie das kam, und er erzählte, er habe an Heimleiter Schneider geschrieben, ob er ihn noch einmal aufnehmen könne, und da sei Schneider zu ihm hingekommen und habe gesagt, er wolle es mit ihm noch mal versuchen, er könne da noch einmal wohnen. Der Haftbefehl lautete auf Verdunklungsgefahr und wegen ohne festen Wohnsitz. Da habe er dem Richter geschrieben, daß er im Jugendheim wohnen könne. Er wurde dann mit den Auflagen entlassen, zu arbeiten und sich so zu verhalten, daß er keinen Anlaß gäbe, daß sein Wohnsitz gekündigt wird. Den ersten Monat habe er sich auch ganz gut gehalten, habe auch gearbeitet und alles. "Ja, und dann sind wir mit 'nem Kumpel rumgefahren, mit 'nem Wagen, und da wurde der Sprit immer weniger. Naja, was solls, Geld hatten wir auch nicht, naja, da blieb uns nur noch eine Möglichkeit, andere Autos. Naja, habn wir da angezapft und den Tank immer voll gehabt." Ff: "Ach, das habt Ihr mehrere Male gemacht?" Ingbert: "Ja ja, praktisch jeden Abend, nä, und dann haben wir den Tank erstmal richtig voll gemacht, und dann sind wir los. Naja, und dann haben se einen Tag die Nummer von meinem Kumpel aufgeschrieben, da haben se uns wohl beobachtet, die Nummer aufgeschrieben, und wie die Bullen kamen, da waren wir aber schon wieder weg. Naja, und dann haben se meinen Kumpel gepackt, weil se die Wagennummer hatten, und da hat der das dann gesagt, daß ich dabei war, naja, und dann wurde ich wieder dem Haftrichter vorgeführt, und wie Schneider das hörte, da hat er mich wieder rausgeschmissen, aus dem Jugendwohnheim."

Er ist dann wieder drei Monate in Vorstadt gewesen, dann kam die Gerichtsverhandlung, da wurde er zu zehn Monaten auf drei Jahre Bewährung verurteilt. Die Gerichtsverhandlung war im August dieses Jahres. Da er keinen Wohnsitz hatte, ist er vom Gericht aus zur Meisenstraße gegangen, da wurde ihm gesagt, eine Nacht könne er nochmal da schlafen, aber mehr nicht. "Naja, und wie ich das wußte, bin ich dann gleich wieder in den "Bär", naja, dann haben wir das erstmal begossen, die Freiheit wieder, Klaus, Henne und ich. Klaus war ja noch draußen, ich hatte also nicht viel Geld gekriegt, vier Mark und ein paar zerquetschte. Henne, der hatte so dreißig Mark gekriegt, naja, und dann haben wir das erstmal feierlich begossen, die Freiheit."

Ein Drogenkonsument antwortete einem Feldforscher: "Warum der Tod meines Vaters für mich von so großer Bedeutung war? - Ich glaube, wenn mein Vater heute noch leben würde, wäre mein Leben ganz anders verlaufen. Ich wäre jetzt nicht so ein kaputter Typ. Ich hätte bestimmt die Handelsschule zu Ende gemacht. Ich würde wahrscheinlich auch keine langen Haare tragen und wäre bestimmt nicht zum Rauschgift gekommen. Vielleicht wäre ich dann auch gar nicht hierhin gegangen. So lebe ich einfach in den Tag hinein, das hätte ich sonst wahrscheinlich nicht getan. Ich weiß nicht, ob es für mich besser gewesen wäre, wenn mein Vater noch am Leben wäre. Ich glaube, daß ich ohne meinen Vater selbständiger geworden bin. Gesundheitlich gesehen wäre es schon besser gewesen, er würde noch leben, weil ich dann nicht zum Gift gekommen wäre. So besteht immer die Gefahr, daß man sich die Leber kaputtmacht und irgendwann den Gilb kriegt."

Ein Rocker erzählte einem Feldforscher: "Ich führe die Schlägereien auf mein Elternhaus zurück: Mein Vater war ein Trinker, und meine Mutter hat mich immer gezwungen, meinen Vater zu verprügeln, wenn er ihr etwas wollte. Das erste Mal mit zwölf Jahren. Damals hatte ich schon in etwa diese Statur, und mein Vater war vom Saufen geschwächt."

Bei Trottel, der früher viel Schläge bekam, hatte sich die Rollenverteilung inzwischen geändert: Als ich zwischendurch mal vor der Tür stand, erzählte Trottel mir: "Eben habe ich meinem Alten einen vor die Schnauze geschlagen. Hat mir doch einfach fünfzig Mark geklaut, die Sau. Meint wohl, ich merke das nicht. Da hab ichs ihm kurz mal gezeigt. Jetzt hat er 'ne richtig schöne dicke, rote Nase. Das hat er davon, was hat er auch an meinem Geld zu suchen. Überleg Dir mal, fünfzig Mark, da muß ich mindestens zwei Tage für malochen. Nee, nee, das is nich drin."

Ein Einsacker erzählte: "Und hier hatte ich keinen Pfennig. Deshalb habe ich auch einige Male mit den anderen eingesackt, einfach, weil ich nichts hatte. Und was macht es auch den großen

Kaufhäusern aus, wenn ich da mal was mitnehme. Jetzt, wo ich wieder Geld habe, hört das wieder auf."

Nun können wir die Hypothesen 16-18 in dieser Form nicht systematisch prüfen, da in vielen Fällen die dem kriminellen Verhalten vorhergehenden Prozesse nicht beobachtet oder protokolliert wurden. Dagegen wurden aber oft die Folgesituationen beschrieben, wenn das kriminelle Verhalten einmal vom Feldforscher beobachtet wurde. Unsere Hypothesen zum Zusammenhang der sozialen Lage und der verschiedenen Formen kriminellen Verhaltens sind nun zu prüfen, wenn man einmal untersucht, was auf die einzelnen Verhaltensweisen folgt, was mit dem Produkt der Interaktion gemacht wird, wie es eingeschätzt wird, welche Konsequenzen es hat. Wir überprüfen dazu alle Beobachtungsberichte danach, welche Handlungen oder Zustände den vorauslaufenden Handlungen folgen. Wir finden folgende Verteilung: (Siehe Tabelle 48, Seite 257).

Wir sehen nun, daß entsprechend unserer Hypothese vom Zusammenhang von desorganisierter Familie, eigenem ökonomisch abhängigem Status und der Tendenz zum Drogenmißbrauch, die Typen dieses Verhalten suchen, um sich von ihm in "angenehme Zustände" versetzen zu lassen. Ihre relative Mängellage, resultierend aus ihrer Erwerbsposition, soll durch Drogenhandel zu Geld und damit zum Kauf der Dinge zum notwendigen Lebensunterhalt und für eine abwechslungsreiche Freizeit führen.

Wir haben oben schon berichtet, daß Gerold, der Dealer, für seine Stromrechnung dealt. Wir finden in einem späteren Abschnitt viele Dealer in ähnlicher Situation.

Bei den Rockern finden wir, daß die Aggressionsdelikte zur Überlegenheit führen, so wie sie sie offenbar immer selbst als Betroffene in Familie, Nachbarschaft und im Viertel erlebten.

Nachdem Harro einige Tage nicht zur Arbeit erschienen war, kamen sein Onkel und sein Vater in die Kneipe, wo er gerade Skat spielte, und sie wollten ihn überreden, wieder anzufangen. "Das konnte ich natürlich nicht ab vor all den anderen. Aber ich bin ganz ruhig gewesen, bis mein Onkel mir auf meine Antworten hin einige Male einen schlug. Nun ist mein Onkel ein richtiger Brechmann, und ich dachte mir zuerst, laß das sein, wehr Dich nicht, gegen den hast Du doch keine Chance. Als es mir dann aber zu viel wurde, habe ich ganz plötzlich zurückgeschlagen, und das hat ihn so überrascht, daß er das Gleichgewicht verlor und beim Hinfallen noch einen Tisch umriß. Dann bin ich gleich auf ihn drauf und habe feste zugeschlagen."

Ihre eigene schwache ökonomische Position führt zu Eigentumsdelikten.

Tabelle 44: Folgeverhalten oder -zustände von kriminellem Verhalten von Mitgliedern krimineller Gruppen

Gruppe	Folgeverhalten, -zustand								Summe
	Essen, trink. kleiden, schlafen aufhalten	Fortbewegung	rauchen, "saufen", Musik hör. Disko bes.	Spiel, Sport, Jux	"angenehmes" Gefühl	Einfluß, Überlegenh. Manipulation	Geldbesitz	Verschiedenes	
Typen	23 (o,1o)	o (o,oo)	18 (o,o8)	7 (o,o3)	125 (o,56)	9 (o,o4)	4o (o,18)	2 (o,o1)	224
Rocker	21 (o,18)	3 (o,o3)	18 (o,15)	5 (o,o4)	23 (o,19)	45 (o,38)	1 (o,o1)	3 (o,o3)	119
Einsacker	23	2	12	3	21	6	3	3	73
Summe	67	5	48	15	169	6o	44	8	416

Wir sahen, wie dieses Verhalten eingesetzt wurde, den notwendigen Lebensunterhalt zu gewährleisten und sich die Dinge zu beschaffen, die man zur Freizeit braucht. Teilweise wurde dabei der Weg über den Verkauf von mitgenommenen Gütern gewählt.

> Eines Tages setzte Willi einem Feldforscher einen Würfel von etwa zwanzig Zentimetern Seitenlänge vor die Nase, gefüllt mit hundertzwanzig Würfeln Maggi's Rindsbouillon à dreißig Pfennige. Willi: "Zehn Mark, willste haben?" Ich war ziemlich überrascht, hob den Würfel an und betrachtete ihn von allen Seiten. Willi: "Glaubst nicht, daß das auch drin ist? Hier, steht doch dick drauf. Was ist, willste kaufen? Wie gesagt, so billig kommst Du nie wieder dran." Ich: "Und was soll ich damit?" Willi: "Was soll ich damit? Suppe von machen, was denn sonst, steht doch dick drauf." Reinold kam auf uns zu, riß die Plastikhülle ab und zeigte mir den Inhalt. Es war tatsächlich Rindsbouillon drin. Die Verpackung war nicht nur Tarnung. Willi: "Wenn Du nicht willst, gib her, ich finde noch andere Abnehmer."

Bei den Einsackern finden wir, daß ihre Eigentumsdelikte in mehr als jedem zweiten Fall zur Deckung des notwendigen Lebensbedarfs dienen, ein weiterer bedeutender Anteil leistet die Versorgung mit den einfachsten Gütern für die Freizeitgestaltung.

> Wolf: "Ich habe heute meiner Freundin versprechen müssen, daß ich nicht mehr einsacke, aber ich tue es trotzdem. Heute wieder vierzig für eine Münze bekommen." Ff: "Wie, Münze?" "Ja, die stehen doch in der Bücherabteilung von Müller unterm Glas. Dann mit dem Stielkamm das Glas hochheben und einer packt rein. Das ist schwierig. Aber heute waren wir von einer Seite gut von Büchern abgedeckt." "Wo verkauft Ihr die Münzen denn?" "In der Bank. Aber am besten ist es bei dem Mann in der Feldstraße, der nimmt alles. Heute habe ich für das Geld im Kamin Zigeunerschnitzel mit Salat gegessen."

Lediglich ihre Kontakte zum Drogenmißbrauch stehen nicht in Zusammenhang mit der Geldbeschaffung, um sich notwendige Güter zu verschaffen, sondern einfach, um ein angenehmes Gefühl zu haben.

> Alle rauchten den Joint wie eine gewöhnliche Zigarette. Erwin ließ den Joint kreisen. Er nahm vier tiefe Züge, dann gab er den Joint weiter an Ernst. Er sagte dann: "Der ist gut. Das merke ich."

So ergibt sich ein deutliches, empirisch bestätigtes Bild von den Abhängigkeiten einzelner Verhaltensweisen von den Merkmalen der sozialen Lage der jeweiligen Teilnehmer.

Betrachten wir die ganze Breite der in den einzelnen Gruppen auftretenden Delikte, finden wir:

1. Bei den Typen stießen wir auf vier Fälle von Waffenbesitz und einen Fall von Waffenhandel.

   So berichtete ein Feldforscher, daß er Christine nach Hause bringen wollte, wobei er erst bei Raimund vorbeifuhr, der seinen Trommelrevolver holen wollte: Auf meine Frage, wo er den denn her habe, meinte er, von einem Kumpel für fünfzig Mark, eben über Beziehung. Unterwegs unterhielten sich Christine und Raimund längere Zeit darüber, wo sie denn am besten den Revolver abschießen könnten, wo es nicht so auffiel und nichts passieren könnte. Auf meine Frage, wozu er denn das Schießeisen brauche, meinte Raimund, er habe es nur aus Spaß mitgenommen und er müsse es ja mal vom Staub reinigen. Wir hielten an einer ruhigen Stelle an, und Raimund feuerte das ganze Magazin in die Luft. Da es enorm dröhnte und uns plötzlich ein Lastwagen entgegenkam, meinte er: "Schnell losfahren." Offensichtlich hatte er Angst, erwischt zu werden. Das zeigte sich auch auf der Rückfahrt, wo er mich eine andere Strecke fahren lassen wollte, offensichtlich, um nicht an der Stelle vorbeifahren zu müssen.

2. Ebenfalls bei den Typen stießen wir auf einen ernsthaften Suizidversuch.

3. Bei den Rockern waren leichte kriminelle Handlungen, wie ruhestörender Lärm und grober Unfug verbreitet.

4. Obwohl die Rocker als Aggressionstäter gelten, kam es nicht zu einem Fall von "Widerstand gegen die Staatsgewalt".

5. Massenschlägereien, "Bandenkriege", waren auch bei Rockern relativ selten.

6. Eine spezielle Form der Wegnahme, die bei den Rockern üblich war, ist die des Automatenaufbruchs.

7. Auch bei den Rockern trat ein ernsthafter Suizidversuch und eine Selbstverletzung auf.

   Auf dem Flur sah ich plötzlich Blutspuren auf dem Fußboden. Ich sagte zu Wolf: "Da ist ja Blut." Wolf: "Jau." Einige Mädchen kamen uns entgegen. Sie sagten: "Wenn Leute so sensibel sind, dann sollen sie eben nicht zur Wallstraße kommen." Wir gingen vor die Tür. Ich sah, wie Thomas einen Gürtel in der Hand hielt und auf Ömmel einredete. Ömmel ging zur Straße. Ein Mädchen: "Paßt doch auf, daß er nicht wegrennt oder sich gegen ein Auto wirft."

Einige Jungen sagten: "Laßt ihn doch verrecken, wenn er will." Ich fragte einen Jungen, was denn los gewesen wäre. "Der Ömmel hat sich die Ader aufgeritzt. Der wollte Selbstmord machen." Der Pfarrer Schmitz kam um die Ecke: "Wo ist denn der Ömmel?" Ömmel war inzwischen verschwunden. Der Pfarrer ging zur Straße, um ihn zu suchen. Ein Junge: "Der Pfaffe kommt. Au weia, der wird ihn segnen und ihm sagen, daß man so etwas nicht machen darf." "O Herre, die Pfaffen die reden immer einen Scheiß." Die meisten hatten sich wieder beruhigt. Später unterhielt sich der Feldforscher mit einem Sozialarbeiter. "Der Ömmel hat das schon öfter gemacht. Einmal hat er sogar schon auf dem Kirchturm gestanden. Das macht der meistens, wenn seine Freundin den Schoß wechselt. Er hat immer so kleine dreizehnjährige Freundinnen. Ja und heute abend wollte seine Freundin lieber fernsehen,und da hat er sich mit einer Scherbe die Ader aufgeschnitten."

8. Bei den Einsackern steht die Eigentumskriminalität in sehr engem Zusammenhang mit späteren Verkäufen.

   Gerd: "Wir haben nur auf Bestellung geklaut. Wenn einer morgens was bestellte und genau beschrieb, konnte er meistens nachmittags die Sachen schon haben. Aber nur gegen Bargeld. Die Sachen haben wir für die Hälfte verkauft. Manchmal haben wir auch einige gelinkt, wenn sie zu viel Geld hatten. Abnehmer waren meist Jugendliche, aber auch Ältere. Aber immer nur welche, die gearbeitet hatten. Darauf haben wir geachtet."

4.2.3 Diskussion der Ergebnisse der Datenanalyse

Zunächst halten wir es für wichtig hervorzuheben, daß kriminalsoziologische Analysen unabhängig von der Zusammenarbeit mit den Instanzen sozialer Kontrolle durchgeführt werden können. Es ist möglich, Daten, die zur Analyse des kriminellen Verhaltens benötigt werden, im offenen Feld zu erheben. Es ist dann zwar auch weiterhin davon auszugehen, daß eine beträchtliche Dunkelziffer besteht, aber eine Reihe von Verzerrungen kann ausgeschaltet werden. Der bedeutende Vorteil dieses Verfahrens der Datenerhebung liegt aber für uns nicht so sehr darin, daß das Dunkelfeld weiter aufgehellt wird, sondern in der Möglichkeit, Beschreibungen von kriminellen Verhaltensweisen zu bekommen, die nicht durch alltagsweltliche Vorstellungen der Mitglieder der Instanzen sozialer Kontrolle wie der Beteiligten an diesem Verhalten verzerrt sind, die über die Definition kriminellen Handelns hinausgehen.

Unter den sachlichen Ergebnissen halten wir zuallererst das Ergebnis für relevant, das zeigt, wie selten in kriminellen Gruppen doch kriminelles Verhalten auftritt. Das steht im Gegensatz zum alltäglichen

Wissen von jedermann; aber auch zu den Aussagen vieler Sozialarbeiter, Polizisten und Strafjuristen. Hier wie dort verbreitet ist der Tatbestand, den Albert K.Cohen so beschrieb: "Sozial als Lügner, Dieb, Homosexueller, Rauschgiftsüchtiger, Trinker, Schwindler, Sünder, Verbrecher..Rowdy.. oder Schuft definiert zu werden.., bedeutet..., eine Rolle zugewiesen zu bekommen und einem bestimmten Personentyp zugerechnet zu werden. Das entsprechende Etikett - der Name der Rolle - bezeichnet nicht nur jemanden, der irgendeine abweichlerische Handlung begangen hat, sondern jedes solche Etikett ruft eine charakteristische Vorstellung hervor. Es weist auf jemanden hin, der sich von Natur aus oder gewohnheitsmäßig auf irgend eine bestimmte Art abweichend verhält, jemanden, von dem man ein derartiges Verhalten mit Sicherheit erwarten kann..." (A.K.Cohen, 1968, S.47). Unsere Datenanalyse verweist solche Vorstellungen in das Reich der Fabel. Es scheint uns daher völlig unsinnig zu sein, von Kriminellen in einem Sinne zu sprechen, als ob hier eine durchgängige "kriminelle" Verhaltenstendenz vorliege oder ein "kriminelles Wesen", was immer das sein soll, dahinter stehe. Kriminelle handeln in der meisten Zeit vollkommen normal. Sie handeln weit weniger kriminell als Menschen etwa, in ihrer Berufsrolle handelnd, ihren Beruf ausüben, als z.B. Polizisten "polizeilich", Richter "rechtsprechend" oder Sozialarbeiter "sozialpädagogisch". Bei diesen und allen anderen Berufsgruppen ist man bereit, die Person, den Menschen, von der Berufsrolle zu trennen. Bei Personen, die in ihrer Freizeit in wenigen zählbaren Fällen kriminelles Verhalten zeigten, wird dagegen ganz allgemein von Kriminellen gesprochen. Jürgen Friedrichs hat diese Einschätzung der an dem kriminellen Handeln Beteiligten vollkommen zu Recht als einen "Prozeß unzulässiger Generalisierung" bezeichnet (1973, S.1).

Unser Befund stimmt auch überein mit den Ergebnissen anderer empirischer Untersuchungen. So kam James F.Short aufgrund seiner Kenntnis von vielen empirischen Forschungen zur Kriminalität zu dem Ergebnis: "Wir wissen, daß die meiste Zeit des Tages von den delinquenten Jungen mit nicht delinquenten Aktivitäten verbracht wird." Das relativ seltene Auftreten krimineller Akte, das mit der üblichen Vorstellung von den Aktivitäten krimineller Gruppen nicht in Einklang steht, ist auch von Walter B. Miller, Hildred Geertz und Henry S.G.Cutter beobachtet worden. Sie machten für die falsche Vorstellung von den Aktivitäten der Rocker drei Faktoren verantwortlich:

1) Die verbreitetsten Informationen erfolgen durch Zeitungen und das Fernsehen. Sie konzentrieren sich aber nur auf spektakuläre Handlungsweisen.
2) Forschungen, die die ganze Breite der Aktivitäten einzelner Gruppen darstellen, sind selten.
3) Bei den Untersuchungen ging man in der Regel von den kriminellsten Gruppen aus, das hatte Verzerrungen zur Folge.

Die Vorstellungen werden außerdem verstärkt durch die zugeschriebene "additive kriminelle Energie" (vgl. M. Brusten und S. Müller, S.186 ff) in den Berichten der Jugendhilfe, in den Erörterungen im Prozeßverlauf und in den Berichten der Presse darüber.

Auf der anderen Seite fällt der Unterschied der Häufigkeit verschiedener Verhaltensarten im Vergleich zu den Mitgliedern der von uns untersuchten normalen Gruppe auf. Das rechtfertigt nachträglich die Suche nach den Bedingungen des kriminellen Verhaltens. Denn würden die verschiedenen Gruppen keine Verhaltensunterschiede zeigen , könnte man sich auf die Prozesse der Kriminalisierung beschränken - wie dies die Definitionstheoretiker tun - und auf die Suche nach unterschiedlichen sozialen Lagen der Kriminalisierten gehen. Zieht man die Ergebnisse der Datenanalyse des dritten Teils und dieses Abschnitts des vierten Teils zusammen, scheint es gerechtfertigt zu sein, das kriminelle Verhalten entsprechend der Thesen 4 und 5 in einen Zusammenhang mit der sozialen Lage der Mitglieder krimineller Gruppen zu bringen.

Aber auch die unterschiedliche Verbreitung verschiedener Formen des kriminellen Verhaltens ist zu beachten. Im Zusammenhang mit den unterschiedlichen Merkmalen im Rahmen ihrer im großen und ganzen gleichen sozialen Lage der Mitglieder der verschiedenen Gruppen machen diese Ergebnisse klar, daß gemäß Thesen 4 und 5 soziale Lagen tatsächlich in ein Handeln verarbeitet werden, daß das Verhalten im Handeln eine Lösung der Lebensprobleme ist und daß wir nicht auf Kategorien wie Zufall oder ähnliche zurückgreifen müssen, um zu klären, warum die Mitglieder der Gruppe mit diesen sozialstrukturellen Merkmalen dieses Verhalten und die mit anderen Merkmalen jenes Verhalten zeigen.

Weiterhin ist auch die weite Verbreitung verschiedener Formen des kriminellen Verhaltens über die verschiedenen Gruppen festzuhalten. Was die Zusammenhänge zwischen verschiedenen Handlungsweisen angeht, so ist die Beziehung von Akten des Drogenkonsums und von Eigentumsdelikten schon häufiger empirisch nachgewiesen worden. So findet man schon im Indischen Hanfdrogenreport von 1893/94 den Hinweis, daß das Ganja viel Geld koste und sein Gebrauch zur Kriminalität verleite. "So führen Ausgaben, die über die Verhältnisse des einzelnen gehen, leicht dazu, daß der notwendige Ausgleich durch Diebstahl und kleinere Vergehen wieder hergestellt wird" (Indischer Hanfdrogenreport, 197o, S.175). Auch Howard S. Becker hat aufgrund seiner eigenen Beobachtungen auf den Zusammenhang anderer Delikte mit dem Drogenmißbrauch hingewiesen: "Dem Drogenkonsumenten ist der Drogenmißbrauch verboten. Da er die Droge nicht legal bekommen kann, muß er sie sich illegal beschaffen. Das drückt den Markt in den Untergrund und treibt die Preise für Drogen über das Niveau, das auf einem legalen Markt anzutreffen wäre. Die überhöhten Preise sind kaum tragbar. Da die Behandlung der Drogenkonsumenten diese in eine Position bringt, die sie zu Täuschungen und Verbrechen führt, um ihren Lebenswandel aufrecht zu erhalten, ist ihr Verhalten eine Konsequenz der öffentlichen Reaktion auf ihr Verhalten und nicht eine Konsequenz der inhärenten Qualitäten ihrer Akte" (1963, S.35). Es gibt Hinweise dafür, daß dasselbe für die Rocker gilt. Hier werden oft Diebstähle als Folgehandlungen von hohen Schadenersatzforderungen oder Gerichtskosten subjektiv als notwendig betrachtet, um wenigstens "Bier, Tabak und Frau" sich weiter leisten zu können.

Was unsere Beobachtungen zu einzelnen kriminellen Verhaltensweisen angeht, so mag das Auftreten von für einzelne Gruppen untypischen Delikten ebenso überraschen wie das manchmal seltene Auftreten als typisch angenommener Delikte. Daß bei den Typen Fälle von Waffenbesitz auftreten, dürfte in einem engen Zusammenhang mit dem Mißtrauen der alten Fixer stehen, das schließlich dazu führt, daß sie sich bedroht fühlen und sich dann eine Waffe zulegen. Der ernsthafte Suizidversuch bei den Typen dürfte als extremster Ausdruck des Rückzugs angesehen werden. Die weite Verbreitung von Handlungen an der Grenze des Strafbaren bei den Rockern können wir wegen ihrer durchgehenden Komponente an Aggressivität als erste Ausdrucksform des übernommenen Musters gewalttätigen Verhaltens ansehen. Hier wird in überschaubaren Situationen mit gut einschätzbaren Objekten "der Aufstand geprobt". Daß die Charakterisierung als Probehandlung richtig ist, erweisen die Handlungen, die ganz offenbar von diesem Typ sind wie die Mutproben.

Wir hatten schon in der allgemeinen These 5 darauf hingewiesen, daß die Aggressionsdelikte der Rocker zuerst gegen Familienmitglieder, dann gegen Kollegen, dann Freunde, schließlich gegen Fremde ausgeübt werden. Am Schluß steht die eigene Person, wie Selbstverletzungs- und Suizidversuche zeigen. Daß Mitglieder der Instanzen sozialer Kontrolle weitgehend von Aggressionen verschont bleiben, dürfte wohl mit der Einschätzung der Stärke dieses Personenkreises in einem engen Zusammenhang stehen. Die Rocker haben ja - im Gegensatz zu alltäglichen Vorurteilen - zuerst die Gewalt zu spüren bekommen, in ihrer Schicht, in ihrer Familie. Sie können also mächtigere Gegner sehr wohl einschätzen, sie kennen auch die Folgen des Unterlegenseins. In der Auseinandersetzung mit der Polizei scheint diese Bilanz von Vor- und Nachteilen einer körperlichen Auseinandersetzung ihnen bewußt zu sein. Sie stecken dort in vielen Fällen von vornherein zurück. Der Automatenaufbruch hat vom typischen Rockerverhalten das Gewalttätige. Wie die Darstellungen und Analysen von Ladendiebstählen zeigen, sind dazu Qualifikationen erforderlich, die in der Gruppe der Rocker weniger ausgebildet werden als die, die für einen Automatenbruch benötigt werden.

Der häufige Verkauf der weggenommenen Dinge durch die Einsacker ist ein letzter Beweis für die hohe Zweckrationalität des Verhaltens dieser Gruppe. Yablonsky urteilte ähnlich: "Die Aktivitäten der Diebe sind zielstrebig, profitorientiert" (1967, S.171). Es ist der Ausdruck ihrer sozialen Lage. Aus benachteiligten Familien, selbst in benachteiligter Stellung wird ihnen das vorenthalten, worauf sie Anspruch zu haben glauben. Sie berichtigen daher das Verteilungsergebnis. Sie arbeiten weniger, sie nehmen Dinge weg, verkaufen sie und leben von ihrem Erlös. Es wäre eine nähere Untersuchung wert festzustellen, in welchem Verhältnis bei ihnen Arbeitsleistung und Konsum stehen.

4.3 Der soziale Zusammenhang des kriminellen Verhaltens von Mitgliedern krimineller Gruppen im Vergleich zum normalen Verhalten von Mitgliedern normaler Gruppen

4.3.1 Präzisierung und Operationalisierung der These vom sozialen Zusammenhang des kriminellen Verhaltens

Kriminelles Verhalten wird in kriminellen Gruppen zwar selten ausgeübt, es tritt dort dennoch wesentlich häufiger auf als in normalen Gruppen. Drogenmißbrauchs-, Aggressions- und Eigentumsdelikte werden in unterschiedlichem Maße von den Gruppen ausgeübt. Daraus ergeben sich die typischen Verhaltenskomplexe für die Gruppen. Unbesprochen blieb bisher die soziale Struktur dieser Verhaltensweisen. Gibt es eigentlich eine soziale Struktur, oder treten die aufgrund des sozialstrukturell erzeugten Drucks zur Kriminalität entwickelten kriminellen Verhaltensweisen als "Solostücke" auf? Ist Kriminalität die Summe vieler sozial bedingter, ermöglichter und geschützter, aber nebeneinander individuell ausgeübter Akte?

Diese Fragen zur allgemeinen These 5 zeigen an, daß mit der Auflösung der Kriminalität in eine Masse krimineller Verhaltensweisen und mit der Aufdeckung der Basis dieser bestimmten Verhaltensweisen erst die Voraussetzungen dafür geschaffen werden, die soziale Lage und das kriminelle wie das normale Handeln miteinander zu vermitteln. Das kriminelle Verhalten im Handeln wird ja nicht ohne weiteres von Personen hergestellt, die abhängige Positionen innehaben. Die soziale Lage der Mitglieder krimineller Gruppen, so hatten wir oben gesagt, ist gekennzeichnet durch einen relativen Mangel, einen Mangel in der Fülle, und durch Machtlosigkeit, Machtunterworfenheit bei dem Versuch, die eigenen Handlungen zu legalisieren, die Bedrohung der Kriminalisierung abzuwenden. Sie wird konstituiert durch die soziale Lage der Herkunftsfamilie (bei Rockern und Einsackern), die Organisation der elterlichen Familie (bei Rockern und Typen) und den eigenen, sich ausbildenden Status (bei Typen, Rockern und Einsackern). Daß es nicht einzelne Personen sind, die beides erfahren, hat nun wichtige Konsequenzen für die

Entwicklung des kriminellen Verhaltens, wie wir sie in der allgemeinen These 5 grob skizzierten.

Ein einzelner Handelnder sähe sich wahrscheinlich gar nicht in der Lage, ein Verhalten, das auf die relative Benachteiligung reagiert, zu schaffen. Sozialisiert in Familie, Schule und Betrieb läge es in einer durch und durch von normalem Handeln strukturierten Umwelt nahe, sich auch so zu verhalten: überall laufen Handlungen ab, richten sich Handlungsanfänge mit der Aufforderung zur Interaktion an diese Personen, die normal sind. Würden sie mit abweichendem Verhalten reagieren oder dergleichen beginnen, so würden, gäbe es eben nur normales Verhalten ringsum, dieses Verhalten oder diese Verhaltensfortsetzungen schon in den Anfängen in eine normale Richtung gedrängt. Für die anderen wären solche Ansätze einfach unbrauchbar in ihrem Handlungsvollzug. Selbst wenn mehrere, aber räumlich getrennt handelnde Personen auftreten, ändert sich noch nichts an dieser Situation.

Ganz anders ist die Situation dagegen einzuschätzen, wenn aufgrund der weit verbreiteten sozialen Lage viele Personen mit ähnlichen Problemen auch räumlich sich nahe stehen. Sind sie alle von relativer Benachteiligung und Machtunterworfenheit belastet, empfinden sie alle den Druck, auf diese Situation in irgendeiner für sie befriedigenden Weise zu reagieren, dann ist es nicht wahrscheinlich, daß das abweichende Verhalten des einen sofort von den anderen Beteiligten in einer Situation in ein normales Handeln überführt wird. Sie werden es dulden, vielleicht sogar fortsetzen. Das ist aber nicht das Ergebnis planvoller Handlungen, sondern am Anfang steht der Tatbestand, daß einige Jugendliche benachteiligter sozialer Lage unfähig und unwillig sind, bei normalem Verhalten zu bleiben. Sie wenden sich zunächst ungeplant, unbeabsichtigt den Leuten zu, die dieselben Probleme wie sie haben, die mutlos "an einer Ecke im Viertel", in einem Hauseingang, auf einigen Parkbänken, neben einer "Frittenbude", vor einer Diskothek "herumhängen", schwätzen oder anfangen, etwas zu machen, von der Ecke bis zum Park zu gehen, von der Frittenbude in die Diskothek. Keiner der Beteiligten fühlt sich dort von dem Ort der "Ereignisse" angezogen. Lieber wäre man woanders. Aber wo? Das ist die Situation, in der dann der von Cohen vorzüglich beschriebene Prozeß abläuft: "Die entscheidende Voraussetzung für das Entstehen neuer Formen innerhalb einer Kultur ist das Vorhandensein einer Anzahl von Handelnden, die sich wechselseitig wirksam beeinflussen und die gleiche Anpassungsprobleme haben... Unter den vorstellbaren Lösungen ihrer Probleme mag es eine geben, die bisher noch nicht in einer bestimmten Handlungsweise verkörpert worden und deshalb noch nicht als Handlungsmodell vorhanden ist. Diese Lösung könnte...sehr wohl eine gemäßere Antwort auf die Probleme dieses Teils der Gruppe sein und die Mitglieder wirksamer ansprechen als irgendeine der bereits institutionalisierten Lösungen... Jeder von ihnen würde einen Hinweis von den anderen begrüßen, der andeutet, daß der neue Weg Zustimmung und Unterstützung finden würde... Für den Handelnden, der Anpassungsprobleme hat, die nicht innerhalb des Bezugsrahmens einer festen Gruppenkultur gelöst werden können, ist jede Reaktion der anderen auf das, was er sagt oder tut, ein Hinweis auf die Richtung, in der sich die Wandlungen in einer für die anderen annehmbaren Weise vollziehen könnten, und auf die Richtung, in der keine Unterstützung dafür zu erwarten ist. .. Mein Vortasten dient dir als Hinweis, dein Vortasten mir als Hinweis. Durch eine zufällige, nicht völlig ernst gemeinte, zu nichts verpflichtende oder am Rande liegende Bemerkung kann ich mich ein wenig vorwagen, aber ich ziehe mich schnell zurück, wenn du dich nicht auch - durch irgendein Zeichen der Zustimmung - ein wenig vorwagst... Das Endergebnis, an das wir uns schließlich gemeinsam gebunden fühlen, ist wahrscheinlich ein Kompromißgebilde, an dem alle beteiligt sind.. ein Gebilde, das vielleicht von niemandem zunächst angestrebt oder vorausgesehen worden war" (1961, S.43 f).

Damit treten zwischen die Position in der Sozialstruktur und das kriminelle Handeln intervenierend Interaktionsprozesse, d.h. wir gehen davon aus: Kriminalität ist ein soziales Handeln. Sie wird erzeugt durch die Ausführung sozialer Handlungen. Mit James F. Short und Fred L. Strodtbeck teilen wir die Auffassung, daß die Beachtung dieser Prozesse erst das Auftreten des kriminellen Handelns verständlich macht. Es ist daher sinnvoll, von einer "katalytischen Natur", einer "ätiologischen Relevanz" der Interaktion zu sprechen, wie dies Short und Strodtbeck (S.18 f) getan haben.

Dieser These ist immer wieder widersprochen worden. So hat man für einzelne kriminelle Verhaltensweisen eine individuelle Ausführung behauptet. Lewis Yablonsky hat den Drogenkonsum als höchst individualistisch (S.167/168) bezeichnet. Für ihn waren Drogenkonsumenten isolierte Menschen. Ihre Beziehungen zu anderen haben keinen sozialen Charakter. Selbst für Diebe wurde ähnliches häufig unterstellt. Davon setzen wir uns hier mit unseren Präzisierungen der These 5 ab.

Sind Personen einmal Teilnehmer an derartigen Interaktionsprozessen, dann werden zukünftig kriminelle Handlungen in vielen Fällen von einzelnen und allein durchgeführt. Das darf aber nicht darüber hinwegtäuschen, daß die Geschichte dieser Handlungen eine Geschichte sozialer Handlungen, von Interaktionen ist. Schon in diesem einfachen Sinne ist das kriminelle Verhalten sozial.

H 19: Wenn Gruppen auftreten, deren Mitglieder kriminelles Verhalten äußern, dann führen sie dieses Verhalten mit anderen durch oder sie haben es in der Vergangenheit mit anderen durchgeführt.

Zudem bietet es sich an, etwas von der Genesis von Verhaltensprozessen noch in ihrer dauerhaften Struktur zu vermuten. Dazu gehört die wechselseitige Stimulation und die materielle Abhängigkeit der verschiedenen Aktionen, die auch bei allen späteren Durchführungen wieder aufzufinden sein sollten.
Das Konzept der materiellen Abhängigkeit übernehmen wir auch von Albert K. Cohen. "Der Begriff der materiellen Abhängigkeit bezieht sich auf die Tatsache, daß die meisten menschlichen Handlungen Spielzügen ähneln: für sich genommen und aus ihrem Zusammenhang gelöst sind sie nur Handlungsfragmente - stückhaft, ohne Sinn und nutzlos... Und wenn der Sinn einer Handlung davon abhängt, daß auch andere ihre Spielzüge ausführen und ihre Rollen spielen, dann gilt dasselbe in noch größerem Ausmaß für die Wirkung einer Handlung... Das bedeutet, daß fast alle Arten menschlichen Verhaltens, auch das abweichende Verhalten, der Organisation bedürfen, daß das menschliche Verhalten sich in Gemeinschaft vollzieht, daß es ein Glied ist in einer Kette von Handlungen, die andere vervollständigen müssen, daß es also von gemeinsamen Übereinkünften und von gegenseitigem Vertrauen abhängig ist.. und sich in ein organisiertes Handlungssystem einfügen muß, um Früchte zu tragen" (1968, S.149).
An anderer Stelle hat Albert K. Cohen (1965) diesen Gedanken auf das kriminelle Verhalten angewendet. Er meint, daß die Zusammenarbeit im kriminellen Verhalten nicht die gleiche Art der Kriminalität voraussetze. Verschiedene Individuen finden sich in einer Aktion zusammen, an der jeder auf andere Weise teilnimmt, wie die Käufer und Verkäufer auf dem Schwarzmarkt, der Buchmacher und die Telefonisten beim verbotenen Pferdewetten. Hier liegt "eine organische Solidarität" im Sinne Durkheims vor.
In diesem Sinne formulierten wir die Hypothese:

H 2o: Wenn Gruppen auftreten, deren Mitglieder kriminelles Verhalten äußern, dann tritt in diesen mit anderen ausgeführten Verhaltensweisen wechselseitige Stimulation, materielle Abhängigkeit und funktionale Differenzierung auf.

Treten nun derartige Interaktionsprozesse auf, die sich gegen die Besitz- und Machtstruktur richten, und werden diese Handlungen von den Mitgliedern der Instanzen sozialer Kontrolle oder anderen beobachtet, die diese Instanzen verständigen, kann ein sich entwickelnder Gruppenprozeß bereits im Anfangsstadium abrupt abgebrochen werden. Die Ansätze einer Gruppenbildung verschwinden so schnell, wie sie sich entwickelten. Wer sich den Hauseingang des Polizeireviers aussucht, wer im Park neben dem Amtsgericht das kriminelle Verhalten entwickelt, wird wieder schnell normales Verhalten zeigen. Die notwendige Voraussetzung für eine gewisse Stabilisierung und Dauerhaftigkeit derartiger Interaktionen und für die Ausbildung von Gruppen ist das Bestehen eines

Raumes, der zunächst frei ist von Einblicken und Zugriffen der Instanzen sozialer Kontrolle und anderer Personen, die diesen nahe stehen. An solchen Plätzen gibt es keinen Mangel. So ist zunächst zu erwarten, daß die Mitglieder krimineller Gruppen ihre freie Zeit nicht zu Hause verbringen, da sie dort schon einer höchst wirksamen sozialen Kontrolle ausgesetzt sind. Auch vor dem Einblick und dem Zugriff des Personals der Schule und des Betriebes müssen sich diese Personen schützen, da diese Organisationen ebenfalls sehr nachhaltige Kontolle ausüben. Langfristiges Schwänzen der Schule und die Arbeitsflucht sind ein Weg, sich diesen Kontrollen zu entziehen. Unabdingbar ist schließlich der Freiraum gegenüber den formellen Instanzen sozialer Kontrolle, insbesondere der Polizei, aber auch der Sozialarbeit und der Strafjustiz.

Wo Jugendliche mit anderen kriminelles Verhalten in der Interaktion entwickelt haben und über derartige Freiräume verfügen, bilden sich kriminelle Gruppen. Wo Jugendliche nicht über diesen Freiraum verfügen, leben diese Jugendlichen trotz des Drucks zur Kriminalität und trotz erster krimineller Interaktionen normal und bilden keine Gruppen dieser Art. Da das Zusammentreffen der verschiedenen Freiräume schon seltener ist, ist auch dieses kriminelle Verhalten in den benachteiligten sozialen Lagen selten.

H 21: Wenn Personen, die kriminelles Handeln äußern, längerfristig unbehindert von Instanzen sozialer Kontrolle bleiben, dann festigen sich die Interaktionsstrukturen.

Haben sich kriminelle Interaktionen entwickelt, laufen sie unbeeinflußt von Instanzen sozialer Kontrolle eine Zeit lang ab, dann entstehen feste Gruppen. Wenn wir hier dem Bestehen von Gruppen eine besondere Bedeutung für die Entstehung des kriminellen Verhaltens einräumen, so sind Konkretisierungen unseres Gruppenbegriffs dringend geboten. Vor Augen steht uns dabei die amerikanische Diskussion um die Brauchbarkeit des Gruppenbegriffs. So hat Fritz Sack daran erinnert, "daß der Nachdruck, der in den Arbeiten von Thrasher und der gesamten Chicago-Schule sowie in der Monographie von Whyte auf den Charakter der internen Struktur und Gruppenorganisation der Banden gelegt wurde, in unmittelbarer Auseinandersetzung und Frontstellung gegen die damals vorherrschende These der Desorganisation gerichtet war und daher etwas pointiert geriet." Sack hält es für "verfrüht, schon jetzt von "The Myth of Adolescent Culture" zu sprechen, wie F. Elkin und W.A. Westley es tun..aber LaMar T. Empey..hat eine derartige Fülle inkonsistenten Materials aus einer ganzen Reihe von Studien zusammengetragen, daß man sich seiner Forderung nach zusätzlichen und vor allem terminologisch und methodisch einheitlicheren Studien nicht verschließen kann, ehe man wieder zu weithin akzeptierten Verallgemeinerungen wird kommen können " (S.1o24).

Wir lehnen uns mit unserem Gruppenkonzept an George C. Homans

(1960, S.102) an, der Gruppen durch die Interaktionen ihrer Teilnehmer konstituiert sah und empfahl, bei der Identifizierung von Gruppen darauf zu achten, wer mit wem häufiger als mit anderen zusammen ist. Diese Personen und ihre Interaktionen lassen sich von der Umwelt nicht zur Gruppe gehörender Interaktionen und Personen trennen. Schon auf der Grundlage dieses einfachen Gruppenbegriffs können normale und kriminelle Gruppen voneinander unterschieden werden, insoweit Beteiligte an kriminellen Handlungen enger und häufiger an Gruppenprozessen teilnehmen als normale. Wir formulieren dann die Hypothese:

H 22: Wenn Jugendliche kriminelles Verhalten äußern, dann sind sie stärker an Gruppenprozessen beteiligt als Personen, die sich normal verhalten.

Allerdings darf der Hinweis auf die Bedeutung des Gruppenprozesses nicht so verstanden werden, als würden - einmal entwickelt - große Gruppen die Ausführungen krimineller Handlungen betreiben. So hatte schon Clifford R. Shaw selbst für die amerikanischen Gangs gefunden, "daß die Jungen bei kriminellen Handlungen ein oder zwei Kompagnons hatten und daß durch diese Zusammensetzung so etwas wie eine abgeschirmte "kriminelle Bruderschaft" von gewöhnlich kurzer Dauer entstand. Betrachtete man das ganze Feld einmal als eine Einheit, so war es nie kriminell, aber die Mitglieder fanden sich zu zweit oder zu dritt zu kriminellen Handlungen zusammen "(nach Thomas Eynon und Walter C.Reckless, 1961/62, S.102). Dabei wollen wir aber nicht so weit gehen wie Eynon und Reckless, die die Rolle der Kameradschaft von "zwei oder drei Jugendlichen" in der "Ätiologie des abweichenden Verhaltens" (1961/62, S.102) untersuchen wollen und von einem "Kameradschaftsfaktor per se" sprechen. Vielmehr entwickeln sich aus der Interaktion Gruppen. Ihre Mitglieder üben kriminelle Akte dann sowohl zu mehreren, zu zweit wie auch allein aus. "Insgesamt wird also die Vorstellung eines festen Gefüges dieser Subkulturen und Gangs, von der die erste Generation der Ganganalytiker ausgegangen war, zunehmend durch ein Bild ersetzt, wonach solche Gangs zwar nicht geleugnet werden und deren Gruppenaktivitäten immer noch als gruppeninduzierte Handlungen und nicht als individuelle Taten angesehen werden, aber die Struktur dieser Gruppenaktivitäten ist oftmals eine spontan hergestellte auf der Basis von gleichsam ad-hoc-Verbindungen der daran beteiligten Mitglieder" (Fritz Sack, 1973 a, S.144).

Durch diese Betonung eines spezifischen Aspektes der kriminellen Handlungen, ihres Bezugs auf Gruppen, unterscheidet sich die hier vorgeschlagene Perspektive von den gegenwärtig vorherrschenden Interpretationen der Kriminalität in der BRD. Entweder wird, wie vom Definitionsansatz, eine soziale Basis der kriminellen Handlungen übersehen, oder, wie im materialistisch-gesellschaftstheoretischen Ansatz, sehr große Kollektive wie eine ganze Klasse nehmen diesen Platz ein(24).

Fragen wir zuletzt noch nach der Größe der Tauwerte, die wir in diesem und in den folgenden Abschnitten erwarten. Wir gehen davon aus, daß es Unterschiede in der sozialen Struktur gibt, sie sollten aber in relativ engen Grenzen sich halten, so daß wir hier bei Tauwerten von o,o5 und mehr von Hinweisen für eine Bestätigung unserer Hypothesen ausgehen wollen.

4.3.2 Datenanalyse zum sozialen Zusammenhang des kriminellen Verhaltens

Es gibt viele Fälle kriminellen Verhaltens, die auf den ersten Blick allein aus der Situation geboren erscheinen und ein soziales Moment im Handlungsvollzug zunächst nicht erkennen lassen.

> Als Richard den Hahn zu Ende gegessen hatte, verschwand er um die Hausecke. Er blieb eine ganze Zeit lang weg. Ich fragte Willi, wo er hin sei. Willi: "Der ist gerade pinkeln." Richard kam zurück und rief: "Das gibts gar nicht. Ich will da pinkeln gehen, da steht da ein Ford Transit. Ich probier, ist die Karre doch tatsächlich nicht abgeschlossen. Ich will mir ne Zigarette anstecken und guck nach den Streichhölzern, da habe ich mir gleich die Taschenlampe mitgenommen." Er zeigt auf eine Taschenlampe, die er sich in die Hosentasche geschoben hatte.

Wir prüfen die Hypothese 19 genauer, indem wir zuerst kontrollieren, ob kriminelles Verhalten allein oder mit anderen Akteuren ausgeführt wurde. Wir finden in den Beobachtungsberichten, daß bei Schlägereien stets, bei Drogenmißbrauchs- und Eigentumsdelikten häufig eine Beteiligung vieler Personen zu finden ist.

> Ein Feldforscher fragte Gerd, ob es denn stimme, daß man meistens den Joint zu mehreren raucht. Gerd stimmte im großen und ganzen zu. Jedoch meinte er, er habe ungefähr zwanzig Mal schon alleine einen Joint geraucht, dann setze er sich hin, gaffe die Leute an und denke nach. Aber meist rauche er Joints mit mehreren zusammen. Vier Merkmale sind dabei charakteristisch: 1) Es ist gemütlicher. 2) Es macht mehr Spaß. 3) Man ist mit Gleichgesinnten zusammen. 4) Man kann sich unterhalten.

Prüfen wir diese Hypothese systematisch, finden wir folgende Verteilung: (Siehe Tabelle 45, Seite 271).

Von 372 kriminellen Verhaltensweisen wurden 41 allein und 331 mit anderen durchgeführt, bei 215 kriminellen Akten der kriminellen Gruppen war die Weise der Durchführung nicht einwandfrei dem Beobachtungsbericht zu entnehmen. Man sieht dann, daß in der Gruppe der Typen relativ häufig kriminelles Handeln auftritt, an dem kein zweiter be-

Tabelle 45: Beteiligung am Verhalten von Mitgliedern krimineller und normaler Gruppen+

Gruppe und Verhalten	Beteiligung am Verhalten allein	mit einem	mit 2 o.3	m.mehreren	Summe
Normale:	5	63	1o8	118	294
norm.Verh.	(o,o2)	(o,21)	(o,37)	(o,4o)	
Kriminelle:	41	131	83	117	372
krimin.Verh.	(o,11)	(o,35)	(o,22)	(o,32)	
Typen:	33	69	52	58	212
krimin.Verh.	(o,16)	(o,33)	(o,25)	(o,27)	
Rocker:	5	38	23	39	1o5
krimin.Verh.	(o,o5)	(o,36)	(o,22)	(o,37)	
Einsacker:	3	24	8	2o	55
krimin.Verh.	(o,o6)	(o,44)	(o,15)	(o,36)	

Tau T/R/E = o,o1; Tau T/R = o,oo; Tau T/E = o,o1; Tau R/E = o,oo

+ Auf die Berechnung eines Tau N/K und aller Taus für die einzelnen kriminellen Gruppen im Vergleich zu den Normalen mußte verzichtet werden, da wir hier unterschiedliche Verhaltensmuster der normalen und kriminellen Gruppen miteinander vergleichen. In allen folgenden, ebenso aufgebauten Tabellen dieses Teils wurde in derselben Weise verfahren.

teiligt wurde. Bei den Einsackern fällt die große Zahl der Verhaltensweisen auf, an denen noch ein weiterer beteiligt war. Es liegt nahe, diese Unterschiede in einem Zusammenhang mit den typischen Verhaltensweisen der Gruppen zu sehen. Wir finden dann:

Tabelle 46: Beteiligung am Verhalten von Mitgliedern krimineller und normaler Gruppen (Aufgliederung)

Gruppe und Verhalten		Beteiligung am Verhalten allein	mit einem	mit 2o.3	mit mehr	Summe
	Drogenm.	23 (o,12)	62 (o,33)	48 (o,26)	55 (o,29)	188
Typen	Agg.del.	4	5	1	1	11
	Eigent.del.	6	2	3	2	13
	Drogenm.	2	1o	6	8	26
Rocker	Agg.del.	2 (o,o4)	19 (o,4o)	3 (o,o6)	24 (o,5o)	48
	Eigent.del.	1	9	14	7	31
	Drogenm.	o	2	4	12	18
Einsacker	Agg.del.	o	4	1	4	9
	Eigent.del.	3	18	3	4	28
Summe		41	131	83	117	372

Tau = o,o7

Leider sind die Besetzungen der einzelnen Felder sehr klein. Immerhin bleibt erkennbar: Von allen Verhaltensweisen, zu denen zu einzelnen Zellen mindestens 1o oder im ganzen mehr als 4o Fälle vorliegen, ist es der Drogenmißbrauch der Typen, der relativ häufig allein durchgeführt wird. Dennoch werden in knapp 9o% aller anderen Fälle des Drogenkonsums der Typen andere beteiligt, wobei sich dann nach der Größe keine besonderen Schwerpunkte mehr ergeben. Rocker konsumieren Drogen besonders häufig zu zweit. Dies dürfte damit zusammenhängen, daß dieses Verhalten in der Rockergruppe offiziell verpönt war, dennoch oft ausgeübt wurde. Da bietet sich das Paar als soziale Basis an. Aggressionsdelikte werden von den Rockern zu zweit oder in größeren Gruppen ausgeübt. Bei den Eigentumsdelikten arbeiten sie besonders häufig zu dritt. Bei den Einsackern fällt die Konzentration auf die ganze Gruppe beim Drogenmißbrauch auf. Von besonderem Interesse dürfte sein, daß hier die Vielzahl der Eigentumsdelikte zu zweit ausgeführt wird - der Unauffälligkeit und der besseren Beweglichkeit wegen.

> Olli zeigte uns sein Sparbuch, das er am Tage vorher hatte einrichten lassen. Es waren achtundsechzig Mark eingetragen."Immerhin ein Anfang", meinte Götz. Olli: "Für die eine mexikanische Münze haben wir hundertfünfzig gekriegt. Für die beiden kleinen achtunddreißig." Götz: "Warum sackt Ihr beiden eigentlich allein ein?" Er meinte Klaus und Olli. Die Antwort: "Ihr sackt doch auch allein ein."(Das stimmte: Götz machte seine Fischzüge immer mit Felix zusammen).

Überblickt man auch hier die Tabelle im ganzen, sieht man, daß die meisten Delikte mit mehreren ausgeführt werden.

Von besonderer Relevanz im Zusammenhang mit unserer These ist, daß Alleinhandlungen immerhin auch auftreten. Es ist zunächst zu fragen, ob dieser Anteil eine Besonderheit des kriminellen Verhaltens ist. Vergleicht man einmal den Durchführungsmodus des kriminellen Verhaltens in den kriminellen Gruppen mit dem des normalen Verhaltens in den normalen Gruppen, findet man die Verteilung auf Seite 271. Man sieht, es wurden von den identifizierbaren normalen Akten der Mitglieder der normalen Gruppe relativ bedeutend weniger allein ausgeführt, als wir dies bei den kriminellen Verhaltensweisen in den kriminellen Gruppen fanden. Ob daraus auf einen Unterschied des kriminellen und normalen Verhaltens geschlossen werden darf, kann jedoch erst geklärt werden, wenn wir mehr über die Fälle wissen, in denen kriminelles Verhalten allein durchgeführt wurde.

Man kann zeigen, daß von den 23 von den Typen allein durchgeführten Verhaltensweisen des Drogenmißbrauchs 16 einer einzigen Kategorie kriminellen Handelns zu subsumieren sind, dem Fixen von O und M. Erinnern wir uns daran, daß es sich beim Fixen um eine Verhaltensform handelt, von der durchweg unterstellt wird, daß sie nicht in einen Prozeß sozialen Handelns einbezogen ist. Es wird unterstellt, daß es sich hier um ein Verhalten handelt, das nicht in der "sozialen Dimension" zu verorten ist, das in seinen Bedingungen, Folgen und Funktionen nicht Gegenstand soziologischer Forschung sein kann.

> Selbst bei den Typen steht dieses Verhalten in diesem "Ruf". So erkundigte sich ein Feldforscher bei Dieter nach Bruno. Er hatte ihn auch schon ein paar Tage nicht mehr gesehen. "Der hat wohl wieder was zu drücken, dann kommt er nicht." Wir kamen darüber ins Gespräch, wieweit irgendwelche Stoffe denn nun in der Gruppe oder einzeln genommen werden. Kiffen in Gruppen - das ist für Dieter ganz klar. Bei den Trips empfiehlt es sich, wenn mal einer ausflippt. Beim Fixen schätzt Dieter, daß etwa 5o% aller Fixereien in Gruppen stattfinden: "Fixer sind auch oft allein. Deshalb sind das auch oft so linke Typen."

Wir können an dieser Stelle noch nicht den Nachweis führen, daß auch diese Verhaltensmuster, die allein durchgeführt werden, dennoch, wie es unsere Hypothese 19 erwarten läßt, soziale sind. Dazu müssen wir erst die Analyse der im 6. Teil untersuchten Lernprozesse abwarten. Aber schon jetzt möchten wir darauf hinweisen, daß das Fixen gelernt ist. Immer wieder verweisen die Teilnehmer darauf, daß sie den ersten Joint, den ersten Trip und den ersten Schuß zusammen mit anderen machten. Beim Joint und beim Fixen ist das einfach eine Frage der Handlungsausführung, beim Trip ist es ein Problem der Angstbewältigung. Ähnliches gilt auch für andere Formen kriminellen Verhaltens. Dort gibt es aber auch Fälle, in denen selbst die Lernthese nur wenig zur Bestätigung der These vom sozialen kriminellen Handeln beiträgt.

> Der Feldforscher bei den Einsackern fragte Wolf: "Glaubst Du, daß man Einsacken lernen muß?" "Da ist schon ein bißchen dran, aber ich habe am Anfang auch schon allein eingesackt. Es ist auch nicht so schwer. Wenn die Verkäuferin mal nicht guckt, dann schnell zugreifen. Es dürfen natürlich nicht allzu viele Kunden in der Nähe sein."

Sicherlich wird man sagen können, daß wir bisher mit einer verhältnismäßig groben Operationalisierung des Begriffes des sozialen Handelns gearbeitet haben, wie unsere Formulierung "zunächst" ja auch andeuten sollte. "Mit anderen" kann heißen, daß diese nur dabeistanden, zuschauten usw., daß sie jedenfalls keinerlei Beziehung zu dem Handeln des jeweils anderen hatten. In der Hypothese 2o haben wir Elemente der sozialen Struktur des Verhaltens benannt, deren Auftreten wir nun beachten wollen.

So kann man prüfen, ob bei einem mit anderen durchgeführten Verhalten sich die Partner deutlich erkennbar wechselseitig stimulierten. Unterscheidet man danach den sozialen Bezug einzelner Verhaltensweisen, findet man unter den ausgezählten Fällen, daß von 239 kriminellen Verhaltensweisen, deren Berichte Angaben zu dem Auftreten oder Nichtauftreten dieses Aspektes enthielten, nur von 6 Verhaltensweisen, die sich über alle drei Gruppen verteilten, keine wechselseitige Stimulation protokolliert wurde.

Sodann waren wir davon ausgegangen, daß die soziale Struktur des kriminellen Verhaltens sich in der materiellen Abhängigkeit der Teile eines Verhaltensprozesses zeigen würde. Prüft man, ob man eine solche Abhängigkeit verfolgen kann, ob also nur eine kurze Aktion und Reaktion oder lange Verhaltenssequenzen auftreten, findet man:

Tabelle 47: Abhängigkeit des Verhaltens von Mitgliedern krimineller und normaler Gruppen+

Gruppe	Abhängigkeit der Akte		Summe
	kurze Sequenz	lange Sequenz	
Normale	5 (o,o2)	214 (o,98)	219
Kriminelle	16 (o,1o)	151 (o,9o)	167
Typen	7 (o,o7)	1oo (o,94)	1o7
Rocker	1 (o,o3)	32 (o,97)	33
Einsacker	8 (o,3o)	19 (o,7o)	27

Tau T/R/E = o,o9; Tau T/R = o,oo; Tau T/E = o,o9; Tau R/E = o,14

+ In dieser und in allen folgenden ebenso aufgebauten Tabellen dieses Teils zum Verhalten wurde, wie schon in Tabelle 45, das normale Verhalten der Normalen mit dem kriminellen Verhalten der Kriminellen verglichen.

Wir finden bei Typen und Rockern, daß längere Verhaltenssequenzen auftreten. Lediglich bei den Einsackern treten auch häufiger kurze Verhaltenssequenzen auf. Wir finden hier zudem, daß das normale Verhalten der Normalen eine noch größere materielle Abhängigkeit, die ihren Ausdruck in langen Sequenzen hat, aufweist.

Wir sehen so, daß die Abläufe sozial strukturiert sind. Sie entspringen gegenseitiger Stimulation, sie laufen über längere Sequenzen. Das heißt jedoch nicht, daß hier soziale Handlungsautomatismen vorliegen. Ausgelöste, im Ansatz unter der Beteiligung mehrerer durchgeführte Akte werden nach Durchlaufen einiger "Interaktionsakte" unterbrochen, fallen gelassen, wenn neue, nicht besonders bedeutende Stimuli oder nur geringfügige Hindernisse auftauchen.

> Sofort nachdem wir eingetroffen sind, kommt von Hajo der Vorschlag: "So, jetzt können wir ja einen Sechs-Mann-Joint bauen." Das wird dann auch getan. Hajo stopft eine Pfeife mit schwarzem Afghanen. Aber die Pfeife wird gar nicht bis ganz zu Ende ge-

raucht. Es besteht plötzlich gar kein Verlangen mehr nach dem Joint, so daß Hajo die Pfeife beiseite legt und meint, dann habe er ja noch was für morgen früh, nachdem er jeden einzelnen gefragt hat, ob er noch mal wolle.

Wir finden folgende Verteilung:

Tabelle 48: Durchführung des Verhaltens von Mitgliedern krimineller und normaler Gruppen

Gruppe	Durchführung des Verhaltens		Summe
	abgebrochen	vollzogen	
Normale	1 (o,oo)	32o (1,oo)	321
Kriminelle	35 (o,o7)	441 (o,93)	476
Typen	2o (o,o8)	235 (o,92)	255
Rocker	9 (o,o6)	135 (o,94)	144
Einsacker	6 (o,o8)	71 (o,92)	77

Alle Tauwerte o,oo

Wir finden, daß in kriminellen Gruppen, anders als beim normalen Verhalten in normalen Gruppen, immer wieder ein Verhalten abgebrochen wird. Das gilt auch fürs Fixen. Hier sollte man ja aufgrund der Vorstellungen, die man von der Sucht hat, erwarten, daß Abbrüche sehr selten sind, eben weil dieses Verhalten zwanghaft durchgeführt wird.

Daß kein Handlungsautomatismus vorliegt, zeigt sich schließlich daran, daß entsprechend Hypothese 2o die soziale Durchführung krimineller Akte auch funktional differenziert ist, wie wir es unterstellen. Leider verfügen wir nicht über entsprechende, brauchbare Auszählungen, so daß wir uns hier mit einer Analyse der typischen Struktur einzelner Verhaltensweisen begnügen müssen.

So gibt es beim Joint-Anfertigen in der Regel drei Arbeiten: Papier für den Joint vorbereiten, den Tabak fertig machen, den Shit zerbröckeln. Hier fanden wir sehr häufig, daß jeder der Beteiligten einen der Jobs übernimmt. Es gibt sogar regelrechte Spezialisierungen, so daß, wenn Leute zum Joint sich zusammensetzen, eine bestimmte Person immer die gleiche Arbeit macht. Dazu gehört z.B. das Drehen des Joints. Es ist etwas schwieriger. Hier kommen dann oft anerkannte Spezialisten zum Zuge.

Auch bei den Trips erfolgt zumindestens ansatzweise eine funktionale Differenzierung. Bei den gefürchteten "Horror-Trips" versuchen Typen, auf verschiedene Weise einen Freund vom "Horror herunterzubringen." Hier gibt es auch anerkannte Experten, auf die in entsprechenden Situationen von allen gezählt wird.

Günther, ein Typ, erzählte: "Den ersten Trip habe ich auf einer Fete eingeworfen, auf der ungefähr vierzig Personen waren, die alle auf den Trip gegangen sind. Ich habe nur einen halben Trip eingeworfen, meine Freundin einen ganzen. Das ist das erste Mal gewesen, daß sie einen ganzen Trip eingenommen hatte. Meine Freundin ist dann von dem Trip auf den Horror gekommen und rief plötzlich: "Hilfe, ich sterbe." Das hat uns ganz schön fertig gemacht. Ich habe ihr mal erst klar gemacht, daß das doch Quatsch ist. Sie sei nur rechts abgefahren und habe nun geradeaus fahren müssen. Nach einer halben Stunde ist es ihr dann besser gegangen". Adrian, der daneben stand, bestätigte, daß Günther äußerst fähig sei, Leute vom Horror-Trip herunterzuholen.

Beim Fixen ist die Arbeitsteilung verhältnismäßig wenig entwickelt. Zwar ist das Erlernen der Fixtechnik für den Anfänger entscheidend, und insofern ist er auf Leute mit einem gewissen technischen Wissen angewiesen, zwar gibt es in den Situationen des Fixens in Gruppen immer wieder eine Arbeitsteilung zwischen den Typen, und es gibt auch Spezialisten, die die wichtigen Arbeiten des Sterilisierens, des Lösens und des Aufziehens vornehmen, aber es gibt einen beachtlichen Anteil der mit anderen durchgeführten Fixakte, die dennoch jeder Arbeitsteilung entbehren.

Beim Dealen ergibt sich die funktionale Differenzierung aus den Interessen der Beteiligten wie von selbst. Der eine fragt nach, der andere bietet an. Diese Differenzierung ist auch - geht man von Personen aus - bei vielen auf Dauer gestellt. Es gibt Typen, die nie dealen, es gibt Dealer, die nie bei anderen kleine Mengen nachfragen und die auch nie kiffen. Eine große Gruppe ist allerdings zwischen beiden Extremen einzuordnen.

Bei den "Kloppereien" zeigt sich, es kommt zum gegenseitigen Helfen. Droht einer der "Kumpel" aus dem eigenen "Club" zu unterliegen, wird eingegriffen. Im "Fertigmachen" des Gegners ergibt sich dann die Aufgabenverteilung zwar aus der Situation, es werden aber auch miteinander kombiniert spezielle Fähigkeiten der einzelnen eingesetzt, z.B. das Schlagen mit dem Kopf, das Treten mit den Füßen usw. "Putz" und Krach werden sowohl ganz allein wie arbeitsteilig mit anderen inszeniert.

Beim "Automatenkloppen" gibt es Techniken, die eine funktional differenzierte Zusammenarbeit von mindestens zwei Leuten fordern. Bei der "Stielkammtechnik" wirft einer eine Mark ein und zieht eine Schachtel. Er läßt den Kasten etwas draußen und schaut nach, ob die zweite Schachtel etwas hervorschaut. Ist das der Fall, so schiebt er den Raster fünf bis sechs Zentimeter zurück, so daß die Schachtel noch etwas weiter hervorkommt. Dann greift der andere mit einem Stielkamm nach und holt diese Schachtel heraus. Ferner gibt es beim Schlagen gegen die Tasten und bei anderen Techniken des Automatenkloppens die Arbeitsteilung zwischen dem, der aufpaßt, und dem, der die Zigaretten kloppt.

Beim "Mitnehmen" kommt es häufig vor, daß einer die Tasche, die Tüte oder den Sack aufhält und der andere das Mitgenommene hineinfallen läßt. Zudem geht man oft so vor, daß einer oder mehrere das Verkaufspersonal ablenken, während der andere etwas nimmt. Solche Akte werden aber auch gelegentlich allein durchgeführt.

Zur Überprüfung der Hypothese 21 greifen wir zunächst auf Daten zur sozialen Kontrolle durch die Familie zurück. Wir fanden folgende Verteilung der Antworten auf eine entsprechende Interviewfrage:

Tabelle 49: Ort der verbrachten Freizeit von Mitgliedern krimineller und normaler Gruppen (bezogen auf Personen)

Gruppe	Ort der Freizeit		Summe
	mind. halbe Freiz. zu Haus	mehr als halbe Freiz. außer Haus	
Normale	22 (o,54)	19 (o,46)	41
Kriminelle	16 (o,27)	43 (o,73)	59
Typen	6	8	14
Rocker	8 (o,22)	29 (o,78)	37
Einsacker	2	6	8
Summe	38	62	1oo

Tau N/K = o,o7; Tau N/T = o,o1; Tau N/R = o,11

Es wäre sicherlich wünschenswert, diese Verteilungen mit Daten aus der BRD zu vergleichen. Leider liegen uns derartige Informationen nicht vor, so daß wir gezwungen sind, auch hier die Mitglieder krimineller Gruppen mit den Normalen zu vergleichen, um auf der Basis dieser Verteilungen Anhaltspunkte für das Zutreffen unserer Hypothesen zu gewinnen.

Dagegen können wir über den Rückzug aus dem Produktionsbereich aufgrund der Daten, die wir schon im letzten Teil, Seite 186, analysierten, unsere Hypothese, was die soziale Kontrolle des Betriebes angeht, als bestätigt betrachten.

Zur Kontrolle durch die formellen Instanzen sozialer Kontrolle wie die Polizei, Sozialarbeit und Strafjustiz liegen uns die weiter unten (S.468 ff) ausgewerteten Daten vor. Sie bestätigen insoweit ebenfalls unsere These, als die Kontakte mit den Instanzen sozialer Kontrolle nur eine Minderheit der Personen und nur eine kleine Zahl der ausgeführten Akte betreffen. Im ganzen ergibt sich für die Gesamtgruppe der an kriminellen Handlungen Beteiligten und die Gruppe der Rocker eine Bestätigung der Hypothese 21.

Zur Prüfung unserer abschließenden Hypothese 22 zur Entstehung von

Gruppen wäre zu klären, ob sich überhaupt Gruppen im beschriebenen Sinn feststellen lassen. Gehen wir von unserer Definition der Gruppe aus und fragen wir nach der Struktur und der Häufigkeit des Zusammenseins, so finden wir folgende Verteilung von Interviewdaten:

Tabelle 5o: Treffen mit der Gruppe von Mitgliedern krimineller und normaler Gruppen (bezogen auf Personen)

Gruppe	Treffen		Summe
	m.versch.Pers.u. höchst.2x/Woche	m.denselben Pers. fast täglich	
Normale	18 (o,46)	21 (o,54)	39
Kriminelle	17 (o,29)	42 (o,71)	59
Typen	7	8	15
Rocker	6 (o,17)	3o (o,83)	36
Einsacker	4	4	8
Summe	35	63	98

Tau N/K = o,o3; Tau N/R = o,1o

Die Differenzen sind wohl nicht so hoch,wie erwartet, aber sie sprechen bei den Rockern doch für unsere Hypothese.

4.3.3 Diskussion der Ergebnisse der Datenanalyse

Daß das kriminelle Verhalten sozial ist, ist auch in anderen Untersuchungen gefunden worden. So stellte man schon im Indischen Hanfdrogenreport fest, "die gewohnheitsmäßigen Ganja-Raucher sind..einem engen Frendeskreis bekannt, der sich zum Essen zusammenfindet und anschließend gemeinsam die Droge nimmt" (S.1o4). Ähnliches fand man später im LaGuardia-Report: "Der Marihuana-Raucher erreicht eine größere Befriedigung, wenn er mit anderen zusammen raucht...Immer wieder wurde beobachtet, wie bereitwillig die Raucher ihre Zigaretten mit anderen teilten.. Es ist ein fast schon ritusartiger Brauch, bei dem eine Haschischzigarette angezündet und nach ein oder zwei Zügen dem Nachbarn weitergereicht wird. Dieses Vorgehen wird wiederholt, bis jeder der Anwesenden ein oder zwei Züge nehmen konnte" (S.21o f). Auch im Britischen Cannabis Report wurde ausgeführt: "..daß Cannabis...mehr in Gesellschaft als von einzelnen geraucht werde" (S.279). Ebenso hat Howard S. Becker darauf hingewiesen, daß auch die Konsumenten anderer Drogen in Gruppen zu finden sind. Für die Halbstarken, die Vorläufer der Rocker, hatte Günther Kaiser 1959 (S.57) gefunden, daß nur 3-5% aller Halbstarkendelikte allein oder zu zweit durchgeführt werden. In den Untersuchungen von Short und Strodtbeck wurde für völlig unterschiedliche kriminelle Verhaltensweisen die soziale Struktur nachgewiesen.

Für die Richtigkeit unseres Befundes, daß kriminellesVerhalten kein

Automatismus ist, könnte auch angeführt werden, daß einzelne Mitglieder der Gruppen aufhören, das gruppentypische Verhaltensmuster zu zeigen. Das widerspricht der Vorstellung vom "Müssen", vom "Nicht anders können", so als wäre es ein eingebautes oder erworbenes Verhaltensschema nach dem Stimulus-Response-Modell. Solche Versuche schlagen aber auch fehl. Die Lösung von der Gruppe gelingt nicht, weil ein normativer Druck den Austrittswilligen in der Gruppe hält - ein Prozeß, der ebenfalls gegen die These von einem Handlungsautomatismus und für unsere allgemeine These 5 vom Handlungsaufbau spricht.

Die Ergebnisse der Datenanalyse zur Gruppenbildung sind für unsere allgemeine These 5 nicht sehr günstig. Der von uns unterstellte Zusammenhang von kriminellen Verhaltensweisen und der Ausbildung krimineller Gruppen als der Basis des zukünftigen, dauerhaften kriminellen Verhaltens kann nicht in der Stärke nachgewiesen werden, wie wir es erhofften. Immerhin sind mehr der Mitglieder krimineller Gruppen als der Mitglieder normaler Gruppen regelmäßig mit der Gruppe zusammen. Das stimmt mit Ergebnissen von Forschungen zur Situation in den USA überein. So hat 1968 noch James F. Short (S.1) geschätzt, daß 6o-9o% der Delikte von meist lockeren Gruppen ausgeführt werden. Lerman fand, daß der größte Teil der Jugendlichen, die sich delinquent verhalten hatten, ihre freie Zeit mit ein oder zwei Freunden oder Freundinnen verbrachte oder aber auch allein. Er fand aber auch schon, daß das Auftreten regulärer Gruppen selten ist. Es nahm aber mit steigendem Alter zu. Wir sehen dagegen, daß für einen nicht unbeträchtlichen Teil der Normalen das Zusammensein in ähnlich strukturierten, jedoch sich normal verhaltenden Gruppen, verbreitet ist. Dem entsprechen auch Untersuchungen zum Verhältnis von Jugend und Freizeit für normale Jugendliche, in denen man immer wieder die große Bedeutung der Gleichaltrigengruppe fand. So fand Viggo Graf Blücher, daß sich 25% der von ihm befragten Jugendlichen regelmäßig mit anderen Jugendlichen treffen, daß weitere 26% öfter mit einer Gruppe zusammen sind. So gesehen ist der beachtliche Teil der Jugendlichen, der seine freie Zeit in der Gruppe der Normalen verbringt, nicht überraschend.

4.4 Der Organisationsgrad von kriminellen und normalen Gruppen

4.4.1 Präzisierung und Operationalisierung der These vom Organisationsdefizit krimineller Gruppen im Vergleich zu normalen Gruppen

Aus den Interaktionen, die das kriminelle Verhalten umfassen, entstehen Gruppen. Zu fragen ist gemäß der allgemeinen These 5 weiter, wie diese Gruppen aussehen, wenn sie einmal eine gewisse Zeit bestehen.

Entwickeln sie sich weiter zu "kriminellen Vereinigungen", dauerhaften kleinen Gegengesellschaften, oder verschwinden sie nach kurzer Zeit? Gibt es eine feste Arbeitsteilung in den Gruppen mit stabilen Positionen wie Chefs und Ideologen, Ausführenden, Handlangern und Mitläufern, oder sind alle in einer gleichen Weise einfach Mitglied? Wie sieht die Mitgliedschaft selbst aus? Was muß man tun, um dazuzugehören? Hat man Bewährungsproben abzulegen, oder kann man einfach mitmachen?

Geht man nun von der Existenz der Gruppen aus, kann man prüfen, ob sie in ihrer Organisation Unterschiede aufweisen. Sie müßten sich zwar auch bei einem Verhaltenstyp, also beim normalen Verhalten beider Gruppen zeigen, sie sollten aber besonders deutlich werden, wenn unter allgemeineren Gesichtspunkten die verschiedenen Verhaltensmuster vergleichend analysiert werden.

Nach unseren bisherigen Analysen könnte auf das Bestehen eines gut organisierten Verhaltenssystems in den kriminellen Gruppen geschlossen werden, so als ob an den Trefforten immer wieder bestimmte Verhaltensabläufe mit bestimmten Beteiligten usw. auftreten würden, die auch unter verschiedenen Umständen durchgehalten werden, steht das Verhalten doch, wie wir zeigten, im engen Zusammenhang mit der sozialen Lage der Beteiligten und unterstützen sich doch die Personen, die dieses Verhalten ermöglichen, entwickeln helfen und später beibehalten.

Zu dieser Frage gibt es eine ausgedehnte Diskussion in der Kriminalsoziologie, die immer noch nicht abgeschlossen ist. Die deutschen Vertreter haben sich daran kaum beteiligt (25). Entweder gingen sie einfach von der in der Kriminologie schon verbreiteten Position aus, daß kriminelles Verhalten nur auf den gerade Ausführenden zurückzuführen und er allein zu betrachten sei, oder sie schlossen sich, wie die jüngeren Kriminalsoziologen, eben dem Definitionsansatz an, der, da er das kriminelle Verhalten nicht für untersuchungsbedürftig betrachtete, auch keine kriminellen Gruppen oder ähnliches untersuchte.

Anders ist die Situation in den USA. Hier wird immer noch erbittert darüber gestritten, wie die Gruppen aussehen, deren "ätiologische Relevanz" für die Kriminalität weithin zugestanden wird. Es dürfte ratsam sein, die beiden wichtigen Positionen dieser Diskussion hier kurz zu skizzieren, da nach einer Überwindung des Definitionsansatzes in der BRD diese Frage mit Sicherheit diskutiert werden dürfte und der Verlauf der amerikanischen Debatte Irrwege aufdeckte, die auch anderswo mit Sicherheit zunächst eingeschlagen werden dürften, wenn Warnungen ausbleiben.

Die Positionen lassen sich charakterisieren durch zwei Begriffe: Die eine begreift immer noch die Kriminalität als das Produkt der kriminellen "Gang", der Bande, die andere als das Ergebnis des delin-

quenten "Haufens", der viele Cliquen umfaßt. Die erste Position geht auf empirische Arbeiten von Thrasher, Whyte, Miller und zuletzt Short und Strodtbeck - um nur die prominentesten zu nennen - zurück. Theoretisch bearbeitet wurde sie vor allem von Cohen, Cloward und Ohlin. Diese Forscher strichen die Existenz stabiler Verhaltensmuster, subkultureller Normen und individueller Karrieren kräftig heraus und ließen den sozialen Zusammenhang, der die Kriminalität trägt, als Abbild der Gesellschaft im kleinen erscheinen. Die typisch kriminellen Aktivitäten waren hier der Betrieb ganzer "Teestuben", in denen Drogen gehandelt und verzehrt werden, der "Bandenkrieg" der Rocker und die organisierten Diebeszüge mit festen Absatzmärkten für die Beute.
Die zweite Position ist neueren Datums. Sie geht im wesentlichen auf zwei theoretisch-empirische Arbeiten zurück, auf Lewis Yablonskys und Paul Lermans Untersuchungen. Sie arbeiteten das Episodenhafte, das Beiläufige an der Kriminalität heraus - die ungeplanten, mehr zufälligen, selten auftretenden kriminellen Handlungen, den Jargon, den die ganze Altersgruppe der Jugendlichen zu sprechen versteht, die im Grunde normale Identität der Beteiligten. Hier tritt keine Gegengesellschaft en miniature mehr auf, sondern ein Haufen von Cliquen von Kumpeln von zwei oder drei Personen, die auch "mal Quatsch" machen. Yablonsky und Lerman lösten Teestuben, Bandenkriege und Diebeszüge in Diskothekenbesuche, Streifzüge und Kaufhausbummel auf, bei denen mal ein "Joint" geraucht, eine kleine "Klopperei" bestritten und mal was "mitgenommen" wird. Von dem Zusammenhang der "Gruppe" wollten sie nichts wissen - verschwinden die Gruppenmitglieder doch, sobald sich nur etwas Interessanteres zeigt als eben die "Gruppe". Was später aus ihrem Verhalten gemacht wird, haben die Teilnehmer nicht mehr zu verantworten, sondern Polizisten, Sozialarbeiter, Richter, Reporter und Kriminalsoziologen. Mit der kriminellen Wirklichkeit haben ihre Beschreibungen nichts zu tun.

Auch - wie sollte es anders sein - mittlere Positionen sind vertreten worden, zum Teil von Teilnehmern der Diskussion selbst. Cohen und Short haben z.B. eingeräumt, es gäbe beides, und sie haben als neuen Begriff den der "Stamm-Subkultur" (parent-subculture) geprägt, der den losen, aber gleichwohl eigentümlichen Charakter des Zusammenhangs beschreiben soll, der die einzelnen Cliquen aus sich entläßt. David Matza hat von einer Infrakultur der Devianz gesprochen und die Verbreitung normaler wie krimineller Verhaltensweisen unter Jugendlichen unterstellt.

Es lag nahe, auch einzelne Gruppen nach ihrem Organisationsgrad zu unterscheiden. Dabei schnitten die "Typen" in der Regel sehr ungünstig ab, während den Dieben eine hohe Organisation zugesprochen wurde. Yablonsky hat die Aussagen zur differentiellen Organisation der verschiedenen Gruppen der Kriminellen systematisiert und in das Kontinuum auch die normalen Gruppen einbezogen. Er unterstellte den höchsten Organisationsgrad für die normalen Gruppen. Er fand Formulierungen zur Beschreibung ihrer Struktur, die einem Pfadfinderhandbuch entnommen sein könnten.

Die Argumente dieser Diskussion sollten uns veranlassen, sehr genau zu prüfen, wie es um den Organisationsgrad der Gruppen bestellt ist. Wir wollen daher untersuchen, wieweit die Gruppen einzelnen Kriterien der Organisation wie der Offenheit oder Geschlossenheit, des Konflikts oder der Harmonie, der Gleichheit oder der Ungleichheit entsprechen. Dabei wollen wir unsere Hypothesen nicht von den Ergebnissen der kriminalsoziologischen Diskussion in den USA ableiten, sondern aus unseren eigenen, bisher erarbeiteten Befunden. Die Entwicklung des kriminellen wie des normalen Verhaltens aus der sozialen Lage und den Interaktionsprozessen sollte eine Bedingungskonstellation bieten, die Schlüsse zum Organisationsgrad nahelegt.

1. Offenheit oder Geschlossenheit krimineller und normaler Gruppen

Wir gehen davon aus, daß in kriminellen Gruppen ebenso wie in normalen Gruppen klare Mitgliedschaftskriterien bestehen. Aus der Interaktion in der Vergangenheit haben sich feste Verhaltensmuster ausgebildet, so daß zukünftig sowohl die Aufforderung zur Beteiligung an einem bestimmten Verhalten, etwa durch die Ausrichtung eines Handlungszuges auf eine Person, nur an bestimmte Personen ergeht, wie die Möglichkeit der Teilnahme, einfach von der Fähigkeit zum Mitmachen an anlaufenden Verhaltensweisen, nicht einfach für jeden gegeben ist, sondern in der Gruppe erworben werden muß. Der Zugang zur normalen Gruppe sollte daher leichter sein als der zu kriminellen Gruppen, da normale Verhaltensmuster durch den langen Sozialisationsprozeß praktisch jedem zur Verfügung stehen, also auch Personen aus abhängigen ökonomischen und politischen Positionen, die von dieser ihrer Situation eher zu einem anderen Verhalten gedrängt werden.

Geht man von den kriminellen Verhaltensmustern aus, dürften die geringsten Anforderungen die Typen stellen. Sie haben ja aufgrund ihrer Herkunft die normalen Erwartungen stark internalisiert, sie sind auch deshalb nicht zu einer aktiven Form kriminellen Verhaltens übergegangen, sondern zu einer passiven. Hier sollten normale Züge auch noch im kriminellen Verhalten zu entdecken sein. Zudem bieten ihre Muster zumindest im Eingangsstadium die wenigsten technischen Schwierigkeiten. Einen Joint rauchen kann fast jeder - wenn auch das Empfinden der Wirkung gelernt sein will. Beim Fixen ist es schon schwieriger. Aber diese Muster sind ja keine Verhaltensweisen, die ein neu Hinzukommender ausüben mußte.

An dieser Stelle müssen wir schon einen Vorgriff auf später zu erörternde Aspekte krimineller Verhaltensweisen unternehmen. Es kommt ja zu Kriminalisierungsprozessen. Das hat zweifelsohne große Bedeutung für die Zugangswege. Da diese Gefahr für die Typen zum Untersuchungszeitraum ebenso groß war wie für andere Gruppen, dürfte lediglich durch diesen Tatbestand eine Erschwerung des Zugangs bestehen.

Die erheblichen Benachteiligungen in der sozialen Lage und die daraus resultierenden ernsten Behinderungen bei der Ausführung normalen Verhaltens, die bei den Rockern auftritt, führt zu Gesten, Reden und Bewegungen, die nicht jeder sofort erbringt. Andererseits ist die Ausführung der spezifischen Verhaltensmuster dieser Gruppe wieder rein technisch nicht so schwierig, als daß ein Zugang nachhaltig abgeblockt würde. Die soziale Kontrolle stellte zumindest in unserem Untersuchungszeitraum den Rockern ebenso nach wie den Typen, so daß im Endergebnis die Rocker weniger zugänglich sein dürften als die Typen.

Als relativ geschlossen wollen wir die Einsacker betrachten. Zwar ist ihre Kapazität zu normalem Verhalten nicht so eingeschärnkt, wie die der Rocker. Aber ihre Verhaltensweisen sind technisch wesentlich komplizierter als die der anderen, sieht man einmal vom qualifizierten Drogenmißbrauch, dem Fixen, ab. Zudem stehen sie unter stärkstem Sanktionsdruck. Kleine Kloppereien, ein paar Joints werden von vielen Mitgliedern der Instanzen sozialer Kontrolle "durchgelassen", ein einfaches "Wegnehmen" aber nicht. Es dürfte daher vor allem diese Gruppe sein, bei der wir den höchsten Schwierigkeitsgrad beim Erwerb der Mitgliedschaft in der Gruppe finden. Wir kommen so zu der Hypothese:

H 23: Wenn Gruppen auftreten, deren Mitglieder kriminelles Handeln äußern, dann ist der Zugang zu diesen Gruppen gegenüber normalen Gruppen erschwert. Dies gilt weniger für die Typen, mehr für die Rocker, vor allem für die Einsacker.

2. Harmonie und Konflikt in kriminellen und normalen Gruppen

Der soziale Zusammenhang, die Kohäsion mit den Extremen Harmonie und Konflikt, dürfte in kriminellen Gruppen nicht anders entwickelt sein als in normalen. Eher sollten Konflikte häufiger in diesen Gruppen auftreten.

Geht man vom Zusammenhang der sozialen Lage und von den vorausgegangenen Interaktionen aus, so ist diese Beziehung ja bei allen Gruppen gleich straff. Da auch das kriminelle Verhalten auf andere Personen angelegt ist, kann eine höhere Kohäsion bei den normalen Gruppen zunächst nicht vermutet werden. Im Gegenteil: Für die Normalen, von ihrem sozialen Hintergrund zu eben diesem Verhalten gedrängt, bieten sich in vielen Situationen die Möglichkeiten zur Teilnahme an normalen Verhaltensweisen, für die Kriminellen gibt es die Chance, dem Druck zum kriminellen Verhalten nachzugeben, aber nur in der kriminellen Gruppe. Ein besseres Zusammenspiel, eine stärkere Integration, dürfte daher eher in diesen kriminellen Gruppen zu erwarten sein, einfach, weil ihr Verhalten nur in diesen Gruppen ausgeführt werden kann, was für einen harmonischen Verlauf der Interaktion nur förderlich sein kann.

Andererseits ist die Interaktion unter den Normalen besser eingeschliffen. Wo jeder weiß, was er vom anderen erwarten kann, wo selten Überraschungen erlebt werden, läßt sich einvernehmlich leben. Bei den Kriminellen ist die Situation anders. Sie reagieren mit neuem Verhalten auf die sozialen Lagen. Das kann zu falschen Reaktionen führen. Zudem "sitzt" ihr Verhalten noch nicht. Dazu ist es viel zu wenig geübt. Immer wieder treten "Pannen" auf. Das führt ebenfalls zu Konflikten. Für alle kriminellen Gruppen kann man weiter unterstellen, daß der Druck der Außenwelt sie zusammenbringt. Dieser Druck führt aber ebenso wahrscheinlich zu Konflikten, weil einfach die ruhige Atmosphäre zum Aufbau und zum Ausleben der Interaktionen fehlt.

Bilanziert man diese Einschätzungen, sollten doch in den kriminellen Gruppen häufiger Konflikte auftreten als in den normalen. Dabei vermuten wir die stärksten Konflikte unter den Rockern. Unsere Analyse ihres sozialen Hintergrundes drängt einerseits zu diesem Schluß. Zum anderen ist ja das Verhaltensmuster, das diese Gruppe entwickelt hat, die Produktion von Konflikten. Diese werden selbstverständlich auch in der Gruppe selbst auftreten. Wenn irgendwo, dann sollten wir hier den permanenten Kleinkrieg aller gegen alle vermuten, sollte der Bestand der Gruppe dauernd bedroht sein.

Die Drogenkonsumenten dürften vom sozialen Hintergrund her ein normales Konfliktvermeidungsverhalten am ehesten zeigen. Auch birgt ihr Verhalten, sieht man wieder von den Fixern ab, nicht so viele Risiken des Fehlschlags. Andererseits ist nicht zu übersehen, daß die Tätigkeit der Instanzen sozialer Kontrolle natürlich einen Druck zu Konflikten mit sich bringt.

Unsere Einschätzung im ganzen, die die Drogenkonsumenten nicht gerade in Gruppen versammelt sieht, die von Konflikten zerrissen sind, wird sonst eher selten vertreten. So unterstellten Cloward und Ohlin für die Drogenkonsumenten einen geringen Gruppenzusammenhalt: "Trotz des Drucks zum Aufbau einer Subkultur ist es doch so, daß die Beziehungen unter den Konsumenten nicht so solidarisch sind wie unter den Teilnehmern an Diebes- und Schläger-Subkulturen. Der Drogenmißbrauch ist auf vielfache Weise eine individualistische Form der Lösung von Schwierigkeiten, denn der "Schuß" ist im wesentlichen eine private Erfahrung. Die Nachfrage nach dem Stoff ist eine weitere trennende Kraft, da sie zu einer intensiven Konkurrenz der Konsumenten um Drogen für Geld führt. Solche Kräfte setzen der Kohäsion, die sich unter den Gruppen von Drogenkonsumenten entwickeln mag, sehr enge Grenzen" (S.179). Yablonsky hat ebenfalls bestritten, daß Drogenkonsumenten regelrechte Gruppen bilden: "Die `Rückzugssubkultur´ der Drogenkonsumenten ist nicht eine Gang in irgendeinem Sinn" (1967,

S.167). Yablonsky betrachtete daher dieses kriminelle Handeln ebenfalls als individualistisch mit nur wenigen sozialen Bezügen. Er meinte, die meisten Drogenkonsumenten seien isoliert. Keine Gruppe könne den "unverantwortlichen, unberechenbaren Drogenkonsumenten ertragen, auch die Gruppe der Drogenkonsumenten selbst nicht." Yablonsky vermutete daher starke Konflikte beim Zusammentreffen mehrerer Typen. Sie seien stets mit dem "Feeling" von ihrem letzten Schuß und mit der Beschaffung des Geldes für den Kauf des nächsten beschäftigt. Das ständige "Auf und Ab" in den Lebensbedingungen ließe die Voraussetzungen der Stabilität für irgendein Gruppenleben fehlen, und wäre es auch nur ein noch so begrenzter Zusammenhalt. Den Schlüssen sowohl Clowards und Ohlins wie Yablonskys können wir uns allerdings nicht anschließen.

Die Diebstahlsgruppen dürften zuerst eine interne Struktur haben, die auf ihre spezifischen Aktivitäten abgestimmt ist. Zwar ist auch ihr Verhalten erst zu entwickeln, und "Pannen" dürften in genügender Zahl auftreten, aber, die einmal entwickelten Verhaltensweisen haben, anders als bei den Rockern und Typen, selbst kaum ein Konfliktpotential, sieht man einmal von den seltenen Fällen ab, in denen eine große Beute zu teilen ist. Hier dürfte also im ganzen lediglich der Druck der Instanzen sozialer Kontrolle auch in diese Gruppe Unruhe und damit Konfliktstoffe tragen. Wir kommen daher zu folgender Hypothese:

H 24: Wenn Gruppen auftreten, deren Mitglieder kriminelles Handeln äußern, dann treten Konflikte in diesen Gruppen häufiger als in einer normalen Gruppe auf. Unter den kriminellen Gruppen weisen die Rocker mehr Konflikte als die Typen, die Typen mehr als die Einsacker auf.

3. Gleichheit und Ungleichheit in kriminellen und normalen Gruppen

Die soziale Lage, der Druck zur Kriminalität, die sich entwickelnden Interaktionen und die entstehenden Gruppen führen weder bei Normalen noch Kriminellen unbedingt zur Ausbildung von Führerschaft, begreift man diese als "die relative Wirksamkeit von Versuchen, Interaktionsprozesse und Verhaltensweisen auf Dauer einzuleiten, zu beeinflussen oder anderswie zu steuern" (M.Sherif und C.W.Sherif, 1967, S.46). Zwar ist man bei der Untersuchung von kleinen Gruppen immer wieder darauf gestoßen, daß sich der Einfluß ungleich verteilt. So betrachtete Robert F.Bales, der viele Kleingruppenforschungen durchführte, diese Kategorie als Universalie, und schon in Gruppen mit nur drei Teilnehmern treten nach seiner Auffassung stets Einflußdifferenzierungen auf. So richtet sich der Führer mehr an alle als an einzelne. Er hat auch den höchsten Handlungsanteil. Auch die Verteilung der weiteren Beteiligungsraten ist rangspezifisch (1956, S.164 f). Auch andere Forschungen, die nicht von Gesprächsanalysen ausgingen, kamen zu ähnlichen Befunden. Erinnert seien die Experimente von M.Sherif.

Wir halten es nicht für sinnvoll, aus diesen Analysen in einem Analogieverfahren auch für die kriminellen Gruppen dauerhafte Führungspositionen abzuleiten. Geht man von der sozialen Lage aus, so sind vom Druck zum kriminellen Verhalten die Mitglieder der kriminellen Gruppen zwar in einem unterschiedlichem Maße betroffen, das braucht aber nicht zur Ausbildung von Führungspositionen zu führen. Da intervenierend Interaktionsprozesse auftreten, ist noch nicht einmal zu folgern, daß die Personen aus der benachteiligten sozialen Lage auch die höchste Beteiligung an den kriminellen Akten aufweisen. Zudem wäre von der Beteiligung an den Akten noch erst die Führerschaft abzuleiten. Das ist aber nicht ohne weiteres möglich. Warum soll jemand, der einen Joint pro Tag mehr raucht als ein anderer, auf den anderen Einfluß ausüben?

Dennoch ist der Ansatz bei dem Verhalten selbst eine gute Möglichkeit für eine der Gruppen, eine Hierarchie zu begründen - für die Rocker. Das Ergebnis der Mehrzahl der "Kloppereien" ist ein Sieg und eine Niederlage. Da derartige Muster häufig in der Gruppe auftreten und da die Ergebnisse sich mit einer gewissen Wahrscheinlichkeit wiederholen, sollte man bei den Rockern die Ausbildung einer Rangordnung vermuten, die in vielen Verhaltensmustern sich durchsetzt. So meinte auch James F.Short (1968, S.19): "Es ist wahrscheinlich richtig, daß das meiste aggressive Verhalten auf der Seite der meisten konfliktorientierten Banden sich innerhalb der Banden selbst abspielt und weniger zwischen verschiedenen Banden. Das Schlagen, Ringen und die wechselseitigen Beleidigungen sind Aktivitäten, die immer wieder in diesen Gruppen auftreten. Es sind Mittel der Interaktion untereinander. Manchmal führen diese Aktivitäten zum Aufbau einer "Hackordnung", in anderen Fällen sind sie der Ausdruck einer schon bestehenden Hackordnung."

Bei den Einsackern könnte man ebenfalls vermuten, daß aufgrund des Planungsaufwandes dem Planer und Organisator großer Fischzüge eine Führungsrolle zukommt. Diese Positionseinnahme sollte aber nicht mit der Einflußverteilung bei den Rockern vergleichbar sein.

Für die Typen finden wir keine Anhaltspunkte für die Ausbildung einer Führerschaft. Der einzelne Fall des Drogenmißbrauchs ist auf die eigene Person bezogen, eine Wirkung auf eine andere geht davon nicht aus. Da den Typen die zweiwertigen Folgen des Konsums - Wohlgefühl und körperliche Schädigung - bekannt sind, geht, wie schon angedeutet, auch aus der Intensität des Konsums Führerschaft nicht hervor. Der Konsum erfordert auch keine besondere Planung und Organisation. Am Markt zählt schließlich nur Geld, und da die Höhe des Konsums keinen Einfluß verschafft, ist auch mit der Verfügung über Mittel zur Nachfrage kein Einfluß aufzubauen. Lediglich das Überreden zum Fixen, das Überzeugen von der Einmaligkeit der Erlebnisse bei diesem Verhalten und das praktische "Anfixen" sollte einer kleinen Gruppe von Typen bei einer anderen kleinen Gruppe Einfluß verschaffen, der über die Situation hinausgeht. Wir kommen daher zu folgender Hypothese:

H 25: Wenn Gruppen auftreten, deren Mitglieder kriminelles Handeln äußern, dann treten stabile Einflußbeziehungen, sieht man einmal von den Rockern ab, in diesen Gruppen nicht häufiger als in einer normalen Gruppe auf. Die Rokker weisen häufiger als andere Gruppen Einflußbeziehungen auf.

4.4.2 Datenanalyse zum Organisationsdefizit der kriminellen Gruppen

1. Zur Offenheit oder Geschlossenheit

Geht man von den Beobachtungsberichten aus, so gewinnt man zunächst den Eindruck, daß die Gruppe der Normalen offen ist. So war der Anschluß für beide Feldforscher sehr einfach. Ein Feldforscher berichtete von seinem Einstieg in die Gruppe:

> Alle Tische sind mittlerweile mit zwei bis drei Personen besetzt. Die Kneipe ist merklich leerer geworden. Es ist ungefähr halb neun. Ich gehe zu einem (dem zweiten Tisch von der Treppe aus) und frage: "Kann ich mich mal etwas dazusetzen?" An dem Tisch sitzen Philipp, Helga, seine Freundin, und Bernd. Die beiden Jungen sind auf der Realschule, sie waren auch schon früher auf dem Stadtgymnasium, sind aber beide "freiwillig" abgegangen. Als ich frage, antworten sie sehr freundlich: "Ja, bitte, immer." Bernd ist in ein Rechenrätsel vertieft, das Philipp ihm gestellt hat. Philipp beobachtet ihn dabei. Helga sitzt weit zurückgelehnt auf der Bank, die an der Wand entlang hinter allen Tischen herläuft, sie scheint völlig unbeteiligt zu sein und interessiert sich nicht für das Spiel. Das Spiel ist auf einem normalen Skatblock aufgeschrieben... Bernd blickt mich an. "Verstehst Du das?" Ich weiß nicht so recht, wo er Probleme hat, erkläre also Potenz. "Ja, ich meine doch, da ist jedes Mal die Zahl einmal mit sich selbst malgenommen." Bernd: "Ja, ich weiß schon, was Potenz ist, ach jetzt verstehe ich auch schon. Klar." Wir machten uns gemeinsam an die Lösung der zweiten Aufgabe. Wir fanden einen Fehler in der Reihe und Philipp verbesserte ihn. Ich sagte: "Ja, is klar, nicht?" Bernd nickte. Ff: "Immer die Zahl, die mit sich selbst malgenommen wurde, von dem Ergebnis abziehen." Philipp verbesserte mich: "Potenzzahl minus Grundzahl". Ff: "So kann man das auch sagen." Heiterkeit.

Trotz dieser Offenheit, die, wie die Berichte der Gruppenmitglieder später bestätigen, sich nicht auf den Feldforscher beschränken, blieb die Gruppe fast immer unter sich, so daß sie faktisch geschlossen war. Selten waren neue Gesichter in der Laube zu sehen.

> Philipp und Bernd meinten auch, die Leute kennten sich alle, das wäre sehr selten, daß da mal einer rein käme, der nicht dazu gehörte.

Der Grund dürfte in den Kosten der Mitgliedschaft zu finden sein. Es wurde in der Laube fleißig getrunken. Das bekam auch der Feldforscher zu spüren:

> Uwe sagte nun zu mir: "Hör mal, eigentlich hast Du Dich doch noch gar nicht richtig vorgestellt!" Ff: "Wie, vorstellen?" Uwe: "Ja, so 'ne Runde und so, wenn Du schon in unseren schönen Kreis kommst! Das ist immer so, wenn einer dazukommt, dann muß der sich auch vorstellen. Einstand geben." Ff: "Nu mal langsam, wer war denn zuerst da? Ich doch wohl! Und Ihr seid so langsam dazugekommen, jeden Abend ein oder zwei, und wer hat sich vorgestellt - keiner!" Prinz: "Doch, ich, gleich am ersten Abend hab ich Dir einen ausgetan, an meinem Geburtstag!" Uwe: "Also hör Dir so was an, schleicht sich während der Ferien so ganz heimlich in unseren trauten und fröhlichen Kreis und will keinen Einstand geben?" Allgemeines Gebrüll. Ff:" Ich sehe es ja ein, aber so kurz vor dem ersten habe ich kein Geld mehr." Uwe: "Das geht nicht, nach dem ersten bin ich nicht mehr da. Einen ziehst Du doch vor? Ff: "Ich zieh Dich nach." Uwe ist damit zufrieden.

Bei den Typen beobachtete man immer wieder regelrecht offene Grenzen.

> Moppel drehte den Joint auf der Bank. Anschließend rauchten wir ihn zu sechs Personen: Jakob, Moppel, dessen Kumpel, ein Mädchen und ihr Freund und ich. Es schien mir, als seien die beiden keinem der Anwesenden bekannt.

Derartige Situationen erlebten die Feldforscher unter den Drogenkonsumenten sehr oft. Verhaltensmuster, bei denen große Vorsicht vor den Instanzen sozialer Kontrolle geboten war, wurden unverdeckt gezeigt. Das ist auch eine Form der Offenheit:

> Achim holte ein Stückchen Shit aus der Tasche, stand auf und übergab es Christel demonstrativ. Das Mädchen war sichtlich überrascht, daß Achim den Stoff so offen vorzeigte, und meinte, er solle das nicht tun.

Diese Offenheit grenzt manchmal an Sorglosigkeit:

> Peter dealt. Er spricht Leute an, wird angesprochen und verkauft. Eine Transaktion findet direkt neben mir vor der Theke statt, in direkter Nähe der Thekenbedienung, bei der zudem noch das für den Kauf notwendige Geld gewechselt wird.

In allen Fällen wäre es Unbekannten leicht möglich gewesen, Anschluß zu gewinnen. Aber die Typen haben nicht nur offene Grenzen, sie versuchen sie auch ständig auszudehnen.

Ein Feldforscher unter den Drogenkonsumenten wurde mehrfach von verschiedenen Typen aufgefordert, selbst ordentlich Stoff zu nehmen. Dieter wollte vor einer Gruppendiskussion ihn auf einen Trip mitnehmen: "Dann kommen wir auf eine gemeinsame Wellenlänge." Christian versuchte immer wieder, ihn anzufixen.

Es gab auch eine beachtliche Fluktuation in der Mitgliedschaft, so daß wir auch von einer faktischen Offenheit bei den Typen sprechen können.

Auch bei den Rockern sind die Grenzen nach außen verhältnismäßig offen. Aber Unbekannte können hier nicht einfach wie bei den Typen teilnehmen. Sie müssen jemanden aus der Gruppe kennen, dann ist der Anschluß sehr einfach:

"Ich hatte damals ein Moped und bin damit so durch die Gegend gekurvt. An einem Tag kam mir ein Kumpel, der Jacky, mit ein paar Leuten, zehn Mann, mit Böcken entgegen. Der winkte mir zu, ob ich nicht mitfahren wollte. Ich bin dann mitgefahren". (Karl, ein Rocker).

So kommen Mädchen in die Gruppe, weil sie z.B. mit einem Rokker befreundet sind: Mit 13 Jahren kam Rosa in den MCA: "Wenn wir da so an der Straße standen und die fuhren mit ihren Böcken vorbei, dann dachten wir immer, da müßte man mal reinkommen. Dann lernte meine Freundin, Heike, einen von denen kennen, und über Heike kam ich dann dazu. Damals habe ich zum ersten Mal auf einem Bock gesessen. Der MCA war damals das Schönste für mich, was es gab."

Für einen unserer Feldforscher war ein Sozialarbeiter der Gewährsmann, der hohes Ansehen bei den Rockern genoß: Ende vergangener Woche war mit Menne ausgemacht worden, daß ich heute gegen vier zum Clubhaus kommen wolle. Er wollte einige Leute zum Säubern des Hauses keilen, und dabei könne er mich gleich vorstellen. Als ich ankam, saßen ungefähr zehn Leute draußen auf der Stufe, unter ihnen Menne, und unterhielten sich bzw. steckten die Köpfe in die Sonne. Unter anderen waren anwesend: Richard, Koks, Heiki, Tabak, Bennetz und einige Mädchen. Menne gab eine ganz allgemeine Einführung, die aber offenbar akzeptiert wurde. Die meisten schauten mich kurz an, unterhielten sich dann weiter. Dann kam Danny heraus und Menne stellte mich noch einmal vor. Als Danny mich daraufhin ansah, führte ich die Vorstellung etwas weiter aus: "Forschungsprojekt über Freizeitverhalten von Heranwachsenden; einige von uns haben besten Kontakt mit Haschern am Brunnen, sie sind den ganzen Tag mit denen zusammen, und das läuft bestens. Nun sind wir von allen Seiten immer wieder auf die Wallstraße hingewiesen worden, daß hier also etwas los sei: allerdings betonten die auch immer wieder, daß es vermutlich sehr schwierig sein würde, hier hereinzukommen, aber wir haben dann beschlossen, es doch einmal zu versuchen. Unser Ziel ist es dabei, daß ich hier mit Euch herumhänge und genau das tue, was Ihr auch macht." Während ich dies ausführte, hatten alle ihre Gespräche unterbrochen und hörten auch zu. Danny sagte zum Schluß nur: "Joo, in Ordnung. Und wenn Du Beziehungen zum Brunnen hast, dann kannst Du uns ja mal Haschisch besorgen."

Die Rolle des Freundes wirkt sich bei den Rockern so aus, daß ein Freund für einen anderen den Zutritt erzwingen kann:

> Matthias war ein guter Freund von Harro. Harro war schon von Anfang an im Club, Matthias dagegen nicht. Als Harro dann einmal wegen seiner Verspätungen Marthas wegen ausgeschlossen wurde, kam er trotzdem weiter in die Kneipe, weil Matthias dort auch verkehrte. Matthias wollte dann Mitglied im Club werden, sollte schließlich auch aufgenommen werden, aber Harro sollte weiter ausgeschlossen bleiben. Matthias zu Ferdi: "Stell Dir vor, Du kennst einen jetzt schon jahrelang, bist immer mit ihm zusammen und da sagt Dir jemand: "Du kannst in unseren Club kommen, aber ohne den da!" - dann verzichtest Du lieber auf den Club. Entweder wir kommen beide rein oder keiner. Gebt Harro noch einmal eine Chance, ich bürge für ihn." Dann sind wir beide auch in den Club gekommen.

Andere wurden in eine Schlägerei verwickelt, verloren und wurden dann in die Gruppe aufgenommen:

> Zu demjenigen, den Bill vorher geschlagen hatte, erklärte Bill feierlich, daß er nun dazu gehöre. Wenn einer etwas von ihm wolle, brauche er nur zu sagen, er kenne Bill und Harro und Schnuppi. Das genüge dann schon. Darauf meinte Schnuppi: "Du brauchst nur zu sagen, Du kennst Bill und Harro, das reicht auch schon."

Bei den Rockern konnten wir vereinzelt eine regelrechte Aushebung von Neuen beobachten. Aber gerade dabei kann man nicht von einer offenen Gruppe sprechen. Hier wurden Jugendliche regelrecht in die Gruppe gepreßt.
Ist ein Jugendlicher auf die eine oder andere Weise in die Gruppe geraten, ist das Verbleiben verhältnismäßig einfach. Man kommt immer wieder, steht mit den anderen zusammen, macht mit. Die Mitgliedschaft hat aber keinen dauerhaften Charakter. Wer ausscheiden will, bleibt einfach weg.

> Wir gingen dann auf die Kirmes. Auf einem Platz standen rundher-

um mehrere Stände. In der Mitte war ein freier Platz gelassen. Ludwig ging voraus, hinter ihm Markus. Ich ging als letzter. Ich fragte Detlev, was denn mit ihm sei, ich dächte, er gehöre zum CCB bzw. er würde immer noch mit denen zusammen sein. Detlev sagte, normalerweise gehöre er zum CCB, er sei da zwar nicht Mitglied, aber er kenne da viele von und würde sonst immer mit denen zusammen sein. Aber jetzt gehe er halt mal mit Ludwig.

Wir finden so, daß bei den Rockern die Mitgliedschaftsfluktuation recht groß ist, so daß wir auch hier von einer echten Offenheit der Gruppe sprechen können.

Die Einsacker bilden auch keine geschlossene Gruppe. Wir haben schon im zweiten Teil ausführlich dargestellt, wie der Zutritt des Feldforschers in diese Gruppe erfolgte. Dementsprechend fand der Feldforscher auch eine faktische Offenheit, d.h. ein regelrechtes Kommen und Gehen der Mitglieder. In einem zusammenfassenden Bericht beschreibt der Feldforscher, wie sich die Zusammensetzung der Gruppe von Woche zu Woche veränderte:

> Diese Ausführungen mögen verdeutlichen, daß, auf das ganze Feld der Einsacker gesehen, eine ausgesprochene Mitgliedschaftsfluktuation vorliegt. Eine verfeinerte Analyse würde das noch verdeutlichen. Hinzu kommen Berichte von früher, nach denen Schnuppi und Viktor stärker als in der Beobachtungsphase an den Aktivitäten der sozialen Einheit beteiligt waren. Als weiterer Beleg möge eine Äußerung von Shorty dienen: "Insgesamt sind wir so zehn Leute. Manche machen aber nur vorübergehend mit, wenn sie mal was brauchen." Es scheint keine klaren Kriterien zu geben, wann einer dazu gehört oder nicht. Wenn folgende Bedingungen erfüllt sind, ist es ganz sicher, daß er dazu gehört: Einsacken, häufige Anwesenheit im Raum der Gruppe, Verabscheuen von kommerzieller Musik .Von allen diesen genannten Bedingungen scheint aber die häufige Anwesenheit im Gruppenraum zu genügen. Es reicht aber auch aus, daß man hin und wieder mal mit einsackt oder nur Shit besorgt. Es gibt keine klaren Mitgliedschaftskriterien.

Geht man jedoch von dem inneren Kern der Gruppe der Einsacker aus, wird man zu einem anderen Urteil kommen müssen. Erwin, Ernst, Gerd, Wolf waren dauernd dabei. Sie waren auch an den meisten Delikten beteiligt. Sie zogen sich auch häufig zu zweit oder zu viert zurück. Zudem ist zu berücksichtigen, daß die Mitglieder, die nur zeitweise dabei waren, alle Mitglieder einer die Einsacker umgebenden Gruppe von Jugendlichen waren, so daß davon ausgegangen werden kann, daß zahlreiche Informationen über die Personen den Einsackern bekannt waren, bevor diese einen Zutritt zur Gruppe und ihrem Raum bekamen.

Ob dieser, noch unsystematisch dargestellte Eindruck ein zutreffendes

Bild vermittelt und ob insbesondere der Eindruck der relativen Geschlossenheit der normalen Gruppe aufrecht erhalten werden kann, ist zu klären, wenn wir die Offenheit oder Geschlossenheit der von uns beobachteten einzelnen Verhaltensweisen untersuchen. Wir finden dann:

Tabelle 51: Offenheit und Geschlossenheit des Verhaltens von Mitgliedern krimineller und normaler Gruppen

Gruppe	Zugänglichkeit des Verhaltens				Summe
	Einladung, Teilnahme v. Unbekannt.	Zutritt beliebiger Gruppenmitglied.	Rückzug der am Akt Beteiligten	Abweisung anderer	
Normale	14 (o,o5)	253 (o,86)	17 (o,o6)	12 (o,o4)	296
Kriminelle	33 (o,o9)	157 (o,45)	15o (o,43)	7 (o,o2)	347
Typen	28 (o,14)	84 (o,43)	78 (o,4o)	5 (o,o2)	195
Rocker	5 (o,o5)	52 (o,56)	34 (o,37)	2 (o,o2)	93
Einsacker	o (o,oo)	21 (o,36)	38 (o,64)	o (o,oo)	59

Tau T/R/E = o,o3; Tau T/R = o,o1; Tau T/E = o,o3; Tau R/E = o,o5

Wie man sieht ist eine Einladung an Unbekannte und auch deren Teilnahme in keiner der Gruppen verbreitet. Lediglich bei den Typen treten häufig solche Erleichterungen des Zugangs auf. Bei den Einsackern beobachten wir sogar überhaupt keinen derartigen Fall. Erstaunlicherweise sind aber Einladungen und die Teilnahme Unbekannter bei den Normalen auch selten.

Prüft man, wie die Teilnahmemöglichkeiten von Anwesenden im Feld, also von Gruppenmitgliedern in einem weiteren Sinne, sind, findet man, daß bei den Normalen intern sehr geringe, bei den Einsackern intern recht große Zugangsschwierigkeiten bestehen. Die interne Zugänglichkeit der Typen und Rocker unterscheidet sich deutlich. Die Rokker sind intern eine offenere Gruppe als die Typen.

2. Zur Harmonie und zum Konflikt

Geht man von den Eindrücken aus den Beobachtungsberichten aus und fragt man zunächst einmal, wieweit sich die Mitglieder der Gruppen an den anlaufenden Verhaltensprozessen beteiligen, so findet man eine hohe Beteiligung bei den Normalen:

> Ferdl drängt darauf, endlich in den Bierkeller zu gehen. Es sei vorher abgemacht gewesen. Prinz will noch auf Georg warten, obwohl alle einig sind, daß der nicht mehr komme. Prinz fragt Teckel, ob er auch mit in den Bierkeller gehe. "Warum wollt Ihr denn da hin? Bloß wegen dem blöden Flipper. Bleibt doch hier, hier ist es doch viel schöner." Die anderen bestehen darauf, in den Bierkeller zu gehen. Teckel zu mir: "Willst Du auch in den Bierkeller?" "Ich

weiß nicht, ich war noch nie da, was ist das denn?" Teckel: "Och, da ist ein Flipper, sonst nichts. Die wollen nur flippern." Wenig später brechen alle auf. Auch Prinz und Teckel gehen mit.

Bei den Typen kommt es vor, daß teilnahmslos zugeschaut wird, wenn einer von ihnen in großen Schwierigkeiten ist:

> Wir unterhalten uns dann etwas über Achim. Wie man ihm denn helfen könnte. Dieter: "Achim gehört zum Stamm. Der gehört zu uns. Der wird überall mit hingenommen." Der Feldforscher meldet Zweifel an: "Alle gehen in den Pott. Achim muß draußen bleiben." Dieter: "Das ist ein individueller Konflikt. Das hat er mit dem Türsteher auszufechten. Wenn jetzt auf der Seite des Türstehers noch einer wäre, der gegen Achim vorgeht, dann misch ich mich ein, vorher nicht." Ff: "Wenn alle Typen sagen würden, entweder Ihr laßt den Achim rein, oder wir kommen nicht mehr, dann wär der doch drin." Dieter: "Das geht nicht, wir sind alle Individuen. Wir sind alle für uns. Wir sind keine Gruppe. Wenn Du hier was politisieren willst, bist Du auf dem falschen Dampfer. Das hat schon mal einer versucht, der Fritz. Das geht nicht." Ff: "Es geht hier gar nicht ums Politisieren, es geht einfach um Achim." Dieter: "So weit geht der Zusammenhalt nicht. Der einzelne muß schon sehen, wie er klarkommt."

In anderen Situationen wird auf die Teilnahme bestimmter Leute ganz verzichtet.

> Wir gehen nach draußen. Dort ist mittlerweile auch August. Bruno fragt ihn, ob er was habe. August meint: "Ja, Schwarzen." Bruno: "Na, dann gib mal für 'nen Zehner." Bruno gibt August einen zusammengewickelten Zehner. August holt eine kleine Pappschachtel raus und gibt Bruno ein in Silberpapier gewickeltes Piece. Höchstens ein Gramm. Bruno: "Das ist doch wohl nicht Dein Ernst, was?" August: "Doch, das ist es." Bruno: "Du willst mich hier wohl verarschen. Für zehn Mark so ein lächerliches Stück." August: "Du hast mich schon oft genug reingelegt. Vor ein paar Tagen hast Du mir noch vier Mark abgenommen." Bruno: "Das war ganz was anderes. August, mach keine Scheiße. Für zehn Mark krieg ich noch ein Stück." August: "Nichts. Du redest immer so viel. Ich bin dann auch noch so dumm, daß ich darauf reinfalle. Diesmal nicht." Bruno versucht es noch eine Weile. Er nimmt dann August einen Joint - ich merke es am Rauch, der mir an der Nase vorbeizieht - aus dem Mund und zieht dran. August: "Noch nicht einmal einen Joint kann man sich hier in Ruhe ziehen. Da sind sofort welche da." Chico kommt raus. Bruno gibt die Zigarette an Chico. Der macht einen Zug. August angelt sie sich zurück. "Man kann wirklich keinen allein rauchen." Zu Bruno: "Ich mach

Dir einen Vorschlag. Ich gebe ein Piece. Du drehst 'nen Joint, den rauchen wir dann." Bruno ist einverstanden. Ein Mädchen kommt raus. Fragt August, ob er noch was hat. August bejaht. Sie will jemand rausschicken. August gibt Bruno ein Piece. Wir wenden uns zum Gehen. August bleibt noch, um etwas zu verkaufen. Wir steigen in Chicos Wagen. Erni: "Laßt uns noch auf August warten." Bruno: "Der hat doch zu tun." Erni: "Wir können doch nicht losfahren." Dieter: "Och, der August, der hat schon zu viel Shit drin, der kann keinen mehr vertragen." Chico startet. Erni versucht unterwegs noch ein paarmal, Augusts Beteiligung zu gewährleisten. Es kommen dann Antworten wie: "Der hat uns schon so oft gelinkt." "Dann sind wir mit sechs. Das ist zu eng." "Der kann wirklich keinen mehr vertragen." "Hätte gleich mitkommen sollen, vielleicht will er gar nicht mehr." "Wir machen erst mal den Joint, dann können wir immer noch sehen." An der Kirche wird angehalten. Bruno bittet Dieter, das Papier zusammenzukleben. Chico zerbröckelt den Shit, Bruno macht die Zigaretten auseinander. Dieter gibt das zusammengeklebte Papier rüber zu Bruno, Chico den Shit. Bruno macht den Joint fertig. Raucht ihn an. Bruno: "Jetzt lassen wir den mal kreisen, dann machen wir den aus und holen August." Chico: "Das ist doch Scheiße. Wenn der mal brennt, können wir den nicht wieder ausmachen." Dabei bleibt es.

Aber das sind Ausnahmen. Die Regel zeigt sich in sehr vielen einfachen Situationen:

An einem Joint werden alle möglichen beteiligt: Wir stehen zu viert zusammen. Achim, Gerold, Adelheid und ich. Ein Typ kommt aus dem Pott. Er hat einen Joint, gibt ihn Achim. Der macht drei Züge, gibt ihn Gerold. Der raucht, gibt ihn an Adelheid, die raucht und gibt ihn mir. Ich rauche, gebe ihn weiter. Er wird dann von Adelheid zu Typen gebracht, die fünf Meter weiter oberhalb stehen, die sie offenbar alle kennt. Der Joint kreist da. Man fragt, von wem er ist. Keine Antwort. Adelheid meint nur, Joe hat ihn rausgebracht. Einer meint: "Ist wohl grüner Türke?"

So finden wir immer wieder, daß nicht nur alle Angesprochenen teilnehmen, sondern daß sich die Typen darum bemühen, möglichst viele andere Typen zu erreichen.

Bei den Rockern stößt man häufiger darauf, daß ein Teil der Gruppe nicht mitmacht:

Einige wollten auf 'nen Schock, andere maulten: "Was sollen wir denn da?" Sie wollten lieber in der Kneipe bleiben. Ein Boß hatte es dann immer sehr schwer durchzusetzen, daß sich alle an einer Sache beteiligten. Nur wenn etwas Tolles vorgeschlagen wurde, z.B. eine Waldfete, waren alle dabei. Das war aber auch absolute Spitze.

Es gibt aber auch kritische Situationen, in denen die Rocker gut zusammenhalten:

> Als ich um vier Uhr in die alte Mühle kam, war sie, im Gegensatz zu früher, ganz leer. Ich fuhr dann kurz zu Paulchen, um Odo dort zu treffen. Als ich zur Mühle zurückfuhr, kam mir der Kellner entgegen. Er teilte mir mit, daß die Vogelfreien seit Mittwoch abend nicht mehr in der Mühle seien. Den Grund wollte er mir nicht direkt sagen. In der Waldschenke, für die sie sich vorläufig entschieden hatten, saßen Harro und Dietlinde. Harro erzählte mir dann den Grund für den Auszug,und seine Darstellung stimmte genau mit dem überein, was Matthias und Reinhard mir einen Abend später unabhängig voneinander und unabhängig von Harro erzählten: Mittwoch wollte Mario, der Kellner, mit Ferdi und Odo "nach oben", d.h. in sein Zimmer gehen. Der andere Kellner habe dann hinterhergerufen: "Du brauchst überhaupt nicht mehr runterzukommen", was einem Rausschmiß für Mario gleichkam. Daraufhin sind Mario, Ferdi und Harro nach draußen gegangen. Harro kam wieder zurück und sagte zu Matthias: "Mario haben sie rausgeschmissen." Matthias: "Ich wußte gleich, was das hieß, kannte ich ja von früher. Ich habe meinen Deckel bezahlt und bin gegangen. Die anderen auch." Harro hat sich schon im "Mexiko" umgesehen: "In Zukunft wollen wir dorthin gehen."

Prüft man die beobachteten Verhaltensweisen systematisch, findet man:

Tabelle 52: Beteiligung am Verhalten von Mitgliedern krimineller und normaler Gruppen

Gruppe	Beteiligung am Verhalten		Summe
	alle nehmen teil	einige nehmen nicht teil	
Normale	79 (o,69)	35 (o,31)	114
Kriminelle	177 (o,89)	22 (o,11)	199
Typen	115 (o,94)	8 (o,o7)	123
Rocker	35 (o,75)	12 (o,26)	47
Einsacker	27 (o,93)	2 (o,o7)	29

Tau T/R/E = o,o7; Tau T/R = o,o6; Tau T/E = o,oo; Tau R/E = o,o5

Auffallend sind die hohen Beteiligungsraten bei den Typen und Einsackern. Unsere Hypothese legt dieses Ergebnis nur für die Einsacker nahe. Überraschend ist der hohe Anteil der sich nicht Beteiligenden bei den Normalen.

Nun besagt ja eine hohe Beteiligung noch nicht, daß die Interaktion auch einvernehmlich abläuft. Dazu ist vielmehr zu prüfen, ob der Verlauf harmonisch oder konfliktvoll ist. Wir finden bei den Normalen selten Konflikte:

> Ein Feldforscher fragte einmal: "Hier wird ja viel getrunken, schlagen sich die Leute hier auch mal?" Einstimmig: "Haben wir noch nie erlebt." Ff: "Warum schlagen die sich wohl nicht?" Helga: "Weil sich alle kennen." Gerhard: "Das würde ich nicht sagen. Ich glaube, weil hier jeder seine Freiheit hat. Jeder kann machen, was er will, er darf nur den anderen nicht einengen."

> Bei den Typen fragte ein Feldforscher nach der Friedfertigkeitsthese. Dieter meinte: "Die Raucher sind friedlich. Das sind sie immer. Die Fixer sind so lange friedlich, wie die den Stoff haben. Wenn das nicht klappt, dann machen die alles Mögliche, um an den Stoff heranzukommen. Im Grunde sind die genauso friedlich wie die anderen auch. Die tun Dir nichts, solange Du ihnen auch nichts tust. Wenn der eine oder andere mal anders redet, so redet er das nur. Aber früher war ich mal Rocker. Ich war in Oskars HCN, Horror-Club Normalstadt. Da haben wir uns auch gekloppt."

So finden wir, daß Typen sogar in den Situationen zusammenhalten, die eigentlich zur Konkurrenz drängten:

> In dem Hauseingang neben dem Pott sitzt ein junger Mann mit Felljacke. Achim steht neben ihm. Beate, Jörn und ich kommen dazu, auch Bruno. Der Typ hat Trips. Er will sie verkaufen. Typ: "Wer braucht denn welche?" Bruno: "Was sind das denn für welche?" Typ: "Ganz große Klasse." Bruno: "Wo hast Du die denn her? Aus Berlin? Aus Hamburg?" Der Typ schweigt. Bruno: "Na, ist ja nicht so schlimm, wenn Du das nicht sagen willst." Der Typ holt einen kleinen Cellophanbeutel hervor, kramt darin herum, holt graue Tabletten hervor mit einem schwarzen Punkt darauf. Rocky ist dazugekommen: "Sind das die Grauen mit dem schwarzen Knöpfchen?" Typ: "Ja." Rocky: "Die sind aus Berlin. Die sind gut." Typ: "Weiß ich!" Rocky: "Was sollen die denn kosten?" Typ: "Fünfzehn Mark." Rocky: "Das ist aber teuer." Typ: "Das sind Doppeltrips. Da mußte schon was anlegen." Achim: "Gibste mir einen so zum Probieren?" Typ: "Du spinnst wohl." Achim: "Ich sag dann den anderen, was damit los ist." Typ:"Du spinnst, die sind prima, die nehme ich selbst." Bruno: "Das sagt doch jeder Dealer. Da kannst Du in Normalstadt keinen mit packen." Typ: "Wenn einer einen Probetrip haben will, kann er ihn ja bezahlen." Bruno: "Du bist wohl besoffen. Das ist doch unverschämt." Achim: "Gib mir einen, ich mach dann Reklame für Dich, wenn de: gut ist." Bruno: "Du kannst hier zehn Mal sagen, daß die gut sind. Dich kennt hier keiner, das glaubt Dir keiner. Aber den Achim, den kennen hier alle. Wenn

der sagt, der ist gut, dann weiß das morgen jeder." Typ: "Ist gut. Ich geb Dir 'nen halben." Achim: "'Nen halben. Der schlägt bei mir nicht an. Da fahr ich nicht ab. Was meinste, was ich schon Trips geworfen habe. Das hat gar keinen Zweck." Typ: "Mann, das ist ein Doppeltrip. Da fährst Du von ab. Ich geb Dir 'nen halben, den nimmst Du jetzt sofort." Achim: "Watt sofort, das kann ich nicht. Mann, ich muß morgen arbeiten. Muß um sieben Uhr raus. Ich komm morgen abend. Da werf ich den halben dann ein." Typ: "Nichts da, wenn, dann sofort." Achim: "Na, ist gut." Der Typ kratzt an der Tablette rum. Spaltet sie, schüttet Achim das Zeug auf die Hand. Er schluckt es, leckt die Hand ab. Nachdem Achim den Trip geschluckt hatte, meinte der zum Typ: "Wenn der gut ist, sag ich den anderen, sie sollen zu Dir kommen: ein Typ aus Berlin mit Dealerjacke." Macht ihm die Jacke auf: "Und en rotweißes Hemd drunter. Hm. Ist gut. Die kommen dann zu Dir."

Dagegen sind bei den Rockern Konflikte sehr verbreitet:
"Wenn die alle zusammen sind, dann gibt es immer Rabatz. Wenn ich an die letzten Parties denke, da hat es immer Schlägereien gegeben, und immer wegen der Vogelfreien. Die Rosa, die hetzt die ja auf. Die kommt dann immer an und sagt: Der und der hat etwas gegen die Vogelfreien gesagt, das können wir uns nicht gefallen lassen."

Allerdings werden Konflikte auch großzügig bereinigt.
Freundespaare treten bei den Rockern häufiger auf. Bei ihnen währt der Zusammenhalt auch länger als ein paar Augenblicke lang.

Unterwegs frage ich Schnuffi, den Deserteur, was er denn jetzt weiter machen wolle. Schnuffi meinte, er wolle sich am Montag stellen. Früher oder später würden sie ihn doch erwischen, und dann sei es schon besser, wenn er sich freiwillig gestellt hätte, vielleicht bekäme er dann nicht ganz so viel. Unterwegs aßen wir noch an einer Imbißstube eine Bratwurst mit Pommes frites. Da Schnuffi kein Geld hatte und den ganzen Tag noch nichts Warmes gegessen, bezahlte ich für ihn. Schnuffi aß die Pommes frites nicht ganz auf, ließ sich den Rest einpacken und meinte, die wolle er Olli mitbringen. Der habe heute auch noch nichts gegessen und wenn Olli was habe, teile er es auch immer mit ihm. Olli und Schnuffi hatten sich in den letzten Tagen ziemlich eng zusammengeschlossen. Beide versteckten sich vor der Polizei, arbeiteten nicht und schliefen nicht zu Hause. Schnuffi wollte jetzt wieder im Clubhaus schlafen, zusammen mit Olli. Zurück im Clubhaus gab Schnuffi Olli die Pommes frites, der am weißen Tisch saß und den 17 + 4 - Spielern zusah. Manchmal spielte Olli auch mit, ließ sich von irgend jemandem Geld geben und versuchte so, etwas Geld zu gewinnen, für Bier oder was zu essen. Er war immer richtig stolz, wenn er mal wieder vier oder sechs Mark gewonnen hatte. Olli nahm die Pommes frites und aß sie, obwohl sie schon ganz kalt waren. Da das Bier ausgegangen war, versuchten später Olli und Schnuffi, von allen Leuten Geld zu sammeln, um Bier woanders kaufen zu können. Sie gingen von einem zum anderen und schafften es dann tatsächlich, Geld für mehrere Flaschen Bier zusammenzubekommen. Dafür sollten sie dann aber auch anderen Bier mitbringen. Mit Olli und Schnuffi fuhr ich dann zu Hansis Eltern, die einen Bierverkauf haben. Schnuffi mußte hineingehen, denn Olli traute sich nicht. Er meinte, Schnuffi würden sie noch nicht kennen. Freudestrahlend kam Schnuffi mit ungefähr zehn Flaschen zurück. Im Keller wurde dann das Bier verteilt und kräftig getrunken. Auch mir hatten sie extra eine Flasche Bier mitgebracht, weil ich sie gefahren hatte.

Auch bei den Einsackern finden wir oft, daß sich einer für den anderen einsetzt:

Shorty erzählte: "Vor kurzem habe ich bei einem Kumpel gepoft, da hat die Schwester Krach geschlagen. Da hat der Kumpel gesagt: "Wenn Du nicht die Klappe hältst, kannst Du morgen Deine Butterbrote lutschen." Oder einmal hat mich ein Kumpel zum Abendbrot mitgenommen. Da hat er seiner Mutter gesagt - oder besser: geschrien - "einmal mehr braten." Die Mutter hat nichts gesagt, sondern gespurt. So ähnlich geht das bei den meisten."

Wir finden folgende Verteilung:

Tabelle 53: Harmonie und Konflikt im Verhalten von Mitgliedern krimineller und normaler Gruppen

Gruppe	Verlauf des Verhaltens		Summe
	Harmonie	Konflikt	
Normale	196 (o,92)	17 (o,o8)	213
Kriminelle	2o1 (o,84)	39 (o,16)	24o
Typen	119 (o,92)	1o (o,o8)	129
Rocker	35 (o,63)	21 (o,38)	56
Einsacker	47 (o,86)	8 (o,15)	55

Tau T/R/E = o,11; Tau T/R = o,13; Tau T/E = o,o1; Tau R/E = o,o7

Der These gemäß treten die meisten Konflikte bei den Rockern, die wenigsten bei den Typen und Normalen auf. Daß bei den Einsackern mehr Konflikte als bei den Typen auftreten, war nicht erwartet worden.

Zu dem hohen Anteil des konflikthaltigen Verhaltens bei den Rockern ist noch ein Wort zu sagen. Zunächst ist es ja schon fast tautologisch, diese Differenzierung vorzunehmen. Aggressionen sind Konflikte, und es ist zu fragen, wie die "harmonische Aggression" wohl aussehen mag. Wir meinen damit die Aggressionen, bei denen Gruppenmitglieder vereint auf Außenstehende losgehen. Dazu finden wir bei den Typen und Einsackern nur sehr wenige Anhaltspunkte in einigen Fällen.

> So fragte ein Feldforscher Dieter nach dem Verhältnis der Typen zu ihrer Umwelt. "Das kommt ganz darauf an. Das hängt von der Situation ab. In Berlin sind die Leute ganz schön aggressiv. Das kommt daher, daß die Polizei da so scharf gegen die vorgeht. Die verprügeln die doch. In Normalstadt ist das alles anders. Das liegt daran, daß die Polizei hier noch relativ schwach eingreift. Wenn die das mal anders machen, ist das hier mit den Typen auch so."

Anders ist es bei den Rockern.

> Zwille erzählte, sie seien gestern oder so zu viert in Mittelstadt gewesen, in einer Diskothek. Das sei ja ganz gut da, aber da hätten sie vielleicht 'ne Naht gekriegt. Sie wären alle ja schon leicht angeheitert in die Diskothek gegangen. Drinnen hätten sie dann einen so angelabert, später hätten sie den draußen auch getroffen und wieder so angelabert, da habe er dann angefangen zu schlagen. Erst seien die anderen ja auch zu viert gewesen, aber plötzlich wären jede Menge Leute aus der Diskothek gekommen und hätten mitgemischt. Da hätten sie vielleicht 'ne Naht gekriegt und gemacht, daß sie wegkamen."

Kontrolliert man systematisch alle Fälle, bei denen der Adressat von Aggressionen festzustellen ist, und vergleicht man dazu die kriminellen Gruppen, behält man leider nur sehr kleine Fallzahlen. Für die Rocker findet man jedoch, daß diese sich in fast der Hälfte der Fälle auf Außenstehende richten.

Tabelle 54: Adressaten von Aggressionsdelikten von Mitgliedern krimineller Gruppen

Aggressionsverhalten in Gruppen der...	Adressat			Summe
	andere Gruppenmitglieder	Fremde	Mitgl. konkurrierend. Gruppen	
Typen	4	5	o	9
Rocker	28 (o,55)	15 (o,29)	8 (o,16)	51
Einsacker	7	2	1	1o
Summe	39	22	9	7o

Prüft man noch, an wen Eigentumsdelikte adressiert sind, findet man sie fast nur auf die Außenwelt gerichtet. Es kommt zu sehr scharfen Reaktionen in den anderen Fällen. Wir gehen darauf noch im Zusammenhang mit dem Zerfall einzelner Gruppen ein. Ein Feldforscher berichtete dazu:

Wir gingen zurück in den Pott, wo ich bemerkte, daß ich eine Papiertasche mit einer neu gekauften Hose im Appel hatte liegenlassen. Ich ging zurück, um sie zu holen. Sie war an der Theke abgegeben worden.

Ein anderes Mal verlor ein Feldforscher seine Brieftasche mit Geld und allen Papieren im Pott. Als ein Typ über den Discjockey den Fund ausrufen ließ und der Feldforscher sich seine Tasche wiederholte, fehlte nichts.

Im ganzen finden wir eine hohe Kohäsion bei den Normalen, Typen und Einsackern, viele Konflikte jedoch bei den Rockern.

Exkurs: Die Auswirkungen des Dealsystems auf die Kohäsion der Gruppe der Typen

Von besonderem Interesse im Zusammenhang mit der Frage nach der Kohäsion dürfte eine Beurteilung des Dealsystems unter den Typen sein. Es liegen völlig unterschiedliche Einschätzungen der Auswirkungen dieses Systems auf den Zusammenhalt dieser Gruppe vor. Auf der einen Seite wird darin der Ansatz zum Zusammenhalt gesehen, eben weil die Mitglieder der Gruppe der Typen friedlichen Kontakt miteinander aufnehmen müssen, um an den begehrten Stoff heranzukommen. Auf der anderen Seite wird das Dealen als Quelle ständiger Konflikte betrachtet, da alle Käufer miteinander um knappe Ware konkurrieren und die Dealer aus dieser Situation Gewinn zu schlagen versuchen.

Für eine systematische Analyse ist es sinnvoll, zunächst einmal das Verhältnis von Angebot und Nachfrage zu betrachten:

Typ: "Sie sagte (dabei deutete er auf Vera), hier habe einer Schwarzen. Ich hätte gern welchen." Günter: "Ja, ich hab den. Wieviel willst Du denn?" "So für fünfzig Mark." "Für fünfzig Mark? So viel hab ich gar nicht." Nach einer Weile des Rechnens meint Günter dann: "Doch, das geht." "Oder für hundert Mark." "Was, für hundert Mark? Mann, das bringt einen ganz durcheinander." "Kann ich den mal sehen?" "Ja, der ist aber schon abgepackt. Immer grammweise." Er holt eine Tabakschachtel, rund, hervor und öffnet sie. In ihr liegen viele kleine Silberpapierpäckchen. Sie sind länglich-rechteckig. Man sieht die Abschnitte in dem Päckchen. Mal sind drei, mal vier, mal fünf Kerben auf einem Päckchen. Günter macht eins auf und zeigt es dem Typen. Es ist Schwarzer. Der andere nimmt ihn, riecht daran, beschaut ihn sich und meint dann: "Der riecht aber nicht gut." "Das hat nichts zu sagen." "Na, dann gib mal für siebzig Mark.""Für siebzig Mark? Mal rechnen. Wieviel sind das denn? Drei Mark fünfzig das Stück, also zwanzig. Er holt so viele Stücke heraus und gibt sie dem anderen. Der hat aus seinem Brustbeutel einen Fünfziger und einen Zwanziger genommen.

Wir konnten 55 Dealakte danach unterscheiden, ob die Initiative vom Nachfrager oder vom Anbieter ausging. Wesentlichstes Kriterium war dabei, wer von beiden den anderen suchte, der Kunde den Händler oder der Verkäufer den Käufer. Wir finden folgende Verteilung:

Tabelle 55: Nachfrager- oder Anbieterinitiative auf dem "Shit"- und "Trip"-Markt

Handelsart	Initiative		Summe
	Nachfragerinitiat.	Anbieterinitiative	
Shithandel	27 (o,79)	7 (o,21)	34
Triphandel	16 (o,76)	5 (o,24)	21
Summe	43	12	55

Wie man sofort sieht, werden auf beiden Märkten die Nachfrager initiativ. Das gilt für neue Typen ebenso wie für alte. Das spricht zunächst gegen die These vom Dealer, der darauf aus ist, seinen Opfern Gift gegen Geld aufzudrängen, wie sie von den Instanzen sozialer Kontrolle häufig verbreitet wird. Andererseits hat diese Situation zur Folge, daß die Händler auf dem Markt den Ton angeben. Es handelt sich hier also um das, was man einen "Anbietermarkt" nennt. Wir prüfen daher, wie die Situation der Anbieter ist.

So erzählte Volker einem Feldforscher, daß er jetzt mit drei anderen zusammen angefangen hat zu dealen. Sie haben sich über einen Mann aus.. für hundert Mark Shit besorgt, haben für das Gramm zwei Mark bezahlt, haben den Shit in Pulverform in einer Nescafédose bekommen und ihn zu Hause selber gepreßt, haben dabei den Shit auf Silberpapier gelegt, Silberpapier drübergepackt und mit dem Bügeleisen gepreßt. Anschließend haben sie den Shit in den Kühlschrank gesteckt, damit er sich mit Wasser vollsaugt und dann schwerer wird. Ff: "Was meinst Du denn, um wieviel er wohl schwerer wird?" Volker: "So um zehn Gramm." Ff: "Für wieviel verkauft Ihr denn den Shit?" Volker: "Für vier Mark das Gramm. Der ist aber auch ganz große Klasse, der Shit. Völlig reine Ware." Ff: "Wieviel verdient Ihr denn insgesamt an den fünfzig Gramm?" Volker: "Ungefähr hundertfünfzig Mark, und dann bleibt uns natürlich noch etwas zum selber rauchen." Ff: "Von wem habt Ihr denn den Shit?" Volker: "Ich hatte erst mit Oskar verabredet, daß er uns den Shit von dem Mann aus.. besorgt. Wir sollten ihm hundert Mark geben, und er wollte uns den Shit dann besorgen. Aber auf Oskar kann man sich im Augenblick ja nicht verlassen, der wohnt ja auch im Augenblick nicht hier. Da bin ich dann mit einem Bekannten, der die Leute kennt, zu denen gegangen und habe den Shit bekommen. Das ist schon so richtig kapitalistisch organisiert." Ff: "Aber Du machst doch im Grunde das gleiche, nur eben kleiner." Volker: "Das stimmt auch. Bei den Leuten, die das so aus Mode machen und für die das nichts bedeutet, kenne ich auch keine Hemmungen, denen das Geld abzuknöpfen, bei den anderen ist das schon anders. Für die bedeutet der Shit eine ganze Menge. Wir machen das ja auch nicht für immer, sondern nur im Augenblick, wo sonst kaum Shit zu kriegen ist, da muß man so was ausnutzen. Im Grunde beutet man die Leute ja aus, aber unsereins wird ja auch ausgebeutet, eigentlich ist ja überall Ausbeutung, wo jemand Profite macht. Früher habe ich viel politisch gelesen. Heute überhaupt nicht mehr. Ich glaube, daß man eine Gesellschaft auch so zersetzen kann, wenn immer mehr Shit rauchen und sich dann nicht mehr an die normalen Ansprüche halten. Die bilden dann so eine Gemeinschaft für sich." Ff: "Dann müßte es ja eigentlich Dein Ziel sein, daß möglichst viele Leute anfangen zu rauchen." Volker: "Das stimmt auch."

Vincent erzählte, daß er während der Arbeit keinen Shit raucht, da er dann doch ein bißchen benebelt und nicht geschäftstüchtig sei. Vincent hat eine Shit-Waage bei sich, auf der er den Shit vor dem Verkauf abwiegt, indem er die Waage hinter der rechten Hand versteckt hält und sie mit der linken einstellt. Vineent erscheint wie ein echter Geschäftsmann mit hoher Arbeitsmoral. So ist er, wie andere Dealer auch, auf seinen Ruf bedacht: Ein Feldforscher berichtet: "Plötzlich kommt jemand auf ihn zu und winkt, er solle mit rauskommen. Vincent geht mit, kommt nach einer Weile wieder und erzählt, da habe ihm jemand Shit verkaufen wollen, der mit Maggi gepanscht sei. Er habe nach Maggi geschmeckt und gerochen. Allerdings habe ihm derjenige das vorher gesagt. Er habe ihn dann von achtzig auf fünfzig Mark heruntergehandelt, so daß der andere nur noch fünf Mark verdient hätte. Er hat den Shit aber doch nicht gekauft. Er meint, wenn er den hier verkaufen würde, würde er nie wieder was los werden."

Einen Kommissionär bringt Peter, ein anderer Dealer, auf "Trab": Draußen vor der Tür treffen wir Adrian, den Peter schon den ganzen Abend sucht. Er bekommt noch Geld von ihm, hat ihm offensichtlich Shit und Trips auf Kommission gegeben. Adrian ist ziemlich verlegen, als Peter ihn anspricht. Er hat das Geld nicht. Er sei ziemlich auf dem Horror deswegen. Peter: "Fragt sich nur, wer mehr auf dem Horror ist!" Adrian: "Ja, ich weiß, aber ich habe einen Fehler gemacht: Ich habe einen Trip eingeworfen." Peter: "Ja, das hättest Du besser gelassen." Adrian: "Ich kriege zweihundert Mark von Jakob, wenn er aus München zurück ist." Peter: "Ja, und wann ist das? Das ist ganz schön beschissen!" Tilla lacht während der ganzen Zeit. Peter meint, er wisse gar nicht, warum sie lache. Das sei überhaupt nicht zum Lachen, ganz im Gegenteil.

Im Pott trafen wir Pius, der wieder dealte. Am nächsten Tag erzählte er mir, daß er am Abend über zwanzig Trips verkauft habe und dabei rund hundert Mark Gewinn gemacht habe, den er aber mit seinen Kumpeln aufteile. Er hätte seinen "Urlaub", womit er eine Fahrt zu seiner Frau, die für den nächsten Tag geplant ist, meinte, verdient.

Vereinzelt kommt es bei den Dealern auf der einen oder anderen Seite auch zu großen Gewinnen oder Verlusten. Perle erzählte: "Wir haben in der letzten Zeit mehrere solcher Pleiten erlebt. Urban ist damals mit dreitausend eingestiegen. Da haben sie uns ja mit Shit beschissen." Ff: "Wie war das denn möglich?" Perle:"Der Shit war in großen Stücken. Da haben sie dann ein Stück durchgeschnitten, damit man sehen konnte, es ist in Ordnung. Die anderen waren alle aus Holz. Sie hatten sie mit Blei beschwert und dann so ein bißchen Shit draußen draufgepappt. Du kannst ja nicht alle Pakete durchschneiden." Ff: "Was waren das denn für Leute?" Perle: "Typen! Da konnteste nichts dran erkennen. Das hat uns um einiges zurückgeworfen." Er redete von tausendfünfhundert Mark Verlust.

Das sind widersprüchliche Beobachtungen. Gewinne wurden gemacht, Verluste entstanden - wie war die Bilanz per saldo? Dazu versuchten wir uns Klarheit über die Struktur des Drogenhandels in Normalstadt zu verschaffen, so gut es möglich war.

Es gibt in Normalstadt die Leute mit den größeren Mengen. Die haben so ein bis zwei Kilo und mehr als hundert Trips. Einer von ihnen ist Spezialist für Trips. Manchmal gründen auch einige von denen eine Firma, oder einer holt sich jemand von außerhalb dazu. Jim hat schon mehrere Firmen mit anderen gegründet. Er berichtet: " Eine Firma besteht dann, wenn zwei Leute oder manchmal auch drei, Geld zusammenwerfen, davon Shit kaufen und den dann anteilsmäßig zu einem gemeinsam festgesetzten Preis verkaufen und von dem Erlös Teile abzweigen und sie wieder zusammenwerfen und neuen Shit kaufen." Seine erste Firma hat Jim mit Schimmel gegründet. Beide gaben so zwei- bis dreihundert Mark. Danach hat er noch mit mehreren anderen eine Firma gegründet.. "Auch untereinander belinkt man sich. Da mußt Du ganz schön aufpassen. Wenn Du das nicht tust, dann gleicht sich das nicht aus. Davon gehe ich immer aus. Man sagt dem Partner dann, daß man die Sachen nur für soundsoviel verkauft hat."

Es gibt dann Leute, die mit den Händlern aus Normalstadt eng zusammenarbeiten. Da sind welche, die haben immer etwas mehr Geld, die haben dann so hundert Trips und sehen zu, daß sie sie Stück um Stück los werden. Dann kommen Leute, die regelmäßig für einen anderen mit größeren Mengen arbeiten. Sie sind berufstätig und legen siebzig bis achtzig Mark die Woche an. Sie kaufen dafür Shit und haben so bis zu dreißig Gramm. Als Vorletzte sind die Selbstverbraucher zu nennen, die ihre engsten Freunde versorgen. Dann kommen die Konsumenten.

Mit einem der größten Händler, zu dem einige der Feldforscher ein gutes Vertrauensverhältnis entwickelt hatten, haben wir einmal ausführlich die Marktsituation analysiert: Er geht davon aus, daß der Preis, den er für Shit nehmen kann, für ihn gegeben ist, daß er ihn nicht ändern kann. Er liegt für guten Schwarzen bei fünf Mark für das Gramm. Außerdem geht er davon aus, daß die Nachfrage ziemlich konstant ist, läßt man mal die Schwankungen der Wochentage außer Betracht und die Nachfrage vor einer großen Fete. Ich versuche nun, diese Aussagen genauer zu prüfen: "Wenn Du zehn Mark für ein Gramm nimmst, was könntest Du dann in einer Woche verkaufen?" Perle: "Nichts." Ff: "Wenn Du neun Mark nimmst?" Es ergibt sich dann folgender Zusammenhang:

Preis	Absatz	Preis	Absatz	Preis	Absatz
DM 1o.--	-	DM 6.--	-	DM 2.--	1.ooo g
DM 9.--	-	DM 5.--	2oo g	DM 1.--	über 1 kg
DM 8.--	-	DM 4.--	25o g	DM o.--	jede Menge
DM 7.--	-	DM 3.--	5oo g		

Wir unterhalten uns dann noch einmal genau über den Bereich, in dem Perle einen Absatz machen kann. Ff: "Ist die Menge, die Du da los wirst, nur von Deinem Preis abhängig, oder auch von dem der Konkurrenten?" Perle meint, der Preis der anderen sei auch wichtig. Besonders wenn er so ab vier Mark höher gehe, dann springen ihm die Leute ab.

Ich frage Perle dann nach seinen Einkaufsmöglichkeiten. Ff: "Was müßtest Du bezahlen, wenn Du zehn Gramm einkaufst?" Perle: "So für sich, vierzig Mark." Ff: "Hundert Gramm..?" Es ergibt sich folgender Zusammenhang:

Menge	Preis	Menge	Preis
1o g	DM 4o.-	2.ooo g	DM 3.6oo.-
1oo g	DM 3oo.-	3.ooo g	DM 5.2oo.-
1.ooo g	DM 2.ooo.-		

Über größere Mengen hat Perle keine Preisvorstellung.

Nun ist Perle nicht allein auf dem Markt. Wir finden: Es gibt andere. "Wir einigen uns über die Preise vorher und halten daran auch fest." Ich frage Perle, warum die sechs sich nicht einigen, ab sofort sechs Mark zu nehmen? Perle: "Das hat keinen Sinn. Ein Fünfer ist ein glatter Betrag. Sechs, das ist immer so kompliziert." "Wie wäre es denn mit zehn Mark?" Perle: "Dann würden sich welche, die bis jetzt noch passiv herumhängen, zusammentun, aktiv werden und das Zeug selber holen und verkaufen."

Analysieren wir diese Daten, kommen wir zu folgendem Ergebnis: Ein Monopol besteht nicht. Die sechs Kleinhändler von Normalstadt stehen zusammen - so müssen wir sie betrachten, da sie sich über die Preise einigen und daran festhalten - zu potentiellen weiteren Händlern in einem Verhältnis monopolistischer Konkurrenz: Solange sie bei einem realistischen Preis im Vergleich zu anderen Orten der BRD bleiben, haben sie für ihren Bereich ein Monopol. Gehen sie darüber hinaus, verlieren sie ihre Kunden. Das ist die Situation, in der auch der Bäcker an der Ecke mit seinen Brötchenpreisen sich befindet. Auch er hat nur ein "Monopölchen". Setzt er den Brötchenpreis um einen oder zwei Pfennige höher, gehen die Kunden noch nicht fünfhundert Meter weiter; nimmt er aber fünf Pfennige mehr, machen sie sich auf den Weg. Realistisch ist für die Kleinhändler im Drogenhandel ein Preis, bei dem andere sich nicht selbst aufmachen, den Stoff zu beschaffen und wieder zu verkaufen. Das heißt aber: Die anderen werden sich nur dann aufmachen, wenn die Gewinnaussichten der Dealer alternative Möglichkeiten des Einsatzes ihrer Mittel klar übertreffen. Da schon mit kleinen Geldmengen der Handel begonnen werden kann, ist der wesentliche Einsatz das Risiko, geschnappt zu werden. Das ist aber für jeden als Händler gleich groß. Für eine solche Marktsituation gilt dann: Es besteht eine Tendenz zum gewinnlosen Verkauf, d.h. zur bloßen Realisation eines für diese Jugendlichen üblichen Arbeitslohnes und einer Risikoprämie.

Hinrich meint: "Ich denke oft, Du machst jetzt Schluß. Das bringt einfach nichts ein. Das ist viel zu riskant. Am Anfang, da habe ich das noch wegen dem Geld gemacht. Aber mittlerweile, da kennt man alle die Typen, da macht man das denen zu Gefallen. Darum bescheiß ich auch nie einen. Lieber laß ich mich selbst bescheißen. Ich fördere das, weil ich meine, das wäre gut. Aber ich muß mir jetzt wirklich mal überlegen, was ich mache. Ich habe einen Kumpel. Der ist bei Schmitz. Der verdient 'ne Masse Geld. Ich überlege mir andauernd, ob ich das nicht auch mache. Ich würde dann im Studium aussetzen, arbeiten, und dann wieder anfangen. Dann hätte man eine Rücklage und könnte ruhig arbeiten."

Auffallend gering sind insbesondere die "Gewinn"spannen bei den "regelmäßigen Verkäufern." Prüft man hier, wer dealt, findet man:

Hans erzählte einem Feldforscher, daß er ein bißchen dealt. Er hat dreißig Mark monatlich Taschengeld im Heim. Das reicht noch nicht einmal für die Zigaretten. Also muß er etwas dazu verdienen. Das macht er dann durch Shit-Handel.

Ein anderer Feldforscher unterhielt sich mit Gerold. Er hat bald seine fünfzig Mark voll. Er muß noch für fünfzehn Mark verkaufen. Ob er das letzte Stück dafür loskriegt, bezweifelt er selbst. Er zeigt es mir, höchstens drei Gramm. Er hat von Lutz für fünfzig Mark gekauft, hat aber bar bezahlt. Lutz gibt ihm nichts auf Kommission. Er kann aber auch so viel bezahlen. Er verkauft das Zeug für hundert Mark. Das sind fünfzig Mark Gewinn. Dafür kauft er sich O. Das ist schon da. Der Typ will nun das Geld sehen. Geld, um Shit zu kaufen, hat Gerold eigentlich immer.

Ein anderer Dealer erzählte einem Feldforscher, er habe am letzten Abend ziemlich viel Geld verpokert. Er will sehen, daß er hundert Gramm verdealt. Dann hat er den Verlust wieder raus. Der Feldforscher fragte ihn, wieso er denn so blind gewesen sei und so viel Geld verpokert habe. Er meinte, er habe immer geglaubt, er würde das wieder zurückgewinnen. Ein Typ sei dabei gewesen, der habe sich gesagt: "Alles oder nichts!" und habe zum Schluß auch nichts gehabt. Einer sei mit dreißig Mark gekommen und habe mit dreihundert aufgehört.

Nach unserer Einschätzung sind diese Angaben als glaubwürdig zu betrachten.

Ähnlich ist die Situation für Trips und O und M:

Marcel hat das Morph schon in Silberpapier abgepackt. Pro Schuß nimmt er fünfzehn Mark. Als Gerd feststellt, daß sich Marcel einen Schuß fertig machen will, will er auch einen haben. Marcel will die fünfzehn Mark. Gerd weist ihn darauf hin, daß er es doch für einen Freund billiger machen könne. Marcel nimmt nun zwölf Mark von ihm. Später erfahre ich von ihm, daß ihn ein Schuß acht Mark beim Einkauf in H. gekostet hat. Er begründet den relativ hohen Preis mit dem enorm hohen Risiko, das er als Ausländer hat. Er könne ja sogar ausgewiesen werden.

Ein Feldforscher fragt Peter, was er denn inzwischen so verkauft habe. "Vier Willis". "Und was ist dabei rausgesprungen?" "Von zweien, da kriege ich das Geld erst noch." Der Feldforscher lacht. Peter sagt: "Das ist sicher, das kommt noch." Ff: "Was haste denn so verdient?" Peter: "Vier Mark fünfzig. Davon habe ich auch gleich wieder zwei Mark fünfzig weiterverteilt." Peter lacht selbst darüber.

Ein anderer Feldforscher fragt einen Triphändler: "Was hast Du denn eigentlich für die Trips bezahlt?" Max: "Sechzig Mark." "Und für wieviel verkaufst Du sie?" "So zwischen zehn und zwölf Mark." "Dann verdienst Du aber nicht viel daran." "Ja, das lohnt sich eigentlich nicht, aber ich will ja auch nicht viel daran verdienen, sondern lediglich einen oder zwei umsonst haben."

Aus einem anderen Beobachtungsbericht: Achim fragt Johnny unterwegs, ob er nicht noch einen Schuß O für ihn habe. Johnny meint, er habe alles verkauft. Horst habe er ziemlich viel gegeben. Achim will wissen, ob der bezahlt hat. Johnny meint, er habe alles bezahlt. Nach ein paar Augenblicken meint Johnny, er habe noch einen Schuß bei sich, den könne er Achim für acht Mark verkaufen. Achim: "Kann ich Dir den am Donnerstag bezahlen? Dann bekomme ich nämlich neues Taschengeld." Johnny: "Das geht. Kannst Du mir vielleicht jetzt schon ein bißchen geben?" Achim: "Habe jetzt nichts." Johnny: "Ist gut. Dann bleibt es bei Donnerstag."

Unter diesen Umständen dürften von der Vermarktung der Rauschgiftversorgung keine besonderen Tendenzen zum Konflikt ausgehen. Es überrascht daher auch nicht, daß konflikthaltige Interaktionen bei den Typen auch im Zusammenhang mit dem Drogenhandel selten sind.

3. Zur Gleichheit oder Ungleichheit

Zur Analyse von Einflußdifferenzierungen fanden wir in den Beobachtungsberichten für alle Gruppen keine Hinweise auf regelrechte Führerschaften. Aber es gab überall Leute mit gehobenem Status in der Gruppe, die einige, aber nicht alle, in einzelnen Situationen beeinflußten.

Bei den älteren Normalen fand der Feldforscher, daß Paul und Birgit den höchsten Status hatten. Ein positiver Außenseiter war Rainer und ein negativer Anton.

Geht man von einzelnen Situationen aus, findet man, daß Wortgewandtheit unter jüngeren und älteren Normalen eine große Rolle spielt.

Auch bei den Typen ist eine eindeutige Statusstruktur nicht auszumachen. Einen Führer oder Star gibt es nicht.

Ein Feldforscher notierte: Bruno ist kein Führer - das zeigt sein häufiges Alleinsein, die gelegentliche Nichtbeachtung durch die anderen, aber er hat zweifelsohne einen gehobenen Status. Neben ihnen scheinen noch Dieter, Mike, Ingo und Jan, dieser mehr unter den Jüngeren, eine gewisse, hervorgehobene Position zu haben. Als Statuskriterien gelten dabei: Bruno wird immer von vielen begrüßt und angesprochen. Bei vielen Abgängen zum Joint hat er eine initiierende Rolle. Bei Gesprächen scharen sich viele um ihn. Er hat eine Menge angefixt. Dieter wird auch immer von sehr vielen begrüßt und angesprochen. Seine Diskussionsbeiträge finden immer interessierte Zuhörer. Er wird oft ausdrücklich nach seiner Meinung gefragt. Er bewegt sich auch sehr frei unter den Typen.

Wer sich eine bevorzugte Position "anmaßt", wird kritisiert. Das gilt insbesondere für die Statuslosen:

> Achim war gerade dabei, einen Joint zu rauchen. Ich stellte mich vor die Typen, da alle Plätze besetzt waren. Achim machte einige hastige Züge am Joint, und es dauerte lange, ehe er ihn an Günter weitergab. Dann rauchte Winfried einige Züge und gab anschließend mir den Joint. Der Shit turnte stark an, es handelte sich um roten Libanon. Dann bekam Achim den Joint wieder und rauchte wieder sehr hastig, so daß der Joint ziemlich heiß wurde und sich eine sehr lange Glutspitze bildete. Das wurde auch von den anderen kritisiert. Besonders wurde jedoch kritisiert, daß Achim den Joint so lange für sich behielt und die anderen nicht mitrauchen ließ, denn einige saßen noch in unmittelbarer Nähe, die noch keinen Zug bekommen hatten.

Von besonderem Interesse scheint uns zu sein – insbesondere mit einem Blick auf die später zu analysierende Gruppe der Rocker – daß man bei den Typen kaum eine Diskriminierung der Mädchen oder jungen Frauen findet.

Bei den Rockern konnten die Feldforscher ebenfalls nur Leute gehobenen Einflusses identifizieren, Anführer oder Bandenchefs fanden sie nicht. So wollten die jüngeren Rocker immer alle mit Harro trampen, wenn es an einen anderen Ort ging.

> Harro sagte einmal: "Der Status des einzelnen hängt davon ab, ob er einen "hellen Kopf" hat oder nicht. Wer gut organisieren kann und Vorschläge zu dem beiträgt, was man tun kann, der erhält im Club großes Prestige." Von sehr großer Bedeutung ist die Dauer der Zugehörigkeit. Harro und Ferdi waren bereits bei den Hell Angels dabei. Sie haben den Club gegründet. Dies wird ebenfalls aus der Bemerkung Harros deutlich, in einer zukünftigen Gruppe würden die jetzigen "Mitglieder"die Kerngruppe stellen. Keine Rolle haben dagegen die körperliche Stärke und die Fähigkeit im Mopedfahren gespielt.

Bei den älteren Rockern ist die Führungslosigkeit noch deutlicher. Dort ist fester Einfluß regelrecht nach außen übertragen worden. Der Beobachter notierte:

> Eindeutige Autorität beim Personal, besonders beim Chef. Unter den Gästen sind Leute, die viele andere Gäste kennen, andere, die weniger kennen. Führerpositionen konnte ich nicht feststellen.

Erwähnenswert ist bei den Rockern noch das Verhältnis zu den Mädchen. Allgemein läßt sich wohl sagen, daß keine direkte Hierarchie besteht; die bestehenden Unterschiede zwischen den Jungen beruhen überwiegend auf dem Alter und, was meistens damit identisch ist, körperlicher Stärke. Eines ist allerdings eindeutig feststellbar: Der Junge mit der niedrigsten Autorität wird immer noch höher eingeschätzt als die Mädchen - zwischen ihnen selbst scheinen keine Rangunterschiede zu bestehen, auch habe ich weder Cliquen noch Streitereien zwischen ihnen beobachten können. (Eine allgemeine Einschätzung eines Feldforschers)

> Auf dem Weg von der Wiese zum Clubhaus überholte ich Leo, der mit einem der Mädchen ebenfalls dorthin ging. Seine Freundin war noch unten geblieben. Während die beiden sich vorher unterhalten hatten, sagte das Mädchen von dem Augenblick an, an dem ich dazustieß, kein Wort mehr. Nun ist sie vermutlich diejenige, die den niedrigsten Status hat (sie ist zu ruhig, um sich richtig wehren zu können), aber auch so war dieses Verhalten symptomatisch: Die Mädchen haben nichts zu sagen, wenn die Jungen sich untereinander unterhalten.
>
> Die Verbindungen, die zwischen einzelnen Jungen und Mädchen eingegangen werden, sind offensichtlich nicht von Dauer. Während der ersten Woche habe ich selbst einige Wechsel beobachten können, und Danny bemerkte einige Male, ohne von mir dazu befragt worden zu sein bzw. ohne daß er sich auch nur an mich richtete, daß er mittlerweile gar nicht da durchfinde, wer mit wem zusammen sei. Bisher war einzig die Verbindung von Ferdi und Martha dauerhaft; Harro war fünf Wochen mit Dietlinde gegangen, sie machten dann Schluß. Dietlinde ging an dem Tag sofort wieder mit einem anderen, der wiederum zwei Stunden vorher mit Mäuschen Schluß gemacht hatte. Es scheint allerdings nur ein kleiner Kreis zu sein, sowohl bei den Jungen wie bei den Mädchen, die sich für die jeweils anderen interessieren. Einige Wochen ging Harro mit Martha und Dietlinde zugleich. Ff: "Das muß doch bald auffliegen, macht Martha das denn mit?" Matthias: "Die weiß das doch nicht. Die merkt das auch nicht, und von uns sagt ihr das keiner, und Linde wagt es nicht, weil sie sonst sofort einen vor die Schnauze kriegt."
>
> Das Verhältnis der anderen ist betont rauher Art; so trug Bohne sein Mädchen einmal durch die Gegend: Sie hatte die Beine um seinen Hals gelegt und hing mit dem Kopf fast auf der Erde; einer der anderen Jungen lief kurz an ihnen vorbei und schlug sie kräftig zwischen die Beine, was bei ihr nur einige Flüche, bei den zuschauenden Jungen dagegen Zustimmung auslöste. Danny: "Das ist richtig so." Von Danny hört man des öfteren dergleichen Aussprüche: "Die Frauen würde ich doch nicht nach Hause fahren (wie Bohne das z.B. tut), die würde ich vögeln, stoßen, ficken - und dann

aus dem Wagen werfen." Des weiteren schwirren häufig Worte wie "Fotze" etc. durch die Gegend, in Anwesenheit der Mädchen, die aber zumeist gar nicht mehr reagieren. Hecht drehte einmal sein Handtuch zusammen, hielt es sich zwischen die Beine und sagte zu einem der Mädchen: "Meinst Du nicht auch, daß das ganz gut zum Entjungfern ist?" Daraufhin schaute sie, leicht verlegen, zu den anderen hinüber, die diesen Vorgang allerdings nicht mitbekommen hatten.
Die Schläge, die diese Mädchen einstecken müssen, würde sich kein anderes Mädchen gefallen lassen. Beispielhaft ist auch eine Szene zwischen Ferdi und Martha: Ferdi hatte Martha über dem Knie liegen. In der rechten Hand hielt er einen ihrer Holzschlappen, um ihr den Hintern zu versohlen, während Martha sich eine Hand nach hinten hielt, so daß er nicht schlagen konnte. Ferdi: "Nimmst Du wohl Deine Hand da weg, Du kriegst sonst doppelt so viel Schläge." Nach kurzem Zögern nahm Martha die Hand weg und drei feste, wie im Ritual geschlagene Hiebe in Empfang. Ähnliches ereignet sich jeden Tag.

Aber es gibt auch spezifische Situationen, in denen sich das Verhältnis von Jungen und Mädchen schlagartig ändert: Die Mädchen nehmen eine bevorzugte Position ein:

Danny und Leo gingen mit Betti und Ulla zum Hallenbad, um dort etwas zu essen. Nach ungefähr einer Stunde ging ich hinter ihnen her und erlebte nun eine andere Seite des Verhältnisses zwischen Jungen und Mädchen. Obwohl sie schrecklich darüber "moserten", gaben Danny und Leo den Mädchen einen großen Teil des von ihnen Bestellten ab; die Atmosphäre war sehr gelockert. Leo "knutschte" Ulla kurz ab und erklärte mir dann, er müsse immer "fremdgehen", wenn Angela, seine Freundin, nicht dabei sei. Dann kaufte er für Angela ein Eis und brachte es ihr.

Seltener kommt es vor, daß Mädchen in einer Interaktion dominieren:

Heike kam mit Jenny zurück; Karl faßte Heike mehrere Male an die Brust. Schließlich wurde es ihr zu viel und sie putzte ihn herunter: "Du hast wohl Komplexe. Mensch, mußt Du Komplexe haben. Schaff Dir doch endlich eine Frau an."Karl versuchte zu kontern, es blieb aber beim Versuch. Heike war überhaupt nicht zu stoppen.

Untypisch ist auch eine regelrechte Verteidigung eines Mädchens durch einen Jungen:

Während wir uns unterhielten hatte in einer anderen Ecke Michael dem Horst ein paar aufs Maul gegeben. Horst selbst erzählte mir und den anderen überhaupt nichts. Er hielt sich nur den Mund, während die Lippen dick anliefen. Tabak und Michael berichteten später am Abend, daß Horst sich über die Mädchen in der Wallstraße ausgelassen habe. Michael: "Das kann er ruhig." Als er jedoch auch Michaels Freundin mit hineinzog und sagte, die sei zum Vögeln ganz gut, habe Michael ihm eine geschlagen. Er hätte sich sicherlich nicht mit einem Schlag benügt, aber Bill sei dazwischengegangen und habe sie getrennt.

Nur ein einziges Mal haben wir davon gehört, daß ein Mitglied der Gruppe der Rocker wegen eines Mädchens eine nachhaltige Beeinträchtigung seiner Position hinnahm:

Damals kam es zu einer ernsthaften Streiterei zwischen Harro und Ferdi. Ferdi ging mit Martha, und er kam dann immer erst ins Clublokal, wenn er Martha nach Hause gebracht hatte. Als er einmal, an einem Versammlungsabend, mit zwei Stunden Verspätung ankam, hatte sich die Stimmung gegen ihn unter anderem auch deswegen so hochgeschaukelt, weil er als Boß zu spät kam. (Kommentar von Ferdi: "Du weißt ja, wie das ist, wenn man auf jemanden wütend ist und über ihn redet, ohne daß er sich verteidigen kann: wie sehr man sich da hochschaukelt"). Dann habe zuerst einer Harro angemotzt, wurde von ihm aber sofort gestoppt. Dann versuchte es noch ein zweiter, der wurde ebenfalls ohne große Mühe abgeblockt. Schließlich kam Ferdi dazu, griff Harro scharf an: "Du als Boß mußt zumindest pünktlich sein, wenn wir uns verabredet haben." Der Streit ging schließlich so weit, daß Harro aus dem Club ausgeschlossen wurde.

Über die Einflußverteilung bei den Einsackern berichtete der Feldforscher:

Am Anfang der Feldforschertätigkeit hatte Martin den größten Einfluß. Als er ausgestoßen wurde, übernahm Erwin die Führerrolle, die er aber immer dann abtrat, wenn Pablo anwesend war. Das gleiche gilt für den Fall, wenn Matte da war.

Deutlich zeigte sich die Einflußdifferenzierung bei den Einsackern bei der Platzordnung beim Wurfspiel "Titschen":

Erwin war aufgestanden. Toni hatte sich an seinen Platz gesetzt. Erwin kam wieder: "Geh von meinem Platz weg. Das ist mein Platz." Der Platz von Erwin war anscheinend für das Spiel recht günstig. Er brauchte nicht direkt von der untersten Treppenstufe aus zu werfen, sondern konnte direkt von der Wand aus werfen, hatte also eine bessere Wurfstellung als die anderen. Die anderen saßen auf der untersten Treppenstufe und warfen aus dem Sitzen. Erwin hingegen konnte sich knien und beim Wurf nach vorn beugen, dabei den Fuß an der Wand abstützend. Toni räumte nach wiederholter Aufforderung den Platz wieder für Erwin. Sven, der nachher einmal Tonis Platz eingenommen hatte, mußte diesen wieder für Toni räumen.

Das Verhältnis zu den Mädchen war bei den Einsackern ähnlich wie bei den Rockern.
Dementsprechend ist der Einfluß einzelner Mädchen auf einzelne Einsacker gering:

> Wolf: "Ich habe heute meiner Freundin versprechen müssen, daß ich nicht mehr einsacke . Aber ich tue es trotzdem."

Diese ersten Beobachtungen sprechen allesamt für die These von der geringen Ausbildung einer Hierarchie bei den Normalen und Typen. Sie sprechen aber auch gegen die Thesen von einer spürbaren Einflußdifferenzierung unter den Rockern verglichen mit den anderen Gruppen und einer Einflußnivellierung unter den Einsackern. Prüft man näher, ob ungleichgewichtige Interaktionen ablaufen, ob also einer der Handelnden einen oder mehrere andere erkennbar beeinflußten, findet man:

Tabelle 56: Einfluß in der Interaktion von Mitgliedern krimineller und normaler Gruppen

Gruppe	Interaktion		Summe
	ohne Einfluß	mit Einfluß	
Normale	46 (o,43)	6o (o,57)	1o6
Kriminelle	78 (o,61)	49 (o,39)	127
Typen	6o (o,72)	23 (o,28)	83
Rocker	1o (o,42)	14 (o,58)	24
Einsacker	8 (o,4o)	12 (o,6o)	2o

Tau T/R/E = o,o9; Tau T/R = o,o7; Tau T/E = o,o7; Tau R/E = o,oo

Lediglich bei den Typen finden wir einen hohen Anteil an egalitärer Interaktion. Dagegen weisen die Rocker wie auch die Einsacker einen hohen Anteil an ungleichgewichtiger Interaktion auf. Dabei ist die kleine Fallzahl bei den Einsackern zu beachten. Aber derartige Interaktionen sind nicht auf die kriminellen Gruppen beschränkt. Wir finden sie auch bei den Normalen.
Prüft man, ob die ungleichgewichtigen Interaktionen dauerhaft sind, d. h. ob für die Dauer der Interaktion die Einflußbeziehung ihre Richtung behielt, also der Einflußnehmende diese Position nicht abgab oder aufgab, findet man: (Siehe Tabelle 57, Seite 313)

Zwar ist die Zahl beobachteter Fälle bei den Einsackern klein, aber diese weisen den höchsten Anteil an dauerhaften ungleichgewichtigen Interaktionen und damit eine sehr stabile Einflußverteilung auf. Auch

Tabelle 57: Stabilität des Einflusses in Interaktionen von Mitgliedern krimineller und normaler Gruppen

Gruppe	Einflußverteilung		Summe
	stabil	nicht stabil	
Normale	45 (o,76)	14 (o,24)	59
Kriminelle	38 (o,78)	1o (o,22)	48
Typen	14 (o,64)	8 (o,36)	22
Rocker	12	2	14
Einsacker	12	o	12

alle anderen Gruppen weisen in hohem Maße fest strukturierte Einflußbeziehungen auf.

Im ganzen ergeben sich zwei wichtige Abweichungen von unseren Hypothesen: Für die Gruppe der Einsacker ergeben sich Hinweise für den Bestand einer dauerhaften und nicht nur situationsgebundenen Führung. Auch bei den Normalen treten, ähnlich wie bei den Rockern, viele dauerhafte Einflußbeziehungen auf.

4.4.3 Zusammenfassung der Ergebnisse der Datenanalyse zur Organisation krimineller und normaler Gruppen

Geht man davon aus, daß ein hoher Organisationsgrad durch Geschlossenheit der Gruppe und geringe Fluktuation ihrer Mitglieder, Harmonie in der Gruppe und geschlossene Abwehr von Übergriffen von außen, Führung und stabile Einflußmuster gekennzeichnet ist, so findet man, daß keine der kriminellen Gruppen als besonders organisiert anzusprechen ist. Dagegen ist bei den Normalen ein unerwartetes Maß an Organisation feststellbar, das sich in der Entwicklung von Ansätzen zur Hierarchie, in meist harmonischen Interaktionen und einer sehr geringen Mitgliederfluktuation ausweist. Das gibt dieser Gruppe eine gewisse Festigkeit. Dieser Organisationsgrad bewährt sich in vielen Situationen. Er läßt relativ geschlossenes Handeln zu. Der Rückzug einzelner hat keinen Einfluß auf den Ablauf einmal begonnener Handlungen. Aber der Bestand der Gruppe der Normalen wird doch gefährdet, wenn ernste Probleme auftreten:

> Welches Verhältnis die Normalen zur alten "Wirtin", die tatsächlich die Kellnerin war, hatten, zeigte sich an ihrem letzten Abend in der Laube. Ein Feldforscher berichtete: War die Laube auch am Freitag schon brechend voll, das war doch noch gar nichts gegen Samstag!!! Vor der Laube bekam ich keinen Parkplatz. Schon draußen auf den Treppenstufen standen einige Jungen, so daß ich den Eindruck hatte, die Laube sei zugemacht worden. Lautes Stimmgewirr schallte mir schon draußen entgegen. Als ich dann die Treppe herauf kam, mußte ich mich an Leuten vorbeidrängeln, die auf

den Stufen saßen und ihr Bierglas in der Hand hielten. Im Raum war aber nirgends auch nur der Fußboden zu sehen. War gestern noch ein schmaler Gang zwischen Theke und den Tischen, so war heute alles so voll, daß das Bier nur noch über die Köpfe der Leute gereicht werden konnte. Hinter der Theke standen Heinz, Markus, Chen und ab und zu noch andere, die das Bier in Empfang nahmen, das pausenlos gezapft wurde und von ihnen nur weiterdirigiert wurde. Maria hatte wie immer ihren weißen Kittel an und nahm ab und zu auch Bier an. Sie wurde immer wieder von einigen Leuten begrüßt und stürmisch gedrückt. Auf der Theke standen sechs oder sieben Blumenvasen mit herrlichen Blumensträußen, die von den Gästen mitgebracht worden waren. Maria erhielt aber heute mehr Päckchen als Blumen. Hinter der Theke auf der Anrichte lagen schon mehrere. Maria packte die Päckchen immer gleich aus und bedankte sich bei den Schenkern. Unter anderem erhielt sie ein großes Sparschwein aus schwarzem Glas, Untersetzer aus Holz, Kerzen, ein Holzbrett mit Notizblock, an die Wand zu hängen, Blumenvasen mit Blumen, Blumenvasen ohne Blumen, Platzdeckchen, ein Buch, ein Werbepräsent mit Puddingpulver und Pudding. Die meisten Sachen waren irgendwo in der Kunstgewerbehandlung gekauft worden und waren durchweg hübsch. Maria zeigte auch immer wieder ihre Freude, packte das Geschenk auf der Theke aus, zeigte es den Umstehenden und bedankte sich dann bei den Schenkern. Viele hatten zu mehreren etwas gekauft. Es gab kein Freibier an diesem Abend, jeder bezahlte wie gestern seine Getränke, aber Maria gab häufig für einige Gruppen eine Runde und trank dann mit. Birgit war mit einem Fotoapparat unterwegs und stieg auf Stühle, um richtig knipsen zu können. Maria wurde immer wieder an einen Tisch gerufen und mußte sich dann dazu setzen, alle rückten zusammen, damit es eine schöne Gruppenaufnahme wurde. Maria war in guter Stimmung, sie lachte und redete mit jedem. Es waren Leute gekommen, die ich noch nie gesehen hatte. Aber auch alle Bekannten waren da. Kai kam mit Bärbel herein und begrüßte Maria stürmisch. Er erzählte, daß er extra aus Berlin gekommen sei. Kai ist zur Zeit mit der Firma in Berlin auf der Funkausstellung und war mit Volker rübergefahren, damit sie mitfeiern konnten. Volker erzählte auch von der anstrengenden Fahrt, daß ihm aber für Maria nichts zu viel sei.
...Immer wieder kam das Gespräch darauf, wie es wohl werden würde, wenn der neue Wirt da sei. Einig war man sich darüber, daß es auf keinen Fall so werden wird, wie es mit Maria war. Der neue Wirt hatte es abgelehnt, einige Zeit vorher mit Maria zusammen mal die Laube zu machen, damit er sich an die Atmosphäre gewöhnen könne. Das fand man allgemein unheimlich blöd. "Schließlich muß der sich doch nach uns richten und nicht wir nach

ihm. Wir werden ja sehen, was er macht. Aber so gut wie mit Maria wird es nie wieder. Das war nun mal Marias Kneipe, das war eine schöne Zeit hier in der Laube, und die Laube steht und fällt mit dem Wirt."
Als ich um halb eins die Laube verließ, hatte sich das Bild noch immer nicht geändert, voller hatte es schon anfangs nicht mehr werden können. Paule, Ferdi und Dieter saßen auf der Treppe, als ich hinausging. Sie hatten ihr Bierglas in der Hand und waren blau wie die Veilchen. Ferdi sprach mit ganz weinerlicher Stimme davon, daß nun seine Maria für immer wegginge.
Die Laube war dann für einige Tage geschlossen, sie wurde "renoviert" und wieder geöffnet. Ich komme kurz nach der Eröffnung in die Laube. Die Tische sind alle gut besetzt. Es hat sich eigentlich nichts geändert. Die Wände sind gestrichen, vorher waren sie grau, jetzt sind sie dunkel getönt. Es läuft Musik, lauter als früher und moderner. Ich höre bei allen Gruppen, die sich an diesem Abend gebildet haben, daß sie es heute auf keinen Fall gut finden. Eine Eröffnung hätten sie sich anders vorgestellt. Aber man wolle erst mal drei bis vier Wochen abwarten, wie es sich dann entwickelt hätte. Vielleicht wären dann auch eine Menge abgewandert, und der Wirt hätte seine eigenen Leute mitgezogen, vielleicht diese Diskothekenheinis. Es standen um den Wirt tatsächlich einige Jungen und Mädchen, die vorher noch nicht in der Laube gewesen sind und die sich scheinbar für diesen Abend besonders "schön" angezogen haben, mit langem Kleid und Blazer. Sie standen beim Wirt und prosteten ihm immer wieder zu.

Am nächsten Tag entwickelten die Normalen erkennbar Aggressionen. Wir werden sie im nächsten Teil ausführlicher analysieren. Die Konsequenz auf der Verhaltensebene war, daß die Normalen den Ort ihres Zusammentreffens weniger attraktiv fanden, zunächst später kamen und dann ganz wegblieben. Insbesondere die Teilgruppe der älteren Normalen fiel auseinander.

Im ganzen findet man, daß die Normalen eine Gruppe mit relativ fester Struktur bilden, die in ihrem Bestehen bei außergewöhnlichen Bedrohungen, wie dem Auftreten eines neuen Wirtes, ernsthaft gefährdet ist.

Bei den Typen finden wir ein anderes Bild, das unseren Erwartungen gut entspricht. Sie sind weder geschlossen, noch kennen sie eine durchgreifende Führung. Dafür sind ihre Interaktionen harmonisch. Das allein hält sie, soweit es geht, zusammen. Bei den Typen konnten wir Aktionen, an denen die Gruppe sich geschlossen beteiligte, kaum identifizieren. Wurde eine Diskothek geschlossen, suchten sich einzelne eine neue aus, die anderen kamen nacheinander nach. Bekamen zu viele von ihnen in einer Diskothek Lokalverbot, zogen allmählich alle weiter. Schlossen die Polizei und das Ordnungsamt eine Diskothek, verlegten sie ihren Treffpunkt an einen anderen Platz. Sie hingen nicht an einem Ort wie die Normalen. Wurden die Typen belästigt, wie am Brunnen durch andere Parkbesucher, in den Anlagen durch die Polizei, so nahmen die einzelnen das hin - eine allgemeine Reaktion gab es jedenfalls nicht. Man erinnere sich an Dieters Feststellung: "Wir sind alle Individuen"!

Ein Problem, mit dem die kriminellen Gruppen sich immer wieder auseinandersetzen mußten, war die Weitergabe von Informationen durch Mitglieder an die Polizei. Bei den Typen war dieses Verhaltensmuster sehr verbreitet, mehr als in allen anderen Gruppen. Mit der Zeit wurden dann auch einzelne Typen identifiziert, die als "Spitzel" tätig waren. Die Reaktion der Typen unterschied sich nun sehr von der der Rocker und Einsacker auf diesen Tatbestand: Die Typen machten praktisch nichts. Sie redeten darüber, sie versicherten sich, sie wollten zukünftig mehr aufpassen. Sie wollten den Verdächtigen beobachten - dabei blieb es aber. Über kurz oder lang lebten die alten Interaktionen auch mit dem Verdächtigen wieder auf.
So erweist sich die relativ schwache Organisation der Typen gleichwohl als dauerhaft. Am Spitzelproblem ging die Subkultur nicht zugrunde - die anderen Gefahren wirkten allemal weniger stark.

Die Gruppe der Rocker weist eine ähnlich geringe Organisation auf. Sie ist offener als erwartet, viele Konflikte treten auf und die Einflußverteilung ist hier nicht viel ausgeprägter als in der Gruppe der Normalen, und sie ist schwächer als bei den Einsackern. Das Ineinandergreifen aller drei ermittelten Defizite der Organisation ist sehr gut den Berichten zu entnehmen, die sich mit "Bandenkriegen" befassen, jenen Aktionen, in denen der hohe Organisationsgrad der Rocker ja zum Zuge kommen soll.

> Um halb zehn kam Volker mit einem Mädchen. Es war mir bisher unbekannt, sein Name war noch nie gefallen. Er fragte nach Danny und berichtete dann, daß einige Rocker ihm in Burgen an den Kragen wollen. Er könne den ABC-Club um Hilfe bitten, und die würden auch ganz bestimmt kommen, aber bevor er die bitte, hole er sich lieber eine Tracht Prügel. Ob denn die von der Wallstreet kämen? "Bill, Du kommst doch sicherlich?" Bill, ohne große Begeisterung: "Sicher, ich komme." Volker: "Antek kommt auch. Wir sind früher für ihn gefahren, der fährt bestimmt auch für uns." Ferdi fragte: "Wann hat er Dir das gesagt? Heute nachmittag?" Volker wollte sich erst gar nicht festlegen, gab dann aber zu, daß es schon etwas länger her sei. "Heute nachmittag hat er nämlich zu uns gesagt, er wolle nicht. Er habe keine Lust." Darauf Volker: "Dann läßt er es eben. Ich frage nach Joe, der kommt bestimmt, und der bringt noch einige andere auf die Beine, die nicht ganz

ohne sind." Als die anderen nichts mehr sagten, wandten die beiden sich sichtlich verärgert ab und fuhren weg. Bill meinte: "Ich geh auch nicht." Ferdi: "Siehst Du das auch schon ein? Ich finde es richtig albern."
Einige Tage später nachmittags auf der Wiese in der Nähe des Clubhauses: Einige hatten sich doch entschlossen, Volker zu helfen. Inzwischen blies Harro zum Aufbruch und alle, die bereit waren, nach Burgen mitzufahren, gingen zum Clubhaus hoch. Dort warteten wir ungeduldig bis gegen viertel vor vier. "Wo der Volker bloß bleibt. Verstehe ich gar nicht, daß der uns hier warten läßt. Der ist wohl schon in Adorf." Schließlich verteilten wir uns auf zwei Wagen und ein Moped. Wir fuhren dann zuerst nach Seitenstadt, wo wir Volker, Matthias und Rosa abholten. Dann ging es weiter nach Adorf. Dort hielten wir vor der Wirtschaft "Zum Humpen", dem Treffpunkt des MCA (Motor-Club Adorf). Die Kneipe erinnerte mich an alte Grenzerkneipen nach Western-Art, so zerfallen sah sie von außen aus. Als wir dort ankamen, war niemand vom MCA da, und die Wirtschaft war geschlossen. Einige gingen zunächst in die Wirtschaft gegenüber und tranken ein Bier, während die anderen in den Wagen warteten. Harro und Volker fuhren mit einem Moped weg, und als wir aus der Wirtschaft gegenüber wieder herauskamen, war der "Humpen" geöffnet, und einige vom MCA saßen bereits an der Theke. Die Kneipe (hier ist der Begriff wirklich gerechtfertigt) ist mit alten Möbeln aus Großmutters Zeiten eingerichtet; hinter der Theke stand eine mindestens siebzigjährige Frau, die ihren Krückstock nie aus der Reichweite ließ. Jedes Bier, das sie zapfte, mußte sofort bezahlt werden. Nach und nach kamen Mitglieder des MCA, bis auf Hannes alle mit langen Haaren und Lederjacken bzw. Nietenjacken und Sturzhelmen. Viele hatten auf den Jacken oder den Helmen MCA stehen. Wir saßen dort herum, wer Geld hatte, der kaufte sich ein Bier, einige knobelten, einige kickerten. Die beiden Gruppen - Wallstreet und MCA - saßen getrennt, nur Harro, Volker, Matthias und Rosa schienen die anderen zu kennen. Es entspann sich auch keine Unterhaltung zwischen beiden Gruppen. Mathi erzählte von den Schwierigkeiten, die er mit seiner Mutter gehabt habe: "Du gehst mir heute nicht zu den Rockern. Ewig bist Du bei denen. Zieh endlich die alte Levis aus." Mathi: "Und ich geh doch. Und von mir aus kann ich meine beste Hose anziehen. Aber wenn die kaputt geht, kann ich nicht dafür." Er saß dann auch mit seiner Levis bei uns am Tisch. Er erzählte weiter, er sei dann zu seiner Großmutter essen gegangen, habe sich schnell seine Sachen genommen und sei gegangen. Dadurch habe er zehn Mark verloren. Die habe ihm sein Vater geboten, wenn er zu Hause bliebe. Die allgemeine Stimmung schien mir zwar nicht nervös zu sein, sie ist

aber auch in keiner Weise als gelockert anzusehen. Witze und Anfrotzeleien unterblieben völlig. Ungefähr fünfzehn Mann (mit Mädchen) waren bis fünf Uhr erschienen; Harro und Volker drängten, daß wir endlich fahren sollten. Der Aufbruch selbst zog sich auch noch einmal ziemlich lange hin, weil die vom MCA offensichtlich keine große Lust hatten. Die fünf Wagen - ungefähr dreiundzwanzig Mann, davon etwa zehn Mädchen - waren bereits besetzt, während von den Mopedfahrern noch niemand Anstalten machte, mitzufahren. Von uns aus hatte es den Anschein, als wollten sie nicht mitkommen, und so fuhren die Waren schließlich alleine los, Harro war ausgesprochen verärgert. Als ich ihn fragte, auf welche Weise die anderen benachrichtigt worden seien, betonte er zunächst, daß eine solche Schlamperei bei den Vogelfreien nicht passiert wäre. Wenn sie sich trafen, dann habe es sich höchstens um eine halbe bis zu einer Stunde verzögert, dann seien sie gefahren. Außerdem seien alle gekommen, wenn sie sich verabredet hätten. In einem Fall wie diesem, wo offensichtlich vorher nichts geplant worden war, sei man an die Stellen gefahren, wo man sich sonst träfe bzw. man sei auch bei den Leuten zu Haus vorbeigefahren.

Wir waren in Burgen kaum auf der Raupe, da sprangen Volker und einige andere, die offenbar auch dort des öfteren kassierten, auf die Bahn und zeigten ihr Können im Auf- und Abspringen während der Fahrt. Nach ungefähr fünfzehn Minuten trafen sich die meisten bereits am Bierstand wieder. Wie es sich nachher zeigte, tranken dort auch einige der MCAer mit denjenigen aus Burgen oder Umgebung, mit denen sich später die Wallstreet prügelte. Penny erklärte: "Wenn es losgeht, dann werde ich mich auch mit schlagen. Sonst hätte ich gar nicht mitzufahren brauchen." Mir gegenüber wurde jedoch nicht der Anspruch geäußert, daß ich ebenfalls mitmachen müßte. Inzwischen waren auch die Mopedfahrer angekommen, die in Adorf noch auf einige andere gewartet hatten. Auch Bill, Lasso und Opa waren gekommen. Alle trafen sich am Bierstand wieder.

Während wir noch dort standen - die Raupe war vielleicht drei Meter entfernt -, kam ein Fremder von der Raupe herunter und übergab sich an einem der Pfosten. Es sah so aus, als sei er total betrunken. Anschließend ging er wieder auf die Raupe, und eine Minute später ging die Schlägerei los. Wie Berti und sein Mädchen mir später erzählten, waren sie an dem Betrunkenen vorbeigegangen. Dabei habe dieser Berti angerempelt und als dieser fragte, was los sei, habe der ihn geschlagen. Daraufhin seien sofort einige von "uns", vermutlich Volker, Ente und Mathi, von der Kasse aus auf die beiden zugelaufen. Volker: "Den läßt Du in Ruhe, hast Du gehört?" Der Zwischenfall war aber auch von dem Bierstand aus beobachtet worden, einige der Burgener tranken schnell ihr Bier aus, Hacki etc. ebenfalls, und liefen auf die Raupe zu, einige kletterten auch hinauf. Dort war die Schlägerei inzwischen richtig angefangen, einige der Burgener müssen mit dem Betrunkenen zusammengestanden haben, denn als wir hinzukamen, da existierte schon ein richtiges Knäuel, mitten drin Ente, Harro und Volker, und alle drei mußten einige Schläge einstecken. Dann fielen mehrere gegen die Zeltplane, diese löste sich, und sie fielen die Rampe hintunter. Von oben konnte ich beobachten, wie Ente von einigen Burgenern unter die Raupe gestoßen wurde - Ente konnte sowieso kaum noch stehen, weil er viel zu betrunken war -,die dort, während er am Boden lag, auf ihn eintraten. Sie trafen ihn dabei in den Unterleib und mehrere Male am Kopf. Mathi hatte dies ebenfalls von oben gesehen; er sprang über die Brüstung, nahm einen leichten Anlauf und trat einen von den Burgenern voll unters Kinn, so daß sein Kopf nach hinten flog. Die beiden anderen hatten den Vorfall gar nicht mitbekommen, sie ließen aber von Ente ab, als der erste sich langsam aufrichtete und denjenigen suchte, der ihm den Tritt versetzt hatte. Mathi war inzwischen zwei Meter zurückgewichen, ging dann etwas von der Raupe weg,so daß nun jemand zwischen den beiden stand. Ente stand inzwischen wieder auf und versuchte, einen kraftlosen Schlag gegen den ersten zu landen, der dessen Aufmerksamkeit wieder von Mathi ablenkte. Die beiden standen sich gegenüber, um sie herum hatte sich ein enger Kreis gebildet, der ihnen kaum Bewegungsfreiheit ließ, die sie allerdings auch nicht gebraucht hätten, da sie beide ziemlich betrunken waren. Der Burgener bot Ente schließlich an: "Ich mach Dir ein faires Angebot: Entweder wir trinken jetzt ein Bier oder ich schlage Dich zusammen. Überleg Dirs, Du hast zwei Möglichkeiten." Dieses Angebot wiederholte er ein paar Mal, weil Ente schwankend dort stand und sich nicht entschließen konnte, was er machen sollte. Später sah ich die beiden am Bierstand stehen. Ente mußte sich am Wagen festhalten. Soweit ich sehen konnte, haben sie nicht miteinander gesprochen.

Was in derselben Zeit hinter der Raupe passiert ist, konnte ich nicht sehen. Nach den Erzählungen von Harro und den anderen ist Harro mit Ente die Rampe hinuntergefallen. Draußen haben ihn, nach seiner Darstellung, drei Mann festgehalten und ein vierter habe auf ihn eingeschlagen (Harros Pullover war zerrissen und ein Backenknochen war angeschwollen). Dann sei ein anderer zum Bierstand gelaufen, habe dort ein Glas Bier kaputtgeschlagen und sei dann wieder zurückgekommen, in der einen Hand den Rest des Glases (mit gezacktem Rand), in der anderen einen Stein (diesen Vorfall habe ich beobachtet). Harro: "Die anderen standen herum, einige standen auch hinter ihm. Die hätten ihm mit Leichtigkeit das

Glas aus der Hand schlagen können, aber keiner von denen hat sich auch nur gerührt. (Die drei müssen ihn wohl jetzt losgelassen haben, denn:) Als ich den kommen sah, da habe ich lieber einen Abgang gemacht." (Harro hatte dies auf der Rückfahrt erzählt, Penny und die Mädchen stimmten ihm sofort zu. Penny: "Bevor ich mir das Gesicht kaputtmachen ließe, würde ich auch lieber abhauen"). Umma wandte in bezug auf das Verhalten der MCAer ein, daß die ja keinen von den Normalstädtern kannten. Harro: "Mich kannten sie zumindest, und sie haben doch nur dabeigestanden und große Augen gemacht." Allerdings stimmt der Einwand Ummas zumindest teilweise, denn wie ich beobachten konnte, standen tatsächlich anfangs einige der MCAer um einige der Streitenden herum, wollten offensichtlich auch eingreifen, wußten aber nicht,auf wessen Seite. Einer von ihnen erklärte mir ihre Passivität später genau aus diesem Umstand. Andererseits sah ich auch einige von ihnen, die vorher bereits mit den Burgenern getrunken hatten, daß sie sich mit denen verbrüderten. Das ging zwar nicht so weit, daß sie für sie Partei ergriffen, aber sie standen ruhig dabei, hatten sich die Hände um die Schultern gelegt und schauten zu, wie die Wallstreets Prügel bezogen.
Als der Mann mit dem Bierglas auf Harro zulief und dieser "einen Abgang" machte, strömte die ganze Menge hinter ihnen her. Als ich ebenfalls hinter die Raupe kam, standen sich dort zwei Gruppen gegenüber, ungefähr zwei Meter auseinander, auf beiden Seiten befanden sich Mädchen. Ich sah gerade noch, wie Rosa auf einen der Burgener losging und ihn zu schlagen versuchte, voller Wut(vermutlich wegen Harro). Sie wurde dabei aber von einigen anderen Wallstreets zurückgehalten. Penny, Berti und noch jemand waren auf die Deichsel eines Wohnwagens geklettert, um eine bessere Übersicht zu haben. Die beiden Parteien hatten sich offensichtlich beruhigt, die Burgener gingen kurz darauf wieder auf den Kirmesplatz zurück. Vorher, auf dem Weg hinter die Raupe, hatte ich noch beobachtet, wie einer der Burgener einen anderen mit ausgestreckter Hand vor sich herschob und ihm drohte: "Du schlägst Dich heute mit. Du haust jetzt nicht ab." Während dieser sich teilweise gegen den Druck stemmte, letztlich aber doch nicht seine ganze Kraft gegen den anderen einsetzte, so als ob er zwar nicht dorthin wollte, gleichzeitig aber einsah, daß er eigentlich dorthin müsse. Eine Viertelstunde später standen die meisten Burgener und MCAer am Bierstand und gaben sich gegenseitig so viel Bier aus, daß sie mit dem Trinken kaum nachkamen. Von den Normalstädtern sah ich nur Ente, der gezwungenermaßen dort stand, während die anderen sich auf die Raupe zurückgezogen hatten. Am Bierausschank gaben die Burgener einen mächtigen Striemen an, als sie von früheren Taten erzählten. Dreißig Mann von ihnen hatten

hundertzwanzig andere vertrümmt, wobei von ihnen nur zwölf, von den anderen aber mehr als dreißig ins Krankenhaus gemußt hätten.. Vorher, vor der Schlägerei, hatte Mathi noch erklärt: "Die Wallstreets und der MCA zusammen, das ergäbe einen tollen Club" - später war davon keine Rede mehr. Ente wurde schließlich von Berti und anderen vom Ausschank weggeholt, er konnte kaum noch auf eigenen Beinen stehen; einige Zeit später, um acht Uhr, beschlossen wir dann, zurückzufahren. Wir verteilten uns wieder auf die Wagen und Mopeds und fuhren los. Im Wagen wurde noch etwas an der Niederlage herumgekaut. Harro beteuerte, daß das mit den Vogelfreien nicht passiert wäre, die hätten zusammengehalten und hätten sich geschlagen; "im nächsten Jahr komme ich wieder, dann habe ich andere Leute bei mir, die mehr bringen als der MCA. Dann ist was los." Matthias erzählte, daß er keinen einzigen Schlag abbekommen habe, er habe nur mit den Füßen gearbeitet. "Das ist sicherer, da hat man größeren Abstand und bekommt nicht so viel mit."

...An der Wallstraße waren Michael, Leo, Ömmel, Lola und andere auf der Straße und spielten Fußball. Später kam noch ein Rolf hinzu. Als er nach Burgen fragte, zeigte sich, daß Michael und Leo überhaupt noch nichts davon gehört hatten. Harro gab dann einen kurzen Bericht. Fazit: "Wir wurden im Stich gelassen, wir haben verloren, wir kommen wieder." Rolf: "Was bin ich froh, daß ich nicht dabei war. Einen Abend ohne blaue Augen."

In den Erzählungen wurden dann nach einiger Zeit aus diesen und ähnlichen anderen Unternehmen große erfolgreiche Feldzüge.

Fragen wir nun, wie die Rocker mit außergewöhnlichen Belastungen, wie wir sie schon bei den Normalen und den Typen fanden, zurechtkamen.

In vielen Gruppen kommt es immer wieder zu Krisen, wenn das gruppentypische Verhalten gegen Gruppenmitglieder eingesetzt wird. Das gilt zwar bei den Rockern weniger für das Kloppen, da es einerseits intern hilft, eine Rangordnung auszubilden bzw. zu stabilisieren, und da es andererseits die Gruppenmitglieder im gemeinsamen Kampf gegen Außenstehende vereint. Es gilt aber immer für Diebstähle untereinander. Derartiges trat auch bei den Rockern, wenn auch sehr selten, auf.

Auf dem Flur gab es eine hitzige Auseinandersetzung. Man rannte aufgeregt hin und her und unterhielt sich ziemlich lautstark. Nach und nach bekam ich aus Andeutungen heraus, daß Dachs Ida vier Mark aus ihrer Tasche geklaut haben sollte. Ferdl und Dachs redeten ziemlich heftig miteinander. Dachs stritt die Tat ab. Doch Ferdl meinte, das Geld sei ja wieder da, und damit sei für ihn die Angelegenheit erledigt. Ich fragte Ida, was eigentlich vorgefallen sei. Sie meinte, ihre Tasche habe im Hinterzimmer gestanden. Dachs habe sie genommen und den Gipsarm gefragt, wem die Tasche gehöre. Der wußte es nicht. Da sei Dachs an die Tasche gegangen. Hinterher habe sie in die Tasche gesehen, und es hätten ihr vier Mark gefehlt. Der mit dem Gipsarm habe ihr dann erzählt, daß Dachs an der Tasche gewesen sei. Sie hätten ihn durchsucht und auch die vier Mark gefunden. Der mit dem Gipsarm mußte Dachs dann noch einen an den Kopf gegeben haben, denn später klagte er über Schmerzen in seinem Arm. Für Ida schien damit die Sache erledigt, sie hatte ihr Geld zurück.

Wir sehen, daß die Rocker sich bei internen Eigentumsübergriffen damit begnügen, das Weggenommene zurückzugeben. Damit "hatte es sich". Weitere Sanktionen waren nicht üblich.

Das Problem der Weitergabe von Informationen an die Instanzen sozialer Kontrolle stellte sich bei den Rockern in der Form des "Singens". Es war selten so wie bei den Typen, daß einzelne Mitglieder zur Polizei gingen und dort ihre Informationen vortrugen - aber ab und zu packte mal einer aus, der gefaßt wurde.

Manfred berichtete: "Streitigkeiten in der Gruppe gibt es erst seit kurzem, seit die Sache mit dem Hammerschlag passiert ist." Damals seien ungefähr acht Mann in den Hammerschlag gegangen. Als sie ein zweites Bier bestellen wollten, sei die Kellnerin gekommen und habe erklärt, sie bekämen nichts mehr zu trinken. Beim Hinausgehen sind dann wohl Tür und Fenster zu Bruch gegangen, und alle liefen weg. Harro sei jedoch gerade weggefahren gewesen, und als er zurückkam, haben sie sich ihn gegriffen und er habe alle Namen genannt, z.B. den Manfreds, Hechts, Koks.
Bei einer anderen Gelegenheit unterhielt sich der Feldforscher darüber mit Rosa. Sie meinte: "Es ist doch ganz klar, daß Harro gepfiffen hat. Seitdem hat er auch viel von seinem Einfluß abgeben müssen."
Mit Harros Statusverlust lebten auch die Spannungen zwischen den beiden Teilen der Rockergruppe wieder auf. Ein Feldforscher berichtete: Es ist ganz deutlich, daß die Vogelfreien ihren Tisch haben und daß die Leute von der Wallstraße an einem anderen Tisch sitzen. Diese Regel wird zwar nicht strikt eingehalten, ist aber als Tendenz eindeutig festzustellen. Dabei scheint mir die Trennungslinie stärker von den Vogelfreien als von den Wallstreets gezogen zu werden. Dabei blieb es auch. Eine Desorganisation der Gruppe setzte dadurch nicht ein.
Ähnlich reagierte Willi in einer vergleichbaren Situation: Während der Unterhaltung fragte einer Willi, ob er Omo heute morgen einen gelangt habe. Willi: "Na ja, hab ich. Wenn der mich bei der

Polizei belastet. Dafür habe ich ihm heute morgen eine gelangt. Wäre er nicht weggelaufen, hätte er noch mehr drauf gekriegt. Ist doch wohl gerecht, wenn so ne Sau mir was anhängen will." Damit war die Sache für Willi erledigt. Später unternahm er mit Omo wieder neue Aktionen.

Sicher, die Gruppe wurde durch solche Erlebnisse nicht attraktiver. Die Folgen des "Singens" waren für die Betroffenen teilweise ernst. Ein Absetzen einzelner von der Gruppe erfolgte jedoch nicht. Die Einstellung war ambivalent:

Rainer: "Ich bin kein Vogelfreier mehr, ich habe mich zurückgezogen. Damals war das alles ganz dufte, aber die Scheiße (das hieß hier für den Feldforscher: die kriminellen Sachen, die aufgefallen waren), die hätten wir nicht machen dürfen. Und damals habe ich meinen Kopf für jeden hingehalten, wenn einer Hilfe brauchte, dann kam er zu mir, und ich habe mich für jeden geschlagen." Er zeigt auf seine Narben an den Füßen, Beinen, Oberarmen, und am Kopf habe er eine große Platzwunde gehabt. "Aber heute muß ich auch an mich denken. Wozu habe ich die ganze Zeit gelernt? Wenn die mich jetzt bei irgendwas packen, dann ist meine Bewährung hin, dann sitze ich die zehn Monate ab, und vielleicht kommen noch einmal sieben oder acht dazu, und schon sitze ich anderthalb Jahre im Bau. Mit der Zeit kann ich etwas Besseres anfangen. Wenn ich bedenke, was ich schon alles an Krankenhauskosten und Schmerzensgeld bezahlen mußte, dann frage ich wirklich, ob sich das gelohnt hat. Dafür könnte ich jetzt schon einen sechzehnhunderter BMW vor der Tür stehen haben. Wenn meine Alte mich nicht die ganze Zeit unterstützt hätte, dann wüßte ich gar nicht, wie ich das hätte bezahlen sollen. Das bin ich jetzt endgültig leid. Ich muß jetzt auch an mich denken." Der Feldforscher merkte an: Diese beiden in sich widersprüchlichen Motive tauchen bei Rainer immer wieder auf: auf der einen Seite will er sich von "der Blase lösen", will an sich denken, andererseits würde er jedem jederzeit wieder helfen und wäre damit automatisch in den Schwierigkeiten, denen er ausweichen will. Rainer: "Mein Traum wäre es ja, wenn man jetzt noch einmal so eine Blase von Jüngeren auf die Beine kriegte, die mit ihren Böcken losheizen, eine Bande, so wie wir es damals waren, die zusammenhält, die aber keinen Scheiß macht. Und wenn von denen einer Schwierigkeiten hätte, dann wäre ich aber da, da kannst Du Dich drauf verlassen, denen würde ich helfen." Ferdl stimmte der Zukunftsvision begeistert zu: "Das wäre wirklich dufte."
Alle, auch Manfred, betonten, daß sie in dem Moment wieder aktiv werden würden, wenn einer von ihnen sie brauchte - aber sonst würden sie nichts mehr machen. Manfred sagte später zum Feldfor-

scher: "Paß auf, in kurzer Zeit bin ich hier raus."
Bei einer anderen Gelegenheit unterhielt sich ein Feldforscher allein mit Richard. Wir sprachen über die Gruppe an der Wallstraße und die ehemaligen Vogelfreien. Richard erklärte, daß er sich schon einmal habe absetzen wollen, aber man wisse dann ja gar nicht mehr, was man machen solle, und so komme man doch immer wieder hierhin zurück, obwohl es eigentlich nur sehr wenig Leute hier gäbe, mit denen man sich einmal richtig unterhalten könne. Eine feste Freundin wäre schon das richtige, aber die könne man sich ja nicht von den Frauen nehmen, die hier herumlaufen, "die sind ja alle viel zu kindisch. Ich bin ja einmal mit der Rosa gegangen: Das ist die einzige, mit der man sich zu jeder Zeit unterhalten kann", mit allen anderen sei dagegen nicht viel los. "Und das braucht man doch immer wieder mal, daß man sich mit einem richtig unterhält. Aber woanders ist eben auch nichts los."
Später am Abend sah ich ihn wieder einmal allein sitzen; offensichtlich fühlte er sich im Haufen nicht mehr ganz wohl, und so wie er eine Alternative sähe, würde er sich absetzen, wenn auch vermutlich nur vorübergehend.

Die Freundschaft mit den Mädchen ist es, die den Bestand der Gruppe auf Dauer gefährdet:

Das war schon in den Gruppen so, die den Vogelfreien und der Wallstreet vorausgingen: Pit bezeichnet die Mädchen als das größte Übel der Welt. "Die alte Gruppe von der Rainer-Maria-Rilke-Straße ging auseinander, weil einige der Jungen sich feste Mädchen zulegten." Der Feldforscher fügt an: Dies scheint symptomatisch zu sein: Auch die Vogelfreien sind auseinandergegangen, weil Mädchen hinzukamen, bzw. weil das Interesse der Jungen sich vom Club auf Mädchen verlagerte. Die Gerichtsverhandlung - einer ging in den Knast, Wölfchen in die Fürsorgeerziehung - hat nur wenig dazu beigetragen.

Es fällt nicht schwer, für die letzte Gruppe, den Zusammenschluß der Vogelfreien und der Wallstreet, dasselbe Ende zu prognostizieren:

Odo kam vorbei, stellte sich zu uns, gab Harro die Hand und meinte: "Du kannst mir gratulieren, wir sind jetzt Leidensgefährten." Harro: "Was, ist es bei Deiner Frau auch so weit?" Odo: "Jau, Pfingsten ists passiert." Harro: "Jaja, der Wonnemonat Mai. Dann ist es bei Euch ja auch im Februar so weit." Odo und Harro unterhielten sich dann noch kurz zusammen. Harro meinte, er hätte jetzt alles geregelt, er sei bei Marthas Eltern gewesen, und jetzt sei alles klar.

Die Einsacker weisen gegenüber den anderen Gruppen den höchsten Organisationsgrad auf. Sie sind relativ geschlossen, ihre Konflikte halten sie in Grenzen, sie haben stabile Einflußbeziehungen. Aber es gab auch Situationen, die den Zusammenhalt der Mitglieder aufzulösen drohten.

Ein Jugendheimbesucher kam in den Raum der Einsacker: "Raus hier," schrie Erwin. Der Junge verschwand wieder. "Kommt, wir bewaffnen uns wieder mit Flaschen. Wenn der nächste reinkommt, kriegt er eine Ladung mit", sagte Toni . Er fand Zustimmung. Erwin und Toni setzten sich in die Couch, die direkt der Tür gegenüberstand - am anderen Ende des Raumes. Gerd setzte sich in den Sessel, der auf der linken Seite etwa zwei Meter von der Tür entfernt stand. Wolf saß auf der rechten Seite im Sessel - etwa dreieinhalb Meter von der Tür entfernt. Ich saß in der Couch neben Erwin. Jeder hatte eine kleine leere Flasche Pils in der Hand. Nach etwa zwei Minuten öffnete sich die Tür. Tobias stand im Türrahmen. Toni zog seine Flasche ab. Gerd folgte sofort. Gerds Flasche prallte rechts neben der Tür auf, Tonis über dem rechten Türeck. Es gab zwei Knallaute und Scherben. Tobias´ Gesicht lief rot an. Er ging zwei Schritte vor, stellte seine Colaflasche auf die Erde und sah Gerd an. Er hatte nur gesehen, wie Gerd seine Flasche abgefeuert hatte. Gerd saß noch im Sessel und sagte: "Ist was?" Tobias ging schnell auf ihn zu und packte ihn mit einem kräftigen Griff am Hemdkragen. Dann zog er ihn aus dem Sessel hoch und warf ihn mit einem Ruck in den Sessel, der neben der Tür rechts stand. Die anderen flüchteten sich alle in die hintere Ecke des Raumes. Gerd lag im Sessel, auf ihm lag Tobias und schlug auf Gerds Brustkorb. Gerd versuchte, sich zu befreien und zog die Beine hoch. Inzwischen hatte Pablo den Raum betreten. Er trug eine Sonnenbrille. Er nahm die Colaflasche und trank einen Schluck daraus. Dann schloß er die Tür und beobachtete in einer lässigen Haltung den Kampf. Gerd wand sich, um aus seiner ungünstigen Stellung loszukommen. Es gelang ihm aber nicht. Tobias hatte ihn unter Kontrolle und schlug zu. Pablo setzte die Flasche wieder auf die Erde und schnappte Tobias am Kragen und zog ihn mit kräftigem Ruck in die linke Ecke neben der Tür. Gerd war aufgesprungen und versuchte, Tobias einige Schläge zu verpassen. Pablo wehrte ab und sagte zu Gerd: "Gerd, laß das." Pablo ließ von Tobias ab. Gerd saß wieder im Sessel. Beide atmeten schwer und hatten rote Köpfe. Tobias nahm seine Colaflasche und sagte zu Gerd: "Wir sprechen uns noch, mein Lieber." Dann verließ er den Raum. Gerd: "Erwin, warum hast Du denn nicht eingegriffen? Das hätte ich nicht von Dir gedacht. Wenn wir das alle vorhatten, müssen wir dann auch zusammenhalten. Und was machst Du? Gar nichts!" Erwin: "Wenn wir eingegriffen hätten, was dann? Dann hätte es Krach mit seinem Bruder Kuno gegeben und mit den ganzen anderen hier. Und dann, ha?" "Aber trotzdem, kein Schwanz hat sich geregt." Gerd war sauer. Toni: "Bei mir hat der Tobias gar nichts gesehen." Pablo: "Was war denn los?" Gerd: "Wir haben Flaschen gegen die Tür geworfen. Das heißt, nur Toni und ich, Erwin hat sich ja gedrückt. Da kam der auf mich zu. Ich hätte mir auch ein oder zwei Schläge gefallen lassen, aber als der mich da im Sessel hatte, da mußte ich mich ja wehren. Da wär ich nie wieder herausgekommen." Pablo: "Da hättest Du nichts geholt. Deshalb habe ich Dich ja auch befreit. Der Tobias, der hat schon Kräfte. Mit der Schnelligkeit hapert's bei ihm ja ein bißchen, aber immerhin ganz schön stark für sein Alter. Aber wenn Ihr schon so was macht, dann müßt Ihr auch zusammenhalten. Nicht daß Ihr nur einen sich schlagen laßt. Wenn, dann müssen alle rangehen. Sonst ist das Scheiße." Gerd: "Ja, Pablo hat völlig recht. Ich verlasse mich auf Euch. Und was macht der Erwin? Er bleibt schön im Sessel sitzen,und keiner rührt sich." Pablo: "Ehrlich, das ist Scheiße." Pablo ging wieder hinaus.

Die Regel war das nicht. Die Einsacker erhielten die Organisation der Gruppe aber nur durch rigorosen Ausschluß von Mitgliedern, die Verhaltensmuster zeigten, die in der Gruppe nicht geduldet wurden - das Einsacken von Dingen, die Gruppenmitgliedern gehörten, und die Zusammenarbeit mit den Instanzen sozialer Kontrolle - zwei Verhaltensmuster, die wir bei den Rockern einerseits und zum Teil auch schon bei den Typen fanden. Auf die Dauer bedrohten auch diese Praktiken die Organisation der Gruppe - einfach weil der Bestand an Mitgliedern zu sehr abnahm.

Die Einsacker planten eine Wochenendtour. Sie wollten zelten und Schlauchboot fahren. Am folgenden Montag nach dem Wochenende traf der Feldforscher in der Kneipe Max, Konrad und Carmen: Wir begrüßten uns mit Handschlag. Als wir in der Kneipe am hinteren Tisch in der Ecke Platz genommen hatten, erzählten sie mir, was sich bei ihrem Ausflug zugetragen hatte. Der Simon hatte ihnen mehrere Platten, einen Cassettenrecorder und eine Ledertasche geklaut. "Das hätte ich nie von ihm gedacht", meinte Max. Konrad: "Seine eigenen Leute beklauen ist die größte Schweinerei." Es hatte sich folgendes ereignet. Max, Konrad und Carmen waren in die Stadt gefahren. Zuvor hatte Max seine Ledertasche im Wald in der Nähe des Zeltes vergraben. Simon und Henri waren nicht mit in die Stadt gekommen. Sie hatten kein Geld. Carmen: "Das war doch von Anfang an klar, daß jeder sich selbst versorgt. Wir können doch nicht für alle mitsorgen. So geht das doch nicht." Die beiden hatten, als die anderen weg waren, das Zelt demoliert, um einen Einbruch vorzutäuschen. Dann hatten sie die Platten und den Cassettenrecorder mitgenommen, die Ledertasche ausgegraben und

sind dann ebenfalls losgezogen. Max: "Wer anders sollte denn die Tasche geklaut haben als Simon? Außer uns Fünfen wußte doch keiner, wo sie versteckt war. Ein Dieb kann doch nicht zufällig beim Pinkeln im Wald die Tasche entdeckt haben und dann weg damit." Konrad: "Das wäre zumindest unwahrscheinlich."
Henri bestätigte später in einem privaten Gespräch diese Schilderung. "...Als wir beim letzten Mal in A. zelteten, habe ich mich dann von Simon überreden lassen, die anderen zu beklauen."
Später kam Simon noch einmal ins Jugendheim. Die Einsacker saßen im Flur auf den Treppenstufen der Treppe, die vom Erdgeschoß in den Keller führt: Ich hockte mich auf die drittunterste Stufe. Auf den oberen fünf Stufen saßen die anderen: Max, Pablo, Itschi, Konrad und Carmen. Auf dem Geländer saß Simon. Ich konnte ihn nicht sehen - er konnte mich nicht sehen. Henri stand neben ihm. Es wurde eine erregte Aussprache geführt. "Warum hast Du uns bestohlen?" "Du bist ein KS - ein Kameradenschwein." Max: "Erst in unserer Wohnung wohnen und dann so etwas." Henri: "Mit Dir reden wir auch noch ein Wörtchen." Pablo: "Simon, darf ich Dir einen in die Fresse hauen?" Simon: "Wenn Du willst." Pablo stand auf und ging zu Simon. Ich hörte ein Klatschen, Pablo ging wieder an seinen Platz. Wie die anderen später erzählten, hat Pablo Simons Kinn festgehalten und dann mit dem Handrücken hart ins Gesicht geschlagen. Simon sollen die Tränen gekommen sein. Die Diskussion ging weiter, d.h. es wurden eigentlich nur dieselben Vorwürfe wiederholt. Konrad: "Simon, Du sagst doch sonst immer so viel. Warum sagst Du jetzt nichts?" "Ich bin erstarrt." "Da hast Du auch allen Grund zu." Nach ein oder zwei Minuten des Schweigens sagte Max: "Kommt, wir gehen." Alle standen auf und gingen wieder in den Gruppenraum. Es wurde Musik gehört.

Simon machte dann den letzten Versuch, mit den Einsackern wieder zurechtzukommen. Um Viertel vor neun kam ich wieder am Jugendamt an. Itschi öffnete mir die Tür. Er sagte: "Jetzt hat Simon schon den Sozialarbeiter vorgeschickt." "Wie, den Sozialarbeiter?" "Ja, Simon, Henri und der Sozialarbeiter unterhalten sich oben mit den anderen." Itschi setzte sich wieder. Da es mir unpassend erschien, in die Verhandlung zu gehen, ließ ich mich in einem Sessel nieder. Gegen halb zehn kamen die anderen wieder. Konrad sagte: "Simon und ich gehen zur Beckerstraße, Fritten essen." Carmen: "Du bleibst hier." Max: "Du hast wohl einen Vogel." Konrad: "Wieso, ich kann doch mit dem Simon essen gehen." Max: "Spitzel." Carmen: "Geh doch mit dem Simon, geh doch. Wenn der Simon Dir mehr wert ist als ich, hau doch ab." Konrad ging weg, kam aber nach zwei Minuten wieder. "Wie, Du bist noch nicht weg?" fragte Carmen. "Beruhige Dich doch. Ich bleibe ja, damit Du Deine Ruhe hast." Max: "Erst schimpft er immer auf

den Simon, dann will er noch mit ihm essen gehen. Spitzel." "Red nicht son Scheiß"."Ich kann das auch nicht verstehen", meinte Carmen. "Ja, nun ist ja gut."
Schließlich versuchte der Sozialarbeiter noch einmal, die streitenden Parteien miteinander zu versöhnen: "So gegen halb sechs setzte sich Meier zu uns. Er fing ein Gespräch über Simon an, das ich nur in den wichtigsten Momenten wiedergeben kann. Meier: "Wollt Ihr Euch nicht mal mit dem Simon arrangieren?" Max: "Wir hatten ja gestern um fünf Uhr mit ihm ausgemacht. Er ist aber nicht gekommen." Meier: "Vielleicht hat er keine Traute gehabt." Kilian: "Der hat auch Grund dazu." Meier: "Warum?" Kilian: "Der ist ein Verräter. Er hat uns bestohlen." Meier: "Das ist ja gerade erst ein Grund, sich mit ihm auseinanderzusetzen." Kilian: "Die Sache ist für uns erledigt." Meier: "Warum?" Kilian: "Simon ist ein Gesellschaftsschwein. Die Gesellschaft muß vor ihm geschützt werden." Meier: "Ihr seid doch gar nicht anders als die Zeitungen, die so über Euch denken." Kilian: "Simon hat seine Chance gehabt, er hat sie vertan." Meier: "Meint Ihr, er hätte keine Chance mehr verdient? Wenn man bei Euch so denken würde." Kilian: "Das hätte er sich vorher überlegen müssen." Carmen: "Es kann doch jeder mal eine schwache Minute haben." Konrad: "Du, an diese Worte werde ich mal denken. Darauf werde ich noch zurückkommen." Kilian: "Du bist wohl ein Spitzel." Konrad: "Du hältst wohl zu Simon." Carmen: "So ein Quatsch. Wieso halte ich zum Simon?" Meier: "Überlegt mal, ob der Simon Euch nicht braucht. Er hat noch Bewährung." Kilian: "Dann kriegt er eben noch mal zwei Jahre. Dann haben wir wenigstens Ruhe vor ihm." Meier: "Meint Ihr nicht, daß der Simon gern bei Euch war? Er war doch Euer Boß sogar." Kilian: "Nur weil er so gut labern kann. Er hat doch alle eingewickelt." Meier: " Ihr habt Euch eben von ihm einwickeln lassen, weil Ihr Euch nicht mit ihm auseinandergesetzt hab." Kilian: "Die Sache ist für uns gegessen." Meier: "Die Sache ist für mich noch lange nicht gegessen." Carmen: "So könnt Ihr das doch nicht sehen. Ihr macht Euch die Sache zu einfach." Carmen wurde von allen angefahren, sie hielte zu Simon. Carmen war sauer und ging raus. Als sie hinaus ging, zeigte sie ein Vögelchen und dann mit dem Finger auf Konrad und die anderen. Dabei wandte sie ihr Gesicht mir zu, so daß ich alles sehen konnte. Dabei brummelte sie sich was in den Bart. Meier besprach dann noch einiges über die Heimeröffnung und einen für den anderen Tag geplanten Ausflug. Dann kam er auf Simon zurück: "Hat der Simon eigentlich einen Schlafsack da oben, oder schläft er oben im Raum auf dem Boden?" Kilian: "Nein, der wird keinen Schlafsack haben." Meier: "Seinen Schlüssel habe ich weggeworfen. Er kann also nur durch das Fenster hinein. Er hat nirgends eine Bleibe." Kilian: "Das ist uns doch egal, ob er einen

Schlafsack hat oder nicht und wo er bleibt." Meier erkundigte sich noch bei Max, ob die Ledertasche geklaut war. Max meinte, sein Großvater habe sie ihm geschenkt. Meier: "Also über den Simon unterhalten wir uns noch." Kilian: "Wir wollen nichts mehr davon wissen!" Meier: "Wenn ich genau so handeln würde wie Ihr, würde ich Euch hier vor die Tür setzen. Das mach ich auch vielleicht genau so wie Ihr mit dem Simon."
Einen Tag später berichtete ein Einsacker dem Feldforscher: Gestern abend hörten wir oben ein Geräusch. Das war Simon. Max und ich sahen oben Licht. Wir stiegen auf das Dach. Wolf kam auch noch hoch. Da hatte Simon die Schallplattensachen aus dem einen Raum mit den Lautsprecherboxen schon fertig am Fenster stehen. Der wollte die einsacken. Wir ihn überall gesucht. Da hörten wir was. Wir schnell hinterher. Der ist gerannt, sage ich Dir. Wenn wir den gekriegt hätten, ich sag Dir, den hätten wir totgeschlagen."

Schließlich lieferten die Einsacker Simon bei den "Bullen" ab. Konrad erzählte dem Feldforscher: "Du, wir haben gestern den Simon in den Knast gebracht." "Wie, in den Knast gebracht?" "Ja, der Simon hat für hundertfünfzig Mark Klamotten bei Müller mitgenommen und gesagt, die Rechnung schicken Sie bitte dem Sozialarbeiter Meier." Wie ich aus den folgenden Gesprächen mit Konrad, Max und Pablo entnehmen konnte, hatte sich am Vorabend folgendes zugetragen: Der Sozialarbeiter hatte von der Rechnung erfahren. Er war dann mit Max, Konrad und Pablo zum Taubenschlag hochgefahren. Der Geschäftsführer von Müller war auch oben im Schlag gewesen. Sie haben dann Simon oben angetroffen und ihn mitgenommen und eine Aussprache durchgeführt. Dabei sei der Sozialarbeiter sehr hart gewesen. Dann hätten sie Simon zum Polizeirevier gebracht. Konrad: "Kurz vor dem Fahrstuhl wollte er abhauen. Der hatte seinen Fuß keine zwanzig Zentimeter bewegt, da hatte Pablo ihm schon einen vor die Klötze gehauen. Dem Simon kamen die Tränen." Wir wollten ihn erst im sechsten Stock abliefern, aber er meinte: "Die Abteilung für Betrug ist im fünften Stock." Der kannte sich dort schon aus. Nachher haben wir beim Geschäftsführer noch tüchtig einen gesoffen. Carmen: "Ja, die kamen vielleicht an, sage ich Dir. Vorher hatten sie noch Bonbon gelutscht, damit man das nicht so stark roch."

Nach einiger Zeit tauchte der Verdacht auf, daß Simon die Einsacker verpfeifen würde: Als wir am Ausgang des Kaufhauses waren, entdeckte ich Konrad mit Simon. Max ging zu den beiden hin. Ich hielt mich im Hintergrund, ging nachher zum Eisstand, weil ich mich nicht in einen Streit zwischen den dreien verwickelt sehen wollte. Simon verabschiedete sich schnell von den beiden. Konrad sagte: "Simon meinte eben, er müsse noch zu den Bullen.

Ob der wohl ein Spitzel ist?" Man überlegte, wie man gegen Simon vorgehen könnte: "Wir tun dem so einen in den Kaffee, daß er aus der Scheiße nicht mehr herauskommt." Konrad: "Jetzt müssen wir uns was einfallen lassen, wie wir den Simon für Jahre in den Knast bringen." Max zu Konrad: "Weißt Du eigentlich, wann der Simon mal ohne uns eingesackt hat?" "Ich bin auch schon am überlegen." "Wir müssen ihn in die Pfanne hauen." "Was meinst Du dazu?" Ff: "Ihr müßt nur zusehen, daß Ihr Euch nicht gegenseitig in die Pfanne haut. Sonst ziehen beide Seiten den kürzeren, meine ich." "Der Lange hat doch sowieso schon alles ausgepackt. Mehr kann er uns gar nicht anhängen," erwiderte Max.

Henri, der mit Simon zusammen die Sachen genommen hatte, blieb eine Zeitlang weg. Während Simon in der folgenden Zeit keinen Versuch mehr zur Aussöhnung mit den Einsackern machte, unternahm es Henri noch einmal: Henri kam. Konrad ging zu ihm: "Henri, mit Dir muß ich mal sprechen. Du hast uns verpfiffen!" "Stimmt nicht." "Red nicht son Scheiß. Natürlich hast Du uns verpfiffen." "Nein, Konrad, ganz bestimmt nicht." "Max hat doch das Protokoll gelesen." "Konrad, ich habe ganz bestimmt nichts gesagt, sonst wär ich doch nicht hier." "Nach der Sache mit der Ledertasche warst Du ja auch hier." "Ich hab nichts gesagt, ehrlich nicht." "Max hat es doch gesehen. Ich glaube, es ist besser, Du gehst jetzt." "Konrad..." "Ich glaube, es ist besser, Du gehst jetzt." Konrad machte die Tür auf. Henri sagte nichts mehr und ging. In einem Gespräch mit dem Feldforscher bestritt Henri später, daß er die Einsacker verpfiffen habe: "Max hat mir erzählt, daß die Bullen ihm ein von mir unterschriebenes Protokoll gezeigt hätten, und er nur noch hätte gestehen können. Aber ich habe die wirklich nicht verpfiffen. Die haben meine Unterschrift vielleicht von meiner Bewerbung an der Polizeischule kopiert..."

Danach hatten zwei Einsacker einen Apothekeneinbruch durchgeführt . Zwei Einsacker wurden beim Dealen erwischt. Der Feldforscher hörte später: Hennes: "Heinz erzählt jetzt wieder, daß ich alles gestanden hätte. Dabei bin ich ja beinahe ausgeflippt, als sie mir Heinz' unterschriebenes Protokoll gezeigt haben." Heinz: "Was ist?" "Du sollst nicht wieder erzählen, daß ich gestanden hätte." "Hast Du doch auch." "Wie bitte?" "Laßt das doch, da kommt sowieso nichts bei raus", meinte Ralf.
Einen Tag später erzählte Ralf: "Heute mittag unterhielt ich mich mit Tomato in Balduins Stube über Heinz. Ich sagte, daß Heinz ein dummes Stück sei. Da kam Carmen an und meinte: "Wieso ist Heinz dumm? Ihr müßt ihn doch auch verstehen. Er mußte denen doch alles sagen." Kilian hakte ein: "Wieso? Der ist doch freiwillig zu den Bullen gegangen, das dumme Stück."

Auch Heinz versuchte, sich mit den Einsackern wieder auszusöhnen und kam ins Jugendheim. Der Feldforscher berichtete: Später kamen Schmalen und die anderen Einsacker auf Heinz zu. Schmalen setzte sich ihm gegenüber auf die Bank, die anderen standen etwas abseits. Die beiden sprachen ziemlich heftig miteinander, was gesprochen wurde, konnte ich wegen der lauten Musik nicht verstehen. Ganz plötzlich sprang Heinz auf und stürzte sich auf Schmalen. Er warf sich über ihn und umklammerte ihn mit den Armen. Schmalen versuchte, sich zu befreien, doch gelang es ihm nicht, da Heinz mit seinem ganzen Gewicht über ihm war. Meier, der hinter der Theke gestanden hatte und die Abrechnung für die Getränke machte, wurde auf die beiden aufmerksam und rief ihnen zu, sie sollten aufhören. Da sich niemand um die Aufforderung kümmerte, ging Meier auf die beiden los und versuchte, sie zu trennen. Mit einiger Mühe und Anstrengung gelang es ihm, die beiden, die sich aneinandergeklammert hatten, zu trennen. Wie zwei Kampfhähne standen sie sich gegenüber, bereit, sich wieder aufeinanderzustürzen. Meier fragte die beiden nach der Ursache der Auseinandersetzung. Schmalen erzählte ihm, daß Heinz ihn bei den Bullen verpfiffen habe. Zweimal seien sie heute schon bei seiner Wohnung gewesen und hätten sich nach ihm erkundigt. Außer den Einsackern wisse sonst niemand von seiner Wohnung. Außerdem wisse er, daß Heinz in der letzten Woche mehrmals freiwillig bei den Bullen gewesen sei. Sonst könnte ihn keiner verpfiffen haben. Heinz lächelte dazu etwas gequält, ich konnte aber nicht verstehen, was er antwortete. Meier meinte dann, es könne ja auch sein, daß die Polizei durch seine Anmeldung beim Einwohnermeldeamt auf seine Wohnung gestoßen sei, das könne er doch nicht wissen. Doch Schmalen blieb dabei, daß Heinz ihn bei den Bullen verpfiffen habe. Als Meier wieder zur Theke zurückging, stürzte sich Schmalen auf Heinz, der sich wieder hingesetzt hatte. Er haute ihm mit der flachen Hand ein paar ins Gesicht. Heinz hob schützend seine Hände vors Gesicht, setzte sich aber nicht zur Wehr. Schmalen ließ dann von ihm ab und ging zu den Einsackern, die sich die ganze Zeit im Hintergrund gehalten hatten. ... Als wir hinausgingen, hörte ich noch, wie Heinz zu Schmalen hinüberrief: "Dich scheiß ich bei der Polizei an, darauf kannste an."Unterwegs im Auto meinte Pablo über Heinz: "Der ist doch viel zu doof, der glaubt, wenn er bei den Bullen singt, daß er dann später vor Gericht weniger kriegt. So naiv kann auch nur Heinz sein. Der wandert sowieso wegen seiner Apo ab, ob er erzählt oder nicht, da kümmert sich der Richter 'nen Dreck drum. Ich hab das doch selbst mitgemacht, von mir wollten die Bullen doch auch alles wissen. Ich sollte ihnen doch auch erzählen, was ich über die anderen wüßte. Aber aus mir haben die nichts rausgekriegt, die Schweine. Ich weiß nämlich genau, daß Heinz letzte Woche frei-

willig bei den Bullen gewesen ist, zwei Mal. Und da hat er bestimmt gesungen."
Einen Tag später: Als ich zum Jugendheim zurückkam, standen die meisten vor der Tür. Heinz lag seitlich auf dem Rasen und rührte sich nicht. Schmalen, Erwin und Ernst standen im Eingang. Ich fragte, was passiert sei. Einer meinte, Schmalen sei wieder auf ihn losgegangen und habe ihn zusammengehauen. Schmalen hätte voll ausgeholt und mit seinem Fuß in Heinz´ Gesicht getreten. Der hätte sich überhaupt nicht gewehrt, hätte sich einfach fallen lassen und die Hände überm Kopf gehalten. Schmalen meinte kopfschüttelnd dazu, das sei ihm auch noch nicht passiert, daß jemand vor ihm Angst hätte. Eine Weile überlegten sie, ob sie ihn aufheben sollten, da er sich sonst eine Erkältung holen könnte. Doch Erwin meinte nur abfällig: "Puh, was geht uns das an, soll doch sehen, wie er nach Hause kommt. Für uns ist der sowieso gestorben." Sie ließen ihn etwa zehn Minuten auf dem nassen Rasen liegen. Dann wurde unten zugemacht, und die restlichen kamen hoch. Willi sah Heinz liegen und fragte, was hier los gewesen sei. Er ließ sich den Zusammenhang erklären, blieb noch eine Weile am Eingang stehen, ging dann auf Heinz zu und half ihm hoch. Der stand auch auf und ging, ohne sich umzudrehen, in Richtung Straße weg.

Auch Heinz machte noch einen Versuch, sich mit den Einsackern auszusöhnen: Plötzlich kommt Fritz in den Keller und sagt grinsend: "Der Heinz kommt." "Was ist los?" "Der Heinz kommt da hinten mit seiner Frau." Wolf: "Ich glaube, ich flippe aus." Schon geht die Tür auf, und Carmen und Heinz kommen herein. Carmen sagt: "Guten Abend." Keiner antwortet. Heinz und Carmen setzen sich. Keiner sagt etwas. Heinz geht zu Erwin und sagt zu ihm: "Hey, Erwin, laß uns die Sache bereinigen." Erwin sagt kein Wort. Schmalen kommt plötzlich herein. Heinz will mit ihm sprechen. Schmalen winkt ab und geht wieder hinaus. Gerd und Erwin verlassen den Raum. Ernst folgt ihnen. Wolf ebenso. Es sind nur noch Pablo, ein blondes Mädchen und ich im Raum. Carmen und Heinz sagen kein Wort. Erwin und Gerd kommen wieder. Erwin setzt sich in den Sessel. Heinz geht zu ihm hin und sagt zu Erwin: "Komm doch bitte mal mit nach draußen." Erwin laut: "Nein, ich komme nicht mit nach draußen." Heinz setzt sich wieder. Schmalen kommt herein und sagt: "Heinz, ehrlich, ich glaube, das beste ist jetzt, wenn Du gehst." Carmen sagt: "Ja, meinst Du." Erwin, Schmalen, Ernst, Wolf und Gerd verlassen den Raum. Nach zwei Minuten gehen Heinz und Carmen hinaus. Sie setzen sich in die Diskothek auf eine Bank. Die Einsacker stehen an der Theke und hören der Musik zu. Heinz und Carmen verlassen den Raum. Ich gehe hinter ihnen her. Auf der Wiese rufe ich: "Heinz, warte doch mal." Heinz sagt zu mir: "Alles Scheiße. Meinen Job bin ich jetzt auch los. Ich hab keinen mehr. Ich weiß nicht, was ich den ganzen Tag machen soll." "Wieso, haben die Dich rausgeschmissen?" "Ich war dreimal hintereinander bei den Bullen vorgeladen. Das verkraftet selbst der beste Arbeitgeber nicht." "Ach Du Scheiße." Heinz bittet mich, ihm einen Schluck Bier zu geben: "Oder darfst Du einem Verräter kein Bier geben?" "Red nicht so ein dummes Zeug", sage ich und reiche ihm meine Bierflasche. Heinz nimmt sich einen geziemenden Schluck. Er gibt mir die Flasche zurück. Dann sagt er zu Schmalen, der auch nachgekommen ist: "Du sieh zu, daß Du mit den anderen keinen Krach bekommst, wenn Du hier bist." "Hör doch mit dem Quatsch auf, ich bin doch mein eigener Herr. Ich kann doch machen, was ich will." "Ich dachte, die anderen hätten Dir so einiges erzählt." "So ein Quatsch. Meinst Du, ich ließe mich durch die anderen beeinflussen?"

Später schimpfen die Einsacker noch über Heinz. Erwin: "Als der sich über mich beugte und sagte, komm, Erwin, laß uns alles bereinigen, da hätte ich ihm am liebsten voll eine gelangt. Aber bei mir brennt die Sicherung nicht so schnell durch wie bei anderen. Ein anderer hätte dem voll eine gehauen. Aber ich bin nun mal nicht so leicht in Wut zu bringen. Wenn ich aber voll drauf bin, dann knallt es auch so."
Wieder einige Tage später erzählte Carmen dem Feldforscher: "Seitdem die Heinz bei den Einsackern rausgeworfen haben, gehen wir nicht mehr zum Jugendheim. Was sollen wir da auch? Sie sind ja so primitiv. Am Samstag wollten wir mit Schmalen, mit dem wir noch durch Balduins Stube Kontakt haben, zu ihm in die Wohnung fahren. Da saßen die Einsacker in der Straßenbahn. Da hat Schmalen sich zu denen gesetzt und uns allein gelassen. Nachher ist er zu uns gekommen, hat sich tausend Mal entschuldigt, aber wir könnten jetzt, wo die anderen da seien, nicht mitkommen. Wir müßten das doch verstehen. Da sind wir wieder ausgestiegen. Ich war ein wenig sauer, aber was solls."
Es gehöt nicht viel Mut zu der Prognose, daß der Schmale als nächster auf der "Abschußliste" stand.

Den Einsackern wurde auch vom Sozialarbeiter des Jugendheimes einmal der Gruppenraum gesperrt. Bei der ersten Ankündigung meinte Gerd: "Ist doch egal, mach doch den Raum zu, wenn Du willst. "Als der Sozialarbeiter sich dann entschied, "ab morgen bleibt der Raum geschlossen", sagte Gerd: "Dann bleibt er eben geschlossen." Meier verließ den Raum. Erwin: "Der ist wohl nabelo. Der kriegt was aufs Maul, wenn der so weitermacht." Tatsächlich liefen die Einsacker in der Folgezeit wie die "blinden Hühner" - so ein Feldforscher in einer Diskussion in der Forschungsgruppe - durch das Jugendheim und zeigten klare Auflösungserscheinungen. Dieser Prozeß wurde jedoch gestoppt, als der Sozialarbeiter den Einsackern auf ihre Zusage, ein anderes "Programm" zu machen, den Raum wieder überließ.

Überblickt man die Analysen zur Organisation im ganzen, findet man paradoxe Ergebnisse: Die Gruppen mit der relativ besten Organisation sind bei ernsthaften Störungen aus ihrer Umwelt am ehesten in ihrem Bestand bedroht: Die Einsacker schrumpften, und es war abzusehen, wann sie nicht mehr existieren würden; die Normalen liefen langsam auseinander. Die Gruppen mit der schwachen Organisation bestehen weiter und fangen die Belastungen durch die Störungen aus der Umwelt ab. Hier bewährt sich die schwache Organisation, das geringe Anspruchsniveau gegenüber den Mitgliedern bei Typen und Rockern. Gerade weil das Netz der Beziehungen in diesen Gruppen weit geknüpft ist und die Beziehungen selbst nicht sehr ausgeformt sind, vermögen die Störungen diese soziale Struktur nicht zu beeinträchtigen. Das Organisationsdefizit erweist sich als Garant für den Fortbestand der Gruppe. Ein Wirtswechsel, eine Schließung des Lokals, trifft sie kaum - Typen wie Rocker ziehen weiter.

Das Auftreten von Spitzeln fanden wir auch bei Typen und Rockern. Von einer Reaktion der Typen kann man praktisch nicht sprechen. Bei ihnen änderte sich gar nichts. Die Rocker verhielten sich aufs erste wie die Einsacker. Der Spitzel "bekam was vors Maul" und wurde gemieden - ja, es traten sogar Spannungen zwischen den Teilgruppen auf. Es erfolgte aber kein Ausschluß. Das ist der entscheidende Unterschied. So wurden die Spannungen wieder abgebaut, der Zorn gemildert.

So sagte Rainer im Anschluß an die Diskussion mit Manfred über Harros "Singen": "Ich bin auch verpfiffen worden, von Stromi. Ich war auch erst sauer. Aber ich schreibe ihm jetzt weiter in den Knast, auch wenn wir nicht mehr die alten Kumpel sind."

4.4.4 Diskussion der Ergebnisse der Datenanalyse

Zu den einzelnen Aspekten der Organisation finden wir viele verstreute Hinweise. So steht unser Ergebnis zur Offenheit des Handelns bei den Drogenkonsumenten im Einklang mit Befunden des LaGuardia-Reports. Auch dort fand man keine Tendenzen zur Verheimlichung. Über die mangelnde Bereitschaft zur Teilnahme an den Aktivitäten der Gruppen von Rockern hat James F. Short (1968, S.21) berichtet. Walter B. Miller, Hildred Geertz und Henry S. G. Cutter haben auf die große Zahl interner Konflikte in Rockergruppen aufmerksam gemacht (1968, S.57).

Wichtiger als die Übereinstimmung oder Abweichung zu diesem oder jenem einzelnen Aspekt ist für uns der Nachweis des differentiellen Organisationsgrades in den einzelnen Gruppen. Wir fanden ihn bei den Typen und Rockern als nicht besonders hoch. Man vergegenwärtige sich, wie sehr in der öffentlichen Diskussion kriminelle Gruppen von Rauschgiftkonsumenten oder Schlägern, werden sie einmal als Hintergrund individueller Aktivitäten entdeckt, mit dem Stigma der kriminellen Organisation oder der im StGB besonders bedrohten kriminellen Bande bedacht werden, die sich zur Ausübung krimineller Delikte eine feste Organisation gegeben hat. Man denke in diesem Zusammenhang an die polizeilichen Darstellungen zur Rauschgiftszene, an die "Syndikatstheorien" und die Thesen von den politischen, "linken" Hintermännern des Drogenmißbrauchs. Jugendliche, die gelegentlich Aggressionsdelikte begehen, kommen danach aus "Rockerbanden". Für eine von uns kennengelernte Gruppe wurde für eine Phase des Bestehens von der Polizei wie der Staatsanwaltschaft allen Ernstes - mit Dokumenten im 7. Teil belegt - der Tatbestand des "Bandendiebstahls" nach § 243, Abs. 1, Zif. 6 StGB geltend gemacht.

Prüft man die Daten aus der teilnehmenden Beobachtung, wie wir sie durchführten, bleibt von diesem Bild nicht mehr viel übrig. Die Langlebigkeit beider Verhaltensmuster hängt gerade damit zusammen, daß die soziale Basis dieser Gruppen nicht die straffe Organisation, die "Gang", sondern das lose Netzwerk mit den kleinen Cliquen ist.

Für die Gruppe der Einsacker gilt dies jedoch nicht. Sie ist recht gut organisiert und auf der Basis wohl auch zeitweise erfolgreich. Merkwürdigerweise wird den Personen, die an Eigentumsdelikten teilnehmen, nun - im Gegensatz zur sozialwissenschaftlichen Literatur - von den Instanzen sozialer Kontrolle oft das Handeln von Einzelgängern nachgesagt.

Im ganzen bedarf die allgemeine These 5 der Differenzierung auf der Grundlage dieser Befunde. Erinnern wir uns an die zu Beginn dieses Abschnitts resümierte Diskussion unter den Kriminalsoziologen zum Organisationsgrad krimineller Gruppen, so dürften die Ergebnisse unserer Datenanalyse weder eine Bestätigung der Position bringen, die von einer schwachen Organisation ausging, noch der, die eine starke Organisation unterstellte. Auch die Position Leon R. Jansyns dürfte nicht angemessen sein. Er hat für abweichende Gruppen generell ein Pendeln zwischen zwei Extremen behauptet: Feste Gruppenstrukturen, wie sie Whyte z.B. beschrieben hatte, wechselten sich mit losen Gruppenstrukturen, wie sie Pfautz gefunden hatte, in der Gruppe ab. Jansyn wollte diese beiden extremen Perspektiven nur als Phasen des Geschehens in ein und derselben Gruppe betrachtet wissen.

Damit werden aber die gruppentypischen, von den Verhaltensmustern bestimmten Organisationsformen übersehen. Zutreffender sind daher die

Ansätze, die von für einzelne Verhaltensmuster typischen Organisationsformen ausgingen, auch wenn wir diese Einschätzung nicht in jedem Einzelfall bestätigen können. So stimmen die Ergebnisse für die Drogenkonsumenten, geht man vom Grad der Organisation der Gruppe (der eben variabel sein kann) aus und verwechselt man Aussagen über sein Ausmaß nicht mit Feststellungen zur durch und durch sozialen Struktur einzelner Handlungen und der ganzen Organisation (eben einer sozialen Struktur von Handlungen und Handlungszusammenhängen mit niedrigem Organisationsgrad), so stimmen unsere Befunde mit denen von Becker, Yablonsky und Lerman überein: Die Typen bilden lose Gruppen, Netzwerke. Jedoch gehen einige Kritiken von Yablonsky an der Anwendung des Gruppenbegriffs auf die Drogenkomsumenten zu weit. Für ihn ist der "Drogenkonsum eine höchst individualistische Aktivität mit wenigen Gruppenimplikationen" (1967, S.167 f). Diese Einschätzung können wir nicht bestätigen.

Bei den Rockergruppen lag auf der Seite der Subkulturtheoretiker stets die Vorstellung vom Bestehen einer Gang vor. Cohen, Miller, Short und Strodtbeck haben diese Konzeption nachhaltig gestützt. Dafür finden wir keine Belege. Hier dürfte die Einschätzung Yablonskys und Lermans vollkommen zutreffend sein: Rockergruppen sind Netzwerke, Near-Groups im Sinne Yablonskys. Dem entsprechen auch Ergebnisse von Günther Kaiser von 1959. Er fand für die Halbstarken eine stark entwickelte Organisationsscheu und ausgeprägte anarchisch-privatistische Geselligkeit (S.167). Er stellte einen Mangel an Rädelsführern und Hintermännern fest (S.64): "Halbstarken-Bosse sind in Wirklichkeit keine Bosse, sondern bestensfalls Sprecher, Wortführer oder Hauptschläger". Kaiser fand zahlreiche Belege für eine "wesenhafte Unorganisiertheit der Halbstarken". Er konnte "keine organisierten Verbindungen" ausmachen. Es "sind...nichtorganisierte, offene Gruppen, nahezu strukturlos, fast anarchisch. Daher bewegen sie sich stets auf dem Grat zwischen der Tendenz zur Auflösung und der zur Organisierung. Sie bedürfen der fortwährenden Konstituierung, und das geschieht in den Bekundungen des einzig Gemeinsamen: z.B. dem Tragen der gleichen auffälligen Kleidung, dem Interesse für Fahrzeuge und Fahren..." (S.57).

Bei den Diebesgruppen ist wiederum die Vorstellung von der festen Organisation angebrachter. Das hatten Cohen, Yablonsky und Short und Strodtbeck wohl zutreffend gesehen, während Lerman diese Organisation für diese Gruppen bestritt. Wir meinen, daß langfristig erfolgreiche Diebesgruppen deshalb so selten sind, weil sie auf eine Organisation ähnlich der von uns bei unseren Einsackern ermittelten zurückgreifen müssen, dadurch aber besonders störanfällig werden.

«Ich, Johann Gensfleisch der Junge . . .

. . . genannt Gutenberg, künde mit diesem Brief: Da Bürgermeister und Rat der Stadt Mainz mir jährlich etliche Zinsen und Gülten verbunden sind zu geben, ist mir, nach Inhalt der Briefe, gestattet, wenn sie mir meine Zinsen nicht bezahlen, daß ich sie angreife und pfände. Da mir nun viele Zinsen von der Stadt Mainz ausstehen, so habe ich, meiner Not wegen, Herrn Nicolaus, Stadtschreiber von Mainz, festgenommen, und er hat mir gelobt und geschworen, dreihundertundzehn guter rheinischer Gulden zu geben. Ich bekenne mit diesem Brief, daß die Meister und der Rat der Stadt Straßburg mit mir geredet haben, daß ich ihnen zu Ehren und zur Liebe Herrn Nicolaus, den Stadtschreiber, solcher Gefangenschaft und der dreihundertundzehn Gulden freigesprochen habe.»

Also steht es in einer Urkunde vom 12. März 1434, die Gutenberg unterschrieben und besiegelt hat. Was wohl, wenn noch heute jeder Gläubiger säumige Schuldner gefangensetzen könnte! Besitzer von Pfandbriefen und Kommunalobligationen kämen freilich nie zu dem Vergnügen, Bankdirektoren in den Keller zu sperren. Pfandbriefbanken zahlen pünktlich Zinsen. Darauf gibt's Brief und Siegel.

5 ZU DEN GRUPPENBESTIMMTEN DEFINITIONEN DER SITUATION VON KRIMINELLEN UND NORMALEN GRUPPEN +

5.1 Das Konzept der gruppenbestimmten Definition der Situation und seine kriminalsoziologische Relevanz

5.1.1 Das Konzept der gruppenbestimmten Definition der Situation

Wir haben im dritten und vierten Teil ausgeführt, daß männliche Jugendliche aus Familien abhängiger Position, die teilweise desorganisiert sind, bei der Einnahme eigener abhängiger Positionen dem Druck zur Kompensation ihrer Benachteiligungen ausgesetzt sind. Sie reagieren darauf mit Verhaltensweisen, die ihre Lage in einzelnen Situationen verbessern sollen. Diese Verhaltensweisen begreifen wir als die materielle Ebene im sozialen Handeln, die von einer zweiten Ebene im Handeln überlagert werden, der Ebene der gruppenbestimmten Situationsdefinitionen. Wir haben diesen Sachverhalt in den allgemeinen Thesen 6 und 8 formuliert und die Bezugspunkte dieser Situationsdefinitionen angeführt. Ihre Zahl ist sehr groß, da die Situationsdefinitionen einen weiten Bereich des Verhaltens und der natürlichen und sozialen Umwelt erfassen. Die komplexe allgemeine These 6 wird daher in diesem Teil ähnlich wie die These 5 in einer Reihe von Hypothesen zu konkretisieren und zu präzisieren sein. Sehr vereinfachend können wir das allgemeine Problem dieses Teils so umschreiben: Man kann unterscheiden zwischen dem, was jemand tut und wie er sich tatsächlich verhält, und dem, was er denkt und sagt, was er sich vorstellt, was er als Einstellungen, Bewertungen und Absichten, kurz als Definitionen der Situation unterhält und äußert. Es ist wichtig, diese Unterscheidung zu treffen: Menschen sprechen über Dinge, die sie weder selbst in ihrem Verhalten "gelebt" haben, noch je in ihr eigenes Verhalten einbringen.

> So glaubte ein Typ, daß "das Opium" von "den Persern" in die Bundesrepublik als Mittel eines Kampfes gebracht wird.

Menschen schreiben sich selbst Eigenschaften und Verhaltensweisen zu, die sie nicht haben oder zeigen. So fühlen sich die Einsacker allen anderen Jugendlichen überlegen.
Oft geben Menschen, insbesondere in Randgruppen, ihrem Verhalten einen bestimmten Sinn, den andere diesem Verhalten nicht geben würden.

> Rocker finden, daß sie sich ständiger Angriffe anderer mit Worten nicht erwehren können und sich deshalb mit "Klopperei" verteidi-

---

+ Die sehr umfangreiche und schwierige Arbeit der ersten Aufarbeitung und der Grobkodierung der Beobachtungsprotokolle zu diesem Teil übernahmen Ulrich Gerke und Werner Meinefeld.

gen müssen - ein Verhalten, dem andere den Sinn "Aggressionsdelikt" geben.

Schließlich haben Handelnde Absichten und Pläne, die sie nicht in ein Verhalten umsetzen.

Diese Ebene der Definition der Situation im sozialen Handeln soll die Analyse in diesem fünften Teil erkennen lassen. Zwar traten auch im vorhergehenden vierten Teil im Verlauf der analysierten sozialen Handlungen sprachliche Äußerungen auf, die Definitionen der Situation bezeichneten, diese Aussagen wurden von uns aber nur im Zusammenhang mit praktischem Verhalten erörtert. Wir sahen, wie sie den Ablauf beschleunigten oder verlangsamten, Abstimmungen schnell herbeiführen halfen und ähnliche Funktionen hatten. Wir haben diese Aussagen selbst dort nicht analysiert. Wenn wir nun unser Interesse auf die Vorstellungen und ihre Bezeichnungen verlagern, wissen wir dennoch, daß sie mit dem praktischen Verhalten fest verbunden sind. Aus Gründen der Übersichtlichkeit der Analyse wollen wir aber nach der Analyse des Verhaltensaspektes von Handlungen nun den Definitionsaspekt von Handlungen untersuchen. Dazu sind zunächst einige allgemeine Überlegungen, die zur Entwicklung geeigneter Begriffe für die Analyse führen sollen, anzustellen (Einzelheiten dieser Argumentation wurden 1973 b, Kapitel 3 ausgeführt).

Situationsdefinitionen beziehen sich auf gedankliche Repräsentationen von Ereignissen im Bewußtsein, die auf Dauer gestellt sind und unabhängig vom Objekt verfügbar sind. Sie können also auch in der Distanz von der Situation, in der sie entwickelt werden, eingesetzt werden. Sie sind Mittel zur Interpretation alter und neuer Situationen. Dabei umfaßt der Situationsbegriff nicht nur Verhaltensweisen. In der komplexen allgemeinen These haben wir schon darauf hingewiesen, daß auch andere Tatbestände in Situationsdefinitionen eingehen wie die sozialstrukturellen Bedingungen von Verhaltensweisen und alle Tatbestände, die sich an ihre Verbindung mit anderen Verhaltensweisen und ihre Verortung an und zwischen Gruppen anschließen. Auch die materielle Umwelt, die Produkte vergangener Handlungen, die eigene Person und andere werden in Situationsdefinitionen erfaßt. Zudem werden "reine" Vorstellungen von Welten, Ereignissen und Gestalten in Situationsdefinitionen erfaßt, z.B. in religiösen Systemen.

Wenden wir uns nun ausführlich den Situationsdefinitionen zu, die sich auf Verhaltensweisen beziehen. Immer wieder stößt ein Handelnder auf ein Verhalten. Er erinnert sich einer Situationsdefinition, projiziert sie auf dieses Verhalten und weiß, welches Verhalten vorliegt. Er weiß, wie es typischerweise abläuft, welche Anlässe es üblicherweise hat, was in der Regel seine Folgen sind. Das setzt voraus, daß in die Situationsdefinitionen die Repräsentationen verallgemeinert eingehen. Verhalten ist stets konkret. Die Verbindung seiner Elemente durch die Akteure ist im Grunde stets einmalig, auch wenn sie repräsentiert werden. Mehrere Aktivitäten sind daher voneinander zu unterscheiden. Auch im Auftreten an unterschiedlichen Zeit-, Raum- und Sozialstellen offenbart sich Verschiedenheit. Würde auf sie stets eingegangen, gäbe es unfaßbare Mengen an Definitionen. Die Vorstellungen sind daher so strukturiert, daß vieles ähnlicher Struktur einer generalisierten Repräsentation sich fügt. Situationsdefinitionen gehen also über aktuelle Erfahrungen hinaus. Sie sind mehr als Sinnesdarstellungen, als Abbildungen der aktuellen, gerade ablaufenden Interaktionen. Sie sind gedachte Objekte, hoch kompliziert. Sie bestehen sowohl aus der Abbildung von konkreten Einzelheiten, aus Abrundungen, Vollendungen, wie dem Dazugedachten. Sie lassen andererseits vieles Konkrete weg. Die Strukturen der Situationsdefinitionen bei den verschiedenen Handelnden gleichen sich, d.h. der Prozeß der Generalisierung von Repräsentationen zu Situationsdefinitionen von zwei Handelnden läuft auf gleiche Situationsdefinitionen hinaus. Erst dann haben wir soziale Situationsdefinitionen. Sie sind gemeinsame, generalisierte Repräsentationen mehrerer Handelnder.

Die Angleichung der Vorstellungen geschieht in einem sozialen Prozeß. "Was noch als gleichförmig gilt und was nicht mehr, beruht.. auf einer sozialen Verabredung. Und diese soziale Verabredung bezieht sich auf bestimmte selektionierte Merkmale, die aus den tatsächlich sich vollziehenden Handlungsabläufen abstrahiert werden... Genauer genommen verhalten sich..beide Parteien jedesmal anders. Tatsächlich liegt also die Gleichförmigkeit, auf die es ankommt, irgendwo in der Mitte zwischen "gleich" und "verschieden". Die mögliche Verschiedenheit ist begrenzt; wird die Grenze überschritten, kommt.. (eine Situationsdefinition) nicht zustande. Die erforderliche Verhaltensgleichheit ist aber ebenfalls begrenzt: wenn sie etwa den Gleichförmigkeitsgrad eines militärischen Exerzierreglements erreichen müßte, damit.. (geteilte Situationsdefinitionen) zustande kommen", würden vielleicht viele Handelnde auf den Vorzug gesellschaftlicher Existenz verzichten (H.Popitz, 1967, S.18). Das bedeutet: Handlungen sind nicht minuziös vorgeschrieben. Es existiert ein legitimer Bereich der Variabilität. Innerhalb dieses Bereiches erfolgen keine Sanktionen gegen Abweichung von dem gemeinsam akzeptierten Handlungsmodell. Dieser Spielraum macht es den verschiedenen Handelnden möglich, ohne Streß die Handlungen zu leisten. Gleichförmiges Handeln in diesem Sinne ist also "keine Erfindung der Soziologie, sondern eine Erfindung der Gesellschaft" (H.Popitz, 1967, S.19).

In diesem Prozeß der Angleichung der von dem Verhalten abgehobenen generalisierten Repräsentationen spielt Sprache eine hervorragende Rolle. Sie bezeichnet die gemeinsamen Situationsdefinitionen - als ganze wie auch ihre Einzelheiten. Sprache ist daher nicht Bezeichnung von Welt, von Weltteilen per se oder von Handlungen, sondern Bezeichnung, Benennung von Vorstellungen, von Situationsdefinitionen.

Wie schon die Situationsdefinitionen und die Repräsentationen noch bestehen, wenn die definierten und repräsentierten Handlungen abgelaufen sind, so besteht auch Sprache fort. Sie enthält die Kürzel für eine Situationsdefinition und ermöglicht eine Distanzierung von dem Druck des Hier und Jetzt, sie befreit von der Unmittelbarkeit der Situation, sie macht Sofortreaktionen unnötig. Sprache macht die Ereignisse der Welt vorhersehbar und beherrschbar. Denn sprechend kann der Mensch in sich Situationsdefinitionen aufrufen, sich über die gegenwärtige Situation hinweg auf Sachverhalte richten, die nicht anschaulich gegeben sind (A. Gehlen).

Situationsdefinitionen sind objektiv: Sie besitzen eine Realität, die für die Handenlden ganz wirklich ist. Handelnde erleben Aktivitäten in der Außenwelt. Es gibt Übereinstimmung, daß Dinge existieren. Das zieht ihre Defini tion nach sich. Man bestimmt, daß sie diese oder jene Grenzen und Strukturen haben. Diese Gemeinsamkeit des Sehens und Definierens ist das wichtigste Kriterium für die Verbindlichkeit der Definitionen. Daher lassen sich soziale Situationsdefinitionen "keinesfalls..einfach als Sollsätze verstehen. In ihnen steckt eine komplizierte Beziehung von Sein und Sollen" (F. Tenbruck, 1964, S.27o). Die gemeinsam erlebten Interaktionen, ihre Definition und sprachliche Bezeichnung durch zwei Akteure treiben Erwartungen aus. Sie entstehen bei beiden Handelnden. Sie richten sie zukünftig beim Auftreten einer ähnlichen Interaktion aufeinander. Zunächst die Erwartung überhaupt, daß der jeweils andere etwas sieht und definiert, dann die Erwartung von etwas Bestimmtem, eben des Sehens, der Definition des Verhaltens sowohl durch ego wie durch alter, d.h. es wird von den Akteuren wechselseitig erwartet, bestimmte Situationsdefinitionen zu erbringen.

Diese Erwartung wird begründet durch das Auftreten eben der Situationsdefinition in vielen vorhergehenden Fällen. Der einzelne Handelnde erfährt auch immer wieder, daß der andere so definiert, daß seine Erwartung zutreffend ist. Er weiß schließlich, daß diese Leistung von ihm erwartet wird. So sind die erwarteten Situationsdefinitionen für den Handelnden nicht sein Werk, sind nicht etwas, was er beliebig produziert oder was zu ihm gehört, sondern sie sind etwas, das er zwar anwendet, das aber in seinen Anwendungen nicht aufgeht. Es existiert außerhalb seiner selbst weiter, es reicht über ihn hinaus. Die Situationsdefinitionen nehmen "ein fremdes Dasein, eine mysteriöse Wirksamkeit an" (H. Lefèbvre, 1969, S.77). Für viele Forscher besteht daher die soziale Dimension in dieser Grunderfahrung von Gesellschaft: Es sind die Zwänge, denen die Mitglieder der Gesellschaft ausgesetzt sind. Diese Zwänge werden sehr deutlich erfahren bei dem Versuch, von der Gesellschaft sich zu distanzieren: Es zeigt sich die ärgerliche Tatsache, daß die Gesellschaft diese Distanzierung nicht zuläßt (R. Dahrendorf, 1965). Die Situationsdefinitionen sind also "reale Dinge.., selbst wenn sie keinen materiellen Charakter besitzen, die der Untersuchung offenstehen" (E.Durkheim, 1965, S.1o1). Das bedeutet, "daß in der subjektiven Perspektive des Handelnden die (Situationsdefinitionen) sich ihm "aufdrängen", und zwar "von außen", ..aber nicht in der Weise einer räumlichen Exteriorität, sondern einer "Disziplin", die für den Handelnden den gleichen Wirklichkeitsgrad besitzt wie die physisch-materielle Außenwelt" (R.König, 1965 a, S.57 f).

Situationsdefinitionen sind komplex - sie grenzen nicht nur Einzelheiten ein, sondern Zusammenhänge werden von ihnen hergestellt. So werden viele Elemente, die zu einem gleichen Zeitpunkt vorhanden sind, in Beziehung gesetzt. Etwas Umfassendes wird definiert. Durch die Verbindung von Ereignissen in der Zeitdimension lassen Situationsdefinitionen Abläufe erkennen. Durch das Moment der Generalisierung gewinnen die Handlungen eine typische Struktur. Sie werden zu Handlungsmustern. Bestimmte Anfänge werden in spezifischer Weise fortgeführt und schließlich abgeschlossen. Situationsdefinitionen sind daher für das zukünftige Handeln und Verhalten im Handeln von allergrößter Bedeutung. Sie können neben tatsächlichen auch nur vorgestellte sozialstrukturelle Bedingungen und Ziele, angestrebte Zustände, bezeichnen und auf dieser Grundlage fest strukturierte Verhaltensweisen immer wieder auslösen. Situationsdefinitionen können aber auch an die Stelle von tatsächlichem Verhalten treten. Sie sind dann Verhaltensersatz.

Geht man davon aus, daß Handeln kein Automatismus oder einfach ein Ausleben den Menschen vorher gegebener, latenter Reaktionsmuster und auch nicht ein Ergebnis der von anderen belohnten früheren Verhaltensweisen oder einfach des Drucks der Sozialstruktur ist, dann wird die Bedeutung der Situationsdefinitionen für die Handlungsanalyse sofort klar: Sie gewährleisten die Stabilität der entäußerten, der produzierten Verhaltensmuster. Sie garantieren, daß diese Abläufe nicht einmalige Ausführungen singulärer Verhaltensprozesse bleiben. Ein Verhalten, einmal angesetzt, wird einer Situationsdefinition subsumiert, die weit über diesen Anfang hinausreicht. Dem paßt der weitere Verhaltensprozeß sich an. So haben wir im letzten Teil nicht zufällig relativ identische Verhaltensweisen in einer großen Zahl gefunden. Verhaltensansätze, ausgelöst durch den Druck der sozialen Lage, von den sozialstrukturellen Merkmalen der Beteiligten in eine allgemeine Richtung gedrängt - Kompensation der Benachteiligungen durch Übergriffe auf die Besitz- und Machtstruktur - werden durch die Handelnden immer wieder mit einer sehr ähnlichen Struktur ausgestattet.

Wir wollen in diesem Teil nun fragen, welchen Inhalts die Situationsdefinitionen sind, die dies in den kriminellen und normalen Gruppen leisten.

5.1.2 Die Bedeutung gruppenbestimmter Definitionen der Situation für die Analyse krimineller und normaler Handlungen

Das Konzept der Situationsdefinition ist in der Kriminalsoziologie seit den Arbeiten William I.Thomas (1923) eingeführt. Durchgesetzt hat es sich bis heute noch nicht. So wurden heftige Diskussionen über die Frage geführt, ob es ausreicht, das offenbare, tatsächliche, materielle Verhalten der Menschen bei einem Akt und in den vorhergehenden Situationen zu analysieren, um Aussagen über kriminelles Handeln gewinnen zu können.

Schon in den frühen Arbeiten Frederic M.Thrashers (1927) ist ein derartiges Vorgehen als unzureichend bezeichnet worden. Er betrachtete die Bande der Jugendlichen als eine Gruppe, die spontan entsteht und durch ihr Handeln und die daraus resultierenden Konflikte Zusammenhalt gewinnt. Aus diesem gemeinsamen Handeln entstehen Interpretationen oder Definitionen der erlebten Ereignisse (S.181). Diese Definitionen entwickeln "eine Tradition, ... einen esprit de corps,... eine Moral, ein Gruppenbewußtsein" (S.46). Diese Vorstellungen werden durch gruppenspezifische "universes of discourse,kleine Sprachsysteme" (S.19o) bezeichnet,"die die Einheit der Gruppe erhalten und die Mitglieder kontrollieren" (S.19o). Derartige Begriffe und Sätze sind nicht nur auf vergangenes Handeln bezogen. Sie strukturieren auch zukünftiges. Das wird deutlich bei den harmlosen Sätzen, die eine versteckte Signalfunktion haben, z.B. wenn das Herrannahen der Polizei angekündigt wird. Dies sind aber für Thrasher nur besonders augenfällige Beispiele der Bedeutung von "Definitionen der Situation". Jede künftige selbstbestimmte Handlung wird in ihrem Lichte durchgeführt (S.182) (26).

Auch in der bahnbrechenden Untersuchung von William F.Whyte (1943) zeigte sich die Bedeutung von Situationsdefinitionen. Bei der Erklärung des völlig unterschiedlichen Verlaufs des Lebensweges der beiden Hauptgestalten in "Cornerville" stieß Whyte auf die Bedeutung von Verhaltensvorschriften, wie sie von verschiedenen Gruppen wie den "Nortons" und dem "Italian Community Club" gehalten wurden. Whyte sah daher, daß "Doc" und "Chick", die beiden jungen Männer aus Cornerville,nicht imstande waren, frei zu entscheiden, auf welche Weise sie handeln wollten. Für sie bestanden gruppenspezifische "konsistente Verhaltensvorschriften, die nicht durch einen einfachen Willensakt geändert werden konnten " (S.1o8).

Diese Position wurde fortgeführt von Albert K.Cohen (1961). Sein Konzept der Subkultur bezeichnet die Summe der Situationsdefinitionen, die eine Gruppe unterhält. Sie legitimieren vergangenes Handeln und bereiten zukünftiges Verhalten vor. Er betrachtete die Gruppensituation als eine Art chemischen Prozeß, der etwas erzeugt, das vorher noch nicht vorhanden war, ein neues System von Situationsdefinitionen (S.1o2). Die Teilnahme an der Erschaffung oder Erhaltung einer Subkultur mit einem eigenen System von Situationsdefinitionen ist ein Weg zur Kriminalität. Cohen glaubte, daß Kriminalität für die meisten Kriminellen nicht "in Frage gekommen wäre, wenn sie nicht sozial legitimiert worden wäre und eine Art Ansehen genösse..." (S.1o1).

Auch Herman und Julia Schwendinger betrachteten die Begriffe der Sprache in den kriminellen Gruppen als Koordinaten kollektiven Handelns. Sie gestatten es dem einzelnen, seine Handlungen in Übereinstimmung mit und in Abstimmung auf die Handlungen der anderen Beteiligten auszuführen (S.98).

Bei diesen Forschern wurde in der Kriminalsoziologie die Position erreicht, in der die Verhaltensvorschrift für die Analyse und Erklärung des kriminellen Handelns mindestens dieselbe Bedeutung hat wie das Verhalten selbst. Ja, man ging teilweise darüber hinaus. Denn wenn das Handeln der Menschen von den Situationsdefinitionen legitimiert und geleitet wird, dann genügt es, diese zu kennen. Man weiß dann ja alles über das Verhalten, das vergangene und das zukünftige.

In der Bundesrepublik wurden derartige Ansätze bisher nicht vertreten, sei es, weil man hier den sozialstrukturellen und interaktionistischen Ansätzen skeptisch gegenüberstand wie Tilmann Moser, oder weil man wie Fritz Sack und seine Anhänger von der interaktionistischen Perspektive nur die Definitionsprozesse festhielt und diese in der Regel in den Instanzen sozialer Kontrolle suchte. So bemerkte Tilmann Moser zur Beeinflussung zukünftiger Handlungen unter Berufung auf Arbeiten von David Matza, daß "der Kriminalitätscode relativ latent ist. Er ist nicht schriftlich niedergelegt, außer von Soziologen, noch wird er auch nur deutlich verbalisiert." Moser hält auch "die These der soziologischen Theoretiker der Jugendkriminalität, der Druck der sozialen Anomie führe durch das Entstehen krimineller Subkulturen auch zur Entwicklung krimineller Normen...(für) empirisch bis auf Nuancen widerlegt.. Es ließ sich nicht zeigen, daß delinquente Jugendliche sich an verbalisierbaren kriminellen Normen orientieren" (S.87).

Bei Sack finden wir in der Regel keine Ausführungen über die Situationsdefinitionen der Kriminalisierten - verständlich, wenn dem Handeln dieser Personen keine von diesen selbst hergestellte spezifische soziale Struktur zugeschrieben wird. Gelegentlich einer Präzisierung seines Ansatzes zieht Sack jedoch das Auftreten von Subkulturen in Betracht, die er, Cohen interpretierend, einmal auf "eine Art sozialer Reaktionsbildung der Angehörigen der untersten Sozialschichten in den Slums gegen die Institutionen und die Moral der mittleren und höheren Schichten "zurückführt. Sie waren danach "gleichsam soziale Selbstschutzinstitutionen, deren Bedingungen vom Standpunkt der Mitglieder solcher Gruppen aus gesehen externer Art waren. Pointiert könnte man sagen, sie seien quasi-heteronome soziale Ordnungen, deren strukturelle Basis außerhalb dieser Ordnungen selbst liegt." Für Miller macht Sack dagegen geltend, daß dieser für die Unterschicht "eine ganz spezifische Normstruktur" entdeckt habe." Diese sozialen Strukturen und Prozesse sind zwar ein Teil umfassenderer gesellschaftlicher Gebilde, von denen sie geprägt sind, aber in bezug auf jugendliche Gangs und delinquente Gruppenaktivitäten kommt ihnen die Bedeutung autonomer Bedingungskonstellationen zu" (S.145). Sack rechnet hier mit Situationsdefinitionen - einem Handlungsaspekt, den er sonst nicht in Betracht zieht. Er leitet sie jedoch von den herrschenden Normen her und verschweigt, daß Cohen die Struktur der Subkultur sehr wohl auf die spezifischen Lebensbedingungen der Unterklasse zurückführte. Die Verhaltensweisen der Mitglieder gewinnen ihre Schärfe durch die Reaktionsbildung, nicht aber ihre Richtung.

Wir können uns weder der extremen Betonung der Kategorie der Situationsdefinition in der angelsächsischen Kriminalsoziologie noch ihrer Ablehnung in der Kriminalsoziologie der Bundesrepublik anschließen. Zwar kann an dem Einfluß der Situationsdefinitionen auf das Verhalten kein Zweifel bestehen, aber Situationsdefinitionen entstehen selbst erst auf der Basis des vorausgegangenen Verhaltens. Sie bewirken zwar zukünftig die relativ feste Struktur sozialer Handlungen, sind aber auch wieder veränderbar durch ein neues Handeln. Sie sind daher auch nicht einfach als Negativkopie herrschender Situationsdefinitionen zu begreifen. Wir gehen statt dessen davon aus, daß gerade für das kriminelle Handeln die Stabilisierungsfunktion der Situationsdefinitionen von großer Bedeutung ist. Wenn Emile Durkheim fand, daß Verhaltensmuster ohne eine Abbildung in kollektiven Vorstellungen prekär sind, dann gilt dies im besonderen für die "kriminellen Verhaltensweisen". Sie bedürfen dieser Stütze angesichts einer "feindlichen Umwelt" unbedingt.

5.2 Operationalisierung des Konzepts der gruppenbestimmten Situationsdefinitionen

Bei dem Versuch, kriminelles Handeln zu analysieren und zu erklären, bieten die Situationsdefinitionen bei der Operationalisierung größte Schwierigkeiten. Wir gehen hier von der Annahme aus, daß die Handelnden ein gemeinsames Bewußtsein aufeinander gerichteter Erwartungen entwickeln, bestimmte Situationsdefinitionen zu leisten, d.h. sich zu vergegenwärtigen, daß sie als Teilnehmer einer Situation etwas als Bestimmtes identifizieren und danach handeln. Das bedeutet, daß hier Vorstellungen zu erheben sind. Damit ist nicht gesagt, "daß diese selbst durch Vorstellungen zu studieren wären, sondern nur, daß das Objekt der Beobachtungen die Vorstellungen" der Gruppen sind (C.H.Cooley, 1902, S.121 f). Es geht darum, "Subjektives nicht subjektiv, sondern objektiv feststellen zu können" (Institut für Sozialforschung, 1955,S.16). Wie ist das möglich? - Bestandteile des Bewußtseins der Handelnden kann man nicht sehen, hören oder fühlen. Der Handelnde, der eine Vorstellung hat, kann sie mit Worten beschreiben. Ein weiterer Handelnder, der sich, aus welchen Gründen auch immer, für diese Vorstellung interessiert, kann dieser Beschreibung zuhören. Er kann sich dann selbst vorstellen, was der erste meint, er weiß dann, welche Vorstellung der erste hat, auf was sie sich bezieht. Davon gehen wir aus, wenn wir oben gesagt haben, daß die generalisierten und sozial geteilten Repräsentationen benannt werden. Diese Bezeichnungen sind dann selbst etwas anderes als die Vorstellungen. Sie bilden selbst die Struktur und die Grenze der Vorstellungen nicht ab.

So sind mehrere Ebenen in diesem Teil zu unterscheiden:

1) Eine Ebene der Sprache, d.h. jedes Wort und jede Aussage können zunächst einmal selbst untersucht werden. Sie haben bestimmte Qualitäten, die analysiert werden können.
2) Eine Ebene der Definition: Jedes Wort und jeder Satz stehen für eine Situationsdefinition, die derjenige, der das Wort oder den Satz ausspricht, damit bezeichnen will.
3) Eine Ebene des Verhaltens und der Objekte: Die Worte oder Sätze stehen auch für die Dinge, Objekte, die sie bezeichnen. Solche Objekte sind nur indirekt über die Situationsdefinitionen, die von dem Wort oder dem Satz bezeichnet werden, zu erfassen.
4) Eine Ebene der Reaktion: Worte und Sätze lösen bestimmte Reaktionen bei denjenigen aus, die sie hören.

Uns interessiert hier vor allem die zweite Ebene. Wir wollen wissen, welche Vorstellungen haben die Handelnden von ihrer Situation, d.h. von ihrer sozialen Lage, vom Druck zur Kriminalität, von ihrem eigenen Verhalten, von den Adressaten ihres Vorgehens, von den Instanzen sozialer Kontrolle. Um diese Vorstellungen erkunden zu können, müssen wir aber die erste und die dritte Ebene mit behandeln. Um überhaupt die Vorstellungen von Kriminellen und Normalen identifizieren zu können, Grenzen und Strukturen auszumachen, benötigen wir die Aussagen, die Begriffe und Sätze, die die Kriminellen und Normalen verwenden, um ihre Vorstellungen zu bezeichnen, und Kenntnis von den Bezugsobjekten, von den Gegenständen, über die die Vorstellungen bestehen.

Man kann nun unter der Voraussetzung eines sehr ähnlichen Sozialisationsprozesses in Familien, Freizeitgruppen, Schulen und Betrieben in einer Gesellschaft davon ausgehen, daß Handelnde bei der Verwendung eines Begriffs Vorstellungen bezeichnen, die auch andere von einem Ding haben. So sagt z.B. einer: "Hier hast Du 'ne Zigarette", und übergibt einem anderen eine Schachtel Zigaretten. Er hat dabei die einfache Vorstellung, daß in einer Papierschachtel Dinge sind, die er als bestimmte ausgrenzt und als Zigarette bezeichnet. Für den anderen ist klar, was der erste meint, welche Vorstellung er hat, was der Begriff Zigarette in dieser Situation bezeichnet, eben die in dem weißen Papier verpackten Röllchen aus braunem, feingeschnittenem Tabak, die man in den Mund steckt, anbrennt und deren Rauch man inhaliert. Das ist auch für den Sozialforscher, der aus dieser Gesellschaft kommt, zu verstehen, wenn er diese Situation beobachtet. Auch diese dritte Person weiß, welche Vorstellung in dieser Interaktion eine Rolle spielt. Sie hört das Wort "Zigarette". Sie sieht die Schachtel mit den Stäbchen.

Für eine Kriminalitätsanalyse scheinen uns nun zwei Fragen von großem Interesse zu sein: Wie weit haben die sogenannten Kriminellen die gleichen Vorstellungen wie die Normalen? Wie weit haben sie verschiedene?

Geht man von der allgemeinen Situation aus, in der Handelnde leben, die an kriminellen Delikten sich beteiligen, so ist dies die Situation, in der Normale auch leben: Die Situation der BRD in einer bestimmten Stadt, in einem bestimmten Viertel, in Betrieben, Schulen, Freizeitgruppen und Familien. Sehen die an kriminellen Delikten Beteiligten diese Situation so wie die Normalen oder abstrahieren sie andere Aspekte, verbinden sie diese anders? Auf der einen Seite leben die Kriminellen in einer spezifischen Situation, einer bestimmten sozialen Lage, einer Gruppe, in Handlungszusammenhängen, die wir im letzten Teil analysierten. Wie definieren sie diese Situationen? So wie die Normalen ihre normale Situation sich vorstellen oder anders? So könnte in unserem Beispiel der zweite die Schachtel öffnen und sehen, daß sie naturreine Zigaretten enthält. Er sagt vielleicht: "Das sind ja Schwarze! Die rauche ich nicht im Joint." In diesem Fall definiert der zweite den gemeinsamen Bezugsgegenstand anders als der erste. Für den sind es normale Zigaretten - gleich, ob aus hellem oder dunklem Tabak-, die man rauchen kann. Für den zweiten ist an denselben Gegenständen gerade dieser Aspekt wichtig: die Farbe des Tabaks, die seine Stärke anzeigt, die beim Rauch mit der Intensität des Haschischgeruchs sich mischt. An ein und demselben Gegenstand betont er einen Aspekt besonders und bezieht ihn auf weitere Einzelheiten. Die Vorstellungen und Begriffe der beiden Personen nähern sich in der Zukunft wahrscheinlich an. Für den ersten beziehen sich die Begriffe "Zigaretten" und "Schwarze" auf Vorstellungen, die in einem losen Zusammenhang stehen und sehr ähnliche Objekte bezeichnen. Für den zweiten stehen sie in einem systematischen Zusammenhang. Es gibt Zigaretten, ein Teil davon sind Schwarze. Wir können uns nun vorstellen, wie gemeinsame Situationsdefinitionen entstehen. Zukünftig wird in einer ähnlichen Situation der erste zum zweiten wahrscheinlich sagen: "Hier hast Du Zigaretten. Ich hab aber nur Schwarze." Das ist dann eine Bezeichnung einer Vorstellung von Gegenständen, die nun beide in gleicher Weise sehen. Prüfen wir den Satz des zweiten: "Das sind ja Schwarze, die rauche ich nicht im Joint", weiter, finden wir, daß der zweite mit dem Begriff "rauchen", der auch dem ersten geläufig ist, eine Vorstellung, eine Situationsdefinition bezeichnet, die der erste vielleicht nicht "rauchen" nennen würde: Tabak mit Haschisch vermischt konsumiert, begreift der erste vielleicht als Einnahme von Rauschgift, als "Drogenmißbrauch", etwas jedenfalls, das er nicht tun würde - anders als der zweite, dem gerade dieses Rauchen mehr Genuß bereitet als das einer einfachen Zigarette. Für ihn ist dies ein Rauchen wie bei einer Zigarette ohne Haschisch auch, jedoch mit besonderem Genuß, weil sie mit Haschisch versetzt ist. Schließlich hat der zweite auch noch eine Vorstellung, die er mit dem Wort "Joint" bezeichnet, die dem ersten ganz unbekannt sein mag, wie die Gegenstände auch, auf die sie sich beziehen.

Für die Sozialforschung ergeben sich daraus wichtige Probleme. In allen Fällen, in denen Mitglieder krimineller Gruppen andere Vorstellungen und Bezeichnungen von auch Normalen bekannten Gegenständen haben oder mit bekannten Begriffen Normalen nicht bekannte Vorstellungen und Gegenstände identifizieren oder schließlich nur ihnen selbst bekannte Objekte mit nur in der Gruppe verbreiteten Vorstellungen eingrenzen und mit Begriffen bezeichnen, muß ein Sozialforscher davon ausgehen, daß er nicht weiß, welche Gegenstände, welche Vorstellungen, welche Strukturen und Grenzen diese Begriffe und Sätze bezeichnen.

Die Vorstellungen, auf die sich die Mitglieder krimineller Gruppen beziehen, sind nun für den Sozialforscher zu identifizieren, wenn er mit den Mitgliedern krimineller Gruppen in der Alltagswelt lebt, erfährt, wie diese Situationen sich anzeigen, sich gegenseitig ihrer Bedeutung, ihrer Begrenzung, ihrer Funktion und ihres Namens versichern. So sind die Verfahren der Ethnoscience angelegt (W.Sturtevant,1964, S.99-131). Dort wird die grundsätzliche Unbekanntheit der zu leistenden Abstraktionen, ihrer Strukturen und Grenzen und ihrer Namen für den Forscher vorausgesetzt, und es wird versucht, sie zu erheben, indem man in der Alltagswirklichkeit mit den Menschen zusammenlebt, die an einem bestimmten sozialen Prozeß teilhaben: "Die ethnographische Aufgabe beginnt mit dem Bericht dessen, was gesehen und gehört wird, mit der Einteilung des Ereignisstromes in einer Weise, daß die den Handelnden bedeutungsvollen Geräusche und Bewegungen aufgezeichnet und alle anderen vernachlässigt werden" (C.O.Frake, 1968, S.435).

Verwendet ein Handelnder z.B. den Begriff "Joint", der nicht zum Begriffsbestand des anderen als Sozialforscher gehört, kann sich der Sozialforscher zunächst nichts unter dem Begriff vorstellen, er weiß nicht, welches Handeln einem Joint gegenüber angemessen ist. Sieht der Sozialforscher nun, wie ein Joint hergestellt und behandelt wird, so gewinnt er eine Vorstellung davon. Er kann sich durch Befragen des Joint-Herstellers von der Richtigkeit seiner Sicht überzeugen. Er sagt jenem, was er, der Sozialforscher, sieht, z.B.: "Ein Joint muß trichterförmig sein." "Für drei Mann nimmt man etwa ein halbes Gramm Shit dazu." Sind diese Aussagen richtig, kann der Sozialforscher zukünftig eine Vorstellung produzieren, die so bezeichnet wird. Er gewinnt damit ein ungefähres Bild von einem Joint.

Aus alldem geht hervor: soweit Sozialforscher und Beobachtete wenigstens ein Sprachsystem gemeinsam haben, das genügend Begriffe enthält, um konkrete Aspekte von Gegenständen zu bezeichnen, können sie alle durch Erzeugung der den einzelnen Begriffen entsprechenden Vorstellungen annähernd gleiche Vorstellungen in sich hervorrufen. Das eröffnet uns die Möglichkeit, die Situationsdefinitionen einer Gruppe darzustellen und zu analysieren. Der größte Teil der Begriffe, Vorstellungen und der Bezugsobjekte einer kriminellen Gruppe in der BRD dürfte mit denen eines Sozialforschers oder Lesers eines kriminalsoziologischen Buches übereinstimmen. Ein kleinerer Teil müßte durch Rückgriff auf dieses Verfahren rekonstruierbar sein.

Die Ermittlung von Situationsdefinitionen wird in zwei Fällen erheblich erschwert: Wenn der Bezug relativ abstrakt bleibt, und wenn sich Vorstellungen auf die Vergangenheit oder Zukunft richten. So können Aussagen auftreten wie: "Das sind gute Zigaretten." Die Vorstellung,die der Begriff "gut" bezeichnet, bezieht sich nicht auf Konkreta, sie bezieht sich nicht auf einen unmittelbar anschaulichen Gegenstand, sondern auf eine Eigenschaft eines Gegenstandes, die einer Vorstellung größerer Komplexität sich fügt. Wenn in der Vergangenheit beim Zigarettenkonsum der Rauch im Mund würzig schmeckte, nicht zum Husten reizte und wenn der Brand der Zigarette angenehm duftete, bezeichnete man das alles zusammen als "gut" und rauchte diese Zigarette oft. In diesen Fällen kommt es also darauf an, den Vorstellungskomplex zu rekonstruieren. Das ist oft sehr schwierig und erfordert langwierige Prozeduren. So erschöpft sich ja die Bedeutung des Begriffes "gut" nicht auf die Beurteilung von Zigaretten.

Beziehen sich Aussagen auf die Vergangenheit oder wird von Gegenständen ein Auftreten für die Zukunft erwartet, wird die Analyse von Vorstellungen weiter erschwert. So kann sich ein Handelnder auf ein Ereignis beziehen, das in der Vergangenheit abgelaufen ist, das von keinem anderen gesehen worden ist. Er sagt vielleicht: "Fred hat mir 'ne Zigarette gegeben." Dieser Satz löst beim anderen eine Vorstellung aus, von der jedoch nicht zweifelsfrei gesagt werden kann, ob sie dieselben Gegenstände darstellt wie beim Sprecher, ob sie etwas darstellt, das überhaupt abgelaufen ist. Die Zigarette kann eine "Schwarze" sein, es kann eine "Leichte" sein, es kann aber auch sein, daß es diesen Prozeß der Übergabe gar nicht gegeben hat. Um hier zu einer sicheren Vorstellung zu kommen, werden weitere Aussagen herangezogen, sei es durch eine Bitte um einen näheren Bericht oder durch Anhören weiterer Bemerkungen, die der Sprecher in diesem Zusammenhang macht. Sie beziehen sich auf Vorstellungen, die ein Ganzes ergeben, eine Situation, von der die Handelnden wissen, ob in diesen Situationen Zigaretten angeboten werden, ob es Schwarze sind oder nicht. Erfahren andere Handelnde dagegen nichts weiter als den ersten Satz, bleibt der genaue Bezug dieses Satzes ungeklärt. Hier wird man dann von einem Prinzip der großen Zahl auszugehen haben. Einzelne Situationsdefinitionen mögen zutreffend sein, obwohl ein Feldforscher die Situation nicht beobachten konnte. Treten solche Definitionen häufig auf, sollten die Bezugssituationen auch in ausreichender Zahl während eines Beobachtungszeitraumes zu beobachten sein.

Gelingt es, Kenntnis von Begriffen, Vorstellungen und Bezugsobjekten zu erhalten, kann man auch untersuchen, ob sie sich von Person zu Person, von Gruppe zu Gruppe unterscheiden.

Weiter kann man untersuchen, in welchem Verhältnis die Vorstellungen zu den Gegenständen, auf die sie sich beziehen, stehen. Gerade wenn man unterstellt, daß es nicht nur identische Bezeichnungen für ein und dieselben Bezugsobjekte gibt, sondern auch Bezugsobjekte oder Aspekte von Bezugsobjekten, die nur einigen Menschen bekannt sind, z.B. den Mitgliedern krimineller Gruppen, dann ist es auch möglich - hat man diese Objekte oder ihre Aspekte und ihre Behandlung einmal in teilnehmender Beobachtung erfaßt -, sie in einer normalen Alltagssprache zu beschreiben und soziologisch zu analysieren. Es können dann Aussagen dazu gemacht werden, welche Aspekte die Gruppenmitglieder betonen, welche sie vernachlässigen.

Schließlich kann man sogar prüfen, ob die Aussagen richtig sind. Das ist schon auf der Ebene der von allen geteilten Normalsprache möglich. So sagt einer: "Bei uns raucht jeder täglich mindestens eine Packung Zigaretten." Der Sozialforscher und der Sprecher haben identische Vorstellungen von den so besprochenen Objekten. Beobachtungen des Sozialforschers zeigen nun, daß nur wenige der Gruppenmitglieder rauchen und von diesen auch nur einer eine Packung Zigaretten am Tag. So kann er falsche Vorstellungen, ein "falsches Bewußtsein" des Handelnden feststellen. Diese Möglichkeit ist nicht nur auf solche trivialen Aussagen beschränkt. Dabei scheint es von besonderer Bedeutung zu sein zu prüfen, wieweit die bezeichneten Vorstellungen mit den sozialstrukturellen Merkmalen der Beobachteten, ihrer Herkunft aus einer Lage, ihren Verhaltensweisen in einem Zusammenhang stehen und wieweit diese Vorstellungen diese Strukturmerkmale richtig erfassen. So sprechen vielleicht Jugendliche aus normalen Gruppen aus organisierten Familien bei einer mit Haschisch versetzten, selbstgedrehten Zigarette von einer Rauschgiftzigarette, die sie nicht rauchen, was die Beobachtungen des Sozialforschers bestätigen, während Mitglieder krimineller Gruppen aus desorganisierten Familien durchgehend von Joints sprechen, die sie auch nur in bestimmten Abständen rauchen, während der Beobachter einen unkontrollierten Konsum feststellt.

Wir haben bisher nur von mit Aussagen bezeichneten Vorstellungen gesprochen, die entweder alle Mitglieder einer Gesellschaft haben, oder von solchen, die von allen Mitgliedern kleiner krimineller Gruppen geteilt werden. Wir bezogen damit die Vorstellungen bzw. Definitionen der Situation auf soziale Einheiten wie Gesellschaften oder Freizeitgruppen. Nun hat eine Analyse der Situation krimineller und normaler Gruppen nicht nur mit der die Gruppen umgebenden Gesellschaft und den Gruppen selbst zu rechnen, sondern mit vielen anderen Gruppen, wobei die Mitgliedschaften sich überschneiden. So sind die Mitglieder krimineller Gruppen nicht nur zusätzlich der Gesellschaft der BRD zuzurechnen, sondern auch bestimmten Familien. Diese mögen auch einige besondere Vorstellungen haben.

Unser Forschungsinteresse richtet sich nun auf die Vorstellungen, auf die Situationsdefinitionen, die für die Mitglieder der Gruppe in einem erkennbaren Zusammenhang mit ihrer Mitgliedschaft in der Gruppe stehen, die von ihnen sozusagen als Gruppenmitglieder geäußert werden, die sie aus der Interaktion mit anderen in der Gruppe gewonnen haben. Wir nennen diese Situationsdefinitionen, die in normalen oder kriminellen Gruppen bestehen, gruppenabhängige oder einfach gruppenbestimmte Situationsdefinitionen. Im Gegensatz dazu sehen wir die Aussagen und Vorstellungen, die aus anderen sozialen Zusammenhängen bezogen wurden, z.B. von der Familie, dem Betrieb. Wir nennen sie alle: andere Situationsdefinitionen. Von diesen Situationsdefinitionen wird ein großer Teil im Feld verschwiegen.

> So berichtete ein Normaler einem Feldforscher (Tonbandprotokollauszug): "Ich.. hab keine Lust, den ganzen Tag in der Laube zu hocken oder in den Jazzclub zu gehen oder was, um, eben um mich nur mit irgendwelchen Leuten zu unterhalten, und nur so,... mehr oder weniger gute Bekannte um mich zu haben und da mal irgendwelche Probleme zu wälzen, so, lala, weißte..., und so richtig über seine Probleme mit einem aussprechen, das kannste dann im Grunde doch nicht, höchstens mit Prinz." Ff: "Was meinste mit Problemen, über die Ihr Euch unterhalten könnt, was man in der Laube ja nicht kann?""Ja, hm, überhaupt so übers Leben allgemein, ... ich meine das, sieh her, das könnste natürlich auch, mit so Leuten wie so Prinz und so weiter, aber das, mußte eben, für solche Sachen mußte mit einem allein sein, Du kannst Dich nicht, wie soll ich sagen, so am Biertisch mit einem über solche Probleme unterhalten, das sind im Grunde eigentlich solche Sachen, über die Du Dich mit solchen Leuten nicht unterhalten kannst, auch nicht mit jedem anderen, mit denen könnte ich mich, über die könnte ich mich mit Prinz unterhalten, mit Willi undsoweiter - aber, ... ich weiß nicht, das würde alles zu oberflächlich,...überhaupt, wie das Leben so weitergeht und was man so für Zukunftspläne hat und so..."

Andererseits wird die Analyse nun erheblich durch den Tatbestand erschwert, daß Mitglieder der kriminellen und normalen Gruppen im Feld und an seinem Rande, zum Teil aber auch andere Situationsdefinitionen vertreten, und zwar auch solche, die sich auf Objekte beziehen, die sonst in gruppenbestimmten Situationsdefinitionen erfaßt werden:

> So sagte ein Mitglied der Gruppe der Drogenkonsumenten im Feld einmal: "Fixen ist gut", wie es in der Gruppe üblich ist. Das andere Mal sagte er ebenfalls im Feld: "Fixen ist gesundheitsschädlich", wie es in seiner Familie gesagt wird.

Daneben werden Situationsdefinitionen geäußert, deren Hintergrund ungeklärt bleibt: So gibt es in den Protokollen beeindruckende Aussagen einzelner, die aber nicht als gruppenbestimmte Situationsdefinition betrachtet werden dürfen, wie Dieters Theorien über die Entstehung der Typenkultur:

> Ff: "Nehmen wir also mal an, das wäre so eine eigene Welt, wie ist die denn wohl entstanden?" Dieter: "Das habe ich mich auch schon oft gefragt. Beim O ist die Sache ja klar. Das ist ein Krieg, der da gegen uns geführt wird. Das machen die Perser. Seit dem Schahbesuch. Mit den Trips ist das so. Es nehmen ja meist die intelligenteren Leute das Zeug. Die das nehmen, haben keine Lust, zur Bundeswehr zu gehen. Die verweigern. Die Bundeswehr hat ja einen ungeheuren Kräftemangel in den Führungspositionen. Ich seh da einen Zusammenhang. Die ersten Trips sind ja von der Humboldtuniversität in den Westen gebracht worden. Das weiß ich genau. Vielleicht hängt das mit dem kalten Krieg zusammen. Mit dem Haschisch ist es doch klar. Das haben die Ausländer, die Gastarbeiter, mitgebracht." Diese Vorstellung hatte keiner von den anderen Typen.
> Ebenso verhielt es sich mit Dieters Plänen: "Mein Freund und ich wollten was in Normalstadt aufziehen. Da hatten wir folgende Idee. Wir kauften so zwei bis drei Kilo. Die verkaufen wir. Mit dem Geld wollten wir nach Indien fahren und dann so fünfzig bis sechzig Zentner kaufen. Die wollten wir dann in Normalstadt absetzen. Dann hätten wir hundertfünfzigtausend Mark gehabt. Dafür hätten wir uns dann zwischen Normalstadt und Vorstadt ein Grundstück gekauft. Da hätten wir dann eine zwei Meter hohe Wand drum gemacht. Da drüber eine Art Zeltdach. Da drin hätten wir dann viele Abteile eingerichtet. Da hätte man dann so alles Mögliche kriegen können, Essen, Trinken und so. Da hätten dann alle Typen hinkommen können. Eine Teestube hätten wir auch eingerichtet. Vorher schon. Das wär dann unser Rückhalt gewesen, wenn wir da unten waren."

Selbst wenn Mitglieder der Gruppe ihre Situationsdefinitionen ausdrücklich aus der Gruppendiskussion herleiten, ist keine Gewähr dafür geboten, daß wir es hier mit geteilten Situationsdefinitionen zu tun haben.

> So erzählte ein Typ: "Mein Ziel ist es, ganz meinen natürlichen Trieben nachzuleben. Achtzig Prozent meiner Triebe sind unnatürlich. Das ist so: Am Anfang, wenn man irgendeine Tat will, dann ist das noch natürlich, aber die Durchführung wird unnatürlich. Früher, wenn ich jemand was fragen wollte, dann habe ich den nicht einfach gefragt, sondern drumherum, um ihm das schmackhaft zu machen, das ist aber unnatürlich. Wenn der mir nämlich helfen will, dann tut der das sowieso. Diesen Standpunkt kann man auch ohne das Rauchen erreichen. Aber das sind nur wenige, die das schaffen. Wenn man nicht raucht, muß man sich immer erst über vieles hinwegsetzen, diese Schritte überwindet man mit dem Rauchen sofort. Mein Streben ist es, natürlich zu leben und die Dinge so zu sagen, wie ich sie denke." Ff: "Hast Du diese Gedanken selbst entwickelt?" "Beim Rauchen ist man ja selten allein. Wenn man dann einen Einfall hat, sagt man das den anderen. Die sagen dann auch etwas dazu." Prüft man nun das gesamte Material zu den Gruppendiskussionen, findet man, daß diese Position von anderen nicht geteilt wird.

Auch Teilgruppen innerhalb der Gruppe entwickeln Situationsdefinitionen, die aber nicht über die Clique und die Entstehungssituation in ihrer Bedeutung hinausreichen.

Schließlich kann es sogar vorkommen, daß die Mehrzahl der Mitglieder eine andere, von der gruppenbestimmten Vorstellung abweichende Situationsdefinition vertritt, wenn diese Mitglieder sich nicht in Zusammenhang mit ihrer Mitgliedschaft in der Gruppe äußern, z.B. bei einem Gespräch einzelner Mitglieder miteinander am Rande des Feldes oder bei der Antwort auf die im Feld gestellte Frage, was sie denn privat dazu meinen.

Wie sind nun die gruppenabhängigen Situationsdefinitionen zu erheben? Wie ist festzustellen, ob eine gruppenbestimmte Situationsdefinition auftritt? Es ist für die Forschung ideal, wenn sie hier den von Durkheim zur Erhebung von sekundären Merkmalen von kollektiven Vorstellungen gewiesenen Weg gehen und sich an dinggewordene Aussagen, an Lexika, stehende Redensarten, Sprichworte, Gesetze und dergleichen halten kann (E.Durkheim, 1965, S.125 ff), die von Gruppenmitgliedern aus Gruppensituationen heraus entwickelt wurden und in der Gruppe weiterhin Geltung haben. Für die von uns untersuchten Gruppen wird man nach unserer Prüfung des Materials feststellen dürfen, daß derartige, zu festen Formen geronnene Situationsdefinitionen nur in geringem Umfang vorliegen.

Die Einsacker hatten von Mitgliedern die Innen- und Außenwände ihres Raumes bemalen lassen und drückten darin gruppenbestimmte Situationsdefinitionen aus. Der Feldforscher berichtete: Lars sagte mir, er habe das Bild neben der Tür zum Einsackerraum gemalt. Es solle einen Kapitalisten und ein armes Schwein von Arbeitnehmer darstellen. Auf dem Bild war ein großer fetter Mann mit brutalem Gesicht gemalt. Vor ihm machte eine Zwergengestalt eine Verbeugung. Das Bild wirkte wie eine Kar ikatur und war gut gelungen.

Bei den Typen konnte man immer wieder die Redensart hören: "Ob ich ihn nun anfixe oder nicht, letzten Endes ist das alles egal." Diese Redensart wurde oft durch Ersetzung des Wortes Fixen durch andere Begriffe abgewandelt, so daß die Reichweite dieser allgemeinen Situationsdefinition, daß es eben gleichgültig sei, ob man etwas so oder so mache, sehr groß war.

Bei den Rockern hörten wir immer wieder die Wendung: "Na und, das müssen die mir erst mal nachweisen, daß ich das war."Sie wurde keineswegs nur in den Situationen geäußert, in denen ein Mitglied der Gruppe einem Verdacht der Instanzen sozialer Kontrolle sich ausgesetzt sah, sondern sie wurde in vielen Situationen geäußert, in denen es darum ging, einzelnen Beteiligten Handlungen zuzurechnen. Es sollte offenbar persönliche Verantwortung abgewiesen werden.
Die Vogelfreien unter den Rockern gaben sich Gesetze zur Regelung des Gruppenbetriebes. Sie waren auf mehrere Zettel eines Bestellblocks in Schönschrift geschrieben:

1) Jedes Clubmitglied hat das volle Stimmrecht.
2) Jedes Clubmitglied hat das Recht, seine freie Meinung zu äußern, ohne dadurch nachteilige Folgen zu haben.
3) Der Clubvorstand wird alle drei Wochen neu gewählt oder bestätigt.
4) Beschwerden und Verbesserungsvorschläge können von jedem Clubmitglied beim jeweiligen Clubvorstand vorgetragen werden.
   a) Der jeweilige Clubvorstand hat das Recht, das Obengenannte zu befürworten oder abzulehnen.
   b) Verbesserungsvorschläge müssen dem ganzen Club vorgetragen werden.
   c) Beschwerden können dem Club zur Diskussion vorgetragen werden.
5) Der Clubabend findet regelmäßig jede Woche statt.
   a) Jedes Clubmitglied hat am Clubabend zu erscheinen.
   b) Wenn wichtige Gründe vorhanden sind, entfällt 5a).
   c) Der Tag des Clubabends wird vom Club festgelegt.
   d) Ein außerordentlicher Clubabend kann von jedem Mitglied gefordert werden.
6) Der jeweilige Clubvorstand bestimmt über Neuaufnahmen.

7) Kein Clubmitglied hat das alleinige Recht, ein anderes Mitglied aus dem Club hinauszuwerfen.
   a) Dieses Recht hat nur der ganze Club.
8) Jedes Clubmitglied hat das Recht, aus dem Club freiwillig auszuscheiden.
9) Der Beitrag zur Clubkasse wird wöchentlich eingesammelt. Der Betrag beträgt DM 1.-.
   a) Ein Clubmitglied ist dafür zuständig und voll verantwortlich.
   b) Ein Kassenbuch muß geführt werden und kann jederzeit von jedem eingesehen werden.
1o) Jedes Clubmitglied hat das Recht, seine Freizeit selbst zu gestalten.

Wenn in einer Situation alle Mitglieder der Gruppe anwesend waren und eines der Mitglieder äußerte beim Leeren einer Flasche Bier: "Bier ist besser als Hasch!" und wenn andere Mitglieder daraufhin sich äußerten wie "stimmt, hast recht" oder nur einfach "ja" sagten, so unterstellten wir, daß hier eine gruppenbestimmte Definition der Situation vorlag, daß alle eine annähernd gleiche Vorstellung von dem Verhältnis der Gegenstände hatten, die sie in übereinstimmender Weise bezeichneten.

Viele gruppenbestimmte Situationsdefinitionen haben aber nicht derartig feste Strukturen, wie in unserem Bier-Hasch-Beispiel. Sie sind oft nicht sonderlich präzise. Oft sind die Grenzen fließend, der Rahmen der Vorstellungen ist dehnbar. Dem einzeln n werden sie häufig erst während der Auseinandersetzung mit anderen Menschen deutlich. Sie gewinnen Kontur, wenn das Individuum - etwa in einem Gespräch - sich gezwungen sieht, seinen Standpunkt zu bezeichnen und zu behaupten. Will man diese Situationsdefinitionen erheben, sind in Weiterentwicklung des Gruppendiskussionsverfahrens Vorstellungen durch Anhören von sich zwanglos ergebenden Gesprächen der Mitglieder der Gruppen zu erfassen. Das ist in Diskussionen um die Brauchbarkeit des Konzepts der Situationsdefinition einerseits und die Anwendungsmöglichkeiten der Verfahren der Ethnoscience auf soziale Tatbestände andererseits oft übersehen worden. Erst allmählich wird mit der Beseitigung dieses Defizits begonnen (vgl. H.Haferkamp, 197o, S.45-48, W.Meinefeld, 1971, Kap.6, U.Gerke, 1973 und F.Schütze, W.Meinefeld, W.Springer und A.Weymann, 1973, S.474 ff).

In solchen informellen Gruppendiskussionen fließen Faktoren wie Einfluß, Prestige, Gruppenkontrolle in die Diskussion ein und führen dann auch zu Entscheidungen über die für alle Mitglieder der Gruppe des Feldes verbindlichen, von allen füglich geteilten gruppenbestimmten Situationsdefinitionen.

Ein Feldforscher berichtete: Harro bestätigte mir, daß die Frauen bei den Rockern allgemein wenig zu sagen haben bzw. gar nichts.

"Bei uns habe ich es durchgesetzt, daß sie mitbestimmen konnten, wenn es z.B. um die Wahl eines Bosses usw. ging. Die anderen waren meist dagegen." Vorher, als Harro noch nicht dabei war, hatte Heiki gemeint, daß es nicht gut sei, wenn die Mädchen mitbestimmen. "Wenn die mit einem gehen, dann sind die in der ersten Woche so verschossen, daß die den wählen, egal, ob der dazu geeignet ist oder nicht." Diesmal widersprach er Harro aber nicht.

So sind die gruppenspezifischen Situationsdefinitionen nicht mit den "Meinungen aller einzelnen, nicht einmal stets mit denen der Mehrheit identisch." Meinungsführer prägen Gruppenmeinungen, und den "Gruppenmeinungen gegenüber werden die Meinungen und Einstellungen der einzelnen weitgehend untergeordnet. Jene kollektiven Meinungen verselbständigen sich zu faits sociaux im Sinne Durkheims." (M. Horkheimer und T.W. Adorno, 1955, S.6 f). So hat "das Gruppendiskussionsverfahren dem Einzelinterview voraus, daß die Versuchspersonen selbst füreinander jene Kontrollen ins Spiel bringen, die zur Aktualisierung und Manifestation der jeweils intern verbindlichen Normen führen. Man braucht diese, wenn nur die Versuchsgruppen ihrer sozialen Zusammensetzung nach realen Kommunikationsgemeinschaften entsprechen, inhaltlich überhaupt nicht zu kennen. Und sie werden auch dann in der Diskussion sich manifestieren, wenn die Mehrheit der Teilnehmer subjektiv nicht mit ihnen übereinstimmen würde" (W. Mangold, 1960, S.110).

Die Rolle, die Meinungsführer in der Gruppendiskussion haben, ermöglicht einen weiteren Zugriff auf gruppenbestimmte Situationsdefinitionen. Es kann in einzelnen Fällen genügen, die Meinungsführer anzuhören. Nun hatten wir ja bei der Analyse der Verhaltensstruktur gefunden, daß es regelrechte Führungsrollen in den von uns untersuchten Gruppen nicht gab, wohl Statushöhere, die aber stets einen begrenzten Einfluß auf das Verhalten hatten. In diesem engen Bereich mag für unsere Analyse ihre Befragung zur Erhebung von gruppenbestimmten Situationsdefinitionen genügen.

So kann man sicher sein, daß Ottos oder Dieters Aussagen zur Fixtechnik, insbesondere wenn sie sich in derselben Situation äußerten, von allen übernommen wurden. Darin waren sie führend, hatten sie doch genügend angefixt.

Man wird schließlich davon auszugehen haben, daß einige, vielleicht besonders aufschlußreiche gruppenbestimmte Situationsdefinitionen während der Dauer der Beobachtung nicht spontan geäußert w rden, weder von den versammelten Mitgliedern noch vom Meinungsführer. Es besteht dann die Möglichkeit, durch den Beobachter Reize in die Diskussion einzuführen, um Gruppendiskussionen auszulösen. Beispielsweise könnte man "Gruppen von Menschen über das Aussehen und Verhalten befragen, das nach ihrer Meinung von dem Träger einer gegebenen

Position erwartet" wird (R.Dahrendorf, 1958, S.58), ein Vorgehen, zu dem wir uns z.B. im Hinblick auf die Mitglieder der Herkunftsfamilie krimineller wie normaler Gruppen entschließen mußten. Derartige Reize wird man allerdings ganz in ihrer Struktur den schon bekannten Situationsdefinitionen der Akteure anzupassen haben (C.O.Frake, 1964). Gruppenbestimmt ist dann die Definition, die sich, wie zuletzt erörtert, behauptet.

Wir sind bisher immer davon ausgegangen, daß Situationsdefinitionen aus der gleichgewichtigen Interaktion der Mitglieder sich entwickeln oder daß sie gegen andere aufgrund von Machtvorteilen durchgesetzt werden. Jedenfalls blieb eine Situationsdefinition übrig - von anderen war keine Rede mehr. Nun können gruppenbestimmte Situationsdefinitionen auftreten, die sich widersprechen. In zwei aufeinander folgenden Situationen wird ein und derselbe Sachverhalt unterschiedlich ausgegrenzt und bezeichnet. Ein naheliegender Schluß wäre es, in solchen Fällen die Verteilung festzuhalten. Das scheint uns aber im Bezugsrahmen des hier vertretenen Ansatzes nicht sehr sinnvoll zu sein. Derartige Widersprüche verweisen auf einen Prozeß der Ersetzung alter Situationsdefinitionen durch neue, sei es durch Einigung oder Oktroyierung. Es käme also darauf an, hier die jeweils zuletzt herrschende Fassung der Situationsdefinition zu isolieren.

> So gab es bei den Rockern unter den Regeln einen Punkt über die Freizeitgestaltung des einzelnen. Er war sehr umstritten, weil einige einen größeren Zwang befürworteten, was aber nicht durchzusetzen war, weil viele schon Frauen und eigene Interessen hatten. Die Selbstbestimmung über die Freizeitgestaltung war dann auch eine Situationsdefinition, die diese Gruppenmitglieder in die Satzung einbrachten.

In anderen Situationen bleibt eine Gruppendiskussion, in der zwei sich widersprechende Situationsdefinitionen vertreten werden, unentschieden.

> Adrian: "Kannst Du mir erklären, warum jemand Trips einwirft?" Holzer: "Das ist nicht einfach. Da muß man viel in Betracht ziehen." Adrian: "Alles mögliche, das ganze Leben, die Gesellschaft, Gott." Mädi: "Nun hör aber auf. Die meisten machen das doch aus Zeitvertreib. Die haschen doch nur aus Zeitvertreib. Da sagen alle, man soll mal einen rauchen; das ist genau wie bei den Zigaretten. Dann fängt man damit an." Adrian: "Das stimmt auch. Aber nicht für alle. - Kiffen ist gut in der Kirche. Macht Spaß. Die haben da ja auch den Weihrauch und so." Ein anderer: "In der Kirche kann man doch keinen Joint rauchen." Mädi: "Gott hascht doch auch. Er hat das Zeug doch geschaffen." Adrian: "LSD ist gut für die Bewußtseinsausschaltung. Es wird aber nur teilweise ausge-

schaltet. Bewußtsein muß da sein. Damit kannst Du nur leben, kannste Dir in Gesellschaft nicht leisten." Holzer: "Warum nimmt man denn nun LSD?" Achim: "Weil ich frei bin. Ich bin frei. Nicht so wie die anderen. Die sind nicht frei und nehmen deshalb auch nichts." Holzer: "Was heißt hier frei? Wer ist denn frei?" Adrian: "Alle, die das wollen." Holzer: "Du bist auch nicht frei. Du mußt auch arbeiten." Adrian: "Das hat mit Freiheit nichts zu tun. Das ist körperliche Freiheit. Die habe ich nicht. Aber die geistige Freiheit, die habe ich." Holzer: "Aber so einseitig kann man das alles nicht sehen. Das Zeug ist auch ganz schön gefährlich. Das siehste doch an Achim. Der ist völlig auf dem Hund. Total ausgeflippt." Adrian: "Jeder hat so seine Philosophie. Das ist eben meine."

Auch in diesem Fall ist abzuwarten, ob eine der Situationsdefinitionen in einer späteren Situation zur gruppenbestimmten Situationsdefinition sich entwickelt.

Wenn sich für uns auch der Rückgriff auf Situationen verbietet, in denen sich die Mitglieder einzeln äußern, und wir es ausschließen, daraus durch Summation die gruppenbestimmten Situationsdefinitionen nach dem Modell der Meinungsforschung zu gewinnen, "das alle Individuen gleichberechtigt als gewissermaßen qualitätslose Punkte zählt und wertet und von den realen Differenzen gesellschaftlicher Macht und gesellschaftlicher Ohnmacht absieht" (Institut für Sozialforschung, 1955, S.21), so muß – vergegenwärtigen wir uns die übliche Behandlung der aus teilnehmender Beobachtung gewonnenen Aussagen in der BRD – jedoch festgehalten werden, daß eine Orientierung an eben diesem Modell schon ein großer Fortschritt für die Datenauswertung teilnehmender Beobachtung wäre.

Verdeutlichen wir uns dies an einem Beispiel: Es könnte eine Einzelbefragung von Gruppenmitgliedern zur Möglichkeit der Aufnahme von Mädchen in eine Gruppe durchgeführt werden: Sie zeigt vielleicht, daß einige der Befragten "dafür", andere "dagegen" sind, einige die Entscheidung von der Eignung des Mädchens für die Gruppe, andere ihr Votum von der Einführung differenzierter Mitgliedsrechte abhängig machen wollen. Man könnte dann versuchen, eine Struktur in diesen Antworten zu entdecken: Man hätte dann zuerst eine Verteilung zu ermitteln. Man fragt: Wieviele Personen sind für die unbeschränkte Aufnahme, wieviele vertreten andere Standpunkte. Widersprüchliche Aussagen gehen in diese Verteilung ein. Ein derartiges Vorgehen ist aber bei der Auswertung von in teilnehmender Beobachtung gewonnenen Daten bisher nicht üblich. In der Regel begnügt man sich bei der Auswertung dieser Daten mit "verteilungsfreien" Darstellungen: Jede einzelne Äußerung eines Feldteilnehmers wird dabei als Beleg für eine These betrachtet. Zwei widersprüchliche Aussagen werden für zwei konträre

Thesen als Beleg herangezogen, die in ein besonderes Verhältnis gesetzt werden. Dabei sind drei Vorgehensweisen zu unterscheiden: In selteneren Fällen wird von einem Satz von Hypothesen ausgegangen. Einzelne Äußerungen werden als Bestätigungen betrachtet. In häufigeren Fällen wird ein allgemeiner Bezugsrahmen von Begriffen verwandt, um einen "Überblick zu gewinnen über die Variablen, welche...(den Forschungsgegenstand) strukturieren" (R. Lautmann, 1972, S.23). In diesem Bezugsrahmen bildet man dann nachträgliche Thesen. So weist Rüdiger Lautmann (1972, S.43) "für die Darstellung der Beobachtungsdaten in.. (seiner) Studie.. darauf hin.., daß die Daten keine statistische Aufbereitung erlauben... Aus den Beobachtungsprotokollen wird zur Illustration häufig zitiert. Dabei findet eine erneute Auswahl statt, weil nicht alle Beobachtungen interpretiert werden oder weil sie nicht anschaulich sind oder sich wiederholen. Die Raumbeschränkung ist ein bekanntes Problem bei Mitteilung über teilnehmende Beobachtung." In weiteren Fällen wird von einer einzelnen oder wenigen Äußerungen ausgehend eine allgemeine These konstruiert.

In allen drei Fällen kann von einer wirklichen Überprüfung oder von einer systematischen Gewinnung von Thesen nicht die Rede sein. Diese würden vielmehr selbst bei der Ablehnung eines Konzeptes der gruppenbestimmten Situationsdefinitionen voraussetzen, daß Hypothesen an einer in Einzelbefragungen oder Einzelbeobachtungen gewonnenen ausreichend großen Ereignismenge geprüft und beurteilt werden, deren Elemente sich in der Regel über mehrere Merkmale einer Dimension verteilen.

Geht man von unserem Konzept der gruppenbestimmten Situationsdefinition aus, muß man zunächst erwarten, daß bei den Aussagen einer Gruppe zu einem Thema Verteilungen nicht mehr gefunden werden. Es wird ja gerade unterstellt, daß in einer Gruppe eine Situationsdefinition durchgesetzt wird oder von allen akzeptiert wird. Das Äußern unterschiedlicher Situationsdefinitionen wird hier als Vorstufe des Einigungs- oder Oktroyierungsprozesses betrachtet, der zu geteilten Situationsdefinitionen führt. Zwar ist festzuhalten, daß diese Sicht ja selbst zunächst nur eine Hypothese ist, die der Überprüfung bedarf, was wir in diesem Teil auch unternehmen wollen. Gelingt es uns aber, diese Hypothese zu bestätigen, kommen Verteilungen nicht mehr in Betracht, wie es in den meisten der in diesem Teil folgenden Abschnitten der Fall ist. Das könnte auf den ersten Blick als Rückschritt gegenüber dem Versuch der Härtung kriminalsoziologischer Thesenkontrolle durch eine Einschätzung aufgrund gefundener Verteilungen angesehen werden. Demgegenüber wäre darauf hinzuweisen, daß beim Auftreten gruppenbestimmter Situationsdefinitionen in einem gewissen Sinn schon eine Verteilung vorliegt, nämlich die Konzentration auf eine Situationsdefinition bei Nichtauftreten alternativer Situationsdefinitionen - ein Sachverhalt, der nicht mit der bloßen Illustration von Thesen durch einzelne Falldarstellungen verwechselt werden darf.

Durch teilnehmende Beobachtung können die Gruppendiskussionen gehört werden, in denen die gruppenbestimmten Situationsdefinitionen spontan oder "angereizt" auftreten. Der teilnehmende Beobachter kann auch Dokumente übernehmen, Bilder beschreiben und andere objektive Ablagerungen gruppenbestimmter Situationsdefinitionen aufzeichnen. Er kann Meinungsführer anhören und ihre Aussagen protokollieren. Äußerungen sind dann möglichst in wörtlicher Rede zu protokollieren oder zu übersetzen. Sie können auch in indirekter Rede wiedergegeben werden. Es wäre festzuhalten, welche Aussagen gemacht werden, wer sie erbrachte, wie groß die Intensität der Beteiligung war, wer schwieg. Durch die Aufzeichnung weiterer Merkmale der Situation kann erfahren werden, wie sich die anderen Mitglieder einer Gruppe bei derartigen Äußerungen verhielten.

Bei der Durchsicht der Protokolle sind dann die gruppenspezifischen Situationsdefinitionen zu identifizieren. In der Operationalisierung haben wir so alle Aussagen bezeichnet, die in Situationen mit deutlich erkennbarem Gruppenbezug von einem Gruppenmitglied hohen Einflusses gemacht wurden oder von einem anderen Gruppenmitglied geäußert und einem weiteren bestätigt wurden und denen von den anderen Anwesenden entweder auch ausdrücklich zugestimmt oder nicht widersprochen wurde.

5.3 Zur Struktur der gruppenbestimmten Situationsdefinitionen von kriminellen und normalen Gruppen

5.3.1 Präzisierung und Operationalisierung der These von den gruppenbestimmten Situationsdefinitionen

Ein Vergleich der Strukturen der gruppenbestimmten Situationsdefinitionen von kriminellen und normalen Gruppen sollte sich auf ihre Form und ihren Inhalt beziehen. Verschiedene Verfahren zur Analyse der erhobenen Situationsdefinitionen können dazu angewendet werden.

So könnten wir im Falle des einfachsten, am Modell der quantitativen Inhaltsanalyse geschulten Vorgehens Aussagen oder Aussagenteile, wie sie bei den beobachteten Gruppen üblich sind, auszählen und ihre Häufigkeitsverteilungen ermitteln. So könnten wir bei Drogenkonsumenten prüfen, wie häufig das Wort "Sucht" oder Sätze mit diesem Wort auftauchen. Diese relative Häufigkeit des Auftretens dieses Wortes könnte in Beziehung gesetzt werden zum Anteil der Fixer, zum Anteil des Handels mit harten Drogen unter dem Gesamthandel oder des Auftretens von Informationen über die Möglichkeit der therapeutischen Behandlung von Drogenkonsumenten.

So gelangt man jedoch nicht zu einer Analyse der Vorstellungen, die ja nicht mit den Begriffen, die sie bezeichnen, zusammenfallen. So hatten wir ja schon darauf hingewiesen, daß es in ein und derselben Gruppe unterschiedliche Begriffe gibt, die dieselbe denotative Funktion haben, d.h. dieselben oder die gleichen Vorstellungen bezeichnen. Daneben gibt es einzelne Begriffe, die sehr wohl verschiedene Vorstellungen bezeichnen. Beachtet man diese Zusammenhänge, muß man des Bezuges des jeweilig verwandten Begriffes und der Aussagen sich vergewissern.

Aber selbst wenn geklärt ist, daß z.B. zwei verschiedene Begriffe denselben Bezugsgegenstand haben, so können sie doch Verschiedenes an ein und demselben Gegenstand ausgrenzen, insoweit sie Vorstellungen von verschiedenen Aspekten an einem Gegenstand bezeichnen können und diese Vorstellungen in verschiedene Zusammenhänge einbringen können. Jürgen Ritsert kommt daher zu dem Ergebnis: "Inhalt, Gehalt, umfaßt die Sinn- und Bedeutungsstrukturen von Texten gleichermaßen, und man kann von etwaigen methodischen Schwierigkeiten, "multiple Sinnstrukturen" aufzudecken, nicht auf die Notwendigkeit schließen, sie bei der Analyse auszusparen" (1972, S.41). Es sind daher die Aussagenbestandteile zusammenzufassen, die einen Aspekt gemeinsam bezeichnen, die Aussagen, die einen Zusammenhang beschreiben.

In den beobachteten Gruppen wurden sehr viele Äußerungen von den teilnehmenden Beobachtern gehört. Es wurden zwar weniger, aber immer noch viele Aussagen protokolliert. Gehörtes und Geschriebenes betrafen belanglose Einzelheiten der Situation ebenso wie mehr oder weniger wichtige Elemente. Schon für das Protokoll, insbesondere aber für die Analyse war eine Auswahl unter diesen Situationsdefinitionen zu treffen. Analog zu unserem Vorgehen bei der Analyse des Verhaltens wurden in den kriminellen Gruppen nur solche Aussagen ausgewählt, die sich auf die Bedingungen und Strukturen des kriminellen sozialen Handelns bezogen - in normalen Gruppen wurde eine Beziehung zwischen normalem Handeln und seinen Bedingungen und Strukturen herzustellen versucht.

An dieser Stelle ist nun deutlich zu machen, daß die Entscheidung sich nicht aus dem Material selbst ergibt und auch nicht von den Teilnehmern an den Forscher herangetragen wird. Hier strukturiert vielmehr der Forscher selbst das Material. Er unterscheidet, was er Bezug zu den Bedingungen und zu den Strukturen des kriminellen und normalen sozialen Handelns nennt. Er bestimmt z.B., daß Auseinandersetzungen um die Selbsteinschätzung der Gruppe Definitionsprozesse sind, die, "wie die soziologische Theorie zeigt", eine große Bedeutung für das zukünftige Handeln der Mitglieder einer Gruppe haben. Begreifen sich die Mitglieder z.B. als "kriminell", ist es wahrscheinlich, daß ein solches Handeln der Mitglieder folgt. Die Entscheidung über die Relevanz bestimmter Daten erfolgt also von einem Bezugsrahmen, der den Daten zum größten Teil äußerlich ist. Wie im folgenden zu zeigen sein wird, wiederholt sich dieser Prozeß mehrfach, so daß die Frage noch zu stellen sein wird, ob die Vielzahl dieser Entscheidungen nicht zu einer Deformation der Daten zu reinen Artefakten führt, während die "tatsächliche", "innere" Struktur des Materials verborgen bleibt.

Nach unseren theoretischen Überlegungen zur Entwicklung von gruppenbestimmten Situationsdefinitionen ist zu erwarten, daß jede Gruppe derartige Situationsdefinitionen hat, d.h. es treten einmal Situationsdefinitionen auf; sodann sind sie gruppenbestimmt, d.h. sie werden mit anderen Gruppenmitgliedern gemeinsam vertreten; schließlich unterscheiden sie sich von Gruppe zu Gruppe.

Ihre Bezugspunkte sind entsprechend unseren allgemeinen Thesen der gesellschaftliche Hintergrund (die Gründe des Handelns und seine Entwicklung), die sich ausbildende Gruppe, die Verhaltensweisen in den Gruppen, die interne Struktur (insbesondere Freundschaft und Rivalität in der Gruppe) und der Bezug zur Umwelt (äußere Gegner, heterosexuelle Beziehungen, andere gesellschaftliche Institutionen). Zur besseren Lesbarkeit der Texte ändern wir die Reihenfolge der Thesen so, daß zuerst die Gruppen und ihre Aktivitäten besprochen werden. Wir formulieren daher als erste Präzisierungen und Operationalisierungen der allgemeinen These 6 die Hypothese:

H 26: Wenn Gruppen auftreten, deren Mitglieder kriminelles Handeln äußern, dann unterscheiden sich die Bezugspunkte ihrer gruppenbestimmten Situationsdefinitionen von den gruppenbestimmten Situationsdefinitionen normaler Gruppen nicht.

5.3.2 Datenanalyse zu den gruppenbestimmten Situationsdefinitionen

Prüft man nun, wieweit die Hypothese 26 zutreffend ist, so findet man zuerst, daß jede Gruppe tatsächlich über gruppenbestimmte Situationsdefinitionen verfügt. In allen Berichten wurden Aussagen protokolliert, die erkennen lassen, daß die kriminellen Gruppen im Vergleich zur Normalsprache sowohl über gemeinsame Definitionen etwa gleicher Objekte als auch verschiedene Definitionen etwa gleicher Objekte, über gleiche Definitionen etwa verschiedener Objekte ebenso wie über verschiedene Definitionen etwa verschiedener Objekte verfügen. So ist zunächst einmal die große Masse der Aussagen in kriminellen Gruppen in normaler Sprache gehalten und sie bezieht sich auf Objekte, die der normalen Gruppe und den Menschen im Alltagsleben bekannt sind. Dabei wurden die Begriffe gelegentlich anders als üblich abgeleitet.

> Ein von den Typen verwandter normalsprachlicher Begriff war "Sucht": Ich fragte Dieter noch einmal, wie es denn nun mit der eigenen Terminologie war, wieweit sie dazugehört. Dieter meinte, sie gehöre wohl dazu, obwohl es auch andere Begriffe gäbe, die man gebrauchen kann, z.B. Haschisch, Drogen. Ff: "Würdest Du auch den Begriff "Sucht" verwenden?" Dieter: "Warum nicht? Sucht kommt doch von Suchen. Man sucht die Drogen. Das ist doch rich-

tig. Wenn Sucht von suchen kommt, dann kann man das auch sagen."

Wir zählen auch Begriffe der "Gassensprache" zur normalen Sprache, da sie den normalen Mitgliedern unserer Kontrollgruppe ebenso geläufig ist wie normalen, d.h. kein kriminelles Handeln zeigenden Bürgern aus Normalstadt. Hier spielen regionale normale Sprachgewohnheiten eine besondere Rolle, so daß es durchaus möglich ist, daß "normale Leser" aus anderen Teilen der BRD einige hier als "normal" bezeichnete Begriffe nicht kennen.

Aber wir fanden auch in den kriminellen Gruppen eine ganze Reihe von Begriffen und Redensarten, die in der Normalsprache nicht auftraten, sich gleichwohl auf Objekte bezogen, die auch im normalen Alltagsleben bekannt sind.

Ich fragte Dieter, ob denn nun das Kiffen und Fixen usw. eine eigene Welt darstelle mit eigener Sprache und eigenen Regeln. Dieter fand das völlig richtig. Das sei genauso wie bei vielen anderen Sachen auch, die ebenfalls eine eigene Welt bilden.

So hieß bei den Typen beispielsweise:

Fixe = Spritze
einen Schuß setzen = spritzen
ein kaputter Typ = ein ausgeflippter Typ = eine heruntergekommene Person, auf die man sich nicht mehr verlassen kann
ausgeflippt = witzig, spaßhaft, fertig sein, unzuverlässig sein
den Gilb haben = an Gelbsucht erkrankt sein
abgeflasht = fertig sein

Auch die Rocker hatten eigene Begriffe für Vorstellungen und Sachverhalte, die auch Normalen durchaus vertraut sind. So bedeutete:

heißer Ofen = guter Bock = schnelles Moped
abheizen = schnell wegfahren
einen Satz bauen = einen Unfall haben
ein Rohr kriegen = etwas nicht fassen können

Auch bei den Einsackern fanden wir derartige Begriffe:

Puste = Pistole
auf dem ewigen Trip sein = die Realität nicht im Auge haben

Es wurden auch Begriffe verwandt, die in der Normalsprache üblich sind, bei den Kriminellen aber einen völlig anderen Sinn bekamen und sich auf Situationen oder Teile von Situationen bezogen, die nur Kriminellen zugänglich waren.

Der Feldforscher von den Rockern berichtete, daß er einmal kleinere Zigaretten- oder Benzindiebstähle als Klauen bezeichnet habe: Matthias war ganz entrüstet: Das sei kein Klauen! Als ich ihn fragte, wie er das bezeichnen würde, antwortete er: "Holen." Denn wenn er Geld hätte, dann würde er sich die Sachen kaufen; er kloppt, wie alle anderen, nur für den sofortigen Gebrauch.

Adrian, ein Typ, definierte den Begriff "abfahren". "Einmal war es so, da war ich ganz lustig, heiter. Da habe ich über alles Mögliche gelacht. Ich ertappte mich dabei, wie ich mich auf ein ganz simples Ding konzentrierte: Eine Cola-Flasche oder was ähnliches. Da kommt einem die Erkenntnis. Das nennt man dann abfahren. Wenn man von einem einfachen Gegenstand unheimlich erfaßt ist."

So bedeutete bei den Typen:

versorgen = Stoff beschaffen = dealen
Firma =Zusammenschluß von zwei oder mehr Leuten, die Geld zusammenwerfen, Shit kaufen, Preise festsetzen, verkaufen, Gewinne anteilmäßig aufteilen, von Resten neuen Shit kaufen
Stoff = umfassender Ausdruck für alle Drogen
einwerfen = einen Trip in den Mund nehmen und herunterschlucken
Gras = bestimmte Form von Haschisch
ein Meter = eine bestimmte Menge verflüssigter harter Drogen
Pumpe = Spritze für harte Drogen
drücken = spritzen von harten Drogen
ein Schuß = eine Spritze voll harter Drogen
einen Schuß setzen = spritzen von harten Drogen
pumpen = den Arm bewegen, damit die Venen hervortreten

Auch die Rocker verwandten normalsprachliche Begriffe und gaben ihnen einen völlig anderen Sinn. So hieß:

einen Automaten von der Wand nehmen = einen Automaten abreißen = Automaten von der Wand abbrechen
die Automaten fielen von den Wänden = die Automaten wurden abgerissen
kloppen = mit einer bestimmten Technik ohne Geldeinwurf Zigaretten ziehen
Scheiß machen = verbotene Dinge begehen, die schnell auffallen können und bei anderen schon aufgefallen sind

Bei den Einsackern hieß:

einsacken = etwas in den eigenen Besitz überführen, ohne zu zahlen
Ostagenten = Kaufhausdetektive bei der Verfolgung von Ladendieben

Schließlich gab es Begriffe, die Vorstellungen bezeichneten, die Normale nicht hatten, einfach, weil sie Situationen, auf die sie sich bezogen, nicht kannten, nicht erlebt hatten.

So fragte ein Feldforscher Achim danach, warum man die gemeinsam gerauchte Haschischzigarette Joint nennen würde. Achim meinte: "Das kommt von joinen aus dem Englischen, von zusammen sein. Beim Shit rauchen sind wir ja immer zusammen."

Andere Begriffe waren:

jemanden ankiffen = jemanden anrauchen = jemanden das Haschischrauchen beibringen
Shit = Haschisch
kiffen = Shit rauchen
angeturned sein = von der Wirkung des Stoffs ergriffen werden
ein Anturner = ein Shit, der gut wirkt
Flash = sprunghafter Wirkungsanstieg von Opiaten und anderen harten Drogen unmittelbar nach der Injektion
Feeling = Gefühl nach dem Flash bei den Betäubungsmitteln
O und M kochen = Opium und Morphium aus festem in flüssigen Zustand überführen
jemanden anfixen = jemandem den ersten Schuß setzen
hook sein = auf dem Hook sein = süchtig sein
eine Apo machen = in eine Apotheke einbrechen
Tripkönig = jemand, der schon viel LSD genommen hat
Morphcock = gemischte Zubereitung aus Morphium und Kokain

Bei den Rockern bedeuteten:

Benzin springen = besondere Technik des Tankens ohne zu bezahlen

Für die Einsacker war:

Plato = ein nicht existierendes Wesen, dem man eine Langspielplatte vor einem Ladendiebstahl opfert

Es ist auch deutlich zu erkennen, daß es gruppenbestimmte Situationsdefinitionen gibt, die sich von anderen Situationsdefinitionen unterscheiden.

So fand ein Feldforscher bei den Rockern in Einzelinterviews, daß der Anteil derjenigen, die eine Freundin oder eine Frau nur zum "Bummsen" haben wollte, sehr klein war. Häufig wurde geäußert: "Von einer Freundin erwarte ich, daß sie mir treu ist, ehrlich ist, aufgeschlossen ist, daß sie keine Geheimnisse vor mir hat, daß sie pünktlich ist. Eine Freundin soll sich anpassen. Sie soll ein bißchen das machen, was ich will. Sie soll mit dem einverstanden sein, was ich mache. Sie soll mich verstehen und sie soll zu mir halten."

Dagegen äußerten die Rocker sich in der Gruppe wie die Minderheit im Einzelinterview sehr abfällig über ihre Freundinnen und Frauen.

Wie man sieht, werden also von Mitgliedern dieser Gruppe Mädchen, Freundinnen und Frauen in Einzelinterviews anders, nämlich deutlich positiver, angesprochen als in Gruppendiskussionen. Die in Einzelinterviews von einer großen Mehrheit vertretenen Situationsdefinitionen sind genau die, die in der umgebenden Gesellschaft vertreten werden. Es sind andere Situationsdefinitionen. Da die Gruppe konträre Situationsdefinitionen ausgebildet hat, werden diese Situationsdefinitionen nur noch am Rande, in für die Beteiligten unwichtigen Situationen - wie im Interview - geäußert. Dominant sind ansonsten die gruppenbestimmten Situationsdefinitionen.

Wie wichtig gerade diese Situationsdefinitionen sind, zeigt ihre Verhaltensrelevanz. Nach den gruppenbestimmten Situationsdefinitionen handelten die Jungen aus der Gruppe der Rocker tatsächlich: Sie behandelten die Mädchen und jungen Frauen sehr herabsetzend und wechselten bis auf sehr wenige Ausnahmen sehr häufig ihre Freundin, und einige hatten - noch unverheiratet - Kinder mit der einen oder anderen gezeugt. Die Gruppe der Rocker war als Bezugsgruppe in vielen Situationen in wesentlich stärkerem Maße wirksam als andere gesellschaftliche Gruppen, von denen die Jugendlichen die anderslautenden Situationsdefinitionen zum Thema Mädchen, Freundin und Frau bezogen hatten.

Wie stark einzelne gruppenbestimmte Situationsdefinitionen werden können, erweist sich bei einem anderen Thema. Hier wurden auch in Einzelinterviews nicht andere, mit der normalen Umwelt übereinstimmende Ansichten geäußert, sondern dem Sozialforscher wurde von vielen einzelnen das gleiche gesagt, wie er es schon den Gruppendiskussionen im offenen Feld entnommen hatte. Das war insbesondere bei dem Thema "Bullen und Spitzel" und bei allen Aussagen, die sich auf die eigenen Aktivitäten bezogen, der Fall. Die Erklärung für diese Wirksamkeit der gruppenbestimmten Situationsdefinitionen liegt nahe. Hier handelte es sich um Vorstellungen von Situationen, die man nicht mit Normalen teilte. Zudem waren es Situationen bzw. Personen, die in Situationen auftraten, von denen man sehr stark betroffen war.

Es ist aber nicht sinnvoll, aus diesem Unterschied eine Differenz für die Wirksamkeit der gruppenbestimmten Situationsdefinitionen zu konstruieren. Diese Situationsdefinitionen sind Abstraktionsleistungen, deren Erbringung von den Gruppenmitgliedern in für die Gruppe bedeutsamen Situationen erwartet wird. Nach ihnen ist zu handeln. So hatten wir einleitend gesagt. Abweichungen von den gruppenbestimmten Situationsdefinitionen werden auf die Dauer sanktioniert. So hat die Situationsdefinition "das ist ein Spitzel, der wird geschnitten", dieselbe Dignität wie die Situationsdefinition "der ist total besoffen, der hört auf seine Frau". So trifft bei Verweigern der ersten Situationsdefinition und des entsprechenden Handelns den Säumigen ziemlich schnell eine Sanktion - er wird selbst ausgeschlossen. Aber auch bei der zweiten Situation bleibt die Sanktion nicht aus, wenn der einzelne mehrfach auf das Gebot seiner Freundin sich zurückhielt, wenn in der Gruppe noch Aktionen durchgeführt wurden. Er büßt nachdrücklich an Status ein. Dementsprechend werden die abweichenden anderen Situationsdefinitionen oft verschwiegen:

> Bei den Einsackern beobachtete der teilnehmende Beobachter: Es wird erwartet, daß die Pop-Musik zumindest geduldet wird. Pablo z.B. findet progressive Musik laut, nach Berichten anderer nicht gut, er äußert das aber nie.
>
> Auch die immer wieder von einigen Rockern geäußerte, im großen Kreis, insbesondere bei Harros Anwesenheit für sich behaltene Auffassung, daß Frauen nicht in einen Rockerclub gehören, steht für die Normativität der kollektiven Definitionen der Situation.

Zur Aussage von den gruppenspezifischen Situationsdefinitionen sieht man bei der Durchsicht der Beobachtungsprotokolle auf den ersten Blick, daß die Gruppen sich in ihren Aussagen sehr unterscheiden. Wir prüften dazu, welche Bedeutung einzelne Aussagen, z.T. von großer Komplexität, für die Teilnehmer haben, d.h. auf welche Vorstellungen und Gegenstände sie sich bezogen. Diese Aussagen wurden dann unseren Hypothesen subsumiert. Wir finden, daß alle Gruppen sich zu den fünf hypothetisch unterstellten Themen äußerten.

Nun haben wir bisher nicht geprüft, wie häufig und mit welcher Intensität sich die Gruppen zu den verschiedenen Themen äußern, d.h. Gruppendiskussionen zu einem Thema führen. Es liegt daher nahe, zuerst Häufigkeitsverteilungen für die Gruppen herzustellen und miteinander zu vergleichen. "Die Ergebnisse dieser Häufigkeitszählungen.. kann man.. zunächst..nur als ein Maß zur Beschreibung der Aufmerksamkeit verwenden, das einem durch bestimmte Symbolwörter gekennzeichneten Problemkreis...entgegengebracht wird" (H.Bessler, 197o, S.78). Man kann aber auch schon die "Häufigkeit des Auftretens..bestimmter Themen..(für) ein entscheidendes Indiz für die Stärke der in ihnen aufgehobenen Einstellungen oder Reaktionsbildungen" (J.Ritsert, 1972, S.17) halten. Dazu ist die Festlegung von Zähleinheiten erforderlich. Wir bezeichnen als eine Aussage über eine Situationsdefinition alle zusammenhängenden kürzeren oder längeren, mit einem akzeptierten Ergebnis abgeschlossenen Diskussionen in der Gruppe, alle Aussagen, die Satzungen oder Regeln und dergleichen betreffen, alle zusammenhängenden kürzeren oder längeren Ausführungen von Meinungsführern, die zu einem unserer aus den Thesen abgeleiteten Themen gemacht werden.
Fassen wir alle Aussagen unter den fünf Hauptthemen zusammen, finden wir:

Tabelle 58: Gruppenbestimmte Situationsdefinitionen von kriminellen und normalen Gruppen (27)

Gruppe	Situationsdefinitionen						Summe
	zum Gruppenbild	zu Verhaltensmustern	zu Begründungen	zur internen Struktur	zum äußeren Gegner	zu ander. gesellsch. Institut.	
Normale	65 (o,23)	146 (o,51)	11 (o,o4)	4 (o,o1)	o (o,oo)	58 (o,2o)	284
Kriminelle	167 (o,15)	591 (o,52)	1oo (o,o9)	38 (o,o3)	1o6 (o,o9)	127 (o,11)	1129
Rocker	78 (o,15)	238 (o,47)	55 (o,11)	9 (o,o2)	56 (o,11)	74 (o,15)	51o
Typen	53 (o,14)	242 (o,64)	26 (o,o7)	15 (o,o4)	19 (o,o5)	25 (o,o7)	38o
Einsacker	36 (o,15)	111 (o,46)	19 (o,o8)	14 (o,o6)	31 (o,13)	28 (o,12)	239
Summe	232	737	111	42	1o6	185	1413

Alle Tauwerte sind unter o,o3, bis auf Tau N/T und Tau R/T unter o,o2

Nun könnte schon vor einer Analyse der Struktur der Verteilung eingewandt werden, daß die Zahl der gruppenbestimmten Situationsdefinitionen von 1413 zwar für sich genommen groß ist, betrachtet man aber die Zahlen für die einzelnen Gruppen, ändert sich die Einschätzung: 239 gruppenbestimmte Situationsdefinitionen bei den Einsackern mögen als nicht sehr viel angesehen werden. Dieser Eindruck verstärkt sich, bezieht man diese Zahlen auf die Beobachter und die von ihnen im Feld verbrachte Zeit: 9 Beobachter waren in normalen und kriminellen Gruppen an durchschnittlich 5o Beobachtungstagen im Feld, d.h. durchschnittlich wurden an den 45o Beobachtungstagen etwas mehr als drei gruppenbestimmte Situationsdefinitionen identifiziert. Unter Berücksichtigung unserer Operationalisierungsanforderung und der Tatsache, daß nur auf unsere Thesen bezogene Situationsdefinitionen ausgewählt wurden, scheint uns diese Zahl jedoch nicht zu klein zu sein. Denn geht man von Aussagen aus, die nicht den Kriterien gruppenspezifischer Situationsdefinitionen genügen müssen, findet man eine wesentlich höhere Zahl von Situationsdefinitionen.

Vergleicht man zunächst die Normalen mit den Kriminellen, so findet man, daß die erste Gruppe sich häufiger zum Selbstbild und zur Umwelt äußert. Dagegen unterhalten die kriminellen Gruppen mehr Situationsdefinitionen über die Gründe und die Geschichte ihres Verhaltens und die interne Struktur. Diese Unterschiede werden aber weit überboten, wenn man Aussagen zum äußeren Gegner heranzieht. Dazu äußern die Normalen nichts, die Kriminellen allein 1o6 Situationsdefinitionen. Wie man sofort sieht, ist die bedeutende Differenz die Aussage oder

Nichtaussage zum Thema "äußere Gegner". Sehr geringe Häufigkeitsdifferenzen finden wir bei den Situationsdefinitionen zu den Handlungsmustern.

Ein Vergleich der normalen Gruppe mit den einzelnen kriminellen Gruppen ändert an diesen Unterschieden nicht viel. So findet man beim Vergleich mit den Rockern, daß hier lediglich die Differenz in den Äußerungen über interne Rivalen geringer ist als bei dem Vergleich der Normalen mit den Kriminellen im ganzen. Vergleicht man die Normalen mit den Typen, ergibt sich ebenfalls ein wenig geändertes Bild. Wir finden hier lediglich einen Unterschied in der Häufigkeit der Wahl von subkulturellen Vorstellungen zum Bereich der Aktivitäten. Beim Vergleich der Normalen mit den Einsackern finden wir kaum Abweichungen gegenüber dem Vergleich der Normalen mit den Kriminellen.

Vergleicht man die kriminellen Gruppen untereinander, findet man, daß die Rocker sich im Vergleich zu den Typen bedeutend häufiger zur Geschichte, zum äußeren Gegner und anderen gesellschaftlichen Institutionen äußern. Die Typen sprechen im Vergleich zu den Rockern bedeutend häufiger subkulturelle Vorstellungen zu den Aktivitäten und zur internen Struktur an. Zwischen den Rockern und den Einsackern findet man verhältnismäßig geringe Unterschiede. Dagegen findet man beim Vergleich der Typen mit den Einsackern schon mehr. Die Drogenkonsumenten sprechen bedeutend häufiger in ihren Situationsdefinitionen Aktivitäten und bedeutend seltener äußere Geg ner und andere gesellschaftliche Institutionen an.(28)

5.3.3 Diskussion der Ergebnisse der Datenanalyse

Wir betrachten es als ein erstes Ergebnis unserer Analyse, daß es überhaupt möglich war, Situationsdefinitionen entsprechend der allgemeinen These 6 zu identifizieren, d.h. analytisch eine Ebene der Vorstellungen als zweite Dimension neben der Ebene des materiellen Verhaltens als erste Dimension festzustellen und Daten dazu zu erheben. Kriminelles Handeln umfaßt eine Ebene der Vorstellungen, die sich auf Verhaltensweisen beziehen.

Dieser Befund darf nicht überschätzt werden. Eine kriminalsoziologische Relevanz ist erst dann als erwiesen zu betrachten, wenn ein Zusammenhang der Situationsdefinitionen mit den sozialstrukturellen Bedingungen, der Verhaltensstruktur oder der Identitätsstruktur der Mitglieder nachgewiesen werden kann, die mehr als nur epiphänomenal ist. Dafür liegen immerhin erste Anhaltspunkte vor. So halten wir es für ein weiteres wichtiges Ergebnis, daß wir einen Riß zwischen einer öffentlichen Gruppenmeinung und anderen Meinungen, wie er oft in der empirischen Sozialforschung ermittelt wurde, auch in den Gruppen der Kriminellen fanden. Die von James F. Short und Fred L. Strodtbeck zuerst für die Kriminalsoziologie gefundenen Differenzen von subkulturellen Normen und - wie Short und Strodtbeck noch annahmen - privaten Vorstellungen treten auch in den von uns untersuchten Gruppen wieder auf.

In der Untersuchung von Short und Strodtbeck (S.29 ff) wurde der "harte Kern" der Mitglieder einer Gang von einem Sozialarbeiter über ihre Meinungen zu Ehe und Familie befragt. Als ideal stellten sich die Jugendlichen Familienverhältnisse vor, die den Vorstellungen der Mittelschicht entsprachen: Die Familie sollte von einer gesicherten Stellung des Vaters im Beruf getragen werden, sie sollte nicht sehr groß und durch die eheliche Treue der Partner gekennzeichnet sein. In einer späteren Gruppendiskussion wurde die gleiche Fragestellung noch einmal aufgegriffen und mit allen Jugendlichen gemeinsam diskutiert. Das Ergebnis dieser Diskussion wich von den in den Einzelinterviews geäußerten Meinungen völlig ab: "Die Gruppe lehnte es ab, das Thema überhaupt ernsthaft zu diskutieren. Einzelne, die Anstalten machten, wirklich auf die Frage einzugehen, wurden von den anderen gebremst und lächerlich gemacht. Der Sozialarbeiter konnte nur mit Mühe einen letzten Rest von Ordnung für die Dauer der Sitzung wahren. Viele der Aussagen, die in den Einzelinterviews gemacht worden waren, wurden in dieser Sitzung nicht ein einziges Mal laut. Die Gruppeneinstellung zur Ehe und Familie konnte als Ausdruck männlichen Chauvinismus beschrieben werden " (1965, S.31 f). Die Differenz wurde von Short und Strodtbeck auf die unterschiedliche Situation zurückgeführt. In der Gruppendiskussion sahen sich alle mit den Erwartungen der anderen konfrontiert, den Gruppennormen zu entsprechen. Es zeigte sich deutlich, wie falsch es gewesen wäre, aus der Summe der Einzelinterviews dieSituationsdefinition der Gruppe zu erschließen. Aus diesen Differenzen zwischen den Aussagen in der Gruppendiskussion und in den Einzelinterviews sollte allerdings nicht wie von David M.Downes (1966) gefolgert werden, daß "die Antworten (im Einzelinterview) als individuelle Teilidentifikation, die in der Gruppe nicht eingestanden werden kann, auch Hoffnung aus(drücken), etwa den Wunsch, die rasch kriminalisierte Außenseiterrolle aufzugeben und normale Rollenerwartungen mit den damit verbundenen Belohnungen zu erfüllen" (nach T.Moser, S.9o). - Es steht noch dahin, welche Hoffnungen die Mitglieder krimineller Gruppen haben, ob sie wirklich nur "normal" werden wollen, ganz gleich in welcher Gesellschaft.

Das Bedeutsame des auch in unserer Untersuchung ermittelten Widerspruchs scheint uns darin zu liegen, daß diese gruppenbestimmten Situationsdefinitionen das Verhalten bestimmen. Sie sind nicht einfach Beschreibungen von Situationen, die die Gruppenmitglieder immer wieder aufs Neue durch ihr Verhalten herstellen, sondern es sind Definitionen, die durch das Verhalten entwickelt werden, die aber gleichwohl das Verhalten künftig formen. Wir haben dies am Beispiel der Rocker gezeigt: Ihr tatsächliches Verhalten stimmte ganz mit dem von den gruppenbestimmten Situationsdefinitionen geforderten überein.

Von besonderer Bedeutung scheint uns schließlich zu sein, daß es auch möglich ist, entsprechend der allgemeinen Thesen 3, 5 und 6 einen Zusammenhang zwischen der gruppenbestimmten Situationsdefinition, dem sozialstrukturellen Hintergrund und der materiellen Verhaltensbasis der Träger der Situationsdefinitionen herzustellen. Dies ist keineswegs ein Sachverhalt, den nur die Kriminalsoziologen zu interessieren hätte. Die Wissenssoziologie widmet sich insbesondere der Aufklärung dieses Problems. Forscher sehr verschiedener Ansätze haben dem "Zurechnungsproblem" sehr viel Arbeit zugewandt - im Streit sind die Ergebnisse ihrer Analysen immer noch. Ein wesentlicher Grund für diese Lage scheint uns zu sein, daß es bisher eine empirische Wissenssoziologie noch nicht gibt. Ein erster Ansatz in dieser Richtung wird von Joachim Matthes seit einiger Zeit in der Bundesrepublik verfolgt (29). Es wäre zu prüfen, ob nicht durch Untersuchungen, die durch teilnehmende Beobachtung Aussagen im "natürlichen Feld" erheben und diese in einen Zusammenhang mit den Daten zur Verhaltensstruktur und zur sozialen Lage der Träger dieses Wissens bringen, die in derselben Weise zu erheben wären, das "Zurechnungsproblem" empirisch gelöst werden könnte. Theoretische Vorarbeiten, die derartigen empirischen Forschungsprojekten den Rahmen setzen könnten, liegen in den Arbeiten von Karl Marx zur Ideologiekritik, Emile Durkheim zur Entstehung der gesellschaftlichen Kategorien, William I. Thomas zum Zusammenhang von Handeln und Situationsdefinition, George Herbert Mead zur Genesis des Geistes, Arnold Gehlen zum Handlungsbegriff, Henri Lefèbvre zum Abstraktionsprozeß, Peter L. Berger und Thomas Luckmann zum Alltagswissen, um wiederum nur einige Namen zu nennen, so ausgereift vor, daß eine Entscheidung dieses Streits um das Zurechnungsproblem heute zum Greifen nahe liegt, wendet man sich nur empirischer Sozialforschung zu.

5.4 Gruppenselbstbild und das Bild von anderen Gruppen von kriminellen und normalen Gruppen

5.4.1 Präzisierung und Operationalisierung der These zu den Selbstbildern der Gruppen

Der Vergleich der gesamten gruppenbestimmten Situationsdefinitionen hat schon einige Unterschiede zwischen den Gruppen erkennen lassen. Es soll nun geprüft werden, ob sich Unterschiede deutlicher ausprägen, wenn man einmal einzelne Aussagenzusammenhänge der Gruppe miteinander vergleicht. Dabei erhoffen wir uns durch die Wiedergabe mehrerer Situationsdefinitionen eine breiter angelegte Information über die Objekte der Situationsdefinitionen. So betreffen diese Aussagen oft unterschiedliche Aspekte der Gegenstände, auf die sie sich beziehen. Betrachtet man sie allesamt, erfährt man mehr über die für die einzelnen Gruppen bedeutsamen Situationen als aus einer der Aussagen.

Auf der Basis ihrer Herkunft aus bestimmten sozialen Lagen und ihres Verhaltens entwickeln die Teilnehmer der Gruppen Situationsdefinitionen. Da sie selbst die Agenten in diesem Prozeß sind und da sie das erleben, ist gemäß These 6 zu erwarten, daß sie in ihren Situationsdefinitionen auch Aussagen über sich selbst machen. So ist in vielen sozialpsychologischen Untersuchungen gefunden worden, daß in Gruppen, die länger zusammen sind und dabei feste Organisationsformen, Gebräuche und ähnliches entwickeln, ein fester Zusammenschluß sich ausbildet, "der sich durch das Entstehen eines Wir-Erlebnisses bekundet" (P.R.Hofstätter, 1957, S.98). Bahnbrechende Untersuchungen, die diesen Tatbestand aufdeckten, unternahm Muzafer Sherif, insbesondere mit der Analyse seiner Experimente von 1959, 1953, 1954 (M.Sherif und C.W.Sherif, 1969, S.229 ff). Die Ergebnisse dieser Forschungen scheinen uns ohne weiteres in den Bezugsrahmen unserer theoretischen Überlegungen zu passen und diesen zu verfeinern. Die Tatsachen der Herkunft aus der gleichen sozialen Lage, des Zusammenseins, der Interaktion, der Ausbildung von Organisationsansätzen und bestimmten Verhaltensabläufen in den Gruppen werden von den Mitgliedern dieser Gruppen wahrgenommen,und die Beteiligten werden als identische Objekte in vielen dieser Prozesse festgehalten. Es werden gruppenbestimmte Situationsdefinitionen über die ganze Gruppe entwickelt. Vergegenwärtigen wir uns den sozialen Hintergrund der einzelnen Gruppen, sollte man zunächst erwarten, daß die Normalen, die aus einer nicht abhängigen sozialen Lage kamen, ein besonders günstiges Selbstbild hatten und sich gern und häufig dazu äußerten. Sie erlebten, daß ihre Familie und damit sie selbst über viele Dinge verfügten, die das Leben angenehm machen. Sie bekamen gutes Essen, trugen schöne Kleidung, lebten in geräumigen Wohnungen, verfügten über viele begehrenswerte Objekte. Ganz anders war die Situation bei den Kriminellen und hier vor allem bei den Rockern. Ihre soziale Lage war dadurch gekennzeichnet, daß ihnen vieles fehlte. Sie äußerten sich seltener und weniger günstig als die Normalen dazu. Für die Einsacker galt dies weniger, da ihre Familien wenigstens noch in Ordnung waren und sie aus dieser Situation einige Vorteile ziehen konnten. Für die Typen, die ja aus privilegierter Lage kamen, die sie selbst aber nicht mehr halten konnten, dürfte die Situation von allen Kriminellen nach die beste gewesen sein. Unsere Analyse der Verhaltensstruktur läßt ebenfalls Ergebnisse in dieser Richtung erwarten. Die Güte der Organisation einer Gruppe dürfte von großem Einfluß auf das Selbstbild einer Gruppe sein. Die Rocker und die Typen wiesen hier von den kriminellen Gruppen den geringeren Organisationsgrad auf. Die Einsacker wie die Normalen zeigten Ansätze zu einer funktionierenden Organisation. Das bedeutet, daß die bisher unterstellten Tendenzen in der Gestaltung der Selbstbilder durch die Struktur der Organisation bei Rockern und Normalen bestärkt werden, bei Typen aber etwas geschwächt und bei den Einsackern etwas gefestigt werden.

Eine weitere Größe, die das Selbstbild beeinflußt, ist die Existenz anderer Gruppen. So fand Thrasher schon, daß kriminelle Gruppen sich sehr früh mit kriminellen Konkurrenten und mit normalen Gruppen auseinanderzusetzen haben und in diesem Prozeß ein Wir-Bewußtsein gewinnen: "Keine Clique wird ohne Konkurrenz und Opposition zu einer richtigen Gang. So erwirbt sie ein Gruppenbewußtsein" (F.M.Thrasher, 1963, S.26). In neueren Ansätzen wird das Auftreten von Gruppen neben der eigenen Gruppe ebenfalls in den Rang einer "wichtigen Voraussetzung für...die Ausbildung eines Autostereotyps der Wir-Gruppe" gehoben. Dabei denkt Peter R.Hofstätter an eine "Die-Gruppe.., von der man sich abzusetzen bestrebt ist.." (1957, S.1o2). Das führt dazu, daß die interindividuellen Unterschiede zwischen den Mitgliedern der eigenen Gruppe für sehr viel geringer erachtet werden als der Unterschied zwischen dieser und der Die-Gruppe als ganzer. Die rivalisierende Die-Gruppe wird nicht nur mit etwas ungünstigeren Attributen bedacht, sondern gleich mit deutlich negativeren (P.R.Hofstätter,1957, S.97 f). Für die Mitglieder der kriminellen Gruppen existiert als besonders herausfordernde Die-Gruppe die normale Umwelt. Für die Teilnehmer der normalen Gruppe existiert diese Die-Gruppe nicht, sind sie doch selbst normal. So wäre bei den Äußerungen zum Verhältnis vom Selbst- und Fremdbild insbesondere für die Typen zu erwarten, daß diese die "Erwachsenenwelt" scharf ablehnen. Oft wird ihr Handeln als "rituelle Protesthandlung gegen die Erwachsenenwelt" (H.J.Bochnik, 197o, S.54) gedeutet. Die Rocker sehen sich auch in einer feindlichen Umwelt. Sie sehen viele Gruppen, die ihnen übelwollen: Eltern, Nachbarn, Chefs, Lehrer und vor allem "Bullen".

Da wir es zuletzt mit zwei gegenläufigen Tendenzen zu tun hatten, deren Bedeutung wir im einzelnen aber nicht einzuschätzen vermögen, vermuten wir im Ergebnis, daß die Unterschiede zwischen den Gruppen nicht so groß sind, wie wir sie zunächst unterstellt hatten, aber dennoch erkennbar erhalten bleiben. Unsere nächste Hypothese lautet daher:

H 27: Wenn Gruppen auftreten, deren Mitglieder kriminelles Handeln äußern, dann wird ihr gruppenbestimmtes Selbstbild seltener und negativer thematisiert als in normalen Gruppen.

Will man die Selbstbilder der einzelnen Gruppen in ihrem Inhalt analysieren, so ist gemäß These 6 zunächst zu erwarten, daß die "Wir-Bilder" einen Bezug zu den tatsächlichen Aktivitäten der Gruppe haben. Rocker sollten sich nach dem Ergebnis unserer Analyse der Verhaltensstruktur im Zusammenhang mit gemeinsamen Fahrten mit "Kumpeln", mit Schlägereien, mit Wegnahmen und dergleichen definieren. So meinten A.K.Cohen und J.F.Short, daß "konfliktorientierte Subkulturen...(einen) Namen, einen ausgeprägten Sinn für Korpsgeist.., eine eigene Persönlichkeit oder einen Ruf ("rep") in der Bandenwelt..

haben. Der Gang wird mit einem Territorium oder "Jagdrevier" identifiziert, das er zu verteidigen oder auszudehnen versucht. Der Status der Bande wird weitgehend bestimmt durch ihre Härte, d.h. durch ihre Bereitschaft, sich mit anderen Gangs in physischen Konflikt einzulassen, und durch ihre Tapferkeit bei Kämpfen zwischen Gangs" (A.K.Cohen und J.F.Short, S.378 f). Zwar erwarten wir hier nicht ein derartig ausgeprägtes Selbstbewußtsein, aber die Punkte, um die sich nach Cohen und Short das Selbstbild kristallisiert, sollten auch von unserer Rockergruppe thematisiert werden.

Rauschgiftkonsumenten sollten in Zusammenhang mit dem "Stoff", seinem Konsum, seinen Wirkungen, dem Handeln mit dem Stoff sich begreifen. Die Art und Weise des Konsums sollte dazu führen, daß "der Angehörige dieser Subkultur..sich "kühl", selbstbeherrscht, selbstsicher und von sich eingenommen..gibt, (er) legt großen Wert auf die ästhetischen Reize von Kleidung und Musik und besitzt einen ausgeprägten und kritischen Geschmack" (A.K.Cohen und J.F.Short, 1968, S.381). Keinen Anhaltspunkt finden wir für die von Erwin K.Scheuch entwickelte Negativismusthese zur Drogensubkultur. "Wesentlich ist dieser Protestkult eine Negativkopie der überkommenen Werte. Vom Inhalt her mag zunächst verwundern, warum Worte wie "sauber", "fleißig", "vernünftig", "harmonisch", "gesund", "treu" oder "Selbstkontrolle"...zu Schimpfworten werden; warum sollte es einen Kult der Häßlichkeit und der Malaise geben?" (E.K.Scheuch, 197o, S.13). Wollte man diese Hypothese akzeptieren, müßte man erwarten, daß Typen derartige Begriffe mit negativer Bewertung bei den Feindbildern verwenden. Dafür gibt es jedoch keine Anhaltspunkte.

Bei den Einsackern ist zu erwarten, daß ihr Selbstbild einen Bezug zur Wegnahme enthält. Nach der Art der Durchführung ihrer Aktivitäten ist zu erwarten, "daß Stehlen, soweit es rational, systematisch, bewußt und geplant ist und als Haupteinkommensquelle dient, unvereinbar ist mit den anarchistischen, impulsiven, undisziplinierten und bösartigen Charakteristika nichtutilitaristischer delinquenter Subkulturen" (A.K.Cohen und J.F.Short, 1968, S.382). Sie sollten tendenziell professionell orientiertes Handeln betonen, wozu auch gehört, daß über das Ausmaß der bisher vollzogenen Handlungen Stillschweigen gewahrt wird, weil sie in besonderem Maße eine Entdeckung ihrer Profession zu fürchten haben. Wir kommen so zu der These:

H 28: Wenn Gruppen auftreten, deren Mitglieder unterschiedliche kriminelle Handlungen äußern, dann leiten diese Gruppen die charakteristischen Züge ihres Selbstbildes von den verschiedenen Aktivitäten her.

Zur Entwicklung einer Hypothese zu dem in den Thesen 6 angesprochenen aber nicht näher geklärten Verhältnis der Gruppe zu ihrer sozialen Umwelt wollen wir mit der von Peter R.Hofstätter vertretenen These einsetzen, daß verfemte Minoritäten die Tendenz zeigen, die ihnen seitens der Majorität zuteil gewordenen Beschreibungen in ihre Selbstbilder aufzunehmen. Vertreter des Definitionsansatzes betonen stark den Einfluß der Definitionen auf das weitere Vorgehen der Kriminalisierten, die nun Menschen geworden sind, die vorher den Makel nicht hatten, Kriminelle zu sein (vgl. R.Quinney, 197o, S.246). Es wird unterstellt, daß es zur Übernahme der Definitionen der Instanzen sozialer Kontrolle durch die Angehörigen der kriminellen Gruppen kommt. Die "Überführung zum Kriminellen erzeugt Modifikationen in der Identität" (R. Quinney, 197o, S.247). So gehen auch Rubington und Weinberg (1968, S.6 f) davon aus, daß die als kriminell definierten Personen von dieser neuen Definition selbst erfahren. Rubington und Weinberg wollen den Definitionsprozeß erst dann als erfolgreich ansehen, wenn auch die Kriminalisierten diese Definitionen für sich selbst übernommen haben. Zurückgeführt wird dieser Prozeß auf die gesellschaftliche Machtverteilung. Sie bildet sich zwischen den Instanzen sozialer Kontrolle und den kriminellen Randgruppen so ab: Es ist davon auszugehen, daß die Angehörigen der Instanzen sozialer Kontrolle Anstrengungen unternehmen, den Randgruppen die abweichenden Definitionen auszutreiben und die eigenen zu oktroyieren und damit aufgrund ihrer Sanktionsmacht auch Erfolg haben.

Nun hat aber George B.Vold nach einer Analyse der Einwirkung von Majoritäten auf Minoritäten gefunden, daß die Mitglieder von Minoritäten die Definitionen, die sie und ihr Verhalten als kriminell bezeichnen, nicht akzeptieren. Wenden sie sich der eigenen Gruppe der Gleichgesinnten zu, überzeugen sie sich sehr schnell davon, daß ihre Handlungen akzeptabel und, aus ihrer Perspektive gesehen, ehrenhaft sind (1958, S.213). Das kann sogar so weit gehen, daß kriminelle Gruppen ihre gruppenbestimmten Situationsdefinitionen den Instanzen sozialer Kontrolle ansinnen. Aber ein Erfolg stellt sich dabei sicher nicht ein. "Allgemein werden solche sozialen Definitionen im Rahmen eines gruppenbestimmten Systems von Situationsdefinitionen eher akzeptiert, wenn diese Definitionen von einer "höher" als von einer "tiefer" gestellten Person vorgenommen werden. Wirksame Typisierung bewegt sich in der Sozialstruktur eher abwärts als aufwärts" (E.Rubington und M.S.Weinberg, 1968, S.7).

Für die einzelnen Personen gilt diese These sicherlich. Für die Gruppen und die gruppenabhängigen Situationsdefinitionen gehen wir aber davon aus, daß die Reichweite der Sanktionen der sozialen Kontrolle begrenzt ist: Im Polizeirevier, im Büro des Sozialarbeiters, im Gerichtssaal und in der Gefängniszelle werden die Definitionen der Instanzen sozialer Kontrolle von den Kriminalisierten übernommen - bis in die Interaktion ins offene Feld reichen diese Definitionen jedoch nicht. Hier werden die von der Gruppe selbst entwickelten Definitionen vertreten.

H 29: Wenn Gruppen auftreten, deren Mitglieder kriminelles Handeln äußern, dann ist trotz der Kontakte mit den Instanzen sozialer Kontrolle das gruppenbestimmte Selbstbild nicht von den kriminalisierenden Definitionen der Instanzen sozialer Kontrolle geprägt.

Zu allen Hypothesentests, die wir in diesem Abschnitt und in den folgenden dieses Teils durchführen, erwarten wir keine sehr großen Differenzen zwischen den Gruppen. Da zwar alle Aussagen zum Gruppenbild machen, von allen Gruppen aber zu anderen Sachverhalten mehr Aussagen vorliegen und die Gruppe der Normalen nur gut ein Fünftel der Situationsdefinitionen machte, kann ein großer Tauwert bei einer Gesamtzahl der Statements von 1413 nicht erwartet werden. Wir halten daher einen Tauwert von o,o5 in den meisten Fällen für einen kritischen Wert.

5.4.2 Datenanalyse zu den Selbstbildern der Gruppen

In allen Gruppen wurde ausgiebig die eigene Gruppe besprochen:

> Die Normalen sagten über sich: "Wir sind ja hier alle sehr frei.Wir reden sehr frei. Wir haben rauhe Sitten. Wir haben alle Geld, die Schüler von den Eltern, die anderen wohl selbst verdient. Wir spielen viel Karten. Was will man denn sonst schon so machen, hier so in der Laube. Unsere Kneipe ist die Laube. Wir kennen uns alle. Es ist sehr selten, daß da mal jemand reinkommt, der nicht dazugehört."

Das Gruppenbild der Normalen gewinnt Konturen bei der Auseinandersetzung mit der Frage: Wie wird es mit dem neuen Wirt?

> Prinz bringt die Einschätzung aller auf die Formel: "Dann wird sowieso alles schlechter." Georg zieht erste Konsequenzen, die die anderen Normalen teilen: "Das ist ja unheimliche Scheiße, dann kommen die ganz blöden Typen aus dem Appel herüber. Dann haben wir hier keine Ruhe mehr. Nirgendwo können wir dann noch hingehen. Nirgendwo haben wir unsere Ruhe." Nach einigem Überlegen faßt man jedoch wieder Mut: "Schließlich muß der sich doch nach uns richten und nicht wir nach ihm. Wir werden ja sehen, was der macht, aber so gut wie mit Maria wird es nie wieder."
>
> Als der neue Wirt seinen Posten bezogen hat, setzt ein Prozeß des Absetzens von ihm und seinen "neuen Gästen" ein: Die "Bedienung" ist am Anfang etwas unsicher und langsam; es gibt keine Deckel (Getränke auf Kredit) mehr, es fehlt das persönliche Verhältnis Wirt - Gruppe. Siegfried: "Sieh Dir den Laden doch an. Der will doch nur Geld hier rausholen. Hör Dir nur die Musik an." Rainer: "Wo gibt's denn so was, daß man für jedes bestellte Bier einen Bon

schreiben muß, der dann anschließend abgerechnet wird? Das sind doch Diskothekenmanieren!" Siegfried: "Die arbeiten hier doch auf Provision, der will doch aus der Kneipe nur was rausholen. Ich hätte so richtig Lust, die Kneipe kaputt zu machen. Einige Doofe werden natürlich immer noch hierhier kommen, die merken noch nicht mal, wie mies der Laden ist. Aber unsere alte Clique, die müßte man hier rausholen. Andere Kneipen sind ja auch Mist, aber wenigstens nicht hier, wenn schon eine Kneipe, dann kann es ja auch jede andere sein, und auf die Schüler müßte man achten. Ich hab noch 'ne Menge Einfluß auf das Stadtgymnasium, wenn ich will, könnte ich die Schüler hier veranlassen, nicht mehr in die Laube zu kommen, das wäre wirklich noch was, die Kneipe systematisch kaputt machen. Die richtigen Leute zusammen, das müßte doch klappen."

Nach einer Woche hörte ein Feldforscher von einem alten Besucher der Laube:"Die Laube ist zu einer x-beliebigen Kneipe geworden, das Besondere ist weg. Das hätte man sich ja denken können. Es ist ja nicht einmal eine Woche her. Von uns sieht man doch überhaupt keinen mehr. Viele sind abgehauen. Viele kommen nicht mehr."

Man sieht, wie mit der für die Normalen negativ verlaufenden Auseinandersetzung mit dem neuen Wirt die Gruppe und mit ihr zunehmend das Selbstbild sich aufzulösen beginnt.

Bei den Rockern fragte ein Feldforscher Leif, der einen hohen Status hatte, nach dem Selbstverständnis der Vogelfreien. Von den Rockern setzt Leif scharf die Vogelfreien ab, die er als Alternative zu den Rockern begreift. Ihre Gemeinsamkeit besteht darin, daß sie ähnliche Kleidung tragen, Moped fahren und daß sie gegen die Gesellschaft protestieren. Der wesentliche Unterschied zwischen ihnen besteht in der "Bildungsstufe des einzelnen", aus der sich alles weitere ableiten läßt: "Die Rocker haben keine Realschüler unter sich, das sind alles Volksschüler." Bei den Vogelfreien hat es dagegen mindestens immer zwei Realschüler gegeben: Leif und Hansi. Auf ihren Einfluß sei es auch zurückzuführen, daß sie keine Schlägerei um der Schlägerei willen angefangen haben. Die beiden haben auch immer eingegriffen, wenn einer von ihnen doch anfangen wollte. Der Feldforscher versucht, sich über den Unterschied selbst klar zu werden: Der Unterschied ist von Leif nicht explizit formuliert worden. Nach seiner Darstellung würde ich ihn a) in der Struktur der Gruppe (strenge Hierarchie gegen demokratische Tendenzen) und b) in der Einstellung zur Schlägerei sehen. Obwohl es bisher nur eine einzige Gruppe gegeben hat, die sich Vogelfreie nannte und die dieses Programm vertrat, hat für Leif nur diese Erscheinungsform Zukunftschancen: "Wenn die Rocker wieder mit ihren Schlägereien anfingen, würde die Polizei sofort und härter als früher durchgreifen."

Wir hatten nun die Vermutung, daß Leif wie auch Hansi, anders als viele andere Mitglieder, einen Unterschied ihrer besonderen Gruppe von den Rockern konstruieren wollten, um gewissen Formen der Kriminalisierung (Rockerkartei, ständige Polizeikontrollen) zu entgehen. Sicher waren die Vogelfreien nicht die Rocker schlechthin. Welche Gruppe wäre das schon. Der Feldforscher faßte daher nach:

Als der Feldforscher nach einem Oberbegriff für Vogelfreie und Rocker fragt, findet Leif ihn nur in dem Wort Rocker, vermutlich, weil die äußere Erscheinungsform für beide die gleiche ist. Weitere Unterscheidungen innerhalb beider Gruppen kann er nicht treffen. Bei den Rockern hebt er lediglich den Boß hervor und stellt ihn den anderen gegenüber, bei den Vogelfreien unterscheidet er nur zwischen dem Kern und den Mitläufern. Hansi betont, ebenfalls, daß sie keine richtigen Rocker seien, daß sie nie Schlägereien anfangen. "Wir sind nie auf einen Schock gegangen, um uns zu schlagen." Sie wollen eben nur zusammensein und gemeinsam etwas unternehmen. Nach dieser grundsätzlichen Einschätzung bringt er aber bei den weiteren Ausführungen stets den Begriff Rocker für die eigene Gruppe ins Gespräch. Konsequenterweise sagten Leif und Hansi dann auch in einer Gruppendiskussion im offenen Feld: "Wir sind Rocker. Der Begriff Rocker hat für uns nichts Herabsetzendes. Damit fühlt sich niemand von uns beleidigt, wir hier, wir haben feste Kumpel. Wir kennen uns alle, und wir halten zusammen." Andere äußerten: "Wir sind jünger, wir wollen mehr Freiheit, sind in Ordnung. Wir sind nicht zu schlagen, da kann kommen, wer will. Wir sind ziemlich verrufen, wegen der Schlägereien. Wo wir unsere Gastspiele gegeben haben, da ist nichts mehr los. Wir haben darum auch keine großen Schlägereien heute mehr. Wer sollte mit uns anbändeln? Und wenn wir mal 'ne Naht kriegen, im nächsten Jahr kommen wir wieder... Die anderen, das sind die Erwachsenen, die über zwanzig Jahre, die sind altmodisch, die beschweren sich, die spinnen, die sind doof. Die kennen uns nicht, gehen einfach vorbei. Die arbeiten den ganzen Tag immer denselben Trott... Wir Jugendlichen haben dieselben Rechte wie die anderen Leute auch. Die erzählen den Bullen immer wieder die neusten Stories. Wenn die uns sehen, sagen sie: "Langhaarige". Die reden immer wieder über uns. Jeder kennt uns schon. Die sollen sich um ihre eigenen Angelegenheiten kümmern und andere Leute in Ruhe lassen. Diskutieren kann man mit denen nicht. Früher war das noch so, da gab es unter den Rockerclubs Schlägereien. Heute herrscht unter den Rockern selbst Solidarität, weil wir uns gegen was wehren müssen, weil wir von den anderen angemault werden."

Bei den Typen hörten die Feldforscher:

"Wir leben anders als die anderen. Wir sind labiler, sprunghafter, aufgeschlossener, toleranter und friedlicher als andere. Wir haben einen größeren Erfahrungsbereich. Wir haben eigene Ansichten in bezug auf das Leben und die Gesellschaft... Wir sind gern mit anderen zusammen, wir verstehen uns gut. Wir führen ein zurückgezogenes, abgelegenes Leben, mit Kumpels, die auch nichts von der Gesellschaft halten... Wir nehmen was, um über die Arbeit zu kommen. Wir brauchen das auch als Rückzug aus der Wirklichkeit. Schließlich ist es egal, woran man kaputtgeht: Es ist doch alles Scheiße... Wir sind Individuen. Wir sind einmalig. Wir sind alle für uns. Wir sind keine Gruppe. Auf der anderen Seite, da sind Bürger und Uniformierte, meist Erwachsene. Wir können nichts mehr auf sie geben. Wir können sie nicht verändern. Sie sind verformt von der Gesellschaft. Sie haben kein eigenes Ich mehr. Sie können nicht mehr so, wie sie wollen. Sie gehen mit Regelmäßigkeit ihrer Arbeit nach, abends fernsehen, Bier und Bett... Die Leute, die jeden Tag arbeiten, die stecken so in einem täglichen Einerlei und haben nichts vom Leben. Wenn die mal sterben, dann wissen die nicht, was sie vom Leben gehabt haben, denn sie können ja nichts mit ins Grab nehmen... Die Leute, die sich gegen das Fixen aussprechen, haben keine Ahnung, denn die haben doch keine richtigen Informationen... Auch mit anderen Jugendlichen, mit Rockern und Schlägern wollen wir nichts zu schaffen haben."

Bei den Einsackern hörte der Feldforscher früh eine Diskussion zum Gruppenselbstbild mit an:

Der Sozialarbeiter: "Ich habe eben eine interessante Theorie von Pablo gehört. Er meint, man könne in diesem Haus nur autoritär vorgehen. Warum meint Ihr das eigentlich?" Pablo: "Weil die meisten Leute hier alle so aggressiv sind." "Warum sind die denn wohl aggressiv?" "Man ist aggressiv, wenn man unzufrieden mit sich selbst ist. Hier muß man autoritär vorgehen, weil eben die meisten aggressiv sind." Guido: "Bei uns im Raum könnte man das ja weiter versuchen, aber die anderen.." Sozialarbeiter: "Wir hier und die andern da. Da kommt ja wieder die Aggression durch. Das ist doch das beste Mittel, die Aggression loszuwerden. Hier sind wir und da die andern. Und wir sind die besseren." Guido: "So meinen wir das ja nicht. Aber wenn die anderen hereinkommen und die einen mit 'ner Zigarette auf der Matratze liegen sehen, meinen die gleich "der hascht"." Sozialarbeiter: "Das kann schon sein, daß die Euch nicht verstehen." Nach einiger Zeit fragte der Sozialarbeiter: "Was ist eigentlich modern?" (Die Gruppe nannte sich gelegentlich "Die Modernen"). Guido: "Wir hören z.B. moderne Musik, haben Sie schon mal moderne Musik gehört?" Sozialarbeiter: "Hin und wieder. Meistens höre ich sie ja, wenn ich hier an Eurem Raum vorbeigehe." Erwin: "Wie finden Sie die denn?" Der Sozialarbeiter erklärt, er sei völlig unmusikalisch und könne das nicht beurteilen. Erwin: "Man braucht doch nicht musikalisch zu sein, um Musik beurteilen zu können." Sozialarbeiter: "Ich finde Musik ganz nett, egal ob es ein Orgelkonzert oder moderne Musik ist." Man erklärt dem Sozialarbeiter, daß die Musik, die in ihrem Raum gehört wird, nicht zu verwechseln sei mit der Kirmesmusik, die von den Jugendlichen in der Diskothek nebenan gespielt würde. Sozialarbeiter: "Aber modern ist doch noch etwas anderes als moderne Musik hören." Toni: "Wir diskutieren ja auch über die Musik." Erwin: "Es hat ja auch keiner gesagt, daß wir modern sind, sondern nur, daß wir moderne Musik hören." Sozialarbeiter: "Ich dachte, Ihr hättet Euch so genannt." Erwin: "Uns nennt man nur so, weil wir moderne Musik hören." Pablo und Wolf kamen wieder. Sozialarbeiter: "Pablo, was halten Sie denn für modern?" Pablo: "Modern ist links." Sozialarbeiter: "Was heißt das?" "Daß ich mir das nehme, was ich für mich brauche und das andere mir verweigern." Sozialarbeiter: "Ist klauen modern?" Pablo: "Kann es sein." "In welchen Fällen?" "Nehmen wir mal an, ein Fachschüler braucht teure Bücher. Ja, und Fachschüler bekommen wenig Unterhaltsbeihilfe. Ich würde mir, wenn ich Fachschüler wäre, die Bücher klauen..." Sozialarbeiter: "Aber was heißt dann noch modern? Meinen Sie, wenn einer die Bildzeitung liest, kann er modern sein?" Pablo: "Warum nicht? Das ist doch alles scheißegal, Hauptsache, mir geht es gut." Sozialarbeiter: "Entschuldigen Sie, Pablo, das sind aber dumme Argumente." Pablo: "Ach nee, ich bin der dumme Junge und Sie der clevere Mann." Guido: "Sie haben ihm ja das Wort im Mund verdreht." Sozialarbeiter: "Ich habe keinesfalls gesagt, daß Sie dumm sind, sondern daß Ihre Argumente dumm sind." Pablo (aggressiv und mit lauter Stimme): "Na klar, alles dummes Zeug was ich rede. Sie sind clever, Sie blicken durch, wir sind ja auch primitiv." Der Sozialarbeiter entschuldigt sich bei Pablo, falls er glaubte, er hätte ihn beleidigen wollen. Pablo: "Interessiert mich doch gar nicht, was Sie sagen." Pablo stand auf: "Ich gehe lieber, aber passen Sie auf, daß ich bei meiner Primitivität Ihnen nicht mal einen Stein in das Fenster werfe." Pablo zog von dannen. Sozialarbeiter: "Der gute Pablo war wohl beleidigt. Das wollte ich nicht. Ich wollte nur eine Diskussion über das, was modern ist, provozieren." Erwin: "Sie haben ihm ja auch das Wort im Mund verdreht." Guido: "Pablo war sauer, weil Sie ihn in die

Enge getrieben haben, sein Prestige war angekratzt." Toni: "War das heute eine moderne Diskussion?" Sozialarbeiter: "Nein, das war es auf keinen Fall. Wenn einer aufsteht und die Diskussion abbricht, dann ist das nicht modern."

Shorty sagte dem Feldforscher einmal: "Weißt Du, wir versuchen, das auch politisch zu legitimieren. Wir nehmen denen das ab, die damit dicken Profit machen wollen. Wir verscheuern die Sachen dann für die Hälfte, damit ist den anderen dann geholfen. Du verstehst, ja?"

Bei einer anderen Gelegenheit sagte der Sozialarbeiter: "Ihr seid viel kapitalistischer als das Kaufhaus!" Gerd: "Wieso? Wir sind arme, ausgebeutete Leute." Sozialarbeiter: "Ihr seid viel kapitalistischer als das Kaufhaus. Die kaufen die Langspielplatten für siebzehn Mark ein und verkaufen sie für vierundzwanzig Mark. Die haben also eine Gewinnspanne von sieben Mark. Ihr holt Euch die Platten umsonst und verkauft sie für zehn Mark. Ihr habt also eine größere Gewinnspanne als die. Wenn Ihr Eure Platten für zwei oder drei Mark verkaufen würdet, ja dann...aber so..."

Andere Aussagen lauteten:

"So ganz normal, wie bei vielen anderen jungen Leuten, läuft das bei uns nicht ab. Wir hören Pop-Musik. So werden wir mit unseren Aggressionen fertig. Oder wir werfen auch Flaschen an die Wand. Das ist besser, als daß wir sie anderen in die Fresse werfen... Wir sacken unheimlich viel ein. Wir leben wie die Fürsten. Braten und Puten und so, ehrlich, wir leben wie die Fürsten... Wir werden oft von Erwachsenen angepöbelt, wegen der langen Haare und so. Das sind immer dieselben Leute, die das machen. Das sind so Typen von der Theke, so alte Nazis. Wenn wir total verlaust gewesen wären, mit kaputten Sachen und so, dann hätte ich das noch verstehen können, dann hätte man uns sagen können, "wascht Euch mal!", aber mehr auch nicht. Beim nächsten, der uns das sagt, schlagen wir zu. Dann kriegt der einen gelangt. Dann werden die alten Nazis lang gemacht. Wir müssen mal auf den Putz hauen...Die anderen Jugendlichen hier im Heim, die sind alle ein bißchen blöde, die gucken recht sparsam aus der Wäsche. Früher war hier mehr los. Wenn Du heute einem sagst, ich komme von..dann wirst Du dumm angeguckt. Die anderen hier, die sind doch dumm und kaputt."

Prüft man die Hypothese 27 systematisch, so findet man, daß alle Gruppen Aussagen über sich selbst machen. Thematisiert werden Eigenschaften und Aktivitäten, die man sich selbst zuschreibt. Geht man zuerst von einer Häufigkeitsverteilung ohne Gewichtung der Situationsdefinitionen zum Gruppenbild aus, so sehen die Verteilungen für die kriminellen Gruppen und die normalen Gruppen so aus:

Tabelle 59: Situationsdefinitionen zum Gruppenbild von kriminellen und normalen Gruppen

Gruppe	Situationsdefinitionen		Summe
	zum Gruppenbild	zu anderen Tatbest.	
Normale	65 (o,23)	219 (o,77)	284
Kriminelle	167 (o,15)	962 (o,85)	1129
Rocker	78 (o,15)	432 (o,85)	51o
Typen	53 (o,14)	327 (o,86)	38o
Einsacker	36 (o,15)	2o3 (o,85)	239
Summe	232	1181	1413

Alle Tauwerte unter o,o2 bis auf Tau N/T unter o,o1

Nach diesen Verteilungen gibt es den erwarteten Unterschied zwischen den Normalen und Kriminellen. Der Unterschied der Anteilswerte fällt auch auf den ersten Blick deutlich aus. Bei der Berechnung von Tauwerten finden wir aber, daß allein durch die Variation der Auswahl der Gruppe noch nicht einmal 1% der Variation der Art der Aussagen erklärt wird. Die Verteilungsdifferenzen stehen demnach nicht in einem engen Zusammenhang mit der Gruppenzugehörigkeit.

Überprüft man die Äußerungen der Normalen näher, wird dieser Eindruck bestätigt: So findet man bei ihnen zahlreiche Äußerungen über sich selbst im Verhältnis zum "neuen Wirt" und zu den "neuen Gästen" in ihrer Treffkneipe. Zweifelsohne wird hier das Auftreten eines Fremden und seines Anhangs inmitten der Gruppe und dort mit ganz erheblichen Einflußchancen als Herausforderung empfunden. Dementsprechend leitet das Auftreten des Wirts und der Gäste Prozesse der Selbst- und Fremddefinition ein. Für die kriminellen Gruppen liegen aber vergleichbare Reize im Hinblick auf das Gruppenbild nicht vor. Das erschwert unter der Voraussetzung der bisherigen Auszählungen den Vergleich der Gruppen. Es erschien uns daher wichtig, für eine weitere Klärung, die Aussagen der Normalen um die Äußerungen im Zusammenhang mit dem neuen Wirt und den neuen Gästen zu bereinigen und diese einer neuen, besonderen Kategorie "Auseinandersetzungen mit dem neuen Wirt und seinen Gästen" zuzuordnen und dann erneut die Gruppen miteinander zu vergleichen. Die Verteilung sieht dann so aus: (Siehe Tabelle 6o, Seite 382)

Der Unterschied in der relativen Häufigkeit der Aussagen zu den Selbst- und Fremdbildern zwischen Normalen und Kriminellen schrumpft - bereinigt man die Zahlen der Aussagen bei den Normalen um die auf den neuen Wirt und die neuen Gäste bezogenen - stark zusammen. Die Hypothese 27 wird in bezug auf die vermuteten Häufigkeitsdifferenzen glatt widerlegt.

Tabelle 6o: Situationsdefinitionen zum Gruppenbild von kriminellen und normalen Gruppen (bereinigt)

Gruppe	Situationsdefinitionen		Summe
	zum Gruppenbild	zu anderen Tatbest.	
Normale	37 (o,13)	247 (o,87)	284
Kriminelle	167 (o,15)	962 (o,85)	1129
Rocker	78 (o,15)	432 (o,85)	51o
Typen	53 (o,14)	327 (o,86)	38o
Einsacker	36 (o,15)	2o3 (o,85)	239
Summe	2o4	12o9	1413

Alle Tauwerte unter o,oo

Wir sind bisher so vorgegangen, als ob jede Gruppendiskussion, aus der wir eine Situationsdefinition isolieren konnten, das gleiche Gewicht hätte. Die Sätze "Wir trinken uns gern einen" und "Wir sind die stärkste Gruppe in der Stadt" wurden von uns bisher gleich behandelt. Offensichtlich liegen hier doch aber ganz erhebliche Unterschiede vor. Valenzanalysen ordnen nun die interessierenden Situationsdefinitionen nach Pro-Kontra, Plus-Minus oder anderen polaren Valenzen. Durch Valenzanalysen kann geklärt werden, ob bei den gruppenbestimmten Situationsdefinitionen, die sowohl unter den Normalen wie den Kriminellen auftreten, dieselbe Bewertung vorliegt.

Betrachtet man so die Selbst- und Fremdbilder, so findet man diese bei den Einsackern sehr ausgeprägt. Es werden sehr eigenwillige, teils sehr günstige Bezeichnungen für die eigene Gruppe verwandt, es werden sehr klare Abgrenzungen von außen vorgenommen.

> So erfuhren die Einsacker, wie andere sie sehen. Das erschütterte aber nicht den Glauben an ihre Überlegenheit - es disqualifizierte nur die anderen. So berichtete ein Sozialarbeiter den Einsackern, die in dem von ihm geleiteten Haus verkehrten: "Ihr wißt, daß wir viele Briefe bekommen. Ein Mann hat mir sogar geschrieben, er würde aus der Kirche austreten, wenn Ihr nicht aus dem Haus verschwindet." Erwin: "Das gibt es doch gar nicht. Dann soll er aus der Kirche austreten." Sozialarbeiter: "Ein junger Mann von achtundzwanzig Jahren hat mir geschrieben, er würde die heutige Jugend nicht mehr verstehen. Ein Mann mit achtundzwanzig Jahren." Ein Einsacker: "Der soll sich einmotten lassen."

Das Selbstbild der Typen steht dem der Einsacker nicht viel nach. Sie fühlen sich überlegen.

> In einer Äußerung Gerolds in einem Gespräch mit dem Verfasser kam diese Einschätzung der Überlegenheit der Lebensweise der eigenen Gruppe gegenüber anderen deutlich zum Ausdruck: "Ich war mal in der Heinrich-Kommune. Da kam einer, der war politisch. Fixen käme für ihn nicht in Frage. Der meinte, die Fixer, die wären doch alle ausgeflippt. Am vierten Tag hat er sich dann den

ersten Schuß verpackt." Das ist eine Aussage, wie wir sie im Tenor immer wieder hörten.

Dagegen fielen die Rocker deutlich ab. Sie begriffen sich zwar selbst auch als verschieden von anderen, ihre Formulierungen waren aber wesentlich blasser. Immerhin ist für sie die Beleidigung des Gruppennamens schon Anlaß für eine Schlägerei.

> Einer der Brüder Schulz erzählte mir dann, daß er es war, der sich auf der letzten Party (vor zwei Monaten) mit Harro geschlagen habe. Damals sei eine echte "Vermischung" zwischen der Gruppe der Vogelfreien und der der Wallstraße noch nicht vollzogen gewesen. Die Vogelfreien waren noch ein fester Club mit Gruppenbewußtsein. Er habe damals im Saal etwas gegen die Vogelfreien gesagt, daß er die Kluft oder sonst irgend etwas nicht gut fände, und daraufhin habe Harro geschrien: "Du hast die Vogelfreien beleidigt. Komm raus, wir schlagen uns draußen." Er habe überhaupt keine Lust gehabt, er hielte nicht viel von den ganzen Schlägereien, und im übrigen sei das ganze albern gewesen. Harro war außerdem betrunken. Schließlich sei er doch nach draußen gegangen, und Harro sei gleich über ihn hergefallen. Den genauen Verlauf der Schlägerei kenne ich nicht, es muß auch ziemlich schnell gegangen sein. Auf jeden Fall habe Harro plötzlich mit seinen Vorderzähnen bei ihm in der Stirn gesessen, und er habe ins Krankenhaus gemußt zum Nähen."

Am wenigsten ausgeprägt ist das Selbstbild der Normalen.

Aber dieser Vergleich ist nicht präzise. Er beruht auf Eindrücken beim Überlesen der einzelnen Themenbereiche. Er müßte exakter durchgeführt werden. Dazu müßte die Valenz gewichtet werden. Das setzt voraus, daß der Kodierer neben der Subsumtion von Aussagen unter die Kategorien eine weitere Einschätzung vornimmt, nämlich die, den Aussagen Zahlenwerte aufgrund einer Intensitätsskala zuzuordnen. Dazu wurde aus allen Diskussionen zum Selbstbild der Gruppe jeder 5. Satz herangezogen und dessen Intensität in bezug auf das Selbstbild zu messen versucht. Nach einem von Osgood, Saporta und Nunnally entwickelten Verfahren wurden dazu die Sätze in eine der beiden folgenden Formen gebracht:

1) Subjekt der Aussage / verbindendes Verb / Prädikat, oder
2) Subjekt der Aussage / verbindendes Verb / Objekt der Aussage.

Dem verbindenden Verb und dem Prädikat bzw. dem Objekt der Aussage wurden Punktwerte zugeordnet; diese reichten von +3 bis -3, je nach Richtung und Intensität. Das setzt voraus, daß Sprecher, Kodierer und Leser in hohem Maße über die Richtung und Intensität von Aussagen übereinstimmende Urteile treffen können (C.E.Osgood, S.Saporta und J.C.Nunnally, 1956, S.48). "Die verbindenden Verben variieren in der Intensität von vollständiger und bestimmter Assoziation oder Dissoziation (± 3)... bis möglicher oder schwacher Assoziation oder Dissoziation (± 1). Gelegentlich findet man verbindende Verben, die weder assoziieren noch dissoziieren ("diskutieren"), und die daher mit 0 kodiert werden sollen" (C.E.Osgood, S.Saporta und J.C.Nunnally, 1956, S.8o).

Bei den Prädikaten bzw. Objekten der Aussage sind nach den Forschungen von Charles E.Osgood, George J.Suci und Percy H.Tannenbaum (1957) drei Faktoren in fast allen Analysen sprachlicher Äußerungen in folgender Rangfolge dominant:

Bewertung (gut - schlecht), Stärke (stark - schwach), Aktivität (aktiv - passiv).

Je mehr ein Prädikat oder ein Gegenstand einen dieser Faktoren voll ausdrückte, umso höher wurde der Punktwert von -3 bis +3, der diesem Prädikat zugeordnet wurde. Es wurde dann durch Multiplikation des Wertes für das verbindende Verb mit dem Wert für das Objekt der Aussage die Intensität einer Aussage in einer Maßzahl ausgedrückt, diese Zahlen wurden für alle Aussagen einer Gruppe summiert und durch die Anzahl der Sätze geteilt, um das Intensitätsmaß zu standardisieren. Dieser Wert konnte zwischen +9 und -9 liegen.

Bei dem hier zu analysierenden Themenbereich "Selbstbild der Gruppe" ist zunächst zu beachten, daß Selbstbilder vermutlich positiv, Fremdbilder vermutlich negativ ausfallen. So sieht es unsere Hypothese auch vor. Das würde aber bedeuten, daß sich - sind beide nur gleich häufig vertreten und in etwa gleich intensiv-in den verschiedenen Richtungen alle Ergebnisse ausgleichen würden. Zwei Statements wie: "Wir sind unschlagbar" und "Andere Jugendliche sind blöd", die mit einem Produkt von +9 und -9 bewertet würden, summierten sich ebenso auf 0 wie zwei Statements wie "Wir waren früher häufig unterwegs" und "Bei den andern war damals auch nicht viel los " die beide mit +1 bzw. -1 bewertet würden. Es ist aber offenbar, daß die Ausprägung der Selbst- und Fremdbilder in den unterstellten Richtungen im ersten Fall wesentlich stärker sind. Um diese Tendenz deutlich zu machen, wurden daher bei den Fremdbildern die Vorzeichen bei den Prädikaten oder den Objekten verkehrt. Wir fanden dann folgende Intensitätszahlen für die Gruppen:

Normale: +1,8 Rocker: +1,4 Typen:+2,7 Einsacker:+3,4

Es fällt auf, daß die stärkste Abweichung in der Intensitätszahl von den Normalen sich für die Typen und Einsacker ergibt. Dabei ist die Einschätzung des Gruppenbildes entgegen der Hypothese 27 positiver als bei den Normalen. Lediglich die Rocker haben ein - freilich nur wenig - negativeres Gruppenselbstbild als die Normalen. So ist auch der zweite Teil unserer Hypothese 27 von den negativeren Gruppenbildern der kriminellen Gruppen als widerlegt zu betrachten.

Betrachten wir die Inhalte der verschiedenen Gruppenbilder, finden wir, daß die Normalen und die Kriminellen sich entsprechend unserer Hypothese 28 begreifen: Die einen als ganz normal handelnde Menschen, die anderen als Rocker, Typen und Einsacker.

Die Normalen machen viele farblose Aussagen über sich, sie wissen nicht, was sie tun sollen, sie langweilen sich, sie kommen und gehen. Sie haben keinen eigenen Namen. Sie sind einfach die aus einer Kneipe. Lediglich im Zusammenhang mit diesem Treffort, der Laube, gewinnt das Bild der Normalen Konturen. Aber besonders ausgeprägt sind sie nicht. Da bieten die Rocker schon mehr. Sie haben einen eigenen Namen. Sie sind nicht zu schlagen, überlegen. Sie betonen offensichtlich gern ihre Beteiligung an Schlägereien. Die Typen haben zwar keinen nur für die Gruppe in der Normalstadt spezifischen Namen, aber sie begreifen sich als eine besondere Art von Jugendlichen, eben als Typen. Sie betrachten sich als von anderen unterschieden eben aufgrund ihrer Aktivitäten. Bei den Einsackern findet man zwar auch einen eigenen Namen: Moderne. Aber er bezieht sich nicht auf die besonderen Aktivitäten der Gruppen. Da ihre Kriminalität, insbesondere in dem von ihnen betriebenen Ausmaß, für sie in ihren möglichen Folgen die gefährlichste von allen beobachteten kriminellen Handlungen ist, scheint der Verzicht auf einen entsprechenden Namen verständlich. Auch bei der Besprechung anderer Qualitäten stellen sie weniger auf ihre Handlungsbasis ab. Sie betonen aber, daß sie sich das nehmen, was andere ihnen verweigern. Sie verweisen auf ihre Aggressivität.

Dieser Bezug der Selbstbilder auf die Aktivitäten der Gruppen ist so offenkundig, daß wir auf Auszählungen verzichten können und die These 28 zum unterschiedlichen Inhalt der Selbst-und Fremdbilder und ihrer Herleitung von den Aktivitäten als voll bestätigt ansehen können.

Zur Prüfung der Hypothese 29 ist zuerst zu bestimmen, was Vorstellungen der Instanzen sozialer Kontrolle sind, die in die Selbst- und Fremdbildern der kriminellen Gruppen übernommen werden könnten. Wir betrachten alle Situationsdefinitionen, in denen typische Begriffe der Organisationen sozialer Kontrolle und der normalen Gesellschaft für das Handeln der kriminellen Gruppen auftreten, wie "Kriminelle", "kriminell", "Dieb", "Diebstahl", "Rauschgift", "Süchtige" oder "aggressiv" usw. als übernommene Definitionen. Davon sind alle in der Gruppe selbst bzw. in vergleichbaren Gruppen entwickelten Situationsdefinitionen zu unterscheiden. Zusätzlich scheint es uns sinnvoll zu sein, in Betracht zu ziehen, daß es durchaus auch Situationsdefinitionen gibt, die in beiden Gruppen eingeführt sind. Wir nannten dies oben die Gassensprache und zählten sie dort zur Normalsprache. Davon wollen wir auch hier ausgehen, aber Situationsdefinitionen dieser Sprache gesondert auszählen.

Definitionen, die von Instanzen sozialer Kontrolle verwendet werden, werden den Mitgliedern krimineller Gruppen oft angesonnen.

> Ein Rocker sprach einmal von leichten Kriminellen und meinte: "Das sind Leute wie wir. Man macht mal dies, mal das. Bock klauen, Wagen knacken usw..."

> Der Feldforscher bei den Einsackern fragte Shorty, der lange Zeit Meinungsführer in dieser Gruppe war, als sie an einem belebten Sportplatz vorbeigingen: "Trainieren die hier häufig?" "Die führen ein geregeltes Leben. Zweimal die Woche Training und so, wie sich das gehört. Die leben nicht so asozial wie wir."

Zählt man die Situationsdefinitionen systematisch aus, findet man:

Tabelle 61: Bezeichnungsart von Situationsdefinitionen zum Gruppenbild von kriminellen und normalen Gruppen

Gruppe	Art der Bezeichnung			Summe
	normalspr.	gassenspr.	eigensprachlich	
Normale	3	1	1	5
Kriminelle	12	15	32	59
Rocker	4	8	15	27
Typen	1	3	1o	14
Einsacker	7	4	7	18
Summe	15	16	33	64

Die Häufigkeiten sind durchweg sehr klein, so daß nur vorsichtige Einschätzungen zur Hypothese möglich sind. Zunächst findet man, daß Situationsdefinitionen der unterschiedlichsten Herkunft auftreten. Es ist keineswegs so, daß die Kriminellen in derselben Sprache wie die normalen Gruppenmitglieder ihre Situation definieren. Andererseits halten die Verteilungen auch davor zurück, bei den Kriminellen eine durchgängig eigene Wirklichkeit zu vermuten. Deutlich sind Einbrüche der Instanzen sozialer Kontrolle zu beobachten, die bis in die Situationsdefinitionen hineingehen. Immerhin bleibt, daß die Kriminellen häufiger ihre Situation in ihrer eigenen Sprache definieren als in der der Instanzen sozialer Kontrolle, obwohl alle Gruppen Kontakte zu diesen Instanzen haben und hatten. Vergegenwärtigt man sich die kleine Fallzahl, kann man von einem ersten Hinweis für eine erste Bestätigung der Hypothese 29 sprechen.

5.4.3 Diskussion der Ergebnisse der Datenanalyse

Zwei unserer Hypothesen zum Selbst- und Fremdbild und damit auch die allgemeine Aussage der These 6 werden von der Struktur der Daten mehr oder weniger eindeutig bestätigt: Die Hypothese vom Bezug der Selbst- und Fremdbilder auf die Aktivitäten und die Hypothese von dem Festhalten an den eigenen Situationsdefinitionen trotz der Kontakte mit den Instanzen sozialer Kontrolle. Unsere erste und sehr wichtige Hypothese wird jedoch nicht bestätigt. Selbst- und Fremdbilder spielen in kriminellen Gruppen keine größere Rolle als anderswo, sei es nach der Häufigkeit oder nach der Intensität. Jedenfalls reichen die von uns gefundenen Maße nicht aus, derartige Hypothesen zu bestätigen. Die in der kriminalsoziologischen Theorie oft unterstellte Betonung der Selbst- und Fremdbilder stützt sich in vielen Fällen nicht auf empirisches Material, sondern auf allgemeine Einschätzungen derartiger Gruppen durch die Forscher. In anderen Fällen wurde die Selbstdarstellung der Kriminellen nicht mit der normaler Gruppen verglichen. Wir neigen daher dazu, auf der Grundlage unserer Befunde in dieser Frage eine andere Einschätzung vorzunehmen,und rechnen kriminellen Gruppen ein besonderes Gruppenbewußtsein nicht mehr zu.

Geht man von den Inhalten der Selbstbeschreibungen der Kriminellen und der Normalen aus, findet man sie in der Tendenz zwar zutreffend, in sehr vielen Einzelheiten aber übertrieben, überzogen. So bezeichnen sich die Typen beispielsweise als labiler, sprunghafter. Sie sprechen auch davon, daß sie kaputtgehen, aber im ganzen bezeichnen sie sich selbst als überlegen, andere als schwächer. Sie sprechen sich selbst einen größeren Erfahrungsbereich zu. Sie meinen, sie seien einmalig. Die anderen haben nichts vom Leben gehabt. Sie haben kein eigenes Ich mehr.

Für diese und ähnliche Aussagen gibt es keine empirische Basis in der Gruppe der Typen. Es ist wohl nicht verfehlt, davon auszugehen, "daß es überhaupt keine Auslesemerkmale allgemeiner Art gibt, aufgrund derer sich eine wirklich homogene Gruppe zusammensetzen ließe. Man könnte also... niemals dessen gewiß sein, daß man auch wirklich in ganz vertrauter Weise "unter seinesgleichen" ist. Die Gruppe überbrückt diese Unsicherheit durch die Bestimmung eines Autostereotyps und die gleichzeitige Festlegung mindestens eines Heterostereotyps" (P.R.Hofstätter, 1957, S.1o3). So fand Sherif, daß bei der Ausführung ein und derselben Aufgabe durch zwei Gruppen jede der Gruppen ihr für sie zunächst nicht exakt quantifizierbares Ergebnis überschätzte und das der anderen unterschätzte (M.und C.W.Sherif, 1969, S.243). Daß kriminelle Gruppen Fremde sehr negativ definieren, haben auch Herman und Julia Schwendinger gefunden. Ihnen fiel in ihren Untersuchungen auf, daß die kriminellen Gruppen sehr fest gefügte, negative Vorstellungen der Opfer hatten und damit ihr Verhalten begründeten. Typifikationen wie "verkommenes Stück", "Dummkopf", "komischer Vogel" und "Dreckskerl" wurden verwandt.

Die Ergebnisse zum Zusammenhang von Aktivitätenstruktur und Gruppenselbstbild sind wohl nicht besonders überraschend. Die Aktivitäten bilden einen naheliegenden Bezugspunkt des Gruppenbewußtseins.

Unser aufgrund der schmalen Basis sicher nicht zu überschätzender Befund, wonach kriminelle Gruppen an ihren eigenen Situationsdefinitionen trotz der Kontakte mit den Instanzen sozialer Kontrolle festhalten, kann nicht in einen Zusammenhang mit anderen Untersuchungen gebracht werden, in denen diese Hypothese auch geprüft worden wäre. So wurden Fragen nach der Wirkung der Kriminalisierung bisher nicht an Gruppen, sondern nur an Auskünften von Einzelpersonen zu klären versucht. Zudem wurden diese nicht im offenen Feld, sondern in Instanzen sozialer Kontrolle befragt. Daß es dabei zu erheblichen Verzerrungen kommen muß, bedarf hier keiner Erläuterung. So berichtete Mary Owen Cameron von festgenommenen Ladendieben, daß diese sich zuerst nicht als "Diebe" verstanden. Sie wollten partout nicht einsehen, daß sie als Diebe verhaftet wären. Erst die Prozedur zur Feststellung der Identität. die Durchsuchung der Taschen und der Kleidung machte ihnen klar, daß sie als Diebe betrachtet werden."Dieses Erlebnis führt oft zu einem dramatischen Wandel in der Einstellung und zu ernsten emotionellen Störungen" (1968, S.335).

5.5 Das Bild von den Aktivitäten von kriminellen und normalen Gruppen

5.5.1 Präzisierung und Operationalisierung der These zum Verhaltensbezug von Situationsdefinitionen

Verfolgt man die theoretischen Überlegungen zum Zusammenhang von Sozialstruktur und Handeln und von Verhalten und Situationsdefinitionen, so ist gemäß unserer allgemeinen These 6 zu erwarten, daß alle Gruppen spezifische Situationsdefinitionen haben, die sich auf ihr eigenes Verhalten, ihre eigene Praxis beziehen. Diese Praxis besteht, wie wir im vergangenen Teil ermittelten, in der Ausführung bestimmter Verhaltensweisen, die sich von Gruppe zu Gruppe unterscheiden. Nach unseren Überlegungen sollten diese Gruppen auf diese Verhaltensweisen bezogene Situationsdefinitionen entwickeln. Es besteht kein Anlaß zur Annahme, daß sich die Gruppen in bezug auf die Thematisierung ihrer Aktivitäten unterscheiden. Sie dürften für alle Gruppen dieselbe Bedeutung haben. Die geschilderten Prozesse der Definitionsgenese laufen ebenfalls in allen Zusammenhängen so ab, so daß sich Normale wie Kriminelle gleichermaßen über ihre Aktivitäten äußern sollten.

H 3o: Wenn Gruppen auftreten, deren Mitglieder kriminelles Handeln äußern, dann thematisieren sie ihre Aktivitäten nicht häufiger als Gruppen, deren Mitglieder normales Handeln äußern.

Erhebliche Unterschiede zwischen den Gruppen sollten sich ergeben, wenn man die speziellen Themen der gruppenspezifischen Situationsdefinitionen miteinander vergleicht. Wir haben im zweiten Teil das gruppenspezifische Verhalten isoliert. Darauf sollten sich die Äußerungen beziehen. Da wir dort fanden, daß in den einzelnen Gruppen nicht nur ein Verhaltensmuster auftritt, sondern mehrere, auch in anderen Gruppen auftretende, sollte dieser Tatbestand auch in die Situationsdefinitionen eingehen. Sie sollten sich über viele einzelne Verhaltensmuster erstrekken. Jedoch sollte in den einzelnen Gruppen auch eine Konzentration auf Aussagen zu den Themen stattfinden, die die Verhaltensbasis der jeweiligen Gruppen bilden. Für die Rocker sind dies Aggressions-, Eigentums- und auch Drogendelikte (Anteile an den beobachteten Verhaltensweisen o,41, o,28 und o,19). Bei ihnen sollte das "Kloppen", das "Sachen holen" und das "Hasch rauchen" ausführlich besprochen werden.

Für die Typen sind es vor allem Drogendelikte (Anteil am Verhalten o,9o), der Konsum und der Handel und in geringerem Umfang Eigentumsdelikte (o,o6) und Aggressionsdelikte (o,o4).

Bei den Einsackern sollten Aussagen zu Eigentumsdelikten (o,65) dominieren und davon abgesetzt auch Aussagen zum Drogenkonsum (o,24) und in geringerem Maße zu Aggressionsdelikten (o,12) auftreten.

Bei den Normalen, bei denen kriminelles Verhalten so gut wie keine Rolle spielte, sollen auch nur sehr wenige kriminelle Situationsdefinitionen auftreten und diese sollten sich auf Eigentumsdelikte beziehen (fünf Fälle).

H 31: Wenn Gruppen auftreten, deren Mitglieder kriminelles Handeln äußern, dann unterscheiden sich die gruppenspezifischen Situationsdefinitionen der Verhaltensmuster nach den gruppenspezifischen Strukturen des tatsächlichen Verhaltens.

5.5.2 Datenanalyse zum Verhaltensbezug von Situationsdefinitionen

Bei den Normalen finden wir nur wenige Diskussionen, deren Aussagen sich auf kriminelle Aktivitäten beziehen.

> Einer der Normalen berichtete von einem der häufigen Wochenendausflüge. Am Heidesee hätten sie auch alle schon mal was mitgenommen, da hätten sie eine ganze Weile unheimlich gesoffen. Sie hätten sich immer aus Doornkaat und Tritop Sauren Paul zusammengemischt. Hannes, der sei ein As gewesen, die Sachen zu organisieren. Der habe in seiner Segeljacke, die habe so unheimlich weite Ärmel, da habe er die Flaschen nur so reingestopft, bis die dann Verdacht geschöpft hätten in dem Geschäft, weil immer die Flaschen einer bestimmten Sorte gefehlt hätten, und da hätten sie ihren Verein in Verdacht gehabt. Und da hätten sie einen kleinen Jungen erwischt, wie der was mitgehen ließ, und dann hätten sie den verdächtigt. Aber sie hätten damals immer im Boot 'ne Pulle und überall hätten sie Schnaps gehabt. Seither könne er auch keinen mehr sehen.
>
> Ein anderes Mal äußerte einer der Normalen unwidersprochen in der

> Gruppe: "Aus einem Laden Getränke klauen, ist nicht schlimm. Das haben alle schon mal gemacht. Man muß das nur können, man darf nicht auffallen."

Die Vorstellung der älteren Normalen ist dagegen eindeutig: Für sie kommt das nicht mehr in Frage. Sie wissen sich auf der anderen Seite, der normalen.

Bei den Kriminellen wurden neben normalen Aktivitäten, die auch die Normalen in Situationsdefinitionen erfaßten, insbesondere die kriminellen Aktivitäten thematisiert. Dabei verzichten wir im folgenden auf die Darstellung der Situation, in der die Gruppendiskussionen abliefen. Bei den Typen hörten wir:

> "Kiffen ist eine völlig normale Erscheinung, die viel besser als Trinken ist. Außerdem hat man nachher dann auch keinen schweren Kopf. Man fühlt sich richtig erleichtert... Man kifft in der Gruppe. Es ist gemütlicher. Es macht mehr Spaß. Man ist mit Gleichgesinnten zusammen. Man kann sich unterhalten... Joints schaffen eine gemütliche Atmosphäre. Man wird ruhiger, sehr lustig. Wenn man einen Joint geraucht hat, dann versteht man die Leute besser. Ein Joint trägt zur Bewußtseinserweiterung bei... Kiffen führt zur Bewußtseinserweiterung. Man erhält Denkanstöße. Erst bei größeren Mengen wirkt es deprimierend. Man schlafft ab. Man wird freier, kann die Leute besser verstehen. Shit könnte jeder Bürger auch nehmen..."

Bei den Typen kommt es auch zur gezielten Diskussion der Aktivitäten und zur Reflexion solcher Gruppendiskussionen:

> "Wir haben immer alle möglichen Themen drauf. Meist geht es aber um die Rückkoppelung, da unterhalten wir uns über unsere Empfindungen beim Rauchen. So am Brunnen sitzen, sich kurz verdrücken und einen rauchen, das ist nichts, da versucht man nur, high zu sein und dann kommt man unweigerlich aufs Fixen. Wenn Leute rauchen, um zu diskutieren, das reicht vollkommen. Man kann durch Shit vollkommen befriedigt werden... Weckamine putschen unwahrscheinlich auf. Die Wirkung hängt davon ab, ob sie gefixt oder eingeworfen werden. Beim Fixen ist die Nachwirkung nicht so schlimm. Beim Einwerfen kommt dann das totale Abgeschlafftsein. Man kommt in Euphorie, wird produktiv. Man redet viel, ist wach, kann nicht schlafen, schreibt z.B. viel, ißt wenig, raucht viel. Dann kommt man in tiefe Depressionen. Man ist anschließend völlig abgeschlafft, lustlos, nervös. Die physischen Wirkungen sind: hoher Pulsschlag, Atembeschwerden, Herzkrämpfe und ähnliches. Man nimmt Speed, wenn man alles beschissen findet... Speed ist nicht für jeden geeignet. Speed ist große Scheiße. Man macht sich völlig damit fertig... Trips nimmt man tagsüber,

am besten draußen - im Raum ist es zu beengt... Den ersten Trip sollte man nicht allein einwerfen, denn man weiß ja nicht, was man machen soll, wenn man mal auf den Horror kommt. Auch hinterher ist es besser, Trips mit anderen zu nehmen, in einer Gruppe. Einmal aus Sicherheitsgründen, zum anderen ist der Trip interessanter. Erst in der Gruppe hat man richtig Spaß, und man kann sich manchmal vor Lachen gar nicht mehr halten...Trips muß man planen, da muß man die richtige Situation erwischen, sonst kann man nichts daraus machen... Wenn man einen Trip genommen hat, dann fährt man ab, man geht auf den Trip. Es werden alle Sinne beeinflußt. Man verliert jedes Zeit- und Raumgefühl. Die Schranke zwischen Bewußtsein und Unterbewußtsein wird aufgehoben. Man sieht alles heller, ist offen und ehrlich, versteht andere Leute besser, konzentriert sich auf sich selbst... Man will in Ruhe gelassen werden... Auf dem Trip sieht man eine andere Welt. Man hört die Musik ganz anders, hört Töne, die man noch nie gehört hat. Man sieht Farben ganz anders. Die Farben sind zwar dieselben, rot bleibt rot, aber man sieht sie viel intensiver, lebendiger. Man versteht alle Probleme. Man hat Halluzinationen. Phantastische Erscheinungen. Man sieht alles anders. Man schmeckt Sachen anders, man fühlt sich anders, man hört was anderes... Der Mensch verändert sich mit jedem Trip, den er einwirft."

Häufig werden Gruppendiskussionen zum Fixen geführt:

Es gelang einem Feldforscher einmal, Bruno und Gerold zusammen in eine Diskussion zu ziehen. Ff: "Wie kommt man eigentlich so auf die Fixerei? Wie fängt das an?" Bruno: "Das ist zunächst Neugierde, reine Neugierde. Da hörst Du immer was von dem schönsten Flash. Da willste das dann auch mal haben." Gerold: "Die anderen, die werden damit gar nicht konfrontiert. Wir kommen aber mit solchen Leuten zusammen, die das nehmen." Ff: "Ist das typisch, so wie Ihr ans Fixen gekommen seid?" Gerold: "Beim größten Teil der Leute ist das so. Das sind Leute, die geraucht haben. Die waren auch etwas labil. So ist das eigentlich üblich." Bruno: "Ich kann ja mal einen Fall konstruieren: Da ist ein Schüler. Der hat nie was kennengelernt. Der ist nun in der Lehre, der kommt zum Brunnen. Da sitzen die da. Bunte Kleidung. Er findet das interessant. Er will dazukommen. Er fängt dann an zu kiffen. Hinterher kommt er ans Fixen." Ff: "Warum macht man denn eigentlich weiter, wenn man sich den ersten Schuß verpaßt hat? Man weiß doch, wie das ist, da könnte man doch aufhören." Bruno: "Beim ersten Mal, da bist Du noch zu sehr mit Deinem Körper beschäftigt, da nimmst Du dann den zweiten, um noch mal zu sehen, wie das denn so ist. Das geht so weiter bis zum fünften. Ja, und dann kommen meinetwegen neue Ampullen. Da kommt so eine Stoßwelle. So kommen die nächsten." Gerold: "Das merkst Du gar nicht, daß Du auf einmal süchtig bist, daß de hook bist. Auf einmal, da war der Affe dann da, hasten im Rücken sitzen. Das merkste gar nicht. Du merkst es erst, wenn die Versorgung mal nicht mehr so klappt. Das sind dann die Entzugserscheinungen." Ff: "Wie sind die denn?" Bruno: "Du schwitzst unwahrscheinlich, dann der Schüttelfrost. Du bist dauernd unbefriedigt. Du schnauzt die Leute an." Ff: "Wie ist es denn, wenn die Versorgung nun mal wirklich nicht klappt?" Bruno: "Dann bist Du aggressiv gegen alles. Zumindest auf Leute, die was haben und Dir nichts geben wollen. Auf die eigene Frau. Du wirst dann aktiv, überlegst Dir einen Apothekenbruch." Gerold: "Das ist alles eine Frage des Geldes. Wenn Du Arzt bist, kommste immer dran. Aber die andern, die müssen eben sehen, wie sie Stoff kriegen. Und wenn sie einem eins über den Kopf hauen. Die greifen auf andere Mittel zurück. Barbiturate, Apo-Morphin - das wird normalerweise zum Entziehen gebraucht. Da fällt das Feeling und der Flash weg. Man haut sämtliche Leute an, von denen man weiß, daß sie was haben." Bruno: "Ich hab damals jede Menge schmerzstillende Tabletten gefressen." Ff: "Was merkt man denn als Entzugssymptome?" Gerold: "Du hast regelrechte Schmerzen, innere Schmerzen. Die Knochen schmerzen. Das ist wie beim Zersetzungsprozeß." Gerold: "Einmal süchtig, immer süchtig. O ist kein Rausch, O ist eine Lebensweise. Wenn Du deprimiert bist, dann setzt Du Dir einen Schuß." Ff: "Nun gibt es doch überall so was wie Entzugssymptome. Da geht einem der Fernseher kaputt und der dreht durch. So ist es doch in vielem.." (zählt Beispiele auf). Gerold: "Das kannst Du doch gar nicht vergleichen. Ich sage immer, Rauschmittel, das ist ein Gebiet für sich. Das kann man nicht mit den anderen Sachen zusammenbringen. Ich bin auf'm hook. Ich müßte dann eine sechsmonatige Entziehungskur machen. So was kannst Du mit den anderen Sachen nicht vergleichen. Einmal süchtig, immer süchtig. Von zehn Leuten aus Bonnys Ranch da greifen neun wieder zur Fixe."

Andere Aussagen lauteten:

"Das Kiffen bringt nicht viel, man muß fixen. Die Raucher meinen, wenn sie ihren Joint rauchen, dann hätten sie schon ein anderes Bewußtsein... Wenn man O oder M gefixt hat, kommt zuerst der Flash, ein Kribbeln und Ziehen. Dann das Feeling. Man fährt ab. Man ist ruhig. Man fühlt sich wohl, pudelwohl. Das ist das Schlechteste. Man fühlt sich wohl, selbst wenn man in der Scheiße liegt. Man findet eine totale Ruhe. Man fühlt sich erleichtert. Die Gegenstände werden farbiger, verschwommener, leichter. Man kann auch O rauchen, aber dann ist der Flash klein, und es kommt kaum zum Feeling... Fixen wirkt sich ziemlich stark auf die Persönlichkeit aus, besonders wenn man viel fixt. Die Fixer werden dann anderen gegenüber ziemlich mißtrauisch. Man muß, wenn man fixt, öfters eine Pause einlegen, dann hat man wenigstens was davon, viele andere, die fixen, aber nur noch, damit sie keine Entzugserscheinungen spüren...Fixer suchen andere, fixen sie an, damit sie wissen, die haben dieselben Gefühle... Auf einen Ausgeflippten ist kein Verlaß, mit dem kann man nicht rechnen... Es ist egal, woran man kaputt geht: Es ist doch alles Scheiße."

"Gute Beziehungen muß man als Dealer haben, daß man den Stoff wirklich billig einkaufen kann. Viele Leute muß man kennen, die muß man richtig einschätzen können. Praktisch kommt man dazu, wenn man selbst raucht... Den Handel mit Shit und Trips kann man ruhigen Gewissens verantworten. Mit dem O-Handel ist das etwas anderes. Er ist gefährlich. Beim Verkauf kann man die anderen ruhig übers Ohr hauen: Wenn sie es nicht merken, ist es ihre Schuld. Wenn einer vorher schlechte Geschäfte gemacht hat, ist er berechtigt, an den nächsten Tagen teurer zu werden. Wenn man für den Eigenbedarf ordentlich was reingepackt hat, dann schlägt man das hinterher wieder drauf... Dealerei bringt nicht mehr viel ein. Letzten Endes ist das alles Scheiße. Man fällt zu oft rein, oder die anderen fallen auf. Die Dealer selbst fallen nämlich über kurz oder lang alle auf. Deshalb sollte man es auch aufgeben."

Die Rocker hatten ein zentrales Thema: Die Kloppereien.

"Wenn wir auf 'nen Schock fahren, dann kommen alle mit... Bei einer Schlägerei gibt es Gegner, die überlegen sind und solche, die unterlegen sind. Wir gehen zwar keiner Schlägerei aus dem Weg, im Gegenteil: Bei uns macht jeder mit... Wir haben ab und zu 'ne Schlägerei nötig. Und wenn es einmal eine richtige Schlägerei gegeben hat, und man war nicht dabei, ehrlich, dann ärgert man sich. Und man ist auch sauer, daß die Kumpel, wenn die zu 'ner Schlägerei gefahren sind, nicht bei einem vorbeigekommen sind. Man wäre dann gerne dabei gewesen, hätte gerne mitgemischt. Aber es hat keinen Zweck, gegen überlegene Gegner anzutreten. Da sagt man dann: "Wir sind zu wenig, Ihr seid so viel. Das ist unfair." Oder: Die sind zu stark. Man haut schnell ab, man sieht zu, daß man wegkommt. Man merkt sich den einen oder anderen von denen, den trifft man dann noch mal allein. Muß man gegen einen überlegenen Gegner antreten, dann wendet man ohne Skrupel unfaire Mittel an. - Gegen unterlegene Gegner geht man sofort vor. Gegner kann jeder sein, ob Deutscher oder Italiener oder was sonst, spielt keine Rolle... Man hat oft das Gefühl, daß man sich unbedingt kloppen muß... Der Anlaß für die Schlägerei ist meistens, daß ein anderer große Schnauze hat, daß einer von uns von einem anderen angemotzt wird, oder daß einer unsere Frauen anquatscht.

Das können wir nicht ab. Oder das Gesicht von einem gefällt einem nicht, der tritt zu großspurig auf. Entweder man quatscht zurück, dann schlägt der andere zu, oder man schlägt sofort zu, man verpaßt dem sofort eine. Das Anquatschen ist eigentlich nur ein Vorwand. Oder man macht nichts. Aber wenn einer einen anpackt, und man fängt sich vielleicht noch einen, dann holt man Verstärkung und dann geht es richtig los. Dann gehen alle drauf. Dann helfen alle Kumpel. Es kann aber auch sein, daß der andere gar nichts sagt, weil er Schiß hat. Es gibt Leute, die brauchen nie einen Vorwand, die gehen einfach auf einen zu und schlagen ihm einen. Oft ist man auch besoffen, dann geht es los... Bei der Schlägerei selbst kommt es auf das richtige Vorgehen an. Man muß zuschlagen, wenn der andere nicht mit Gegenwehr rechnet und völlig überrascht ist. Jeder hat da so seine eigene Technik: Hände, Füße, Kopf - ein Untrainierter kann es kaum mit uns aufnehmen... Mit den Füßen arbeiten ist das Sicherste. Da bekommt man am wenigsten mit. Da gibt es zum Beispiel den Nickermann. Man packt dabei den anderen mit beiden Händen an den Haaren und zieht dessen Kopf dann gegen das eigene angehobene Knie... Die Arbeit mit dem Kopf ist einer der bösesten Tricks. Man glaubt gar nicht, was man in bestimmten Situationen alles macht, was man vorher nicht für möglich gehalten hätte...Wenn sich mehrere mit einem von uns schlagen wollen, dann greifen wir ein, egal ob der Schuld hat oder nicht. Man schlägt sich für jeden aus der Gruppe. Das ist immer so. Wenn einer von uns die anderen braucht, sind die da. Dafür kann man garantieren... Wenn ein Kumpel gar keine Chance mehr hat, und man selbst den Arsch voll kriegen würde, dann braucht man auch nicht mehr zu helfen... Wenn man einen ein paarmal gewarnt hat, und der fängt doch 'ne Schlägerei an, wo er keine Chance hat, da braucht man dem auch nicht zu helfen... Was dem Gegner passiert, das interessiert überhaupt nicht. Wenn man keine Anzeige kriegt, interessiert das einen weiter nicht... Mal gewinnt man bei einer Schlägerei, mal verliert man. Das ist nun mal so... Schmerzensgeld ist ganz schön teuer. Wenn man bedenkt, was man schon alles an Krankenhauskosten und Schmerzensgeld bezahlt hat, dann fragt man sich, ob sich das am Ende gelohnt hat."

Ein zweites Thema ist das Zigarettenkloppen:

Viele finden das Zigarettenkloppen spannend, es macht Spaß, es lenkt vom Alltag ab, gibt Nervenkitzel. Man will auf die Gefahr zugehen... Es gibt besondere Techniken beim Kloppen.
1. Automatenkloppen: Dies geht nur bei den Automaten, bei denen man oben eine Taste eindrückt und unten die Schachtel herausfällt. Bei einem neuen Automaten muß man zunächst mehrere Male feste mit einem Stück Holz oder einem Stein schräg gegen die Tasten schlagen, ohne daß sofort eine Schachtel herausfällt. Erst wenn

man dies einige Male gemacht hat, wenn die Sperre also ausgeleiert ist, kommen die Schachteln heraus: pro Schlag eine Schachtel. Im allgemeinen besorgt man sich auf diese und die folgende Weise nur so viel Schachteln, wie man im Augenblick benötigt. Seltener wird ein Vorrat angelegt, noch seltener werden die Zigaretten verkauft.
2. Aufmachen mit Stielkamm: Man wirft eine Mark ein und zieht eine Schachtel. Dann läßt man den Raster heraus und schaut nach, ob die zweite Schachtel etwas hervorschaut. Tut sie dies, so schiebt man den Raster ein wenig, ungefähr fünf bis sechs Zentimeter, zurück, so daß sie noch etwas weiter hervorkommt. Dann greift der zweite Mann mit dem Stielkamm nach und holt auch diese Schachtel heraus.
Automaten kloppen ist mit einem Moped am gefahrlosesten. Da kann man immer schnell abhauen, wenn man mal gestört wird. Zu Fuß ist das Scheiße und mit dem Auto ist das zu umständlich und zu auffällig... Man kann auch Automaten abreißen und woanders aufmachen. So etwas lohnt sich. Fragt man einen Rocker, woher er diese oder jene Sache hat, bekommt man oft die Antwort: "Aus 'nem Automaten, woher denn sonst?" ... Es ist aber link, ein Moped zu klauen, weil das nur Leute trifft, die in derselben Lage sind wie wir selbst... Wenn man ein Auto aufmachen will, muß man das richtige finden. Das Aufmachen und Abfahren geht blitzschnell. Jeder Wagen, dessen Tür nicht ganz eingeschnappt ist, ist ganz leicht, z.B. mit einem Nagel zu öffnen... Meistens fahren wir damit nur rum und lassen die Karre dann irgendwo stehen... Man kann alle möglichen Sachen holen, aber man soll sich nicht dabei erwischen lassen."

Die Einsacker berichteten:

"Wie das geht? Das ist ziemlich einfach. Du mußt die Sachen nehmen, wenn die Verkäuferin mal unachtsam ist. Alles Nervensache. Aber wie gesagt, es ist alles ziemlich einfach. Das würde man gar nicht für möglich halten... Man darf nicht zu früh zum Einsacken, weil dann die Geschäfte noch leer sind. Andererseits darf man auch nicht einsacken, wenn es sehr voll ist, etwa in der Hauptgeschäftszeit, weil dann so viele Kunden da sind, die einen beobachten können. Wir sacken meistens in der Mittagszeit ein. Da ist die Hälfte der Verkäuferinnen weg, Mittagspause machen. Es passen dann halb so wenig Leute auf. Das ist ja logisch... Geld aus Kassen holt man, indem man einfach die Ladenkasse aufmacht, einen Griff tut, da hat man schon die Fünfziger. In dem Geschäft kann man sich dann erstmal drei Wochen nicht mehr blicken lassen... Münzen stehen unter Glas. Dann kann man mit dem Stielkamm das Glas hochheben und einer packt rein. Die verkauft man dann in einer Bank. Aber am besten ist es noch beim Krauter, der nimmt alles... Man möchte auch mal Edelsteine einsacken, aber so viel sind die gar nicht wert. Und dann werden die so bewacht oder zumindest im Auge behalten, daß nichts zu holen ist, und der teuerste Edelstein, den die in den Kaufhäusern haben, kostet sowieso nur sechshundert Mark. Dafür lohnt sich das Risiko nicht... An Lebensmittel wie Schokolade und Brötchen kommt man gut ran. Flaschen kann man dagegen schlecht einsacken... Kleidung braucht man dringend, wenn die alte kaputt ist. Da platzen die Nähte. Außerdem geht es nicht, daß man mit den alten Klamotten rumläuft."

Über das Hosenmitnehmen wurde von einem anerkannten "Experten" berichtet: "1. Zwei Personen gehen zum Hosenstand und sehen sich ganz normal die Hosen an. 2. Beide suchen erst mal die richtige Größe. 3. Man zeigt sich interessiert. Man darf sich aber nicht zu interessiert zeigen, weil sonst ein Verkäufer kommt. 4. Der eine hält in einem günstigen Augenblick die Plastiktüte auf. 5. Der andere legt die Hose, die er vorher schnell vom Bügel genommen hat, während er sie musterte, zusammen und legt sie in die offen gehaltene Tüte. 6. Das Hereinlegen muß sehr schnell gehen. Manchmal wird die Hose auch nur gerollt und nicht gefaltet. Hauptsache, sie geht schnell hinein. 7. Beide verlassen sofort normalen Schrittes den Laden. 8. Man kann meistens nur eine Hose mitnehmen, weil mehr Hosen mitzunehmen zu lange dauert. 9. Danach werden die Preisschilder an einem günstigen Ort (Hausflur, Kneipe) entfernt."

Beim Plattendiebstahl geht man so vor: "1. Man geht am besten zu dritt los. Einer, der die Plastiktasche offenhält, der zweite, um die Platten hineinzulegen und der dritte, um sich davorzustellen und die Verkäufer zu beobachten. 2. Man stellt zuerst die Platten die man haben will, in einem bestimmten Fach zusammen. 3. Dann hält einer die Plastiktüte auf. Ein anderer stellt sich so davor, daß man nichts sehen kann, oder, wenn das nicht nötig ist, beobachtet er die Kunden und Verkäufer. Nach Möglichkeit soll er das auch im ersten Fall tun. 4. Der dritte nimmt nun den Stapel Platten und steckt ihn vorsichtig, aber schnell genug, in die offen gehaltene Tasche. Die Tasche muß dabei so gehalten sein, daß die Platten nicht verkanten. Das muß vorsichtig, aber nicht zu langsam geschehen. 5. Alle drei gehen normalen Schrittes wieder aus dem Laden hinaus. 6. Die Preisschilder werden an einem Ort in der Nähe (Kneipe etwa) abgemacht."

Zählen wir alle Situationsdefinitionen, also auch die der Normalen und Kriminellen zu Aktivitäten aus, finden wir folgende Verteilung:

Tabelle 62: Situationsdefinitionen zu den Verhaltensmustern von kriminellen und normalen Gruppen

Gruppe	Situationsdefinitionen zu		Summe
	den Verhaltens- mustern	den anderen Tatbe- ständen	
Normale	146 (o,51)	138 (o,49)	284
Kriminelle	591 (o,52)	538 (o,48)	1129
Rocker	238 (o,47)	272 (o,53)	51o
Typen	242 (o,64)	138 (o,36)	38o
Einsacker	111 (o,46)	128 (o,54)	239
Summe	737	676	1413

Tau N/T = o,o2; Tau R/T = o,o3; Tau T/E = o,o3; alle anderen Tau=o,oo.

Die Verteilungen zeigen, daß die Hypothese 3o in allgemeiner Form als bestätigt betrachtet werden kann.

Eine nähere Analyse der Verteilungsunterschiede zwischen den Normalen und den Kriminellen zeigt jedoch, daß lediglich die Rocker und die Einsacker - wie erwartet - keine Verteilungsunterschiede gegenüber den Normalen aufweisen. Dagegen unterscheiden sich die Normalen von den Typen in den Anteilswerten, wenn der Tauwert auch nur o,o2 ist und die Differenz der Anteilswerte nicht überbewertet werden darf. Ein Vergleich der Typen mit den anderen kriminellen Gruppen zeigt aber sofort, daß sich die Typen auch von diesen Gruppen unterscheiden, und zwar in noch größerem Maße. Sie reden bedeutend häufiger über ihre Verhaltensmuster. Wir können uns dieses unerwartete Ergebnis nur so erklären, daß einmal die Verhaltensmuster der Typen zum Zeitpunkt unserer Datenerhebung relativ neu waren. Zum anderen ist zu bedenken, daß offene Verstöße gegen die bestehende Besitz- und Machtstruktur wie die Eigentums- und Aggressionsdelikte so konkret auf Züge der Gesellschaftsstruktur bezogen sind, daß den Beteiligten manche erklärenden Ausführungen über diese Verhaltensmuster entbehrlich erscheinen mögen, die die Typen noch abzugeben für erforderlich halten: Bei dem eher indirekten Bezug ihrer Handlungen erscheinen ihnen Erläuterungen eher angebracht. Auf der anderen Seite darf nicht übersehen werden, daß das Tau in allen Fällen sehr klein ist.

Vor einer Interpretation der Verteilungen der Daten zur Hypothese 31 ist zunächst daran zu erinnern, daß es immer wieder erforderlich war, während der Beobachtungen und während der Anfertigung von Protokollen Auswahlen vorzunehmen. Das betraf auch die Gruppendiskussionen und damit die gruppenbestimmten Situationsdefinitionen. Das wesentliche Auswahlkriterium war dann, ähnlich dem Vorgehen bei den Verhaltensweisen, ob eine Gruppendiskussion einen Bezug zur Kriminalität hatte. Wir können dabei davon ausgehen, daß alle Gruppendiskussionen der Normalen und fast alle der Kriminellen mit diesem Bezug protokolliert wurden. Unvollständig dürften dagegen sowohl die Gruppendiskussionen der Normalen wie insbesondere der Kriminellen zu "normalen" Themen protokolliert worden sein. Das führt dazu, daß ein Vergleich der Gruppen in bezug auf die gruppenspezifische Situationsdefinitionen zu normalen Aktivitäten nicht möglich ist. Wir müssen also den Test der Hypothese 31 auf die gruppenbestimmten Situationsdefinitionen zum kriminellen Verhalten reduzieren. Damit fallen bei dem Thesentest Aussagen zu den Themen Aussehen, Musik hören, Flippern, Kino gehen, Knobeln, Kartenspiel, Bock fahren, Trinken und Saufen weg. Dementsprechend wählten wir oben in der ausführlicheren Darstellung die Situationsdefinitionen aus.

Für die Situationsdefinitionen mit einem Bezug zum kriminellen Handeln finden wir folgende Verteilung:

Tabelle 63: Situationsdefinitionen zu einzelnen Delikten von kriminellen und normalen Gruppen

Gruppe	Situationsdefinitionen zu				Summe
	Drogendelikten	Aggressionsdelikten	Eigentumsdelikten	verschiedenen Delikten	
Normale	o	o	8	o	8
Kriminelle	263 (o,54)	112 (o,23)	97 (o,2o)	13 (o,o3)	485
Rocker	28 (o,16)	1o6 (o,62)	32 (o,19)	6 (o,o3)	172
Typen	2o3 (o,89)	2 (o,o1)	17 (o,o7)	7 (o,o3)	229
Einsacker	32 (o,38)	4 (o,o5)	48 (o,57)	o (o,oo)	84
Summe	263	112	1o5	13	493

Tau R/T = o,39; Tau R/E = o,17; Tau T/E = o,18

Die Kriminellen äußern sich wie erwartet häufig zu den kriminellen Aktivitäten, die Normalen jedoch nur in acht Fällen und dabei wiederum nur zu Eigentumsdelikten, also zum Thema "Klauen". Das entspricht ganz unserer Hypothese 31. Da die Zahl der beobachteten kriminellen Verhaltensmuster und der Situationsdefinitionen bei den Normalen klein ist, scheint uns eine weitere Analyse nicht sinnvoll zu sein.

Bei den einzelnen kriminellen Gruppen finden wir auch die erwarteten Verteilungen: Bei den Rockern treten keine größeren Abweichungen auf (Anteilswerte für Aggressionsdelikte: Verhalten: o,41 (vgl. Tab. 43), Definitionen: o,62; Eigentumsdelikte: o,28/o,19, Drogendelikte: o,19/o,16). Bei den Typen finden wir die starke erwartete Konzentration auf Drogendelikte (Verhalten: o,9o/Definitionen: o,89). Auch bei den Eigentumsdelikten (o,o6/o,o7) und bei den Aggressionsdelikten (o,o4/o,o1) ist die Übereinstimmung sehr gut. Bei den Einsackern finden wir ebenfalls die erwartete Verteilung. Neben der häufigen Thematisierung von Eigentumsdelikten (o,65/o,57) werden auch Drogendelikte (o,24/o,38) und Aggressionsdelikte (o,12/o,o5) besprochen.

Vergleicht man die Gruppen nach der Verteilung ihrer Aufmerksamkeit über die Situationsdefinitionen miteinander, sieht man erhebliche Unterschiede. Keine Gruppe hat einen Zusammenhang von Situationsdefinitionen von Aktivitäten, der dem einer anderen Gruppe ähneln würde. Die Assoziationskoeffizienten sind dementsprechend.

Differenziert man nach gruppenbestimmten Situationsdefinitionen zu einzelnen Verhaltensmustern, findet man bei den Drogendelikten zum Thema Kiffen (vgl.2.Spalte in Tabelle 64), daß auch die Rocker und Einsacker sich zu diesem Thema äußern. Dabei sprechen die Einsacker relativ ebenso häufig wie die Typen darüber. Die Rocker fallen dagegen nur leicht ab. Hier finden wir keine Konzentration der Situationsdefinitionen entsprechend unserer Hypothese 31, sondern eine etwa gleichmäßige Beteiligung aller Gruppen an den Situationsdefinitionen zu diesem Thema.

Vergleicht man die Anteilswerte zum Verhalten und zu den Situationsdefinitionen zum Thema Kiffen, findet man:

Tabelle 64: Verhalten und Situationsdefinitionen zum Kiffen von kriminellen Gruppen

Gruppe	Verhalten und Definitionen +	
	kriminelles Verhalten	kriminelle Definitionen
Rocker	19 (o,11)	2o (o,12)
Typen	91 (o,3o)	38 (o,17)
Einsacker	17 (o,17)	14 (o,17)
Summe	127	72

+ Anteilswerte in den Tabellen 64, 66, 68, 7o beziehen sich einerseits auf die Gesamtsumme der kriminellen Verhaltensweisen der einzelnen Gruppen (vgl. Tab. 43, S.248) und andererseits der Definitionen der Verhaltensmuster (vgl. Tab.63, S.398).

Das Verhaltensmuster "Kiffen" scheint bei den Typen wohl schon so selbstverständlich geworden zu sein, daß diese es nicht mehr für attraktiv halten, viel darüber zu diskutieren. Das fanden wir auch schon als Einschränkung bei der Möglichkeit der Anhörung von Berichten. Anders ist es bei den Rockern. Hier kann man bei genauerer Prüfung von einem regelrechten Mißverhältnis von eigener Praxis und den darauf bezogenen Situationsdefinitionen sprechen. Zwar spielen bei dieser Gruppe auch ablehnende Situationsdefinitionen eine gewisse Rolle, doch sie erklären keineswegs das relativ häufige Äußern von Situationsdefinitionen zu diesem Verhaltensmuster, an dem diese Gruppe in bedeutend geringerem Maße partizipiert. Denn diese Situationsdefinitionen sind nicht wie die Verhaltensweisen zu diesem Muster im wesentlichen auf eine Person zurückzuführen, sondern es sind gruppenbestimmte Situationsdefinitionen. Zwei Gründe kommen für die Häufigkeit dieser Situationsdefinitionen unter den Rockern unseres Erachtens in Betracht:

1) Der Neuheitseffekt. Wir wiesen ja schon darauf hin, daß das Haschen zum Zeitpunkt unserer Untersuchung gerade erst aufkam.
2) Die Rocker meinten, dem Haschen gehöre die Zukunft mehr als dem Schlagen.

"Heute ist das mehr mit dem Haschisch und den Frauen. Das mit dem Schlagen hat abgeklungen", meinte Bohne, ein Rocker. Ferdi: "Die Rockerclubs haben heute keine Chance mehr, es ist eine andere Zeit, wie das so mit dem Hasch anfängt, da merkt man das." Ferdi meint, daß diejenigen, die früher Rocker geworden wären, heute Hascher werden.

Greift man von den Drogendelikten das Speedwerfen heraus, findet man keine Situationsdefinitionen bei den Einsackern, dafür aber vier bei den Rockern. Vergleicht man diese Zahlen mit der Zahl der entsprechenden Aktivitäten, findet man die Häufigkeitsverteilung plausibel. Da die Gesamtzahl von 14 sehr klein ist, wollen wir hier auf eine weitergehende Analyse verzichten.

Beim Tripwerfen finden wir entgegen unserer Hypothese eine Ähnlichkeit zwischen den Typen und Einsackern. Die Typen äußern 22 der 229, die Einsacker 8 der 84 Situationsdefinitionen dazu. Diese Übereinstimmung überrascht auch vor dem Hintergrund der entsprechenden Daten zur Verhaltensanalyse. Bei den Rockern taucht dieses Thema kaum auf. Auch hier verzichten wir wegen der kleinen Zahl der erhobenen Situationsdefinitionen auf weitere Untersuchungen.

Zum Thema Fixen/Süchtigkeit finden wir (Tabelle 65) erhebliche Unterschiede zwischen den Gruppen. So produzieren die Typen ein Drittel ihrer Situationsdefinitionen zu diesem Thema, während die Rocker gar keine Situationsdefinitionen unterhalten. Die Einsacker thematisieren diesen Gegenstand auch relativ selten. Vergleicht man diese Häufigkeitsverteilungen der Gruppen mit ihren Verteilungen zur Verhaltensstruktur, findet man:

Tabelle 65: Verhalten und Situationsdefinitionen zum Fixen und zur Sucht von kriminellen Gruppen +

Gruppe	Verhalten und Definitionen	
	Verhalten	Definitionen
Rocker	3 (o,o2)	o (o,oo)
Typen	44 (o,14)	82 (o,36)
Einsacker	1 (o,o1)	5 (o,o6)
Summe	48	87

+ zu den Anteilswerten vgl. Anm. Tabelle 64.

Wir finden hier ein deutlich häufigeres Auftreten von einschlägigen Situationsdefinitionen als Verhaltensweisen bei den Typen. Hier scheint ein ähnlicher Neuheitseffekt wie bei der häufigen Thematisierung des Kiffens bzw. des Haschens bei den Rockern vorzuliegen. Bei den Typen sind ja auch diejenigen mit Fixerfahrung in er Minderheit, so daß für viele Typen es sich bei diesem Verhaltensmuster um etwas Neues, Unerprobtes oder gerade erst Erprobtes handelt, das noch viele Situationsdefinitionen auslöst.

Zum letzten Thema:zu den Drogendelikten, dem Dealen mit Drogen, finden wir deutliche Zusammenhänge (Tabelle 66). Die Rocker machen dazu nur sehr wenige Aussagen. Vergleicht man diese Zahl mit der der Typen, findet man einen großen Unterschied. Bei den Einsackern sind es auch nicht viel mehr. Das seltene Äußern derartiger Situationsdefinitionen stimmt bei den Rockern und Einsackern auch gut mit dem ebenso geringen Auftreten derartiger Verhaltensmuster bei ihnen überein. Vergleicht man hier die Häufigkeit, findet man:

Tabelle 66: Verhalten und Situationsdefinitionen zum Dealen von kriminellen Gruppen+

Gruppe	Verhalten und Definitionen	
	Verhalten	Definitionen
Rocker	2 (o,o1)	2 (o,o1)
Typen	9o (o,29)	51 (o,22)
Einsacker	2 (o,o2)	5 (o,o6)
Summe	94	58

+ zu den Anteilswerten vgl. Anm.Tabelle 64

Wie man sieht, entsprechen sich beide Verteilungen gut.

Auch die Verteilung der Situationsdefinitionen zu den Aggressionsdelikten bestätigt die These eindrucksvoll (Tabelle 67). Fast alle Aussagen zu diesem Thema kommen von der Gruppe der Rocker. Dagegen fallen die beiden anderen Gruppen sehr deutlich ab. Vergleicht man nun die relative Häufigkeit dieser Situationsdefinitionen mit der relativen Häufigkeit der entsprechenden Verhaltensmuster, findet man:

Tabelle 67: Verhalten und Situationsdefinitionen zu Aggressionsdelikten von kriminellen Gruppen+

Gruppe	Verhalten und Definitionen	
	Verhalten	Definitionen
Rocker	74 (o,41)	1o6 (o,61)
Typen	12 (o,o4)	2 (o,o1)
Einsacker	12 (o,12)	4 (o,o5)
Summe	98	112

+ zu den Anteilswerten vgl. Anm.Tabelle 64.

Hier finden wir bei den Rockern mehr Situationsdefinitionen und bei den Typen und Einsackern weniger Situationsdefinitionen, als es dem Anteil des entsprechenden Verhaltens an der Gesamtzahl der Verhaltensweisen entsprechen würde. Für die beiden letzteren Gruppen sollte das Ergebnis jedoch nicht überschätzt werden, da nur kleine Zahlen vorliegen. Konzentrieren wir uns auf die Rocker, bestätigt das Ergebnis die Hypothese von den Übertreibungen bei den Schilderungen der Rocker von den vergangenen Kämpfen.

> So kam Ferdi, der unter den Rockern einen sehr hohen Status hatte, immer wieder ins Schwärmen. Ferdi beschwört dann - er tut es im Laufe des Gesprächs noch des öfteren, macht sich selbst aber auch darüber lustig: "Wie die alten Leute"; auch die anderen, sowohl die Vogelfreien wie die Wallstreets, betonen diesen Aspekt immer wieder - die schöne alte Zeit, in der sie mit Böcken durch die Gegend fuhren, als alle noch zusammenhielten, etc.. "Das waren noch die Reste der alten Rock 'n Roll-Zeit; die Leute haben heute keine Lust mehr, sich zu organisieren. Den ACB gibt es nicht mehr, den JC gibt es nicht mehr, der CB besteht nur noch so wie wir."

Zudem ist die Technik des Schlagens ein ständiges Diskussionsthema.

> Ein Feldforscher berichtete: Sie diskutieren dann, wie man mit denen fertig wird, die stärker sind. Alle stimmen darin überein, daß sie dann unfaire Mittel anwenden würden. Hans: "Wenn ich mit einem aus der Kneipe gehen würde, um mich draußen mit ihm zu schlagen, dann würde ich immer hinterher gehen. Dann würde ich ihm sofort zwischen die Beine packen und ihn so hochheben. Der springt sofort hoch und fällt dabei auf die Schnauze." Die anderen stimmten zu.

Auch von der Verteilung der Situationsdefinition zum Einsacken und Mitnehmen (Tabelle 68) wird unsere Hypothese bestätigt. Zwar machen auch die Rocker und die Typen Aussagen zu diesem Verhalten, aber sie äußern sich deutlich seltener als die Einsacker. Diese Differenzen entsprechen auch gut den Unterschieden im tatsächlichen Verhalten zwischen diesen Gruppen:

Tabelle 68: Verhalten und Situationsdefinitionen zum Mitnehmen von kriminellen Gruppen+

Gruppe	Verhalten und Definitionen	
	Verhalten	Definitionen
Rocker	5o (o,28)	32 (o,19)
Typen	18 (o,o6)	17 (o,o7)
Einsacker	66 (o,65)	48 (o,57)
Summe	134	97

+ zu den Anteilswerten vgl. Anm. Tabelle 64

Im ganzen findet man bei den Äußerungen zu den Aktivitäten einen deutlichen Bezug auf die gruppentypischen Verhaltenskomplexe. Wir betrachten das als eine wichtige empirische Bestätigung unserer Hypothese 31 und unserer allgemeinen These von der Abhängigkeit der gruppenbestimmten Situationsdefinitionen von der sozialen Basis.

Wir hatten schon darauf hingewiesen, daß sich Situationsdefinitionen verfestigen, verdichten können. Wir haben die Clubsatzung der Vogelfreien auf Seite 353 schon vorgestellt. Weitere, nicht geschriebene normierte Situationsdefinitionen, von denen Harro, der Gründer und erste Boß der Vogelfreien berichtete, lauteten:

> Es wird über alles abgestimmt, aber (dennoch) hat der Boß das Wort. Jemand, der die Möglichkeit dazu hat, ist verpflichtet, jemand anderes mitzunehmen und sogar ihn wegzubringen, gleichgültig wohin. Man muß zusammenhalten. Man muß sich mit festem Willen zu den Vogelfreien bekennen: "Ich bin ein Vogelfreier." Man soll die Zusammengehörigkeit nach außen hin durch gleiche Kleidung zum Ausdruck bringen, d.h. nach Möglichkeit Jeans und Leder- oder Levisjacke tragen. Inwieweit eine Schrift auf den Jakken getragen wird, hängt von den einzelnen Eltern ab, aber man erwartet von dem einzelnen, daß er sich gegen seine Eltern durchsetzen kann. Man erwartet von dem, der Geld hat, daß er für andere zahlt. Man darf sich nicht mit jemandem aus dem Club schlagen. Wenn es irgend möglich ist, soll jeder jeden Abend in der Stammkneipe erscheinen. Wenn man auf einen Schock geht, sollen alle zusammenbleiben und nicht einer hierhin und der andere dorthin gehen. Dagegen wurde häufig verstoßen. Sanktion: Die Betreffenden wurden zur Rede gestellt. Wenn mit Böcken gefahren wird, müssen alle in einer Reihe fahren: Der Boß fährt vor, alle anderen dahinter. Grund: Es ist zu gefährlich, wenn alle durcheinander fahren. Markus ist, nachdem er mehrfach gegen diese Regel verstieß, aus dem Club ausgeschlossen worden. Der Club hat für jeden wichtiger zu sein als die Frau. Wenn irgendwo etwas zu "bereinigen" ist, wird die Frau nicht mitgenommen.

Wir haben gesehen, daß der Club in seinem Verhalten diesen Vorstellungen nicht mehr entsprach, obwohl viele und insbesondere die einflußstärkeren Mitglieder diese Situationsdefinitionen weiterhin vertraten.

> Matthias betonte, daß jetzt überhaupt nichts mehr los sei. "Hier gefällt es mir nicht richtig, wenn nur irgendwo ein paar Kumpel zusammen sind, die sich in einer Kneipe treffen, wo man sich auf jeden einzelnen voll und ganz verlassen kann, dann gehe ich dahin - wenn Harro und Ferdi mitgehen. Dann gehe ich sofort von der Wallstreet weg." Dieses "Auf-Jeden-Verlassen-Können"

scheint für Matthias von zentraler Bedeutung zu sein, da es immer wieder von ihm genannt wird. Als ich ihn frage, was denn für ihn ein "Kumpel" sei, definiert er: "Einer, auf den ich mich hundertprozentig verlassen kann. Stell Dir mal vor, in Burgen, da standen welche von uns herum und guckten mit großen Augen zu. Früher die Vogelfreien, das waren Kumpel, da hätte sich jeder von denen geschlagen. Ein Kumpel muß mir auch dann helfen, wenn ich angefangen habe und dann von anderen zusammengeschlagen werde. Dann darf er nicht sagen: "Du hast Dir Deine Suppe eingebrockt, nun sieh auch zu, daß Du sie auslöffelst", sondern der hilft mir auch dann, wenn er selbst einige einstecken muß. Oder: Wenn wir an einem Abend weggefahren sind, und mein Ofen geht kaputt, und einer hat auf seinem noch einen Platz frei und der will um zehn Uhr nach Hause, dann erwarte ich von dem, daß er noch über unseren Ort fährt, um mich mitzunehmen, daß er also einen Umweg fährt und etwas später zu Hause ankommt. Wenn der das nicht tut, dann schlage ich ihm zwar keinen, dann grüße ich ihn auch noch, trinke vielleicht auch noch ein Bier mit ihm, aber in den Club kommt der nicht wieder hinein, und wenn ich eher austreten muß." Ff: "Das einzige Kriterium ist also, daß Du Dich voll und ganz auf ihn verlassen kannst." Matthias: "Ja. In einem guten Club muß ich mich auf jeden einzelnen verlassen können. Natürlich gibt es immer einmal Streitigkeiten untereinander, die hat es damals auch zwischen uns gegeben, sogar zwischen Harro und Ferdi, aber sonst muß man zusammenhalten."

Hier lebt eine gruppenbestimmte Situationsdefinition fort, obwohl sie in der Verhaltensstruktur keine Basis mehr hat. Adäquater wird in einem Song, der zum Ende unserer Beobachtungen von Gruppenmitgliedern entwickelt wurde, die gegenwärtige eigene Situation definiert. Thematisiert wurde der Lebensweg eines einzelnen, der aber typische Elemente der Biographien von allen enthielt, insbesondere das Auftreten der Instanzen sozialer Kontrolle, das in der Clubsatzung und den dazugehörenden ungeschriebenen Gesetzen und Situationsdefinitionen noch nicht reflektiert wurde.

Wir setzten uns ins Hinterzimmer und zündeten eine Kerze an. Auf der Liege lag eine Gitarre, die dann jeder einmal in die Hand nahm, um darauf zu spielen. Später kam Volkrad auf die Idee, ein Lied zu dichten und dieses dann zu vertonen. Einer könnte dazu Flöte spielen, sein Freund habe Bongos, dazu noch Gitarre und die Band sei fertig. Die anderen fanden diese Idee glänzend und sofort begannen sie, ein Lied zu dichten. Willi hatte einen Kugelschreiber, ich gab ihnen noch ein Stück Papier und schon legten sie los. Sie hatten sich vorgenommen, am nächsten Morgen im Clubhaus mit Instrumenten zu üben. Ich war mittlerweile müde geworden und hatte mich auf die Liege gelegt und wollte schlafen. Ich sah noch, wie Lutz und Willi loszogen, um noch was zu essen zu holen. Gegen fünf Uhr wurde es mir zu kalt. Ich hatte keine Lust mehr, noch länger zu bleiben. Volkrad, Harro und Prinz waren noch fleißig am Dichten, als ich aufstand, um zu gehen. Einige Tage später erzählte mir Willi dann als größte Neuigkeit, daß sie jetzt eine eigene Band gründeten. Sie hätten schon zusammen geübt und auch ein eigenes Lied komponiert. Er holte einen Zettel raus und gab ihn mir zu lesen, meinte aber, ich solle nicht lachen, dann sei er beleidigt. Ich las:

From the beginning to the end

He was born in 1952
He had no name nor number.
The town in which he was born
would have been the sky for him.
He grew up like a Christ, but
"Lord" didn't see it.

Some years ago his father died.
His mother left him - he was alone.
Was this the beginning?
Now he tried to find a new father.
He found him - the Devil.

This new father showed him
the other way of life,
which was full of joy.

The best existence was found,
he thought.
Money for alcohol, money
for drugs,
money for women
and money for life, money
for life...

Some years ago the prison-
gate opened.
He walked through.
He was alone.
Was this the beginning?
Now he tried to find a new
father.
He found him - the Death.

Willi war ganz begeistert von der Idee mit der eigenen Band. Sie hatten auch schon in einer Kirche geübt. Harro an der Orgel und an der elektrischen Gitarre, Printe am Schlagzeug, Willi an der Baßgitarre und Guido an den Bongos oder evtl. an einem zweiten Schlagzeug. Willi meinte, der Text würde von Harro gesprochen, dazu mindestens zehn Minuten lang Instrumentalmusik, das ganze sollte enden mit "Ehre sei Gott in der Höhe", gespielt von der Orgel.

5.5.3 Diskussion der Ergebnisse der Datenanalyse

Das Ergebnis zur Thematisierung von Aktivitäten scheint uns unproblematisch zu sein. Daß derartige Situationsdefinitionen auftreten, hatten wir erwartet, auch mit der gefundenen Häufigkeit. Auch der Befund, daß die Gruppen auf ihre Handlungen bezogene gruppenbestimmte Situationsdefinitionen unterhalten, war erwartet worden. Vergleicht man die Häufigkeitsverteilungen zu einzelnen Verhaltensmustern mit den Häufigkeitsverteilungen zu einzelnen Situationsdefinitionen, ist eine hohe Übereinstimmung von Verhalten und Situationsdefinitionen bei den kriminellen Gruppen festzustellen. Einzelne Abweichungen von dieser Tendenz haben wir diskutiert.

Zur Einschätzung der Relevanz dieses Ergebnisses ist zuerst daran zu erinnern, wie sehr in der soziologischen Theorie im allgemeinen und in der Wissenssoziologie im besonderen gerade über diesen Zusammenhang immer noch gerätselt wird. Dabei werden alle möglichen Wissensformen und -inhalte unterschieden, und die Argumentation wird oft an sehr entwickelten Wissensformen wie Rechtstheorien, religiösen und philosophischen Systemen entwickelt. Wie Peter Berger und Thomas Luckmann gezeigt haben, wird das Alltagswissen in der Regel nicht in die Untersuchungen einbezogen. Es kann sein, daß dieses Übergehen des sehr verbreiteten Wissens ein wesentlicher Grund für die geringen Fortschritte bei der Bearbeitung des "Zurechnungsproblems" oder - in bekannterer Formulierung - des Verhältnisses von gesellschaftlichem "Unter- und Überbau" und der "Standortgebundenheit" des Wissens ist. Ein wichtiger weiterer Grund, und diese Kritik träfe auch Berger und Luckmann, dürfte sein, daß diese Frage bisher nicht empirisch angegangen wurde. Unseres Erachtens besagt der hier gefundene Zusammenhang von Verhaltensstrukturen und Situationsdefinitionen für dieses Problem sehr viel, nämlich, daß in der Tat alltagsweltliche Situationsdefinitionen von Gesellschaften oder Teilgesellschaften auf die alltägliche Praxis der sozialen Gruppen bezogen sind - eine These, die nicht gerade neu, die aber immer noch im Streit ist. Aufgewiesen wurde dieser Zusammenhang durch die vergleichende Analyse der Ergebnisse einer soziologischen Verhaltensanalyse einerseits und einer soziologischen Definitionsanalyse andererseits, wobei die Ergebnisse dieses Vergleichs für verschiedene Gruppen selbst in eine komparative Untersuchung einbezogen wurden. Es scheint außerdem auch möglich zu sein, in diesen Zusammenhang eine Kategorie wie "Ideologie" einzubringen. Sie ist schon geeignet, wenn es darum geht, hervorstechende Diskrepanzen zwischen dem Verhalten und den Definitionen zu bezeichnen. So fanden wir z. B., daß die Rocker relativ entschieden mehr Situationsdefinitionen zum Thema Schlagen unterhielten, als sie tatsächlich derartige Handlungen ausführten. Dieses Mißverständnis zeigte uns auf die denkbar einfachste Weise so etwas wie eine Ideologie an - die Ideologie der kämpfenden Rocker, die tatsächlich wesentlich harmloser sind. Ähnlich ist es bei den Typen mit dem Fixen. Auch hier wird in der Gruppe selbst das Bild der harte Drogen injizierenden Typen aufgebaut, das einer entsprechenden Basis im Verhalten entbehrt. Eine Erklärung dieses Tatbestandes können wir hier nicht vorlegen, da dazu noch mehr eindeutige Fälle von Übertreibungen vorliegen müßten. Wir vermuten, daß hier Übersteigerungen in den gruppenbestimmten Situationsdefinitionen durch Statusauseinandersetzungen in der Gruppe entstehen. Jeder will im entwickelten gruppentypischen Verhaltensmuster besonders befähigt sein, kann dies auf der Verhaltensebene aber nicht einlösen, so daß eine

"Flucht in die Theorie" erfolgt, die, bei vielen auftretend, zu gruppenbestimmten Situationsdefinitionen sich verdichtet. Bei den Rockern dürfte der Tatbestand des Überdauerns des Wissens dazukommen.

Nun mögen derartige Übertreibungen als sehr harmlose und offenkundige Fälle von Ideologiebildung betrachtet werden. Aber auch komplexere Verhältnisse von materieller und ideeller Struktur können auf die hier beschriebene Weise analysiert werden. Da wir ja nicht auf die Alltagsbegriffe bzw. Teilnehmerbegriffe bei der Analyse angewiesen sind, können wir zu einer soziologischen Analyse der Verhaltens- wie der Definitionsstrukturen kommen, diese miteinander und von Gruppe zu Gruppe vergleichen. In derselben Weise wäre es z.B. möglich, Arbeiterverhalten und -bewußtsein zu untersuchen und auch hier die Frage nach "falschem" oder "richtigem" Bewußtsein auf einer ersten Ebene zu entscheiden.

Satzungen, Regeln, Positionsstrukturen sind auch in anderen Untersuchungen bei Rockern aufgewiesen worden. In der Regel schloß man von diesen Aussagen auf eine dementsprechende Verhaltensstruktur, die selbst nicht weiter untersucht wurde. So ist wohl der Widerspruch zu erklären, der zwischen unseren Befunden bei der Strukturanalyse des Verhaltens und den Thesen zur Verhaltensstruktur verschiedener Forscher besteht. Die Ergebnisse der Untersuchungen von Situationsdefinitionen dürfen nicht ohne weiteres auf die Verhaltensebene bezogen werden. Andererseits fand man in anderen Untersuchungen im Gegensatz zu uns ein differenziertes System des Wissens bei Drogenkonsumenten (vgl. H.S. Becker, 1963). Dabei wurde allerdings nicht angegeben, wieweit eine Übereinstimmung der Mitglieder der untersuchten Gruppen bestand. Wir vermuten, daß Situationsdefinitionen wahrscheinlich nicht häufig zu einem regelrechten Wissenssystem verdichtet werden. Situationsdefinitionen entwickelten sich aus Verhaltensweisen, die keiner vorgegebenen Systematik folgen oder sie in einem strengen Sinn schaffen. Dementsprechend bestehen zwischen gruppenbestimmten Situationsdefinitionen oft nicht eindeutige Beziehungen. Insofern wird die allgemeine Geltung der These 6 von dem Ergebnis der Hypothesenprüfung etwas eingeschränkt.

5.6 Zur Begründung des Verhaltens von kriminellen und normalen Gruppen

5.6.1 Präzisierung der These von den Begründungen des Verhaltens

In der soziologischen Theorie sind zu den Begriffen "rationalisierendes Wissen", "Legitimation" oder "Ideologie" ganze Theorien konstruiert worden, die sich mit den Situationsdefinitionen von Handelnden zur Begründung ihres Verhaltens befassen und ihre Struktur und Funktion zu erklären versuchen. In der allgemeinen These 6 haben wir für die Teilnehmer an kriminellen Handlungen unterstellt, daß sie die sozialstrukturellen Bedingungen und die Entwicklungsprozesse ihres Verhaltens thematisieren.

Im Gegensatz dazu ist für die kriminellen Gruppen nun oft unterstellt worden, daß diese ihr Handeln nicht weiter begründen. So lautete eine These A.K.Cohens: "Wenn wir uns die Kultur der Bande ansehen, stellen wir fest, daß sie nicht von Nützlichkeitserwägungen getragen wird, daß sie böswillig und negativistisch ist" (1961, S.17). Gehen wir zuerst von dem letzten Teil der Cohenschen These aus, so wäre zu vermuten, daß die Situationsdefinitionen krimineller Gruppen gekennzeichnet sind durch eine "negative Polarität gegenüber..(den) Normen. Sie beziehen ihre Normen von der sie umgebenden Gesamtkultur, aber sie verkehren diese Normen in ihr genaues Gegenteil" (A.K.Cohen, 1961, S.19). Die Normen der Gesellschaft, deren Kriminalität er untersucht, sind nach Cohen die Normen der Mittelschicht. Ihre Maßstäbe sind: Besitz von Ehrgeiz, Zeigen von persönlicher Verantwortung, Kultivierung von Fähigkeiten, innerweltliche Askese, rationales Denken, Fähigkeit zum Aufbau und zur Pflege sekundärer Beziehungen, Nichtanwendung physischer Gewalt, Fairneß, Fähigkeit zur sinnvollen Erholung, Achtung vor dem Eigentum, insbesondere vor der ungeteilten Verfügungsgewalt des Eigentümers und dem Ausschluß aller Rechte anderer, und schließlich die Einschätzung des Eigentums als eines Symbols für den Selbstwert. Beachtet man ferner den ersten Teil der Cohenschen These von der Ablehnung des Nützlichkeitsdenkens, so wäre zu folgern, daß bei den Einsackern insbesondere Situationen des Zugriffs auf das fremde Eigentum zu erwarten sind ohne jeden Bezug auf Nützlichkeitserwägungen, d.h. man stiehlt aus Spaß an der Sache, nimmt willkürlich hier und dort mal etwas mit, wirft es weg, Kleidungsstücke z.B., die man nicht gebrauchen kann. Bei den Rockern sollte man grundlose Körperverletzungen anderer finden. Es sollten Aussagen gemacht werden über die "grundlosen Feindschaften gegenüber gleichaltrigen Jugendlichen...wie gegenüber Erwachsenen" (A.K.Cohen).

Lediglich für die Typen hat Albert K.Cohen zusammen mit James F. Short die These von den unnützen Handlungen bereits zurückgezogen. Beide Forscher äußerten: "...daß der Süchtige die gewalttätigeren Formen der Delinquenz - Raub, tätliche Beleidigung, Bandenkrieg, "allgemeines Krakeelen" - meidet und einkommensträchtige Formen der Delinquenz vorzieht, die für die Aufrechterhaltung des Rauschgiftkonsums in einer Gesellschaft, in der Rauschgift nur auf einem illegalen Markt und zu hohen Preisen bezogen werden kann, wesentlich sind. Die Subkultur der Rauschgiftsüchtigen hat deshalb im Gegensatz zu den Basis- und Konfliktgangkulturen einen ausgeprägt utilitaristischen Zug, aber dieser Utilitarismus dient als Mittel und als Voraussetzung der Lebensweise der Rauschgiftsüchtigen" (1968, S.38o).

Demgegenüber möchten wir davon ausgehen, daß die gruppenbestimmten Situationsdefinitionen aller kriminellen Gruppen kein unnützes Handeln fordern. Wir haben uns im ersten Teil sehr ausführlich mit den tatsächlichen Verhalten der Gruppenmitglieder beschäftigt. Es ist die Konsequenz bestimmter sozialer Lagen. Dementsprechend wollen wir auch für die gruppenbestimmten Situationsdefinitionen annehmen, daß sie eine Handlungslogik aufweisen, die Handlungen sinnvoll auf praktische Ziele der Handelnden bezieht. Das liegt für kriminelle Gruppen auch deshalb nahe, weil ihr Verhalten von den Normalen als problematisch betrachtet wird. Sie wissen davon. Sie stehen daher unter einem regelrechten Legitimationsdruck. Wir kommen so zur Hypothese

H 32: Wenn Gruppen auftreten, deren Mitglieder kriminelles Handeln äußern, dann unterhalten diese Gruppen häufiger ihr Verhalten begründende Aussagen als normale Gruppen.

Eine besondere Weise von Begründungen wurde von Cloward und Ohlin ausführlicher analysiert. Sie vermuteten, daß die Handelnden, die in solchen Lebenslagen leben, die sie zur Kriminalität drängen, nach den Gründen dieses Drangs forschen und sich eine von zwei prototypischen Antworten geben: Entweder betrachten diese Handelnden die soziale Umgebung, die Gesellschaft, oder sich selbst als verantwortlich für ihre problematische Situation. Cloward und Ohlin nehmen nun an, daß die unterschiedlichen Antworten zu unterschiedlichen Reaktionen führen, und sie entwickeln daran anknüpfend die grundlegende Hypothese: Kollektive Reaktionen auf Mängellagen sind wahrscheinlich, wenn diese der gesellschaftlichen Struktur angelastet werden. Individuelle Reaktionen sind wahrscheinlich, wenn das Erleben der Mängelsituation auf persönliches Ungenügen zurückgeführt wird. Diese individuelle Lösung ist dadurch gekennzeichnet, daß das Individuum die Ideologie der Gesellschaft akzeptiert und dann vor dem Problem steht, mit seinem eigenen Unwert zurechtzukommen. Es ist sehr unwahrscheinlich, daß derartige Personen sich mit anderen zusammenschließen. So hielten Cloward und Ohlin diese Lösung auch für selten. Sie wandten sich daher ausschließlich der kollektiven Lösung zu, deren Entwicklung, d.h. Ablauf, dann ausführlich vom Erfahren der Mangelsituation bis zur tatsächlichen Kriminalität beschrieben wird.

Nun haben wir aber gefunden, daß ein Zusammenhang zwischen sozialer Lage und kriminellem Handeln besteht. Wir erwarten daher, daß eben dieser Zusammenhang auch in den Begründungen erörtert wird. Das führt zur Hypothese

H 33: Wenn Gruppen auftreten, deren Mitglieder kriminelles Handeln äußern, dann unterhalten diese Gruppen häufiger Begründungen, die die Gesellschaft oder gesellschaftliche Teilbereiche für ihr Verhalten verantwortlich machen, als normale Gruppen.

5.6.2 Datenanalyse zu den Begründungen der Gruppen

Zur These 32 finden wir zunächst auch bei den Normalen Begründungen ihres Verhaltens.

> Der Feldforscher berichtete von einem Gespräch mit Bernd und Philipp: "Wir sind eben in der Laube aus Langeweile, und weil wir sonst nirgendwo hin wissen... Was uns zusammenhält, ist die Laube. Wir kennen uns mehr über die Laube als über die Penne."
> In einer Diskussion führte Kai, ein Normaler, aus: "Man kann unsere Laube doch nicht mit anderen Kneipen vergleichen. Hier kannste Dich doch echt zu Hause fühlen. Was meinst Du, warum wir alle hierhin kommen? Bier trinken und Musik hören kann ich auch zu Hause, aber hier ist eine besondere Atmosphäre. Hier ist noch Stimmung. Hier kennt jeder jeden, und man trifft immer Leute, mit denen man sich unterhalten kann, ganz gleich, welche Stimmung man hat." Nun mischte sich Wilhelm ein: "Zu Hause, was haste denn da, immer die gleichen Gesichter, hier ist noch Stimmung."
>
> Bei den Rockern meinte Harro: "Auf die Leute wird ein großer Zwang ausgeübt... irgendwie durch irgendwen wird jemand gezwungen, irgendetwas zu tun. Er widersetzt sich dann, kann es aber nicht allein schaffen und schließt sich mit den anderen zusammen, die dieselben Probleme haben. Ganz wichtig ist, daß die sich zusammentun. Einer allein würde das nie machen - die Zusammenrottung ist das wichtigste. Auf diese Weise entstehen die Clubs... Man findet Gefallen am freieren Leben mit der Zeit, findet das schön, ab und zu findet man dabei auch ein passendes Mädchen. Was willst Du dann noch mehr? Du hast ein Mädchen, was zu rauchen, ein Moped. Je öfter Du dann mit den Bullen zu tun hast, desto mehr wirst Du von den anderen bestaunt, die haben dann Respekt oder sogar Angst vor Dir, unter anderem dann, wenn Du im Bau gewesen bist." Ferdi antwortete dem Feldforscher auf die Frage, warum man Rocker wird: "Rocker kommen aus der Unterschicht. Das waren früher oft Asoziale, die hatten viele Kinder zu Hause, die sind so erzogen worden, daß sie sich durchsetzen." Matthias sah es so: "Die sind von Kleinkind an so, die sind mit ihren Eltern nicht ausgekommen, hatten kein Verstehen zu Hause, haben abends lange auf der Straße herumgehangen, haben mit anderen eine Haßgruppe gegründet, weil sie alleine keine Lust hatten. Wenn sie sechzehn wurden, haben sie sich ein Moped gekauft, um eine Rockerbande zu gründen." Bodo antwortete auf diese Frage: "Viele können sich nicht allein weiterhelfen. Die suchen einen Halt, und bei den Rockern finden sie den. Da hält einer den anderen fest." Rainer sagte: "Man hat Spaß am Motorradfahren, daran, die Leute zu schockieren, auffallend herumzulaufen usw. .. Dann hat man Freunde, die auch ein Moped haben, mit denen fährt man zusammen irgendwo hin.. Dann hat man seine Klamotten an,

wird von anderen angepöbelt; zuerst pöbelt man einfach nur zurück oder steckt das ein und geht raus. Bis man das einmal nicht mehr abkann, und dann fängt man an zu schlagen. Wenn man dann allein war, holt man sich vielleicht 'ne Naht, und dann schließt man sich zusammen und fährt nur noch mit mehreren irgendwohin. Das ist der Hauptgrund."

Schließlich geben auch die Einschätzungen der Zukunft der Rocker Aufschluß über die Begründungen des Handelns:

Der Feldforscher fragte Harro und Ferdi, wie es komme, daß in letzter Zeit so wenig los sei. Beide erklärten, früher seien sie immer rumgefahren und hätten auch viel unternommen. Vor allem seien sie damals immer zusammen gewesen und hätten alles gemeinsam unternommen. Aber diese Zeit sei jetzt vorbei. Die meisten seien jetzt älter geworden und hätten teilweise Autos. Hinzu käme, daß viele eine feste Freundin hätten und sich dann von den anderen absonderten. Diese Zeit könne wieder aufleben, doch der Nachwuchs würde fehlen. Keiner der Älteren sei bereit, Neue um sich zu scharen. Und die Neuen allein schafften es nicht, sich zusammenzurotten. Sie brauchten einen Älteren, der es versteht, sie um sich zu scharen. Reinhard sei so einer, der es wieder versucht habe, aber das sei auch nicht das richtige geworden. Und die Älteren würden das ebenfalls nicht mehr machen. Die meisten hätten noch die Nase voll. Sie hätten damals fast alle Verhandlungen gehabt, und viele hätten jetzt noch Bewährung. Die würden sich auch nicht mehr schlagen, es sei denn, sie würden angegriffen.

Bei den Typen hörte man:

"Wir machen es anders und wissen, warum. Wir versuchen, uns selbst zu verwirklichen. Man kommt zum Rauchen aus Neugierde, hat was von Bewußtseinserweiterung gehört, trifft die Gruppe. Die anderen, die Gruppe, sind entscheidend. Ohne die Gruppe kommt man nicht zum Kiffen. Man raucht dann mal eine mit, man findet das gut. Man bleibt dabei... Man raucht, um über die Arbeit zu kommen... Man braucht es als Rückzug aus der Wirklichkeit... Zum Fixen kommt man, weil der Umgang die Leute macht. Wenn man viel mit Fixern zusammen ist, dann kommt man auch bald dazu. Zum Fixen kommt man aus Neugierde, weil man von den anderen in der Gruppe immer wieder hört, wie gut der Flash und das Feeling sind... Zum Fixen kommt man, weil die andern das auch machen. Machten die das nicht, würde man das auch nicht tun..."

Bei den Einsackern sagte Pablo während einer Gruppendiskussion zur Begründung des Einsackens:

"Von den Lehrlingsbeihilfen, den Arbeitslöhnen, kann man doch nicht leben. Wir kommen jedenfalls nicht damit aus. Wenn man Lehrling ist, ist alles doch nur Ausbeutung. Nach anderthalb Jahren kann man dasselbe wie ein Geselle. Man macht auch immer dieselbe Arbeit wie ein Geselle. Die Firmen rechnen dafür auch denselben Stundenlohn wie für einen Gesellen. Unsereins bekommt aber nur Einsfünfzig." Gerda gab auf die Frage des Feldforschers "Warum macht Ihr das?" die Antwort: "Damit wir besser leben können,als wir dürften, wenn wir arbeiten würden." Ich bat Gerda, den Satz noch einmal zu wiederholen. Toni: "Am besten gleich aufschreiben." Gerda diktierte mir den Satz. Erwin, Toni und Ernst waren ganz damit einverstanden.

Zählt man die Situationsdefinitionen zu den Begründungen systematisch aus, findet man folgende Verteilung:

Tabelle 69: Situationsdefinitionen zu Begründungen des Verhaltens von kriminellen und normalen Gruppen

Gruppe	Situationsdefinitionen zu		Summe
	Begründungen	anderen Tatbeständen	
Normale	11 (o,o4)	273 (o,96)	284
Kriminelle	1oo (o,o9)	1o29 (o,91)	1129
Rocker	55 (o,11)	455 (o,89)	51o
Typen	26 (o,o7)	354 (o,93)	38o
Einsacker	19 (o,o8)	22o (o,92)	239
Summe	111	13o2	1413

Tau N/K = o,o1; Tau N/T = o,oo; Tau N/E = o,o1

Beachtet man die große Zahl der Situationsdefinitionen, die in jeder Gruppe geäußert werden, sollte man auch Unterschiede von 9% auf 4% ernst nehmen, insbesondere, wenn sich diese Differenz bei allen kriminellen Gruppen gegenüber der normalen hält.

Geht man von der Logik des Taumaßes aus, muß man allerdings sehen, daß bei einer Verteilung von 111 Situationsdefinitionen zu den Begründungen und 1.362 anderen Situationsdefinitionen die besonderen Verteilungen der Normalen und Kriminellen sich davon nicht so sehr unterscheiden, so daß ein hoher Taukoeffizient nicht erwartet werden kann. Das gilt sowohl für den Vergleich der gesamten Gruppe der Kriminellen wie für die einzelnen kriminellen Gruppen mit den Normalen. Ein Tauwert von o,o1 kann in keinem Fall als ausreichend zur Hypothesenbestätigung betrachtet werden.

Zur Hypothese 33 finden wir folgende Verteilungen bei einem großen Rest nicht einzuordnender Begründungen: (Siehe Tabelle 7o, Seite 413)

Die kleinen Zahlen können nicht zu einem regelrechten Test der Hypothese 33 eingesetzt werden. Immerhin sind gewisse Einschätzungen möglich. Bei den Einsackern, deren sozialer Hintergrund mit der abhängi-

Tabelle 7o: Bezüge von Begründungen von kriminellen Gruppen

Gruppe	Bezüge von Begründungen			Summe
	Gesellschaft	Gruppe	Individuum	
Rocker	3	6	6	15
Typen	3	9	7	19
Einsacker	7	o	o	7
Summe	13	15	13	41

gen Position des Vaters und der eigenen abhängigen Position diese Jugendlichen besonders prädestiniert für die Verwendung "sozialer" Legitimationen, treten auch nur diese auf; anders als bei den Rockern und Typen, bei denen die Desorganisation der Familie geeignet ist, den sozial erzeugten "harten Kern" ihrer Benachteiligungen zu verschleiern. Hier stoßen wir immer wieder auf gesellschaftskritische Momente in der Begründung ihres Verhaltens. Bei den Typen, deren sozialer Hintergrund in der Familie sie zum kriminellen Handeln drängen sollte, finden wir auch individuelle Legitimationen wie bei den Rockern, bei denen gerade diese Begründungen auch nicht erwartet werden. Einige Typen verweisen auch auf die Gruppe: "Ohne die nie!" Für die Rocker ist die Gruppe ebenfalls der Anziehungspunkt. Darüber hinaus gibt es aber persönliche Defizite, die ein normales Verhalten behindern, als Gründe für die Mitgliedschaft bei den Rockern, so daß für beide Gruppen der Versuch, Anhaltspunkte für eine Beurteilung der Hypothese zu gewinnen, nicht sehr günstig ausfällt.

5.6.3 Diskussion der Ergebnisse der Datenanalyse

Daß in kriminellen Gruppen mehr begründende Situationsdefinitionen festzustellen sind als in normalen, war erwartet worden. Überraschend ist jedoch, daß auch kriminelle Gruppen nicht deutlich mehr Begründungen zu ihrem Handeln äußern. Bei ihnen scheinen sich schon Selbstverständlichkeiten ausgebildet zu haben, die Begründungen weitgehend überflüssig machen. Das ist erstaunlich, wenn man berücksichtigt, daß durch die normale Umwelt und ihre Normen ein regelrechter Legitimationsdruck entsteht.

Die weiteren Ergebnisse dieses Abschnitts wollen wir hier nicht besonders diskutieren, da die Materialbasis wegen der kleinen Zahl der Fälle schwach ist.

5.7 Das Bild der internen Struktur von kriminellen und normalen Gruppen

5.7.1 Präzisierung und Operationalisierung der These von kontrakulturellen Situationsdefinitionen in kriminellen und normalen Gruppen

Interne Rivalitäten treten in vielen Gruppen auf. An einzelnen Verhaltenskomplexen sind mehrere Personen beteiligt, manchmal die ganze Gruppe. In anderen Fällen erfahren Unbeteiligte später durch Gespräche von einzelnen Verhaltensabläufen. Es werden dann die Verhaltensmuster einzelner Personen oder mehrerer von den anderen beurteilt, wie diese einzuschätzen sind, welchen Beitrag sie zu einem bestimmten Ziel leisten, ob sie für die Gruppe förderlich oder abträglich waren. Solche Differenzierungen von Verhaltensweisen und damit auch verbunden von Personen sollten in dem Maße zunehmen, in dem Verhaltensweisen problematisch werden: Sie bringen nicht den erwarteten Erfolg. Ihnen folgen gar Benachteiligungen. Das ist in besonderem Ausmaß zu erwarten, wenn Handlungen von außen problematisiert werden, wie dies durch das Eingreifen der Mitglieder der Instanzen sozialer Kontrolle geschieht. Polizisten beobachten einen Akt und greifen ein. Zukünftig werden vielleicht alle Anwesenden an einem Platz in regelmäßigen Abständen von Polizisten überprüft. Eine Razzia wird in einer Diskothek durchgeführt, da dort gedealt wurde. Verschärfte Kontrollen behindern die Arbeit der Einsacker in dem einen Kaufhaus, in dem einige zufällig einen großen Fischzug durchführen wollten. Von den Gruppenmitgliedern werden dann Entscheidungen über ihre Stellung zu den Verhaltensweisen und den Ausführenden verlangt, die diesen Zugriff von außen hervorriefen. Das ruft Konflikte in der Gruppe hervor, produziert Rivalitäten, läßt Kontrahenten entstehen.

Es liegt auf der Hand, daß bei den Normalen eine derartige Problematisierung der Verhaltensweisen im Gegensatz zu den Kriminellen kaum stattfindet. Dort tritt sie ständig auf, so daß in diesen Gruppen eher interne Rivalitäten auftreten dürften. Wir erwarten daher als weitere Definitionen zur Situation der Gruppe im Sinne der These 6:

H 34: Wenn Gruppen auftreten, deren Mitglieder kriminelles Handeln äußern, dann unterhalten diese Gruppen häufiger Situationsdefinitionen über interne Rivalitäten als Normale.

5.7.2 Datenanalyse zu den kontrakulturellen Situationsdefinitionen

Zur Hypothese 34 finden wir bei den Normalen nur wenig Äußerungen. Hier wurde lediglich zwischen einer Thekenclique und denen, die an den Tischen saßen, unterschieden.

> Printe erzählte einem Feldforscher, in der Laube gäbe es richtig so zwei Cliquen, die eine, das seien die Älteren, die ständen alle an der Theke, die anderen, das seien so die, die verteilten sich "hier so rum", dabei machte er eine Geste, die über die Tische hinweg zeigte. Eine Zeitlang seien sie eine feste Clique gewesen, da hätten sie alle an einem Tisch gesessen, so ein richtiger Stammtisch sei das gewesen. Heute sei das ja schon so, daß sie an verschiedenen Tischen säßen, einfach auch, weil sie so viele seien. Der Feldfor-

scher fragte Printe dann, ob ihm der Stammtisch besser gefallen habe. Das sei wohl besser gewesen. Man habe sich irgendwie geborgen gefühlt.

Bei den Rockern gab es die Unterscheidung zwischen den Wallstreets und den Vogelfreien.

"Die Wallstreets sind doof" und "Die Vogelfreien machen immer Rabatz" waren zwei stehende Redensarten in der jeweils anderen Gruppe.

Bei den Typen hörte man häufig Diskussionen über das Verhältnis von Kiffern und Fixern.

Ein Feldforscher fragte einen der einflußreicheren Kiffer nach dem Verhältnis zwischen beiden Gruppen. Olaf: "Wenn ich das Wort Fixen höre, denke ich immer gleich an Scheiße, auch wenn das Vorurteil gegenüber Fixern bestimmt unberechtigt ist. Aber die Fixer haben was gegen die Kiffer und umgekehrt." Andere Kiffer sagten: "Man sollte nicht fixen. Fixen ist gefährlich. Da baut man ganz ab. Das ist glatter Selbstmord. Es ist einem egal, ob man kaputt geht. Es ist zu schön. Wenn man es einmal gemacht hat, kommt man nicht wieder los - deshalb ist es besser, man läßt es gleich sein... Der zweite Schuß macht süchtig." Wieder andere Kiffer berichteten einem Feldforscher, sie meinten auch, daß die meisten Fixer früher einmal geraucht haben, wenn auch nicht alle. Erstaunlicherweise sprechen sie sich auch gegen das Fixen aus. Es sei ganz in Ordnung, daß das von der Polizei verfolgt werde, denn zwischen Fixen und Kriminalität besteht nach Nicki ein sehr enger Zusammenhang. "Wenn erst einer Stoff braucht, dann kennt der keinen mehr."

Auf der anderen Seite sagten die Fixer: "Die Raucher meinen, wenn sie ihren Joint rauchen, dann hätten sie schon ein anderes Bewußtsein." Christian sagte uns mehrfach: "Die Kiffer, wißt Ihr, die sind da ganz unten, unter uns Fixern." Als zum ersten Mal über die Möglichkeit einer Drogenberatungsstelle gesprochen wurde, meinte Bruno zu einem Raucher, der sich nach der Aufgabe dieser Einrichtung erkundigte: "Das ist nichts für die kleinen Kiffer." Eine generelle These der Fixer, die sie immer wieder in die Diskussion einbrachten, lautete: "Rauchen taugt nichts. Man muß fixen."

Bei den Einsackern gab es - wohl auch wegen des kleinen Umfangs der Gruppe - keine Clique.

Bezeichnend für die Definition des Zusammenhangs der Mitglieder der Gruppe war die Reaktion auf den Vorschlag des Sozialarbeiters: "Das beste ist, wenn Ihr im Raum mal einen bestimmt, mit dem ich immer solche Probleme besprechen kann, an den ich mich wenden kann." "Wieso sollen wir einen bestimmen? Wenn Du was hast, kannst Du uns doch alle fragen", meinte Gerd. Hier wurden lediglich einzelne Personen intern stigmatisiert, sei es als "Spitzel" oder "Kameradenschweine".

Prüft man systematisch, wie sich die Situationsdefinitionen zur internen Struktur verteilen, findet man:

Tabelle 71: Situationsdefinitionen zur internen Struktur bei kriminellen und normalen Gruppen

Gruppe	Situationsdefinitionen zu		Summe
	intern.Rivalität.	anderen Tatbeständen	
Normale	4 (o,o1)	28o (o,99)	284
Kriminelle	38 (o,o3)	1o91 (o,97)	1129
Rocker	9 (o,o2)	5o1 (o,98)	51o
Typen	15 (o,o4)	365 (o,96)	38o
Einsacker	14 (o,o6)	225 (o,94)	239
Summe	42	1371	1413

Alle Tauwerte unter o,o2, bis auf Tau N/T, N/E und R/E unter o,o1.

Auffallend ist zunächst, daß nur sehr wenige Aussagen über interne Rivalitäten gemacht werden - das gilt für die Normalen ebenso wie für die Kriminellen. Geht man von den ermittelten Situationsdefinitionen zu diesem Thema aus, gewinnt man das Bild von Gruppen, deren Diskussionen wenig durch Konflikte in den eigenen Grenzen beeinträchtigt werden.

Vergleicht man einmal trotz der kleinen Häufigkeiten die Gruppe der Normalen mit den kriminellen Gruppen, findet man, daß Verteilungen der Daten im Sinne der Hypothese erfolgen: Sowohl die Kriminellen als Gesamtgruppe wie die Untergruppen äußern sich häufiger über die interne Struktur und dabei insbesondere über interne Rivalitäten als die Normalen. Diese Unterschiede sind jedoch nicht groß genug, um zu einer Bestätigung der These zu führen. Teilweise, wie bei den Normalen und Rockern verschwindet die Differenz fast.

5.7.3 Diskussion der Ergebnisse der Datenanalyse

Die interne Struktur wird nur sehr selten angesprochen. Das hatten wir nicht erwartet. Diese Verfeinerungen der allgemeinen These 6 werden nicht oder nur sehr vorläufig bestätigt. So zeigt sich auch deutlich, daß in den von uns untersuchten Gruppen der Typen und Rocker die von Walter B.Miller und Lewis Yablonsky in amerikanischen Jugendbanden beobachteten ständigen Statusdiskussionen nicht auftraten. Für Miller waren für die Unterschicht aufgrund ihrer ökonomischen Lage die eingeschlechtlichen Gruppen kennzeichnend: Frauen im Haushalt, Männer im Betrieb. Bei den Jugendlichen ist das Zusammensein "mit den Kumpeln" in der Freizeit die für dieses Alter typische Variante dieses Strukturmerkmals der Unterschicht. In diesen Gruppen kommt es nun nach Miller permanent zur Diskussion über die Mitgliedschaft. Die Selektion der Mitglieder erfolge nach Prinzipien, die in der Unterschicht gelten. Yablonsky hatte beobachtet, daß unter den Rockern die Mitglieder stets unterschiedliche Grenzen der Gruppe feststellten, was ebenfalls zu häufigen Diskussionen der Frage führte, ob dieser oder jener nun noch Mitglied sei oder nicht. Diese Prozesse konnten wir nur bei den Einsakkern beobachten, wo die Mitgliedschaftsfrage sehr häufig gestellt und negativ entschieden wurde.

5.8 Das Bild vom äußeren Gegner von kriminellen und normalen Gruppen

5.8.1 Präzisierung und Operationalisierung der These zum äußeren Gegner

Die Gruppe der Normalen lebt überwiegend unter Normalen. Die Gruppe der Kriminellen lebt jedoch überwiegend nicht unter Kriminellen, sondern auch überwiegend unter Normalen. Zudem sind Instanzen sozialer Kontrolle eingesetzt worden. Von ihnen werden die kriminellen Gruppen kontrolliert. Hier stoßen sie auf Widerstand, von ihnen sehen sich die Gruppen verfolgt. Es kann daher zunächst gar kein Zweifel daran bestehen, daß gruppenbestimmte Situationsdefinitionen zum äußeren Gegner bei Kriminellen häufiger als bei Normalen auftreten, sind sie doch ein herausragender Bestandteil der sozialen Umwelt im Sinne der These 6.

H 35: Wenn Gruppen auftreten, deren Mitglieder kriminelles Handeln äußern, dann unterhalten diese Gruppen häufiger Situationsdefinitionen über äußere Gegner als normale Gruppen.

Bei der Entwicklung von Thesen zum Inhalt der Aussagen zum äußeren Gegner ist es sinnvoll, sich der Ausgangsfrage der neueren Kriminalsoziologie in der BRD im Definitionsansatz zu erinnern. Dort werden die Prozesse der Definition eines Verhaltens als "kriminell" und eines Menschen als "Krimineller", die in den Instanzen sozialer Kontrolle ablaufen, erörtert. Auffallend ist nun, daß bisher nie der umgekehrte Frageansatz verfolgt wurde: Wie definieren eigentlich Kriminelle die Angehörigen der Instanzen sozialer Kontrolle und diese Organisationen selbst. Die Vernachlässigung dieser Perspektive ist umso erstaunlicher, als in der frühen Kriminalsoziologie diese Frage durchaus thematisiert wurde. Wir haben bei der Analyse des Selbstbildes schon die These diskutiert, daß ausgeprägte Fremdstereotype ein Wir-Bild hervorrufen, zumindest seine Prägnanz verstärken. Für Thrasher (1927) war die Auseinandersetzung mit den Vertretern der sozialen Kontrolle gar wichtige Determinante für das Entstehen der kriminellen Gruppe. Nach seiner Auffassung entsteht keine Gang ohne den Ärger der Mitglieder über andere oder ohne offene Gegnerschaft: "Eltern oder Nachbarn, die die Gruppe beargwöhnen", "der alte Mann an der Ecke", der Ladenbesitzer, die "Bullen" (S.26); sie bringen erst die Jungen zu einer Bande voller Aktivität zusammen. Auch Frank Tannenbaum beachtete diese Definitionsprozesse stark und schrieb ihnen eine die abweichenden Handlungen stabilisierende Funktion zu.

William F.Whyte räumte den Vorstellungen der von ihm untersuchten Gangmitglieder über die Sozialarbeit zwar nicht die überragende Bedeutung ein, widmete ihnen gleichwohl seine Aufmerksamkeit (1943). Er fand, daß selbst in vorsichtigen Urteilen bei verschiedenen Gelegenheiten die Sozialarbeiter nicht gut wegkamen. Sie wurden als "Snobs", als "überheblich", als "Leute, die sich als etwas Besseres vorkommen", bezeichnet. Whyte (S.1o3) fand weiter, daß Kriminelle eine "obszöne Sprache" zwar gegenüber Angehörigen der Instanzen sozialer Kontrolle verwandten, diese aber nicht einsetzten, wenn sie sich mit älteren Angehörigen ihrer eigenen Klasse oder von ihnen anerkannten Personen unterhielten. Whyte ging daher davon aus, daß diese abwertenden eigensprachlichen Begriffe und Sätze Formen der Aggression gegen fremde Mächte seien (S.1o3).

Howard S.Becker ging sogar noch einen Schritt weiter: Danach betrachten die Kriminellen diese Organisationen der sozialen Kontrolle nicht als überlegene Gegenmacht, die über kurz oder lang Erfolg haben wird, sondern als Vertreter absterbender Situationsdefinitionen. "Menschen, die als Außenseiter bezeichnet werden,..akzeptieren die Regeln nicht, nach denen sie beurteilt werden. Sie betrachten die Vertreter solcher Regeln als Außenseiter" (H.S.Becker, 1963, S.1f).

William F.Whyte hat in seiner schon zitierten Untersuchung ein Beispiel geliefert, daß diese Situationen durchaus auftreten. Es berichtete ihm ein Gewährsmann (1943, S.7) von einer Gang, deren Mitglieder bei ihren Kontakten mit Sozialarbeitern keinerlei Respekt zeigten, sondern diese offen mit negativ bewertenden Bezeichnungen belegten. Die Sozialarbeiter mußten das einstecken. Als die Sozialarbeiter schließlich Polizeibeamte zur Hilfe riefen, verstanden es die Jungen aus der Bande so gut, sich mit den Polizeibeamten zu unterhalten, daß diese die Sozialarbeiter als Störenfriede betrachteten und statt des Ansehens der Jungen das Prestige der Organisation der Sozialarbeit sank. Hier deutet sich eine Perspektive an, die auch den Kriminellen eine Chance bei der Durchsetzung ihrer Situationsdefinitionen gegenüber den Gegnern gibt.

Nun kann gar kein Zweifel daran bestehen, daß die Perspektive des Definitionsansatzes "von den Instanzen sozialer Kontrolle zu den Kriminellen" wichtiger als die andere Sicht "von den Kriminellen zu den Instanzen sozialer Kontrolle" ist. Wir haben schon mehrfach auf die Machtunterschiede zwischen kriminellen Gruppen und den Instanzen sozialer Kontrolle hingewiesen. Sie führen ja dazu, daß die Definitionen der Organisationen sozialer Kontrolle in einer Weise durchgesetzt werden, daß für die als kriminell definierten Personen erhebliche faktische Benachteiligungen erfolgen. Das ist der Regelfall. So haben wir auch in unserer Untersuchung nichts gefunden, was mit dem von Whyte berichteten Fall vergleichbar wäre, so daß wir ohne weiteres zugeben, daß die subkulturellen Vorstellungen der Kriminellen für die Organisationen und die Mitglieder der Instanzen sozialer Kontrolle konsequenzlos bleiben, jedenfalls solange keine "organisierte Kriminalität" auftritt. Was die von uns beobachteten Gruppen angeht, so liegen keinerlei Hinweise einer Einflußmöglichkeit auf Organisationen oder Mitglieder sozialer Kontrolle vor.

Aber wenn es den kriminellen Gruppen auch nicht gelingt, diese Situationsdefinitionen auf die Instanzen sozialer Kontrolle zu übertragen, so bleiben sie in der Gruppe dennoch bestehen. Dort sollten sie die Merkmale aufweisen, die Whyte und Becker schon isolierten: Angehörige der sozialen Kontrolle werden darin angegriffen, sie werden als Außenseiter lächerlich gemacht. Das bedeutet dann aber, daß die "äußeren Gegner" in den Situationsdefinitionen in einer bestimmten Weise definiert werden, die unserer These von den unterschiedlichen Situationsdefinitionen entspricht. Es könnte ja auch von einem Gegner dieser These eingeräumt werden, daß die Aufmerksamkeit für "Gegner" wie die Vertreter der Organisationen der sozialen Kontrolle bei den kriminellen Gruppen höher ist als bei den normalen, einfach aufgrund der häufigeren Kontakte. Es sollte dann aber erwartet werden, daß die Kriminellen die Vertreter der Instanzen sozialer Kontrolle normal definieren, also als Richter, Polizisten und Sozialarbeiter, die unbestritten wichtigen Aufgaben nachgehen. Einer derartigen Hypothese möchten wir vor dem Bezugsrahmen unserer allgemeinen These widersprechen. Wir erwarten, daß die Kriminellen eigene Begriffe und Sätze verwenden, in denen die aggressive und abwertende Ablehnung der Mitglieder der Instanzen sozialer Kontrolle stark zum Ausdruck kommt. Wir formulieren daher die Hypothese

H 36: Wenn Gruppen auftreten, deren Mitglieder kriminelles Handeln äußern, dann unterhalten diese Gruppen häufiger Situationsdefinitionen, in denen die Mitglieder der Instanzen sozialer Kontrolle aggressiv und abwertend definiert werden, als normale Gruppen.

5.8.2 Datenanalyse zu den Situationsdefinitionen vom äußeren Gegner

Bei der Überprüfung der Daten zur Hypothese 36 finden wir bei den Normalen keine Gruppendiskussionen über äußere Gegner, insbesondere über Instanzen sozialer Kontrolle. Im Gegenteil, hier werden Mitglieder der Instanzen sozialer Kontrolle als Vollstrecker anerkannter Sanktionen gegenüber Personen, die von unbestrittenen Normen abweichen, angesehen. Die Normen werden geteilt und handelnd zu realisieren versucht, von den wenigen Ausnahmen zum "Klauen" abgesehen.

In einer Diskussion über einen Bankraub meinten die Normalen, für diese Täter sei die Todesstrafe doch noch angebracht: Das gehe doch nicht, daß die sich da einfach eine Million unter den Nagel reißen.

Bei den Rockern waren schon die Nachbarn des Clubhauses Gegner. Der Feldforscher berichtete: Ich setzte mich zu einem Kreis, der sich auf dem Rasen in der Nähe des Clubhauses niedergelassen hatte. Hier führte Ali das große Wort. Er schimpfte auf die Nachbarschaft des Clubs und den Einfluß, den diese Leute in der Gemeinde haben. "Wir zahlen genausogut unsere Steuern wie die, und die führen das große Wort." Danny machte Pläne für Sylvester, wenn sie den Nachbarn mit Sprengpulver gefüllte Luftpumpen in die Vorgärten und vor die Türen werfen würden. Motto: Denen werden wir es zeigen. Wir müssen nur zusehen, daß wir hier eine Party starten lassen können.

Besonders häufig wurden "Bullen" angesprochen: "Die Bullen sind Scheißbullen. Sie sind Schweine... Die Bullen sind zu blöde, um uns zu packen...Man soll uns nicht die Bullen auf den Hals holen, indem man sie provoziert, da sie uns sonst verjagen... Keinen Ärger mit den Bullen. Die haben sowieso den längeren Arm... Die Bullen wollen dann von einem alles wissen. Man soll ihnen auch erzählen, was man über die anderen weiß. Aber aus uns kriegen die nichts raus, die Schweine... Wer bei den Bullen gut behandelt wird, der ist (als Spitzel) verdächtig... Wer einen Kumpel bei den Bullen verpfeift, dem ergeht es schlecht."

Bei den Typen werden ebenfalls Situationsdefinitionen zum Thema "äußerer Gegner" geäußert:

"Wir können uns keinen Ärger mit den Bullen erlauben... Einige Bullen sind in Ordnung, die meisten Bullen sind nicht in Ordnung. Die sind brutal, dumm, die nehmen nichts... Polizei muß sein, sonst würde das mit dem Fixen noch schlimmer... Man muß jedem zutrauen, daß er andere an die Bullen verrät."

Bei den Einsackern hörten wir:

"Es ist nicht mehr viel drin. Die Verkäufer in den Geschäften sind voll drauf, wenn man um ein Uhr mit langen Haaren auftaucht. Egal, ob Du wirklich Mittagspause hast oder nicht, die verdächtigen Dich und passen haarscharf auf Dich auf. Es ist nicht mehr viel drin. Besonders, wenn die einen vom Sehen her schon kennen... Wenn die im Kaufhaus lange Haare sehen, dann kommen die sofort an..."
"Die Straße, in der das Jugendheim liegt, ist sowieso immer vom Auge des Gesetzes bewacht. Die Bullen ziehen um die Straße auf dem Stadtplan einen großen Kreis und alles, was in diesem Kreis passiert, ist von uns gemacht worden... Man muß Bullen von ande-

ren unterscheiden können... Die Bullen machen auch schon einen Diebstahl daraus, wenn Du einen Apfel klaust, alles wird aufgebauscht... Wenn einer sagt, die Bullen seien schwer in Ordnung, dann ist das verdächtig."

Prüft man systematisch, wie viele Situationsdefinitionen die einzelnen Gruppen äußerten, findet man:

Tabelle 72: Situationsdefinitionen zum äußeren Gegner von kriminellen und normalen Gruppen

Gruppe	Situationsdefinitionen		Summe
	zum äußeren Gegner	zu anderen Tatbeständen	
Normale	o (o,oo)	284 (1,oo)	284
Kriminelle	1o6 (o,o9)	1o23 (o,91)	1129
Rocker	56 (o,11)	454 (o,89)	51o
Typen	19 (o,o5)	361 (o,95)	38o
Einsacker	31 (o,13)	2o8 (o,87)	239
Summe	1o6	13o7	1413

Tau N/K = o,o2; Tau N/R = o,o4; Tau N/T = o,o2; Tau N/E = o,o7; Tau R/T = o,o1; Tau R/E = o,oo; Tau T/E = o,o2.

Wir sehen die Hypothese auf den ersten Blick bestätigt. Die Normalen machen überhaupt keine Angaben zu diesem Thema, die kriminellen Gruppen verwenden insgesamt 1o6 von 1129 Gruppendiskussionen auf dieses Thema.

Betrachten wir jedoch die Assoziationsmaße Tau, finden wir kleine Werte. Das hat - trotz der widersprechenden Eindrücke auf den ersten Blick - seine Gründe. Das Verhältnis der Aussagen zum äußeren Gegner zu anderen Aussagen ist 1o6:13o7. Würde man nur auf der Grundlage dieser Information die Situationsdefinitionen den Gruppen zuordnen, macht man nur 196 Fehler. Zieht man die Verteilungen der Gruppen heran, macht man bei der Zuordnung der Situationsdefinitionen bei den Normalen keine Fehler - die Definitionen werden alle als andere Aussagen eingeordnet. Greift man dann die Verteilung der Kriminellen auf, macht man 192 Fehler, das sind nur 4 Fehler weniger, d.h. die Variation der unabhängigen Variablen erklärt einen Anteil von 4:196 = o,o2 der Variation der abhängigen Variablen.

Produziert wird dieses magere Ergebnis trotz der eindeutigen Tendenz in den Daten durch zwei Tatbestände:

1) Die Gruppe der Normalen ist wesentlich kleiner als die der Kriminellen. Dementsprechend treten auch hier viel weniger Situationsdefinitionen auf. Sie machen nur 1/5 der Gesamtzahl aus. Wäre die Zahl der normalen Gruppen und ihrer Situationsdefinitionen größer, wür-

de der Tatbestand, daß hier keine Situationsdefinitionen zu äußeren Gegner gemacht werden, sich deutlich bemerkbar machen. Tau würde erheblich größer (vgl. z.B. Tau für N/R, wo die Zahl der Kriminellen kleiner und die der Normalen relativ größer ist und der Anteil der Situationsdefinitionen zum äußeren Gegner etwa so groß wie bei den Kriminellen insgesamt ist).

2) Die Tendenzen der Verteilungen sind in beiden Gruppen dieselben: Konzentration auf "andere Situationsdefinitionen". Sie machen 1oo% bei den Normalen und 91% bei den Kriminellen aus. Vertauscht man einmal zur Kontrolle dieses Effekts bei den Kriminellen die Werte zu den unterschiedenen Aussagen, d.h. unterstellt man einmal, sie würden 91% ihrer Situationsdefinitionen äußeren Gegnern widmen, fände man ein Tau von o,66.

Beide Tatbestände sind aber echte Charakteristika unserer Erhebung. Die Gruppe der Normalen war klein - wir müssen daher mit beschränkten Bestätigungsmöglichkeiten rechnen. Auch die Kriminellen äußern sich selten über äußere Gegner, so daß das Assoziationsmaß Tau hier durchaus die Tendenz wiedergibt, die in den Daten steckt. Wir müssen uns daher mit diesen Werten und damit mit einem ersten Hinweis für eine Bestätigung der Hypothese 35 zufriedengeben, die sich nicht mehr an einem Tauwert um o,o5 orientiert, sondern auf der Differenz der Anteilswerte von o,oo und o,o9 gründet.

Zur Prüfung der Hypothese 36 wurde ausgezählt, wie viele aggressive, abwertende und ablehnende und wie viele gegenteilige Situationsdefinitionen über Mitglieder und Organisationen der Instanzen sozialer Kontrolle geäußert wurden. Als akzeptierende und positiv zustimmende Situationsdefinitionen zählten wir Aussagen wie "Der Richter..ist ganz in Ordnung", "Polizei muß sein, sonst wird nur noch mehr gefixt", und "Sozialarbeiter können einem auch mal helfen". Dagegen bezeichneten wir die Situationsdefinitionen wie "Die Scheißbullen haben wir ganz schön verarscht", "Die Spinner vom Jugendamt meinen, wenn sie einen mal vorladen, würde man nicht mehr Shit rauchen", als negativ. 58 der Situationsdefinitionen waren nicht eindeutig einzuordnen. Wir fanden für die 48 anderen Situationsdefinitionen folgende Verteilung:

Tabelle 73: Situationsdefinitionen zum äußeren Gegner von kriminellen Gruppen

Gruppe	Situationsdefinitionen		Summe
	positiven Inhalts	negativen Inhalts	
Rocker	7	17	24
Typen	2	6	8
Einsacker	4	12	16
Summe	13	35	48

Die Häufigkeiten des Auftretens der ausgezählten Begriffe sind klein.

Insgesamt stoßen wir auf 48 Situationsdefinitionen, davon sind 13 positiv, 35 sind negativ. Unter dieser Voraussetzung kann man unter der Beachtung der kleinen Zahl der Beobachtungen von einem ersten Hinweis auf eine mögliche Bestätigung der Hypothese 36 ausgehen.

5.8.3 Diskussion der Ergebnisse der Datenanalyse

Daß die kriminellen Gruppen häufiger Situationsdefinitionen unterhalten, die äußeren Gegnern gewidmet sind, und daß diese Gegner für sie Angehörige der Instanzen sozialer Kontrolle sind, mag zunächst nicht überraschen. Die Konfrontation beider Seiten tritt auf. Das Ergebnis ist für die kriminellen Gruppen in der Regel recht negativ. Daß dieser Sachverhalt in Situationsdefinitionen gefaßt wird, ist ein weiterer Beleg für das Zutreffen der These 6 vom Zusammenhang von Verhaltensstruktur und Wissenssystemen. Der große Anteil negativer Äußerungen von einer – wie sofort hinzugesetzt werden muß – allerdings kleinen Zahl von Situationsdefinitionen zum äußeren Gegner wird von uns als Hinweis für die Existenz eigensprachlich bezeichneter unterschiedlicher Perspektiven bei den unterschiedlichen Gruppen gesehen.

5.9 Das Bild von anderen gesellschaftlichen Institutionen von kriminellen und normalen Gruppen

5.9.1 Präzisierung und Operationalisierung der These von den Situationsdefinitionen von anderen gesellschaftlichen Institutionen

Normale wie Kriminelle leben in einer Umwelt gesellschaftlicher Institutionen. Wir haben wichtige Elemente dieser Sozialstruktur im dritten und vierten Teil ausführlich analysiert: Die soziale Lage der Mitglieder normaler und krimineller Gruppen, ihre Familienverhältnisse, ihre Situation im Produktionsprozeß. Richtet man den Blick auf die Zukunft der Jugendlichen, so kommt es dort zum Aufbau einer eigenen Familie. So haben die männlichen Jugendlichen aus den normalen und kriminellen Gruppen Mädchen und Bekannte als Freundinnen, zu denen sie mehr oder weniger enge Beziehungen haben. Diese Verankerung in die Sozialstruktur ist die normale Situation in unserer Gesellschaft.

Nun haben sich die kriminellen Jugendlichen durch die Bildung ihrer kriminellen Gruppen mit kriminellen Situationsdefinitionen von den normalen gesellschaftlichen Institutionen entfernt. Der Wert dieser Institutionen gilt ihnen weniger als den Normalen. Es ist daher vor dem Hintergrund der These 6 zunächst zu erwarten, daß sie weniger als die Normalen über diese Institutionen sprechen.

H 37: Wenn Gruppen auftreten, deren Mitglieder kriminelles Handeln äußern, dann unterhalten diese Gruppen weniger Situationsdefinitionen über andere gesellschaftliche Institutionen als normale Gruppen.

Es ist naheliegend, diese Hypothese unter Bezugnahme auf die einzelnen Gruppen zu verlängern. Sie haben sich in unterschiedlichem Maße von den normalen gesellschaftlichen Institutionen zurückgezogen. Bei den Typen dürfte die Rückzugstendenz die stärkste sein. Zwar sind sie von der sozialen Lage ihrer Eltern her als relativ privilegiert anzusehen, aber die Desorganisation der Familie hat sie stark getroffen, und der eigene Status fällt gegenüber dem der Eltern stark ab. Die darauf bezogenen Verhaltensmuster und Situationsdefinitionen setzen sich von den Normalen deutlich ab. Das ist in der Kriminalsoziologie auch immer wieder betont worden. So hat Merton in seinem berühmten Anomieschema dieses Verhalten als "Rückzug" benannt und es analytisch als eine Verneinung gesellschaftlicher Ziele w e Mittel ausgewiesen. Eine deutlich schwächere Trennung von den gesellschaftlichen Institutionen sollte man bei den Einsackern und Rockern vermuten. Zwar sind die Rocker vor allen anderen sozial stark benachteiligt, und die Einsacker haben lediglich eine günstigere Situation in ihrer Herkunftsfamilie aufzuweisen, aber beide Gruppen bleiben mit ihren gruppentypischen Verhaltensmustern der Struktur der Gesellschaft aufs engste verbunden. Die Rocker wollen mehr Besitz und Macht für sich, die Einsacker sind mit mehr Besitz zufrieden. Sie lehnen daher - wie Merton schon fand - die gesellschaftlichen Mittel zur Erreichung dieser Ziele ab, nicht aber diese Ziele und damit das Ausleben von Besitz und Macht. Beide Gruppen sollten daher - zwar weniger als die Normalen - aber doch häufiger als die Typen, Situationsdefinitionen über gesellschaftliche Institutionen unterhalten.

H 38: Wenn Gruppen auftreten, deren Mitglieder kriminelles Handeln in der Form von Eigentums- oder Aggressionsdelikten äußern, dann unterhalten diese Gruppen häufiger Situationsdefinitionen über andere gesellschaftliche Institutionen als die Gruppen, deren Mitglieder kriminelles Handeln in der Form von Drogenmißbrauch äußern.

Differenziert man die gesellschaftlichen Institutionen nach den angesprochenen Themenbereichen, sollte man Aussagen zur sozialen Lage der Herkunftsfamilie, zur eigenen Stellung im Arbeitsprozeß und zu heterosexuellen Beziehungen, zu "Mädchen, Frauen, Bekannten, Freundinnen, Verhältnissen" finden. Zur sozialen Lage der Herkunftsfamilie könnte man erwarten, daß in den kriminellen Gruppen Situationsdefinitionen existieren, in denen die Gruppen die Benachteiligung ihrer Mitglieder in der Kindheit beklagen und diese Zurücksetzung zu einem gemeinsamen Selbstverständnis machen würden. Nun ist aus der Sozialforschung bekannt, daß es gerade an einer solchen Definition der eigenen sozialen Lage bei den Angehörigen der benachteiligten Schichten fehlt. Kennzeichnend für ihre Situation ist oft, daß sie diesen Tatbestand nicht sehen. Der Ausgangspunkt der eigenen Biographie wird in der eigenen Familie gesehen – nicht in der sozialen Schicht, zu der gerade diese Familie gehört. Das ist auch bei den Personen nicht anders, die aus privilegierter Lage kommen. Sie nehmen die Vorteile wahr, thematisieren sie jedoch nicht. Wir erwarten daher bei keiner der Gruppen Situationsdefinitionen zur ökonomisch-politischen Lage ihrer Herkunftsfamilie. Dagegen sollten alle Gruppen die Situation in ihrem Elternhaus thematisieren. Wir erwarten, daß hier die Differenz zwischen Normalen und Kriminellen auftritt, die wir schon für alle Äußerungen zu den gesellschaftlichen Institutionen bisher unterstellten. Die Familie ist eine der anderen gesellschaftlichen Institutionen. Als Mitglieder einer Sozialisationsinstanz versuchen die erwachsenen Familienangehörigen in der Regel zwar die Kinder der Familie zu "normalen Bürgern" zu erziehen und setzen dazu zum Teil auch sehr empfindliche Strafen ein, aber andererseits werden derartige Handlungen in der Familie nur abgeschwächt, abgemildert durchgeführt. Zudem wiesen wir in unserem vierten Teil darauf hin, daß viele der Kriminellen sich von ihrer Familie zurückgezogen haben. Wir folgern daraus: Für die Kriminellen ist die Familie unwichtig. Sie äußern sich seltener dazu. Ihre Aussagen sind aber häufiger negativer als die der Normalen. Sie sind schließlich auch stärker negativ.

Geht man von vornherein von einer differenzierten Analyse aus, kann eine Hypothese zu den gesellschaftlichen Institutionen "Schulausbildung und Arbeitsprozeß" nicht ohne weiteres formuliert werden. Wir haben schon mehrfach darauf hingewiesen: Schul-, Ausbildungs- und Arbeitsprozeß sind in der Bundesrepublik durch einen sehr hohen Grad der Arbeitsteilung, sowie durch ungleiche Verfügung über Produktionsmittel und daher ungleiche Aneignung des Wertes der Produkte zu Ungunsten der untersuchten Mitglieder krimineller Gruppen gekennzeichnet. Die tägliche Beanspruchung durch diesen Prozeß ist stark (Acht-Stunden-Tag). Die Schulausbildung bereitet auf die Teilnahme an diesem Prozeß zwar vor, die Strukturmerkmale der Gesellschaft der BRD treten in der Schulausbildung aber nicht so offen zutage wie im Produktionsprozeß. Zudem ist die tägliche Beanspruchung durch die Schule zumindest in den von uns untersuchten Gruppen geringer als im Arbeitsprozeß. Nun hatte unsere Analyse im Teil 3 schon gezeigt, daß die Mitglieder normaler Gruppen in einer großen Zahl noch zur Schule gehen, die Mitglieder krimineller Gruppen jedoch berufstätig sind. Diese Differenz sollte dazu führen, daß die gesellschaftlichen Institutionen, denen man im Jugendalter angehört, unterschiedlich eingeschätzt werden.

Im Verhältnis zur Familie finden wir beim Arbeitsprozeß einen ganz wesentlichen Unterschied: Von der Herkunftsfamilie können sich die Jugendlichen lösen, sie können ihr das Interesse entziehen. Ganz anders ist das Interesse am Arbeitsprozeß einzuschätzen. Hier ist der Eintritt für den Jugendlichen unausweichlich. Mit dieser Institution muß er sich auseinandersetzen, ob er will oder nicht. Wir erwarten daher, daß sich die Mitglieder krimineller Gruppen häufiger und negativer über den Arbeitsprozeß äußern.

Schließlich kann man als wichtige andere gesellschaftliche Institution die eigene, noch zu gründende Familie ansehen, der die heterosexuelle Bekanntschaft, Freundschaft oder ein "Verhältnis" vorausgeht. Sie sind Vorbereitungsformen auf die typisch private Lebensform in der BRD in der Kleinfamilie. Schon die Vorformen von der Bekanntschaft bis zu dem Verhältnis sollen dazu dienen, die verschiedensten Konflikterfahrungen, z.B. im Arbeitsprozeß "abzuarbeiten", durch Aussprachen als nicht existierend, als nicht so wichtig zu definieren.

Wir haben oben gezeigt, daß normale wie kriminelle männliche Jugendliche zwar Beziehungen zu weiblichen Jugendlichen unterhielten, die Art der Beziehungen unterschied sich aber erheblich. Die jüngeren Normalen pflegten derartige Beziehungen teilweise erst "gedanklich", oder sie knüpften sie sehr zaghaft an, oder sie unterhielten sie verhalten. Gleichwohl beschäftigten sie sich mit diesem Thema intensiv, - anders die älteren Normalen: Bei ihnen waren feste Verhältnisse oder Ehen ganz im Sinne der Spannungsausgleichsthese üblich. Es ist daher zu erwarten, daß wir hier auf häufigere und positivere Einschätzungen von Bekanntschaften bis hin zu Ehen stoßen. Bei den Kriminellen fanden wir eine ganz andere Struktur. Weibliche Jugendliche wurden entweder ganz links liegen gelassen oder man unterhielt von seiten der Jungen sehr autoritäre und zum Teil durch das offenbare Verhalten sehr herabsetzende Beziehungen zu den Mädchen. In einigen Ausnahmefällen gab es Verhältnisse wie bei den Normalen. Wir erwarten daher wenige, in der Mehrzahl eindeutig negative Äußerungen zu dem Themenbereich: Mädchen, Frauen, Bekanntschaften, Freundinnen und Verhältnisse bei den Mitgliedern krimineller Gruppen.

H 39: Wenn Gruppen auftreten, deren Mitglieder kriminelles Handeln äußern, dann thematisieren diese Gruppen in ihren Situationsdefinitionen seltener und negativer ihre Herkunftsfamilie und heterosexuelle Beziehungen, häufiger und negativer den Ausbildungs- und Arbeitsprozeß, als normale Gruppen

5.9.2 Datenanalyse zu den Situationsdefinitionen von anderen Institutionen

Zur Hypothese 37 finden wir folgende Verteilungen: (Siehe Tabelle 74, S.427).

Vergleicht man die Anteilswerte für die einzelnen Gruppen, so findet man, daß die Verteilungen die Hypothese 37 bestätigen. Sowohl die Gesamtgruppe der Kriminellen wie die einzelnen Gruppen der Kriminellen unterscheiden sich von den Normalen. Allerdings sind die Unterschiede

Tabelle 74: Situationsdefinitionen zu anderen gesellschaftlichen Institutionen von kriminellen und normalen Gruppen

Gruppe	Situationsdefinitionen		Summe
	zu anderen gesellsch. Institut.	zu anderen Tatbeständen	
Normale	58 (o,2o)	226 (o,8o)	284
Kriminelle	127 (o,11)	1oo2 (o,89)	1129
Rocker	74 (o,15)	436 (o,86)	51o
Typen	25 (o,o7)	355 (o,93)	38o
Einsacker	28 (o,12)	211 (o,88)	239
Summe	185	1228	1413

Tau N/T = o,o4; Tau R/T = o,o2; alle anderen unter o,o2.

nicht sehr groß, so daß unter Berücksichtigung der geringen Größe der Gruppe der Normalen und der gleichgerichteten Tendenz in beiden Gruppen die Assoziationskoeffizienten sehr klein sind. Keiner ist größer als o,o5. Lediglich Tau N/T ist o,o4. Alle anderen liegen unter o,o2, so daß auch für diese Hypothese eine geeignete Materialbasis erst noch erarbeitet werden müßte.

Zum Beleg der Hypothese 38 kann man zunächst noch einmal auf die Tabelle 74 zurückgreifen. Entsprechend unseren Erwartungen finden wir zunächst, daß die Typen den größten Unterschied zu den Normalen auf weisen. Aber auch die Einsacker setzen sich noch etwas von den Rockern ab. Die Anteilswerte stimmen mit der These überein, aber die Koeffizienten sind so klein, daß wir nur von Hinweisen für ein mögliches Zutreffen unserer Hypothese sprechen können.

Zur Einschätzung der Familie finden wir:

> Bei den Normalen galt der Satz Uwes: "Man muß das eben so machen, daß die Eltern nicht dahinter kommen." Bei den älteren Normalen stießen wir auf eine andere Einschätzung der Eltern in mehreren Gruppendiskussionen: "Wenn man älter ist, dann unterstützen einen die Eltern weiter. Wenn man allein wohnen würde, käme man mit dem Geld ja auch nicht hin. Oder man müßte sich ganz schön umstellen. Deshalb zieht man auch nicht zu Hause aus. Das ist nämlich ganz schön teuer, allein zu wohnen... So lange man zu Hause wohnen kann, bleibt man auch. Man kann ja auch so machen, was man will... Man würde ja lieber allein wohnen, aber zu Hause hat man es doch bequemer. Man braucht sich um nichts zu kümmern."

> Bei den Rockern hörten wir: "Wenn wir von zu Hause weg sind, sind wir froh: Es stinkt uns ganz gewaltig, wenn wir daheim bleiben müssen. Man haßt nichts mehr, als mit der Familie herumzuhocken... Man hat mit den Alten nichts als Ärger... Wenn man mal 'ne Nacht nicht da war, gibts gleich ein großes Gezeter. Laufend maulen die...

Wir erwarten, daß die uns unseren Weg gehen lassen, daß wir größere Freiheiten haben."

Die Situationsdefinitionen der Typen unterscheiden sich davon kaum: "Zu Hause hält man es einfach nicht mehr aus. Andauernd gibt es Streitereien... Die Eltern verstehen einen überhaupt nicht... Man hat kein Vertrauen zu den Eltern. Die haben was gegen uns."

Auch die Einsacker äußern sich in den gruppenbestimmten Situationsdefinitionen sehr negativ - anders als in den persönlichen Interviews.

Zur Prüfung der Richtung der Einschätzung wurde wiederum auf die Bewertungsanalyse zurückgegriffen. Wir fanden folgende Werte für die Einschätzung der Familie:

Normale +1,7   Typen -8,5   Rocker -6,5   Einsacker -5,9

Diese Indizes stimmen mit der Hypothese 39 gut überein, so daß wir unter Berücksichtigung der kleinen Zahlen und der gefundenen Tauwerte von Hinweisen für ein Zutreffen der Teilaussage der Hypothese 39 zur Familie ausgehen können.

Zum Ausbildungs- und Arbeitsprozeß fanden wir bei den Normalen nur wenige, zum großen Teil positive Aussagen.

Bei den Rockern wurde zum Ausbildungs- und Arbeitsprozeß geäußert:

"Die Schule hat keinen Spaß gemacht. Das waren harte Jahre." Dabei überblickten dann viele Rocker den langfristigen Zusammenhang von absolvierter Ausbildung und erzieltem Einkommen nicht - wie sollten sie es auch bei ihrer eigenen Ausbildung. So offenbarte Ömmel die für die Rocker typische Einschätzung der Schule in einer Diskussion mit dem Feldforscher: Ömmel liegt auf der Wiese, eine Flasche neben sich; Schorsch steht daneben. Ömmel hat heute nicht gearbeitet; er erzählt, daß er mit anderen die letzte Nacht durchgemacht habe, und daß er jetzt schon wieder betrunken sei. Wir kommen auf den Vergleich seiner und meiner Arbeit zu sprechen. Ömmel: "Du läufst jahrelang zur Schule, hast wenig Freizeit, hast kein Geld. Guck mal bei uns: Wir sind hier zufrieden, wenn wir hier herumhängen, wenn wir saufen können, Geld für eine Diskothek haben und wenn wir Frauen haben. Du hast doch kein Geld, kannst Dir nicht so viel leisten wie wir, und mußt mehr tun." Als er hört, achtzehn Jahre Schule und Studium, beginnt er fast zu triumphieren und läßt sich auch von Schorsch, der betont, daß ich auf die Dauer gesehen besser stünde, nicht von seiner Meinung abbringen, daß er es besser habe als ich. Für ihn gilt nur, was er im Augenblick hat - Überlegungen für einen längeren Zeitraum scheinen keine Relevanz für ihn zu haben.
Andere Aussagen lauten: "Arbeit ist Scheiße. Man muß aber arbeiten.

wenn man daran denkt, wird einem schlecht... Man kann ja ruhig 'ne Scheißarbeit annehmen, wenn sie nur gut bezahlt wird. Aber man bleibt nicht lange auf sonner Stelle... Wenn einer sechzehn Jahre an einer Stelle gearbeitet hat, dann ist der nicht ganz richtig im Kopf."

Bei den Rockern war es eine immer wieder diskutierte Frage, ob sich eine Lehre überhaupt lohnt. Ein Feldforscher unterhielt sich längere Zeit mit Ali und Jürgen. Ali erzählte, daß er beabsichtige, mit Danny nach Spanien und evtl. Afrika zu fahren. Zunächst hat er noch drei Wochen Urlaub, anschließend will er zwei Wochen krank feiern und dann "Papyros", d.h. kündigen. Sie wollen dann gammeln und saufen. Als ich frage, wie er dann das Bier bezahlen wolle, geht Ali gar nicht auf so triviale Fragen ein. Wir unterhalten uns dann über seine Arbeit. Ali hat eine dreieinhalbjährige Lehre als Autoschlosser gemacht, er arbeitet seit vier Jahren bei einer Firma. Heute ärgert er sich, daß er eine Lehre gemacht hat. Er weist darauf hin, daß andere, die keine Lehrzeit hatten, mehr verdienen als er: "Eine Lehre lohnt sich nicht". Jürgen (krasser Außenseiter an der Wallstraße, gehört nach eigener Aussage nur dazu, weil er dort wohnt) widerspricht heftig. "Du hast doch sonst keine Sicherheit, jeder Gastarbeiter kann Dir Konkurrenz machen, der arbeitet für fünfzig Pfennige weniger und kriegt Deine Stelle." Ali läßt sich durch diese Argumente aber nicht beeindrucken. Er beharrt darauf, daß eine Lehre sich nicht lohnt und daß es besser ist, wenn man des öfteren mal die Firma wechselt. Jürgen hält dem wieder die Sicherheit, auch und gerade die im Alter, entgegen. "Wenn Du häufig kündigst, dann kriegst Du überhaupt keine Stellung im Betrieb. Jeder kann Dir was sagen und Du wirst am ehesten selbst gekündigt." Ali: "Du wirst auch so gekündigt." Andere Aussagen lauteten: "Eine Lehre lohnt sich überhaupt nicht, jeder Hilfsarbeiter macht dasselbe wie Du und kriegt genau so viel Geld wie Du... Man kann ohne Lehre genau so viel anfangen wie mit einer. Man macht die gleiche Arbeit und man verdient das gleiche Geld. Man hat nur drei Jahre eher damit angefangen... Ob eine Lehre sich lohnt, das ist noch nicht raus. Fest steht, daß Lehrlinge zu schlecht bezahlt werden. Man hat keine Freizeit. Man kann sich nichts erlauben, man hat auch später keine Vorteile. Wenn man älter ist, dann lohnt sich eine Lehre auf keinen Fall. Da ist es besser, zur Schule zu gehen. Da hat man einen lauen Job."

Bei den Typen hörte man: "Arbeit muß sein. Da gibt es gar nichts. Von nichts kommt nichts... Alles besteht aus Arbeit. Alles muß erarbeitet werden. Auch einen Joint drehen ist Arbeit. Das muß auch einer machen. Wenn man wohnen will, die Häuser, alles, muß erarbeitet werden... Einen Teil des Tages arbeiten, den Rest nicht mehr arbeiten. Man müßte das machen können, was einem Spaß macht und was nützlich ist... Aber für wen arbeitet man denn? Man ist wie eine Maschine. Man wird aufgezogen. Das macht doch keinen Spaß. Die Arbeit ist nur noch Mittel zum Zweck. Man arbeitet, um Geld zu haben. Dann macht man Schluß. Deshalb soll man auch nicht viel arbeiten und die Arbeit darf nicht langweilig sein."

Erwin, ein Einsacker, antwortet auf Pablos Frage: "Hör mal, Erwin, arbeitest Du nicht mehr?" "Ich bin doch nicht verrückt. Länger als drei Wochen arbeiten ist doch krankhaft." Alle mußten darüber lachen. Auch bei den Einsackern wurde die Auffassung vertreten, eine Lehre lohne sich nicht. "Die kann man ruhig abbrechen. Ein Hilfsarbeiter verdient doch genau so viel."

Zur Richtung der Einschätzung des Ausbildungs- und Arbeitsprozesses fanden wir folgende Maßzahlen:

Normale +1,6 Rocker -4,c Typen -2,9 Einsacker -5,8

Wir sehen, daß die Typen sich nicht so negativ wie die Einsacker und die Rocker äußerten. Bedeutsam scheint uns auch zu sein, daß die Normalen mit einem Wert von +1,6 bei einem möglichen Höchstwert von +9 so positive Einschätzungen von dem Ausbildungs- und Arbeitsprozeß nun auch nicht unterhalten, so daß wir im ganzen diese Werte wieder nur als Hinweise für ein Zutreffen der Teilaussage zum Ausbildungs- und Arbeitsprozeß betrachten dürfen.

Zu den heterosexuellen Beziehungen fanden wir:

Bei den jüngeren Normalen hörten wir des öfteren, daß sie es schwer fanden, mit sechzehn/siebzehn Jahren ein Mädchen zu haben. Man müsse sehen, daß man irgendwie einigermaßen gut dabei abschneidet. Akki, der unter den jüngeren Normalen beträchtliches Ansehen genoß, schätzte, "daß maximal 5o% der Obersekundaner schon Geschlechtsverkehr gehabt hätten. Und dann nicht oft. Er meint auch, daß in der Laube der Prozentsatz niedriger läge. Er sagt: "Und die schon mal gehabt hätten, da ist das eben auch nur selten und dann mal zufällig. So was Regelmäßiges - so einmal pro Woche und so - das gibt es nicht, auch bei uns nicht...Man könne sich das auch ruhig vornehmen, man höre das ja auch manchmal: "Heute reiße ich mir eine Frau auf." Das werde doch meistens nichts, das sei viel zu zufällig, im Urlaub oder irgendwann. Auch die, die so viel davon sprächen, als wenn sie dauernd bumsten, das sei gar nicht so wild damit bei denen."

Bei den Rockern wurden diese Situationsdefinitionen vertreten: "Frauen sind zum Vögeln gut. Hier vögelt jeder mit jeder...Jeden Tag 'ne Nummer, das braucht man so. Man muß nur zusehen, daß man kein Kind bekommt. Wer nichts nimmt, der ist ja auch bescheuert. Irgendwann passiert es dann mal... Die Frauen sollte man nicht so gut behandeln. Man soll sie vögeln und dann aus dem Wagen werfen...Die Weiber sollen machen, was wir sagen...Scheißweiber! Die sollen einen in Ruhe lassen. Die nerven einen nur. Viele Sachen sind nix für die Weiber. Das ist Männersache."

Bei den Typen fanden wir keine Situationsdefinitionen zu den Themen Mädchen, Frauen, Bekannte, Freundinnen, Verhältnisse.

Bei den Einsackern hörte man: "Die Mädcnen sind zum Raumausfegen gut genug..."

Vergleicht man die Gruppen, so stimmen ihre Aussagen nur auf den ersten Blick gut mit unserer These überein. Bei näherem Hinsehen stellen wir wieder fest, daß es nicht sinnvoll ist, hier mit einer Gesamtgruppe der Kriminellen zu arbeiten. Sie ist in sich sehr heterogen. So fällt auf, daß die Typen heterosexuelle Beziehungen überhaupt nicht thematisieren. Wir finden hier nicht eine gruppenbestimmte Situationsdefinition zu diesem Thema. Prüft man die Einschätzungen von heterosexuellen Beziehungen, findet man folgende Bewertungsziffern:

Normale +2,4   Rocker -3,9   Typen ± o   Einsacker -7,5

Dadurch wird das Bild etwas übersichtlicher. Die Einsacker weisen nun deutlich die negativeren aus - während die Rocker mit ihren vielen diesbezüglichen Situationsdefinitionen nicht so negativ über heterosexuelle Beziehungen sich äußern wie gerade die Einsacker. Aufgrund der kleinen Fallzahl kann aber nur von einem Hinweis auf ein Zutreffen dieses Teils der Hypothese 39 gesprochen werden.

Stellen wir abschließend in einer Tabelle die Verteilungen der Situationsdefinitionen zu den verschiedenen gesellschaftlichen Institutionen für die Gruppen dar, finden wir: (Siehe Tabelle 75, Seite 432).

Wir sehen deutlich, daß für die Normalen "Mädchen, Frauen, Bekannte, Freundinnen, Verhältnisse" von sehr großer Bedeutung sind. Alle anderen Themen fallen dagegen deutlich ab. Jedoch ist ihre Beurteilung aller dieser gesellschaftlichen Institutionen deutlich positiv. Die Rocker äußern sich ebenso häufig wie die Normalen zu den heterosexuellen Beziehungen - jedoch, wie wir sahen - deutlich negativ. Hier liegt also nur ein etwa gleiches Ausmaß des Interesses, nicht aber eine gleichgerichtete Einschätzung dieser Institution vor. Wie bei allen anderen kriminellen Gruppen findet dann der Ausbildungs- und Arbeitsprozeß eine besondere Aufmerksamkeit, wobei die Bewertung jedoch durchweg negativ ist. Bei der Einschätzung der Verteilungen für die einzelnen Gruppen ist jedoch Vorsicht geboten. 25 und 28 Elemente über drei Klassen verteilt, ziehen kleine Besetzungen der Zellen und stark be-

Tabelle 75: Situationsdefinitionen zu anderen gesellschaftlichen Institutionen von kriminellen und normalen Gruppen

Gruppe	Situationsdefinitionen			Summe
	zur Herkunftsfamil.	z. Ausbildungs- u. Arbeitsproz.	zu heterosexuellen Beziehungen	
Normale	15 (o,26)	1o (o,17)	33 (o,57)	58
Kriminelle	24 (o,19)	54 (o,43)	49 (o,39)	127
Rocker	1o (o,14)	24 (o,32)	4o (o,54)	74
Typen	6	19	o	25
Einsacker	8	11	9	28
Summe	39	64	82	185

Tau N/K = o,o3; Tau N/R = o,o2.

schränkte Folgerungsmöglichkeiten nach sich. Für die Typen ist die Konzentration des Interesses auf den Ausbildungs- und Arbeitsprozeß ebenso auffällig wie ihr mangelndes Interesse an dem Thema "Mädchen und Frauen." Bei den Einsackern findet man in der Verteilung einen Hinweis auf eine Gleichverteilung.

5.9.3 Diskussion der Ergebnisse der Datenanalyse

Die ersten Hinweise für ein Zutreffen der Hypothesen 37 und 38 tragen zur Bestätigung der allgemeinen These 6 nur wenig bei. Wir halten es für ein besonders wichtiges Ergebnis der weiteren Datenanalysen dieses Abschnitts, daß keine der Gruppen die soziale Lage der Herkunftsfamilie in gruppenbestimmten Situationsdefinitionen thematisierte. Wendet man die allgemeine These 6 vom Zusammenhang von Handlungs- und Definitionsstruktur unvermittelt an, müßte auch die soziale Lage abgebildet werden. Sie bietet tatsächlich eine ausreichende Zahl von Bezugspunkten zu einer Thematisierung. Das hatten wir im Teil 3 gefunden. Nun sind uns schon in anderen Zusammenhängen bei der Erörterung des Zusammenhanges von Verhaltensmustern und Definitionen Fälle der "Über- und Unterthematisierung aufgefallen. Wir fanden z.B., daß Rocker ihre Beteiligung an aggressiven Verhaltensweisen stark übertrieben. Wir hatten gesehen, daß es "falsches Bewußtsein" gibt. An dieser Stelle lernen wir einen besonders deutlichen Fall dieses Tatbestandes kennen. Es werden Situationsdefinitionen entwickelt, z.B. zur Organisation der Familie, die die ökonomische und politische Herkunftsposition nicht zur Thematisierung kommen lassen. Auffallend ist, daß dies auch in der Gruppe der Normalen auftritt.

Das Ergebnis zur Thematisierung der Familienorganisation kann kommentarlos hingenommen werden. Anders sind dagegen die Funde zur Einschätzung des Arbeitsprozesses zu beurteilen. Sie dokumentieren eine starke Auseinandersetzung mit den Benachteiligungen, die die Mitglieder der kriminellen Gruppen in dieser Situation erfahren. Daß sie bei den Typen ein so beachtliches Ausmaß annehmen, mag in Zusammenhang mit ihrem Statusabfall stehen. Für sie ist die Situation einfach neu und "überwältigend". Sie versuchen, in Gruppendiskussionen damit fertig zu werden. Bei der Auseinandersetzung mit dem Thema Mädchen und Frauen bleibt das Fehlen von Situationsdefinitionen bei den Typen festzuhalten.

Im ganzen liefern die Tests der Hypothesen dieses Abschnitts eine Reihe von ersten, wegen der geringen Fallzahl jedoch nicht zu überschätzenden Bestätigungen der allgemeinen These 6.

6 GESTALTEN UND SELBSTBILDER VON MITGLIEDERN KRIMINELLER UND NORMALER GRUPPEN+

6.1 Die Konzepte der Gestalt und des Selbstbildes

Daß es einen Zusammenhang von Sozialstruktur einer Gesellschaft und der Kriminalität gibt, kann insbesondere dann als nachgewiesen gelten, wenn wir zeigen können, daß bei den Teilnehmern des aus der sozialstrukturellen Lage entwickelten Verhaltens und den Trägern der darauf bezogenen gruppenbestimmten Situationsdefinitionen von dem Erlebnis dieses Zusammenhanges etwas haften bleibt, ihnen persönlich angesehen, von ihnen selbst gehört werden kann. Unsere allgemeinen Thesen 7 und 17 beschreiben diese Prozesse.

In den vorhergehenden zwei Teilen haben wir Verhaltens- und Definitionsstrukturen analysiert. Bezugspunkte waren dort Gruppen, nicht einzelne Handelnde. Wir richten in diesem Teil unser Interesse wie schon im dritten Teil wieder auf soziale Merkmale von Individuen, von Personen, von Mitgliedern einzelner Gruppen, und versuchen zu zeigen, daß sie nicht nur von der sozialstrukturellen Lage, sondern auch von der Struktur des Verhaltens und der Definitionen in den Gruppen persönlich geprägt werden. Dementsprechend interessieren uns hier Eigenschaften von Handelnden – nicht von Gruppen.

Wir haben im letzten Teil mit der Überlegung eingesetzt, daß auch die Mitglieder krimineller und normaler Gruppen ihr Verhalten repräsentieren, generalisieren, in Situationsdefinitionen erfassen und bezeichnen. Damit ist ein Punkt erreicht, an dem Handelnde nicht nur faktisch einem Ergebnis ihres Versuches, eine soziale Lage in ein Verhalten zu verarbeiten, gegenüberstehen, sondern auch in ihrem Bewußtsein, in ihrer Sprache. Die Ergebnisse der in gruppenbestimmten Situationsdefinitionen erfaßten Verhaltensweisen kommen nun in bestimmter Weise zu ihren Schöpfern zurück. Sie sind nicht einfach existent, durch Situationsdefinitionen auf Dauer gestellt, sondern sie werden in ein Verhältnis zu den Menschen gebracht.

Diesen Prozeß kann man aus zwei Perspektiven betrachten, aus der der Verteilung und der der Verinnerlichung. Der Verinnerlichungsbegriff ist bisher in der Regel auf die Übernahme von Werten und Normen bezogen worden, eine Perspektive die nahelag, wenn man bei der Erforschung sozialer Tatbestände mit der Erhebung von Vorstellungen, von Situationsdefinitionen auszukommen glaubte, wie es nicht nur von den Interaktionisten oft getan wurde. – Geht man von einem materiellen Verhalten im Handeln aus, liegt es nahe, Verinnerlichungsprozesse auch

---

+ Die Kodierung des Materials aus den 2o-Selbstbezeichnungen-Tests wurde von Günther Robert vorgenommen, der zusammen mit Peter Boy auch die erste Grundauszählung erarbeitete, von der der Verfasser bei seinen weiteren Analysen ausging.

auf einer materiellen Ebene zu vermuten und zu analysieren. So werden viele Ergebnisse des sozialen Handelns von den Handelnden verinnerlicht in mehr oder weniger konkreter Weise. So gibt es Ergebnisse, die sie ganz und gar aufnehmen, z.B.: eine weggenommene Wurst wird gegessen, eine mitgenommene Flasche Bier wird ausgetrunken. Diese Dinge werden von den Handelnden ganz verbraucht. Andere Dinge werden von ihnen benutzt, oft nicht gänzlich verbraucht, z.B. ein Stück Kleidung, eine "Fixe". Sie nehmen insbesondere aus der Interaktion mit anderen gesellschaftlichen Zusammenhängen als ihrer Gruppe, wie der Familie und dem Betrieb und anderen, Dinge hin. Darunter gibt es auch solche, die im Laufe ihres Lebens nicht "untergehen" - ein Zeugnis, ein Urteil. Wenn sie es auch selbst nicht wollen, so werden sie doch gezwungen, diese Güter immer wieder als ihnen zugehörig zu akzeptieren.

Bisher betonten wir stark den Aspekt der Einvernahme durch den Handelnden. Auf der anderen Seite haben dieselben Prozesse den Aspekt der Verteilung. Von Gruppen, von Instanzen sozialer Kontrolle, von Familien werden den Handelnden diese bestimmten Produkte des eigenen oder anderer Menschen Verhalten zugeteilt - ob sie nun selbst die Initiative ergreifen und die anderen einen Zugriff bewußt oder unbewußt geschehen lassen, oder ob die anderen die Verteilung betreiben und die bedachten Handelnden die Ergebnisse hinnehmen müssen.

Wir wollen zunächst die allgemeine Struktur dieses Prozesses in handlungstheoretischen Begriffen erörtern, bevor wir zu einer Analyse der Kriminalität in diesem Bezugsrahmen übergehen.

Das wesentliche Ergebnis von Verteilungen und Verinnerlichungen, diesen beiden Aspekten eines Prozesses, ist der Aufbau des Selbst. Dieser Aufbau verläuft in zwei Schichten: der der persönlichen Gestalt und der des Selbstbewußtseins. Gregory P. Stone hat diese Trennung zu Recht betont, da in jeder Person diese zwei, nicht nur analytisch zu trennenden Ebenen zu identifizieren sind. Die Gestalt ist letzten Endes für den Aufbau und die Erhaltung eines bestimmten Individuums ebenso wichtig wie das Bewußtsein (G. Stone, 1962, S.86/87). Denn zunächst werden dem Handelnden Ergebnisse von Verhaltensprozessen zugeordnet. Er bekommt eine bestimmte Nahrung, spezifische Pflege, eigene Stücke zum Anziehen, Raum zum Wohnen und ähnliches. Das wirkt sich aus. Nahrung wird verzehrt. Menschen sehen "gut" oder "schlecht" aus. Kleidung wird getragen. Das verstärkt oder vermindert das "gute" oder "schlechte" Aussehen. Es führt auf dieser Ebene zum Dasein bestimmter Personen. So bekommen die Personen ein festes Äußeres, das gesehen werden kann. Auch die verschiedenen Gegenstände, die ihnen zugeordnet werden, werden fest mit ihnen verbunden. Oft handelt es sich dabei um ganz konkrete, dingliche Zuordnungsweisen. Das alles gehört zu ihrer Gestalt, zu ihrem Aussehen, das sie nach außen hin ganz objektiv bieten. Es ist zunächst nicht etwas Gedankliches, nicht etwas

Bewußtes, nicht etwas Ideelles. Im Hinblick auf das Bewußtsein der Handelnden ist an die gesellschaftlichen Situationsdefinitionen zu erinnern. Bewußtsein ist - so hatten wir gesagt - ein von außen nach innen verlegtes oder implizites Handeln der Menschen. Dieses Bewußtsein bezieht sich nun in ganz wesentlichen Zügen auf die einzelnen Handelnden selbst, d.h. die Handelnden entwickeln nicht nur Definitionen irgendwelcher Verhaltensweisen einschließlich der Verteilung und Verinnerlichung der Ergebnisse des Verhaltens im allgemeinen, sondern sie entwickeln ein Bewußtsein dieser Prozesse bezogen auf sich selbst. Sie sehen Dinge sich selbst zugeordnet. Sie definieren sich selbst in diesem Zusammenhang als Handelnde bestimmten körperlichen Aussehens, gewisser Eigenschaften, bestimmten Auftretens.

Der Prozeß des Aufbaus des Selbst ist in beiden Dimensionen sozial. Die Verteilung der Produkte geschieht aus dem gesellschaftlichen Zusammenhang heraus, d.h. Handelnde geben anderen Handelnden etwas, Handelnde nehmen anderen Handelnden etwas. Es liegt hier kein automatischer, sich selbst steuernder Prozeß vor, sondern ein Verteilen der Beteiligten. Auch der Prozeß des Aufbaus eines persönlichen Bewußtseins ist sozial. Das heißt, die einzelnen erfahren sich nicht direkt, sondern nur indirekt "aus der besonderen Sicht anderer Mitglieder der gleichen gesellschaftlichen Gruppe...(sie) werden für sich selbst nur zum Objekt, indem..(sie) die Haltungen anderer Individuen gegenüber sich selbst innerhalb einer gesellschaftlichen Umwelt oder eines Erfahrungs- und Verhaltenskontextes einnehmen" (G.H.Mead, 1934, S.18o). Das geschieht dadurch, daß die Handelnden durch die Reaktion anderer auf sich selbst aufmerksam werden. So entsteht dann das Bewußtsein, eine bestimmte, von anderen verschiedene Person zu sein, einfach dadurch, daß im Prozeß des Handelns Rollenübernahme auftritt, d.h. die Fähigkeit des Handelnden, sich seiner selbst bewußt zu werden, sich selbst als Objekt zu erfahren, wie andere auch, indem er sich auf sich selbst richtet, sich selbst aus der Perspektive der anderen betrachtet.

Wir haben in diesem Abschnitt bisher so argumentiert, als bestehe nur ein einziger sozialer Zusammenhang, in dem diese Verteilungsprozesse ablaufen und in dem die Handelnden die Dinge erhalten, die sie verinnerlichen. Nun ist davon auszugehen, daß Gesellschaften wie die BRD hoch differenziert sind. Es bestehen nicht nur soziale Lagen, die auf die Verteilung der Güter und Definitionen sehr unterschiedlichen Einfluß haben, sondern diese Lagen sind selbst noch differenziert. Sie umfassen viele größere und kleinere soziale Zusammenhänge, auf deren Basis weitere Verteilungsprozesse ablaufen. So nehmen im Laufe ihres Lebens die Handelnden an vielen sozialen Zusammenhängen teil. Einer davon ist die normale oder die kriminelle Gruppe, der man sich in der Freizeit anschließt.

6.2 Der Bezug auf die Gruppe in den Gestalten und Selbstbildern von Mitgliedern krimineller und normaler Gruppen

6.2.1 Präzisierung und Operationalisierung der These von den gruppenabhängigen Gestalten und Selbstbildern

Daß auch die Kriminalität die Aspekte der Verteilung und Verinnerlichung aufweist, wurde in der Kriminalsoziologie häufig gesehen. Schon Emile Durkheim wies in mehreren seiner Werke darauf hin, daß die Mittel, die einzelne Menschen zur Erreichung ihrer, ihnen von der Gesellschaft vorgeschriebenen Ziele zugeteilt bekommen, oft unzureichend sind. Das kann zu abweichendem Handeln, in seiner extremsten Form zum Selbstmord, führen.

Auch viele Forscher, die in der Tradition der Anomietheorie Robert K.Mertons (1957) arbeiteten, sahen, daß vor dem Auftreten der Kriminalität die Verteilung der gesellschaftlichen Mittel liegt, die zu konformem oder abweichendem Handeln führt. Wer über Mittel verfügt, kann ein normales Leben führen, wer sie entbehren muß, wird kriminell.Hier wurde aber ebenso wie von Durkheim vernachlässigt, daß auch die Kriminalität nicht erst das Ergebnis des Fehlens bestimmter, positiver Zuteilungen, sondern selbst die Konsequenz der Zuteilung von bestimmten Gütern ist, stellt sie doch selbst auch "positive Chancen und Erwerbsmöglichkeiten bereit" (Fritz Sack).Zwar werden durch das Fehlen solcher Zuteilungen wie "begüterte Eltern", "gebildete Eltern", "weiterführende Schulen", "qualifizierte Ausbildungen", "väterliches Erbe" die Wege zu einem normalen Leben oder gar zu einer Karriere unerreichbar und damit eine Existenz als "Normaler" eigentlich schon unmöglich gemacht, aber kriminelles Handeln resultiert daraus keineswegs notwendig. Rückzug in eine namenlose Existenz unterhalb des gesellschaftlich Beachteten wäre möglich. Zur Existenz des Kriminellen gehört mehr. Er muß über die Mittel verfügen, um kriminell handeln zu können.

Wie die Kritik an der Mertonschen Theorie von Richard A.Cloward (1959) und Lloyd E.Ohlin (1960) zutreffend herausarbeitete, hatte bereits Edwin H.Sutherland aufgezeigt, daß die Qualifikationen eines "Kriminellen" das Ergebnis eines Verteilungsprozesses von illegitimen Mitteln wie Schlagtechniken oder Ablenkungstricks sind. Diese illegitimen Mittel sind nicht einfach da, um nur noch vom Handelnden ergriffen zu werden, sondern sie werden gesellschaftlich produziert, definiert und dann weitergegeben. Sutherland und Donald R.Cressey betrachteten diesen Prozeß aus der Position des Kriminellen: Für ihn ist das ganze ein Lernprozeß. Handfertigkeiten wie ausgefeilte Techniken, Faustregeln wie subtile Legitimationssysteme werden von Personen erworben, verinnerlicht, sie lernen sie in langen Lernprozessen von anderen Personen.

Für die Mitglieder krimineller Gruppen heißt das: Sie durchlaufen

Karrieren mit vorgesehenen Etappen oder auch Absprüngen. Diese Karrieren sind aber nicht zwanghaft, sie haben keinen Automatismus, wie er z.B. für den Drogenmißbrauch in der Umsteigehypothese, nach der Typen stets vom Kiffer zum Fixer sich entwickeln, immer wieder unterstellt wird. Die Karriere wird von den Gruppen strukturiert. Sie schaffen bestimmte, gruppenspezifische Mobilitätsbahnen.

Während bei Sutherland noch nicht bestimmt wurde, wo derartige Verteilungs- und Lernprozesse in der Gesellschaft stattfinden, gaben Cloward und Ohlin darüber genaueren Bescheid: Es sind die kriminellen Gruppen mit ihren spezifischen Verhaltensweisen und Definitionen, die diese Verteilungs- und Verinnerlichungsprozesse regeln. Sie, die auf der Basis bestimmter sozialer Lagen und Familiensituationen entstehen, schaffen Personen, die als Kriminelle leben, die ein bestimmtes Aussehen, bestimmte Fähigkeiten, bestimmtes Handeln aufweisen. Dort entwickeln z.B.Rocker spezielle Schlagtechniken. Im Umgang mit diesen Techniken Erfahrene bilden andere, Jüngere darin aus, helfen ihnen, die Technik zu beherrschen, zeigen ihnen, wie man Schläge führt. Junge Rocker erwerben so bestimmte Gegenstände, lernen ihren Körper an bestimmte Bewegungsfolgen zu gewöhnen. Das beeinflußt ihre Person, ihre Gestalt, ihr ganzes Auftreten und Aussehen.

Bisher hatten wir nur die Perspektive betont, daß Personen etwas zugeteilt bekommen, das sie verinnerlichen. Eine andere Möglichkeit besteht nun darin, daß Menschen nicht auf Zuteilungen und Verinnerlichungen warten, sondern gesellschaftliche Produkte ergreifen, zu verinnerlichen versuchen.

Albert K.Cohen hatte 1965 den Ansatz George Herbert Meads für die Theorie abweichenden Verhaltens brauchbar zu machen versucht. Die Person wurde hier sehr aktiv gesehen. Sie ist in einem anhaltenden Prozeß der Suche, der Konstruktion, der Prüfung, der Abschätzung, des Ausdrucks eines Selbst begriffen. Dazu verwenden die Menschen die Rollen, die die gesellschaftlichen Gruppen zur Verfügung stellen. Aber die Menschen selbst wählen aus, welche Rolle sie spielen. Sie modellieren sie dann, behalten die Rolle - oder stoßen sie ab. In diesem Bezugsrahmen erfolgt ein regelrechter Entschluß zum Eintritt in eine kriminelle Gruppe, um dort Zugang zu "harten und kriegslüsternen Positionen, zum Gebrauch einer obszönen Sprache, zur Teilnahme an verbotenen sexuellen Praktiken, zu unmäßigem Alkoholkonsum, zu vorsätzlicher Verhöhnung der Legalität und Autorität, zu allgemeiner Verachtung der heiligen Symbole der rechten Welt, zu einem Zug Marihuana, ja zum Selbstmord" (A.K.Cohen, 1965, S.13) zu finden.

Auch wenn wir erhebliche Bed nken haben, die Wahlmöglichkeiten des Individuums so hoch zu veranschlagen wie Cohen, so kommt man zu demselben Ergebnis: Es entwickeln sich spezifische Gestalten der Handelnden.

Prüfen wir nun, wie die Zuteilungen aussehen, die Mitglieder krimineller und normaler Gruppen erhalten. Dazu müssen wir die kriminellen Gruppen in dem weiteren gesellschaftlichen Zusammenhang sehen, in dem sie stehen. Wir haben in unserer Analyse des sozialstrukturellen Hintergrundes der Mitglieder der Gruppen zahlreiche Hinweise auf die sehr unterschiedliche soziale Lage der Mitglieder normaler und krimineller Gruppen erhalten. Wir haben dort gesehen, daß die Herkunft eine von sozialer Lage zu sozialer Lage verschiedene Ernährung, Kleidung, Wohnung, Gesundheit und Verfügung über Güter zur Freizeitgestaltung ermöglicht. Auch die Betrachtung des Familienstatus' ergab große Unterschiede zwischen den einzelnen Gruppen. Es sind diese Familien, die als zweite große Gruppe die Handelnden ausstatten. Sie nehmen Einfluß auf die Ernährung, Kleidung, Wohnung, Gesundheit und Pflege. Schließlich nehmen die Mitglieder der verschiedenen Gruppen unterschiedliche Positionen im ökonomisch-politischen Prozeß ein, was wiederum Konsequenzen für die Zuteilungen hat, die sie erhalten.

Aufgrund der Mitgliedschaft in kriminellen Gruppen ändern sich viele der Verteilungsprozesse drastisch. Eltern entziehen ihren "mißratenen" Kindern Liebe und Zuneigung, bestrafen sie, nehmen ihnen häufig benutzte Güter für die Freizeitgestaltung ab, z.B. das Moped, sie kürzen das Taschengeld, setzen am Ende den Jugendlichen gar vor die Tür. Chefs in Betrieben entziehen den Jugendlichen oft ähnlich wirksam wichtige Mittel und werfen Mitglieder krimineller Gruppen aus ihren Positionen.

Im Teil 4 haben wir dann gesehen, daß die Verhaltensweisen der Gruppen sich unterscheiden. Drogenmißbrauch und Aggressionsdelikte haben nun oft negative Folgen für die Verfassung des eigenen Körpers, für die Gestalt. Gesundheitliche Schäden und Verletzungen sind oft die Folge dieses Verhaltens. Kleidungsdiebstähle und viele andere Formen des Mitnehmens sind dagegen vorteilhaft für das Aussehen der Beteiligten. Sie können einige der Benachteiligungen durch Elternhaus und Betrieb und eigenes Verhalten wieder ausgleichen. Wir leiten daraus - zugleich als Verfeinerung unserer allgemeinen These 7 - die Hypothese 4o ab:

H 4o: Wenn Gruppen auftreten, deren Mitglieder kriminelles Handeln äußern, dann ist ihre Gestalt von der Teilnahme an diesen Handlungen geprägt.

Nun teilen die Gruppen nicht nur bestimmte Dinge zu. Wir fanden, daß sie Situationsdefinitionen entwickeln. Dazu gehören auch solche, die man auf einzelne Personen anwenden kann. Die Mitglieder der verschiedenen Gruppen beginnen sich dann unter Verwendung von Situationsdefinitionen zu begreifen als Menschen, die bestimmte Handlungen ausführen. Sie bezeichnen sich selbst und sagen von sich, daß sie diese oder jene Handlungen ausführen aus bestimmten Gründen und daß sie bestimmte Eigenschaften haben oder bestimmte Zustände erreichen, kurz, sie begreifen sich als bestimmte Personen. Dazu werden zuerst die Bezeichnungen verwandt, die die Jugendlichen mit ihren Freunden, "Kumpeln", selbst geprägt haben, gruppenbestimmte Selbstbezeichnungen.

Für die Mitglieder der kriminellen Gruppen ist nun davon auszugehen, daß sie in einer normalen Gesellschaft leben und verfolgt werden. Zu ihren Situationsdefinitionen gehören daher auch Legitimationen der Akte der Gruppenmitglieder. Das ist für die Mitglieder krimineller Gruppen von besonderer Wichtigkeit. Hat eine Person einmal ein kriminelles Verhalten durchgeführt, so liegt in einer Gesellschaft mit Strafrecht, deren Mitglied die Person ja zuerst ist, die Definition dieser Handlungen als kriminell nahe. So groß ist normalerweise der Verpflichtungsgrad rechtlicher Normen. An dieser Stelle sind nun Gruppen von Gleichaltrigen mit abweichenden Definitionen von großer Bedeutung. Sie mildern, ja entfernen den Druck normaler Definitionen und verschaffen statt dessen eine neue Legitimation (Albert K. Cohen, 1955, Kap.3). Aus beiden Gründen hat die kriminelle Gruppe auf das Selbstverständnis ihrer Mitglieder einen großen Einfluß. Wir formulieren daher die Hypothesen

H 41: Wenn Gruppen auftreten, deren Mitglieder kriminelles Handeln äußern, dann wählen sie häufiger eine Selbstbezeichnung mit Gruppenbezug als Mitglieder von normalen Gruppen.

Wir haben oben gezeigt, daß die Mitglieder krimineller Gruppen auch Situationsdefinitionen in einer eigenen Sprache entwickeln. Das gilt ebenfalls für die Selbstbezeichnungen mit Gruppenbezug. Sie werden von den Mitgliedern dieser Gruppen oft in dieser Sprache formuliert. Dabei steigt die Verwendung dieser speziellen Selbstbezeichnung mit Gruppenbezug mit dem Organisationsgrad der Gruppe.

H 42: Wenn Gruppen auftreten, deren Mitglieder kriminelles Handeln äußern und die Ansätze einer Organisation zeigen, dann wählen die Mitglieder häufiger eigensprachliche kriminelle Selbstbezeichnungen als Mitglieder von Gruppen ohne Organisationsansatz.

Einer Person, die kriminell handelt, werden negative Sanktionen zugeordnet. Sie bekommt Prügel von ihren Eltern, wird von Polizisten angehalten, aufgeschrieben, vorgeladen, von Richtern vielleicht in Arreste oder Jugendstrafanstalten geschickt. Damit wird einzelnen Menschen etwas zugeordnet, ganz konkret, das seine Gestalt, seine Person strukturiert. Einem Schlag kann eine Beule folgen, lange Strafhaft kann lebenslange gesundheitliche Schwächungen nach sich ziehen.

Auch dieser Prozeß wird definiert, zunächst nicht von den kriminellen Gruppen, sondern von Instanzen sozialer Kontrolle. Sie schöpfen auch gruppenbestimmte Situationsdefinitionen. Jemand wird mit bestimmten Produkten in Beziehung gebracht, nicht nur mit denen seines kriminellen Verhaltens, sondern auch mit denen der folgenden Sanktionen. "Durch das Urteil, das den Angeklagten schuldig spricht, wird nicht nur eine Tatsache aktenkundig gemacht und festgestellt, die auch ohne das Urteil existieren würde. Es ist nicht ein reiner Akt der Namensgebung, der Benennung eines Phänomens, sondern das Verdikt: ihm ist diese Tat zuzuschreiben, er ist für sie verantwortlich, er hat für die Konsequenzen einzustehen, begründet erst das Merkmal "Krimineller sein", schafft diese Eigenschaft im wahrsten Sinne des Wortes" (F.Sack, 1968, S.468/469). Was für die soziale Lage, die eigene Familie, den Betrieb und die eigene Gruppe gilt, das trifft auch völlig uneingeschränkt für die Instanzen sozialer Kontrolle zu. So sind "der Richter bzw. das Gericht..."Tatsachen" erzeugende und setzende Institutionen. Das Urteil schafft ein neues Merkmal für den Angeklagten, setzt ihn in einen Status ein, den er ohne das Urteil nicht besitzen würde" (F.Sack, 1968, S.469). So wird der Tatbestand der Bezeichnung des eigenen Verhaltens durch Instanzen sozialer Kontrolle den Mitgliedern krimineller Gruppen unüberhörbar bekannt. Sie lernen schließlich dieselben Bezeichnungen kennen, ja sogar sie im Sinne der anderen richtig zu verwenden, auch wenn sie nicht selbst, sondern nur ein "Kumpel" verurteilt wurde. Zwar wird die Sicht der anderen nicht akzeptiert, aber man kennt sie, kann sie auf sich selbst anwenden.

Unter den Selbstbezeichnungen unter Bezug auf die Gruppe können daher auch solche in der Sprache der Instanzen sozialer Kontrolle auftreten. Personen bezeichnen sich dann selbst nicht unter der Perspektive ihrer eigenen Randgruppe als "Typen", "Kiffer", "Fixer", "Vogelfreie", "Mitglieder eines Motorclubs", sondern als "Verbrecher" und "Kriminelle". Derartige Selbstbezeichnungen sind bei den Gruppen zu erwarten, deren Mitglieder stärkeren Kontakt mit Instanzen sozialer Kontrolle hatten. Von den beiden Hauptgruppen der Typen und Rocker ist dies für die Rocker der Fall. Rückzugsvorstellungen wie sie bei den Typen gepflegt wurden, traten bei den Rockern nicht auf. Sie trugen ihre Verhaltensmuster in aller Öffentlichkeit aus. Sie lösten damit, wie wir fanden, zunächst Kontakte, Erwiderungen aus, in denen ihnen allgemeine, gesellschaftliche Definitionen wie die oben bezeichneten zugeordnet wurden. Zudem scheint auch das Verhalten der Rocker eher als das der Typen gesellschaftliche Sanktionen auszulösen. Angriffe auf die Person und das Eigentum eines anderen werden scharf geahndet. Wir kommen so zur Präzisierung der allgemeinen These 17 in der Hypothese:

H 43: Wenn Gruppen auftreten, deren Mitglieder kriminelles Handeln äußern, und wenn diese Gruppen Kontakt zu Instanzen sozialer Kontrolle haben, dann äußern sie häufiger fremdsprachliche kriminelle Selbstbezeichnungen als Normale.

Selbstbezeichnungen im Sinne der Instanzen sozialer Kontrolle weisen nun eine sehr wichtige Implikation auf. Gelingt es Kriminellen, ein eigenes Verhaltens- und Definitionssystem aufzubauen, an das sich Verteilungen und Verinnerlichungen anschließen, so sind die Selbstbezeichnungen nicht nur vom Prozeß ihres Entstehens her sozial, sondern auch von ihrem Inhalt: Solche Mitglieder krimineller Gruppen, die sich im Bezeichnungssystem des "kriminellen Lebens" als "Typen", "Fixer" oder "Rocker" bezeichnen, sehen auch die Entstehung ihrer Person im Zusammenhang mit sozialen Prozessen, so wie es die Gruppenideologie ausweist. Abweichende, die sich im Bezeichnungssystem der Instanzen sozialer Kontrolle begreifen, sehen die Entstehung ihrer Taten entsprechend dem Wissen dieses Systems als etwas ganz Individuelles, ihnen Eigenes, von ihnen Verschuldetes, von ihnen zu Verantwortendes an. Sie hadern dann nicht mit der Gesellschaft, wie es die Typen und Rokker tun, "diese Kriminellen" halten die Anlage der Gesellschaft für richtig, sich selbst für Versager und "Nieten".

Von welchem Bezeichnungssystem man auch ausgeht, die Kriminellen verwenden häufiger als die Normalen eigen- oder fremdsprachliche kriminelle Selbstbezeichnungen. Wir leiten aus den Hypothesen 42 und 43 ab:

> Wenn Gruppen auftreten, deren Mitglieder kriminelles Handeln äußern, dann verwenden sie häufiger als Normale eigen- oder fremdsprachliche kriminelle Selbstbezeichnungen.

6.2.2 Datenanalyse zu den gruppenabhängigen Gestalten

Betrachtet man die Gestalten der Gruppenmitglieder, findet man: Kriminelle führen ein nach ihrem Verständnis "freies Leben". Das führt zu Konflikten mit Personen der gleichen Lage und zu Auseinandersetzungen mit der Familie. Sehr selten duldeten Eltern die Mitgliedschaft eines Jugendlichen in einer kriminellen Gruppe.

> Gustav beginnt, einen Joint zu drehen. Der Typ und ich sitzen auf dem Bett, Heinrich auf dem Boden. Ich frage Gustav, ob seine Eltern wüßten, daß er auf seinem Zimmer Shit raucht. Er meint, sie wüßten das alles: "Aber was sollen die denn dagegen machen, auch wenn sie dagegen sind?" Als ich einwende, daß es doch auch Eltern gibt, die ihre Kinder verpfeifen, spricht er sich entschieden dagegen aus.

Noch seltener unterstützen Eltern, wenn ihnen kriminelle Handlungen ihrer Kinder bekannt werden, diese weiterhin.

> So berichtete Gerold einem Feldforscher, daß er am Wochenende nach Frankfurt fahre: "Ich will mal wieder zu Muttern. Mal sehen, ob die mir was Geld geben kann. Die weiß ja nicht, wofür. Obwohl, als ich letztens da war und mich gebadet habe, da meinte sie, "waren in diesem Sommer die Mücken so schlimm?" Die ahnt das wohl."

Von den Rockern berichtete Hecki: "Meine Eltern haben mir geholfen, wenn ich Strafe zahlen mußte, obwohl die auch nicht viel Geld haben."

In der Regel wurden die Zuteilungen von dort geändert. Mitglieder krimineller Gruppen bekamen kein Geld, keine Kleidung, keine Nahrung, oft keine Wohnung mehr.

Ein Feldforscher berichtete: Zwischendurch sehe ich Jan die Straße raufgehen. Joe sagt mir, Jans Vater habe Jan rausgeworfen. Joe sei gleich mit rausgeflogen. Er hat zuletzt bei Jan gewohnt. Später erfuhr der Feldforscher, daß Jan "einen schweren Stand" zu Hause hatte, er wollte aber dennoch nicht aufgeben: "Im Augenblick wohne ich noch zu Hause. Ich will auch nicht einfach abhauen. Ich will meinen Vater überzeugen, daß das gut ist, was wir machen. Das ist aber schwer, wo die Zeitungen immer schreiben, die Hascher sind an allem schuld und so."

Trotz der Verschlechterung ihrer objektiven Lage lehnten es viele Typen ab, sich mit den Eltern zu arrangieren. Adrian antwortete dem Feldforscher, als er einmal keine Unterkunft hatte, auf die Frage, ob er nicht zu seiner Mutter gehen wollte: "Das hätte die ja gerne. Dann würde sie ja gleich sagen: "Na, kommst Du wieder an. Ich konnte Dir ja gleich sagen, daß Du wiederkommst." "

So fehlt es den Mitgliedern krimineller Gruppen an vielem. Ihre getragene Kleidung verschmutzt, wird alt.

Von den Typen wurden dann für wenig Geld anderswo ausrangierte Sachen in Gebrauchtwarenläden gekauft: Im Laden probiert Mario alle möglichen Jackets an, die ihm aber fast alle zu klein sind. Ferdel ersteht einen seidenen, knöchellangen Mantel, von innen weiß und von außen auffallend hellblau. Dazu besorgt er sich eine knallgelbe Mütze. Für seine Freundin kauft er noch ein Hemd. Alle möglichen Klamotten werden von uns anprobiert. Nachher laufen wir alle mit blauen und gelben Mützen herum und werden von allen möglichen Leuten angegafft. Wir gehen dann nach unten , wo es Schmuck, Bücher und anderen Krempel gibt. Besonders der Schmuck interessiert die drei. Jeder ersteht Armbänder und Ketten, Mario und Fanta je einen Ohrring und auch Broschen. Alles kostet zwischen fünfzig Pfennig und zwei Mark. Wir fahren dann zum Brunnen, wo etwa fünfzehn Typen auf den Bänken hinter dem Brunnen sitzen. Wir werden dort von allen bestaunt, und man amüsiert sich vor allem über die Kleidung von Ferdel, der außerdem noch durch sein langes Haar und eine kreisrunde Brille auffällt.

Ein anderes Mal berichtete ein Feldforscher: Jan und einige andere Typen sind außerordentlich abenteuerlich angezogen. Jan hat über einer Cordhose noch einen Maxirock und eine Anzugsjacke.

Viele Mitglieder krimineller Gruppen erwarteten, daß es für lange Zeit so weiter geht.

Achim: "Zehn Uhr nach Hause gehen, da steh ich nämlich nicht drauf. Wie die Bürger. Nach Hause kommen, fressen, Zeitung lesen, Flasche Bier trinken, Mama machts Fernsehen an, um zehn innet Bett." Ff: "Auf so ein Leben will man Dich aber zwingen." Achim: "Das kriegen die nicht fertig." Ff: "Wie willste denn das machen?" Achim: "Dann hau ich eben ab." "Wohin denn?" "Nach Holland. Aber da sind jetzt so viele. Alle fahren nach Holland. Am besten, ich bleibe hier. Wär dat beste. Irgendwie komme ich dann schon klar. Mal sehen." Ff: "Wie willste Dich denn ernähren, wie willste an Geld kommen?" "Wozu brauche ich Geld?" "Man muß doch was essen." Achim: "Wieso. Wenn man ma nix hat, ißt man eben nix. Ißt man am Morgen eben wieder." Ff: "Du brauchst doch Zigaretten." "Brauch ich Zigaretten, die krieg ich schon. Wenn ich mit andern zusammen bin, dann krieg ich sie." "Du brauchst trotzdem zu essen." Achim: "Da geht man eben mal durch ein Geschäft." "Ist aber Scheiße, wenn sie Dich kriegen." "Stimmt. Die sind jetzt auch schärfer geworden. Passen viel mehr auf." Ff: "Als wir in Ferndorf waren, mußtest Du die Cola doch auch bezahlen." "Wenn ich Geld hab, dann zahl ich auch. Wenn ich kein Geld hab, zahl ich sie nicht. In Ferndorf flieg ich deshalb nicht raus." Ff: "Wie kämste denn sonst durch?" "Bißchen dealen. Da haste dann wieder was Geld." "Andere Möglichkeiten?" "Gehste morgens an den Türen vorbei. Da stehen Brötchen und Milch. Triffste Dich mit andern. Die bringen auch alle was mit, Wurst und so."

Typen nahmen am Leben der Gruppe teil, an ihrem Verhalten. Es fand an bestimmten Plätzen statt. Wir haben sie alle ausführlich beschrieben. Erinnern wir uns hier daran: Nachmittags bei gutem Wetter trafen die Typen sich auf Bänken und Mauern in öffentlichen Parks. Es waren sonnige, ruhige Plätze. Nachmittags bei schlechtem Wetter, jeden Abend und an manchem Vormittag traf man sich in Diskotheken, kaum gelüfteten, stark verrauchten, engen Räumen, in denen sehr laute Musik abgespielt wurde, Coca Cola und Limonade getrunken wurde. An beiden Plätzen liefen, meist verdeckt, die verschiedenen Verhaltensweisen ab. Hier fanden die Verteilungen statt. Hier wurden die Leute "angekifft" und "angefixt".

Ich sagte Dieter, daß wir mit einem Test die Lerntheorie überprüfen wollten. Er fand diesen Ansatz völlig zutreffend. "Entscheidend ist, daß man die richtigen Leute trifft."
Dieser Prozeß läuft meist so ab, daß jüngere Typen ältere bitten, sie am Joint zu beteiligen oder ihnen einen Schuß zu setzen.
Axel, ein Typ, berichtete: "Zuerst habe ich nur gehört und gesehen,

daß andere rauchen. Da habe ich gesagt, die sollen ruhig rauchen, aber für Dich selbst kommt das nicht in Frage. Da war ich in einer Diskothek. Da rauchten welche 'nen Joint, Bruno, Ulrich und Jacques. Ich dachte, wenn die Dir jetzt den Joint anbieten, dann lehnst Du ab. Das haben die aber gar nicht gemacht, die haben mich schön hängen lassen. Hinterher, beim nächsten Mal, habe ich sie gefragt, ob sie mich beteiligen würden. Haben die gemacht. Am Anfang war ich dann sehr enttäuscht. Man erwartet so viel, und das entspricht dem dann gar nicht. Das ist bei Shit immer das Problem, daß man am Anfang zu viel erwartet. Im Grunde merkt man erst was nach drei, vier Mal. Und da merkt man auch nur ein bißchen."

Bruno fragte, ob er ihm den Schuß setzen solle. Klaus zu mir: "Nein." Dann meinte er aber, er solle ihm doch den Schuß setzen. Zu Ingo gewandt meinte er: "Guck mal genau hin, wie Bruno das macht. Wenn Du mir mal wieder einen Schuß setzt, dann mußt Du das auch so machen wie der. Denn da sieht man überhaupt nichts, wenn der das macht." Bruno kam rüber und meinte: "Kannst Du Dir den nicht selber setzen?" Klaus: "Doch, aber das letzte Mal hast Du mir den so dufte gesetzt. Du kannst das so gut." Bruno nahm die Fixe und schaute sich das O an. Dann meinte er: "Das ist viel zu dunkel, da muß noch ein bißchen Wasser zu." Klaus: "Bitte nicht verdünnen." "Willst Du mir etwa sagen, daß ich keine Ahnung habe? Da sieht man doch gar nicht, ob Du drin bist." Bruno ging ans Waschbecken und füllte noch etwas Wasser nach. Auch Ingo meinte, das mache nichts aus, wenn man Wasser dazu fülle. Bruno füllte die Fixe so weit, daß etwa zweieinhalb bis drei Meter drin sind. Dann setzte er Klaus den Schuß. Klaus: "Schieß schneller rein, ich merke schon den Flash." Als Bruno den Schuß gesetzt hatte, meinte er: "Ich spüle nur einmal Wasser durch. Saubermachen kannst Du sie ja gleich selber - sag mal, bist Du eigentlich schon hook?" Klaus verstand nicht, und Bruno fragte noch einmal. Ingo lachte mich an. Klaus meinte dann: "Nein, ich war es früher mal." Bruno: "Du willst Dir das nur nicht eingestehen." Klaus saß in einem niedrigen Sessel und juckte sich an seinem Kopf. "Ihr könntet glauben, ich hätte Läuse. Habe ich aber nicht. Mir juckt es am ganzen Körper. Meine Haut ist ganz rot." Er krempelte dabei seine Ärmel hoch. Er säuberte dann seine Fixe und baute sich von drei Sesseln ein Bett, um das Feeling zu genießen.
Später fragte ein Feldforscher Bruno: "Warum machst Du das eigentlich? Du weißt doch selbst genau, daß es Scheiße ist, wenn der nun aufn Hook kommt." Bruno: "Darum mach ich das ja. Ich sage ihm das hinterher. Sage ihm, Du kommst auch noch aufn Hook, in einer Woche." Ff: "Da wäre es doch besser, Du hilfst ihm nicht. Dann fixt der gar nicht." Bruno: "Das ist völlig gleichgültig, ob ich ihm

jetzt helfe oder nicht. Wenn ich es nicht mache, drückt er sich selbst einen. Außerdem kann ich Schlimmeres verhüten. Der hatte da die Sache so konzentriert, wenn der das so genommen hätte, wer weiß, was da rausgekommen wäre. Das habe ich mal erst ordentlich verdünnt. Außerdem muß man ja auch aufpassen beim Fixen selbst. Wenn der die Nadel falsch einsticht, unter die Vene kommt, kann das ganz schön gefährlich werden." Ff: "Vielleicht würden die Leute dann aber die Finger davon lassen. Wenn Ihr die aber immer anfixt, dann ist doch klar, daß es immer mehr werden und auch immer mehr machen." Bruno: "Wenn ich den nicht anfixe, dann macht es ein anderer. Wenn ich es aber mache, dann erzähle ich dem aber auch noch was."

Ein Feldforscher fragte Oliver und Gerold: "Wieviele Fixer gibt es denn in Normalstadt?" Oliver: "So dreißig bis vierzig." Ff: "Wenn wir die alten Fixer mal im einzelnen durchgehen, wie sind die alle so zum Fixen gekommen?" Oliver: "Der Hans-Peter hat unwahrscheinlich gute Beziehungen zur pharmazeutischen Industrie. Da hat er sich ganz legal die Sachen besorgt. Die hat er sich dann so in den Oberschenkel reingeschossen. Da hab ich dem gesagt, das ist doch Scheiße. Ich habe ihm gezeigt, wie man die Sachen in die Vene drückt. Der ist ganz umgestiegen. Der Dieter ist auch von mir angefixt worden." Gerold: "War der nicht zuerst in Berlin?" Oliver: "Nein, den habe ich vorher angefixt. Den Jörg habe ich ebenfalls angefixt." Gerold: "Bei dem Fitti wissen wir es nicht genau." Oliver: "Den Fitti habe ich auch angefixt."

Manchmal kam es auch unbeabsichtigt dazu, daß ein jüngerer Typ aufs "Anfixen" vorerst verzichtete. Ein Feldforscher berichtete: Kurz bevor ich fahren will, treffe ich Bruno, der unbedingt den Leiter unserer Forschungsgruppe sprechen will. Ich sage ihm, daß ich es ihm ausrichten will und komme dann mit Bruno noch etwas näher ins Gespräch. Hase steht dicht dabei und hört zu. Bruno meint, daß er hook sei und daß er unbedingt einen Arzt brauche, der ihn krank schreibt, damit er eine Entziehungskur macht. Damit er seine Stelle nicht verliert, müßte man ihn vielleicht in ein Krankenhaus stecken und ihm den Blinddarm oder sowas rausnehmen, damit das nicht auffällt. Nachher müßte er vielleicht mal einen Psychiater aufsuchen, der ihn durch Hypnose vom Fixen runterbringt. Der müßte mir dann einreden, daß das Fixen Scheiße ist. Als ich Bruno nicht gleich eine Antwort gebe, meint er, ich habe kein Interesse. Ff: "Mich interessiert das Problem sehr, und ich will auch sehen, daß man Dir helfen wird, aber ich kann Dir eben keine Patentlösung anbieten. Dazu habe ich viel zu wenig Einblick." Bruno: "Manchmal ist mir alles egal. Nach dem Fixen habe ich immer starke Depressionen, dann möchte ich manchmal am liebsten zwei Meter Luft drücken, dann hätte ich wenigstens Ruhe. Ich bin ein unwahrscheinlich labiler Typ, total ausgeflippt. Andererseits sage ich mir manchmal, drück einfach weiter, solange Du es aushältst, und wenn ich dann draufgehe, mache ich vorher ein Testament, da würde ich die Hälfte Werner vermachen und die andere Hälfte irgendeiner Institution, die etwas gegen das Fixen macht, die den Leuten runterhilft." Ff: "Hast Du denn keinen, mit dem Du zusammenziehen könntest, der Dich vom Fixen abhält?" Bruno: "Früher, als ich mit Dieter zusammen war, da haben wir uns gegenseitig runtergehalten. Wenn dann einer einen Schuß gesetzt hatte, dann war der andere gleich dran, was bist Du doch für ein Schlappschwanz. Dann habe ich wieder für eine ganze Zeit aufgehört und jetzt, wo Dieter runter ist, da hänge ich wieder drauf. Ich bin ein völlig ausgeflippter Typ." Ich fahre dann mit Bruno und Hase zum Brinkhof, um Bruno noch etwas zu essen zu holen. Unterwegs meint er zu mir, es sei ja doch ziemlich schwach von ihm, daß er mir so einfach sein "Herz ausschüttet". Ich meine zu ihm, daß sei doch nichts Unnatürliches, daß man in einer Situation, in der man Probleme hat, sie mit einem anderen bespricht. Bruno meint, normalerweise müsse man doch selber damit fertig werden. Als Bruno in den Imbißladen geht, meine ich zu Hase: "Jetzt wird es doch ein bißchen später,als ich gedacht habe. Ich hoffe, das macht Dir nichts aus, aber ich unterhalte mich gern mit Bruno, weil er mir sehr sympathisch ist." Hase: "Das, was ich vorhin vor der Türe mitbekommen habe, das reicht mir erst einmal für die nächste Zeit, daß ich nicht mit dem Fixen anfange. In der letzten Zeit, da stand ich häufig in der Schwebe, ob ich anfangen soll oder nicht, aber wenn man das hört, dann fange ich lieber erst gar nicht an."

Angelernte wie ausgelernte Typen stellen Joints her und teilen sie einander zu, d.h. sie geben einen Joint einem anderen, lassen ihn kreisen. Sie geben einander Shit oder Trips im Rohzustand oder Geld. Dieses und vieles andere trägt zum Auftreten einer bestimmten Gestalt bei. So entwickeln einzelne einen spezifischen Rauchstil, andere ihre besondere Fixtechnik, bei wieder anderen ist der Körper zum Teil vom Rauschgift für einen Augenblick oder auf Dauer gezeichnet.

Christian, der alte Fixer, berichtete, daß er mit dem Shitrauchen und dergleichen schon in der Schule angefangen habe, so etwa im Alter von dreizehn Jahren. Zuerst hatte er sich mit aller möglichen Literatur beschäftigt. Weil so viel dazu gesagt wurde, wollte er sich mal genauer damit beschäftigen. In diesem Studium hat er sich ein ungemein fundiertes Wissen angeeignet und kennt fast alle Fachtermini. Auf der Schule hatte er Schwierigkeiten in Latein, er hatte keine Lust, die Vokabeln zu lernen usw. Über sein Bücherstudium wußte er, daß man sich mit Weckaminen besser konzentrieren kann, die einen erheblich aufputschen. Groß anstrengen kann man sich dann nicht mehr: "Wenn man dann die Arbeit kriegte, ging ich dann schon immer mit der Vorstellung ran, na gib doch mal den Zettel her, dann machen wir das schon. Nach der Arbeit wußte ich dann schon gleich, ob es eine zwei oder eine drei geworden war. Auf die Dauer bin ich jedoch durch die Weckamine völlig abgeschlafft. Während die Konzentration während der Arbeit gestärkt wurde, war man anschließend ganz schlaff, völlig lustlos und mit der Zeit ziemlich nervös. Über die Nachwirkung der Weckamine wußte ich vorher nicht Bescheid, davon stand in den Büchern überhaupt nichts drin. Man kann sich zwar dann wieder durch andere Sachen ein bißchen aufbauen, aber den Normalzustand erreicht man nie wieder."

Einzelne Typen bewerteten die Stoffe danach, was sie ihnen bringen werden:

Adrian meinte: "Kiffen! Das ist es! Fixen ist nichts dagegen. Fixen will ich nicht. Ich weiß genau, daß ich nicht fixen werde. Ich will nicht high sein, ich will ins Denken kommen, geistig aktiviert werden, Erkenntnisse bleiben hängen. Die Erinnerungen vom Rauchen, was da gesprochen hat, das nimmt man mit. Beim Shit rauchen erkennt man: Alle Leute haben Fehler, das ist natürlich. Wer raucht, um high zu sein, der wird ein Fixer. Wer raucht, um zum Denken zu kommen, der ist gut. Das ist genau so, wenn ein paar alte Herren zusammensitzen und eine wirklich gute Flasche Wein trinken. So eine ganz alte, die einer noch im Keller hatte. Früher habe ich darüber gelacht. Heute kann ich das verstehen. Da entsteht ein ganz dolles Zusammengehörigkeitsgefühl." Er meinte, daß er sich als Mensch sehr geändert habe, seitdem er Shit raucht und Trips einwirft. Das hätten ihm die anderen Menschen auch schon gesagt. Er sei jetzt viel ausgeglichener.

Ein Feldforscher fragte Björn: "Warum fixt man?" Björn: "Ich habe die Absicht, sinnlich zu leben. Deshalb nehme ich Drogen. Ich wollte Psychologie studieren, hab gemalt und gedichtet. Meine ganze Lebenseinstellung geht auf sinnliches Erleben. Außerdem war natürlich Neugierde dabei. Ich wollte mich selbst erleben." Ff: "Da hättest Du doch auch Yoga machen können. Warum gerade fixen?" Björn: "Ein Trip von sechs Stunden ersetzt zehn Jahre Yoga. Ich kann nur sagen, die Trips, die ich gemacht habe, die haben sich schwer gelohnt." Ff: "Wenn man nun einmal gefixt hat, warum hört man dann nicht auf? Man weiß doch nun, wie das so ist." "Das ist die Faszination der Nadel. Das ist regelrechter Sadomasochismus. Die Nadel fasziniert eben. Dann das Gefühl des Flashs. Viele vergleichen das mit dem Orgasmus. Ich finde aber den Orgasmus wesentlich schöner. Das Spritzen hat mir hinterher nichts mehr gegeben. Es ist immer wieder dasselbe. Da gibt es nichts Neues. Du hast dabei keinerlei sinnliche Erfahrung. So ist das auch mit den Joints. Zu viel Haschrauchen ist nicht mehr positiv. Es bringt Dir nichts."

Nicht alle beurteilten die Ergebnisse so positiv:

Jochen erzählte einem Feldforscher: "Ich nehme seit meinem dreizehnten Lebensjahr Tabletten, erst Schlaftabletten, dann Weckamine, 1:1, AN 1, Pervitin und so weiter. Dann hab ich Hasch, dann Trips genommen. Das wirkt jetzt alles nicht mehr. Seit vier Wochen nehme ich O und M." Ff: "Und wie stellst Du Dir das weiter vor?" Jochen: "Mir ist es ganz egal, ob ich kaputt gehe. Ich habe keine Lust mehr, zu leben. Es ist doch alles Scheiße." Ein anderer Typ: "Da haste natürlich recht, es ist alles Scheiße."

Ein anderer Typ meinte: "Weißt Du, ich war dreizehn Jahre im Erziehungsheim. Um was reinzubringen in mein Leben, darum nehme ich Rauschmittel, nur darum. Ein neues Leben kann ich nicht anfangen. Das geht nicht, das schaffe ich nicht."

Auch für die Rocker hat die Mitgliedschaft in der Gruppe Konsequenzen. Sie zeigen das in der Gruppe gelernte und stabilisierte Verhalten oft auch im Betrieb. Chefs ziehen Konsequenzen, werfen sie raus. Sie arbeiten nicht. Eltern entziehen ihnen das wenige Taschengeld, kleiden sie nicht mehr, werfen sie schließlich auch hinaus.

Ein Feldforscher bei den Rockern hatte einmal die Gelegenheit, eine für das Verhältnis der Rocker zu den Eltern aufschlußreiche Situation zu beobachten: Wir saßen alle draußen auf der Stufe und unterhielten uns. Koks war inzwischen (neben anderen) auch erschienen; seinen Wagen hatte er auf dem Parkplatz vor der Wiese geparkt. Zwei der Mädchen waren dorthin gegangen und hatten sich in das Innere gesetzt. Plötzlich kam eine Frau, Mitte Vierzig, ging auf den Wagen zu, schimpfte mit den Mädchen (die Worte waren für uns nicht zu verstehen), kam dann den Weg zum Clubhaus herauf und fuhr Koks an: "Wo ist das Rad?" (Koks hatte am Tag vorher Platten bekommen und das Rad in den Büschen am Clubhaus stehen lassen). Koks meckerte zurück, ging dann zum Gebüsch, schob das Rad hervor. Als seine Mutter sah, daß es platt war, schrie sie: "Du glaubst doch nicht, daß ich so ein Rad mitnehme!" Daraufhin hob Koks das Rad hoch und warf es mit aller Gewalt in die Büsche. "Dann läßt Du es eben bleiben. Ist mir doch egal." Er ging weiter zur Wand zurück, an die er sich vorher gelehnt hatte. "Na warte, Vati wird Dir schon sagen, wie Du Dich zu benehmen hast. Komm nur nach Hause." "Ach halt Du doch den Mund. Und verpiß Dich endlich von hier. Ich kann doch machen, was ich will, und ich gehe hin, wo ich will." "Ich zeige Dir gleich, wer sich hier verpißt. Du benimmst Dich hier!" Die Mutter, die ihren Rückzug bereits eingeleitet hatte, drehte sich noch einmal um, kam einige Schritte zurück und rief: "Und Dein Wagen? Duldest Du, daß die kleinen Mädchen dadrin Dir das ganze Polster mit ihren Zigaretten versauen? Dieser Kindergarten hier. Ihr seid ja alle noch kleine Kinder!" "Was willst Du überhaupt? Den Wagen habe ich bezahlt, und was ich damit mache, das geht Dich einen Dreck an!" Während der gesamten Zeit der Auseinandersetzung sagte keiner der anderen ein Wort, alle schauten angespannt zu. Nachdem sie gegangen war (als sie kam, sagte einer: Was will die denn hier?), sagte Hecht zu Koks: "Mit den Alten hat man auch nichts als Ärger. Bei mir geht es genau so." Von den anderen habe ich keine Äußerung gehört, weder anschließend noch später. Zu den beiden Mädchen hatte die Mutter etwas in der Richtung gesagt, daß sie, verdammt noch mal, das Haschen im Wagen sein lassen sollten, diese Schweinerei.

Ein Rocker, Tabak, überlegte sich, ob er aufgrund der Schwierigkeiten, die er zu Hause aufgrund seiner Mitgliedschaft bei den Rockern hatte, nicht wieder abhauen sollte. Ihn hielt nur die Befürchtung davon ab, daß er dann evtl. in die Fürsorgeerziehung käme.
Solche dramatischen Konsequenzen wurden von anderen gemieden. Sie tarnten sich: Zu dritt fuhren wir nach Talbach. Als wir unterwegs in die Dietrichstraße einbogen, meinte Zorro zu mir: "Mußt Dich nicht wundern, wenn ich gleich blitzschnell untertauche. Mein Alter braucht mich nämlich nicht zu sehen. Wir wohnen nämlich da vorn."

Auch die Rocker kamen – wie wir sahen – an bestimmten Plätzen zusammen. Sie standen, saßen, lagen am Clubhaus, auf der Wiese davor oder im Park in der Nähe. Sie waren abends im Clubhaus, das sich von der Diskothek der Typen nicht unterschied. Sie fuhren auf Motorrädern oder Mopeds, in alten Autos, allein, zu zweit, zu mehreren auf den Straßen um das Clubhaus herum, bei ausgewählten Anlässen auch weiter. Auch hier liefen Verteilungsprozesse ab, wurden Neue angelernt.

Matthias berichtete, daß er zuerst in einem Club in Bresen gewesen sei. "Da habe ich das Prügeln gelernt: Wir sind nach Vorstadt gefahren und sind dort in eine Eisdiele gegangen, in der viele Italiener und Engländer waren. Wir hielten das damals so: Wenn einer von uns schief angequatscht wurde, dann schlug der sofort zu; die anderen haben die beiden dann abgeschirmt, und wenn ein anderer eingreifen wollte, dann kriegte der von uns was auf die Nase.

Im Alter von vierzehn Jahren wurde Tabak von anderen in die Methode des Zigarettenkloppens und die Benutzung des Stielkammes – den Tabak heute immer bei sich trägt, ebenso wie einen Metallstift zum Kloppen – eingeführt: "Zuerst ging ich einfach mit den anderen mit, dann habe ich es selbst probiert."

Ein Rocker sagte: "Ich würde gerne auffallen, gerne Gammler sein." Ff: "Warum wirst Du kein Gammler?" "Meine Eltern haben mich dazu verzogen. Ich kenne auch keinen von denen. Wenn ein Kumpel von mir Gammler geworden wäre, wäre ich es original auch geworden."

Rocker prügeln sich ab und zu, mehr zum Spaß, untereinander. Sie schlagen, einzeln für sich, oder zu mehreren, andere. Sie fahren mit ihren Motorrädern und den Autos auf Jahrmärkte, stellen sich an Raupen, warten auf Gruppen oder suchen diese und beginnen mit ihnen Schlägereien. Sie nehmen Sachen mit, die ihnen nicht gehören, verbrauchen sie oder werfen sie weg. Sie behalten von ihrer Kleidung die, die sich in dieser Situation bewährt. Sie tragen derbe Jacken und "Blue Jeans".

Ein Rocker erzählte: "Man zieht sich einen Levis-Anzug an, macht sich Nieten und Ketten dran und wird dann von den anderen als Rokker bezeichnet: "Guck da, ein Rocker." Und die Levis-Klamotten zieht man an, weil man oft auf dem Moped fährt, weil man da viel mit machen kann. Die anderen, die einen Wagen fahren, die brauchen das nicht, aber wenn Du mal hinfliegst mit dem Bock, die Levis hält das aus."

Auch dieses Verhalten und die Ergebnisse dieses Verhaltens führen zu einem bestimmten Aussehen. So erhalten Rocker Verletzungen, die sich zeitlebens auswirken.

Ein Rocker hat noch heute eine tiefere Stimme wegen eines Schlages, den er in einer Klopperei vor seinen Hals bezogen hatte. Andere Rocker verwiesen auf ihren Körper voller Narben. Specht verstarb schließlich nach einer Schlägerei an einem Blutgerinnsel.

Auch die Rocker werden von den Eltern bedrängt, ihr Verhalten zu ändern. Ihnen droht ähnliches wie den Typen.

Die Einsacker hatten auch ihren bestimmten Treffort. In einem Kellerraum, den sie sich selbst hergerichtet hatten, saßen sie stundenlang bei schwachem Licht, hörten progressive Musik, tranken Malzbier, besprachen ihre Fischzüge, zogen dann in die Stadt. Auch sie lernten Neue an:

Dem Feldforscher berichtete Stefan: "Durch Printe, Richard und Willi bin ich dann in das Jugendheim gekommen. Die Musik gefiel mir da ganz gut. Ich war zumindest hin und wieder da. Ja, und als der Raum von den Modernen eingerichtet wurde, da habe ich da mitgeholfen, und da habe ich Kontakt mit denen bekommen. Da bin ich irgendwie auch in die Kaufhausdiebstähle mit hineingeschliddert. Erst bin ich einfach nur mitgegangen. Dann hat der Toni mir mal eine Tasche zum Tragen gegeben. Ja, und dann habe ich selbst ein paarmal mitgemacht. Ich war auch einmal in Vorstadt mit gewesen. Der Shorty hat uns unheimlich belabert. Der hatte uns voll in der Hand. Die anderen hatten zwar vorher auch schon immer was gemacht, aber nicht so viel."

Die Einsacker aßen unregelmäßig und von unterschiedlicher Qualität, je nach Gelegenheit und je nach dem Ertrag ihrer Dealaktivitäten. Morgens mußten oft Brötchen und Milch reichen, mittags gab es dafür vorzügliche Speisen in einer Gaststätte, bezahlt von den Erlösen aus den letzten Verkäufen. Es wurden dann Fischzüge durchgeführt, um Kleidung zu organisieren. So waren die Einsacker in der Regel wirklich gut gekleidet.

Sie sagten von sich selbst: "Ehrlich, wir leben wie die Fürsten!"

Ihre Arbeit hatten sie oft aufgegeben, einige wurden zu Hause rausgeworfen. Sie schliefen in ihrem eingerichteten Raum mehr schlecht als recht - das führte zu Unausgeschlafenheit, zu Nervosität, zum Absakken ihrer Leistungsfähigkeit beim Einsacken.

Draußen vor der Tür saßen Toni und Gerd. Toni sah ziemlich down aus. Ich fragte ihn: "Was ist denn heute mit Dir los?" "Ach, mit dem Einsacken will das gar nicht mehr klappen. Heute hat sich nichts abgespielt." "War es zu gefährlich?" "Ja, die Verkäuferinnen waren immer gleich da. Da war nichts zu holen."

Auch die von uns untersuchten Normalen saßen zunächst häufig zusammen in ihrer Stammkneipe. Sie war verhältnismäßig gut beleuchtet und gut durchlüftet. Sie war auch nicht eng. Musik wurde selten gespielt. Dazu gingen die Normalen in andere, ähnliche Kneipen oder Diskotheken. Sie gingen auch in Kinos oder zum Fußballplatz. Auch bei ihnen liefen Verteilungsprozesse ab. Die Mitglieder der normalen Gruppe tranken sehr viel zusammen, meist große Mengen Bier "pro Kopf", sie spielten Karten, würfelten, knobelten und erzählten.

So gab der Aufenthalt in der Laube Achim einfach Ablenkung: Wenn er zu viel mit sich alleine sei, halte er das auch nicht aus. In der Laube brauche er sich nicht zu konzentrieren, er sei nicht mit sich allein. Dort sei so richtig ein alter Trott, den mache er dann zwei, drei Stunden mit. Er spiele dann Skat, das lenke ab, und es sei dann alles beim alten. Wenn er da hineingehe, habe er das Gefühl, er gehe in eine Gruft, dort sei der Muff von tausend Jahren. So z.B. als er vom Bund wiederkam, sei er doch drei Monate nicht in der Laube gewesen. Als er dort hineinging, sei dennoch alles wie vorher gewesen. Manchmal gehe er allerdings tagelang nicht hin. Er erwarte nichts von der Laube, brauche das allerdings manchmal.

Die von den Normalen produzierten Situationen wurden von ihrer Herkunftsschicht, von ihrer Familie als unproblematisch betrachtet. Sie wurden weiter versorgt, bekamen Ernährung, Kleidung, Wohnung und Geld.

> Insbesondere die älteren Normalen, die gezeigt hatten, daß sie längerfristig dieses Verhalten zeigen, wurden belohnt. Sie bekamen teilweise Autos von den Eltern geschenkt, als Zeichen der Zustimmung zu ihrer Lebensführung. Ein älterer Normaler berichtete: "Und dann hab ich mir mit neunzehn einen Wagen gekauft, den BMW für siebzehntausend Mark. Damals war ich der King. Ein schnelles Auto mußte es unbedingt sein, so ein Blödsinn. Aber welcher Junge träumt nicht davon? Ich war schon immer so, alles mußte ich haben, was ich mir vorgenommen hatte. Heute würde ich das auch nicht mehr machen, siebzehntausend Mark für ein Auto. Das Geld hab ich von meiner Mutter gekriegt. Meine Eltern hatten ganz schön Geld."

Es gab nur wenige Fälle, in denen die Eltern wegen des Laubenbesuches irgendwelche von den Jugendlichen begehrte Dinge verweigerten. Den Normalen wurde immer wieder aufgetragen, nicht so viel zu trinken, die Jüngeren sollten noch nicht rauchen, die Entsprechung dieser Erwartungen wurde aber nicht kontrolliert. Kein Vater oder Mutter überprüfte das Verhalten der Jugendlichen und Heranwachsenden in der Laube. Informationen drangen von dort jedoch kaum nach außen. Allenfalls die zeitliche Dauer der Laubenbesuche wurde, war sie zu lang, sanktioniert durch Begrenzung. Es gab aber genug Möglichkeiten, derartige Verbote zu umgehen. Auch die Teilnahme an diesen Prozessen führte zu einem bestimmten Aussehen bei den Normalen.

Zur Prüfung der Hypothese 4o wäre es ideal, Zustände der "Gestalten" miteinander zu vergleichen. So könnte man fragen, wie ist der Ernährungszustand von Kriminellen im Vergleich zu Normalen? Wie ist ihre Kleidung? So wären alle Fragen, die sich auf den Zustand der Gestalt beziehen, zu prüfen.

Wir müssen an dieser Stelle auf eine sehr wichtige Begrenzung unserer Erhebungen hinweisen. Unser ursprünglicher theoretischer Ansatz enthielt die Kategorien der Verteilung und Verinnerlichung und die mit diesen Kategorien gebildeten Thesen von der Ausbildung von Gestalten konkreter Personen nicht. Auf diese Kategorien und Thesen stießen wir erst im weiteren Verlauf der Untersuchung, in der Phase der Auswertung. Dementsprechend wurden Daten, mit deren Hilfe diese These hätte geprüft werden können, nicht systematisch erhoben. Zwar fiel sowohl im Rahmen der teilnehmenden Beobachtung wie bei den standardisierten Interviews entsprechend zu verwertendes Material an, aber diese Daten sind zum Teil nicht unmittelbar auf die Thesen zur Verteilung und zur Ausbildung der persönlichen Gestalt bezogen. Das hat die Konsequenz, daß eine systematische Überprüfung dieser Thesen nicht möglich ist, sondern nur die illustrativen Belege, die wir schon anführten, geliefert werden können. Wir werden uns daher im folgenden ganz auf das Bewußtsein der untersuchten Personen von diesem Sachverhalt zu konzentrieren haben.

6.2.3 Selbstbilder im Zwanzig-Selbstbezeichnungen-Test

Zur Erläuterung der Wahl der Methode des Zwanzig-Selbstbezeichnungen-Tests ist zuerst an die Forschungsobjekte dieses Untersuchungsteils zu erinnern. Es geht um die um einen Menschen herum sich verfestigende Gestalt und um das Bewußtsein davon. Bei der Analyse des empirischen Materials über die Selbstbilder der Mitglieder der Gruppen wurden keineswegs alle Aspekte in Betracht gezogen, die wir in unseren einleitenden Überlegungen besprachen. Die Prozesse der Entwicklung dieser Selbstbilder, die zweifelsohne von großer Bedeutung sind, werden hier nicht untersucht, sondern lediglich der Zustand, die Struktur der Selbstbewußtseinsformen der Gruppenmitglieder zu einem bestimmten Zeitpunkt. Das war aus forschungspraktischen und nicht aus prinzipiellen Gründen erforderlich (3o).

So hätten wir wie Mary J. Huntington (1957, S. 18o f) den Wandel von Selbstdefinitionen über die Zeit erforschen können. Huntington fand bei Medizinstudenten erhebliche Unterschiede je nach Beziehungspersonen im Rollenfeld der Befragten. Mit methodisch einwandfreiem Vorgehen gelang es ihr zu zeigen, daß die Medizinstudenten in den einzelnen Ausbildungsabschnitten sich zuerst als Studenten, dann als Ärzte selbst definierten, je nach der sozialen Situation, in der sie arbeiteten. Wir hatten aber nur die Möglichkeit, zum Zeitpunkt unserer Erhebung Informationen zu den Selbstbildern in Erfahrung zu bringen.

Die Selbstbilder werden bezeichnet, und die Bezeichnungen werden geäußert. Zwar sind diese Selbstbezeichnungen sozial, insofern hier der einzelne eine Konzeption seiner selbst darbietet, die die Gruppe hält und die er übernommen hat, aber andererseits sind sie auch individuell, insofern sie sich eben auf eine Person beziehen, die sich von anderen unterscheidet, was sozial anerkannt wird, durch die verschiedenen Definitionen für verschiedene Menschen. Diese Verschiedenheit ist aber wiederum begrenzt. Es gehört zur Struktur von Selbstbildern, daß sie verallgemeinern, mehrere Handelnde im Gegensatz zu vielen weiteren Handelnden unter einen Typus subsumieren. So vernachlässigen wir hier ganz individuelle Momente, d.h. solche Elemente der Selbstbilder, die nur auf eine einzige Person bezogen waren. Wir befassen uns mit den Selbstbildern, die mit wenigstens ein paar anderen geteilt werden. Insoweit fragen wir nach Selbstbildern, die für die Mitglieder der einzelnen Gruppen typisch sind.

Man kann die bezeichneten Selbstbilder auf verschiedene Weise zu erfassen versuchen. Eine naheliegende Möglichkeit ist die Anwendung eines halb standardisierten Verfahrens wie des Zwanzig-Selbstbezeichnungen-Tests (Twenty-Statement-Test) - TST. Er wurde von Manford Kuhn und Thomas McPartland (1954) entwickelt, um die theoretischen Annahmen des Symbolischen Interaktionismus über die Struktur des Selbst zu überprüfen. Es wird unterstellt, daß Selbstbilder bzw. die wichtigen ihrer Teile so deutlich, prägnant, umrissen sind, daß sie in Begriffen, Bezeichnungen, gefaßt werden können (T.McPartland, J.H. Cumming und W.Garretson, 1967, S.446).

Das Vorgehen beim TST ist denkbar einfach. Befragten Personen wird ein Blatt Papier mit zwanzig numerierten Zeilen mit der Aufforderung überreicht, spontan möglichst zwanzig Antworten auf die Frage "Wer bin ich?" aufzuschreiben. Es wird kein anderes strukturierendes Element zur Beantwortung dieser Frage zur Verfügung gestellt. Für die Anwendung dieses Verfahrens spricht viel:

1) Der Aufwand an Arbeitszeit für den Befragten wie den Tester, an Material und dergleichen ist gering. Sozialforscher können ohne längere Vorbereitungszeit geeignete Personen um die Mitarbeit bei diesem Test bitten. Weder der Sozialforscher noch der Befragte müssen sich längere Zeit kennen, noch müssen sie besondere Fähigkeiten zur Durchführung des Tests erwerben. Auch die Auswertungsprozeduren sind einfach.

2) Eine präzise und systematische Auswertung ist möglich. Es liegen in den meisten Fällen wohlstrukturierte Einheiten als Material vor: Zwanzig Selbstbezeichnungen, meist ohne weitere interpretierende Ausführungen.

3) Die Antworten des TST sind wenig situationsgebunden. Dadurch gewinnen sie allgemeine Relevanz. So haben wir zur Klärung dieser Frage von mehreren Befragten zu einem späteren Zeitpunkt erneut einen TST erbeten. Wir stellten dabei wiederholt fest, daß die Antworten sich in ihrer Struktur nach der Kodierung sehr gleichen, zu einem großen Teil wurden sogar dieselben Bezeichnungen verwendet, so daß wir glauben,berechtigt zu sein, diesem Verfahren den Vorteil allgemeinerer Relevanz zuzuerkennen.

Dagegen stehen nun folgende Nachteile:

1) Die Gültigkeit des Tests ist schwierig abzuschätzen. Es scheint fraglich, ob in zwanzig Selbstbezeichnungen das Selbstbild sich ausdrücken läßt. Zwanzig Begriffe, ohne Differenzierung, ohne weitere Begründung, lassen möglicherweise zu wenig vom Selbstbild einer Person erkennen.

2) Der "Wahrheitswert" des TST ist fraglich. In welchem Verhältnis stehen derartige Selbstbezeichnungen zum "wirklichen" Selbstbild, d.h. zu dem von den Personen selbst als "wirklich" betrachteten Selbstbild? Selbst bei der Durchführung des TST durch vertraute, lange bekannte

Interviewer in einer für den Befragten alltäglichen Situation und selbst bei behutsamer, von den Erfahrungen teilnehmender Beobachtung geleiteter Auswertung können doch die zwanzig Selbstbezeichnungen gar nicht vorhandene oder nebensächliche Züge des Interviewten bezeichnen.

So gelang es uns nicht, einen der ältesten und erfahrenen Fixer zu einem TST zu bewegen. Der Feldforscher berichtete: Ich schlage Adalbert und Lieschen vor, den TST zu machen,und gebe beiden das entsprechende Blatt, erkläre wie üblich ausführlich. Adalbert lehnt es ab, den TST auszufüllen. Er begründet das so: "Wenn ich da jetzt was aufschreibe, dann weißt Du was über mich. Ich kenne das. Ich weiß, daß das stimmt. Das habe ich schon oft genug gehört. Das geht aber niemanden etwas an. Psychiater machen das auch. Haben sie mit mir gemacht. Die analysieren das dann. Das geht niemand was an. - Du schreibst das auf. Du sammelst das. Später kommt dann irgendjemand an die Sachen dran, wenn ich schon nicht mehr daran denke. Da bin ich dann registriert. Soll ich jetzt schreiben, ich bin ein Hosenscheißer?" Ff: "Bist Du denn ein Hosenscheißer?" Adalbert: "Nein." Ff: "Du sollst nur schreiben, was Du bist." Adalbert: "Ich bin aggressiv. Wenn ich das jetzt hinschreibe, das liest dann hinterher jemand zum Beispiel von der Polizei, dann kann der das gegen mich verwenden. In Bonnies Ranch war genau so ein Test. Das war genau dieselbe Situation. So ein Büro. Der mir gegenüber saß, hatte nur einen weißen Kittel an. Das war genau so." Lieschen hat die ganze Zeit zugehört. Sie wirft ein, ich müsse das verstehen. Auch nachdem ich betone, daß ich das sehr gut verstehe, daß mich aber nicht wie einen Psychiater die Äußerungen Adalberts als Einzeläußerungen interessieren, sondern nur als Teil vieler Äußerungen, daß eine Registrierung nicht stattfindet, daß niemand an diese Sachen rankommt, weigert sich Adalbert, den TST-Bogen auszufüllen.

Andere mögen einen so offenen Konflikt mit einem Feldforscher scheuen. Sie widersetzen sich nicht, geben dafür aber Antworten, die wenig Aussagen über sie selbst enthalten.

So schrieb ein Typ: 1. Ich bin ein Egozentriker. 2. Ich bin ein Nichts. 3. Ich bin ein Nichts. 4. Ich bin alles. 5. Ich bin alles.6. Ich bin eine Wolke. 7. Ich bin der Regen. 8. Ich bin von der Sonne aufgesogenes Regenwasser. 9. Ich bin ich. 1o. Ich bin ein Scheißkerl. 11. Ich bin prima.

Derartige TSTs waren sehr selten. So gehen wir davon aus, daß die Befragten in den Tests zutreffende Angaben über sich machten (31).

6.2.4 Datenanalyse zu den gruppenabhängigen Selbstbildern

Typen nehmen die Prozesse der Verteilung und Verinnerlichung wahr.Sie generalisieren und bezeichnen sie, sprechen über diese Prozesse, über das, was sie machen, was sie selbst sind. Sie wissen, daß sie etwas Bestimmtes sind, auch wenn sie etwas sind, was anderen nicht gefällt. So haben sie einen Ruf, und derartige Selbsteinschätzungen haben sehr weitreichende Auswirkungen auf ihr Verhalten. Will man zur ersten Kontrolle der Hypothese 41 feststellen, ob die normale oder kriminelle Gruppe überhaupt einen Einfluß auf die Selbstbezeichnungen hat, so finden wir:

Tabelle 76: Selbstbezeichnungen mit Gruppenbezug von Mitgliedern krimineller und normaler Gruppen + (bezogen auf Personen)

Gruppe	Selbstbezeichnungen		Summe
	ohne Gruppenbezug	mit Gruppenbezug	
Normale	3o (o,71)	12 (o,29)	42
Kriminelle	19 (o,2o)	75 (o,8o)	94
Typen	9 (o,24)	29 (o,76)	38
Rocker	1o (o,18)	46 (o,82)	56
Summe	49	87	136

Tau N/K = o,24; Tau N/T = o,23; Tau N/R = o,29; Tau T/R = o,o1.

+ Auf die Aufführung und Analyse von Selbstbezeichnungen der Gruppe der "Einsacker" wurde verzichtet. Die einflußstärksten Mitglieder der Gruppe lehnten es ab, die entsprechenden Tests mitzumachen. Die drei Mitglieder mittleren Einflusses, die die Tests ausfüllten, machten Angaben, die offenkundig keinen Informationswert über die Person enthalten sollten. Da nur vier Tests übrig blieben und diese Tests von den weniger einflußreichen Mitgliedern stammten, wurde diese Gruppe hier nicht berücksichtigt.

Wir sehen, daß sich die Mitglieder krimineller Gruppen bedeutend häufiger auf die eigene Gruppe bei der Formulierung von Selbstbezeichnungen beziehen als die normalen. Das gilt für die Typen und Rocker in fast gleichem Maße.

Zur Hypothese 42 von den eigensprachlichen Selbstbezeichnungen der Mitglieder krimineller Gruppen fanden wir zahlreiche Belege.

Ferdi, ein Rocker, sagte von sich: "Ich bin ein Vogelfreier. Es hat einen großen Einfluß auf mein ganzes privates Leben, daß ich Vogelfreier bin." Auch Heiki sagte: "Ich bin ein Vogelfreier. Das hat große Bedeutung für mich, weil ich dort Leute mit gleicher Gesinnung getroffen habe -die findet man nicht überall." Heiki schätzte sich auch so ein: "Ich bin außenstehend, und das sind praktisch alle bei den Vogelfreien; die sogenannten Normalen wollen damit nichts zu schaffen haben." Als der Feldforscher nachfragte, wieso "sogenannte": "Von unserem Standpunkt aus sind die nicht normal." Rosa sagte: "Ich bin seit Jahren bei einem Rockerclub. Das hat eine gewisse Bedeutung für mich: Man denkt über gewisse Dinge anders, man redet anders, das macht sich z.B. im Büro bemerkbar: "Rosemarie, was haben Sie denn für einen Umgang!?" In der ersten Zeit hatte ich unwahrscheinlichen Ärger zu Hause und in der Schule. Die Leute sprachen schlecht über einen. In der Schule durfte man nicht mit Hosen herumlaufen. Im Betrieb sagen sie heute auch noch manchmal: "Guck, die Rockerfrau kommt." "

Prüft man systematisch, wie häufig derartige Selbstbezeichnungen von den Mitgliedern der Gruppen im Zwanzig-Selbstbezeichnungen-Test gewählt werden, so findet man, daß von den Normalen - wie auch nicht anders zu erwarten - solche Selbstbezeichnungen nicht herangezogen wurden. Prüfen wir dann, wie weit sich Rocker und Typen als "Kiffer", "Fixer", (eigensprachlich) oder als "Drogenkonsumenten", "Süchtige" (fremdsprachlich), "Vogelfreie", "Wallstreets" oder als "Schläger" verstehen, finden wir:

Tabelle 77: Eigensprachliche Selbstbezeichnungen mit Gruppenbezug von Typen und Rockern (bezogen auf Personen)

Gruppe	Selbstbezeichnungen		Summe
	ohne eigenspr. Gruppenbezug	mit eigensprachl. Gruppenbezug	
Typen	19 (o,5o)	19 (o,5o)	38
Rocker	36 (o,63)	21 (o,37)	57
Summe	55	4o	95

Tau T/R = o,o2

Diese Verteilungen bestätigen kaum die Hypothese 42. Die Rocker, deren Organisationsgrad noch leicht über dem der Typen liegt, verwenden deutlich weniger eigensprachliche Selbstbezeichnungen.

Zur Hypothese 43 finden wir, daß Mitglieder aller kriminellen Gruppen die Definitionen der anderen Seite der Gesellschaft erfuhren.

Hans, ein Typ, berichtete: Wenn sein Alter da sei, dann gäbe es immer Streit. Der Alte sagt: "Der ist ja sittlich verkommen. Wie läuft denn der rum, schneidet sich die Haare nicht." Fred, ein anderer Typ, berichtete: "Meine Mutter nennt mich einen Verbrecher, seit sie weiß, daß ich hasche. Für meine Eltern sind alle, die mit langen Haaren herumlaufen, Verbrecher."

Norbert, ein Rocker: "Ich fühle mich zu Hause nicht wohl, weil ich immer vorgehalten kriege: Du bist ein Verbrecher. Nicht so direkt, aber man merkt es doch bei allem. Die hören auf zu sprechen, wenn ich ins Zimmer komme, weil sie über mich oder über das, was ich gemacht habe, gesprochen haben. Pro Tag bin ich höchstens zwei Stunden zu Hause." Der Vater von Bohne, auch einem Rocker, mekkerte immer. "Der versteht die Jugendlichen nicht, der möchte die Langhaarigen alle vergasen." Eine alte "Rockerfrau" meinte: Eigentlich sei das in dem Stall ja Scheiße. Da sei ja der Abschaum der Menschheit. Alles kaputte Typen. Wenn man irgendwo erzähle, man verkehre im Stall, dann gucken sie einen alle ganz schief an.

Willi erzählte einem Feldforscher eines Tages: "Beruflich werde ich eines Tages meinen alten Beruf weitermachen und vielleicht Meisterprüfung machen, bei der Mafia. Ich will Gangster, Killer werden, das macht mir Spaß, verdien ich viel Geld bei. Mir macht Schießen überhaupt Spaß, egal auf was. Dann will ich alt werden und auf den Tod warten." Willi erzählte das ganz ernsthaft.

Bei den Einsackern meinte Shorty auf die Frage "Was heißt asozial?" "Jeder dritte sagt zu mir, ich sei asozial. Die sind dann immer ganz erstaunt, daß ich mich nicht dagegen wehre. Das kapieren die nicht. Dabei ist mir das egal."

Nachdem der Feldforscher bei den Einsackern mehrfach mit Toni Thesen zum Kriminalisierungsprozeß diskutiert hatte, meinte Toni eines abends in der Wohnung des Feldforschers, als dieser zwischendurch noch für Toni von einem Zimmerkollegen Streichhölzer besorgt hatte, die der Kollege dann Toni schenken wollte: "Bestell Deinem Kollegen noch, daß er einem Verbrecher Streichhölzer geschenkt hätte." Ff: "Das Wort Verbrecher will ich überhört haben." "Aus der Sicht der Bullen", meinte Toni.

Nur in wenigen Fällen werden derartige fremdsprachliche Selbstbezeichnungen bewußt ferngehalten:

Ein Feldforscher fragte Peter: "Handelst Du denn auch mit O?" "Nein. Das habe ich mir zwar schon mal überlegt, ob ich das machen soll, aber das ist so eine Sache. Es gibt noch so wenig Fixer und auch so wenig Dealer, das ist, wenn man auffliegt, ganz schön kriminell. Hasch und Trips kann ich ruhigen Gewissens verantworten, das ist so weit verbreitet, und wenn ich mal in eine Razzia hineinkomme, dann habe ich nur ganz kleine Mengen da."

Manfred, ein Rocker, meinte: "Wenn zu mir die Bullen sagen,"Du bist ein Krimineller", dann ist das nicht richtig." Der Feldforscher kommentierte diese Äußerung so: Offensichtlich ist bei Manfred der Prozeß in Gang gesetzt worden, daß er sich von den anderen absetzt und nun auf jeden Fall vermeiden will, als Krimineller angesehen zu werden. Aus diesem Grund betont er vermutlich auch den Faktor der

Wiederholung bei kriminellen Handlungen immer wieder. Ferdi sagte: "Ich bin nicht kriminell. Was ich gemacht habe, halte ich für Jugendstreiche, weil ich mich nicht bereichern wollte."

Zählt man die fremdsprachlichen Selbstbezeichnungen mit Gruppenbezug bei den Mitgliedern krimineller Gruppen systematisch aus, findet man:

Tabelle 78: Fremdsprachliche Selbstbezeichnungen mit Gruppenbezug von Typen und Rockern (bezogen auf Personen)

Gruppe	Selbstbezeichnungen		Summe
	ohne fremdsprachl. Gruppenbezug	mit fremdsprachl. Gruppenbezug	
Typen	34 (o,9o)	4 (o,11)	38
Rocker	3o (o,53)	27 (o,47)	57
Summe	64	31	95

Tau T/R = o,15

Wir finden, daß die Typen wie erwartet weniger Selbstbezeichnungen mit einem fremdsprachlichen Gruppenbezug wählen als die Rocker. Dieser Verteilungsunterschied ist auch hinreichend groß.

Betrachtet man zur Kontrolle der Ableitung aus den Hypothesen 43 und 44 einmal alle Selbstbezeichnungen, die einen eigensprachlichen oder fremdsprachlichen Gruppenbezug aufweisen, faßt man sie unter der Bezeichnung kriminelle Selbstbezeichnungen zusammen und zählt man systematisch aus, wie viele der Mitglieder der einzelnen Gruppen wie viele derartige Bezeichnungen auf sich selbst anwenden, so findet man folgende Verteilung:

Tabelle 79: Kriminelle Selbstbezeichnungen von Mitgliedern krimineller und normaler Gruppen (bezogen auf Personen)

Gruppe	Häufigkeit der kriminellen Selbstbezeichnungen							Summe
	o	1	2	3	4	5	6 und mehr	
Normale	41	o	o	o	1	o	o	42
Krimin.	28	29	15	1o	7	1	5	95
Typen	11	13	7	3	2	o	2	38
Rocker	17	16	8	7	5	1	3	57
Summe	69	29	15	1o	8	1	5	137

Schon auf den ersten Blick sind die Unterschiede zu erkennen: Normale bezeichnen sich selbst - sieht man von einem Fall ab - nicht als kriminell. Kriminelle tun dies in beachtlichem Maße. Ob es Unterschiede zwischen den beiden Gruppen der Rocker und Typen gibt, ist auf den ersten Blick nicht zu entscheiden. Möglicherweise bezeichnen aber die

Rocker sich häufiger mit einer größeren Zahl von kriminellen Selbstbezeichnungen.

Zur genaueren Prüfung der abgeleiteten Hypothese ist es erforderlich, starke Zusammenfassungen vorzunehmen. Wir wollen zunächst bei allen Gruppen danach unterscheiden, ob kriminelle Selbstbezeichnungen überhaupt gewählt wurden oder nicht. Wir finden dann folgende Verteilungen:

Tabelle 8o: Kriminelle Selbstbezeichnungen von Mitgliedern krimineller und normaler Gruppen (bezogen auf Personen)

Gruppe	Selbstbezeichnungen		Summe
	ohne kriminelle S.	mit kriminellen S.	
Normale	41 (o,98)	1 (o,o2)	42
Kriminelle	28 (o,3o)	67 (o,71)	95
Typen	11 (o,29)	27 (o,71)	38
Rocker	17 (o,3o)	4o (o,7o)	57
Summe	69	68	137

Tau N/K = o,39; Tau N/T = o,52; Tau N/R = o,46; Tau T/R = o,oo.

Wir stoßen auf beachtliche Unterschiede. Mitglieder normaler Gruppen wählen wesentlich seltener kriminelle Selbstbezeichnungen als Mitglieder krimineller Gruppen.

Auch für die einzelnen Gruppen bestätigt sich dieser Zusammenhang. Mitglieder der Gruppen der Typen und der Rocker wählen im Vergleich zu den Mitgliedern der normalen Gruppe wesentlich häufiger kriminelle Selbstdefinitionen. Dagegen unterscheiden sich die beiden großen kriminellen Gruppen in der Präferenz dieser Selbstbezeichnungen nicht. Die abgeleitete Hypothese wird so auf Anhieb bestätigt.

Um einmal den Einfluß der Teilnahme an kriminellen Aktivitäten auf die Selbstbezeichnungen zu überprüfen, haben wir einmal auf die Unterteilung nach den einzelnen kriminellen Gruppen und der normalen Gruppe verzichtet und unter allen untersuchten Personen Gruppen danach gebildet, ob sie nach eigenen Angaben kriminelle Akte begangen haben oder nicht. So müßte man auch prüfen können, ob ein Zusammenhang zwischen den kriminellen Handlungen einerseits und den kriminellen Selbstbildern andererseits besteht. Eine entsprechende Tabelle zeigt folgende Verteilungen: (Siehe Tabelle 81, S.462)

Es sind also die Personen, die angaben, mehr an kriminellen Akten teilgenommen zu haben, die sich selbst auch mehr kriminelle Selbstbilder zuordnen.

Es wurde auch geprüft, wie sich einschneidende Kontakte mit Mitgliedern der Instanzen sozialer Kontrolle auswirkten. Es wäre zu erwarten,

Tabelle 81: Kriminelle Selbstbezeichnungen von Beteiligten und Unbeteiligten an kriminellen Akten (nach Interviewantwort)

Gruppe	Selbstbezeichnungen		Summe
	ohne kriminelle S.	mit kriminellen S.	
ohne krim. Akte	39 (o,8o)	1o (o,2o)	49
mit krim. Akten	16 (o,37)	27 (o,63)	43
Summe	55	37	92 +

Tau = o,2o

+ Der Unterschied in der Gesamtsumme gegenüber Tabelle 79 ist auf die kleinere Zahl der Interviewten nach Fragebogen zurückzuführen. Der Zwanzig-Selbstbezeichnungen-Test wurde von vornherein mit allen Feldteilnehmern durchgeführt.

daß Personen, die Kontakte mit der Sozialarbeit, der Polizei und Strafjustiz hatten, eher sich selbst kriminelle Selbstbezeichnungen zuordnen. So kann man die Personen, die in der Fürsorgeerziehung oder freiwilligen Erziehungshilfe waren, mit den anderen Personen vergleichen, die sich dort nicht aufhielten. Oder man kann prüfen, ob richterliche Verurteilungen den Selbstbezeichnungsprozeß beeinflussen. Wir finden:

Tabelle 82: Kriminelle Selbstbezeichnungen bei Verurteilten und Nichtverurteilten (bezogen auf Personen)

Gruppe	Selbstbezeichnungen		Summe
	ohne kriminelle S.	mit kriminellen S.	
Nichtverurteilte	45 (o,79)	12 (o,21)	57
Verurteilte	12 (o,34)	23 (o,66)	35
Summe	57	35	92

Tau = o,2o

Wir sehen: Wer von einem Richter verurteilt wurde, bezeichnet sich wesentlich häufiger als kriminell als andere Personen.

6.2.5 Diskussion der Ergebnisse der Datenanalyse

Bedauerlicherweise war es nicht möglich, die wichtige These von der unterschiedlichen Gestalt der Mitglieder der normalen und kriminellen Gruppen systematisch zu überprüfen. Zwar geben unsere Eindrücke aufgrund der Beobachtungsberichte einige Hinweise für die Auffassung, daß die Mitgliedschaft in kriminellen Gruppen auch mit erheblichen Nachteilen für die körperliche Verfassung von Menschen verbunden ist - ein systematischer Nachweis dieses Sachverhaltes wäre aber selbstverständlich wünschenswerter.

Lernprozesse, wie wir sie auch in den kriminellen Gruppen fanden, sind in der Kriminalsoziologie oft nachgewiesen worden. Erinnert sei nur an die Untersuchungen von Howard S. Becker zum Drogenkonsum.

Die weiteren Ergebnisse in diesem Abschnitt bestätigen überwiegend unsere allgemeinen Thesen 7 und 17 vom Zusammenhang von kriminellem Verhalten, kriminellen Situationsdefinitionen und einem entsprechenden Selbstbewußtsein. Die Vorstellung von der eigenen Identität ist von der Mitgliedschaft in der Gruppe und den Kontakten dieser Gruppe mit den Instanzen sozialer Kontrolle abhängig.

Der Fund, daß Typen häufiger eigensprachliche Selbstbezeichnungen mit einem Gruppenbezug verwenden, scheint uns in einem engen Zusammenhang damit zu stehen, daß die von den Instanzen sozialer Kontrolle verfolgten Rocker fremdsprachliche Selbstbezeichnungen mit Gruppenbezug bevorzugen. In beiden Gruppen scheint es eine relativ große Zahl von Personen zu geben, die sich als Kriminelle begreifen. Sie wählen nur in einem unterschiedlichen Anteil eigensprachliche oder fremdsprachliche Selbstbezeichnungen. Dabei scheinen die Kontakte zu den Instanzen sozialer Kontrolle, treten sie einmal auf, eine größere Rolle als die eigene Gruppe zu spielen. Das stimmt auch mit den zentralen Thesen des Definitionsansatzes gut überein.

Nun könnte nach den bisherigen Ausführungen der Eindruck entstehen, als ob die Mitglieder der kriminellen Gruppen tatsächlich ein durch und durch kriminelles Selbstbewußtsein hätten. Damit würden sich die Ergebnisse dieses Teils ganz wesentlich von denen der Teile 4 und 5 unterscheiden. Dort fanden wir, daß auch die Mitglieder krimineller Gruppen nur sehr selten kriminell handelten. Wir fanden auch, daß Gruppendiskussionen mit Inhalten, die in einem Zusammenhang zur Kriminalität stehen, nicht gerade häufig auftraten. Greifen wir nun die Selbstbezeichnungen im Zwanzig-Selbstbezeichnungen-Test heraus, ergibt sich auch für die Selbstbilder diese Einschätzung. Denn betrachtet man die Selbstbezeichnungen im ganzen, zeigt sich, daß die Mitglieder krimineller Gruppen sich durchaus auch in anderer Weise bezeichnen, ja der Anteil krimineller Selbstbezeichnungen relativ gering ist. Zwar verwandten 67 der 95 Mitglieder der kriminellen Gruppen derartige Selbstbezeichnungen, aber betrachtet man alle ihre Selbstbezeichnungen, so wurden von 95 Mitgliedern krimineller Gruppen insgesamt 1596 Selbstbezeichnungen geäußert, 536 von den Typen, 1060 von den Rockern. Davon wiesen aber bei den Typen nur 60, bei den Rockern nur 92 einen Bezug zur Kriminalität auf, d.h. 11,2% der Selbstbezeichnungen der Typen und 8,7% der Selbstbezeichnungen der Rocker hatten einen kriminellen Gehalt. Das Selbstbild der Mitglieder krimineller Gruppen weist also durchaus andere Züge auf. Zwar ist der Unterschied zwischen den Mitgliedern normaler und krimineller Gruppen gravierend, wenn es um die Wahl krimineller Selbstbezeichnungen geht – hier wiederholen sich auch die Befunde der Verhaltens- und Definitionsanalyse –, aber, betrachtet man die kriminellen Gruppen allein, so erscheint die

Prägekraft der kriminellen Handlungszusammenhänge von mäßiger Stärke. Wir relativieren so die allgemeinen Thesen 7 und 17 nachdrücklich. Das bedeutet auf den ersten Blick, die Marginalexistenz von Typen und Rockern und wahrscheinlich auch von Einsackern wird allgemein überschätzt. Sie haben ein Selbstbild mit sehr vielen Zügen, von denen nur einer kriminell ist - wie die Thesen 7 und 17 erwarten lassen.

7 KRIMINALISIERUNGSPROZESSE

7.1 Präzisierung und Operationalisierung der These von den Kriminalisierungsprozessen durch die Instanzen sozialer Kontrolle

Wir haben schon mehrfach darauf hingewiesen, daß die Verhaltensweisen der Mitglieder krimineller Gruppen nicht nur von ihnen selbst, sondern auch von den Mitgliedern der Instanzen sozialer Kontrolle definiert werden. So nennen diese Gruppen ihr Verhalten selbst ja nicht "kriminell", sondern "frei", so daß man prüfen sollte, ob es nicht treffender wäre, von "freien" Gruppen und "freiem" Handeln zu sprechen. Erst durch das Auftreten der Instanzen sozialer Kontrolle werden die Gruppen und die Verhaltensweisen kriminell, indem Mitglieder dieser Instanzen einzelne Verhaltensweisen aufgreifen und diese kriminalisieren. Wir formulieren dazu die allgemeinen Thesen 9-15.

In unseren allgemeinen Thesen 1, 2, 9 und 1o nannten wir als Bezugspunkt der Kriminalisierungen die Besitz- und Machtstruktur der BRD. Sie soll erhalten bleiben. Ihr Bestand ist vor Übergriffen zu schützen. So sind alle Verhaltensweisen, die Mitglieder krimineller Gruppen als "Mitnehmen" definieren, als "Eigentumsdelikte" kriminalisiert. Es sind Übergriffe auf die Besitzverteilung, und sie werden daher verfolgt. "Kloppereien" werden verfolgt, da sie einen Übergriff auf das Machtmonopol der Instanzen sozialer Kontrolle darstellen, die durch ihr Wirken die einmal bestehende Besitz- und Machtverteilung in ihrem Bestand schützen sollen. Diese Handlungen sind als "Aggressionsdelikte" kriminalisiert. Das Verweigern der Arbeit, der "Rückzug aus der Gesellschaft", also die Verhaltensweisen, die für die Typen typisch sind, werden in Verbindung mit dem Genuß von Rauschmitteln als "Verstöße gegen das Betäubungsmittelgesetz" sanktioniert, da sie der Besitz- und Machtstruktur die Basis entziehen. Wo Menschen nicht mehr arbeiten wollen und sich den positiven und negativen Sanktionen zu entziehen versuchen, wird Besitz und Macht gefährdet. Hier wird ein sekundäres Merkmal, der Genuß von Rauschmitteln, zum Anknüpfungspunkt der Kriminalisierung.

Diese Zusammenhänge bestimmen die Verfolgungspraxis der Instanzen sozialer Kontrolle gemäß der These 11. Es gibt Schwerpunkte der Strafverfolgung. So werden Eigentumsdelikte als der direkte Angriff auf die Besitzstruktur besonders nachhaltig verfolgt. Daran schließen sich Rauschgiftdelikte an, da sie auch sehr wirksam die Besitz- und Machtstruktur angreifen. Aggressionsdelikte werden demgegenüber weniger verfolgt, da ihr Angriff auf die Machtstruktur in der Regel als nicht besonders durchschlagend angesehen wird.

Nun sind die kriminellen Handlungen in unterschiedlichem Maße für die Mitglieder der Instanzen sozialer Kontrolle einsehbar. Sie werden ihnen auch in unterschiedlichem Maße bekannt. Eigentumsdelikte wie Ladendiebstähle werden heimlich, oft mit einem beachtlichen Aufwand an Raffinesse durchgeführt. Der Bestohlene bemerkt diese Handlung häufig erst sehr spät oder gar nicht. Jugendliche Drogenkonsumenten ziehen sich zum Konsum und Handel teils zurück, teils führen sie beides an öffentlichen Plätzen aus. Körperverletzungen geschehen zum einen Teil in der Gruppe, zu einem großen Teil werden sie aber öffentlich ausgeführt. Es gibt Opfer der Taten, die in vielen Fällen Mitglieder der Instanzen sozialer Kontrolle um Hilfe rufen. Das läuft auf eine Annäherung der Werte für die tatsächliche Kriminalisierung des kriminellen Verhaltens hinaus. Wir kommen daher zu einer ersten Hypothese zur Kriminalisierung:

H 44: Wenn Gruppen auftreten, deren Mitglieder kriminelles Handeln als Eigentumsdelikte, Aggressionsdelikte oder Drogenmißbrauch äußern, dann unterscheiden sich die Delikte nach dem Grad der Kriminalisierung kaum.

An dieser Tendenz sollte auch ein Bezug der kriminellen Verhaltensweisen auf die einzelnen Gruppen nichts ändern. Die Diebstähle der Rokker werden ebenso getarnt wie die der Einsacker. Aggressionsdelikte der Einsacker geschehen in einer der Öffentlichkeit dieser Handlungen bei den Rockern vergleichbaren Weise. Wir formulieren daher die Hypothese:

H 45: Wenn Gruppen auftreten, deren Mitglieder kriminelles Handeln als Eigentumsdelikte, Aggressionsdelikte oder Drogenmißbrauch äußern, dann unterscheiden sich die Gruppen nach dem Grad der Kriminalisierung dieser Verhaltensweisen nicht.

Bei den Kriminalisierungen kommt es nun zum Auftreten zweier Definitionssysteme. Wir haben dies schon häufig thematisiert und wollen hier nur die Konsequenz für das Verhältnis der Kriminellen zu den kriminalisierten Handlungen ziehen: Ein und dasselbe Verhalten wird von den Beteiligten, den Mitgliedern krimineller Gruppen anders als von den Mitgliedern der Instanzen sozialer Kontrolle definiert. Unsere Hypothese 46 lautet:

H 46: Wenn Gruppen auftreten, die kriminelles Handeln äußern, dann werden diese Handlungen von den Mitgliedern der Gruppe und den Mitgliedern der Instanzen sozialer Kontrolle verschieden definiert.

Nun sind Kriminalisierungen, wie wir in unseren allgemeinen Thesen 12 und 13 ausführten, nicht einfach Akte der Subsumtion eines Verhaltens unter eine Definition. Wir haben im 5. Teil zu zeigen versucht, welche Momente beim Prozeß einer Definition der Situation eine Rolle spielen. Kriminalisierungen sind aber Situationsdefinitionen. Sie werden nicht von den Gruppenmitgliedern vertreten, sondern von den Mitgliedern der Instanzen sozialer Kontrolle. Auch bei diesen Definitionen spielen Repräsentationen, Auslassungen und Auswahlen, Überziehungen und Hinzufügungen und Verallgemeinerungen eine Rolle. Diese Prozesse sind nicht für jeden Fall neu zu schöpfen, zu entwickeln oder zu erproben. Sie sind standardisiert und können als "Regel zur Anwendung" von Situationsdefinitionen begriffen werden. Übergehen wir die Prozesse der Repräsentation und greifen wir zunächst die Auslassungen und Auswahlen, die Selektionsprozesse auf. In den Kriminalisierungen von Verhaltensweisen werden unter Vernachlässigung von Zusammenhängen einzelne Verhaltensmerkmale herausgegriffen und andere übergangen. Sie werden für das Ganze genommen. Sie werden verallgemeinert. Das Verhalten der Definierten bekommt so einen anderen Sinn als den von den Ausführenden geschaffenen. Zwar liegen auch bei ihnen Auslassungen und Hervorhebungen vor, aber die Richtung dieser Selektionsprozesse war von dem Zusammenhang bestimmt, in dem dieses Verhalten steht. So wirken auch für einen teilnehmenden Beobachter die Definitionen der Instanzen sozialer Kontrolle "schief" und "verzerrt".

H 47: Wenn Gruppen auftreten, deren Mitglieder kriminelles Handeln äußern, und wenn dieses Handeln kriminalisiert wird, dann treten durch Auslassungen und Auswahlen verzerrte Darstellungen des Verhaltens auf.

Es kommt weiter zu Überzeichnungen und Hinzufügungen. Einzelne Züge eines Verhaltens werden besonders betont. Sie werden verstärkt, verdeutlicht. Sie gewinnen an Prägnanz. Sie werden in ihrer Qualität und Quantität übertrieben dargestellt. Es werden den Handlungen schließlich Elemente zugeordnet, die überhaupt nicht aufgetreten sind. So werden Verhaltensweisen in einen Zusammenhang mit anderen Ereignissen gebracht, die völlig unabhängig von den Verhaltensweisen existieren. Es treten Motivzuschreibungen als Begründungen und Zweckbestimmungen auf, für die es keine empirische Basis gibt. Die Definitionen werden so weiter verzerrt.

H 48: Wenn Gruppen auftreten, deren Mitglieder kriminelles Handeln äußern, und wenn dieses Handeln kriminalisiert wird, dann treten durch Überzeichnungen, Verstärkungen und Hinzufügungen verzerrte Darstellungen des Verhaltens auf.

Ein ganz entscheidender Schritt in den Kriminalisierungsprozessen wird getan, wenn Mitglieder der Instanzen sozialer Kontrolle sich schließlich nicht auf einzelne konkrete Verhaltensweisen, sondern auf Personen richten und von diesen bestimmte Handlungen erwarten und ihnen schließlich Handlungen zuschreiben, die sie <u>nicht</u> ausgeführt haben. Das ist eine Form der unzulässigen Generalisierung, wie sie in unserer allgemeinen These 15 erfaßt ist.

H 49: Wenn Gruppen auftreten, deren Mitglieder kriminelles Handeln äußern, und wenn Instanzen sozialer Kontrolle dieses Handeln kriminalisieren, dann werden diesen Personen auch kriminelle Handlungen zugerechnet, die sie nicht ausgeführt haben.

Eine in der Kriminalsoziologie der BRD in den letzten Jahren immer wieder gefundene Struktur der unzulässigen Generalisierung im Kriminalisierungsprozeß setzt beim sozialen Status von Personen an. Wie die Definitionstheoretiker theoretisch und empirisch klärten, sind es die Angehörigen abhängiger ökonomischer und politischer Positionen, die der unzulässigen Generalisierung in besonderem Maße ausgesetzt sind. Ein anderes, noch naheliegenderes Strukturmerkmal dürfte die Herstellung eines Zusammenhangs von früheren und gegenwärtigen kriminellen Handlungen sein. Personen, die schon einmal aufgefallen sind, haben auch zukünftig weit größere Chancen, wieder aufzufallen, wieder kriminalisiert zu werden. Unsere allgemeine These 13 sah diese Möglichkeit vor. Wenn diese Hypothesen zur unzulässigen Generalisierung zutreffend sind, sollten wir auch unter den Kriminellen einen hohen Anteil von Personen finden, die sich zu Unrecht von den Instanzen sozialer Kontrolle verfolgt fühlen, die ihre Kriminalisierung als Fehlurteil betrachten. Unter den Normalen sollten wir dagegen kaum solche Fälle finden. Wenn sie schon verurteilt wurden, dann dürften sie das Verhalten auch gezeigt haben, da sie nicht, wie die Kriminellen, unter der prinzipiellen Vermutung des Rückfalls stehen. Sie sollten daher auch Verurteilungen als gerecht akzeptieren.

H 5o: Wenn Gruppen auftreten, deren Mitglieder kriminelles Handeln äußern, und wenn Instanzen sozialer Kontrolle diese Handlungen kriminalisieren, dann betrachten sich die Mitglieder dieser Gruppen häufiger als zu Unrecht verurteilt als Mitglieder normaler Gruppen.

7.2 Analyse der Daten zum Kriminalisierungsprozeß

Idealerweise sollte man die Prozesse des Aufbaus krimineller Handlungen und die Prozesse der Kriminalisierung gleichzeitig erforschen. Man könnte dann präzise zeigen, auf welche konkreten Verhaltensmuster und zum Teil auch Definitionsstrukturen von Gruppen sich Kriminalisierungen beziehen. Daß die Annahme falsch ist, Alltagsmenschen, Mitglieder der Instanzen sozialer Kontrolle oder Wissenschaftler, ob Juristen oder Sozialforscher, hätten, auch ohne eingehende empirische Studien zutreffende Vorstellungen dieses Verhaltens, ist schon mehrfach gezeigt worden (vgl. Haferkamp, 1973 a). Auch die Kriminalisierungsprozesse, also die Verhaltensweisen, an denen Sozialarbeiter, Polizisten und Strafrichter beteiligt sind, sind in ihrer Struktur weitgehend unbekannt. Die Beteiligten selbst begreifen ihr Handeln in der Regel als einfachen Prozeß der Subsumtion von Verhaltensweisen unter gesetzliche Definitionen. Kriminalsoziologen haben schon früh gezeigt, daß diese Annahme unhaltbar ist. Kriminalisierungen sind Konstruktionen, zu denen Sozialarbeiter, Polizisten und Richter aufgrund von Anwendungsregeln fähig sind. Dorothee Peters, Manfred Brusten, Rüdiger Lautmann, Johannes Feest und Karl F. Schumann haben diese These des Definitionsansatzes empirisch bestätigt. Betreibt man nun - anders als diese Forscher es taten - die Analyse des Verhaltens und der Definitionen der Kriminellen gleichzeitig mit einer Analyse des Verhaltens und der Definitionen der Mitglieder der Instanzen sozialer Kontrolle, werden die wechselseitigen Beziehungen einsehbar.

Nun war es uns nur möglich, das tatsächliche kriminelle Handeln in den von uns beobachteten Gruppen ausführlich zu untersuchen. Eine systematische Analyse der Kriminalisierung durch die Mitglieder der Instanzen sozialer Kontrolle war wegen der knappen Mittel nicht zu leisten. So untersuchen wir hier nur die Kriminalisierung des kriminellen Handelns, das wir beobachteten. Daß bei unserem Vorgehen wichtige Aspekte der Kriminalisierung zu kurz kommen wie die von Dorothee Peters geschilderte Kriminalisierung des normalen Verhaltens ausschließlich aufgrund der Zugehörigkeit zu einer bestimmten gesellschaftlichen Schicht, mußte in Kauf genommen werden.

Zur Überprüfung der These 44 wurden alle Beobachtungsberichte über Verhaltensweisen ausgezählt, in denen von einem Auftreten von Mitgliedern der Instanzen sozialer Kontrolle im Verlauf der Handlung oder im Anschluß an diese berichtet wird. Unberücksichtigt blieben alle Fälle, in denen Instanzen sozialer Kontrolle erst später auf das Verhalten aufmerksam wurden und dann seine Verfolgung aufnahmen. Was die offene Abwicklung der einzelnen Verhaltensmuster angeht, so haben wir dafür schon im Teil 4 zahlreiche Belege geliefert. Diese Offenheit führt zunächst dazu, daß andere, Normale, sich bei den Instanzen sozialer Kontrolle über die Gruppen oder einzelne ihrer Mitglieder beschweren.

> So hielten sich die Rocker vor ihrem Clubhaus auf: Wir hatten uns kaum auf die Wiese gelegt, als Meyer, der Sozialarbeiter, kam und uns fragte, ob wir einen Augenblick mitkommen könnten. Er führte uns in einen kleinen Clubraum; dort las er einen Brief vor, den jemand anonym an die Hausleitung gerichtet hatte, in dem er anfragte, was man gegen die Zerstörung des Gemeineigentums durch Jugendliche und gegen die von ihnen ausgehende Belästigung zu tun gedenke. Es folgte eine minutiöse Aufstellung dessen, was im Laufe der letzten Zeit vorgefallen war. Während Meyer dies vorlas, konnte ich aus den Augenwinkeln beobachten, daß Danny sich an einigen Stellen kaum noch beherrschen konnte. Der erste, der nach der Bitte des Sozialarbeiters, Stellung zu nehmen, etwas sagte, war Michael: "Der Briefschreiber hat völlig recht. Was er sagt, trifft

alles zu. Da ist nichts falsch. Und wir müssen sehen, wie wir das ändern können." Der Sozialarbeiter wies auf die Gefahr hin, daß jemand im Kuratorium den Antrag stellt, das Heim nicht wieder zu öffnen. Er müsse dem Antrag dann stattgeben, und wenn sich eine Mehrheit dafür finde, dann könne er nichts dagegen machen. "Dann haben wir für viel Geld das Heim renoviert, und danach steht es leer. Oder es wird eine Altersbegrenzung eingeführt, bis sechzehn Jahren, und dann seid Ihr alle draußen." Danny, Michael und Antek: "Dann müssen wir sehen, daß wir bis zur Eröffnung des Heimes hier vor dem Heim Ruhe halten, damit es wenigstens zuerst einmal eröffnet wird." Ich machte dann noch den Vorschlag, evtl.eine Aussprache zwischen den Jugendlichen auf der einen Seite und den Anwohnern auf der anderen Seite herbeizuführen, aber Michael widersprach sofort. Er meinte, die Anwohner würden doch nicht kommen. Die Anonymität des Briefes wurde von allen akzeptiert, weil man sich darüber im Klaren war, daß der Schreiber sonst Repressalien zu erwarten hätte. Man einigte sich dann mit dem Sozialarbeiter, für die Zeit der Renovierung den Treffpunkt zum Sportplatz zu verlegen - nach Wiedereröffnung hätten die Anwohner auf jeden Fall mehr Krach als bisher zu erwarten. So wie wir aus dem Heim heraus waren, begannen die Überlegungen, von wem der Brief geschrieben worden sein könnte. "Der Mann ist nicht dumm, das hört man, und er muß eine Schreibmaschine haben. Der muß jeden Tag hinter der Gardine gestanden haben und mit dem Fernglas zugeguckt haben, was wir hier machen. Wenn ich wüßte, wer das ist, dem würde ich sofort die Scheiben einwerfen und den Garten umgraben."

Diese Offenheit wird teilweise auch gegenüber der Instanz Polizei durchgehalten.

Während eines Gesprächs dealt Gerold mit Shit sozusagen so vor sich hin. Mehrere Typen kommen. "Hasse Shit?" "Warum, wieviel denn? Was zahlste?" "Nen Fünfer." "Ja, ist gut." ... Zwischendurch macht mich Gerold auf einen Ford aufmerksam. "Da sitzen zwei Bullen drin. Die beobachten. Als Du vorhin auf mich zukamst, hat der eine dem anderen einen Stoß gegeben." Wenig später fährt der Wagen weg. In der weiteren Zeit fahren des öfteren Streifenwagen der Polizei vorbei.

An allen Plätzen wurden zudem auch nicht kriminelle Verhaltensweisen gezeigt, die aber Instanzen sozialer Kontrolle voraussehbar anzogen:

Mario ist aufgetaucht. Von einem anderen hat er sich eine Art Luftpistole geliehen. Schwarz. Wenn man abzieht, geht vorn ein etwa zwölf Zentimeter langer Stutzen aus dem Lauf heraus. Mario läßt sich von dem Typ, der die Pistole mitbrachte, kleine Kugeln geben. Schießt in die Luft. Nimmt dann eine Tasche. Ein großes Stück weißes Papier. Malt einen Karikaturkopf drauf und schießt auf den Kopf. Macht das mehrfach. Macht noch verschiedene andere Sachen mit der Pistole. Hält sie einem vor. Seitlich an den Kopf. Legt sie sich dann über den Arm. Zielt visionäre Ziele an. Ich sage zu Bruno: "So ist das! Das sieht jetzt einer aus den Fenstern. Ruft die Polizei. Die kommen. Überprüfen die Leute. Finden bei ein paar Mann Shit. Die sind dran. Die Sache mit der Pistole ist längst vergessen." Bruno: "Willste deshalb damit nicht mal rumschießen? Das ist doch nicht verboten. Hat der doch ganz legal gekauft." Ff: "Davon ist keine Rede. Der soll ruhig weitermachen. Ich will Dir nur zeigen, wie Leute auffallen." Bruno findet, man solle die Bullen ruhig provozieren. Auf meine Bedenken hinsichtlich der Leute, die was in der Tasche haben, geht er nicht ein. Er läßt sich die Pistole selbst geben. Nimmt eine alte Milchtüte. Wirft sie in die Luft, als wolle er drauf schießen.

Es kommt daher auch des öfteren vor, daß Mitglieder krimineller Gruppen sich eines Kontaktes mit den Instanzen sozialer Kontrolle rühmen:

Interessant war der Moment, in dem Adrian am Brunnen erschien. Er kam sofort auf mich zu und meinte, die Bullen hätten ihn gefilzt. Er erzählte nur kurz und rannte dann schon zur nächsten Bank, um sich dort mit ein paar Typen zu unterhalten. Dann kam Adrian wieder zu uns und meinte: "Hab ich auch Euch schon von den Bullen erzählt, die haben mich vorhin mitgenommen. Haben Fotos von mir gemacht. Als ich da durch die Bude geschlichen bin und in meine Akte geguckt habe, um mir mal anzusehen, wie ich früher ausgesehen habe, da hat mich ein Bulle gleich angemeckert und mir gesagt, das ginge mich gar nichts an. Da habe ich ihm gesagt, das sei ja schließlich meine Akte, er solle sich mal nicht so anstellen. Meinen Fingerabdruck haben sie auch noch mal genommen."

Selbst in der Anwesenheit von Polizeibeamten setzten Mitglieder krimineller Gruppen häufig ein Verhalten fort, von dem sie wußten, daß es Kontrollen provozierte.

Zwei Polizisten überprüften einen Typen. Nebenan trommelt ein Typ die ganze Zeit auf zwei Handtrommeln. Einer der Polizeibeamten kommt dazu, bittet ihn sehr höflich und ruhig, leiser zu trommeln. Es sei noch keine drei Uhr, da könnten sich Leute wegen der Störung der Mittagsruhe beschweren.

Es ist daher nicht überraschend, daß in allen Feldern der Gruppen immer wieder Polizeibeamte auftauchten und Überprüfungen vornahmen:

Am Brunnen sitzen etliche Typen auf den üblichen Plätzen. Unter ihnen ist Achim. Er hat eine grüne Langspielplatte in der Hand.

Ich gehe auf ihn zu. Bruno kommt auch. Achim: "Die habe ich bei Petersen mitgehen lassen. Dufte Platte." Ein Typ ruft: "Bullen kommen." Ein Streifenwagen steht in der Höhe des Parkausgangs. Zwei Beamte in Sommeruniform kommen vorbei. Sie kommen direkt auf uns zu. Achim: "Wenn die was sagen, sagt Ihr, die habt Ihr bei mir schon spielen hören." Einer der Polizeibeamten kommt auf uns zu. Er sagt: "Ach, der Achim ist ja da." Achim: "Tag." Der Beamte kommt näher. "Na, was ist mit Hasch?" Achim: "Was heißt Hasch, ich kenne keinen Hasch. Wer ist das denn?" Der Polizeibeamte schweigt. Gerold, der sich kurz vorher neben Achim gesetzt hatte, steht auf: "Mir steht einer in der Sonne." Das tut auch der Polizist. Der geht dann.

Ein Feldforscher berichtete von einer Szene vor dem "Pott": Zwischendurch kamen die Polizisten einige Male vorbei. Sie wurden entweder dadurch angekündigt, daß einer rief: "Die Polizei!" oder, wenn dies nicht der Fall war, durch Klatschen. Es wurden nicht nur Falschparker notiert, sondern auch andere Leute untersucht. Als einmal fünf Polizeibeamte an uns vorbeikamen (in einer Reihe ein Mann, zwei Frauen und wieder zwei Männer) und wieder geklatscht wurde, hörte ich, wie ein Beamter sagte: "Klatscht nicht, dann fällt Euch auch nicht der Dreck von den Händen."

Bei den Rockern hörte der Feldforscher von mehreren, daß die Polizisten heute hier gewesen seien und Hein abgeholt hätten. Von Thomas ließ ich mir die Sache genauer erzählen. "Tscha, was soll ich Dir da viel erzählen. Heute mittag standen die Bullen plötzlich in der Tür und fragten uns ganz höflich, ob wir einen Hans Schmitz kennen würden. Wir haben natürlich verneint, aber trotzdem wollten sie unsere Ausweise sehen. Als sie zu Hein kamen, meinte der: "Ich heiße nicht Hans Schmitz, ich heiße Heinz Broter." Die Bullen haben kurz überlegt und meinten: "Einen Heinz Broter suchen wir den nicht auch?", tcha, und dann habense Hein mitgenommen."

Auch die Einsacker hatten oft unerwünschten Besuch: Toni und Erwin gingen in die Diskothek. Pablo und Ulla fingen an, sich zu umarmen. Wolf und ich wollten rausgehen, zumal Pablo das Licht ausgeschaltet hatte. Es war dunkel im Raum. Wolf machte die Tür auf. Da stand plötzlich der Mann vom Jugendschutz im Türrahmen. Wolf schaltete blitzschnell das Licht an. Der Mann vom Jugendschutz sah nur Gerd in einem Sessel sitzen. Er machte eine kurze Runde durch den Raum. Er ging aber nicht nach hinten, so daß er die Schmusenden Pablo und Ulla gar nicht sah. Er ging sofort wieder hinaus. Ich vermute, daß der Kontrolleur bemerkt hatte, daß Wolf das Licht noch schnell angeschaltet hatte. Als der Mann draußen war, sah Pablo um die Ecke. "Warum habt Ihr Säcke eigentlich das Licht angemacht?" Wolf: "Die Jugendschutzkontrolle war hier." "Was?

Stimmt das? Hab ich gar nicht bemerkt." Wolf: "Klar war die hier, was meinst Du, warum ich noch so schnell das Licht angeschaltet habe!" "Mensch, ich hab das gar nicht bemerkt. Ich wollte schon rufen, Mensch, macht das Licht aus! Dann wär aber der Ofen aus gewesen."

Es kam daher häufig dazu, daß bei allen möglichen kriminellen Verhaltensweisen Mitglieder der Instanzen sozialer Kontrolle direkt eingriffen.

Ein Feldforscher berichtete: Nachdem Manni zwischendurch verschwunden war, kommt er nach einiger Zeit mit einer roten Strickjacke wieder. Sie fällt stark auf, da sie an den Ärmeln und am Kragen weiße Besätze hat. Er setzt sich auf die Nebenbank. Irgend jemand fragt ihn, ob das seine Jacke sei. Manni meint, die habe er gerade aus Jack's Shop besorgt. Er habe die Jacke angezogen und seine eigene drüber gezogen und sei dann rausgegangen. Er geht kurz mit der Jacke bekleidet in Richtung Pommes-Frites-Bude und setzt sich dann wieder. Nach einiger Zeit hat er wohl bemerkt, daß ihm der Verkäufer nachgekommen ist. Er versteckt die Jacke in einer Einkaufstasche, deren Reißverschluß er zuzieht. Die Tasche stellt er hinter eine Bank. Nach einigen Minuten entschließt er sich, nach Hause zu fahren, um die Jacke zu verstekken. Er packt die Jacke wieder aus der Tasche aus und steckt sie unter seinen Arm, um zur Straßenbahn zu gehen. Er ist kaum von der Bank bis zum Brunnen gegangen, da sieht er offensichtlich den Verkäufer wieder, denn er bückt sich leicht und dreht sich, um die Jacke vor seinen Bauch zu halten. Dann geht er wieder auf die Bank zu und versteckt die Jacke schnell wieder in der Tasche. Er bittet Joe, mit ihm zur Straßenbahn zu gehen. Joe nimmt die Tasche, und beide gehen in Richtung Rathaus zur Straßenbahnhaltestelle. Nach etwa fünf Minuten kommt ein Polizei-VW vorgefahren und hält etwa zehn Meter oberhalb der Pommes-Frites-Bude. Zwei Polizisten steigen aus und kommen auf Walter zu, der auf seinem Moped vor einer Bank sitzt und sich mit anderen Typen unterhält. Noch bevor die Polizisten kommen, bemerkt einer: "Und jetzt wird alles versteckt." Es ist jedoch keine Hektik festzustellen, auch verläßt keiner der Typen seinen Platz. Die Polizisten sprechen vielleicht zwei Sätze mit Walter, die ich aber nicht verstehen kann, dann gehen sie an uns vorbei, Richtung Turm. Kurz davor treffen sie den Verkäufer. Sie kommen wieder an uns vorbei. Ich höre, wie der eine Polizist fragt, ob er denn die Straßenbahnlinie weiß. Der meint erst, er wisse sie nicht, dann fällt ihm die Richtung jedoch ein, die setzen sich in den Wagen und verschwinden. Kurze Zeit später kommt Joe zurück und meint, er habe Manni nur zur Straßenbahn gebracht und sei dann gleich wieder abgehauen, er könne sich eine Ausweiskontrolle nicht erlauben, denn dann ginge es gleich wieder ab ins Heim. Die anderen Typen sind sicher, daß die Bullen Manni erwischen werden. Bedauern ist nicht festzustellen, sonsern man hört immer wieder "Wie kann der auch nur so blöd sein!" - Wenig später wurde Manni gefaßt.

Prüft man systematisch, wie sich das Auftreten von Mitgliedern der Instanzen sozialer Kontrolle im Anschluß an einzelne Verhaltensmuster verteilt, findet man:

Tabelle 83: Auftreten von Mitgliedern der Instanzen sozialer Kontrolle bei kriminellen Verhaltensweisen

Delikt	Auftritt von Mitgliedern der IsK		Summe
	kein Auftritt	Auftritt	
Drogendelikt	226 (o,87)	33 (o,13)	259
Aggressionsdelikt	43 (o,72)	17 (o,28)	6o
Eigentumsdelikt	38 (o,62)	23 (o,38)	61
Summe	3o7	73	38o

Tau = o,o8

Die Verteilungen stimmen mit unserer Hypothese nicht überein. Die Differenzen der Auffälligkeit von Delikt zu Delikt sind zum Teil erheblich. Gerade die heimlich durchgeführten Eigentumsdelikte fallen sehr häufig auf, und der von uns als teilweise recht auffällig eingeschätzte Drogenmißbrauch wird besonders selten von Instanzen sozialer Kontrolle entdeckt. Unsere Hypothese 44 ist damit widerlegt.

Gehen wir von den Gruppen aus, finden wir:

Tabelle 84: Auftreten von Mitgliedern der Instanzen sozialer Kontrolle bei kriminellen Verhaltensweisen von kriminellen und normalen Gruppen

Gruppe	Auftritt von Mitgliedern der IsK		Summe
	kein Auftritt	Auftritt	
Normale	7	o	7
Kriminelle	3oo (o,8o)	73 (o,2o)	373
Typen	192 (o,85)	33 (o,15)	225
Rocker	7o (o,68)	33 (o,32)	1o3
Einsacker	38 (o,85)	7 (o,15)	45
Summe	3o7	73	38o

Tau T/R/E = o,o4

Dieses Ergebnis stimmt mit unserer Hypothese 45 auch nicht überein. Das relativ häufige Auffallen der Rocker sticht hervor.

Prüft man dann, ob sich das Auffallen der speziellen kriminellen Verhaltensweisen bei den einzelnen kriminellen Gruppen unterscheidet, findet man:

Tabelle 85: Auftreten von Mitgliedern der Instanzen sozialer Kontrolle bei speziellen kriminellen Verhaltensweisen von kriminellen Gruppen

Gruppe und Verhaltensart		kein Auftritt	Auftritt	Summe
	Drogenmißbr.	18o (o,88)	25 (o,12)	2o5
Typen	Aggressionsd.	7	3	1o
	Eigentumsdel.	5	5	1o
	Drogenmißbr.	23 (o,79)	6 (o,21)	29
Rocker	Aggressionsd.	25 (o,64)	14 (o,36)	39
	Eigentumsdel.	22 (o,63)	13 (o,37)	35
	Drogenmißbr.	22 (o,92)	2 (o,o8)	24
Einsacker	Aggressionsd.	1o	o	1o
	Eigentumsdel.	6	5	11
Summe		3oo	73	373

Tau = o,1o

Leider sind die Häufigkeiten zum Teil sehr klein. Dennoch erkennen wir Hinweise dafür, daß Eigentumsdelikte in allen Gruppen besonders häufig entdeckt werden. Auch bei den Rockern mit der kleinsten Dunkelziffer fallen die Eigentumsdelikte etwas häufiger als die Aggressionsdelikte und deutlich häufiger als der Drogenmißbrauch auf. Der Drogenmißbrauch scheint auch bei der Gruppe der Typen noch am ehesten im Dunkeln zu bleiben. Unsere Hypothese 45 ist also nicht zu halten. In der Tabelle 84 sehen wir auch, daß die Normalen überhaupt nicht im Zusammenhang mit den Delikten kriminalisiert wurden. Das bezieht sich nicht nur auf die sieben Fälle, die wir beobachteten, sondern es gilt auch für die Verhaltensweisen aus "früheren Zeiten".

> Wulf hatte im Interview auf dem Fragebogen zur Nonkonformität Ladendiebstähle angekreuzt. Als ich ihn danach fragte, sagte er, das sehe folgendermaßen aus: Man habe z.B. kein Geld mehr. Dann gebe einem die Mutter sechs Mark und sage, man solle sich Turnschuhe kaufen. Wenn man dann die Turnschuhe filze, die man ja zu Hause vorzeigen müsse, habe man beides: das Geld und die Turnschuhe. Man filze nicht um des Filzens willen, z.B. eine Tafel Schokolade, die könne man ja auch zu Hause bekommen. Man mache das, indem man allein in einen Laden gehe, die Schuhe in die Hand nehme und wieder hinausgehe. Sie haben auch schon einmal im Clübchen gefilzt. Mit Philipp und anderen. Sie haben eine richtige Schallplatten-AG gehabt. Das sei angefangen, als sie einmal gesehen haben, wie ein Freund von ihnen eine Jimmy Hendrix Doppel-LP gefilzt habe. Da haben sie sich gedacht, das machen

wir auch einmal. Sie haben gedacht, man könne so zu einer Platte kommen, die man dann aufnehmen könne und später verkaufen könne. Sie seien ein Vierer-bis-Fünfer-Clübchen gewesen, das sich über die Schule zusammengesetzt habe. Außerdem sei Philipp dabei gewesen. Das habe auch geklappt, sie haben die Platte gefilzt, alle aufgenommen, und dann für die Hälfte in der Schule verkauft. Später haben sie sogar einmal eine Bestellung aufgenommen. Langsam sei aber die Muffe dann immer größer geworden. Das sei so vor ungefähr zwei Jahren gewesen. Das Risiko sei allmählich allein zu hoch gewesen. Das Risiko habe sich nicht gelohnt für die zehn Mark, die man dann alle vierzehn Tage bekam. Jetzt würde er das auch nicht mehr machen. Es reiche für ihn, wenn er ein paar Bierchen in der Laube trinken könne. Alles andere bezahlen seine Eltern. Sie haben damals ungefähr dreizehn bis vierzehn LPs gefilzt, innerhalb von vierzehn Tagen. Wenn er heute die Möglichkeit hätte, noch einmal mit relativ geringem Risiko dies zu machen, würde er es wahrscheinlich doch nicht mehr tun, da die Gefahr, von der Schule zu fliegen, zu groß sei. Er würde sich dadurch seine Existenz verbauen und Sachen bekommen, die er vielleicht gar nicht gebrauche.

Zur Überprüfung der Thesen 46 bis 5o waren nur solche Fälle zu analysieren, über die ausführliche Informationen aus Beobachtungen oder Anhörungen vorlagen und zu denen eine ausreichend ausführliche Stellungnahme von Mitgliedern der Instanzen sozialer Kontrolle, z.B. in der Form eines Jugendhilfeberichtes, eines Vernehmungsprotokolls oder eines Urteils vorlag.

In 2o der 72 Fälle, in denen Mitglieder der Instanzen sozialer Kontrolle auftraten, wurde das Verhalten vom Beobachter oder Berichterstatter nicht genau genug beschrieben oder der oder die Teilnehmer waren nicht zu identifizieren, weil sie z.B. Fremde waren, oder eine Äußerung der Instanzen sozialer Kontrolle war für uns nicht greifbar. In den verbliebenen 52 Fällen traten 22 Mal Mitglieder der Instanzen sozialer Kontrolle auf, sie griffen aber nicht ein. Mögliche Kriminalisierungen unterblieben. In 7 dieser 22 Fälle identifizierten sie entgegen ihrer anfänglichen Einschätzung die Handlung nicht als kriminell bzw. sie bestimmten Produkte als nicht aus kriminellen Handlungen stammend, sei es, daß der Ablauf nicht eindeutig war oder daß Teilnehmer nicht erwartete Interpretationen anboten. In 2 weiteren Fällen hatten die Mitglieder der Instanzen sozialer Kontrolle die kriminelle Handlung zwar identifiziert, aber keinen Beteiligten fassen können.

So hatten die Wallstreets auf einem Schock eine größere Schlägerei angezettelt und dabei einen Jugendlichen so zusammengeschlagen, daß er regungslos liegen blieb. Als dann die Polizeihörner erklangen, liefen die Wallstreets weg und wurden tatsächlich nicht gefaßt.

In 11 der 22 Fälle hatten Mitglieder von Instanzen sozialer Kontrolle, meist Polizeibeamte, einen – für den Beobachter feststellbar – berechtigten Verdacht gefaßt. Es fehlten ihnen aber Beweise.

Ein Feldforscher berichtete: Ich ging weiter in den Stall. Klaus stand an der zweiten Sitzecke links gegen einen Balken gelehnt. Wir begrüßten uns per Handschlag. Ich stellte mich neben ihn. Klaus erzählte, daß er gerade eine Schlägerei gehabt habe. Er zeigte auf sein linkes Bein, an der Hose war oberhalb des Fußgelenkes ein Blutfleck zu sehen. Er zog das Hosenbein etwas hoch, zeigte mir eine darunterliegende Platzwunde... Sechs Polizeibeamte kamen durch den Eingang. Sie gingen durch den Vorraum, die Treppen hoch, in den Barraum. Hinter ihnen gingen zwei Jungen. Einer hatte eine stark geschwollene Nase, ein gerötetes und geschwollenes Auge. Als ich etwas später in den Barraum kam, standen drei Beamte, Klaus und zwei andere Jungen sich gegenüber. Daneben standen zwei weitere Beamte mit den beiden Jungen, die hinter ihnen her in den Stall gekommen waren. Der sechste Beamte stand etwas abseits. Einer der Beamten forderte die drei auf, mit hinauszukommen. Klaus und einer der beiden weigerten sich, wollten erst wissen, worum es ging. Einer der Beamten sagte, es ginge um die Schlägerei, die eben gewesen sei. Klaus sagte, er habe nichts damit zu tun. Der Beamte bestand darauf, daß er mit hinausging. Die beiden Beamten an der Schwingtür wendeten sich zum Ausgang und gingen hinaus. Die beiden Jungen folgten. Nur Klaus blieb stehen. Er stand mit dem Rücken zur Wand. Einer der drei Beamten drehte ihn mit dem Gesicht zum Ausgang, stieß ihn leicht in den Rücken und schob ihn schließlich vor sich her zum Ausgang. Draußen vor der Tür bildeten die sechs Beamten, einer der beiden, die mit ihnen gekommen waren (der "Zerschundene", der andere hielt sich etwas abseits), Klaus und die beiden anderen aus dem Stall eine Art Kreis und diskutierten. Der Zerschundene behauptete, von Klaus und den beiden anderen geschlagen worden zu sein. Einer der beiden anderen gab das auch ohne weiteres zu. Die anderen beiden leugneten. Sie diskutierten eine Zeitlang mit dem Zerschundenen und brachten ihn so durcheinander, daß er schließlich nicht mehr wußte, ob er nun von drei oder von zwei Leuten geschlagen worden war und ob nun der "Geständige" und Klaus oder der "Geständige" und der andere es gewesen waren. Der andere behauptete, er wäre zu dem Zeitpunkt auch gar nicht da gewesen, was sofort auch mehrere der Umstehenden bestätigten. Daraufhin wollte dann einer der Beamten Klaus' Personalien wissen. Da sagte ein Mädchen, Klaus könne das nicht gewesen sein. Der habe die ganze Zeit neben ihr gesessen. Die Beamten notierten sich daraufhin von mehreren die Namen und Aussagen. Kurz darauf fuhren sie ab. Die Leute blieben noch eine Zeitlang vor dem Stall stehen und diskutierten über den Zwischenfall. Klaus kam zu mir und erzählte, er habe den anderen geschlagen, das Mädchen habe für ihn falsch ausgesagt. Er meinte, der "Zerschundene" könne sich nicht mehr hier sehen lassen. Wenn der noch mal käme, würde er im Blechkasten hinaustransportiert werden.

In zwei weiteren Situationen erschien den Mitgliedern der Instanzen sozialer Kontrolle die Situation offenbar als nicht geeignet für einen Eingriff.

In allen diesen Fällen wird auf eine Kriminalisierung verzichtet. Das wurde von den Mitgliedern krimineller Gruppen gern gesehen. Nur in seltenen Fällen achteten sie auch auf eine genaue Definition ihrer Akte.

So empörte sich ein Einsacker über einen Zeitungsbericht: "Die spinnen ja, was die hier schreiben. In der Apotheke waren wir doch eingebrochen. Da schreiben die, das hätte nicht geklappt."

Ebenso sehr freuten sie sich, wenn es ihnen gelang, andere zu einem Verzicht auf eine Anzeige zu bringen.

Ein Einsacker berichtete: "Einmal haben wir die Sachen aus dem Einkaufskorb in die Ledertasche, in der die geklauten Sachen lagen, gepackt. Der Kassierer hat sogar gesehen, daß wir in der Tasche noch Sachen liegen hatten. Er hat aber nichts gesagt."

Kriminalisiert wurden 3o kriminelle Akte. Geht man davon aus, daß die oben genannten anderen 2o nicht weiter analysierten Fälle sich wie die nicht kriminalisierten 22 und die im folgenden zu besprechenden kriminalisierten 3o aufteilen, kommt man auf weitere 12 Fälle der Kriminalisierung. Man kann dann die Dunkelziffer für die von uns untersuchten Fälle errechnen. Es sind nach Abzug aller nicht kriminalisierten Fälle 42 von 378, was einem Anteilswert von o,11 entspricht. Immerhin wird so ein Neuntel der Eigentums-, Aggressions- oder Drogenmißbrauchdelikte neben den Mitgliedern der Gruppe auch den Mitgliedern der Instanzen sozialer Kontrolle bekannt - "immerhin" deshalb, da Schätzungen zum Dunkelfeld oft über dieser Zahl liegen. So geht Heinrich Popitz bei einfachen und schweren Diebstählen zwar auch von einer vergleichbaren Zahl aus (1968, S.22 ff), für den Drogenkonsum werden in der Regel aber weit höhere Zahlen unterstellt.

Auch die Mitglieder krimineller Gruppen schätzen die Dunkelziffer höher. Wolf, ein Einsacker, tippte für Diebstahl auf 95%.

Ziehen wir außerdem in Betracht, daß wir nicht die Fälle erfaßt haben, in denen später Mitglieder der Instanzen sozialer Kontrolle ein Verhalten verfolgen, so dürfte die Zahl der entdeckten Akte noch größer und die Dunkelziffer noch kleiner werden.

Zur Hypothese 46 wollen wir nun zeigen, daß ein und dieselben Verhaltensweisen unterschiedlich definiert werden, daß die Beteiligten ihr Verhalten anders als die Instanzen sozialer Kontrolle sehen. Bei den 3o Fällen konnten wir in 7 Fällen eine ausdrückliche Definition der Mitglieder der kriminellen Gruppen nicht feststellen. In den 23 anderen Fällen war der Definitionsunterschied der Interpretationen der Gruppenmitglieder und der Mitglieder der Instanzen sozialer Kontrolle groß.

> So war das, was für einen Typen ein "Liegen auf einer Wiese" war, für eine Instanz sozialer Kontrolle "eine Übertretung einer ordnungsbehördlichen Verfügung" und dem Schüler Heinz wurde mitgeteilt: "In dem gegen Dich laufenden Ermittlungsverfahren wegen Übertretung ordnungsbehördl. Verordnung hat der Leitende Oberstaatsanwalt in Normalstadt beantragt, Dich nach § 45 JGG richterlich zu ermahnen. Termin zur richterlichen Ermahnung wird auf den 22. September 197o, 14.35 Uhr vor dem Amtsgericht Normalstadt bestimmt. Zu diesem Termin wirst Du hiermit geladen. Kommst Du nicht zu dem Termin, so werden die Akten an den Herrn Oberstaatsanwalt zurückgegeben und Du mußt damit rechnen, daß nun Anklage gegen Dich erhoben wird."
>
> Der Feldforscher bei den Rockern erlebte, wie diese mit ein paar Mädchen auf den Schock fuhren: Wir standen kaum auf der Kirmes, da kam Danny schon auf uns zu und berichtete kurz, daß zwei der Mädchen von der Kriminalpolizei befragt würden; wir sollten doch mal hingehen und schauen, was da los sei. Er selbst blieb an der Bierbude stehen. Im nächsten Augenblick standen auch schon ungefähr zehn Mann um den Beamten und die Beamtin und die beiden Mädchen herum. Der Beamte schaute ganz erstaunt auf, setzte ein überlegenes Lächeln auf und meinte: "Merkt Ihr eigentlich gar nicht, daß Ihr immer nur in der Masse stark seid?" Die Mädchen berichteten dann, nachdem die beiden weggegangen waren, daß sie angehalten worden waren, weil sie rauchten und noch nicht sechzehn Jahre alt waren. Während die eine einen falschen Namen und Adresse angegeben hatte, hatte die andere richtige Angaben gemacht. Beide hatten nun Angst, weil sie nicht wußten, welche Konsequenzen das nun habe. Später wurde den Eltern der beiden Mädchen mitgeteilt, ihre Töchter hätten - noch nicht sechzehn Jahre alt - in der Öffentlichkeit geraucht. Die Eltern wurden aufgefordert, ihre Aufsichtspflicht wahrzunehmen. Eingriffsgrundlage war das Gesetz zum Schutz der Jugend in der Öffentlichkeit. Dort heißt es: "Kindern und Jugendlichen unter sechzehn Jahren darf der Tabakgenuß in der Öffentlichkeit nicht gestattet werden."

Zweifelsohne sind das Kleinigkeiten, aber diese Kleinigkeiten hatten für viele der von uns untersuchten Mitglieder krimineller Gruppen weitreichende Folgen.

Hella, ein Einsacker von Format, sah den Anfang seiner Karriere so: "Bei mir war das so. Wir waren bei einem alten Kotten. Der brach fast zusammen. Da hab ich einmal gegen die Tür getreten, da war ich schon drin. Da haben wir einen alten Zylinder und einen alten Spazierstock mitgenommen." Ff: "Wen bitte?" "Einen Spazierstock und einen alten Zylinder. Ja, dann haben sie mich wegen Diebstahls drangekriegt. So geht das." Wir konnten uns davon überzeugen, daß Hella nicht übertrieb. Seine Darstellung stimmt mit der ersten Eintragung in seiner dicken Akte bei einer Instanz sozialer Kontrolle überein: "Am...erstattete der Landwirt J.E. Strafanzeige wegen Einbruchdiebstahls (Hervorhebung vom Verfasser) in seinen leerstehenden Kotten in Normalstadt. Es handelt sich dabei um ein nahezu abbruchreifes altes Gebäude. Nach Angaben des Geschädigten sind daraus verschiedene Gegenstände, darunter zwei Hacken, ein Ball und ein Zylinderhut, entwendet worden. Als Täter konnten ermittelt werden die Schüler Wilhelm H. (Kind) und Helmut Z. (Jugendlicher). Die Jungen hatten zusammen mit einem Freund, den sie "Zwiebel" nannten, die Hintertür des Hauses eingetreten, so daß der untere Teil der Tür aufbrach, sie hatten das Haus nach Gegenständen, die sie gebrauchen konnten, durchsucht. Dabei ließ Helmut den Zylinderhut, eine Blechdose mit alten Zehn-Pfennig-Stücken und einen alten Krückstock mitgehen. Mit Besen- bzw. Schrubberstielen, die die Jungen in dem Haus gefunden hatten, stießen sie noch mehrere Scheiben des Hauses ein. Die von dem Geschädigten ferner angegebenen Werkzeuge (Hacken und Beil) konnten nicht ermittelt werden. Es steht jedoch fest, daß nach dem Einschlagen der Tür das Haus auch anderen Kindern als Spielplatz gedient hat. Die Schüler Wilhelm H. und Helmut Z. sind auf der hiesigen Dienststelle bisher nicht in Erscheinung getreten. Hier entstand der Eindruck, daß es sich im vorliegenden Fall um eine typische und unüberlegte Jugendverfehlung handelt, die jeden kriminellen Charakters entbehrt", schreibt eine Kriminalmeisterin.
Immerhin hatte allein die polizeiliche Vernehmung die Folge, daß Hella nach seinem Bericht begann, sich zuerst als "aufgefallen", später als "Dieb" zu begreifen.

Diese Perspektivendifferenz finden wir auch bei den schwerwiegenden Delikten wieder. Was für Typen, Rocker und Einsacker "was zum Essen besorgen", "Schluck" und "Mitnehmen" sind, sind für die Mitglieder der Instanzen sozialer Kontrolle Eigentumsdelikte. "Kloppereien", selbstverständliche "Revanchen" werden als Aggressionsdelikte begriffen. Wir haben im Teil 5 genügend Beispiele geliefert, die die Perspektivendifferenz belegen.

Dennoch sind Gesetze, die Kriminalisierungsnormen, den Mitgliedern der kriminellen Gruppen durchaus bekannt. Es besteht sogar ein

Interesse, sich mit schwierigen Fragen der Rechtsanwendung zu beschäftigen.

So prüfte ein Typ, ob er in einem Buchladen einen Text des Betäubungsmittelgesetzes mitnehmen konnte, da zu der Zeit noch unklar war, ob man sich eigentlich strafbar machte, wenn man einen von einem anderen fabrizierten Joint mitrauchte oder sich einen Schuß setzte, dessen Stoff man geschenkt bekommen hatte.

Nach einer "Apo" studierten die Einsacker das StGB und andere Texte. Der Feldforscher berichtete: Ich ging durch den Raum der Einsacker. Dort studierte man eifrig die Bücher. Gerd zu Matte: "Matte, hier steht was für Dich drin: Unterbringung von Suchtkranken." "Gib mal her." Gerd fragte mich, ob ich ihm mal das StGB leihen könne. Wir kamen in eine Diskussion. Er fragte, wie alt das StGB sei. "Das ist von 1871." "Da sieht man's ja wieder." Wir kamen auf die Juristerei und die Strafgesetzreform zu sprechen. Ich erwähnte, daß ein Richter ein Buch herausgegeben hätte, in dem er das geltende Strafrecht als Strafunrecht bezeichnete. "Uns hat man mal Fingerabdrücke abgenommen und von uns Fotos gemacht, nur weil wir eine Dose von zwei Mark fünfzig geklaut haben. Ist das überhaupt erlaubt?", fragte mich Gerd. Später fragte ich Gerd: "Was machen Deine Rechtskenntnisse?" Gerd antwortete: "Ich hab schon fünf Seiten gelesen. Ziemlich kompliziert das alles, und ganz schön widersprüchlich."

Es gab Mitglieder krimineller Gruppen, die es lernten, Situationsdefinitionen der Instanzen sozialer Kontrolle für sich auszulegen, Rechte wahrzunehmen.

Wolf von den Einsackern erzählte, daß Ursula, seine Freundin, heute bei Karin schlief: Ich erfuhr, daß die Eltern Ursula häufig schlugen und Wolf deshalb das Jugendamt eingeschaltet hatte. "Das ging ja nicht so weiter." Wolf beschrieb seinen Besuch bei Ursulas Eltern: "Der Alte hatte hot pants an. Ich hätte ihm am liebsten einen in die Fresse gehauen. Die Alte staunte, daß ich im Anzug da war. Sie bot mir gleich 'nen Sessel an. Nachher, als ich vom Jugendamt anfing, waren beide ganz klein. Na ja, Ursula kriegt am Sonntag ihr eigenes Zimmer."

So fanden wir auch, daß die Mitglieder krimineller Gruppen durchaus ihr Handeln in eine Beziehung zu den Strafrechtsnormen zu setzen wußten. Auf eine entsprechende Frage im Interview fanden wir folgende Verteilung: (Siehe Tabelle 86, Seite 482).

Es gibt auch Situationen, in dener Mitglieder der kriminellen Gruppen selbst Polizeibeamte zu ihrer Hilfe heranziehen.

Wir haben oben berichtet, wie ein Besucher des Stalls die Polizei

Tabelle 86: Verteilung der Antworten auf die Frage: Unternehmen Sie mit den Personen, mit denen Sie Ihre freie Zeit außerhalb der Wohnung verbringen, auch Dinge, die Sie mit den gesetzlichen Bestimmungen in Konflikt bringen?

Gruppe	Antwort		Summe
	NEIN	JA	
Normale	29 (o,81)	7 (o,19)	36
Kriminelle	17 (o,31)	38 (o,7o)	55
Typen	2	11	13
Rocker	13 (o,37)	22 (o,63)	35
Einsacker	2	5	7
Summe	46	45	91

Tau N/K = o,24; Tau N/R = o,2o

zu Hilfe holte. Das kam des öfteren vor: Der Geschlagene sagte, sie seien mit fünf Mann auf ihn los, drei hätten ihn festgehalten, die anderen hätten auf ihn eingeschlagen, er habe sich überhaupt nicht wehren können. Das gibt 'ne Anzeige, wiederholte er mehrere Male. Ein Umstehender sagte zu ihm, er solle doch so'n Scheiß nicht machen. Der Geschlagene schaute ihn an und sagte: "Mit fünf Mann auf einen, ist das denn in Ordnung?" Der andere sagte, das sei sicher nicht in Ordnung, aber eine Anzeige, das wäre doch Scheiß.

Die Mitglieder krimineller Gruppen hatten auch Vorstellungen darüber, was kriminell ist.

So meinte Rosa, leichte Kriminalität sei das, "was wir machen. Körperverletzung zum Beispiel, das ist weiter nicht schlimm. Von mir aus sollte auch das alles überhaupt nicht bestraft werden. Am besten wäre vielleicht Bewährung." Zu ein "bißchen schwerer" Kriminalität zählte sie: "Einbruch machen, Kasse ausrauben, Bank ausrauben. Wenn das geraubte Geld wieder gefunden wird, dann darf der Betreffende nicht bestraft werden, weil er ja keinen Vorteil hatte. Wenn es aber sicher ist, daß er das Geld hat, dann soll er bestraft werden, kann aber das Geld nachher behalten. Ein bißchen schwerere Kriminalität ist immer dann, wenn einer geschädigt wird und einen unwahrscheinlichen Verlust hat. Ein paar Wochen Knast wären genug - nicht zu viel..." "Ganz schwere Kriminalität ist, wenn Menschenleben auf dem Spiel stehen. Das soll man schwer bestrafen."

Für Manfred waren dagegen Kriminelle, "die einmal damit angefangen haben und nicht wieder aufhören können, wie Müller. Wer es nur zwei bis fünf Mal gemacht hat, der ist für mich nicht kriminell, wie Rainer. Harro ist für mich so dazwischen, der könnte das wohl auch nicht sein lassen. Die immer wieder zurückfallen, das sind Kriminelle: Frauen, die einmal einen Ladendiebstahl gemacht haben, die sind nicht kriminell. Rocker, die immer wieder auf Diebstahl zurückfallen, sind Kriminelle - richtige Rocker werden niemals kriminell." Zu den Sittlichkeitsverbrechern würde Manfred nur die zählen, die mehr als fünf Frauen vergewaltigt haben: "Das sind Triebverbrecher." Tabak zählte zu den Kriminellen: "Diebe, Mörder, Erpresser, Betrüger, Schwarzhändler und Schmuggler. Hascher nicht, aber die Opium und so nehmen, die auch. Und auch die mit der Körperverletzung. Mord würde ich sofort der Polizei melden; wenn es dann noch eine Belohnung gäbe, würde ich die gern einstreichen. Wenn mir der Mann, der den Mord ausgeübt hat, nichts bedeutet, dann ist mir das gleichgültig, was mit dem geschieht, dann gehe ich zur Polizei."

Die Verhaltensrelevanz der gruppenbestimmten Situationsdefinitionen wird nun dadurch gewährleistet, daß die Definitionen der Instanzen sozialer Kontrolle auch in der zuletzt wiedergegebenen abgemilderten Form in vielen Situationen einfach nicht präsent sind, einfach nicht aktualisiert werden, sondern die gruppenbestimmten Situationsdefinitionen werden herangezogen. So gehört es zur Szene in den Parks, daß man "auf dem Rasen liegt", daß man auf dem "Schock" "'ne Fluppe zieht", daß man "mal einem ein paar runterhaut, wenn man angelabert wird", daß man einen "kreisenden Joint mitraucht", einen "Trip einwirft", einen "Schuß" nicht ausschlägt, daß man sich, wenn man unterwegs ist, "was zu essen besorgt", daß man mal "'ne Flasche Schluck mitnimmt", "'ne Packung Zigaretten sich kloppt", daß man "Freunde mit Shit und mit Stoff versorgt". "Apos" und "Brüche" sind verboten. Das ist allen Mitgliedern krimineller Gruppen klar, "aber einem Jugendlichen oder einem Süchtigen werden sie nachgesehen, oder sie werden nicht so streng bestraft. Richtig kriminell ist das nicht", ist die Meinung der Mitglieder krimineller Gruppen.

Wir sehen, daß die Bekanntheit und die Aktualisierungen der Definitionen der Instanzen sozialer Kontrolle variabel sind - beides nimmt mit der Schwere des Delikts - gemessen an der Sanktionsdrohung - zu. So wird in vielen Fällen die Situationsdefinition der Instanzen sozialer Kontrolle gar nicht (lagern, rauchen) und in vielen weiteren Fällen nur sehr abgeschwächt realisiert. Dagegen kommen die eigenen gruppenbestimmten Situationsdefinitionen voll zur Geltung. Sie leiten das Handeln an. So ist eben auch die Inanspruchnahme der Polizei im Konfliktfall höchst selten. Man geht eigene Wege der Konfliktregelung, ohne sie.

Auch als Pußta, ein alter Rocker, einmal versuchte, die Polizei zu holen, redeten sechs Leute hintereinander auf Pußta ein, das doch zu lassen, obwohl alle der Auffassung waren, daß es unfair gewesen war, daß drei Mann auf ihn losgegangen waren.

Zur Prüfung der Hypothese 47 waren Auslassungen und Auswahlen bei der Definition der Situation zu erfassen, die, für den Beobachter eindeutig einsehbar, die Situation verzerrten. Das war immer dann der Fall, wenn verschiedene Elemente der Situation hervorgehoben und andere vernachlässigt wurden, wodurch die Gesamtsituation nicht in der Definition erfaßt wurde. Wir fanden dies in allen von uns erhobenen Fällen.

Von den Rockern berichtete Siggi: "Die einzige "dicke" Sache war das mit dem Kotten. Wir hatten in der Kneipe gesessen, als Hans sagte: "Ich gehe heute nicht nach Hause. Wer bleibt hier?" Dann blieben vierzehn Mann, darunter drei Mädchen, die an dem Tag gerade von zu Hause weggelaufen waren, hier. Zuerst wollten wir im Wald ein Feuer machen und dort schlafen, aber dann fing es an zu regnen, einer kam auf die Idee mit dem Kotten, und dann sind wir dort hingefahren. Vorher haben wir zusammengeworfen und zwei Kästen Bier gekauft. Ich habe meine Uhr mit elf Mark beliehen und habe Zigaretten gekauft. Der Kotten hatte keine Türen, keine Scheiben, auf dem Weg stand auch kein Schild "Betreten verboten", und soweit wir gehört haben, soll das Verfahren auch eingestellt werden. Das Schlimmste, was wir dort gemacht haben, war das Feuer. Sonst ist praktisch nichts vorgefallen. Als wir morgens weggingen, haben uns so viele Leute gesehen, daß es keinen Zweck gehabt hätte, zu leugnen."

Zieht man zum Vergleich die polizeiliche Darstellung der Situation heran, findet man eine andere Definition der Situation:

"Zwölf Jugendliche suchten am... eine Gaststätte in Normalstadt auf bzw. trafen sich dort. Nach dem Gaststättenbesuch begaben sie sich gemeinsam nach Dorfhausen, wo sie in einem unbewohnten Kotten übernachteten. Auf der Diele des Kottens entzündeten sie ein offenes Feuer, wodurch eine erhebliche Brandgefahr für den Kotten und die angrenzenden Stallungen herbeigeführt wurde, denn in unmittelbarer Nähe des von den Jugendlichen entzündeten Feuers lagerte eine größere Menge Strohs. Am frühen Morgen haben die Jugendlichen den Kotten verlassen und einen nahe gelegenen Wald aufgesucht, in welchem sie erneut ein Feuer entzündeten. Bis auf drei Personen sind alle Personen hier schon (zum Teil mehrfach) in Erscheinung getreten", schreibt ein Polizeihauptmeister.

Es findet eine Selektion von Verhaltenselementen statt, die dem ganzen das Ansehen eines kriminellen Handelns gibt. Es wird nicht erörtert, wie es zu dem Handeln kam. So wird nicht gesehen, daß man zunächst im

Wald übernachten wollte und dann erst aus einer gewissen - unbestritten selbst herbeigeführten - Not einen Kotten suchte. Hier wird der Kotten nicht weiter klassifiziert. Der Zusammenhang zwischem dem Verfallen des Kotten - "keine Türen, keine Scheiben, auf dem Weg stand auch kein Schild "Betreten verboten"" - und dem Betreten wird nicht hergestellt. Das entzündete Feuer erscheint im Polizeibericht wie eine unsinnige, den ganzen Kotten gefährdende Handlung. Der Zusammenhang zur Kälte und zum regnerischen Wetter wird nicht beachtet.

Zur Prüfung der Hypothese 48 sind die Überzeichnungen und -abrundungen, Hinzufügungen und Verstärkungen aufzuweisen, die zu einem verzerrten Bild führen. Wir fanden diesen Tatbestand in 22 der 3o Fälle.

> So erlebte der Feldforscher bei den Rockern eine Überprüfung: Richard hatte schon die ganze Zeit immer wieder Zwischenbemerkungen über die Polizei gemacht. Der Polizist reagierte jedoch nicht. Da drehte Richard sich um, wandte dem Polizisten den Rükken zu und meinte im Umdrehen: "Der guckt wie 'n Fisch!" - Dabei lachte er leise vor sich hin. Der Polizist, auf den die Bemerkung gemünzt war, verzog keine Miene. Der Kommissar kam zu uns zurück, lächelte und erkundigte sich nach der Qualität des Weines, dabei hielt er die Flasche hoch und forderte die vier nochmal auf, die Flasche irgendwo in einen Abfalleimer zu werfen. Richard meinte dann: "Die Polizei hat wohl auch nichts mehr zu tun, daß sie jetzt hierher kommen muß, statt Verbrecher zu jagen." Kommissar: "Keine Sorge, das tun wir auch. Aber wenn sich jemand über Sie beschwert, müssen wir auch der Beschwerde nachgehen. Und Sie müssen damit rechnen, daß wir öfter vorbeikommen werden." Er wandte sich dann um und wollte gehen. Der jüngere Polizist ging auf Richard zu und meinte: "Ich gebe Ihnen bis morgen früh Zeit, sich zu entschuldigen. Sonst mache ich eine Anzeige, warum, wissen Sie ja." Richard guckte ganz entgeistert und fragte: "Was ist denn jetzt los, was soll ich denn gemacht haben?" Polizist: "Sie wissen das genau. Ich sage Ihnen nur, ich warte noch bis morgen früh, dann zeige ich Sie an." Richard guckte in die Runde: "Ei, wißt Ihr, was der meint?" Niemand antwortete. Der Kommissar war stehengeblieben und meinte zu Richard: "Überlegen Sie sich die Sache. Dabei kennen wir keinen Spaß." Richard wandte sich den Umstehenden wieder zu und sagte: "Meint der etwa die Bemerkung mit dem Fisch, da hab ich doch keinen bei angesehen, da hab ich doch keinen bestimmten mit gemeint." Der Polizist sagte nichts dazu, ging auf Richard zu und sagte: "Sie haben doch sicher einen Ausweis dabei!" - "Ja sicher, wenn 'sen sehen wollen", antwortete Richard. Aus seiner hinteren Hosentasche holte er seinen Personalausweis und reichte ihn dem Polizisten. Der schlug ihn auf, holte ein Stück Papier aus seiner seitlichen Rockta-

sche und einen Kugelschreiber und notierte sich Namen und Adresse von Richard. Polizist: "Stimmt die Adresse noch?" Richard: "Sicher stimmt die Adresse noch, das wissen Sie doch, Sie kennen mich doch." Der Polizist sagte nichts dazu, notierte die Adresse und gab Richard den Ausweis zurück. Polizist: "Sie wissen also Bescheid. Bis morgen früh können Sie sich noch entschuldigen." Richard: "Wofür entschuldigen, wenn ich Sie überhaupt nicht gemeint habe. Sehe ich doch gar nicht ein." Der Kommissar war schon ein Stück vorausgegangen. Der andere folgte ihm. "So ein Arsch", sagte Richard und machte seinem Ärger Luft, "der spinnt wohl, daß ich mich bei dem entschuldige." Spitz, Rosa und Lagune waren neu hinzugekommen, gerade als die Polizisten gingen. Sie fragten sofort, was denn los sei. Richard: "Der eine will mich anzeigen, weil ich ihn beleidigt haben soll. Ich habe nur gesagt, der guckt wie 'n Fisch, dabei habe ich aber niemand angesehen. Bismorgen früh soll ich mich bei ihm entschuldigt haben, sonst macht er 'ne Anzeige. Und wie ich den kenne, bringt der das fertig. Das ist so'ne Sau." Wolfgang: "Der muß Dir erst mal beweisen, daß Du ihn gemeint hast, und das wird ihm schwer fallen." Ff: "Wieso ist das eigentlich Beamtenbeleidigung, wenn der wirklich wie ein Fisch guckte?" Richard lachte: "Ja eben, was kann ich dafür, daß der so guckt." Der Polizist hatte wirklich leicht hervorquellende Augen, als wenn er eine Schilddrüsenkrankheit hätte. Aber Richard schien jetzt unsicher geworden zu sein. Er überlegte eine ganze Zeitlang und meinte dann: "Mensch, was mach ich jetzt bloß. Geh ich noch hin und entschuldige mich? Ne Anzeige ist auch Scheiße, vor allem, weil die zu zweit sind. Ich weiß aber doch gar nicht, was ich dem sagen soll." Rosa ermunterte ihn, sich zu entschuldigen, solange sie noch da seien. Richard gab sich einen Ruck und zog los... Als er zurückkam meinte er: "So'ne Scheiße. Ich wußte überhaupt nicht, was ich sagen sollte. Hab da erst rumgestottert, ich wolle die Anzeige zurückziehen, doch dann fiel mir ein, daß das ja gar nicht geht. Ich habe mich dann verbessert und gesagt, ich wolle mich entschuldigen. Wir haben uns dann die Hände geschüttelt, und ich bin schnell wieder abgezogen."

Hier wird von dem Polizisten der Tatbestand der Beamtenbeleidigung konstruiert, obwohl Richards Bemerkung nur schwer als "Angriff auf die Ehre" des Polizeibeamten oder als "vorsätzliche Kundgebung der Mißachtung" betrachtet werden kann. Zudem ist - bedenkt man das Reservoir an negativ typisierenden Formulierungen der Rocker - diese Formulierung kaum als abwertend zu begreifen. Der Tatbestand, daß es hier ein Mitglied einer kriminellen Gruppe wagte, einen Vergleich des Blicks eines Polizeibeamten mit dem Aussehen eines Fischs anzustellen, wurde von den Beamten als verbaler Angriff definiert, den man nicht mehr als Spaß verstehen konnte.

> In einem anderen Fall war die Definition folgenreicher: Jassi gab einem Feldforscher einmal einen Haftbefehl. Der Haftbefehl war auf ein knallrotes Stück Papier in DIN A 4-Format geschrieben. Oben drauf stand groß "Haftbefehl". Auf der Vorderseite stand der Tathergang und Angaben zur Person. Daraus ging hervor, daß die Tat am Waldrand geschehen war, daß Tarzan das Mädchen festgehalten und Jassi ihr die Halskette weggenommen hatte. Der Wert der Kette war ungefähr fünfzehn Mark. Das Mädchen war dann nach Hause gelaufen und hatte seinen Eltern Bescheid gesagt. Die hatten den Diebstahl der Polizei gemeldet. Die Polizei war dann gekommen und hatte Tarzan mitgenommen. Aus dem Haftbefehl ging hervor, daß der Beschuldigte die Tat halb gestanden hatte. Die Tat wurde als "räuberischer Diebstahl" bezeichnet. Jassi und Tarzan beteuerten jedoch, das sei nur Spaß gewesen. Die Keule hätte am Waldrand rumgestanden und sie hätten sie nur aufhalten wollen. Aber die sei gleich zu ihren Eltern abgehauen. Auf der Rückseite des Haftbefehls wurde begründet, warum Jassi in U-Haft gehen sollte. Dort stand, daß der Beschuldigte seit längerer Zeit keiner festen Arbeit nachgehe, daß er zwar bei seiner Mutter lebe, er aber bindungsscheu sei. Außerdem sei er schon mehrfach aus der Fürsorgeerziehung entwichen und hätte immer mit Polizeigewalt zurückgebracht werden müssen. Aus diesen Gründen sei U-Haft angebracht. Unterzeichnet war der Haftbefehl von einer Amtsgerichtsrätin. ... Tarzan erzählte dann, wie es auf dem Polizeirevier bei der Zeugenaufnahme gewesen war. "Als ich dem Bullen das erzählte, hat er gelacht. Stellt Euch vor, der hat gelacht. Nachher hat er gemeint, das sei räuberischer Diebstahl gewesen." Ernst, der dazu gekommen war, meinte: "Die machen schon einen Diebstahl daraus, wenn Du ńen Apfel klaust. Alles wird aufgebauscht."

Hier wurde völlig davon abgesehen, daß Jassi und Tarzan mit einem Mädchen anbändeln wollten, es deshalb festhielten, ihm die Kette abnahmen, um sein Weggehen zu verhindern. Eine Aneignungsabsicht, ein Angriff auf das Mädchen, kann hier ausgeschlossen werden. Jassi und Tarzan waren andere Formen der Kontaktaufnahme mit Mädchen außerhalb des Clubhauses einfach unbekannt. An der Raupe, auf dem Schock, geschah es laufend, daß man Dinge als Pfand für die Fortsetzung der Kontakte nahm. Die Mädchen fanden diesen Umgang der Rocker mit ihnen auch in Ordnung, interessant und spannend. Wir erinnern in diesem Zusammenhang an die im 4.Teil gezeigten Umgangsformen der Rocker mit den Mädchen. Wäre es anders, müßten sie die Jungen laufend wegen Körperverletzung anzeigen. Daß das Mädchen im hier diskutierten Fall dann wegging und die Eltern gar die Polizei einschalteten, war etwas, was Jassi überhaupt nicht erwartet hatte.

Bei den alten Rockern berichtete Jüppken, daß gegen ihn noch ein Verfahren wegen räuberischer Erpressung ausstünde. Da war er im Jugendheim Vorstadt gewesen, hätte sich auch tadellos benommen. Ein paar andere hätten Scheiße gebaut, da habe der Heimleiter die rausgeschmissen und gesagt, wenn, dann wolle er gleich richtig aufräumen, und habe ihn gleich mit rausgeschmissen. Da habe er das Eintrittsgeld zurückverlangt, das wollte der Heimleiter ihm nicht geben. Da habe er sich aus dem Kühlschrank zwei Eis genommen. Da habe der Alte ihn angezeigt. Ein Polizeiobermeister stellte den Sachverhalt so dar: "Wegen ungebührlichen Benehmens hat der Heranwachsende Josef Müller im Haus der offenen Tür Vorstadt Hausverbot vom Heimleiter bekommen. An dieses Verbot hielt er sich nicht. In einer anderen Angelegenheit mußte am... die Kriminalpolizei gerufen werden. Bei dieser Gelegenheit ist Josef durch den Heimleiter mit Hilfe der Polizei aus dem Hause gewiesen worden. Nachdem die Polizeibeamten weggefahren waren, kehrte Josef M. zurück. Er verschaffte sich gewaltsam Einlaß, indem er den Fuß zwischen die Tür schob und den Heimleiter, der sich ihm entgegenstellte, zur Seite drückte. Von dem Heimleiter verlangte er sein Eintrittsgeld zurück, was dieser aber ablehnte. Josef M. folgte dem Heimleiter ins Büro. Hier bzw. auf dem Weg zum Büro bedrohte er den Heimleiter mit den Worten: "Ich schlage Dich nieder, Du Schwein, ich hau Dir was in die Schnauze." Nachdem Josef M. auch im Büro sein Eintrittsgeld nicht zurückbekam, griff er in die Eistruhe und holte sich dort drei Packungen Eis heraus. Damit verließ er eiligst das Büro. Jugendliche, die sich ihm auf Geheiß des Heimleiters in den Weg stellten, lief er um. Das Eis hat Josef M. später selbst verzehrt. Zur Tatzeit war er angetrunken. Den Tatbestand gibt der Heranwachsende zu. Er ist hier schon mehrfach in Erscheinung getreten und zeigt in letzter Zeit Ansätze, die darauf schließen lassen, daß er sich kriminell weiter entwickelt, wenn nicht harte Maßnahmen gegen ihn ergriffen werden." Jüppken wurde dann von der Staatsanwaltschaft Normalstadt "angeklagt, im Haus der offenen Tür am ... gegen 21.3o Uhr als Heranwachsender einen anderen rechtswidrig mit Gewalt oder unter Anwendung von Drohungen mit gegenwärtiger Gefahr für Leib oder Leben zu einer Unterlassung genötigt und dadurch dem Vermögen des Genötigten Nachteil zugefügt zu haben, um sich zu Unrecht zu bereichern... Verbrechen, strafbar nach §§ 253, 255, 249 StGB."

Auch hier wurde weitgehend von der Situation abstrahiert. Wenn wir die Darstellung der Vorgeschichte durch den Polizeiobermeister als zutreffend unterstellen, finden wir, daß Jüppken die Sache so sah: Entweder das Hausverbot gilt, dann muß ich raus,und dann bekomme ich mein Geld wieder, weil ich ja keinen Gegenwert erhalten habe, oder, ich darf noch so lange bleiben, wie ich bezahlt habe. Für Jüppken ging es darum, die Tauschbeziehung Eintritt gegen Aufenthalt aufrechterhalten zu sehen. Es war für ihn nur logisch, bei der Verweigerung der Rückerstattung, sich Dinge im Werte des Eintritts zu nehmen, um seinen Schaden auszugleichen. Von diesem Handlungszusammenhang sahen nun der Polizeibeamte und der Staatsanwalt völlig ab. Die Vorgeschichte wurde zwar verkürzt wiedergegeben, sie spielte aber bei der Einschätzung des Handelns keine Rolle. Jüppken hatte sich zwei Eis räuberisch erpreßt.

Zur Prüfung der Hypothese 49 wollen wir schließlich auf unzulässige Generalisierungen verweisen, darauf, daß sonst als normal zu bezeichnendes Verhalten als kriminell definiert wird, wenn es von bekannten Mitgliedern krimineller Gruppen ausgelöst wird. Dazu suchten wir Fälle, in denen Mitglieder krimineller Gruppen von Polizeibeamten, Sozialarbeitern oder Mitgliedern der Strafjustiz so behandelt wurden, als ob sie kriminelle Handlungen begangen hätten.

> So waren am Brunnen "Kracher" geworfen worden. Unklar war, wer das getan hatte. Normale Parkbesucher, die dort saßen, Typen, die dort lagerten oder Jugendliche, die durch den Park gelaufen waren. Ein Feldforscher berichtete: Etwa fünfzehn Typen sitzen auf drei Bänken rechterhand und hinter dem Brunnen. Zwei uniformierte Polizeibeamte, ein Polizei-"Offizier" (mit Silberlitzen) kontrollieren die Personalausweise. Sie gehen vor den Sitzenden her und lassen sich die Ausweise auf ihre Aufforderung zeigen. Die Typen sitzen alle - also auch die noch nicht kontrollierten - sehr ruhig auf den Plätzen. Keine allgemeineren Unterhaltungen, kein Gelaufe, kein Zusammenstehen. Nachdem die Polizisten die beiden Bänke gegenüber kontrolliert haben, wenden sie sich nun zu der Bank hinter dem Brunnen. Ich sitze auf der Nebenbank an der der kontrollierten Bank zugeordneten Ecke. Polizeioffizier: "So, dann wollen wir mal weitermachen." Geht mit dem anderen Beamten rüber. Sagt zum ersten: "Ihren Personalausweis bitte." Der Typ kramt ihn raus. Der andere Beamte nimmt etwa den dritten Typ. Sagt dasselbe. Der Polizeioffizier unterhält sich, offenbar in scherzhaftem Ton, mit den beiden Typen, vor denen er steht. Ich kann jedoch nichts verstehen. Allerdings lachen die Typen selbst nicht. Der andere Beamte steht vor Allo. Allo sitzt auf einem umgestürzten Papierkorb. Der Polizeibeamte: "Ihren Personalausweis bitte." Allo: "Den zeig ich Ihnen nicht. Da könnten Sie ja jeden hier im Park danach fragen. Warum fragen Sie uns denn nur. Fragen Sie doch mal die anderen Leute hier." Der Beamte insistiert, er will den Personalausweis sehen. Allo: "Den zeig ich nicht." Der Polizist greift nun schnell von der Seite in die Sparren des Papierkorbs, auf dem Allo sitzt und reißt ihm den Papierkorb unter dem Gesäß weg. Polizeibe-

amter: "Meinen Sie, wir lassen uns hier von Ihnen zum Narren halten? Zeigen Sie Ihren Ausweis!" Allo: "Warum reißen Sie mir denn den Papierkorb weg?" Polizeibeamter: "Der ist für den Abfall da und nicht zum Umkippen." "Aber der lag so, als ich kam." Der Polizeioffizier tritt hinzu und sagt sehr scharf: "Nun werden Sie mal nicht frech. Wir kommen hier mit den Normalstädtern immer ganz gut klar. Bis jetzt. Sind Sie aus Normalstadt?" Allo: "Ja." Polizeioffizier: "An sich kommen wir mit denen klar. Wir können Sie jetzt alle mitnehmen." Allo: "Wieso denn das?" Polizeioffizier: "Wir sind angerufen worden. Wegen der Kracher hier." Allo hat inzwischen dem anderen Polizisten seinen Ausweis gegeben. Allo: "Sie können uns so einfach verhaften, wie ist denn das möglich?" Polizeioffizier: "Verhaften nicht, aber vorläufig festnehmen." Die Beamten wandten sich dann von den Typen ab und fuhren weg. Sie hatten niemanden sonst kontrolliert, auch den Feldforscher nicht, der nur zwei Meter von den Typen entfernt gesessen hatte.

Wir sehen zuerst, daß der Verdacht sich ausschließlich auf die Typen konzentriert. Anderen Parkbesuchern, wie dem Feldforscher, wurde nicht unterstellt, gegen halb sieben Uhr mehrere "Kracher" geworfen zu haben. Sodann wurden auch nicht gezielt bestimmte Typen, auf die eine Beschreibung der Person passen würde, oder Besetzungen einer bestimmten Bank, in deren Nähe die Kracher losgegangen waren, kontrolliert, sondern alle Typen im Park. Auf die völlig berechtigte Frage Allos, warum man nur den Typen diese Tat zurechnete, bekam er keine Antwort - im Gegenteil, ihm wurde noch eine Ordnungswidrigkeit oder Sachbeschädigung unterstellt: "Umkippen eines Papierkorbs", und allen Typen wurde eine vorläufige Festnahme in Aussicht gestellt. Das brach den Widerstand von Allo. Er zeigte seinen Ausweis. Nun ist es ganz offensichtlich, daß es gar nicht mehr um die Ermittlung des Auslösers des ruhestörenden Lärms ging. Danach wurde gar nicht mehr gefragt. Nicht ein einziges Mal. Die Typen wurden überprüft und damit in einer, im Vergleich zu anderen Parkbesuchern, für jeden Beobachter von außen erkennbar, erste Anzeichen der Kriminalisierung enthaltenden Weise kontrolliert.

In einem anderen Fall wurde ein Typ mit anderen erwischt, als sie abends in ein Freibad eingestiegen waren und dort badeten. Ein Beteiligter berichtete: Sie waren schon wieder in den Wagen gestiegen, als die Polizeibeamten kamen und sie mit zur Wache nahmen, um die Personalien nachzuprüfen. Jedoch hatten nur einige einen Ausweis dabei, unter anderem auch Dirk. Sie mußten ihre Taschen entleeren. Denjenigen, die von sich aus die Taschen nicht leerten, wurde von den Beamten in die Tasche gefaßt. Bei Dirk fand man eine Fixe. Er mußte die Ärmel hochkrempeln, um festzustellen, ob

Einschüsse in der Vene waren. Dirk trug die Fixe bei sich, obwohl er noch nicht gefixt hat, weil er vor kurzem fixen wollte, es sich dann aber anders überlegt hat. Nachdem sie seine Fixe gefunden hatten, haben sie auch Hustentropfen, die er bei sich hatte, vom Polizeiarzt untersuchen lassen. Diese Funde ließen die Polizeibeamten, wie einer Pressemitteilung zu entnehmen war, "auf den Genuß von Rauschgift schließen". Der Typ hatte aber tatsächlich noch nie gefixt, wie zwei Feldforscher aufgrund einer Reihe von objektiven Kriterien sicher wußten.

In diesem Fall sehen wir wieder, wie ein einzelner Gegenstand in einen - auf den ersten Blick völlig plausiblen, aber dennoch falschen - Zusammenhang eingebracht wird, den man so beschreiben kann: "Gammlertypen, die eine Fixe bei sich haben, fixen". Von besonderer Wichtigkeit ist hier der Personentyp, dem diese Handlung zugeschrieben wird. Ein erwachsenes Stammtischmitglied, das aus Jux mit seinen Zechbrüdern nachts ein Freibad aufsucht und anschließend gestellt würde und eine Spritze bei sich hätte, würde mit Sicherheit nicht unter die Definition "Rauschgiftkonsument" fallen. Viele andere Erklärungen liegen parat: "Der Mann hat Zucker." "Der Mann setzt sich Vitaminspritzen". "Er spielt mit so einem Ding." "Er ist Automonteur und schmiert damit die Türschlösser von den Autos." Selbst ein "ordentlicher Gymnasiast" oder "Pfadfinder", dem das mit seinen "Kumpeln" oder "Kameraden" passieren würde, würde kaum als Fixer verdächtigt werden - bei einem Gammlertyp ist der Fall klar.

Geht man über einzelne Ereignisse hinaus, geht man von der allgemeinen Situation in der von uns untersuchten Stadt aus, findet man Kriminalisierungsprozesse in größerem Format. Dabei können wir davon ausgehen, daß die Instanzen sozialer Kontrolle auch eigene Bezeichnungen für die Definitionen der größeren Strukturzusammenhänge der von ihnen verfolgten Handlungen unterhalten. Man könnte diese zum Beispiel mit den gruppenbestimmten Situationsdefinitionen zum Gruppenselbstbild, zu den Gründen des Handelns und seiner Entwicklung vergleichen. Wir wollen an dieser Stelle darauf verzichten und es bei dem zur Hypothese 46 durchgeführten Vergleich einzelner Situationsdefinitionen belassen und uns auf die weiterreichenden Prozesse der Selektion, Addition und unzulässigen Generalisierung entsprechend unseren Hypothesen 47 bis 49 beschränken. Zur Prüfung der Reichweite dieser Hypothesen wurden bei der Jugendfürsorge des Jugendamtes, der Kriminalpolizei der Polizeidirektion und dem Jugendgericht des Amtsgerichtes Daten in der Form von eigenen Beobachtungsberichten einerseits und verschiedenen Dokumenten dieser Instanzen andererseits erhoben (32). Wir können auch damit nicht den Anspruch verbinden, eine systematische Analyse der Kriminalisierungsprozesse in der von uns untersuchten Großstadt zu liefern, da wir unsere Erhebungen nur auf

Sachverhalte bezogen, die wir aus unserer Kriminalitätsanalyse kannten. So ist das von uns aufgrund unserer beschränkten Informationen skizzierte Bild ohne jeden Zweifel lückenhaft. In Verbindung mit den dargestellten Fällen zu den Hypothesen 47 bis 49 lassen sich aber die hier vorgelegten Beschreibungen der Handlungsstrategien sicherlich als begründeter ausweisen als die Selbstdarstellungen der Sozialarbeit, Polizei und Strafjustiz über ihr eigenes Vorgehen in dieser Stadt.

Zur Reichweite der Überzeichnungen und Verstärkungen fanden wir, daß einer Gruppe, mit deren Mitgliedern wir durch unsere Untersuchungen Kontakt bekamen, kriminelle Motive zugeschrieben wurden, die diese gar nicht hatte. Gelingt eine derartige Verbindung von Handlungen mit bestimmten Motiven, so hat dies, für die Instanzen sozialer Kontrolle absehbar, außerordentlich nachteilige Konsequenzen für die Betroffenen.

> Es geht um die Gruppe der "Verfemten": Aus den Berichten von Mitgliedern: Didi und Hans waren gemeinsam zur Realschule gegangen; im Winter... lernten sie sich richtig kennen, und zwar in einer Diskothek in Adorf. Hans kannte damals schon Leute, die ihm das Kloppen beigebracht hatten, und eines abends, als sie wieder keine Zigaretten hatten, sagte er zu Didi: "Komm, wir holen uns welche." Sie gingen dann nach draußen, und dort hatte Didi zum ersten Mal Zigaretten gekloppt. Didi und Hans überlegten dann, wie sie einen Club gründen könnten. Eines Tages kam Didis Bruder mit einem Modellflugzeug nach Hause, das den Namen "Verfemt" trug. Didi fragte ihn, was das zu bedeuten hätte. Als sein Bruder sagte, das heiße "Gesetzloser", war er begeistert, ging zu Hans und sagte: "Unser neuer Club heißt "Verfemte". Hans: "Was heißt das denn?" "Gesetzlose". "Prima". Auf eine Frage des Feldforschers antworteten beide, daß sie dabei gar nicht an Kriminalität gedacht hätten, daß ihnen lediglich der Name gefallen hat. Sie gründeten dann einen Club, führten ein Clubbuch und eine Kasse und sammelten Beiträge ein. Sie sprachen dann ihre Bekannten an. Auf einer Waldfete, an der acht Mann teilnahmen, kamen sie zu der Meinung: "Wir brauchen einen Boß, der das ganze etwas aufeinander abstimmt und der etwas zu bestimmen hat." Zur Wahl standen praktisch von Anfang an nur Hans und Didi, und letzterer hatte, auch nach eigener Aussage, keine Chance, so daß er sofort zurückzog. Hans wurde gewählt. Sie traten dann noch an Chappy und Rülps heran: "Wollt Ihr mitmachen?" Dann sprach es sich so sehr herum. Es kamen "Massen , die dann an uns herantraten." Hans hatte im Clubbuch achtzehn Mann stehen. Die Gründe für den Beitritt der anderen waren: "Spaß an der Freude; die hatten uns gesehen. Der Club wirkte anziehend, weil wir gegen die Gesellschaft protestierten und weil es denen auch Spaß machte, die

Älteren zu ärgern. Sie hatten auch was gegen die Erwachsenen und schlossen sich uns an." Sie waren früher schon im Nordcafé gewesen. Als sie hörten, daß dort ein neuer Wirt sei, fuhren sie an einem Abend mit fünfzehn "Öfen" dort vor, fuhren vor dem Haus etwas herum und ließen die Motoren aufheulen, um den Wirt zu schocken, und fuhren dann wieder weg. Am nächsten Abend sind sie dann zurückgekommen und in das Lokal gegangen. Ernst, der Wirt, war sagenhaft. Er bot ihnen das Du an, gab Kartoffelsalat und Bier aus und als sie rausgingen sagte Hans: "Hier gehen wir jetzt immer hin." In der folgenden Zeit sind sie fast jeden Abend in der Kneipe gewesen, und sie sind nur recht selten zur Kirmes gefahren. Der Kern der Verfemten bestand damals aus ungefähr zwölf Jungen. Aber häufig waren sie in der Kneipe, die sie fast ausschließlich für sich in Anspruch nahmen, fünfundzwanzig Mann und an den Wochenenden, wenn auch die Normalstädter noch dazu kamen, waren es bis zu fünfzig. In der Kneipe haben sie sich unterhalten, einige haben getrunken, Skat gespielt, geknobelt. Kickern und Flippern war verpönt, weil sie den Clubabend störten. Wenn sie sich nicht in der Kneipe aufhielten, fuhren sie weg, und zwar zu jedem Schock, der in der näheren oder weiteren Umgebung stattfand. Oder sie veranstalteten Waldfeten, die sehr beliebt waren. Häufig war ein Geburtstag Anlaß für eine Waldfete; sie waren wetterabhängig. Außerdem fuhren sie am Wochenende weg, übernachteten irgendwo. Häufig fuhren sie an einen See. Oder sie fuhren einfach in der Gegend herum. Außerdem besuchten sie während des Wahlkampfes Wahlveranstaltungen der NPD und machten dort Rabatz. Auf ihren Fahrten rissen sie auch NPD-Plakate ab, "weil die gegen uns waren", und machten Feuer am Straßenrand. Am Wochenende waren sie auch manchmal mit den Frauen allein. Diese Zeit kann wohl als der Höhepunkt der Verfemten bezeichnet werden. Im September und Oktober begingen sie dann ihre Brüche und Diebstähle. Die drei Brüche begingen sie zu dritt: der kleine Speedy, Jochen und Hans. Damals hatten alle drei einen Wagen, obwohl keiner einen Führerschein besaß. Sie haben eine Tankstelle aufgebrochen und Werkzeug, Öl und Batterien im Wert von tausendfünfhundert Mark mitgenommen. Aus einem Kiosk haben sie für tausend Mark Süßigkeiten und Zigaretten geklaut. Bei einem Arzt versuchten sie, Arbeitsunfähigkeitsbescheinigungen zu holen. Sie waren aber nicht in das Zimmer gekommen. Außerdem haben sie fünf Zigarettenautomaten von der Wand gerissen und einen an der Wand sofort aufgebrochen. Bei keiner dieser Straftaten sind sie erwischt worden. Sie wären auch nicht aufgeflogen, hätte Jochen nicht in seinem Wagen die Zigaretten und Süßigkeiten liegen gehabt, die aus dem Kiosk-Einbruch stammten. Bei der Polizei muß Jochen geplaudert haben, denn noch am selben

Tag wurden Hans und Speedy verhaftet. Die Polizei war über jede Kleinigkeit, die sie vorher gemacht hatten, unterrichtet. Bei der Gerichtsverhandlung saß Jochen abgesondert von den anderen. Speedy bekam zehn Monate, Hans ein Jahr auf Bewährung, Jochen dagegen nur zwei Wochen. Hans und Didi betonten, daß ihre Aktionen nicht geplant waren: "Die blöden Bullen wollten uns immer einreden, daß wir das alles lange geplant hatten. Die glaubten uns nicht, wenn wir sagten, daß das nur aus der Situation heraus geschehen ist. Wir waren meistens besoffen, einer kam auf die Idee, und dann machten wir was."

Diese Aussage stimmt auch ganz mit unseren Beobachtungen des späteren Verhaltens der Jugendlichen überein, mit denen wir Kontakt bekamen. Es paßt zudem zu dem Ergebnis unserer Analyse der Verhaltensstruktur der Rockergruppen. Daß dort gruppenbestimmte Situationsdefinitionen auftreten, darf nicht mit einer Planung verwechselt werden, zu der sehr komplexe und weitreichende Situationsdefinitionen gehören würden, die wir aber bei den von uns untersuchten Gruppen nicht fanden. Für den Kriminalisierungsprozeß und die Definitionsmacht der Instanzen sozialer Kontrolle ist nun die abschließende Gesamtdefinition der Verfemten charakteristisch.

In einem Ermittlungsbericht der Polizei hieß es: "Die von mir ermittelten Beschuldigten waren entweder Mitglieder oder Anhänger des Clubs Verfemte (die Gesetzlosen). Dieser Club wurde etwa im Sommer... gegründet. Vereinslokal des Clubs war die Gaststätte.. in... In diesem Lokal trafen sich sowohl Mitglieder als auch Anhänger fast allabendlich. Eine Vielzahl der von ihnen begangenen Straftaten, insbesondere Diebstähle, wurden im Clublokal oder während der Diebestouren besprochen und geplant. Aus diesem Grunde dürfte hier in vielen Fällen die straferschwerende Bestimmung des Bandendiebstahls § 243, Abs.1, Zif.6 in Betracht zu ziehen sein. Ausgangspunkt der meisten Diebesfahrten, die entweder mit Kleinkrafträdern oder mit PKW ausgeführt wurden, war in vielen Fällen das Clublokal... Die Ziele des Clubs, sich zu gesetzlosem Verhalten zusammengeschlossen zu haben, lassen sich allein schon aus dem Clubnamen "Die Gesetzlosen" erkennen. Die Bezeichnung "Motorclub" dürfte diese Gruppe Jugendlicher zu Unrecht führen, zumal sie keinerlei motorsportliche Ziele verfolgte."

Diese Einschätzung der Gruppe wurde von der Staatsanwaltschaft von Normalstadt voll übernommen.

Wir sehen zunächst, daß die, wie zu zeigen ist, falsche Übersetzung des Begriffs Verfemte der Beteiligten von den Polizeibeamten übernommen wird. Abgesehen wurde aber von dem Sinn, den dieser Begriff für die Verfemten hatte. Nach unseren Erhebungen dürfte es zutreffend sein, daß die Beteiligten sich an dem Begriff freuten, den Namen so gut fanden wie Mitglieder von Bands ihren eigenen Namen, die sich "Rolling Stones", "Shadows" oder "Man's World" nennen und deshalb auch keine rollenden Steine, Schatten oder gar die ganze Menschenwelt sein wollen. Es war auch nicht so, daß man plante, Diebstahl zu begehen, eine Gruppe gründete und dann einen Namen suchte, der dies ausdrückte, wie es die Polizei unterstellte. Dafür gibt es nicht einen Anhaltspunkt in der Geschichte der Verfemten. Geht man von den unabhängig von den Aussagen der Beteiligten bestehenden Merkmalen der Eigentumsdelikte aus, findet man bei den Mitgliedern krimineller Gruppen stets die Verheimlichung. Es wäre völlig unsinnig gewesen, sich diesen Namen zu geben. Selbst eine eingeschränkte Interpretation, daß - nachdem der Club einmal bestand - der Verstoß gegen Gesetze im Clublokal besprochen und geplant wurde und sich so mehrere zur fortgesetzten Begehung von Diebstahl verbunden hatten, ist nicht haltbar, so daß hier davon ausgegangen werden muß, daß eine falsche Übersetzung des Clubnamens durch die Mitglieder der Gruppe einen Definitionsprozeß leitete, der zu dem Ergebnis der Feststellung von Bandenkriminalität führte.

Legt schon der Begriff Verfemte eine andere Bedeutung nahe - Verfemte sind Geächtete, verfemen heißt ächten - sind schon Gesetzlose auch als Menschen zu verstehen, die einen Platz außerhalb des Gesetzes zugewiesen bekommen haben, als Ausgestoßene eben - so wird diese Interpretation der Polizei und der Staatsanwaltschaft unhaltbar, wenn man sich des Sinns vergewissert, den die Beteiligten ihren Handlungen gaben: Sie fühlten sich in der ländlichen Umgebung ihres Wohnortes als Außenseiter, weil sie mit "wilden Klamotten" rumliefen, lange Haare hatten und ein wenig botmäßiges Verhalten zeigten. Analysiert man schließlich den Verlauf ihrer kriminellen Handlungen, findet man, daß sie sich aus der Situation entwickelten. Unsere Interviews und unsere späteren Beobachtungen stützen diese Selbsteinschätzung ganz - im Gegenteil, wir fanden sogar, daß die uns bekannten "Verfemten" in ihren Schilderungen krimineller Handlungen gern übertrieben. Selbst im Urteil des Jugendschöffengerichts, dessen Vorsitzender in der BRD wegen seiner scharfen Kritik des geltenden Strafrechts bekannt geworden ist, hält man den "Verdacht, daß die Beschuldigten sich zusammengeschlossen haben, um gemeinsam Straftaten zu begehen, .. nicht (für) völlig unbegründet. Der Vorwurf des Bandendiebstahls ist jedoch fallengelassen worden, weil nach dem Ergebnis der Ermittlungen der Entschluß zur Begehung von Straftaten jeweils der augenblicklichen Situation entsprang und nicht sicher festzustellen ist, daß die Verbindung der Angeschuldigten zur gemeinsamen Begehung von Straftaten dienen sollte."

Die polizeiliche Einschätzung des Drogenmißbrauchs war in ähnlicher

Weise durch weitreichende Überzeichnungen und Hinzufügungen gekennzeichnet.

Etwa Ende 1969 hielt der Polizeichef von Normalstadt nach einem Bericht einer Zeitung der Stadt es noch für "undenkbar, daß die ihm unterstellten Beamten sich intensiv mit Rauschgiftdelikten befassen" müßten. Zwar prognostizierten Anfang 197o die von uns interviewten Mitarbeiter der Jugendfürsorge des Jugendamtes der Stadt: "Haschen ist in Normalstadt im Kommen", aber in einem frühen Interview des Verfassers mit dem Leiter der Normalstädter Kriminalpolizei im Juli 197o äußerte dieser, daß Haschen keinen kriminellen Gehalt habe, es sei kriminologisch völlig unerheblich. Er könne auch kaum mit Fällen dienen, es sei einfach zu wenig da. Er riet uns regelrecht ab, dieses Verhalten zu untersuchen. Schon einen Monat später vertrat der Polizeidirektor die Ansicht, "daß Ansammlungen von Haschrauchern als Störung der öffentlichen Ordnung nicht zu übersehen seien". Er betrachtete die Lage als "ernst": "Nicht annähernd abschätzbar aber ist im Augenblick die tatsächliche Zahl der regelmäßigen und gelegentlichen Hascher." Das Erstaunlichste ist nun, daß der Polizeidirektor von Normalstadt binnen eines Monats auch die Ursachen dieser Kriminalität ergründet hatte. Fortan wurde er nicht müde, Linksextremisten als Verursacher der "Haschseuche" zu benennen. Er führte neben "Krach mit den Eltern, Schule und Lehrherren, eine bewußt mit dem Risiko spielende Neugier und vor allen Dingen eine politisch-ideologisch bedingte Flucht aus der Wirklichkeit" an. "Rund die Hälfte...von den bisher vorläufig Festgenommenen..waren der Polizei bereits als extreme Linke bekannt." "Charakteristisch dürfte jedoch sein, daß von den wegen Haschbesitzes festgenommenen jugendlichen Personen nicht weniger als sechzehn der Polizei als anarchistisch orientierte Apo-Anhänger bekanntgeworden waren." (Alle Zitate nach nicht korrigierten Zeitungsberichten).

In einem Gespräch mit einem Feldforscher vor dem Beginn seiner Feldarbeit äußerte einer der Beamten der Polizeidirektion, der für die Verfolgung des Drogenmißbrauchs zuständig war: "Diejenigen, die haschen, die findet man auch bei den linksradikalen Demonstrationen. Ich meine, ich habe ja gar nichts dagegen, aber die sollen doch auch für die Demokratie arbeiten."
Später verwendete der Polizeidirektor ein Flugblatt als "Verweis.. auf (den) ideologischen Hintergrund der Haschseuche." Bei einem Dealer wurde ein Flugblatt gefunden, in dem es unter anderem hieß: "In Berlin besteht seit einiger Zeit der Zentralrat der umherschweifenden Haschrebellen. Sie sind der militante Kern der Berliner Subkultur. Sie kämpfen gegen das moderne Sklavenhaltersystem des Spätkapitalismus. Sie kämpfen für eigene freie Entschei-

dung über Körper und Lebensform. Schließt Euch diesem Kampf an! Bildet militante Kader auf den Dörfern und Metropolen. Die Haschischrebellen haben dem Polizei- und Dezernatsterror den aktiven Kampf angesagt. Sie haben öffentliche Smoke-Ins, Demonstrationen vor Erziehungsanstalten, Vergeltungsschläge gegen die Polizei, einen Rechtsbeistand für Verfolgte und ein Ärzteteam für Ausgeflippte organisiert. Scheißt auf diese Gesellschaft der Halbgreise und Tabus! Werdet wild und tut schöne Sachen! Have a Joint! Alles was Ihr seht und es gefällt Euch nicht - macht es kaputt! Mit anarchistischen Grüßen: Zentralrat der umherschweifenden Haschrebellen." Nach dem Bericht einer Zeitung aus Normalstadt "sieht..die..Polizei .. in diesem Flugblatt zumindest einen Hinweis auf die ideologischen Motive, die hinter einer deutlicher zu beobachtenden Ausweitung des Drogenmißbrauchs und damit des Drogenhandels stehen." Was der Polizeidirektor verschwieg, war: Das Flugblatt war über ein Jahr alt und hatte für die Subkultur nie Bedeutung gehabt. Erst auf Leserbriefe, die von einem veralteten Flugblatt sprachen, korrigierte sich der Polizeidirektor, nahm von seiner These von den linksextremen ideologischen Motiven jedoch kein Wort zurück.

Auch hier finden wir, daß völlig randseitige Tatbestände - Verkehrsgewohnheiten von aufgegriffenen Jugendlichen, ein Flugblatt und ähnliches-herangezogen werden und einer offenbar schon vorher bestehenden allgemeinen Situationsdefinition subsumiert werden , nach der eine verbreitete Form der Jugendkriminalität organisiert sein muß.

Wenn solche Situationsdefinitionen als Einschätzungen von Rockern und Typen und anderen aufgrund von Definitionsprozessen auch falsch sind, so haben sie doch sehr ernstzunehmende, bedenkliche Konsequenzen für das Vorgehen der Instanzen sozialer Kontrolle und die von ihren Maßnahmen Bedrohten und Betroffenen. Die Mitglieder der Instanzen sozialer Kontrolle begreifen sich als Teilnehmer eines Kampfes, in dem viele Mittel erlaubt sind.

Das fängt zunächst einmal damit an, daß Polizeibeamte von anderen Aufgaben "abgezogen" werden und sich nur noch dem Drogenmißbrauch zu widmen haben. Sie stehen unter einem besonderen Leistungsdruck. So fragte ein Mitglied der Forschungsgruppe einen für Rauschgiftdelikte zuständigen Beamten: "Ich habe in den letzten Monaten regelmäßig die Zeitung gelesen. Dabei ist mir aufgefallen, daß in den letzten Tagen ziemlich massiv von Rauschgift usw. geschrieben wurde, während man früher so gut wie nie etwas zu lesen bekam. Liegt das daran, daß der Haschkonsum sprunghaft angestiegen ist, oder ist die Presse nur plötzlich darauf aufmerksam gemacht worden?" Polizeibeamter: "Der Konsum ist zwar gestiegen, aber nicht so plötzlich, wie das nach den Presseberichten erscheint. Aber gerade ist vom Direktor eine Sonderkommission von vier bis fünf Mann und einer Frau eingesetzt worden. Die gehen jetzt regelmäßig die Orte ab, wo das passiert, und da werden dann auch häufiger Leute als früher festgenommen. Diese Leute geben im allgemeinen an, von wem sie den Stoff haben. Diese geben wieder weitere an, und so bekommt man immer mehr. Früher hatten wir nicht so viele Leute, die sich damit beschäftigten und deshalb wurden auch nicht so viele auffällig." Weiter sagte der Beamte, daß die Kollegen auch in Zivil arbeiten und daß sie mit Teleobjektiven Photos machen. "Wir wissen doch in etwa, wer die Leute sind, wer immer wieder einmal auffällt. Wenn wir denen mal Bilder zeigen können, auf denen sie mit bestimmten anderen zusammen sind, dann sind die sicher ganz erstaunt und sagen eher aus."

Dieses Aussagen ist dann oft der Anfang einer Spitzeltätigkeit. Nach Angaben von Jugendlichen forderten Mitglieder der Polizeidirektion sie zur Weitergabe von Informationen über die Mitglieder der Gruppe auf und boten ihnen Geld dafür.
So berichtete ein Typ: "Außerdem habe ich mit dem Meier von der Polizei gesprochen. Der war richtig nett zu mir. Da habe ich dann ganz offen und ehrlich alles erzählt, Sachen, die ich zum Teil gar nicht gemacht habe. Damit der merkte, daß ich offen war. Ich war ja hier bei den ersten fünf in Normalstadt. Ich hab ja den besten Überblick. Ich habe keine Namen genannt, hab dem aber ein bißchen erzählt. Der war ganz freundlich zu mir, hat hinterher zu mir Klaus gesagt. Tschüß, Klaus. Und ich sollte mal wiederkommen, dann könnten wir uns mal nett unterhalten, so ganz menschlich, nicht dienstlich, so von Mensch zu Mensch. Der Mann war mir richtig sympathisch, dem würde ich ja gern helfen, aber dann wäre das schlecht für ein paar Leute, die mir noch sympathischer sind als der."
Bei einem Gespräch mit Roland stellt sich heraus, daß er bei der Vernehmung mit ganz unbedeutendem Material konfrontiert wurde. Man hatte Photos aus den Büschen am Brunnen, man wußte, daß er seit Anfang der Woche hundertzwanzig Trips verkauft hatte. Man wußte nicht, von wem, von wo, man nahm an, aus Normalstadt, in Wirklichkeit waren sie aus Hamburg, an wen und so weiter. In unserem Gespräch wurde Roland erst bewußt, wie wenig die Polizei vorher gewußt hatte: "Jetzt merke ich mal erst, wie die mich aufs Kreuz gelegt haben." Einen Tag später berichtete Roland, daß die Bullen ihm angeboten hätten, für sie zu arbeiten. Er war in Berghausen. Da hätten die mit ihrem Wagen auf einmal neben ihm gestanden, hätten ihn festgehalten, ihm gesagt, er hätte ihnen nur die Hälfte erzählt. Dann hätten sie seinen Wagen untersucht, aber

nichts gefunden. Dann wäre das mit dem Angebot gekommen. Er hätte gesagt, er wolle sich das alles überlegen. Er sollte dann am Donnerstag anrufen, sich unter einem Decknamen melden.
Eine Frau von den Typen erzählte: "Bernd kenne ich gut, er ist bei der Kripo, Rauschgiftdezernat." Mehr wollte sie darüber nicht sagen. Später auf dem Heimweg erzählte sie dann, den hätte sie erst vor ein paar Wochen kennengelernt, der passe eigentlich gar nicht so in den Kreis ihrer Bekannten. Er ist abends meist in Zivil im Pott. Er habe sie als Spitzel engagieren wollen, das habe sie aber abgelehnt, sie könne doch nicht ihre alten Freunde bespitzeln. Seitdem ist er etwas sauer auf sie, und ihr Verhältnis sei etwas abgekühlt. Sie ist darum jetzt mehr mit seinem Kollegen, Fritz, zusammen, der hat Verständnis für sie.
Die Typen machten sich z.T. Illusionen über die Ungefährlichkeit der Spitzelei. Ingo meinte einmal: "O nee, das macht keiner. Ein Typ verpfeift keinen anderen. Das ist gar nicht drin. Früher wäre das möglich gewesen, als das noch wenige waren. Da konntest Du Dir sagen, wenn ich den verpfeife, dann spricht der zwar nicht mehr mit mir, aber ich such mir andre Freunde. Heute ist das schon nicht mehr möglich. Du hast dann niemand mehr, weil sie alle das Zeug nehmen. Deshalb verpfeift auch keiner einen."

Welche beabsichtigten oder unbeabsichtigten Konsequenzen das Vorgehen der Instanzen sozialer Kontrolle hat, mag ein Vorfall verdeutlichen: In einem Gespräch mit dem Verfasser benannten der Polizeidirektor und der Leiter der Kriminalpolizei Otto als einen Jugendlichen, der mit ihnen zusammenarbeite. Im Anschluß an die Datenerhebung entschlossen wir uns, den Aufbau einer ärztlichen Beratung für Drogenkonsumenten zu unterstützen, um die Typen über die Folgen ihres Verhaltens aufzuklären. In diesem Zusammenhang gelang es dem Verfasser, ein Gespräch von zehn bis zwölf der langjährigsten und erfahrensten Drogenkonsumenten mit einem Normalstädter Facharzt und dem Verfasser in der Wohnung des Arztes zu organisieren. Dort sollten die Drogenkonsumenten offen über ihre Erfahrungen und ihre bisherige Drogenkarriere berichten, um einerseits dem Arzt eine Vorstellung der Sichtweise der Drogenkonsumenten zu vermitteln und andererseits durch Einzelberatung und Gruppendiskussionen Wege zur Lösung ihrer von dem Drogenmißbrauch herrührenden Probleme zu finden. An diesem Gespräch versuchte nun Otto, der Informant der Polizei, teilzunehmen. Vor der Wohnungstür wurde er vom Verfasser auf seine Tätigkeit für die Polizei angesprochen, die er auch sofort zugab: "Ja, ich arbeite für die Polizei." Ihm wurde gesagt, daß seine Anwesenheit nicht erwünscht wäre, und er ging dann weg. Man überlege sich die Folgen für eine gerade im Aufbau begriffene ärztliche Beratung, wenn die Informationen aus dem Gespräch bei der Polizei ankämen und dort Eingriffe auslösten. Es wäre dann den Teilnehmern sofort erinnerlich gewesen, bei welcher Gelegenheit diese Aussagen von ihnen gemacht wurden. Der Arzt hätte seine Arbeit mit den Drogenkonsumenten einstellen können, das ganze Unternehmen wäre im Anlauf schon gescheitert.

Hier werden Fehleinschätzungen einer Instanz sozialer Kontrolle zum Auslöser von Handlungen - Anwerben von Spitzeln -, deren Konsequenzen die Polizei nicht mehr übersehen kann und die sie selbst nicht mehr zu legitimieren imstande ist.

Es war daher auch nur konsequent, daß sich die Polizei gegen den Vorwurf, sie verwende "Spitzelmethoden" energisch verwahrte, wie es in einem Interview einer Zeitschrift, die in Normalstadt erscheint, vom Polizeidirektor auch geschah.

Weit bedenklicher erscheint uns noch zu sein, wenn Mitglieder der Instanzen sozialer Kontrolle im Kriminalisierungseifer selbst das Handeln hervorlocken, das sie kriminalisieren wollen.

Ein Feldforscher berichtet: Eines Tages traf ich einen bekannten Mathematiker von der Uni, Klaus, der mit seiner Matte wie ein Typ aussieht, aber nicht kifft. Klaus sagt, ich hätte doch Beziehungen zu Leuten, die Shit verkaufen. Er ist ein bißchen über unser Forschungsprojekt informiert, da er mich bereits im Pott und im Appel gesehen hat und mich fragte, was ich dort mache. Er habe jemanden, der hundert Gramm Shit haben wolle, ob ich ihm so etwas vermitteln könne. Etwas später, während ich mit Schwatten an der Theke sitze, kommt Klaus mit demjenigen zu mir. Es handelt sich um einen Mann mittlerer Größe, mit breiten Schultern und leichtem Bauchansatz. Er trägt kurz geschnittene, gescheitelte Haare, einen Bart ähnlich wie ich, nur um einiges dünner und nur den vorderen Teil des Kinnes, etwas mehr als die Kinnspitze bedeckend. Wenn ich ihn sah, trug er einen blauen Pullover mit einem Hemd darunter und saloppe Hosen. Als ich mich von der Theke umdrehe, schaut er mir bewußt fest in die Augen, macht aber sonst einen zurückhaltenden Eindruck und fragt mich, ob das wohl möglich sei. Ich sage zu ihm, er solle doch am nächsten Dienstag gegen halb acht im Discus sein, mehr nicht. Da es mir nicht ganz geheuer vorkommt, daß jemand hundert Gramm haben will , der nicht wie ein Typ aussieht und offensichtlich keine Ahnung hat, wie schnell man an Shit rankommt, beschließe ich, die anderen aus der Forschungsgruppe um Rat zu fragen. Am Montag beschließen wir, uns grundsätzlich aus allen Dealereien herauszuhalten und niemanden mit einem Dealer bekanntzumachen. Am nächsten Abend treffe ich um halb acht den

Dicken im Discus. Ich sage ihm, daß ich leider keinen Dealer vermitteln könne aus dem Grunde, weil ich zu einer Forschungsgruppe an der Uni gehöre und wir uns mit diesem Problem erst kürzlich beschäftigt hätten und zu dem Schluß gekommen seien, uns aus den Dealereien herauszuhalten. Die Gefahr, daß einer der Leute, die wir beobachteten, in Schwierigkeiten geraten könne, durch unsere Schuld, sei zu groß. Auf die Frage, was wir denn in unserem Forschungsprojekt so machen würden, antworte ich ihm "teilnehmende Beobachtung". Er fragt mich dann noch, ob ich ihm denn niemand zeigen könne. Er sagt, das Zeug sei für Rheine bestimmt.
Als ich am Abend des ... in den Discus komme, sitzt er dort auch wieder mit zwei anderen, ausgesprochen bürgerlichen Typen, die wohl einen Versuch gestartet haben, sich salopp zu kleiden, an einem Tisch, spielt Skat und trinkt Bier. Ich grüße kurz hinüber. Ich frage mich, was den Burschen an dieser Pinte, in die er gar nicht hineinpaßt, reizt, so daß er viele Abende hier verbringt.
Am kommenden Freitag abend treffe ich Klaus, der mir erzählt, daß es sich bei dem Burschen, eigenen Angaben zu Folge, um einen Matrosen handelt, der in Normalstadt seinen Urlaub verbringt und sein Geld hier ausgeben wolle. Er habe schon des öfteren mit ihm zusammengesessen und er sei wohl in Ordnung. Aufgrund dieser Äußerung kommt mir die Sache immer komischer vor. Am Montag sehe ich Gerd abends gegen halb elf im Discus. Er führt an der Theke ein kurzes Telefongespräch. Dann sehe ich ihn mit dem Dikken an einem Tisch sitzen und reden. Schließlich verlassen beide den Discus.
Am Abend des übernächsten Tages treffe ich Gerd so gegen neun Uhr im Discus. Er erzählt mir sofort folgende Story: "Ich hab die letzte Nacht im Polizeigefängnis verbracht. Du hast doch am Montag den Kerl da gesehen, mit dem dunklen Bart, der mich rausgebeten hat. Der wollte ein Kilo von mir, für Engländer, für die Rheinarmee. Die wollten damit nach London, den Stoff da absetzen. Ich war ja sehr vorsichtig. Aber die Sache schien mir klar. Gestern abend hatte ich die Menge dann. Wir haben uns kurz getroffen. Er kam mit einem englischen Wagen, 'ner englischen Nummer und 'nem Tommy. Da war ich ganz sicher. Da sind wir losgefahren. Wie wir das Zeug hatten, abgewogen hatten, übergeben hatten, hat der auf einmal einen Colt gezogen, Handschellen und hat gesagt: "Kripo". Dann sind wir ins Polizeipräsidium gefahren, er immer noch mit gezogenem Colt. Ich habe gedacht, die wollen uns das Zeug abnehmen, das hab ich dem auch gesagt, war aber nichts. Wir fuhren zur Direktion. Beim Aussteigen, ich mußte durch so einen langen Gang durch, war er mit dem Colt hinter mir. Das haben die wirklich gut gemacht. Ich habe richtigen Respekt vor den Bullen hier in Normalstadt. Das hätten die in Berlin nicht besser

gemacht. Außerdem hoffe ich, daß ich gut wegkomme. Ich war eigentlich nur dabei. Mein Freund, der Fritz, hat alles gemacht, der hat auch den Shit besorgt, hat ihn bei sich gehabt, ihn übergeben, gewogen, alles. Ich habe das nur vermittelt."

Tage später sieht der Feldforscher, wie der Dicke sich recht freundschaftlich mit Gerd unterhält. Ich gehe zu ihm hin. Es entwickelt sich folgender Dialog: Ff: "Sie wollten mich auf den Arsch legen." Polizeibeamter: "Nein, Sie nicht, die anderen Leute." Ff: "Das finde ich aber trotzdem nicht schön." Polizeibeamter: "Ja, was wollen wir denn machen? Wir kommen ja sonst an die Leute nicht dran. Das ist ja so schon schwer genug." Ff: "Das ist doch illegal, was Sie da gemacht haben."

Zur Kontrolle der Hypothese 5o prüfen wir zunächst einmal, wie viele der Mitglieder der Gruppe von einem Gericht verurteilt wurden. Wir fanden:

Tabelle 87: Richterliche Verurteilungen von Mitgliedern krimineller und normaler Gruppen

Gruppe	Richterliche Verurteilungen		Summe
	NEIN	JA	
Normale	31 (o,84)	6 (o,16)	37
Kriminelle	28 (o,48)	31 (o,53)	59
Typen	6	8	14
Rocker	15 (o,41)	22 (o,6o)	37
Einsacker	7	1	8
Summe	59	37	96

Tau N/K = o,13; Tau N/R = o,2o

Wir sehen, daß sich die Gruppen ganz erheblich unterscheiden. Immerhin finden wir hier aber auch, daß sechs Normale richterlich verurteilt wurden. Eine nähere Prüfung zeigt nun, daß es sich dabei ausschließlich um Verkehrsdelikte handelte, die älteren Normalen zur Last gelegt wurden. Bei den Typen erfolgten die Verurteilungen wegen Drogenmißbrauchs und Eigentumsdelikten, bei den Rockern wegen Aggressionsdelikten, Eigentumsdelikten und Drogenmißbrauchs.

Hier sehen wir, daß ein großer Teil noch nicht verurteilt wurde. Dazu zählen einige Jugendliche, die bisher noch nicht entdeckt wurden, was, wie wir fanden, für sehr viele Typen galt, und andere, deren Delikte noch von der Polizei und Staatsanwaltschaft untersucht wurden, was für viele Einsacker galt. Prüfen wir genauer, wie viele der Verurteilten der einzelnen Gruppen sich zu Unrecht verurteilt betrachteten, finden wir:

T a b e l l e 88: Einschätzung der Verurteilungen von Mitgliedern krimineller und normaler Gruppen

Gruppe	Einschätzung der Verurteilung		Summe
	zu Unrecht	zu Recht	
Normale	o	4	4
Kriminelle	8	2o	28
Typen	5	3	8
Rocker	2	17	19
Einsacker	1	o	1
Summe	8	24	32

Da die Gruppe der Normalen hier sehr klein ist, kann man nur von einem sehr vorläufigen Hinweis für ein mögliches Zutreffen unserer Hypothese ausgehen, daß die Mitglieder krimineller Gruppen, wahrscheinlich aufgrund vorher abgelaufener Kriminalisierungsprozesse mit den von uns gefundenen Strukturmerkmalen, sich zu Unrecht verurteilt fühlen. Sicherlich wird man in Betracht ziehen müssen, daß Personen wider besseres Wissens abstreiten, kriminelle Verhaltensweisen ausgeführt zu haben. Es spricht aber nicht viel dafür, daß so lange nach der Feststellung der Täterschaft in einem Interview sich in dieser Hinsicht Normale und Kriminelle unterscheiden. Wäre der Kriminalisierungsprozeß tatsächlich ein einfacher Akt der Subsumtion, sollte man erwarten, daß hier geringe Differenzen auftreten. Wie gesagt, leider ist unsere Zahlenbasis zu schwach, um unsere Hypothese bestätigen zu können.

Diese Kriminalisierungen haben für die Beteiligten dramatische Folgen - beabsichtigte und nicht beabsichtigte.

Erinnern wir uns zuerst noch einmal an die Normalen. Bei ihnen traten Mitglieder der Instanzen sozialer Kontrolle nicht auf. Sie waren in Verkehrsdelikte verwickelt, nahmen die Verurteilungen hin, bei ihnen blieb alles beim alten. Selbst die unangenehmen Folgen bekanntgewordener Verkehrsvergehen wurden von ihnen zum Teil abgewendet, zum Teil gemildert.

> Günter, ein Normaler, sagte dem Feldforscher dazu: "Mein Vater ist ja ehrenamtlich Richter hier in Normalstadt, und wir kennen eine Menge Leute am Gericht. Also weiß ich auch schon immer im voraus, was kommen wird, dadurch, daß der Staatsanwalt oder sonst wer uns was erzählt. Dadurch bin ich natürlich leichtsinnig, weil ich weiß, viel kann einem nicht passieren. Es ist ja nicht gut, daß man so denkt, aber wenn man mal in der Klemme sitzt, ist es doch ganz gut."

Bei den Mitgliedern der kriminellen Gruppen treten zunächst die beabsichtigten Folgen auf: Typen zögerten beim Übertreten der Normen. Sie wurden vorsichtiger.

So lagen sie nicht mehr auf dem Parkrasen, obwohl sie es gern getan hätten: Belgische Soldaten, etwa sieben bis acht, kommen in den Park, gehen am Brunnen vorbei, gehen auf die Wiese, genau im Winkel der von den Typen besetzten Bänke, lassen sich dort auf dem Rasen nieder. Ein kleiner Soldat zieht mit einem Ruck das Schild "Betreten und Lagern auf der Wiese nicht gestattet" heraus und legt es mit der Schrift nach unten neben sich. Der ganze Vorgang wird von den Typen beifällig zur Kenntnis genommen.

Ein Dealer, dessen Kompagnon aufgefallen war, zog zuerst die Konsequenz: Er machte sich kleiner: Peter erzählt mir, daß er gegenwärtig nur noch seine Trips verkauft. Er will wenigstens den Rückschlag von Stuttgart wieder herausholen. Sie sind auswärtig bei einem unverdächtigen Kumpel versteckt. Mit ihm steht er in Verbindung. Er kommt jederzeit an die Sachen dran. Gegenwärtig hat er immer nur ein paar zum Verkaufen dabei, in einer extra Tasche. Nur die Trips. Im Auto liegt sie neben ihm. Er hat immer das Fenster auf. Im Notfall wirft er sie weg, wenn ihn mal eine Streife anhält oder so was Ähnliches. Im Appel legt er sie immer auf den Tisch. Dann kann er sagen, die gehört mir nicht. Er nimmt ab jetzt nur noch drei bis fünf Trips mit, innerhalb des Potts trägt er sie lose in der Hand. Er meint zu mir, er hätte ja am liebsten schon aufgehört, aber er säße im Moment so tief in der Scheiße, daß er es sich nicht leisten könne.

Bei den Rockern meinte Ferdy: "Man bekommt Schiß, beim nächsten Mal gäbe es mehr Ärger. Wir sind jetzt noch einmal mit dem blauen Auge davongekommen. Für mich ist das Risiko zu groß, für mich steht meine Ausbildung auf dem Spiel, wenn ich meine Lehre abbrechen müßte. Nach der ersten Gerichtsverhandlung machen die meisten nichts mehr: Schnuppi, ich. Wenn ich an Günters Stelle wäre, von der Bewährung einmal abgesehen, würde ich kleine Sachen, wie zum Beispiel Kloppen, weitermachen. Ihm können sie ja nichts wollen, bei ihm können sie ja nichts kaputtmachen." Als der Feldforscher dann mit Günter sprach, betonte der, daß er nichts mehr machen würde, weil er unter Bewährung stünde. Das Risiko, für eine Kleinigkeit in den Vollzug zu gehen, sei ihm zu groß.

Fritz antwortete auf die Frage "Warum hört man auf?" "Ich, weil ich mir ausgerechnet habe, daß ich vielleicht zweihundert Mark verdient habe und dafür zwei Wochen in den Bau gegangen bin - das lohnt sich nicht."

Ein anderer Rocker hat sich auch den Überzeichnungsprozeß im Zuge der Kriminalisierung vergegenwärtigt und seine Konsequenzen daraus gezogen: "Wenn ich so weiter gemacht hätte wie damals, wenn ich mich jetzt zum Beispiel wieder eingemischt hätte, dann säße ich schon längst da, wo Heinz jetzt sitzt. Wenn ein anderer sich mit einem schlägt, trifft ihn voll und der fällt mit dem Kopf irgendwo vor und stirbt, dann war das ein Unglücksfall - wenn ich das gemacht hätte, dann wäre das Vorsatz, dann würde ich abmarschieren." Der Rocker sah auch die Folgen und richtete sich danach - wie von den Instanzen sozialer Kontrolle beabsichtigt: "Guck doch mal an, wie das mit Heinz ist: Wenn der jetzt rauskommt, dann haut der am besten sofort ab. Wenn der in Beckhof bleibt, dann kennt ihn doch jedermann, da spricht doch jetzt keiner mehr mit ihm. Ich wäre da vielleicht noch, aber dann schmeißt mein Alter mich raus. Ich kann mir das auch nicht mehr erlauben. Wenn ich jetzt noch was riskieren würde, dann wäre ich blöd, das habe ich von meinen Kleinen gelernt. Wozu habe ich denn die ganze Zeit gelernt? Um mir das nachher kaputtmachen zu lassen? Dann hätte ich auch als Vierzehnjähriger als Hilfsarbeiter anfangen können, da hätte ich heute Geld, da könnte ich auch einen Wagen vor der Tür haben. Wenn Du aber erst einmal in der Rentenversicherung "Justizanstalt Vorstadt" stehen hast, dann kriegst Du nie mehr einen Job, dann war alles umsonst, ich muß jetzt einmal an mich denken."

Sperling meinte, im letzten Jahr sei er nicht da gewesen, da er im Mühlenhof gesessen habe. Der Feldforscher fragte, was der Mühlenhof sei. Sperling: "Der Mühlenhof ist eine Jugendstrafanstalt." Sperling erzählte, er sei dort zweiundzwanzig Monate gewesen. Man hatte ihn zu drei Jahren verurteilt, weil er zusammen mit anderen jemandem eine Geldbörse mit fünfzig Mark weggenommen hatte. Sperling: "Das wurde dann als Raub hingestellt. Kannst Dir ja vorstellen, wie das ist, hast vorher getrunken und dann kommt einer auf solche Idee und dann überlegst Du ja nicht weiter. Hinterher packst Du Dich an Deinen Kopf und fragst Dich, wie Du so etwas machen konntest." Sperling hat dann zweiundzwanzig Monate in Mühlenhof abgesessen, ist im April dieses Jahres entlassen worden und hat den Rest auf Bewährung erlassen bekommen. Er meinte, in Mühlenhof sei es wie beim Kommiß gewesen, nur noch schärfer. Morgens mit Morgenappell, dann hätten sie die Vorgesetzten immer grüßen müssen, und wenn ein Vorgesetzter in die Stube gekommen sei, hätten sie aufstehen müssen, stramme Haltung einnehmen und Meldung machen. Das Schlimmste sei dort gewesen, daß man dauernd unter Kontrolle gewesen sei. Hinterher hätte er dann einen ganz guten Posten gehabt, er wäre Hausmeister gewesen, da hätte er schon etwas mehr Freiheit gehabt. "Wenn Du das so eine lange Zeit mitgemacht hast, hast Du die Schnauze voll und willst nichts mehr mit den Bullen zu tun haben. Wenn ich dabei bin, passieren keine krummen Sachen, das garantiere ich Dir!"

Von den Einsackern erzählte einer: "Du, ich wage gar nicht mehr, schwarz zu fahren, die haben mich jetzt zu oft erwischt." Erwin war von dem "Spitzel- und Bullen-Horror" angeschlagen: "Mir wird das hier in Normalstadt allmählich zu heiß. Ich will doch morgen mal sehen, was sich bei Ernsts Firma da machen läßt. Unter fünf Mark ist aber nichts drin. Ich werde demnächst mit Toni eine Wohnung nehmen. Es wird Zeit. Ich werde wieder solide. Ich habe ein halbes Jahr keine Arbeit gehabt. Jetzt muß ich mir wieder was besorgen. Dann wird nur noch am Wochenende eingesackt. Dann gehe ich nach Hause und sag zu meinen Alten: Seht mal, das habe ich mir gekauft. Die sind dann ganz begeistert. Nächste Woche muß ich zum Jugendamt." "Warum?" "Ich bin in letzter Zeit zu oft aufgefallen. Aber vollabern laß ich mich da nicht. Ich werde ihnen sagen, daß ich 'ne feste Arbeit suche und so."

Wenn Mitglieder krimineller Gruppen noch mal "was machten" und dann gefaßt wurden, prüften sie genauer, ob sie abstreiten oder gestehen sollten. Matthias: "Ich hab bald wieder 'ne Verhandlung." "Weswegen?" "Ja, wir haben einen PKW geknackt und wegen zwei Zigarettenautomaten. Da sitzt nichts drin. Da mußte ich voll gestehen, weil der andere voll gestanden hatte."

Zu den unbeabsichtigten Folgen gehört zuerst, daß die Mitglieder krimineller Gruppen versuchen, sich auch zu wehren. Sie versuchen, sich der Kriminalisierung zu entziehen, auch wenn diese schon eingesetzt hat.

Bocki versuchte, die Polizisten auf eine falsche Spur zu lenken. Er erzählt, daß die Bullen ihn gefragt hätten, ob er die Plattenleute kenne. "Ich hab ihnen gesagt, die Platten hätte Ernst von einem Popfestival bekommen." Heinz: "Wir müssen aufpassen, deshalb ist auch mit Platten zur Zeit nichts drin."

Ein anderes Mal sagte Siegbert: "Billi soll bei der Polizei anrufen." "Weswegen?" "Der Hans hat ausgepackt wegen der Gitarre." Ich verstand nicht, worum es ging, aber meine Fragen blieben unbeantwortet. Siegbert: "Wir müssen Billi gleich noch sagen, was er denen sagen soll. Hoffentlich erzählt der am Telefon nicht Scheiße." Lars: "Das ist doch ganz einfach: Wir haben die beim Festival im Sauerland gekauft. Wer war alles mit?" "Der Hans kann nicht mit gewesen sein, der war ja zu der Zeit woanders." "Ratze war auch noch mit." Ratze: "Richtig, wir sagen, daß ich auch noch mit war. Mein Alter kann das bezeugen." "Wir haben die Gitarre von so einem Typ gekauft." "Wie sollen wir den beschreiben?" Siegbert: "Einssiebzig groß, lange schwarze Haare." Lars: "Einen Bart hatte er." Siegbert: "Wir dürfen natürlich nicht alle haargenau dasselbe erzählen." "Das ist klar, so ein bißchen umschreiben." "Für hundertfünfzig haben wir die gekauft. Jeder hat fünfzig gegeben." Billi klopfte. Ratze machte auf. "Was war los?" Billi: "Ich muß da hin." "Billi, paß auf. Du, Ratze und Siegbert haben die Gitarre auf dem Festival für hundertfünfzig Mark gekauft. Ihr habt zusammengeschmissen. Der Typ war einssiebzig groß, hatte lange schwarze Haare und einen Bart." Siegbert: "Laß Dich ja nicht einwickeln. Die alten Hasen versuchen das immer wieder auf die krumme Tour." Billi: "Wo seid Ihr nachher?" Guido: "Wir warten auf der Bank draußen." "Tschüßchen."

Bei anderen verfestigt sich die Ablehnung der Instanzen sozialer Kontrolle.

Einige der Rocker haßten die Polizei regelrecht: Dieter kommt dann auf seinen Haß gegen die Polizei zu sprechen: "Wenn ich mal 'ne Handgranate kriegte, auch wenn ich nüchtern wäre, die würde ich sofort in die Robertswache werfen, weil ich so verhaßt auf die Polizei bin, vor allem auf die Normalstädter. Wenn einer an der Wallstraße ohne Licht fährt, dann muß er gleich zwanzig Mark zahlen. Einmal haben wir meinen Geburtstag drei Tage lang durchgefeiert, Ferdi von den Vogelfreien hatte auch Geburtstag und noch einige Kästen Bier geworfen, und dann haben wir unten auf der Wiese an der Wallstraße gefeiert. Das war ein Terror, da kamen die Bullen auch. Daß wir denen die Luft herausgelassen hatten, haben die erst gemerkt, als sie wieder auf die Straße fuhren, so blöd sind die. Einmal habe ich auch ein Blaulicht abmontiert und für fünf Mark verscheuert."

Auch bei den Einsackern gab es scharfe Ablehnungen der Mitglieder der Instanzen sozialer Kontrolle. Toni: "Meier will sich dafür einsetzen, daß das Verfahren wegen der Würstchen eingestellt wird." "Bei mir will das Müller versuchen. Das wäre ja auch Quatsch, wegen zwei Mark fünfundneunzig eine Verhandlung zu machen. Die würden sich wirklich lächerlich machen." "Ich meine, das wäre doch auch unwirtschaftlich, für zweifünfundneunzig eine Verhandlung zu machen", sagte ich. "Ja, das ganze Schreibmaterial." "Und dann noch der Stundenlohn des Richters." Erwin: "So ein Richter bekommt doch seine dreitausend." Sie unterhielten sich dann über einen Richter, der in Normalstadt bei den Jugendlichen der bestgehaßte Mann sei. Erwin: "Der fällt die letzten Urteile. Ehrlich, wie im Mittelalter. Wenn der erst bald abhaut, dann atmen alle auf."

Weitere ernsthafte Folgen der Kriminalisierung, die kaum beabsichtigt sein dürften, sind der Verlust des Arbeitsplatzes oder eine kriminelle Folgehandlung.

So wurde Toni aus der Arbeitsstelle gefeuert, weil er drei Mal bei der Polizei zur Vernehmung vorgeladen war. Fuchs verlor seine Stelle wegen einer Gerichtsverhandlung, wo er zu sechshundert Mark Geldstrafe verurteilt worden war wegen Erregung öffentlichen Ärgernisses. Ein anderer Rocker bekam eine aussichtsreiche Stelle nicht: Der Chef habe ihm gesagt, er habe es sich noch einmal genau überlegt, er habe doch keine Stelle mehr frei. "Aber ich denke mir, er hat Erkundigungen eingezogen. Das ist in Adorf ja nicht schwer, und als der von meinem Vorleben gehört hat, hat er sofort nein gesagt." Über eine Handlung von Folgekriminalität berichtete Reinold , der Rocker: Durch das Gericht sei er praktisch schon einmal gezwungen worden, einen Einbruch zu machen. Er mußte entweder sechshundert Mark zahlen oder drei Tage in den Bau. Da sei er in ein Bauernhaus eingestiegen, habe dort das Geld herausgeholt und damit dann bezahlt.

Besonders nachhaltige Wirkungen versprechen sich die Instanzen sozialer Kontrolle von einem Freiheitsentzug, der als freiwillige Erziehungshilfe "gewährt", als Fürsorgeerziehung angeordnet oder als Arrest oder Jugendstrafe verhängt wird. Prüfen wir einmal, wie viele der Mitglieder normaler und krimineller Gruppen in die Fürsorgeerziehung kamen. Wir finden bei denjenigen, denen wir diese Frage stellen konnten, folgende Verteilung:

Tabelle 89: Aufenthalt in der Fürsorgeerziehung von Mitgliedern krimineller und normaler Gruppen

Gruppe	Fürsorgeerziehung		Summe
	Kein FE-Aufenth.	FE-Aufenthalt	
Normale	29 (1,o)	o (o,oo)	29
Kriminelle	49 (o,83)	1o (o,17)	59
Typen	11	3	14
Rocker	3o	7	37
Einsacker	8	o	8
Summe	78	1o	88

Tau N/K = o,o6; Tau N/R = o,o9

Ein Typ, der dreizehn Jahre im Heim, darunter sehr lange in der Fürsorgeerziehung, verbrachte, meinte, "im Heim, da wissen die nicht, was die alles kaputtmachen. Für die sind wir doch der letzte Dreck. Dann kann nie was Gutes daraus werden. Die machen einen kaputt, ohne daß sie das selber merken. Nur schon der Tagesablauf. Sechs Uhr wecken im Sommer. Aufstehen. Anziehen. Frühsport. Bettenbauen. Bude sauber machen. Essen. Andacht. Aufstellen. Abzählen. Arbeiten. Viertelstunde Zigarettenpause. Mittagessen. Halbe Stunde Pause. Arbeiten. Feierabend fünf Uhr. Schuhe putzen. Aufstellen der Schuhe. Inne Stube. Abendessen. Tagesschau und wenn wir mal Glück hatten, dann gab es noch Emma Peel. Ins Bett. Da wirste nur gestoßen und geschubst."

Matthias, der Rocker, berichtete, was er im Heim erlebte: Er sei dann nach Stadthausen gebracht worden. Als man ihm dort seine Zelle zugewiesen habe, als er die Gitter vor dem Fenster gesehen habe, da sei er ganz schön demoralisiert gewesen. Er habe aber kaum gesessen, da sei jemand gekommen und habe ihn zum Arbeiten abgeholt. Er habe jedoch erst etwas zu essen haben wollen, habe das jedoch nicht bekommen. "Um vier Uhr gibt es Kaffee." Er sei dann mitgegangen in den Arbeitssaal, habe sich aber dort hingesetzt, ohne zu arbeiten. Einer der Jungen habe ihn angesprochen: "Willst Du nichts tun?" "Nee, ich will erst was zu essen haben." "Paß auf, wenn der Erzieher kommt und der scheuert Dir einen, dann hau sofort zurück. Sonst hast Du bei dem verschissen." Kurz darauf wäre der auch gekommen und habe ihn gefragt, ob er nicht arbeiten wolle. "Ohne Essen arbeite ich nicht", und schon habe er eine Ohrfeige gehabt. Er sei dann aufgestanden und habe gesagt: " Noch einmal machst Du das nicht!" Der Erzieher habe dann ein zweites Mal geschlagen. Sofort habe er daraufhin zurückgeschlagen, und da habe auch schon jemand gerufen: "Lauf", und er sei sofort gelaufen, in das Büro des Hausvaters, der Erzieher hinter ihm her. Dem Hausvater habe er den Fall dargelegt, daß er morgens zuletzt eine "Knifte" "sich reingetan" habe, und daß er nicht eher arbeiten werde, als er etwas zu essen bekommen habe. "Und wenn die mir vierzehn Tage nichts zu essen gegeben hätten - ich hätte keinen Schlag getan." - Der Hausvater sei dann mit ihm in die Küche gegangen und er habe etwas bekommen.

Seine Arbeit in dem Heim bestand darin, die Metalleinlage in Ringbücher zu spannen, so daß sie auf- und zuschnappen. Der Lohn dafür betrug zwanzig Mark im Monat. Dies war die geschlossene Station, in die kamen die Neuen hinein, "weil man bei denen davon ausging, daß die alle türmen wollen." Das einzige, was er in der Fürsorgeerziehung gelernt habe, sei das Prügeln. Zuerst habe er sich immer in eine Ecke verzogen, wenn das los ging, weil die ohne Rücksicht auf Verluste drauflos geschlagen haben, mit Tonaschenbechern und so weiter. Ich fragte ihn, wie es zu diesen Schlägereien gekommen sei. Das erste Mal, als Matthias sich dort prügelte, da war da ein Bulle, eingebildet auf seine Kraft, aber dumm. Der hatte immer große Schnauze und wollte alle kommandieren: "Zuerst habe ich immer nur gekontert und ebenfalls eine große Schnauze gehabt. Dann wollte er sich schon einmal, als wir wieder in die Haare uns gerieten, mit mir schlagen, aber ich wollte nicht, weil die Erzieher dabei waren. Einmal saßen wir in der Küche und schälten Kartoffeln, vor mir stand ein Eimer Wasser. Da warf er eine Kartoffel so feste in das Wasser, daß das hochspritzte. Ich warf ihm die Kartoffel dann an den Kopf, und er sprang auf und wollte mir was. Als ich dann das Messer nahm und zu ihm sagte: "Wenn Du näher kommst, kriegst Du das Messer in den Kopf", ging er wieder zurück. Eines Tages, auf Station, war es dann so weit: Er hatte wieder große Schnauze, da zog ich meinen Schuh aus und haute ihm einen in die Fresse. Das muß mächtig gebrannt haben, denn er hob sofort die Hände vors Gesicht. Das war sein Fehler, ich faßte ihn in die Haare, zog den Kopf herunter und riß die Knie hoch; dann streckte ich das Bein aus: Dabei kann man ganz sicher sein, daß man den Unterleib oder die Eier trifft. Er ging zurück bis an die Wand, ich setzte nach und schlug ihn in die Magengrube. Dabei landete er - er schlug ganz blind in die Gegend - zwei Glückstreffer gegen meinen Kopf, so daß ich bis an den Sessel zurückging. Er hatte sich inzwischen erholt und kam hinterher. Ich habe dann die Sessellehne genommen, die konnte man abnehmen, und habe sie ihm über den Kopf gehauen, so daß er zu Boden ging." Die ganze Schlägerei hat ihnen zwanzig "Miese" eingebracht, das heißt einen Gegenwert von einer Mark.

Willi, ein anderer Rocker, meinte: "Ich hab mich dadurch nicht geändert, ich bin schlimmer geworden. Es hat mir da gefallen. Da habe ich was gelernt, wie man Autos knackt und Brüche macht."

Shorty, von den Einsackern, erzählte: "Weißt Du, mein Leben ist verfahren. Ich kann da nicht wieder raus. Das beste wäre Südamerika. Wenn ich mich hier wieder anmelde, komme ich wieder in den Knast. Ich habe mich nicht angemeldet. Ich hatte ein Jahr auf Bewährung, weißt Du. Dann geht alles wieder von vorn los. Alles Scheiße. Wenn man einmal in der Mühle drin ist, kommt man nicht wieder heraus. Früher habe ich unheimlich Klasse gelebt. Ich war in einem Heim. Ich war Regensburger Sängerknabe und so. Damals habe ich auch noch jeden Abend ein Vaterunser gebetet und so. Also, ich habe einmalig gelebt. Aber mit vierzehn kam ich zu einem Dachdecker in die Lehre. Man hat mich gar nicht gefragt, man hat mich da einfach zugewiesen. Ich hab bei denen auch gewohnt. Aber die Leute hatten Vorurteile. Die dachten, der kommt aus einem Heim, da müssen wir aufpassen. Einfach, weil ich aus einem Heim war. Sie haben alles abgeschlossen. Und da hab ich mir gedacht, jetzt erst recht. Weißt Du, wenn man vierzehn ist, dann ist man sowieso neugierig, wenn etwas abgeschlossen ist. Als ich achtzehn war, hatte ich eine Freundin. Ich war in einer Rockerbande. Um Punkt zehn Uhr mußte ich immer zu Hause sein. Einmal, da bin ich kurz nach zehn gekommen. Da stand der Meister in der Tür und hat mir eine gelangt. Da konnte ich mich nicht mehr beherrschen und habe zurückgelangt. Dann bin ich nach oben gegangen und wollte meine Sachen holen. Das Zimmer war abgeschlossen. Ich hab es aufgemacht und hab meine Sachen herausgeholt. Bin abgehauen. Nachher haben sie mich verknackt, nur weil ich meine Sachen herausgeholt habe. Der Staatsanwalt hat mir gesagt, daß ich noch Glück gehabt habe, daß ich nicht wegen räuberischen Diebstahls angeklagt worden bin. So geht das denn. Ich bin, weißt Du, richtig zum Kriminellen gemacht worden. Wenn ich das dem Richter erzählen würde, so ohne Unterstützung und so, der würde sagen, ich hätte ja einen Vormund. Der hat mir nur fünf Mark gegeben. Überleg Dir das mal. Fünf Mark. Das ist ein Abend in einer Diskothek. Da habe ich mir eben was besorgt. Das ist so ein richtiger Teufelskreis. Aber ein Richter hat mal zu mir gesagt, meine Kriminalität sei angeboren."

Prüft man nun weiter, ob gegen die Verurteilten Freiheitsstrafen verhängt wurden, findet man:

Tabelle 9o: Verurteilungen zu Freiheitsentzug von Mitgliedern krimineller und normaler Gruppen

Verurteilte aus der Gruppe...	Verurteilung zu Freiheitsentzug			Summe
	kein Freiheitsentzug	Arrest	Jugendstrafe o. Gefängnis	
Normale	4	1	1	6
Kriminelle	18	11	5	34
Typen	1o	o	1	11
Rocker	7	11	4	22
Einsacker	1	o	o	1
Summe	22	12	6	4o

Freiheitsstrafen dürften besonders nachhaltige Folgen haben. Wir haben zum Beleg unserer Hypothese, daß bestimmte soziale Lagen zu einem bestimmten, kriminellen Verhalten drängen, im Teil 4 schon Beispiele für die naheliegenden Folgen des Aufenthaltes in Jugendstrafanstalten und Gefängnissen geliefert. Wir wollen hier nur noch eine Äußerung anfügen:

Shorty, der Einsacker, berichtete: "Ja, da bin ich mit siebenundzwanzig Mark in der Tasche entlassen worden. Abends bin ich spät in Normalstadt angekommen. Eine Nacht habe ich im Hotel das billigste Zimmer genommen. Da waren auch schon wieder fünfzehn Piepen weg. Und ja, als das Geld weg war, was sollte ich denn machen. Da hab ich mir was organisiert. Weißt Du, wenn Du aus dem Knast kommst, dann mußt Du Dich überall wieder anmelden und so weiter. Wirst von einer Behörde zur anderen geschickt. Das dauert meist eine Woche. Was will man dann machen?"

7.3 Diskussion der Ergebnisse der Datenanalyse

Leider ist es uns nicht möglich gewesen, Thesen zum Zusammenhang von Gesellschaft und Recht, von Sozialstruktur und Kriminalisierungen zu verfolgen. Hier scheint uns eines der größten Defizite in der Kriminalsoziologie in der BRD zu bestehen. Es fehlen Untersuchungen, die diesen Zusammenhang, insbesondere für die drei von uns untersuchten Delikte, belegen. Es kann ja zunächst darauf verwiesen werden, daß Diebstähle, Aggressionsdelikte und Drogenmißbrauch nicht nur in der BRD oder vergleichbaren Gesellschaften als Straftatbestände definiert werden. Das legt die Empfehlung nahe, vergleichende Untersuchungen zu dieser Frage nicht nur an Hand des Materials über Gesellschaften zu führen, die durch große Unterschiede des Besitzes und der Macht gekennzeichnet sind. Auf der anderen Seite sollte aber nicht übersehen werden, daß gerade in derartigen Gesellschaften die Verfolgung dieser Delikte besonders intensiv betrieben wird, was wiederum für einen Zusammenhang der genannten Strukturmerkmale mit diesen Kriminalisierungsprozessen spricht. So wäre es sinnvoll, für einzelne der Delikte den Prozeß der Genese der entsprechenden Strafrechtsnormen zu verfolgen. Das ist für Eigentumsdelikte und Aggressionsdelikte sicherlich nicht ohne weiteres zu realisieren. Für den Drogenmißbrauch bestehen dabei aber entschieden weniger Schwierigkeiten. So liegen aus den Vereinigten Staaten Untersuchungen zur Entstehung der entsprechenden Gesetzgebung und der Strafverfolgung vor. Wir erinnern nur an die Arbeiten von Howard S. Becker. Derartige Untersuchungen scheinen uns für die Kriminalsoziologie der BRD dringend geboten zu sein.

Wir konnten auch nicht die Verfolgungsintensität der einzelnen Delikte aufklären, also Aussagen in Anlehnung an die allgemeine These 11 darüber machen, welche Mittel zur Sanktionierung einzelner Verhaltensmuster eingesetzt werden, wie Umverteilungen erfolgen und wie die dabei erzielten Effekte beurteilt werden. Hier liegt es nahe, nach einem Zusammenhang der Ausstattung einzelner Instanzen mit personellen und finanziellen Ressourcen und spezifischen Merkmalen der Sozialstruktur zu forschen und zu prüfen, welche Prozesse zu der bestehenden Struktur der Instanzen sozialer Kontrolle in der BRD führen.

Die Daten zur Verteilung des Auftretens der Instanzen sozialer Kontrolle stehen im Widerspruch zu unseren Hypothesen 45 und 46, insofern wir bei ihrer Entwicklung die Bedeutung der Öffentlichkeit zu hoch einschätzten. Es wäre besser gewesen, sich bei der Präzisierung enger an die allgemeinen Thesen 1o und 11 zu halten und aus dem Verhältnis der einzelnen Delikte zur Besitz- und Machtstruktur die Verfolgung durch die Instanzen sozialer Kontrolle abzuleiten. Wir hätten dann in den Datenverteilungen erste Bestätigungen dieser Thesen gefunden.

Dafür haben wir andere, oft vernachlässigte Thesen zu überprüfen versucht. So wird die von der These 6 und 1o gewonnene Hypothese von der Definitionsdifferenz der Mitglieder der kriminellen Gruppen und der Instanzen sozialer Kontrolle selten vertreten. Wir haben immer wieder darauf hingewiesen, daß die Vertreter des Definitionsansatzes in der BRD eine solche Differenz nicht sehen bzw. sie für irrelevant erklären. Wir hoffen, hier erste stichhaltige Belege für eine Position geliefert zu haben, die von den unterschiedlichen Situationsdefinitionen ausgeht.

Auch die von den allgemeinen Thesen 12 und 13 abgeleiteten Hypothesen zur Überzeichnung und Verkürzung sind bisher nicht verfolgt worden. Überhaupt sind, sieht man einmal von dem Prozeß der Selektion ab, die Strukturmerkmale von Kriminalisierungen, von Definitionsprozessen im Gegensatz zu den Merkmalen der Kriminalisierten wenig thematisiert worden. Wir hoffen, erste Anregungen für diese Richtung der Analyse des Kriminalisierungsprozesses gegeben zu haben.

Unsere Analyse zum Kriminalisierungsprozeß in Anlehnung an die Thesen 13 und 15 ging von einer Überlegung aus, die in anderen Untersuchungen der Sozialarbeit, der Polizei und Strafjustiz nicht vorausgesetzt wird. So haben wir die These von der Kriminalisierung der Unterschicht, wie sie von Dorothee Peters, Johannes Feest, Manfred Brusten und Karl F. Schumann empirisch belegt worden ist, in den Hypothesen nicht wieder aufgegriffen: Diese These zu überprüfen wäre wegen der Anlage der Auswahl für uns nicht möglich gewesen. Da wir im wesentlichen Mitglieder krimineller Gruppen beobachteten und auch befragten und sie nur mit wenigen Mitgliedern einer normalen Gruppe verglichen, fehlen uns die erforderlichen Daten, um diese These zu überprüfen. Um hier weiter zu kommen, müßte man in eine Untersuchung größere Gruppen von Nichtkriminalisierten aus den verschiedenen sozialen Lagen der BRD einbeziehen. Stattdessen haben wir die These zur Selektion und zur Generalisierung auf Personen angewandt, die in der Vergangenheit kriminelles Handeln zeigten. Leider läßt die kleine Fallzahl keine weiterreichenden Schlüsse zu, so daß nur die Anregung bleibt, diese Prozesse auch in Verbindung mit anderen Merkmalen von Personen bzw. von Verhaltensweisen zu suchen.

8 ZUM ERTRAG EINER HANDLUNGSTHEORETISCHEN ANALYSE KRIMINELLER KARRIEREN

Überblicken wir die allgemeinen Thesen, die daraus abgeleiteten Hypothesen und die Ergebnisse der Datenanalyse im ganzen, kommen wir zu folgenden Ergebnissen: Eine größere Zahl von Hypothesen konnten wir nicht prüfen, da die Materialbasis nicht ausreichend war. Entweder konnten geeignete Daten nicht erhoben werden, oder die Menge der erhobenen Daten reichte zu einer Hypothesenprüfung nicht aus. Die gewonnenen ersten Anhaltspunkte wollen wir zu einer vorerst abschließenden Beurteilung von Thesen und Hypothesen nicht heranziehen. Hier sind Forschungen auf einer breiteren Basis noch abzuwarten.

Greifen wir einmal die Hypothesentests heraus, bei denen eine ausreichende Materialbasis vorlag und eine hinreichende Bestätigung, Widerlegung oder auch nur eine Verteilung der Daten im Sinne der Hypothese, jedoch ohne genügend große Differenz oder Übereinstimmung erreicht wurde: Mitglieder krimineller Gruppen kommen bedeutend häufiger als Angehörige von fiktiven normalen Vergleichsgruppen aus benachteiligten sozialen Lagen: Sie sind häufiger besitzlos und machtunterworfen. Rocker haben häufiger Väter in abhängigen ökonomischen Positionen, deren Ausbildung nicht qualifiziert und deren Einkommen gering ist. Typen und Rocker kommen häufiger aus unvollständigen Familien. Mitglieder krimineller Gruppen wachsen oft nicht bei ihren Eltern auf. Sie verstehen sich häufig nicht mit ihrem Vater. Sie leben oft nicht mehr bei ihren Eltern. Rocker bekommen auch häufiger als sonst in der BRD üblich Schläge von ihrer Mutter. Jedoch sind die Verteilungsunterschiede bei den letzten beiden Merkmalen nicht groß genug. Rocker haben selbst keine qualifizierte Schulausbildung und keinen qualifizierten Beruf. Mitglieder krimineller Gruppen haben häufiger Schwierigkeiten beim Übergang zum Beruf. Sie haben oft keine qualifizierte Berufsausbildung aufgenommen, oder sie haben eine aufgenommene Ausbildung abgebrochen. Sie arbeiten zu einem großen Teil nicht mehr. Entgegen unserer Hypothese verstehen sich Kriminelle mit ihrer Mutter ebenso gut wie Mitglieder fiktiver normaler Vergleichsgruppen. Sie bekommen auch nicht häufiger Schläge von ihrem Vater.

So gibt es einzelne Abweichungen von unserer allgemeinen Einschätzung. Sie betreffen einzelne Merkmale, nicht abgesicherte Ableitungen. Aber auch in den mit den Hypothesen übereinstimmenden Verteilungen kann man nur erste Bestätigungen der Tendenz der Thesen 1 bis 3 sehen. Denn es kann kein Zweifel daran bestehen, daß diese Thesen weitreichender und allgemeiner formuliert wurden und daß nur ein kleiner Teil ihres Gehaltes in Hypothesen überführt und geprüft wurde. So gesehen handelt es sich hier noch nicht um Bestätigungen dieser Thesen selbst, sondern um Hinweise für ein Zutreffen des Kerns ihrer Aussagen, daß nämlich benachteiligte Jugendliche eher an kriminellen Handlungen teilnehmen als andere Jugendliche. Die Prüfung der Thesen in ihrer allgemeinen Form würde noch bedeutend umfangreichere Erhebungen erforderlich machen, wie wir sie im zweiten Teil auch andeuteten.

Benachteiligungen werden von Jugendlichen in kriminelles Verhalten verarbeitet. In diesem Prozeß entwickeln sie Gruppen. So treten Eigentums- und Aggressionsdelikte als Angriffe auf die bestehende Besitz- und Machtverteilung bei Rockern, Typen und Einsackern auf. Diese Verhaltensweisen werden zum weitaus größten Teil mit anderen aufgebaut und durchgeführt. Die Beteiligten stimulieren sich wechselseitig, und ihre Interaktionen laufen über mehrere Interaktionsakte. Daraus entwickeln an kriminellen Handlungen Beteiligte dauerhafte Interaktionsstrukturen in ihrer Freizeit. Bei den Rockern treten viele Konflikte auf. Die Interaktionen der Mitglieder der sich entwickelnden kriminellen Gruppen unterscheiden sich in der Intensität und der Häufigkeit der Kontakte von denen normaler Jugendlicher. Rocker und Typen sind anders als Einsacker relativ offen. Die beiden zuletzt genannten Verteilungsunterschiede sind jedoch nicht hinreichend groß. Entgegen unseren Hypothesen finden wir bei den Einsackern mehr Konflikte als bei den Typen und eine stärkere Hierarchie als bei den Rockern. Im ganzen zeigen Typen und Rocker keinen besonders hohen Organisationsgrad, anders als die Einsacker, die eine relativ gute Organisation aufgebaut haben.

Auch für den Verhaltensteil wird man zugeben müssen, daß nicht alle Aussagen der Thesen 4, 5 und 8 in Hypothesen überführt und daß auch nicht alle Hypothesen auf ausreichender Materialbasis geprüft wurden. Bei den besser abgesicherten Prüfungen ergaben sich einige Abweichungen von unserer theoretisch begründeten Einschätzung der Diebesgruppe. Sie sind aber nicht so gravierend, daß sie unsere allgemeinen Thesen widerlegen, sondern sie machen auf Fehler in den Ableitungen der Hypothesen aufmerksam. Generell wird man sagen können, daß hier sehr viele Anhaltspunkte für die Verarbeitungsthese gefunden wurden, daß diese aber noch der Verfeinerung und der Präzisierung bei den Ableitungen bedarf.

Das kriminelle Verhalten wird von den Mitgliedern krimineller Gruppen in Situationsdefinitionen erfaßt, die sich von denen normaler Bürger wohl unterscheiden. So gibt es Unterschiede in der Beachtung, die Situationen in Situationsdefinitionen finden. Über ihre Aktivitäten äußern sich Kriminelle wie Normale jedoch gleich häufig. Dabei ist die Übereinstimmung von Verhaltens- und Definitionsstruktur groß. Die kriminellen Gruppen setzen sich jedoch in ihren Situationsdefinitionen – anders als die normale Gruppe – oft mit äußeren Gegnern auseinander. Die kriminellen Gruppen äußern sich auch häufiger zum Gruppenselbstbild, zu Begründungen ihres Handelns, internen Rivalitäten und zum Ausbildungs- und Arbeitsprozeß. Sie widmen anderen gesellschaftlichen Institutionen wie ihrer Herkunftsfamilie und heterosexuellen Beziehungen weniger Interessen als die normale Gruppe. Aber diese Verteilungsunterschiede sind nicht groß genug.

Dieser Stand der Hypothesenprüfung ist nur für die Thematisierung des Verhaltens in Situationsdefinitionen akzeptabel. Hier finden wir die Unterschiede, die es rechtfertigen, von einer Perspektivendifferenz im Sinne der allgemeinen Thesen 6 und 8 zu sprechen. Das ist zwar die zentrale Aussage dieser Thesen, aber alle anderen Bezugspunkte von Situationsdefinitionen werden nicht in dem von uns unterstellten Ausmaß erfaßt. So bedarf diese These hinsichtlich des Bezuges auf Selbstbilder, Begründungen, interne Gruppenstrukturen und gesellschaftliche Institutionen noch weiterer Differenzierungen.

Die Mitgliedschaft in kriminellen Gruppen führt zur Ausbildung einer kriminellen Teilidentität. Mitglieder krimineller Gruppen bezeichnen sich selbst häufiger als Mitglieder einer normalen Gruppe als "Kriminelle". Sie wählen eher den Bezug auf die Gruppe zu ihrer eigenen Kennzeichnung. Die Rocker unter ihnen verwenden häufiger fremdsprachliche kriminelle Selbstbezeichnungen als Typen.

Diese Ergebnisse sind mit denen zu den Situationsdefinitionen vergleichbar. Die zentrale Aussage der Thesen 7 und 17 konnte bestätigt werden, mehrere der einzelnen Folgerungen in der Form von Hypothesen jedoch nicht. Die widerlegten Hypothesen beziehen sich nicht so sehr auf das Wesentliche der Idee von der Verteilung und Verinnerlichung der Ergebnisse kriminellen Handelns, so daß wir im Gesamt der Befunde eine tendenzielle Bestätigung der These 6 sehen.

Daß im Prozeß der Kriminalisierung gemäß den allgemeinen Thesen 9 bis 15 die Perspektivendifferenz, Verzerrungen, Überzeichnungen, unzulässige Generalisierungen und als ungerecht definierte Verurteilungen auftreten, konnten wir aufgrund der Anlage des Forschungsobjektes nicht an einer ausreichend großen Materialbasis belegen. Hier wie bei anderen noch nicht geprüften Hypothesen ist die weitere Forschung noch abzuwarten.

Diese Einschätzung unserer Ergebnisse zur Prüfung einer Reihe von Hypothesen zu den Thesen 1 bis 8 rechtfertigt zunächst die Blickrichtung auf die Lebensbedingungen, Verhaltensstrukturen, Situationsdefinitionen und Identitäten der an kriminellen Handlungen Beteiligten. Gäbe es diese Strukturen nicht, hätte unsere Analyse ins Leere gehen müssen. Zudem dokumentieren die Ergebnisse die Notwendigkeit eines handlungstheoretischen Ansatzes zur Analyse der Kriminalität, da dieser Ansatz erst den Zusammenhang von Sozialstruktur und sozialem Handeln in kriminellen Karrieren greifbar macht.

Sicherlich wären die Thesen noch weiter auszuführen und wohl auch zu erweitern. Die Ableitung von Hypothesen wäre in vielen Fällen zu verbessern und abzusichern. Die Materialbasis müßte verfeinert werden. So bleiben viele Fragen noch offen und eine Reihe der Antworten vorläufig, einige auch unbefriedigend. Das ist aber nichts, was nur für handlungstheoretische Analysen gelten würde.

ANMERKUNGEN

o Zur Zitierweise möchten wir folgende Hinweise geben:

a) Bei der Angabe des Erscheinungsjahres verwenden wir in der Regel das Jahr der Auflage, aus der das jeweilige Zitat entnommen wurde und damit die Fundstelle für den Leser. Aus dem Literaturverzeichnis ist in der Regel zu ersehen, wann die einzelnen Arbeiten in ihrer ersten Auflage erschienen sind.

b) Die Zusätze in den Klammern in den Zitaten sind im Original nicht enthalten. Es handelt sich um Zusätze von uns. Soweit in den Originalen Klammern verwandt wurden, wurden diese, soweit ihr Inhalt übernommen wurde, durch Kommata ersetzt.

c) Übersetzungen englischschreibender Autoren wurden vom Verfasser vorgenommen, soweit nicht aus der Quellenangabe Bezugnahme auf eine schon vorliegende Übersetzung zu erkennen ist.

1 Daß dieses Schichtkonzept im Interaktionismus verbreitet ist, läßt sich bei Albert K.Cohen nachweisen: "Unter den wichtigsten... Kriterien des sozialen Status... finden wir die Herkunft oder den sozialen Status der Vorfahren der Familie, die Dauer der Ansässigkeit der Familie in der Gemeinde, Reichtum oder Besitz, ethnische Abstammung, Lebensstil, Tätigkeit für das Allgemeinwohl und Berufsposition des Mannes. Nicht jedes Kriterium hat in allen Orten und Gegenden die gleiche Bedeutsamkeit, wenn auch die Sozialwissenschaftler darin übereinstimmen, daß im großen und ganzen in der amerikanischen Gesellschaft der beruflichen Position des Mannes größeres Gewicht beigemessen wird als irgendeinem anderen Kriterium" (1961, S.58). Von der beruflichen Position ergeben sich die Handlungsmöglichkeiten der Familie, ihr Aufstieg, ihre Macht, ihr Eigentum, ihre Beziehungen, "ihre Mittel und Wege zu Tätigkeiten und Beziehungen..., die selbst wiederum Status verleihen" (S.84).

2 Neuere interaktionstheoretische Kriminalitätsanalysen vernachlässigen zunehmend die sozialstrukturelle Komponente und liefern dann Kriminalitätstheorien, die sich - was dieses Moment angeht - mit dem Definitionsansatz in der BRD vergleichen lassen. Einen guten Eindruck von den Schwierigkeiten einer rein interaktionistischen Kriminalitätstheorie vermittelt die Arbeit von H.Taylor Buckner (1971). Gesellschaft ist für Buckner durch die Vielfalt der "Spiele" einzelner Gruppen konstituiert. Man erfaßt sie in einer "Ökologie". Buckner sieht zwar, daß die Gruppen in unterschiedlichem Maße über Macht verfügen - er entwickelt daraus aber keinen Zusammenhang, sondern läßt die Frage offen, wie

weit die Macht der mächtigen Gruppen reicht. Schon diese Auslassung verhindert eine soziologische Kriminalitätserklärung. Zudem bleibt auch ungeklärt, worauf die Macht der Gruppen sich gründet. Seine Vorstellung von der Sozialstruktur der von ihm untersuchten USA belegt er mit Aussagen aus Durkheims, Mertons und Clowards Sozialstrukturanalysen. Damit gewinnt er zwar ein Konzept des strukturellen Hintergrundes der Kriminalität. Dieses bleibt aber wesentlich blasser als bei den herangezogenen Begründungen der Kriminalsoziologen, die in vielen Hinsichten Bezüge zu den konkreten Strukturmerkmalen behalten, die aber Buckners Auswahl zum Opfer fallen. Vor diesem Hintergrund entwickelt Buckner eine Theorie der Kriminalität, die ansetzt mit der Kategorie der "bad habits" (schlechten Sitten). Diese Theorie und die auf ihrer Grundlage gelieferten Analysen enthalten sehr viel anregende Ideen, durch den fehlenden Bezug zur Sozialstruktur der untersuchten Gesellschaft sind sie aber erst in einer Theorie zu rekonstruieren, die auf die Sozialstruktur ausdrücklich abstellt. Buckner sind diese Mängel freilich nur begrenzt anzulasten. Er begreift seine Kriminalitätstheorie ausdrücklich als Anwendung der Konstruktionstheorie von Peter Berger und Thomas Luckmann auf das Problem der Kriminalität. Eben die Unzulänglichkeiten der Theorie von Berger und Luckmann sind es, die bei Buckner wiederzufinden sind.

3 So geht Dorothee Peters davon aus, es sei ein bestimmtes Arbeitsverhalten, das kriminalisiert werde, indem Handlungen desjenigen, der unregelmäßig arbeite, als Diebstahl definiert werden. Dagegen ist einzuwenden, daß das Arbeitsverhalten ein Teil des Verhaltens ist, das zwar zusammen mit den Akten, die "Diebstahl" usw. genannt werden, auftritt, aber es ist sekundär für den Prozeß der Kriminalisierung. Primär ist das Verhalten des Wegnehmens, das später vielleicht zum Verzicht auf Arbeit führt.

4 Nun ist gegen diese Position eingewandt worden, daß es zwar bestimmte und möglicherweise in benachteiligten sozialen Lagen überproportional häufig vorkommende Verhaltensweisen sind, die kriminalisiert werden, dennoch sei dieses Verhalten mitsamt den zugehörigen Situationsdefinitionen uninteressant, zumindest für eine Kriminalsoziologie. Sie sei auf Kriminalität gerichtet, und das seien eben Definitionsprozesse. Das Verhalten, das als kriminell definiert werde, sei ebenso interessant wie das Krabbensalatessen einer Person, und bekanntlich wäre noch niemand auf die Idee gekommen, eine Soziologie des Krabbensalatessens zu verfassen (Diskussionsbeitrag von Helge Peters auf einer Kriminologentagung 1973). Dazu ist zu sagen, daß das Verhalten, das kriminalisiert wird, sich gerade durch den Tatbestand der Kriminalisierung vom Krabbensalatessen unterscheidet. Schon dieser Unterschied macht die Analyse des kriminalisierten Verhaltens kriminalsoziologisch sinnvoll,

eine Analyse des Krabbensalatessens dagegen nicht.

5 Werkentin, Hofferbert und Baurmann rügen "Begriffsverwendungen wie Klassenjustiz und Klassengesellschaft... als modisches Beiwerk denn als inhaltlich bestimmte Kategorien" (S.223). Damit ist von ihnen zuerst Fritz Sack gemeint, der zur selben Zeit "die inflatorische und damit deformierte Verwendung des Begriffs "Klasse"" beklagt: "Bei vielen Autoren...ist das Präfix "Klasse" ohne theoretischen und empirischen Verlust durch das andere der "Schicht" zu ersetzen. Die Beliebigkeit der Verwendung bzw. die Austauschbarkeit beider Begriffe kann geradezu zum Indikator dafür genommen werden, ob es sich bei einer Arbeit oder Untersuchung, die klassenanalytischen Anspruch erhebt, in der Tat um eine Einlösung dieses Anspruchs oder nur um die Ausbeutung eines Geldstücks aus einer zur Zeit hochgehandelten fremden Währung handelt" (F.Sack, 1973 b, S.56).

6 Darauf hat schon früh Edwin H.Sutherland aufmerksam gemacht: Kriminelles Verhalten "ist nicht etwas Einmaliges, das nur von einer bestimmten Person hervorgebracht würde. Es ist ein verbreitetes Verhalten. Es läuft bei vielen Personen in gleicher Weise ab, und es sollte daher auch möglich sein, Kausalprozesse aufzufinden, die nicht einmalig bei einer bestimmten Person auftreten" (E.H.Sutherland und D.R.Cressey, 197o, S.28o).

7 Die Feststellung H.L.Zetterbergs (1962, S.91) "Repräsentativität ... ist in den meisten verifizierenden Untersuchungen jedoch von geringerer Bedeutung; von einer theoretischen These kann man normalerweise erwarten, daß sie in verzerrten wie in repräsentativen Auswahlen in gleichem Maße gilt", möchten wir hier so interpretieren, daß Zetterberg negativ verzerrte Auswahlen anspricht.

8 Von Achim Schrader wird dagegen zur "Auswahl extremer Fälle... bei erschwerten Meßbedingungen und geringem Umfang der Gesamtheit" geraten. "So könnte sich eine Untersuchung der Jugendsubkultur auf die Auswahl von Jugendlichen beschränken, die extreme Abweichungen von den Normen aufweisen, z.B. Hasch-Konsumenten vs. Pfadfinder" (A.Schrader, 1971, S.141).

9 Zwei akzeptable Beispiele für die korrekte Anwendung von Schätzverfahren werden von Otto Lingesleben (1968), Jürgen Friedrichs und Hartmut Lüdtke (1971) geliefert. Lingesleben nahm eine geschichtete und gestufte Auswahl vor und konnte daher völlig zu Recht mit dem Chi-Quadrat-Test auf Grundgesamtheiten schließen. Friedrichs und Lüdtke untersuchten "eine nach regionaler und Ka-

pazitätsverteilung geschichtete Auswahl von 73 Jugendfreizeitheimen in 9 Bundesländern einschließlich Westberlin... Die Auswahl basierte auf einer... schriftlichen Fragebogengesamterhebung, bei der die wichtigsten Strukturmerkmale des Feldes untersucht worden waren, und umfaßte ca. 6% aller bestehenden Einrichtungen" (1971, S.85). Es handelte sich hier also um eine regelrechte repräsentative, geschichtete Zufallsauswahl, bei der die Daten nach Anwendung bestimmter Testverfahren verallgemeinert werden durften.

1o Ähnlich wie Bruyn, jedoch nicht so grundlegend und systematisch wie er, argumentiert Howard S. Becker in seinem Beitrag "Social Observation and Social Case Studies" in der International Encyclopedia of the Social Sciences, S.232-238.

11 Eine ähnliche Einschätzung des Verfahrens findet man bei Erwin K.Scheuch (1967, S.211). Beobachtungsfehler "bestehen meist darin, daß aus der Fülle der Vorgänge eine falsche Auswahl vorgenommen oder den beobachteten Tatbeständen ein falscher Sinn untergeschoben wird. Solche Fehler sind besonders häufig, wenn die Zielsetzung des Beobachters von der Alltagspraxis abweicht und wenn die beobachteten Tatbestände außerhalb seiner gewöhnlichen Lebenserfahrung liegen."

12 Wir haben in diesem Teil für die Verteilung der Gruppen die Spalten reserviert. Das schien uns sinnvoll zu sein, um unsere Auffassung von der Richtung der Determination anzudeuten: Die mit den Spaltenbezeichnungen benannten Sachverhalte werden von uns als abhängig betrachtet, hier also die Gruppen als abhängig von sozialstrukturellen Lagen. In den folgenden Teilen reservieren wir daher für die Gruppen die Zeilen, da die Strukturmerkmale des Verhaltens, der Situationsdefinitionen, der Selbstbilder und der Kriminalisierungen ganz oder teilweise von den Gruppenbildungen abhängig sein dürften. Die veränderte Anordnung der Gruppen hat also darin ihren Sinn. Dementsprechend hätten wir stets eine Zeilenprozentuierung vornehmen sollen. Das schien uns aber im Teil 3 nicht sinnvoll zu sein, da wir bei der Auswahl von den von den Spaltenbezeichnungen benannten Gruppen ausgingen, also von Normalen und Kriminellen, nicht etwa von den Angehörigen bestimmter sozialer Lagen, wie sie von den Zeilenbezeichnungen gekennzeichnet werden. Die Veränderung der Prozentuierung beim Übergang vom 3. auf den 4. und die weiteren Teile hat also darin ihren Sinn.

13 Es ist noch auf einen weiteren, wichtigen Vorzug dieses Assozia-

tionsmaßes zu verweisen: Goodman und Kruskal haben die Stichprobenverteilung von Lambda und Tau dargestellt (1963).

14 Den Anstoß zu der Verwendung dieses Assoziationskoeffizienten gab Manfred Küchler, Bielefeld.

15 Zur Unterscheidung von statistischer Signifikanz und sozialwissenschaftlicher Bedeutsamkeit vgl. E.K.Scheuch, 1967, und den Überblick über den Gang der Diskussion bei H.Hartmann, 197o; ferner die neuere Diskussion zwischen J.Kriz, 1972, und Manfred Küchler, 1972.

16 Eine Verwendung der Daten für die Einsacker zur Bestätigung der Hypothese ist nur sehr begrenzt möglich, da zahlreiche der Zellen der zusammengefaßten Tabellen sehr schwach besetzt sind. "Wissenschaftliche Analysen können auf der Basis von mindestens 2 Variablen betrieben werden, (wenn diese wiederum mindestens 2 Merkmalsausprägungen haben). Mit einer Mindestbesetzung von 1o pro Zelle kommt man zu einem Mindestsample von 4o (J.Galtung, 1967, S.6o f). Wir haben uns an diese Empfehlung gehalten.

17 Neuere Bestätigungen der These von der Desorganisation der Familie für die BRD findet man in Friedrich Spechts Untersuchung (1967). Auch Peter Broschs (1971) Beispiele von Lebensläufen von Fürsorgeerziehungszöglingen bestätigen diese These.

18 Parsons hält dies für eine ganz allgemeine Situation in "modernen westlichen Gesellschaften", da dort auch in organisierten Familien Ehemänner häufig abwesend sind: "Unsere Verwandtschaftsstruktur verweist Kinder beiden Geschlechts ganz auf die Mutter als den für das Gefühlsleben wichtigen Erwachsenen. In einer solchen Situation ist Identifikation in dem Sinn, daß der Erwachsene zum Rollenmodell wird, das normale Ergebnis. Später, wenn der Junge in ... die Latenzphase kommt, dann wird sein Verhalten von einer zwanghaften Männlichkeit gekennzeichnet" (1947, S.171).

19 In diesem Zusammenhang wäre es zweifelsohne sehr sinnvoll gewesen, die Ausgabengewohnheiten von Mitgliedern krimineller wie normaler Gruppen zu studieren. Es wäre zu erwarten, daß sich die Mitglieder der Gruppen sehr unterscheiden. Angehörige bevorteilter sozialer Lagen haben alle möglichen Dinge. Sie brauchen nicht in der Freizeit in dem Maße zu konsumieren wie die Mitglieder krimineller Gruppen. Sie können sparen. Damit schaffen sie sich im Gegensatz zu den Jugendlichen aus den benachteiligten

Positionen nicht nur eine gewisse Basis für späteres erfolgreiches Handeln, sondern auch eine wichtige Einstellung zum industriell-kapitalistischen Wirtschaftssystem. William F. Whyte hat von dieser Differenz seine ganze Analyse entwickelt: Unterschiedliche Verhaltensmuster beim Konsumieren und Sparen sind die Grundlage der unterschiedlichen Mobilität. Für den normalen College-Boy ist Sparen die Voraussetzung für seinen Aufstieg. Für den kriminellen Corner-Boy ist das Konsumieren mit den Gefährten die Voraussetzung für die Mitgliedschaft in der Street-Corner-Society. Sparsamkeit und hohe Position in der Gang schließen sich aus. Prestige und Einfluß sind eine Funktion des Geldausgebens. Schon Whyte hat darauf hingewiesen, daß wir hier keine individuellen Unterschiede, sondern sozialstrukturell bedingte Unterschiede vor uns haben.

2o Jedoch sollte man die Anpassung der Mehrzahl der Jugendlichen nicht überschätzen. Das zeigte vor einigen Jahren die breite Solidarisierung von "normalen" Jugendlichen mit dem Vorgehen der Studentenbewegung. Die Situation der Jugend scheint viel mehr generell durch eine latente Unzufriedenheit gekennzeichnet zu sein. So erkannte Ludwig von Friedeburg 1963 keine Anzeichen einer Jugendkultur, sondern er fand, daß die Jugendlichen dem Angebot der Gesellschaft, sich frühzeitig zu integrieren, bereitwillig und unreflektiert nachkamen. Er sprach von der "Anpassung der Unbelasteten". Dies sei keine "skeptische" sondern eine "fügsame Generation". Wenig später urteilte Viggo Graf Blücher ähnlich: Auch er fand keine Subkultur, sondern Anpassung an das System und sprach von einer "unbefangenen Generation." Diese Interpretationen waren zu sehr Oberflächenerscheinungen verhaftet und brachen das Datenmaterial theoretisch nicht auf. So sagte Blücher aufgrund seiner Befragung einiger Jahrgänge von Oberschülern eine ruhige, angepaßte Studentengeneration voraus. Das waren aber die Personen, die später die Studentenrevolte von 1968 trugen.

21 Paul Lerman erklärt das Auftreten der Subkulturperspektive aus dem methodischen Vorgehen: "Eine Lektüre der Literatur zeigt, daß der "Subkultur"-Teil der Kategorie "subkulturelle Delinquenz" nicht durch quantifizierende Forschungsmethoden systematisch geprüft wurde. Die Forschungen, die sich an Thrasher, Cohen, Miller, Cloward und Ohlin und andere anschlossen, neigten dazu, den Bestand bestimmter Lebensstile unter den Delinquenten auf der Basis intensiver Fallstudien von Straßengruppen zu beschreiben und zu kontrollieren" (1967, S.2o9).

22 Schon Friedrich Engels fand: "Der Arbeiter lebte in Not und Elend

und sah, daß andere Leute es besser hatten als er. Seinem Verstand leuchtete nicht ein, weshalb er gerade, der doch mehr für die Gesellschaft tat als der reiche Faulenzer, unter diesen Umständen leiden sollte. Die Not besiegte noch dazu den angestammten Respekt vor dem Eigentum - er stahl " (Marx-Engels-Werke II, S.431).

23 Theoretisch ist der Zusammenhang von der Sozialstruktur und der Ausbildung krimineller Gruppen auch von Cloward und Ohlin herausgearbeitet worden. Sie sahen den Zusammenhang jedoch anders als Cohen über subkulturelle Normen und nicht in erster Linie über gemeinsam entwickelte abweichende Verhaltensweisen hergestellt. Wir behandeln ihren Ansatz daher im nächsten Teil.

24 Das ist in der Kriminalsoziologie der USA anders. Wenn einige Forscher wie Short und Strodtbeck dennoch von einer Vernachlässigung des Gruppenprozesses trotz umfangreicher Kleingruppenforschung sprechen, so geht ihnen die Analyse des Gruppenprozesses nicht weit genug. Weder wurde sie von Kleingruppentheoretikern auf das kriminelle Verhalten ausgeweitet, noch von den Kriminalitätsforschern aufgearbeitet.

25 Fritz Sack äußert in diesem Zusammenhang die Vermutung, "daß die Inkonsistenz zwischen den amerikanischen und den europäischen Daten im wesentlichen durch terminologische Unterschiede bedingt ist: Die Kriterien für Banden sind hier rigoroser als die in der amerikanischen Literatur für "gangs" verwendeten. ... Angesichts der oben beschriebenen Kritik an dem gangtheoretischen Ansatz der älteren Schule im Lichte neuer Evidenz und als Folge der Tendenz, gruppentheoretische Elemente an die Stelle der gangtheoretischen zu setzen... steht sicherlich zu erwarten, daß die zukünftige Forschung, die für die USA bisher erbrachte, daß "the group aspects of delinquency seems to be well established with a modal figur of about 75%"... eine größere Konvergenz zu den in anderen Ländern beobachteten Ergebnissen hervorbringen wird" (1969, S.1o25).

26 Frederic M.Thrasher bezog sich hier (S.181 f) ausdrücklich auf die theoretischen Arbeiten W.I.Thomas zum Konzept der "Definition der Situation".

27 Da die Kodierungen von Situationsdefinitionen wie viele andere inhaltsanalytische Arbeiten mit einem großen Fehlerrisiko behaftet sind, wurde hier die Verläßlichkeit geprüft. "Unter Verläßlichkeit eines Untersuchungsinstrumentes wird im allgemeinen sei-

ne Fähigkeit verstanden, unter gleichen (konstanten) Bedingungen ein identisches Untersuchungsresultat hervorzubringen (Objektivität)" (Jürgen Ritsert, 1972, S.6o). Bei unserer Analyse war die Übereinstimmung zwischen den verschiedenen Kodierern bei der Ausgrenzung von Themen und bei der Subsumtion unter ein Thema das Verläßlichkeitsproblem.
Bei den Kodierungen der Situationsdefinitionen durch zwei Kodierer lag die Reliabilität - berechnet nach Scotts (J.Ritsert, 1972, S.62) - zwischen o,9o für die Normalen und o,72 für die Rocker.

28 Die Auseinandersetzung mit der in der neueren Soziologie nicht aufgegebenen Vorstellung, daß Situationsdefinitionen, Vorstellungen, Orientierungen, systematisiert sind, ist auch in der Kriminalsoziologie hin und wieder anzutreffen. So haben Edwin H.Sutherland und Donald R.Cressey auf die Kodes verschiedener krimineller Gruppen verwiesen. Es ist nun zu prüfen, auf welche Weise derartige Systeme wohl zu identifizieren wären. Ein Rückgriff auf die Teilnehmer verbot sich nach der Erfahrung zur Konstruktion eines Zusammenhangs zu einzelnen Themen. Geht man nun von einer recht allgemeinen Definition des Systembegriffs aus und faßt man als zu einem System gehörend alles auf, was sich aus einer Umwelt nicht zum System gehörender Teile ausgrenzt, so wäre es das einfachste, was man über ein System gruppenspezifischer Situationsdefinitionen sagen könnte, daß bestimmte Situationsdefinitionen zusammen mit einigen anderen bestimmten Situationsdefinitionen auftreten, mit vielen anderen bestimmten Situationsdefinitionen aber nicht.
Ein Verfahren, um derartig definierte Systeme von Situationsdefinitionen zu isolieren, liegt in der Kontingenzanalyse vor. Es wird dort "danach gefragt, wie oft ein sprachliches Element in der Mannigfaltigkeit des Textmaterials auftaucht" (J.Ritsert, 1972, S.18). Dabei wird dann "das mehr als zufällige gemeinsame Vorkommen zweier Aussagenbestandteile in einem Text..als Indikator für Rückschlüsse auf die Beschaffenheit der Assoziationsstruktur von Kommunikatoren verwendet" (H.Bessler, 197o, S.79). Osgood untersuchte zum Beispiel Aussageneinheiten von 12o - 21o Wörtern nach dem gemeinsamen Auftreten von Textbestandteilen innerhalb dieser Textstücke. Wir sind nun daran interessiert, ob ganze Themen in einem größeren, übergreifenden Zusammenhang stehen. Dazu prüften wir, welche Themen jeweils unmittelbar aufeinander folgten. Dazu wurde bei den Rockern aufgrund einer Stichprobe von 17o (= 1/3 der Fälle)der Situationsdefinitionen geprüft, wieweit sich Folgethemen feststellen ließen. Nach sorgfältigem Studium der Beobachtungsberichte war dies nur in 63 der 17o Fälle (= 37,1%) möglich. Es ergab sich folgende Verteilung:

Tabelle 91: Folge von Situationsdefinitionen von Rockern

Situations-definitionen	Situationsdefinitionen					Summe
	Gruppenbild	Begründungen	Verhaltensmuster	andere Institutionen	Gegner	
Gruppenbild	17	12	1o	3	1	43
Begründungen	2	o	o	o	o	2
Verhaltensmust.	2	o	5	1	o	8
andere Institut.	o	o	2	7	o	9
Gegner	o	o	o	o	1	1
Summe	21	12	17	11	2	63

So interessant diese Tabelle auch für sich genommen sein mag, aufgrund des hohen Anteils an Statements, bei denen ein Zusammenhang mit anderen subkulturellen Vorstellungen nicht zu erkennen war, und aufgrund der kleinen Häufigkeiten wurde auf eine weitere Kontingenzanalyse verzichtet. So war auch das Konstruktionsprinzip dieses Teiles, die Organisation der Themen hintereinander, von unseren Thesen bedingt.

29 Zum theoretischen Bezugsrahmen vgl. die von J. Matthes initiierte Arbeit der Arbeitsgruppe Bielefelder Soziologen, Alltagswissen, Interaktion und gesellschaftliche Wirklichkeit, Reinbek bei Hamburg 1973.

3o Der immer wieder geäußerten Auffassung von dem ganz erheblichen Defizit an geeigneten Methoden empirischer Sozialforschung zur Überprüfung von auf interaktionstheoretischer Basis entworfenen Thesen stimmen wir nicht zu. So spricht Heinz Hartmann (197o, S. 64 f) von den "Schwierigkeiten..(der) personbezogenen Sozialforschung (wie) sie sich an dem Fortschritt der Schule des symbolischen Interaktionismus ablesen (lasse): Die Mitglieder dieser Gruppe, die sich in der Nachfolge von Cooley und Mead für die Entwicklung des einzelnen zum Mitmenschen interessieren, haben sehr differenzierte Vorstellungen darüber ausgearbeitet, wie die soziale Konstituierung der Person und nach ihrem Dafürhalten damit die Entwicklung des Selbst vor sich geht. Begrifflich und theoretisch sind diese Überlegungen einleuchtend und bis zu einem gewissen Grad der Abgeschlossenheit vorgetrieben worden. Die dazugehörigen Forschungsverfahren sind in ihrer Reichweite jedoch eher enttäuschend; die empirische Evidenz dieser Schule ist bisher relativ begrenzt."

31 Ein anderes Verfahren zur Erhebung von Selbstkonzepten wurde von Short und Strodtbeck erprobt. Sie erfragten die Einschätzung von Werten, von

Motiven, testeten die Intelligenz und erkundeten Persönlichkeitsmerkmale. Peter M. Hall baute eine Drei-Punkte-Skala der Identifikation mit der delinquenten Subkultur auf und unterschied 1. den gänzlich verwickelten kriminellen Jungen, der nur in kriminelle Subkulturen vollkommen integriert war, 2. den jugendlichen Randkriminellen, der sowohl in kriminelle wie in nichtkriminelle Gruppen integriert war und 3. den nichtkriminellen Jugendlichen, der keine Beziehungen zu kriminellen Gruppen hatte. Hall erwartete, daß die meisten jugendlichen Mitglieder krimineller Gruppen sich mit dem ersten Konzept identifizierten. Dazu wurde den Jugendlichen eine Liste von Eigenschaften vorgegeben, und die Befragten hatten zu entscheiden, wieweit sie sich diese Eigenschaften selbst zuschrieben.

32 Idealerweise sollte man unter Kriminellen wie unter Mitgliedern der Instanzen sozialer Kontrolle mit den gleichen Methoden forschen. Es muß aber davon ausgegangen werden, daß eine Reihe von Schwierigkeiten bei der Durchführung dieser Absicht bestehen. Diesen Eindruck gewannen wir aufgrund einiger Erlebnisse bei der Durchführung des Forschungsprojektes. Es zeigte sich, daß eine derartige "Doppelstrategie" für die Polizei als eine der Instanzen sozialer Kontrolle und die Mitglieder krimineller Gruppen gleichermaßen nicht akzeptabel ist. Zuerst und besonders deutlich erfuhren wir dies von den Mitgliedern krimineller Gruppen. Sie wollten verständlicherweise zuverlässig wissen, ob wir ihre Angaben wirklich nicht Instanzen sozialer Kontrolle zuspielten. Sodann wollten sie sicher sein, daß diese Instanzen auch sonst keinen Nutzen aus ihrer Informationsbereitschaft uns gegenüber hatten. Schließlich legten sie allergrößten Wert darauf, daß wir überhaupt keine Kontakte zu den Instanzen unterhielten. Das ging in Einzelfällen so weit, daß unsere Hilfeleistungen in dem einen oder anderen Fall zu erheblichen Nachteilen für unsere Mobilität im Felde führten, wenn wir im Rahmen dieser Hilfeleistung im Einverständnis mit dem Betroffenen z.B. einen Sozialarbeiter einschalteten und dessen Engagement für das Mitglied der "kriminellen Gruppe" auf seine Bekanntschaft mit dem Sozialforscher zurückgeführt wurde. Auf der anderen Seite dürften in den Instanzen sozialer Kontrolle Schwierigkeiten schon bei dem Versuch auftauchen, überhaupt Beobachtungen durchzuführen. In einer frühen Phase des Forschungsprojektes haben wir versucht, an polizeilichen Vernehmungen teilzunehmen, um dadurch einen Einblick in die Praxis des polizeilichen Handelns zu bekommen. In einem Gespräch mit einem leitenden Beamten führte ein Feldforscher aus: "Ich habe im Augenblick im Projekt etwas Zeit gewonnen und würde daher gern auf ein altes Angebot zurückkommen, das mir der Polizeidirektor und der Leiter der Kriminalpolizei

in einem der ersten Gespräche gemacht hatten. Wir würden gern einmal an Vernehmungen teilnehmen." Der Feldforscher berichtet weiter: "Als die Worte "Vernehmungen teilnehmen" fielen, schlug der Beamte die Hände vors Gesicht und stützte sich dann auf den Tisch. Ich habe dann sofort nachgesetzt: Wir wären uns der Schwierigkeiten, die dadurch auftreten würden, voll bewußt. Die Bedenken des Beamten: "Da muß ich zuerst mit dem Direktor sprechen... Die Beamten, das kann ich Ihnen versichern, werden nicht davon erbaut sein, nein, die werden wirklich nicht davon erbaut sein... Und die Kommissariatsleiter. Sie müssen ja wissen, wir haben da eine Aufgabe zu erfüllen. Bei den Vernehmungen muß auch etwas herauskommen, und wenn jemand dabei sitzt, dann kann das die Bereitschaft des Beschuldigten sozusagen beeinträchtigen, kurz, die Kommissariatsleiter werden damit kaum einverstanden sein." Ich entgegnete: "Es ist völlig selbstverständlich, daß der Direktor zunächst konsultiert wird; uns ist nicht damit geholfen, wenn unsere Teilnahme irgendwie angeordnet würde, falls das überhaupt möglich ist. Ich würde daher folgendes vorschlagen: Unter der Voraussetzung, daß der Direktor zustimmt, würde ich gern an den Vernehmungen teilnehmen, wo der Beamte von sich aus damit einverstanden ist, und wir würden unsere Teilnahme natürlich in jedem einzelnen Fall von der ausdrücklichen Zustimmung des Vernommenen abhängig machen." Einiges Geplänkel in derselben Richtung folgte und schließlich meinte der Beamte: "Gut, ich werde heute oder morgen mit dem Direktor sprechen, außerdem morgen in der Dienstbesprechung die Sache mit den Sachbearbeitern diskutieren." Er seufzt.

Später informierte ein anderer Beamter den Feldforscher, als dieser ihn wegen der Teilnahme an Vernehmungen angesprochen hatte, daß es einen wahren Entrüstungssturm in der Dienstbesprechung gegeben habe, als der Beamte, mit dem der Feldforscher darüber gesprochen hatte, die Kollegen informierte. Aus diesen und aus anderen Gründen entschlossen wir uns, auf systematische Forschungen mit teilnehmender Beobachtung in den Instanzen sozialer Kontrolle zu verzichten und konzentrierten uns ganz auf die Analyse des kriminellen Handelns. Diese Entscheidung fiel uns umso leichter, als schon zu der Zeit unseres Forschungsprojektes eine ganze Reihe von Forschungen zum Kriminalisierungsprozeß anliefen oder die Erhebungsphase abschlossen, wie die schon mehrfach genannten Arbeiten von Peters, Lautmann und anderen. Dazu kamen Arbeiten dieses Ansatzes in derselben Stadt, in der auch wir unsere Forschungen betrieben, wie die Analyse der Kriminalisierungsprozesse von Manfred Brusten und Klaus Hurrelmann (1973) zur Schule, Manfred Brusten und Siegfried Müller (1973) und von Helge Peters zur Sozialarbeit (1973). In diesen Arbeiten wurden zwar nicht die Bedingungen der Kriminalisierung erforscht, es wurden aber systematische Analysen der Kriminalisierungsprozesse, von teilweise denselben Personen und Handlungen, die wir im offenen Feld beobachteten, betrieben.

Ein Forschungsprojekt zum Handeln der Polizei in der Nachbarstadt von Normalstadt von Peter Malinowski, Ulrich Münch und Rüdiger Schwilick konnte aufgrund eines de-facto-Forschungsverbotes durch den Innenminister des Landes Nordrhein-Westfalen vom 8.12.1972 bisher leider nicht verwirklicht werden (siehe dazu Malinowski, Münch, Schwilick, 1973, S.134).

Über den Verfasser

Hans Haferkamp: Geboren 1939. Fachhochschulstudium der Sozialarbeit in Bochum, 1964 Examen als Sozialarbeiter, anschließend Sozialarbeiter in Jugendgerichts- und Bewährungshilfe. 1965 Studium der Soziologie, Sozialpädagogik, Volkswirtschaftslehre und Statistik in Münster, 1969 Diplom-Soziologe, anschließend Assistent an der Fakultät für Soziologie der Universität Bielefeld. 1972 Promotion mit einer theoretischen Arbeit zur soziologischen Handlungstheorie. Seit 1974 Professor für Soziologie mit Schwerpunkt Analyse von Devianz und sozialer Kontrolle an der Universität Bremen.

Wichtigste Veröffentlichungen:

Soziologie als Handlungstheorie. P. L. Berger / Th. Luckmann, G. C. Homans, N. Luhmann, G. H. Mead, T. Parsons, A. Schütz, M. Weber in vergleichender Analyse und Kritik, Düsseldorf 1972 / Kriminalität ist normal. Zur gesellschaftlichen Produktion abweichenden Verhaltens, Stuttgart 1972 / Theorie und Praxis kriminalsoziologischer Forschung. In: Teilnehmende Beobachtung abweichenden Verhaltens, hg. von Jürgen Friedrichs, Stuttgart 1973 / Die Struktur elementarer sozialer Prozesse. Logik und Gehalt eines Forschungsleitfadens zur soziologischen Analyse und Erklärung, Stuttgart 1973.
Weitere Aufsätze zur allgemeinen soziologischen Theorie, zur Kriminalsoziologie und zur Soziologie der Sozialarbeit.

LITERATURVERZEICHNIS

ABKÜRZUNGEN

AJS = American Journal of Sociology
ASR = American Sociological Review
Krim.J. = Kriminologisches Journal
KZfSS = Kölner Zeitschrift für Soziologie und Sozialpsychologie
SW = Soziale Welt
ZfS = Zeitschrift für Soziologie

ALBERT, Hans (Hg.),(1964): Theorie und Realität. Ausgewählte Aufsätze zur Wissenschaftslehre der Sozialwissenschaften, Tübingen.

-,(1964): Probleme der Theoriebildung. Entwicklung, Struktur und Anwendung sozialwissenschaftlicher Theorien. In: H.Albert, Theorie und Realität, Tübingen.

-,(1965): Theorie und Prognose in den Sozialwissenschaften. In: E.Topitsch (Hg.), Logik der Sozialwissenschaften, Köln und Berlin. Zuerst erschienen 1957.

ALBRECHT, Günter und Fritz SACK,(1969): Die Polizei als gesellschaftliche Kontrollinstanz der Kriminalität, Krim.J., Bd.1, S.24-36.

ARBEITSGRUPPE BIELEFELDER SOZIOLOGEN,(1973): Alltagswissen, Interaktion und gesellschaftliche Wirklichkeit, 2 Bände, Reinbek bei Hamburg.

ARBEITSKREIS KRITISCHE SOZIALARBEIT, (1971): Geschichte und Funktion der Sozialarbeit, Frankfurt.

ARNOLD, David O., (Hg.),(197o): The Sociology of Subcultures, Berkeley.

AUTORENKOLLEKTIV: Rose AHLHEIM, Wilfried HÜLSEMANN, Helmut KAPCZYNSKI, Manfred KAPPELER, Manfred LIEBEL, Christian MARZAHN, Falco WERKENTIN, (1971): Gefesselte Jugend. Fürsorgeerziehung im Kapitalismus, Frankfurt.

AUTORENKOLLEKTIV: Lothar HACK, Wulf KRAUSE, Ute SCHMIDT, Werner WACHUTKA, (1972): Klassenlagen und Interessenorientierung. Zum Konstitutionsprozeß der Bewußtseinsstrukturen und Verhaltensmuster junger Industriearbeiter, ZfS, Bd.I, S.15-3o.

BAHRDT, Hans Paul, (1958): Industriebürokratie, Stuttgart.

BALES, Robert F., (195o): Interaction Process Analysis: A Method for the Study of Small Groups, Cambridge.

-,(1956): Die Interaktionsanalyse: Ein Beobachtungsverfahren zur Untersuchung kleiner Gruppen. In: R.König (Hg.), Beobachtung und Experiment in der Sozialforschung, Köln und Berlin. Im englischen Original zuerst erschienen 195o.

-, Interaction Process Analysis. In: International Encyclopedia of the Social Sciences, S.465-471.

BALS, Christel, (1962): Halbstarke unter sich, Köln und Berlin.
BANG, Ruth, (1963): Psychologische und methodische Grundlagen der Einzelfallhilfe (Casework), 3.überarbeitete und ergänzte Auflage, Wiesbaden.
BAURMANN, Michael, Michael HOFFERBERT und Falco WERKENTIN, Diskussionsthesen zur "Kriminologie als Polizeiwissenschaft", unveröffentlichtes Papier zu einer Diskussion am 19.1.1973 in Bielefeld.
BECKER, Howard S., (1973): Outsiders. Studies in the Sociology of Deviance, New York und London 1963; deutsch: Außenseiter. Zur Soziologie abweichenden Verhaltens. Übersetzt von Norbert Schultze, Frankfurt.
-,Social Observation and Social Case Studies. In: International Encyclopedia of the Social Sciences, S.232-238.
BERGER, M., (1962): Murder Inc.. In: M.E.Wolfgang, L.Savitz und N.Johnston (Hg.), The Sociology of Crime and Delinquency, New York/London.
BERGER, Peter L. und Thomas LUCKMANN, (1969): The Social Construction of Reality. A Treatise in the Sociology of Knowledge, Garden City, New York 1967. Zuerst erschienen 1966. Deutsch: Die gesellschaftliche Konstruktion der Wirklichkeit. Eine Theorie der Wissenssoziologie, Frankfurt.
BERGER, Peter L. und Stanley PULLBERG, (1965): Verdinglichung und die soziologische Kritik des Bewußtseins. SW, Göttingen, Jhrg.16, Heft 2, S.97-112. Der Aufsatz erschien auch im englischen Original zuerst 1965.
BERGMANN, Joachim E., (1967): Die Theorie des sozialen Systems von Talcott Parsons. Eine kritische Analyse. Frankfurter Beiträge zur Soziologie, Band 2o, Frankfurt.
BESSLER, Hansjörg, (197o): Aussagenanalyse. Die Messung von Einstellungen im Text der Aussage von Massenmedien, Bielefeld.
BLANKENBURG, Erhard, (1969): Die Selektivität rechtlicher Sanktionen. In: KZfSS, Band 21, S.8o5-829.
-,(1973): Die Selektivität rechtlicher Sanktionen. Eine empirische Untersuchung von Ladendiebstählen. In: Teilnehmende Beobachtung abweichenden Verhaltens, hg. von Jürgen Friedrichs, Stuttgart.
BLEUEL, Hans Peter, (1971): Kinder in Deutschland, München.
BLÜCHER, Viggo Graf, (1966): Generation der Unbefangenen. Zur Soziologie der jungen Menschen heute, Düsseldorf.
BLUMER, Herbert, (1962): Society as Symbolic Interaction. In: Human Behavior and Social Processes. An Interactionist Approach. Hg.von Arnold M.Rose, London, S.179-192.
-,(1973): Symbolic Interactionism. Perspective and Method, Englewood Cliffs 1969. Das wichtige erste Kapitel ist übersetzt in:Arbeitsgruppe Bielefelder Soziologen, Alltagswissen, Interaktion und gesellschaftliche Wirklichkeit, Reinbek bei Hamburg.

BOCHNIK, Hans Joachim, (197o): Spiegelgespräch. Der Spiegel, Nr. 33, S.54-56.
BOLTE, Karl Martin, Dieter KAPPE und Friedhelm NEIDHARDT, (1966): Soziale Schichtung, Opladen.
BOX, Steven und Julienne FORD, (1971): The Facts don't fit: On the Relationship between Social Class and Criminal Behavior. In: The Sociological Review, Bd.19, S.31-52.
BRITISCHER CANNABIS-REPORT 1968, (197o): Bericht des Beratungsausschusses zur Frage der Drogenabhängigkeit. In: Walter Leonhardt, Haschisch Report. Dokumente und Fakten zur Beurteilung eines sogenannten Rauschgiftes, München.
BROSCH, Peter, (1971): Fürsorgeerziehung. Heimterror und Gegenwehr, Frankfurt.
BRUSTEN, Manfred, (1971): Determinanten selektiver Sanktionierung durch die Polizei. In: Johannes Feest und Rüdiger Lautmann (Hg.), Die Polizei. Soziologische Studien und Forschungsberichte, Opladen.
-,(1973): Prozesse der Kriminalisierung - Ergebnisse der Analyse von Jugendamtsakten. In: Hans-Uwe Otto und Siegfried Schneider (Hg.), Gesellschaftliche Perspektiven der Sozialarbeit, Berlin und Neuwied.
BRUSTEN, Manfred und Klaus HURRELMANN, (1973): Abweichendes Verhalten in der Schule. Eine Untersuchung zu Prozessen der Stigmatisierung, München.
BRUSTEN, Manfred und Siegfried MÜLLER, (1972): Kriminalisierung durch Instanzen sozialer Kontrolle. In: Neue Praxis, S.174-189.
BRUSTEN, Manfred, Marlis DÜRKOP, Johannes FEEST, Hans HAFERKAMP, Hans-Jürgen KERNER, Rüdiger LAUTMANN, Helge PETERS, Stephan QUENSEL, Fritz SACK und Karl F.SCHUMANN, (1973): Zu einem Forschungsprogramm für die Kriminologie. Ergebnisse der Klausurtagung des AJK im August 1973, Krim.J., Bd.5.
BRUYN, Serveryn T., (1966): The Human Perspective in Sociology. The Methodology of Participant Observation, Englewood Cliffs.
BUCKLEY, W., (1958): Social Stratification and the Functional Theory of Social Differentiation, ASR, Band 23, S.369-375.
BUCKNER, H. Taylor, (1971): Deviance, Reality and Change, New York.
CAMERON, Mary Owen, (1964): Identity and the Shoplifter. Auszug aus:Mary Owen Cameron, The Booster and the Snitch: Department Store Shoplifting, Glencoe. Wiederabgedruckt in: Earl Rubington und Martin S.Weinberg, Deviance. The Interactionist Perspective.
CHAMBLISS, William J., (1964): A Sociological Analysis of the Law of Vagrancy. In: Social Problems, Bd.12.
CHILTON, Roland J. und Gerald E.MARKLE, (1972): Family Disruption, Delinquent Conduct and the Effect of Subclassification, ASR, Bd.37, S.93-99.
CICOUREL, Aaron V., (1968): The Social Organisation of Juvenile Justice, New York, London, Sydney.

CLAESSENS, Dieter, Arno KLÖNNE, Armin TSCHOEPE unter Mitarbeit von Michael HÖBICH, (1971): Sozialkunde der Bundesrepublik Deutschland, 4.überarbeitete Auflage, Opladen.

CLARK, John P. und Eugene P.WENNIGER, (1962): Socio-Economic Class and Area as Correlates of Illegal Behavior Among Juveniles, ASR, Bd.27, S.826-834.

CLAUSS, Günter und Heinz EBNER, (1971): Grundlagen der Statistik für Psychologen, Pädagogen und Soziologen, Berlin.

CLOWARD, Richard A., (1968): Illegitime Mittel, Anomie und abweichendes Verhalten. In: F.Sack und R.König, Kriminalsoziologie, Frankfurt. Im englischen Original zuerst erschienen 1959.

CLOWARD, Richard A. und Lloyd E.OHLIN, (196o): Delinquency and Opportunity. A Theory of Delinquent Gangs, New York.

COHEN, Albert K., (1961): Kriminelle Jugend. Zur Soziologie jugendlichen Bandenwesens, Reinbek. Im englischen Original zuerst erschienen 1955.

-,(1959): The Study of Social Disorganization and Deviant Behavior. In: Robert K.Merton, Leonhard Broom, Leonard S.Cottrell, Jr.(Hg.), Sociology Today. Problems and Prospects, Band II, New York.

-,(1965): The Sociology of the Deviant Act. Anomy Theory and Beyond. In: ASR, Bd.3o, S.5-14.

-,(1968): Abweichung und Kontrolle, München. Im englischen Original zuerst erschienen 1966.

COHEN, Albert K. und James F.SHORT, (1968): Zur Erforschung delinquenter Subkulturen. In: Fritz Sack und René König, Kriminalsoziologie, Frankfurt, S.372-394. Im englischen Original zuerst erschienen 1958.

COSTNER, Herbert L.,(1965): Criteria for Measures of Association, ASR, Band 3o, S.341-353.

CRESSEY, Donald R., (1953): Other People's Money, New York.

-,(1962): Role Theory, Differential Association and Compulsive Crimes. In: Arnold M.Rose (Hg.), Human Behavior and Social Processes. An Interactionist Approach, London.

DAHRENDORF, Ralf, (1965): Homo sociologicus. Ein Versuch zur Geschichte, Bedeutung und Kritik der Kategorie der sozialen Rolle, Köln, Opladen. Zuerst erschienen 1958.

-,(1965): Gesellschaft und Demokratie in Deutschland, München.

DANCKWERTS, Dankwart, (1969): Soziologie und politische Entwicklung. In: Bernhard Schäfers (Hg.), Thesen zur Kritik der Soziologie, Frankfurt.

DAVIS, Kingsley und Wilbert E.MOORE, (1967): Einige Prinzipien der sozialen Schichtung. In: Heinz Hartmann (Hg.), Moderne Amerikanische Soziologie, Stuttgart, S.347-357. Im englischen Original zuerst erschienen 1945.

DREITZEL, Hans Peter, (1968): Die gesellschaftlichen Leiden und das Leiden an der Gesellschaft. Vorstudien zu einer Pathologie des Rollenverhaltens, Stuttgart.

DUBIN, Robert, (1967): Abweichendes Verhalten und Sozialstruktur. In: Heinz Hartmann (Hg.), Moderne amerikanische Soziologie. Neuere Beiträge zur soziologischen Theorie, Stuttgart. Der Aufsatz erschien im Englischen zuerst 1959.

DURKHEIM, Emile, (1933): The Division of Labor in Society. Aus dem Französischen übersetzt von George Simpson, New York und London. Im französischen Original zuerst erschienen 1893.

-,(1965): Regeln der soziologischen Methode, 8.Aufl., Neuwied und Berlin. Im französischen Original zuerst erschienen 1895.

-,(1947): The Elementary Forms of the Religious Life. A Study in Religious Sociology, Glencoe. Im französischen Original zuerst erschienen 1912.

EISENSTADT, Shmuel N., (1966): Von Generation zu Generation, München. Im englischen Original zuerst erschienen 1956.

ELKIN, Frederick und William A.WESTLEY, (1965): Der Mythos von der Teilkultur der Jugendlichen. In: Ludwig von Friedeburg, Jugend in der modernen Gesellschaft, Köln und Berlin. Der Aufsatz erschien im amerikanischen Original zuerst 1955.

EMPEY, LaMar T. und Steven G.LUBECK, (1971): Explaining Delinquency. Construction, Test and Reformulation of a Sociological Theory, Lexington.

ESER, Albin, (1971): Wissenschaftliche Forschungsfreiheit im Konflikt mit Strafverfolgungsinteressen, Zeitschrift für Rechtspolitik, 4.Jahrg., S.1o2-1o4.

EYNON, Thomas G. und Walter C.RECKLESS,(1961/62): Companionship at Delinquency Onset, The British Journal of Criminology, Bd.2, S.162-17o.

FEEST, Johannes, (1971): Die Situation des Verdachts. In: Johannes Feest und Rüdiger Lautmann (Hg.), Die Polizei. Soziologische Studien- und Forschungsberichte, Opladen.

FEEST, Johannes und Erhard BLANKENBURG, (1972): Die Definitionsmacht der Polizei. Strategien der Strafverfolgung und sozialen Selektion, Düsseldorf.

FEEST, Johannes und Rüdiger LAUTMANN (Hg.), (1971): Die Polizei. Soziologische Studien und Forschungsberichte, Opladen.

FEGER, Gottfried, (1969): Die unvollständige Familie und ihr Einfluß auf die Jugendkriminalität. In: Familie und Jugendkriminalität, Band I, hg. von T.Würtenberger,Stuttgart.

FRAKE, Charles O., (1964): Notes on Queries in Ethnography, American Anthropologist, Band 66, Sonderheft: Transcultural Studies in Cognition, hg. von K.Romney und R.Goodwin D'Andrade,Menasha.

-,(1968): The Ethnographic Study of Cognitive Systems. In: J.A.Fishman, Readings in the Sociology of Language, Paris.

von FRIEDEBURG, Ludwig, (1965): Zum Verhältnis von Jugend und Gesellschaft. In:Ludwig von Friedeburg (Hg.),Jugend in der modernen Gesellschaft, Köln und Berlin.Der Aufsatz erschien zuerst 1963.

-,(1965): Jugend in der modernen Gesellschaft, Köln und Berlin.

FRIEDRICHS, Jürgen, (Hg.), (1973): Teilnehmende Beobachtung abweichenden Verhaltens, Stuttgart.
FRIEDRICHS, Jürgen, Gabriele DEHM, Helmut GIEGLER, Knut SCHÄFER und Wolfgang WURM, (1973): Resozialisierungsziele und Organisationsstruktur. Teilnehmende Beobachtung in einer Strafanstalt. In: Jürgen Friedrichs (Hg.), Teilnehmende Beobachtung abweichenden Verhaltens, Stuttgart.
FRIEDRICHS, Jürgen und Hartmut LÜDTKE, (1971): Teilnehmende Beobachtung. Zur Grundlegung einer sozialwissenschaftlichen Methode empirischer Sozialforschung, Weinheim, Berlin, Basel.
FÜRSTENBERG, Friedrich, (1972): Die Sozialstruktur der Bundesrepublik Deutschland. Ein soziologischer Überblick, 2.neubearbeitete Auflage, Opladen. (Erste Auflage von 1967).
GALTUNG, Johan, (1967): Theory and Methods of Social Research, Oslo, London und New York.
GEHLEN, Arnold, (1964): Urmensch und Spätkultur, 2.neubearb.Aufl., Frankfurt, Bonn. Zuerst erschienen 1956.
GEIGER, Theodor, (1932): Die soziale Schichtung des deutschen Volkes. Soziographischer Versuch auf statistischer Grundlage, Stuttgart.
GERKE, Ulrich, (1973): Das Konzept der Typifikation und seine Anwendung und Analyse im Bereich abweichenden Verhaltens, illustriert an empirischem Material, unveröffentlichte Diplomarbeit, Bielefeld.
GLASER, Daniel, (1962): The Differential Association Theory of Crime. In: Arnold M.Rose, Human Behavior and Social Processes. An Interactionist Approach, London.
GLUECK, Sheldon und Eleanor, (195o): Unraveling Juvenile Delinquency, New York.
-,(1962): Family Environment and Delinquency, Boston.
-,(1972): Jugendliche Rechtsbrecher. Wege zur Vorbeugung, 2.unveränderte Aufl., Stuttgart.
GOLD, David, (1969): Statistical Tests and Substantive Significance, The American Sociologist, Bd.4, S.42-46.
GOODMAN, Leo A. und William H.KRUSKAL, (1954): Measures of Association for Cross Classifications. In: Journal of the American Statistical Association, Bd.49, S.732-764.
-,(1959): Measures of Association for Cross Classifications II: Further Discussion and References. In: Journal of the American Statistical Association, Bd.54, S.123-163.
-,(1963): Measures of Association for Cross Classifications III: Approximate Sampling Theory. In: Journal of the American Statistical Association, Bd.58, S.31o-364.
GOODMAN, Paul, (1965): Jobs für Jugendliche. In: Jugend in der modernen Gesellschaft, hg. von Ludwig von Friedeburg, Köln und Berlin. Auszugsweise Übersetzung aus: P.Goodman, Growing up Absurd, Problems of Youth in the Organized System, New York 1956, S.17-34.

HABERMAS, Jürgen, (1965): Anthropologie. In: Philosophie. Das Fischer Lexikon, hg. von A.Diemer und I.Frenzel, Frankfurt. Zuerst erschienen 1958.
HABERMAS, Jürgen, Ludwig von FRIEDEBURG, Christoph OEHLER, Friedrich WELTZ, (1961): Student und Politik. Eine soziologische Untersuchung zum politischen Bewußtsein Frankfurter Studenten, Neuwied und Berlin.
HAFERKAMP, Hans, (197o): Kriminelle Karrieren und gruppengebundene Lernprozesse. Zwischenbericht zum Forschungsprojekt, vervielfältigt, unveröffentlicht.
-,(1972b): Soziologie als Handlungstheorie. P.L.Berger/T.Luckmann, G.C.Homans, N.Luhmann, G.H.Mead, T.Parsons, A.Schütz, M.Weber in vergleichender Analyse und Kritik. Studienbücher zur Sozialwissenschaft, Bd.2, Düsseldorf.
-,(1972 c): Kriminalität ist normal. Zur gesellschaftlichen Produktion abweichenden Handelns, Stuttgart.
-,(1973 a): Theorie und Praxis kriminalsoziologischer Forschung. In: Jürgen Friedrichs (Hg.), Teilnehmende Beobachtung abweichenden Verhaltens, Stuttgart.
-,(1973 b): Die Struktur elementarer sozialer Prozesse. Logik und Gehalt eines Forschungsleitfadens zur soziologischen Analyse und Erklärung, Stuttgart.
-,(1973c):Positionspapier zu einem Forschungsprogramm für die Kriminologie. In: Krim.J., Bd.5.
HAFERKAMP, Hans und Günter MEIER, (1972 a): Sozialarbeit als Instanz sozialer Kontrolle, Krim.J., Bd.4.
HALL, Jerome, (1952): Theft, Law and Society, Indianapolis. Zuerst erschienen 1935.
HALL, Peter M., (1966): Identification with the Delinquent Subculture and Level of Self-Evaluation. In: Sociometry, Bd.29, S.146-158.
HARTMANN, Heinz, (1967): Stand und Entwicklung der amerikanischen Soziologie. In: Moderne amerikanische Soziologie. Neuere Beiträge zur soziologischen Theorie, hg. von Heinz Hartmann, Stuttgart.
-,(197o): Empirische Sozialforschung, München.
HEYNS, Roger W. und Alvin ZANDER,(1965): Observation of Group Behavior. In: Leon Festinger und Daniel Katz, Research Methods in the Behavioral Sciences, New York und andere Orte.
HOFSTÄTTER, Peter R., (1957): Gruppendynamik, Hamburg.
HOLSTI, Ole R., (1969): Content Analysis for the Social Sciences and Humanities, Reading-Menlo Park-London-Don Mills.
HOMANN, Ulf, (1972): Das Haschischverbot. Gesellschaftliche Funktion und Wirkung, Frankfurt.
HOMANS, George Caspar, (196o): Theorie der sozialen Gruppe, Köln und Opladen. Im englischen Original zuerst erschienen 195o.

HOMANS, George Caspar, (1964): Bringing Men Back In. In: ASR, Bd.29, New York, S.8o9-818.
HORKHEIMER, Max und Theodor W.ADORNO, (1955): Vorwort. In: W.Mangold, Gegenstand und Methode des Gruppendiskussionsverfahrens, Frankfurt.
HUCH, Kurt Jürgen, (1972): Über die Realität des Klassengegensatzes, Neue Rundschau, S.1o6-124.
HUFFSCHMID, Jörg, (1969): Die Politik des Kapitals. Konzentration und Wirtschaftspolitik in der Bundesrepublik, Frankfurt.
HUMPHREYS, Laud, (1973): Tearoom Trade, Chicago 197o. Auszüge in Jürgen Friedrichs (Hg.), Teilnehmende Beobachtung abweichenden Verhaltens, Stuttgart.
HUNTINGTON, Mary Jean, (1957): The Development of a Professional Self Image. In: R.K.Merton, G.G.Reader, P.L.Kendall (Hg.), The Student-Physician. Introductory Studies in the Sociology of Medical Education, Cambridge/Mass..
INDISCHER HANFDROGEN-REPORT,(197o): Bericht der Indischen Hanfdrogen-Kommission 1893/94. In: Rudolf Walter Leonhardt, Haschisch Report, München.
INSTITUT FÜR SOZIALFORSCHUNG, (1955): Gruppenexperiment. Ein Studienbericht. Bearbeitet von F.Pollock, Frankfurt.
JAEGGI, Urs, (1969): Macht und Herrschaft in der Bundesrepublik, Frankfurt a.M..
-,(1973): Kapital und Arbeit in der Bundesrepublik (Neue Ausgabe von "Macht und Herrschaft in der BRD"), Frankfurt.
JANOWITZ, Morris, (1958): Soziale Schichtung und Mobilität in Westdeutschland, KZfSS, Bd.1o, S.1-38.
JANSYN, Leon R., jr., (1966): Solidarity and Delinquency in a Street Corner Group, ASR, Bd.31.
JONAS, Friedrich, (1968/69): Geschichte der Soziologie, 4 Bände I-IV, Reinbek.
JUNG, Heinz, (197o): Zur Diskussion um den Inhalt des Begriffs "Arbeiterklasse" und zu Strukturveränderungen in der westdeutschen Arbeiterklasse, Das Argument, Bd.12, S.665-698.
KAISER, Günther, (1959): Randalierende Jugend. Eine soziologische und kriminologische Studie über die sogenannten Halbstarken, Heidelberg.
-,(1971): Kriminologie. Eine Einführung in die Grundlagen. Karlsruhe.
KAMPHUIS, Marie, (1963): Die persönliche Hilfe in der Sozialarbeit unserer Zeit, Stuttgart.
KAPLAN, Abraham, (1964): The Conduct of Inquiry. Methodology for Behavioral Science, San Francisco.
KAUPEN, Wolfgang, (1969): Die Hüter von Recht und Ordnung. Die soziale Herkunft, Erziehung und Ausbildung der deutschen Juristen - eine soziologische Analyse, Neuwied und Berlin.

KLEIN, Macolm W.,(Hg.), (1967): Juvenile Gangs in Context. Theory Research and Action, Englewood Cliffs.
KÖNIG, René, (1946): Materialien zur Soziologie der Familie, Bern.
-,(1957): Einige Bemerkungen zur Stellung des Problems der Jugendkriminalität in der allgemeinen Soziologie. In: Sonderheft der KZfSS, Nr.2, Köln und Opladen.
-,(1961): Einleitung. In: E.Durkheim, Regeln der soziologischen Methode, Neuwied und Berlin.
-,(Hg.), (1962): Handbuch der empirischen Sozialforschung, Stuttgart.
-,(Hg.), (1967 a): Soziologie. Das Fischer Lexikon, Umgearb.und erw. Neuausgabe Frankfurt. Die erste Auflage erschien 1958.
-, (1967b): Beobachtung. Anhang im Handbuch der empirischen Sozialforschung, 1.Bd., zweite veränderte, durch einen Anhang und Register erweiterte Aufl., Stuttgart.
KRIZ, Jürgen, (1972): Statistische Signifikanz und sozialwissenschaftliche Relevanz, ZfS Bd.1, S.47-51.
-,(1973): Statistik in den Sozialwissenschaften, Hamburg.
KÜCHLER, Manfred, (1972): Über die Anwendung statistischer Tests. Ein Kommentar zu "Statistische Signifikanz und sozialwissenschaftliche Relevanz" von Jürgen Kriz, ZfS, Bd.1, S.286-288.
KUHN, Manford H.,(196o): Self Attitudes by Age, Sex, and Professional Training. In: The Sociological Quarterly, Bd.1, S.35-55.
KUHN, Manford H., und Thomas S.McPARTLAND, (1954): An Empirical Investigation of Self Attitudes. In: ASR, Bd.19, S.68-76.
KUNZ, G., (1969): Beobachtung. In: Wörterbuch der Soziologie, hg. von W.Bernsdorf, Stuttgart.
KVARACEUS, William C., (1944): Juvenile Delinquency and Social Class. In: The Journal of Educational Sociology, Bd.18.
LABOVITZ, Sanford I., (1965): Methods for Control with Small Sample Size, ASR, S.243-249.
LA GUARDIA-REPORT 1944, (197o): Das Marihuana-Problem der Stadt New York. In: Rudolf Walter Leonhardt, Haschisch Report, München.
LAPASSADE, Georges,(1965): Rebellen ohne Grund. In: Ludwig von Friedeburg, Jugend in der modernen Gesellschaft, Köln und Berlin, S.191-199. Der Aufsatz erschien im Französischen zuerst 1963.
LAUTMANN, Rüdiger, (1971): Politische Herrschaft und polizeilicher Zwang. In: Johannes Feest und Rüdiger Lautmann, Die Polizei. Soziologische Studien und Forschungsberichte, Opladen.
-,(1972 a): Justiz - die stille Gewalt. Teilnehmende Beobachtung und entscheidungssoziologische Analyse, Frankfurt.
-,(1972 b): Polizei heute: Sicherheit und Recht und Ordnung. In: Autorenkollektiv Polizei Hessen/Universität Bremen, Reinbek.
LAUTMANN, Rüdiger und Dorothee PETERS, (1973): Ungleichheit vor dem Gesetz: Strafjustiz und soziale Schichten. In: Vorgänge. Zeitschrift für Gesellschaftspolitik, 12.Bd., S.45-54.

LEFEBVRE, Henri, (1964): Der dialektische Materialismus. Mit einem Nachwort von Alfred Schmidt, Frankfurt. Im französischen Original zuerst erschienen 194o.
LEMERT, Edwin M., (1951): Social Pathology, New York.
-, (1967): Human Deviance, Social Problems, and Social Control, Englewood Cliffs.
LEONHARDT, Rudolf Walter, (197o): Haschisch Report. Dokumente und Fakten zur Beurteilung eines sogenannten Rauschgiftes, München.
LERMAN, Paul, (1967): Argot, Symbolic Deviance, and Subcultural Delinquency, ASR, Bd.32, S.2o9-224.
-,(1967/68): Gangs, Networks, and Subcultural Delinquency, AJS, Bd.73, S.63-72.
-,(1968): Individual Values, Peer Values, and Subcultural Delinquency, ASR, Bd.33, S.219-235.
-,(1968/69): Reply, AJS, Bd.73, S.515-517.
LEVY, Marion J., (1952): The Structure of Society, Princeton.
LINGESLEBEN, Otto, (1968): Die Berufssituation der Sozialarbeiter, Köln und Opladen.
LUHMANN, Niklas, (1964): Funktion und Folgen formaler Organisation, Berlin. Schriftenreihe der Hochschule Speyer, Bd.2o.
-,(1967): Soziologie als Theorie sozialer Systeme, KZfSS, 19.Jahrg., Köln und Opladen, S.615-644.
MADGE, John, (1962): The Origins of Scientific Sociology, New York.
MALINOWSKI, Peter, Ulrich MÜNCH und Rüdiger SCHWILICK, (1973): Monopolisierte Polizeiforschung? Krim.J., Bd.5, S.126-136.
MANGOLD, Werner, (196o): Gruppendiskussionsverfahren, Frankfurt.
MANIS, Jerome G., und Bernard N.MELTZER (Hg.), (1967): Symbolic Interaction. A Reader in Social Psychology, Boston.
MARX, Karl,(1972): Verhandlungen des 6.rheinischen Landtags (3.Artikel). Debatten über das Holzdiebstahlgesetz. In: Karl Marx und Friedrich Engels, Werke, Bd.1, Berlin, S.1o9-147.Zuerst ersch.1842.
MATTHES, Joachim, (1962): Soziale Stereotype in der Theorie der Fürsorge. In: SW, Jg.13.
-,(1964): Gesellschaftspolitische Konzeptionen im Sozialhilferecht. Zur soziologischen Kritik der neuen deutschen Sozialhilfegesetzgebung 1961, Stuttgart.
MATZA, David, (1964): Delinquency and Drift, New York, London und Sidney.
MAUKE, Michael, (197o): Die Klassentheorie von Marx und Engels, Frankfurt.
de MAUPEOU-LEPLATRE, (1965): Der jugendliche Arbeiter im Betrieb. In: Ludwig v.Friedeburg (Hg.), Jugend in der modernen Gesellschaft, Köln und Berlin. Der Aufsatz erschien zuerst 196o.
MAYNTZ, Renate, (1958): Soziale Schichtung und sozialer Wandel in einer Industriegemeinde. Eine soziologische Untersuchung der Stadt Euskirchen, Stuttgart.

MAYNTZ, Renate, (1963): Soziologie der Organisation, Reinbek.
McCORD, William und Joan, (1959): Origins of Crime, New York und London.
McPARTLAND, Thomas, John H.CUMMING und Wynona GARRETSON, (1967): Self-Conception and Ward Behavior in Two Psychiatric Hospitals. In: J.G.Manis und B.N.Meltzer, Symbolic Interaction, Boston. Der Aufsatz erschien zuerst 1961.
MEAD, George H., (1968): Geist, Identität und Gesellschaft, Frankfurt. Im englischen Original zuerst erschienen 1934.
MEINEFELD, Werner, (1971): Die Kategorie der Norm und ihr Stellenwert in der soziologischen Theorie und der Sozialforschung. Unveröffentlichte Diplomarbeit, Bielefeld.
MERTON, Robert K., (1957): Social Theory and Social Structure, New York 1957, erweiterte Auflage. Zuerst erschienen 1949.
-,(1959): Conformity, Deviation, and Opportunity Structures, ASR, Bd.24.
MEYER, Klaus, Strafaussetzung, Bewährung, Bewährungshilfe. Ein Beitrag zur kriminalpolitischen Situation der Strafaussetzung zur Bewährung in der Bundesrepublik und in West-Berlin. Veröffentlichung Nr.2 des Vereins Bewährungshilfe e.V., Bonn o.J..
MILLER, Walter B., (1968): Die Kultur der Unterschicht als ein Entstehungsmilieu für Bandendelinquenz. In: F.Sack und R.König, Kriminalsoziologie, Frankfurt. Im englischen Original zuerst erschienen 1958.
MILLER, Walter B., Hildred GEERTZ und S.G.CUTTER, (1968): Aggression in a Boys'Street Corner Group. In: James F.Short, Jr.(Hg.), Gang Delinquency and Delinquent Subcultures, New York, Evanston und London. Der Aufsatz erschien zuerst 1961.
MONAHAN, Thomas P., (1968): Familienstatus und Jugenddelinquenz: Ein Überblick über frühere Untersuchungen und einige neuere Ergebnisse. In: Fritz Sack und René König, Kriminalsoziologie, Frankfurt. Der Aufsatz erschien zuerst 1957.
MOORE, Harriett und Gerhard KLEINING, (1959): Das Bild der sozialen Wirklichkeit. In: KZfSS, Bd.11.
-,(196o): Das soziale Selbstbild der Gesellschaftsschichten in Deutschland. In: KZfSS, Bd.12, S.86-119.
MOSER, Tilmann, (1967): Buchbesprechung von D.G.McKinley, Social Class and Family. In: FAZ vom 6.11.1967.
-,(197o): Jugendkriminalität und Gesellschaftsstruktur. Zum Verhältnis von soziologischen, psychologischen und psychoanalytischen Theorien des Verbrechens, Frankfurt.
MUELLER, John H., Karl F.SCHUESSLER und Herbert L.COSTNER, (197o): Statistical Reasoning in Sociology, Boston.
NAGEL, S., (197o): The Tipped Scales of American Justice. In: Abraham S.Blumberg (Hg.), The Scales of Justice, Trans-Action-Books, Bd.9.
NEIDHARDT, Friedhelm, (1966): Die Familie in Deutschland, Opladen.

NEIDHARDT, Friedhelm, (1967): Die junge Generation. Jugend und Gesellschaft in der Bundesrepublik, Opladen.
NEWCOMB, Theodor Mead, (1959): Social Psychology, New York 195o; deutsch: Sozialpsychologie, Meisenheim am Glan, Hain.
NOELLE, Elisabeth und Erich Peter NEUMANN (Hg.), (1965): Jahrbuch der Öffentlichen Meinung 1958 bis 1964, Allensbach und Bonn.
NORTH, Robert C., Ole R.HOLSTI, George M.ZANINOVICH, Dina A.ZINNES, (1963): Content Analysis. A Handbook with Applications for the Study of International Crisis, Nothwestern University Press, ohne Ort.
NYE, F.Ivan, (1958): Family Relationships and Delinquent Behavior, New York.
NYE, F.Ivan, James F.SHORT und Virgil J.OLSON, (1958): Socio-economic Status and Delinquent Behavior, AJS, 63, S.381-389.
OHLIN, Lloyd E., (1964): Foreword. In: Irving Spergel: Racketville, Slumtown, Haulburg, Chicago und London.
OPP, Karl-Dieter, (1968): Kriminalität und Gesellschaftsstruktur, Neuwied und Berlin.
-,(1968 b): Zur Integration von Theorie und Forschung in der Soziologie des abweichenden Verhaltens. In: Mens en Maatschappij, Bd.43.
-,(197o): Soziales Handeln, Rollen und soziale Systeme. Ein Erklärungsversuch sozialen Verhaltens, Stuttgart.
-,(1972 a): Die "alte" und die "neue" Kriminalsoziologie. Eine kritische Analyse einiger Thesen des Labeling Approach, Krim.J.,Bd.4, S.32-52.
-,(1972 b): Verhaltenstheoretische Soziologie. Eine neue soziologische Forschungsrichtung, Reinbek.
OPP, Karl-Dieter und Rüdiger PEUCKERT, (1971): Ideologie und Fakten in der Rechtssprechung. Eine soziologische Untersuchung über das Urteil im Strafprozeß, München.
OSGOOD, Charles E., (1959): The Representational Model and Relevant Research Methods.In: I. de Sola Pool (Hg.), Trends in Content Analysis, Urbana.
OSGOOD, Charles E., Sol SAPORTA und Jum C.NUNNALLY, (1956): Evaluative Assertion Analysis. In: Litera, Studies in Language and Literature, Vol.3, Istanbul.
OSGOOD, Charles E., George J.SUCI und Percy H.TANNENBAUM, (1957): The Measurement of Meaning, Urbana, Chicago und London.
PARSONS, Talcott, (1947): Certain Primary Sources and Patterns of Aggression in the Social Structure of the Western World. In: Psychiatry, Bd.1o, S.167-181.
-,(1964): Soziale Klassen und Klassenkampf im Lichte der neueren soziologischen Theorie. In: Parsons, Talcott, Beiträge zur soziologischen Theorie, Neuwied, S.2o6-222. Im englischen Original zuerst erschienen 1949.
-,(1951): The Social System, Glencoe.

PAULSEN, Peter, (1971): Zum Problem der Organisation von Sozialarbeitern. In: Erziehungs- und Klassenkampf, Heft 4.
PETERS, Dorothee, (1971): Die soziale Herkunft der von der Polizei aufgegriffenen Täter. In: Johannes Feest und Rüdiger Lautmann (Hg.), Die Polizei. Soziologische Studien und Forschungsberichte, Opladen.
-,(1972): Bericht zu den Ergebnissen des Forschungsprojektes "Abweichendes Verhalten und soziale Schichtung", Bielefeld. Unveröffentlicht.
-,(1973): Richter im Dienst der Macht. Zur gesellschaftlichen Verteilung der Kriminalität, Stuttgart.
PETERS, Dorothee und Helge, (1972): Theorielosigkeit und politische Botmäßigkeit. Destruktives und Konstruktives zur deutschen Kriminologie, Krim.J., Bd.4, S.241-257.
PETERS, Helge, (1968): Moderne Fürsorge und ihre Legitimation. Eine soziologische Analyse der Sozialarbeit, Köln und Opladen.
-,(197o): Antwort an Gerd Neises. In: Nachrichtendienst des Deutschen Vereins für öffentliche und private Fürsorge 1/197o,S.1o.
-,(1972): Psychologie als Legitimation, Krim.J., Bd.4.
-,(1973): Analyse von 8o Protokollen teilnehmender Beobachtung des fürsorgerischen Außendienstes, bisher unveröffentlicht.
PFAUTZ, H.W., (1961): Near Group Theory and Collective Behavior. In: Social Problems, Bd.9.
PONGRATZ, Lieselotte und Hans-Odo HÜBNER,(1959): Lebensbewährung nach öffentlicher Erziehung. Eine Hamburger Untersuchung über das Schicksal aus der Fürsorgeerziehung und der freiwilligen Erziehungshilfe entlassener Jugendlicher, Neuwied, Berlin.
POPITZ, Heinrich, (1965): Die Ungleichheit der Chancen im Zugang zur höheren Schulbildung. In: Ludwig von Friedeburg (Hg.), Jugend in der modernen Gesellschaft, Köln und Berlin. Der Aufsatz erschien zuerst 1964.
-,(1967): Der Begriff der Rolle als Element der soziologischen Theorie, Tübingen.
-,(1968): Über die Präventivwirkung des Nichtwissens. Dunkelziffer, Norm und Strafe, Tübingen.
PORTERFIELD, Austin L., (1946): Youth in Trouble, Fort Worth.
QUENSEL, Stephan und Edelgart, (1969): Läßt sich die Delinquenzbelastung messen? Krim.J., Bd.1, S.4-23.
QUINNEY, Richard, (197o): The Social Reality of Crime, Boston.
REISS, Albert J., jr.,(1951): Delinquency as the Failure of Personal and Social Controls. In: ASR, Bd.16, S.196-2o7.
REISS, Albert J. und Albert L.RHODES, (1961): The Distribution of Juvenile Delinquency in the Social Class Structure, ASR, Bd.26, S.72o-732.
RITSERT, Jürgen,(1972): Inhaltsanalyse und Ideologiekritik, Frankfurt.
ROBERT, Günther, (1972): Soziale Bedingungen der Persönlichkeitsbildung, Diplomarbeit, Bielefeld.

ROSE, Arnold M., (1967): Systematische Zusammenfassung der Theorie der Symbolischen Interaktion. In: Moderne Amerikanische Soziologie, Neuere Beiträge zur soziologischen Theorie, hg. Heinz Hartmann, Stuttgart, S.219-231. Der Aufsatz erschien im englischen Original zuerst 1962.

ROTTENECKER, Heribert (1969): Strukturwandel der Familie im industriellen Zeitalter und Jugenddelinquenz. In: Familie und Jugendkriminalität, Bd.1, hg. von T.Würtenberger, Stuttgart.

RUBINGTON, Earl und Martin S.WEINBERG, (1968): Deviance. The Interactionist Perspective, London.

RUSCHE, Georg und Otto KIRCHHEIMER,(1939), Punishment and Social Structure, New York.

SACK, Fritz, (1966): Zum Stand der Kriminologie, dargestellt an zwei Publikationen. In: KZfSS, Bd.18, S.354-365.

-,(1968a): Neue Perspektiven in der Kriminalsoziologie. In: Fritz Sack und René König, Kriminalsoziologie, Frankfurt.

SACK, Fritz und René KÖNIG (Hg.), (1968 b): Kriminalsoziologie, Frankfurt.

SACK, Fritz, (1969 a): Probleme der Kriminalsoziologie. In: R. König (Hg.), Handbuch der empirischen Sozialforschung, Bd.2, Stuttgart.

-,(197o): Neuere Ergebnisse der kriminologischen Forschung aus den USA. In: Hans Göppinger und Hermann Witter (Hg.), Kriminologische Gegenwartsfragen, Heft 9. Vorträge bei der XV.Tagung der Gesellschaft für die gesamte Kriminologie vom 2.bis 5.Oktober 1969 in Saarbrücken, Stuttgart.

-,(1971 a): Selektion und Kriminalität, Kritische Justiz, Bd.4,S.384-4oo.

-,(1971 b): Die Idee der Subkultur: Eine Berührung zwischen Anthropologie und Soziologie. In: KZfSS, S.261-282.

-,(1972): Definition von Kriminalität als politisches Handeln: der labeling approach, In: Krim.J., Bd.4, S.3-31.

-,(1973 a): Abweichendes Verhalten aus soziologischer Sicht - Folgen für die Sozialarbeit. In: Hans-Uwe Otto und Siegfried Schneider, Gesellschaftliche Perspektiven der Sozialarbeit, Neuwied und Berlin.

-,(1973 b): Klassenjustiz und Selektionsprozesse. In: Vorgänge, Zeitschrift für Gesellschaftspolitik, Bd.12, S.55-6o.

-,(1973 c): Thesen zur Resozialisation, unveröffentlicht.

-,(1973 d): Positionspapier zu einem Forschungsprogramm für die Kriminologie. In: Krim.J., Bd.4.

SCHELSKY, Helmut, (1953): Wandlungen der deutschen Familie in der Gegenwart, Stuttgart.

-,(1963): Die skeptische Generation. Eine Soziologie der deutschen Jugend. Sonderausgabe Düsseldorf-Köln. Zuerst erschienen 1957.

-,(1959): Ortsbestimmung der deutschen Soziologie, Düsseldorf-Köln.

-,(1965): Auf der Suche nach Wirklichkeit, Düsseldorf-Köln.

SCHEUCH, Erwin K., unter Mitarbeit von Hansjürgen DAHEIM, (1961): Sozialprestige und soziale Schichtung. In: Glass, David V. und René König (Hg.), Soziale Schichtung und soziale Mobilität, Köln und Opladen, Sonderheft 5 der KZfSS.

SCHEUCH, Erwin K., (1967): Methoden. In: Soziologie. Das Fischer Lexikon, hg. von René König, Frankfurt (Neuausgabe).

-,(1967): Zur Methodik und Statistik der Dysmelieforschung. In: Wiener Medizinische Wochenschrift, CXVII.

-,(197o): Haschisch und LSD als Modedrogen. Wunschdenken und Fakten, Osnabrück.

SCHRADER, Achim, unter Mitarbeit von Magdalene MALWITZ-SCHÜTTE und Jürgen SELL, (1971): Einführung in die empirische Sozialforschung, Stuttgart, Berlin, Köln, Mainz.

SCHUMANN, Karl F., (1973): Ungleichheit, Stigmatisierung und abweichendes Verhalten. Zur theoretischen Orientierung kriminologischer Forschung, Krim.J., Bd.5, S.81-96.

SCHUMANN, Karl F. und Gerd WINTER, (1973): Zur Analyse des Strafverfahrens. In: Jürgen Friedrichs (Hg.), Teilnehmende Beobachtung abweichenden Verhaltens, Stuttgart.

SCHUR, Edwin M., (1971): Labeling Deviant Behavior. Its Sociological Implications, New York, Evanston, San Francisco und London.

SCHÜTZE, Fritz, Werner MEINEFELD, Werner SPRINGER und Ansgar WEYMANN, (1973): Grundlagentheoretische Voraussetzungen methodisch kontrollierten Fremdverstehens. In: Arbeitsgruppe Bielefelder Soziologen (Hg.), Alltagswissen, Interaktion und gesellschaftliche Wirklichkeit, Reinbek.

SCHWENDINGER, Hermann und Julia, (1967): Delinquent Stereotypes of Probable Victims. In: M. Klein (Hg.), Juvenile Gangs in Context. Theory, Research, and Action, Englewood Cliffs.

SELVIN, Hanan C., (1957): A Critique of Tests of Significance in Survey Research, ASR, Bd.22, S.519-527.

SHAW, Clifford R. und Henry D. McKAY, (1931): Social Factors in Delinquency, Washington: National Commission on Law Observance and Enforcement, Vol.2, Report 13.

-,(1942): Juvenile Delinquency and Urban Areas, Chicago.

SHERIF, Muzafer und Carolyn W., (1967): Group Processes and Collective Interaction in Delinquent Activities. Journal of Crime and Delinquency, Bd.6, S.43-62.

-,(1969): Social Psychology, New York, Evanston, London und Tokio.

SHORT, James F., (1963): Introduction. In: Frederic M. Thrasher, The Gang, Neuauflage Chicago.

-,(1967/68): Comment on Lerman's Gangs, Networks, and Subcultural Delinquency, AJS 73, S.513-515.

SHORT, James F., jr.,(1968): Introduction: On Gang Delinquency and the Nature of Subcultures. In: James F. Short, jr. (Hg.), Gang Delinquency and Delinquent Subcultures, New York, Evanston und London.

SHORT, James F. und Ivan F.NYE, (1968): Erfragtes Verhalten als Indikator für abweichendes Verhalten. In: Fritz Sack und René König, Kriminalsoziologie, Frankfurt. Der Aufsatz erschien zuerst 1957.
SHORT, James F. und Fred L.STRODTBECK, (1965): Group Process and Gang Delinquency, Chicago und London.
SPECHT, Friedrich, (1967): Sozialpsychiatrische Gegenwartsprobleme der Jugendverwahrlosung, Stuttgart.
SPERGEL, Irving, (1964): Racketville, Slumtown, Haulburg. An Exploratory Study of Delinquent Subcultures. Mit einem Vorwort von Lloyd E.Ohlin, Chicago und London.
STATISTISCHES JAHRBUCH der Bundesrepublik Deutschland, hg. vom Statistischen Bundesamt Wiesbaden, Stuttgart und Mainz, verschiedene Jahrgänge.
STEINZOR, B., (1949): The Development and Evaluation of a Measure of a Social Interaction. In: Human Relations II.
STENDENBACH, Franz Josef, (1963): Soziale Interaktion und Lernprozesse, Köln-Berlin.
STEPHAN, Egon, (1972 a): Dunkelfeld und registrierte Kriminalität, Krim.J., Bd.4, S.115-12o.
-,(1972 b): Schulbildung, Lebensalter und das Verständnis von Deliktdefinitionen, Krim.J., Bd.4, S.272-283.
STERNE, Richard S., (1964): Delinquent Conduct and Broken Homes, New Haven.
STONE, Gregory P., (1962): Appearance and the Self. In: A.M.Rose (Hg.), Human Behavior and Social Processes. An Interactionist Approach, London, S.86-118.
STURTEVANT, William C., (1964): Studies in Ethnoscience. In: American Anthropologist, Bd.66, S.99-131.
SUTHERLAND, Edwin H., (Hg.), (1937): The Professional Thief. By a Professional Thief. Mit Anmerkungen versehen und interpretiert von E.H.Sutherland, Chicago.
SUTHERLAND, Edwin H. und Donald R.CRESSEY,(197o): Criminology, überarbeitete und erweiterte 8.Auflage des 1924 zuerst erschienenen Buches, Philadelphia, New York, Toronto.
SYKES, Gresham M. und David MATZA, (1968): Techniken der Neutralisierung: Eine Theorie der Delinquenz, ASR, Bd.22, übersetzt und wieder abgedruckt in: Fritz Sack und René König, Kriminalsoziologie, Frankfurt.
SZCEPANSKI, Jan, (1962): Die biographische Methode. In: R.König, (Hg.), Handbuch der empirischen Sozialforschung, Stuttgart, Bd.I.
TANNENBAUM, Frank, (1938): Crime and Community, New York.
TAYLOR, Ian und Paul WALTON und Jock YOUNG, (1973), The New Criminology. For a Social Theory of Deviance, London.
TENBRUCK, Friedrich H., (1964): Soziale Normen. In: Das Verhältnis der Wirtschaftswissenschaft zur Rechtswissenschaft, Soziologie und Statistik, hg. von Ludwig Raiser, Heinz Sauermann und Erich Schneider, Berlin, S.27o-281.

THOMAS, William I., (1923): The Unadjusted Girl: With Cases and Standpoint for Behavior Analysis, Boston.
THOMAS, William I. und Florian ZNANIECKI, (1958): The Polish Peasant in Europe and America, New York, zuerst erschienen 1918-21.
THRASHER, Frederic M., (1963): The Gang. A Study of 1.313 Gangs in Chicago. Gekürzt und mit einer neuen Einleitung von J.F.Short, Chicago. Zuerst erschienen 1927.
TJADEN, Karl-Hermann, (1972): Soziales System und sozialer Wandel Untersuchungen zur Geschichte und Bedeutung zweier Begriffe, gekürzte Taschenbuchausgabe, Stuttgart. Zuerst erschienen 1969.
TJADEN-STEINHAUER, Margarete und Karl Hermann TJADEN, (197o): Zur Analyse der Sozialstruktur des deutschen Kapitalismus. In: Das Argument, Jg.12, S.645-664.
-,(1973): Klassenverhältnisse im Spätkapitalismus. Beitrag zur Analyse der Sozialstruktur unter besonderer Berücksichtigung der BRD, Stuttgart.
TOBY, Jackson, (1968): Der unterschiedliche Einfluß der zerrütteten Familie. In: Fritz Sack und René König (Hg.), Kriminalsoziologie, Frankfurt. Der Aufsatz erschien im englischen Original zuerst 1957.
TUCKER, Charles W., (1 966): Some Methodological Problems of Kuhn's Self Theory. In: The Sociological Quarterly, Bd.7, S.345-358.
TUMIN, Melvin, (1968): Schichtung und Mobilität, München. Im englischen Original zuerst erschienen 1967.
VOLD, George B., (1968): Theoretical Criminology, New York.
WEBER, Max, (1964): Wirtschaft und Gesellschaft, Grundriß der verstehenden Soziologie, Studienausgabe hg. von Johannes Winckelmann, 2 Halbbände, Köln-Berlin. Zuerst erschienen 1922.
WERKENTIN, Falco, (1971): Kriminalität und Verwahrlosung in der Klassengesellschaft. Anmerkung zur bürgerlichen Kriminologie T. Mosers, Erziehung und Klassenkampf, Zeitschrift für marxistische Pädagogik, S.49-63.
-,(1972): Karl Marx über die "positiven" Seiten des Verbrechens - oder die Folgen einer Glosse in der westlichen Kriminalsoziologie. In: Kritische Justiz, Bd.5, S.4o3-4o6.
WERKENTIN, Falco, Michael HOFFERBERT und Michael BAURMANN, (1972): Kriminologie als Polizeiwissenschaft oder: Wie alt ist die neue Kriminologie. In: Kritische Justiz, Bd.5, S.221-252.
WHEELER, Stanton, (1967): Deviant Behavior. In: Neil J.Smelser (Hg.), Sociology, An Introduction, New York, London, Sidney.
WHYTE, William F., (1967): Street Corner-Society. The Social Structure of an Italian Slum, Chicago und London. Zuerst erschienen 1943.
WILKINS, Leslie T., (1965): Social Deviance: Social Policy, Action and Research, Englewood Cliffs.
WILLIE, Charles V., (1966/67): The Relative Contribution of Family Status and Economic Status to Juvenile Delinquency. In: Social Problems, Bd.14, S.326-335.

WOOD, Arthur Lewis, (1961): Crime and Aggression in Changing Ceylon. A Sociological Analysis of Homicide, Suicide, and Economic Crime. In: Transactions of the American Philosophical Society, Bd.51, S.1-132.

YABLONSKY, Lewis, (1968): The Delinquent Gang as a Near Group. In: Earl Rubington and Martin S.Weinberg, Deviance. The Interactionist Perspective, London. Der Aufsatz erschien zuerst 1959.

-,(1967): The Violent Gang, Penguin Book, Harmondsworth. Zuerst erschienen 1962.

-,(1969): Jugendbanden. In: Wilhelm Bernsdorf, Wörterbuch der Soziologie, Stuttgart.

ZANDER, Alvin, (1956): Systematische Beobachtung kleiner Gruppen. In: René König (Hg.), Beobachtung und Experiment in der Sozialforschung, Köln und Berlin.

ZEISEL, Hans, (1965): Probleme der Aufschlüsselung. Aus: Say it with Figures, London 1958. In: René König (Hg.), Praktische Sozialforschung 1, Das Interview, Berlin und Köln (4.Auflage).

ZELDITCH, Morris, Jr., (1955): Role Differentiation in the Nuclear Family: A Comparative Study. In: Talcott Parsons and Robert F.Bales, Family, Socialization and Interaction Process, New York und London.

ZETTERBERG, Hans L., (1962): Theorie, Forschung und Praxis in der Soziologie. In: Handbuch der empirischen Sozialforschung, hg. von René König, Stuttgart.

133/10

rororo studium

Rechtswissenschaften

rororo studium · Herausgegeben von Ernesto Grassi

Wissenschaftlicher Beirat:
Prof. Dr. jur. Erhard Denninger, Universität Frankfurt
Prof. Dr. jur. Karl Kroeschell, Universität Göttingen

Anne-Eva Brauneck (Univ. Gießen)
Allgemeine Kriminologie [57]

Erhard Denninger (Univ. Frankfurt/Main)
Staatsrecht 1
Einführung in die Grundprobleme des Verfassungsrechts der Bundesrepublik Deutschland **[34]**

Winfried Hassemer (Univ. Frankfurt/Main)
Strafrechtsdogmatik und Kriminalpolitik [56]

Karl Kroeschell (Univ. Göttingen)
Deutsche Rechtsgeschichte 1 (bis 1250) [8]
Deutsche Rechtsgeschichte 2 (1250–1650) [9]

Niklas Luhmann (Univ. Bielefeld)
Rechtssoziologie 1 + 2 [1 + 2]

Peter Noll (Univ. Zürich)
Gesetzgebungslehre [37]

Karl-Dieter Opp (Univ. Hamburg)
Soziologie im Recht [52]

Peter Raisch (Univ. Bonn)
Unternehmensrecht 1 + 2
Band 1. Unternehmensprivatrecht: Handels- und Gesellschaftsrecht **[46]**
Band 2. Aktien- und Konzernrecht. Mitbestimmung und Fusionskontrolle **[47]**

Eberhard Schmidhäuser (Univ. Hamburg)
Einführung in das Strafrecht [12]

Klaus Tiedemann (Univ. Gießen)
Subventionskriminalität in der Bundesrepublik
Erscheinungsformen, Ursachen und strafrechtliche Folgerungen **[53]**

Titelvorschau

Martin Kriele (Univ. Köln)
Allgemeine Staatslehre [35] (April 75)

783/5

studium rororo

Psychoanalyse

rororo studium · Herausgegeben von Ernesto Grassi

August Aichhorn
Erziehungsberatung und Erziehungshilfe [13]

Hermann Argelander (Sigmund-Freud-Institut, Frankfurt/Main)
Gruppenprozesse
Wege zur Anwendung der Psychoanalyse in Behandlung, Lehre und Forschung **[5]**

Michael Balint
Angstlust und Regression
Beitrag zur psychologischen Typenlehre **[21]**
Therapeutische Aspekte der Regression
Die Theorie der Grundstörung **[42]**

Igor A. Caruso (Univ. Salzburg)
Soziale Aspekte der Psychoanalyse [101]

Heinz Henseler (Univers. Ulm / Psychosoziales Zentrum)
Narzißtische Krisen
Zur Psychodynamik des Selbstmords **[58]**

Melanie Klein
Das Seelenleben des Kleinkindes
und andere Beiträge zur Psychoanalyse **[6]**

David H. Malan (Tavistock-Klinik, London)
Psychoanalytische Kurztherapie
Eine kritische Untersuchung **[23]**

Hans G. Preuss (Hg.)
Analytische Gruppenpsychotherapie
Grundlagen und Praxis **[20]**

Hans Strotzka (Univ. Wien)
Einführung in die Sozialpsychiatrie [14]

782/4

Physik, Naturwissenschaft und Technik

Norbert Wiener, Kybernetik / Regelung und Nachrichtenübertragung in Lebewesen und Maschine [294]
Mortimer Taube, Der Mythos der Denkmaschine / Kritische Betrachtungen zur Kybernetik [245]

Medizin

Paul Lüth, Kritische Medizin / Zur Theorie-Praxis-Problematik der Medizin und der Gesundheitssysteme [368]
Thure von Uexküll, Grundfragen der psychosomatischen Medizin [179]
Charles Oberling, Krebs, das Rätsel seiner Entstehung [93]

Psychologie

Hans Jürgen Eysenck, Wege und Abwege der Psychologie [17]
F. J. J. Buytendijk, Mensch und Tier / Ein Beitrag zur vergleichenden Psychologie [74]
Gustav Bally, Einführung in die Psychoanalyse Sigmund Freuds / Mit Originaltexten Freuds [131]
Peter R. Hofstätter, Gruppendynamik. Durchgesehene und erweiterte Neuauflage [38]
Christian Kellerer, Objet trouvé – Surrealismus – Zen / Zur Psychologie der modernen Kunst [289]

Soziologie

Karl-Dieter Opp, Methodologie der Sozialwissenschaften. Einführung in Probleme ihrer Theorienbildung [339]
H. J. Krysmanski, Soziologie des Konflikts / Materialien und Modelle [362]
Beatrice Caesar, Autorität in der Familie / Ein Beitrag zum Problem schichtenspezifischer Sozialisation [366]
Friedrich Jonas, Geschichte der Soziologie. Mit Quellentexten I: Aufklärung – Liberalismus – Idealismus [302] – II: Sozialismus – Positivismus – Historismus [304] – III: Französische und italienische Soziologie [306] – VI: Deutsche und amerikanische Soziologen [308]
Alvin W. Gouldner, Die westliche Soziologie in der Krise Bd. 1 + 2 [360 + 361]
Gabor Kiss, Marxismus als Soziologie / Theorie und Empirie in den Sozialwissenschaften der DDR, UdSSR, Polens, der CSSR, Ungarns, Bulgariens und Rumäniens [329]
Zvi Rudy, Soziologie des jüdischen Volkes [217]
David Riesman / Reuel Denney / Nathan Glazer, Die einsame Masse / Eine Untersuchung der Wandlungen des amerikanischen Charakters [72]
José Ortega y Gasset, Der Aufstand der Massen [10]
Arnold Gehlen, Die Seele im technischen Zeitalter / Sozialpsychologische Probleme in der industriellen Gesellschaft [53]
Helmut Schelsky, Soziologie der Sexualität [2]
Renate Mayntz, Soziologie der Organisation [166]
Elisabeth Noelle, Umfragen in der Massengesellschaft / Einführung in die Methoden der Demoskopie [177]
Günter Hillmann, Die Befreiung der Arbeit. Die Entwicklung kooperativer Selbstorganisation und die Auflösung bürokratisch-hierarchischer Herrschaft]342]
Peter R. Straumann, Neue Konzepte der Bildungsplanung / Ein Beitrag zur Kritik der politischen Ökonomie des Ausbildungssektors. Mit einem Materialienanhang [369]

Staats- und Wirtschaftswissenschaften

J. R. Hicks, Einführung in die Volkswirtschaftslehre [155]

Günter Schmölders, Konjunkturen und Krisen [3] – Finanz- und Steuerpsychologie. Erweiterte Neuauflage von Das Irrationale in der öffentlichen Finanzwirtschaft [100]

Börje Kragh, Konjunkturforschung in der Praxis / Prognosen und ihre Anwendung in der Konjunkturpolitik [321]

Ralf-Bodo Schmidt unter Mitwirkung von **Jürgen Berthel,** Unternehmungsinvestitionen / Strukturen – Entscheidungen – Kalküle [338]

Hans Kellerer, Statistik im modernen Wirtschafts- und Sozialleben [103]

Elisabeth Noelle, Umfragen in der Massengesellschaft / Einführung in die Methoden der Demoskopie [177]

Anthropologie

Arnold Gehlen, Anthropologische Forschung / Zur Selbstbegegnung und Selbstentdeckung des Menschen [138]

Margaret Mead, Mann und Weib / Das Verhältnis der Geschlechter in einer sich wandelnden Welt [69]

Geschichte, Kulturgeschichte und Zeitgeschichte

Vilhelm Grønbech, Hellas / Griechische Geistesgeschichte I: Die Adelszeit [215]

Basil Davidson, Vom Sklavenhandel zur Kolonialisierung / Afrikanisch-europäische Beziehungen zwischen 1500 und 1900 [266]

Georg Lukács, Marxismus und Stalinismus / Politische Aufsätze. Ausgewählte Schriften IV [327]

Kunstwissenschaft und Kunstgeschichte

Guido Kaschnitz von Weinberg, Römische Kunst II: Zwischen Republik und Kaiserreich [137]

Christa Baumgarth, Geschichte des Futurismus / Balla · Boccioni · Carrà · Marinetti · Palazzeschi · Prampolini · Russolo · Sant'Elia · Severini [248]

Gustav René Hocke, Die Welt als Labyrinth / Manier und Manie in der europäischen Kunst [50]

Christian Kellerer, Objet trouvé – Surrealismus – Zen / Zur Psychologie der modernen Kunst [289]

Walter Hess, Dokumente zum Verständnis der modernen Malerei [19]

Jürgen Claus, Kunst heute / Personen, Analysen, Dokumente [238]

Reyner Banham, Die Revolution der Architektur / Theorie und Gestaltung im Ersten Maschinenzeitalter [209]

Literaturwissenschaft und Sprachwissenschaft

Jean-Paul Sartre, Was ist Literatur? [65]

Werner Krauss, Grundprobleme der Literaturwissenschaft / Zur Interpretation literarischer Werke. Mit Textanhang [290]

Friedrich-W. und Erika Wentzlaff-Eggebert, Deutsche Literatur im späten Mittelalter 1250–1450. Mit Lesestücken. I: Rittertum – Bürgertum [350] – II: Kirche [353] – III: Neue Sprache aus neuer Welterfahrung [356]

Georg Lukács, Ausgewählte Schriften I: Die Grablegung des alten Deutschland / Essays zur deutschen Literatur des 19. Jahrhunderts [276] – Ausgewählte Schriften II: Faust und Faustus / Vom Drama der Menschengattung zur Tragödie der modernen Kunst [285]

Hugo Friedrich, Die Struktur der modernen Lyrik / Von der Mitte des neunzehnten bis zur Mitte des zwanzigsten Jahrhunderts [25]

Christa Baumgarth, Geschichte des Futurismus / Balla – Boccioni – Carrà – Marinetti – Palazzeschi – Prampolini – Russolo – Sant'Elia – Severini / Mit Dokumenten und Texten [248]

Gerda Zeltner-Neukomm, Das Wagnis des französischen Gegenwartromans / Butor – Robbe-Grillet – Sarraute – Beckett – Queneau – Camus – Malraux – Sartre [109]

Georg Lukács, Ausgewählte Schriften III: Russische Literatur – Russische Revolution. Puschkin – Tolstoi – Dostojewskij – Fadejew – Makarenko – Scholochow – Solschenizyn [314]

Gustav René Hocke, Manierismus in der Literatur / Sprach-Alchimie und esoterische Kombinationskunst [82]

Rudolf Pfeiffer, Geschichte der klassischen Philologie. Von den Anfängen bis zum Ende des Hellenismus [344]

Hans Eggers, Deutsche Sprachgeschichte I: Das Althochdeutsche [185] – II: Das Mittelhochdeutsche [191] – III: Das Frühneuhochdeutsche [270]

Mario Wandruszka, Der Geist der französischen Sprache [85]

Benjamin Lee Whorf, Sprache – Denken – Wirklichkeit / Beiträge zur Metalinguistik und Sprachphilosophie [174]

Max Bense, Einführung in die informationstheoretische Ästhetik. Grundlegung und Anwendung in der Texttheorie [320]

Musikwissenschaft und Musikgeschichte

Theodor W. Adorno, Nervenpunkte der Neuen Musik / Ausgewählt aus «Klangfiguren» [333]

Theaterwissenschaft

Martin Esslin, Das Theater des Absurden [234]

474/2